KB220386

한국사상과 불교

박성배 불교학논집

한국사상과 불교
원효와 퇴계, 그리고 돈점논쟁

박 성 배 지음

2009년 7월 10일 초판 1쇄 발행

펴낸이 · 오일주
펴낸곳 · 도서출판 혜안

등록번호 · 제22-471호
등록일자 · 1993년 7월 30일

⊕ 121-836 서울시 마포구 서교동 326-26번지 102호
전화 · 3141-3711~2 / 팩시밀리 · 3141-3710
E-Mail hyeanpub@hanmail.net

ISBN 978 - 89 - 8494 - 363 - 6 93220

값 30,000 원

박성배 불교학논집

한국사상과 불교

원효와 퇴계, 그리고 돈점논쟁

박 성 배

혜안

책머리에

산을 오르내리다

이 세상을 살아보면 살아볼수록 내가 나쁜 놈이란 걸 뼈저리게 느낀다. 불법을 처음 만나서부터 오늘날까지 나의 불교공부는 戒定慧 三學을 닦고 貪瞋痴 三毒心을 다스리는 공부를 떠나지 않았다. 그럼에도 불구하고 나의 삶은 삼학도, 삼독심도 아랑곳없는 막무가내였다. 이런 나쁜 놈을 누가 돌보는가? 긴 말 말고 단도직입적으로 말해보자. 언제나 어디서나 자기를 돌보는 자기, 못된 생각과 못된 짓을 골라가면서 다 하는 자기를 있는 그대로 보고 있으면서 이를 감싸고 돌보는 자는 다름 아닌 자기 자신이다. 별별 소리를 다 하지만 나 자신만큼 나를 돌보는 자는 없다. 그러므로 자기 자신의 세계에서는 惡이 惡이 아니다. 자신의 악을 누구보다도 자기 자신이 재빨리 알아보면서도 악을 죽이기 위해 자기를 죽이는 법은 없다. 나는 여기서 현실과 이상의 괴리를 본다. 그리고 여기서 종교인들의 修道理論에 한계를 느낀다. 종교인들의 수도이론에는 악을 감싸고 돌보는 자기가 없다.

종교인들의 수도이론에는 산에 오르는 '上山 이야기'만 풍성하고 산에서 내려오는 '下山 이야기'가 빈약하다. 상산은 이원론적인 논리로 말할 수 있지만 하산은 그게 잘 안 된다. 구태여 말하자면 하산은 '둘 아님', 즉 '不二'의 실천이기 때문이다. 그러니 出家 이야기만 끝없이

6

하고 歸家 이야기를 제대로 할 수 없는 것이다. 불법에 하산이나 귀가의 이야기가 전혀 없는 것은 아님에도 불구하고 많은 사람들이 그것을 마치 남의 이야기처럼 무책임하게 말한다. 예를 들면 그것은 성자들의 세계에서만 가능하다는 투의 꽁무니 빼는 논리다. 이원론이다. 이것이 몸짓 문화의 한계다. 문자문명은 그러한 의미에서 폭군처럼 못된 횡포를 자행했다. 성인의 세계와 죄인의 세계를 갈라놓고 깨친 이의 경지와 못 깨친 이의 세계를 갈라놓는다면 그것은 엄격한 의미에서의 종교는 아니다. 자기가 자기를 위하지 않으면 누가 자기를 돌보는가? 부처님은 불구의 자식을 돌보는 어머니처럼 못된 자기를 돌보는 자기 자신을 떠나 따로 있지 않은 것 같다. 불구의 자식을 돌보는 어머니와 못된 자기를 감싸는 자신은 가끔 상반된 듯이 보이지만 사실은 둘이 아니다. 이러한 상반되어 보이는 둘을 하나로 꿰뚫어 보는 지혜가 아쉽다.

나는 오랫동안 잘 풀리지 않는 불교의 수도이론 때문에 애를 먹었다. 그것은 고승들의 수도이론에 한계를 느끼고 거기에서 벗어나려고 애를 쓰는 몸부림이었다. 한 마디로 말해서 고승들의 수도이론은 대개 기존의 질서에 너무 의존하고 있었다. 기존의 질서란 몸 문화의 산물이라기보다는 몸짓 문화의 산물인 경우가 많았다. 문자화된 모든 자료들이 몸짓 문화의 산물이요, 그런 자료들을 근거로 하여 이루어진 인간의 생각들이 그러한 몸짓 문화를 영구불변의 그 무엇으로 만드는 데에 결정적인 역할을 했다. 여기서 인간은 끝없는 고통에 신음해야 했다. 이제까지 고승들은 종래의 문헌과 그것을 근거로 형성된 敎理制度 등등의 몸짓적인 業에 의지하여 그들의 수도이론을 만들었다. 나는 이런 것들을 박차고 몸 문화에 근거한 새로운 수도이론을 만들고 싶었다.

넘나들다

20대에 불교를 처음 만났을 때 鏡虛 惺牛(1849~1912)스님의 이야기를 듣고 충격을 받았다. 경허 스님은 한국의 禪脈을 기사회생시킨 큰 스님이었다. 그런 그가 56세라는 아직도 한참 일할 나이에 자취를 감추어 버렸다. 나중에 알고 보니 경허 스님은 갑산 강계에서 머리를 기르고 갓을 쓴 유교선비로서 마을 아이들에게 유교 경전을 가르치다가 거기서 세상을 떠났던 것이다. 뒤늦게 宋滿空, 韓龍雲 등 제자들이 비보를 듣고 달려가 유구를 다시 불교의 제자리로 돌려놓았다. 하지만 경허 스님 자신은 모르는 일이었다. 자, 이제 우리는 이 사건을 어떻게 해석해야 할까. 경허 스님은 유교로 개종했던가? 오늘날 아무도 그가 만년에 유교로 개종했다고 생각하는 사람은 없다. 도인의 행적은 범인이 짐작할 수 없다는 것이 가장 흔한 해석이다. 그러나 나는 도인과 범인을 둘로 나누고 경허 스님의 행적을 이런 식으로 얼버무리는 이분법을 싫어한다. 이분법적인 해석은 그동안 중요한 대목에 이르러 항상 죽을 쑤고 말았다. 우리는 경허 스님의 말년 이야기를 있는 그대로 잘 들여다보아야 할 것 같다.

불교는 남을 포용하는 종교다. 그래서 불교는 가는 곳마다 현지의 기성종교를 포용했다. 그리고 그 나라에서 자리를 잡은 다음에도 어떤 새로운 종교가 그 나라에 들어오면 그것도 또한 포용했다. 조선조 500년 동안 유교선비들 가운데는 불교를 눈엣가시처럼 여긴 사람도 있었지만 그래도 불교는 유교를 우호적으로 대했던 것 같다. 이래서 한국 불교의 경우, 불교적 사고방식에는 유교가 들어갔고 유교적 사고방식에도 불교가 들어갔다. 며느리가 시어머니를 미워하면서도 닮아가는 현상과 비슷하다. 일종의 종교적 습합현상이다. 그래서 나는 한국사상을 연구한다면서 불교를 모르는 유교공부나 유교를 모르는 불교공부를 온전한 공부로 보지 않는다. 나는 오랫동안 불교와 유교를 넘나드는 글을 쓰고 싶었다. 그러나 내가 과연 그런 글을 쓸 수 있을까 하는 회의가 앞섰다. 엄밀한 의미에서, 유교와 불교를 넘나드는 삶을 살지 않고는 양자를 넘나드는 글을 쓸 수 없을 것 같았다. 차별과 대립을 넘어서서 어디든 자유롭게 넘나드는 삶을 그리워한 지 오래지만 여전히 그림의 떡이다.

'넘나든다'는 말은 결코 어려운 말이 아니다. 도통을 해야 나타나는 신비스런 경지가 아니라 사람이면 누구나 경험하는 가장 일상적인 일이다. 나는 여기서 '넘나든다'는 말의 뜻을 내 나름대로 풀어 보았다. 주어진 현실에서 사람으로서 사람답게 사는 것, 이것이 넘나드는 삶이 아닐까. 지식인으로서, 종교인으로서, 또는 어느 집단의 일원으로서…… 등등. 이렇게 나가기 시작하면 십만팔천리다. 사람은 누구나 넘나들면서 살고 있는데 지식인을 자처할 때, 종교인임을 자부할 때, 또는 어느 집단의 이해관계에 휩쓸릴 때 사람들이 그걸 잘 못하는 것 같다. 가지고 다니는 지식, 믿고 있는 종교, 그리고 이해관계에 구속받기 때문인 것 같다.

체용, 몸과 몸짓

한국불교를 사상적으로 이해하려면 넘어야할 고비가 많다. 그 가운데 하나가 頓漸論爭과 體用論理를 제대로 정리하는 일일 것이다. 돈점논쟁이 불교적 체험에 입각한 자기의 證處를 드러내는 데에 목적이 있다면, 체용논리는 자기의 증처를 남들에게 전달하는 도구의 역할을 한다고 말할 수 있을 것이다. 돈점논쟁은 禪과 敎의 대립에서 비롯한 사건이기 때문에 어찌할 수 없이 信解와 行證이라는 화엄학의 수도이론을 원용하지 않을 수 없다. 화엄학에서 말하는 '신해행증'의 '證'은 대승기신론에서 말하는 究竟覺과 마찬가지로 대승불교적 수행체험의 절정을 가리킨다. 이러한 敎家들의 證處를 염두에 두고 처음부터 구경각을 출발점으로 삼는 공부가 돈오돈수설이다. 20세기 후반에 해인사의 性徹 스님은 『禪門正路』라는 책을 내고 그 속에서 고려의 知訥 (1158~1210)을 정면으로 비판하였다. 요즈음 한국의 돈점논쟁은 이렇게 시작되었다. 그러므로 돈점논쟁을 이해하려면 지눌의 돈오점수설과 성철의 돈오돈수설을 알아야 한다. 이러한 두 가지의 수행이론을 정리하는 데 필수불가결의 선결조건이 성철의 증처와 지눌의 증처를 분명히 하는 일이며, 두 분의 증처를 파악하는 데는 어찌할 수 없이 화엄학을 배경으로 하는 교가의 전통과 이를 넘어서려는 禪家의 전통을 다 넘나들어야 한다. 뿐만 아니라 禪에서 말하는 活句參禪의 경지가 무엇인지를 분명히 알아야 한다.

이런 식으로 그 뿌리를 캐들어 가기 시작하면 우리의 연구는 끝이 안 보인다고 해도 과언이 아닐 것이다. 그러나 공부에는 요령이 있다. 그것은 먼저 공부한 사람들의 경험담을 들으면서 함께 공부하는 일이다. 나에겐 다행히 그런 기회가 있었다. 그것은 1950년대에 대학을 중퇴하고 해남 대흥사에 들어가 전강 스님과 묵언 스님의 지도로 활구참선을 實修한 경험이다. 전강 스님이나 묵언 스님이 고승이냐 아니냐는, 배우는 나에게도 가르치는 그들에게도 문제되지 않았다. 그들은 수도이론을 거부한 선승들이었다. 나의 불교학은 한 마디로 참선공부에서 비롯됐다고 말할 수 있을 것 같다. 그것은 禪書를 뒤지거나 禪師의 강의를 듣는 식의 공부가 아니었다. 잡담 제하고 절벽에서 천길 벼랑 끝으로 집어던져 버리는 식이었다. 나는 지금도 그런 분위기를 잊을 수가 없다. 불교공부는 처음에 누구하고 시작했느냐가 크게 문제되는 것 같다. 만일 이러한 백척간두에서 진일보하는 경험이 없었더라면 그 뒤에 동국대학교의 교수직을 사표내고 해인사로 들어가 성철 스님의 돈오돈수설을 전수받는 행운을 감당하지 못했을 것이다. 아이들에게 헤엄치는 것을 가르치기 위해서는 어떠한 이론보다도 먼저 아이들을 물속에 밀어 넣는 것이 상책인 경우와 비슷하다고나 할까.

體用의 논리는 보다 근본적인 것과 거기에 따라 다니는 부수적인 것들을 분명히 가려내는 논리라고 말할 수 있다. 나는 학생들에게 체용의 논리를 가르칠 때 칠판에다 한 그루의 나무를 그린다. 사람들의 눈에 나무의 줄기(幹, trunk)나 가지, 잎, 꽃, 열매 등등은 잘 보이지만 땅속의 뿌리는 잘 보이지 않는다. 나무의 경우 눈에 보이지 않는 뿌리는 눈에 보이는 그 어떠한 부분보다 더 중요하다. 이러한 이치를 잘 아는 농부는 훌륭한 농사꾼이 될 수 있다. 인간의 경우도 마찬가지다. 눈에 보이는 부분과 보이지 않는 부분의 관계에서 후자의 중요성은 새삼스럽게 역설할 필요가 없다. 보이지 않는 부분을 볼 줄 알면 지혜로운 사람이다. 옛날의 어진 사람들은 항상 눈에 보이지 않는 부분의 중요성을 강조했다. 이런 것이 체용의 논리가 일하는 현장이다. 체와 용의 관계를 뿌리와 가지의 관계를 가지고 이야기하기도 하고, 때로는 몸과 몸짓의 관계로 설명하기도 한다. 그래서 체용논리를 우리말로는 '몸과 몸짓의 논리'라고 한다.

앞서 말한 돈점논쟁을 체용의 논리로 풀면 頓은 몸에 해당하고 漸은 몸짓에 해당한다. 요즘 사람들이 불교를 공부하는 모습을 보면 밤낮 몸짓 공부만 하고 있고 몸 공부는 하지 않는 것 같다. 소승불교의 좁은 테두리를 박차고 대승운동을 전개할 때 우리 선배들은 세상 사람들의 눈에 띄는 몸짓보다는 남들의 눈에 띄지 않는 세계에 눈을 뜨고 있었다. 그것이 頓의 세계다. 그것은 일의 시작과 마지막인 동시에 존재하는 세계라고 말할 수 있을 것이다. 그러한 의미에서 깨친 이의 漸은 그대로가 頓의 일함이다. 깨침이니 견성이니 해탈이니 운운하지만 그런 것은 몸짓 공부만으로 이루어지는 것이 아니다. 사색을 해도 몸으로 하지 않고 몸짓으로 한다면 몸짓의 노예상태에서 벗어날 수 없을 것이다.

있는 그대로

본 논집에는 여러 가지 글이 실려 있다. 1950년대 학부시절의 글도 있고 최근의 글도 있다. 그동안의 내 삶이 안 가는 데가 없이 돌아 다녔기 때문에 글도 따라서 그 모양임을 고백하지 않을 수 없다. 그럼에도 불구하고 그 가운데는 잊히지 않는 글이 있다. 1979년 『김규영 교수 회갑기념논문집』에 실렸던 「박종홍 교수의 원효사상 전개」라는 글과, 1990년 『보조사상』 제4집에 실린 「성철스님의 돈오점수설 비판에 대하여」라는 글은 지금도 내 기억에 생생하다. 나는 이 두 글을 쓰면서 얼마나 큰 고통을 받았는지 모른다. 왜냐하면 박종홍 교수와 성철 스님은 모두 내가 존경하는 은사였기 때문이다. 처음 원고 청탁을 받았을 때 나는 사양했다. 은사를 비판하는 글은 도저히 쓸 수 없었기 때문이다. 청탁하는 사람도 내가 사양하는 이유를 곧 알아듣는 것 같았다. 그러나 청탁이 또 왔다. 다른 적당한 필자를 찾지 못했단다. 또 사양했다. 이러기를 몇 번 되풀이하다가 나는 마침내 청탁을 받아들였다. 일종의 역사적 사명감 같은 것을 느꼈기 때문이었다.

그러나 막상 글을 쓰기 시작하면서 당한 고통은 이루 말할 수가 없었다. 밤새기를 수도 없이 했다. 그러나 한 달이 넘도록 글을 완성할 수 없었다. 천신만고 끝에 글이 하나 나왔다. 나는 실망했다. 내가 하고 싶은 말이 제대로 드러나 있지 않았다. 그때 나는 미련 없이 그 글을 버리고 새로 다시 쓰기 시작했다. 그러나 역시 실패작이었다. 또 다시

12

썼다. 몇 번을 다시 써도 나를 만족시키는 글은 끝내 나오지 않았다. 이러다가 원고마감 날이 왔다. 울며 겨자 먹기로 마음에 들지 않는 원고를 보내 버렸다.

그토록 오랜 산고 끝에 나온 원고가 왜 내 맘에 안 들었을까. 나는 두고두고 내가 왜 그때 그렇게 고통받았던가를 생각하지 않을 수 없었다. 몇 가지 짚이는 게 있었다. 무엇보다도 그 당시 나는 한국사회에 뿌리깊이 박혀 있었던 사제지간의 정을 뛰어넘기가 그렇게 힘들었던 것이다. 스승을 위하자니 글이 울고 글을 위하자니 스승이 우는 격이었다. 그러나 문제는 더 깊은 곳에 있었다. 그때 내 속엔 이미 박종홍 사상과 성철 사상이 너무 깊숙이 들어와 있었기 때문이었던 것 같다. 그러니까 나는 그때 두 은사를 비판하는 것만이 아니라 나 자신을 비판하는 작업을 하고 있었던 것이다. 성공적인 자기비판은 자기 혁명을 거치지 않고는 불가능한 일이기 때문에 그 일이 쉬웠을 리 없다.

요즘의 내 좌우명은 '있는 그대로'다. '있는 그대로'라야 거기에 몸짓 문화를 박차고 전개되는 '몸 문화'가 피어날 수 있고 가지가지의 못된 한계를 뛰어넘는 '넘나듦'이 가능할 것 같다. 있는 그대로 살면 남의 잘잘못을 따지기 전에 사실을 사실 그대로 선입견 없이 받아들일 수 있고 나 자신에 대해서도 꾸미거나 속이지 않게 될 것 같다. 남들을 있는 그대로 받아들이지 않고 자신을 있는 그대로 드러내지 않는다면 거기서 무슨 철학이 나오고 종교가 나올 수 있을까 하는 생각이 든다.

그동안 이 책을 내기 위해 수고해 주신 동지들에게 이 자리를 빌려 감사의 말씀을 드린다.

2009. 2
미국 뉴욕에서

차 례

18

제1부

원효 사상 연구

元曉思想 展開의 문제점
─朴鍾鴻 박사의 경우─

1

원효사상의 핵심은 그의 和諍思想에 있다고 한다.[1] 그러나 원효의 화쟁이 실지로 어떻게 이루어지는지에 대해서는 잘 알려져 있지 않은 것 같다.[2] 1966년, 烈嚴 朴鍾鴻이 발표한 「원효의 철학사상」[3]은 화쟁

---

1) 화쟁사상이 원효사상의 핵심이라는 견해는, 원효를 다루는 거의 모든 현대학자들 간에 공통적으로 동의하는 것이며, 역사적으로는 대각국사 의천과 고선사 서당화상탑비까지 소급된다. 이에 대해선 다음의 글들을 참조할 수 있다. 조명기, 『신라불교의 이념과 역사』(서울, 신태양사, 1962), p.84 ; 이기영, 「교판사상에서 본 원효」(서울, 동양학술 세미나 제3회, 1973), p.521 ; 이종익, 『원효의 근본사상』(서울, 동방사상연구, 1977), pp.11~13 ; 박종홍, 『한국사상사』(서울, 서문당, 1972), p.105.

2) 이 점에 대해서는 이종익, 『원효의 근본사상』, 「서론」, pp.3~9 참조. 본 논문에서는 박종홍의 논문이 발표된 후에 나온 논문들은 고려의 대상에서 제외하였다. 왜냐하면 이들은 아무도 박종홍의 원효관을 문제 삼지 아니했기 때문이다.

3) 박종홍, 『한국사상사 - Ⅲ.원효의 철학사상』(서울, 서문당, 1972), pp.85~127 참조. 이 논문은 이보다 먼저 1966년에 서울, 일신사에서 나온 『한국사상사 - 고대편』에 수록되어 있으며, 최초로는 『한국사상』지에 발표된 것으로 기억하지만 지금 이곳에서는 확인할 길이 없어서 그냥 1966년에 발표되었다고 적어둔다.

이라는 초점을 가지고 원효의 전 사상체계를 꿰뚫어 보려고 했다는 점
에서 매우 획기적인 논문이라 말하지 않을 수 없다. 뿐만 아니라 이 논
문은 원효의 저술상에 나타난 방법적인 특색을 밝혀냈다는 점에서도
그 동안 舊殼을 탈피하려고 몸부림치던 원효학을 진일보시킨 디딤돌
의 역할을 했다고 말해도 좋을 줄 안다.

그러나 박종홍의 원효 해석은 그 방법론에 있어서 뿐만 아니라, 구
체적인 원효의 문장에 대한 이해에 이르기까지 종래의 전통적인 원효
해석과는 현저한 차이를 보여주고 있기 때문에 元曉學 연구에 뛰어든
진지한 독자들을 당혹하게 할 때가 많다. 그래서 필자는 여기에서 이
차이점을 밝혀 보려고 한다.

2

원효의 화쟁사상에 관한 최초의 역사적인 기록은 원효(617~686)가
세상을 떠난 뒤 약 백년 후에 세워진 高仙寺 誓幢和上塔碑에 나타나
있다. 이 탑비에는 원효의 「十門和諍論」 序文으로 생각되는 한 문장
이 인용되어 있으며, 또한 그 당시에 원효의 화쟁사상이 어떻게 받아
들여졌는가를 말해 주는 중요한 글귀들이 포함되어 있다. 그러므로 필
자는 여기에서 이 관계 부분을 번거로움을 무릅쓰고 좀 자세히 분석해
보기로 하겠다. 비문에는 네 개의 탈자와 몇 군데의 문맥이 잘 통하지
않는 곳이 있다.[4]

王城西北 有一小寺 □識記□□外書等見斥於世□ 就中十門論者 如

---

4) 필자는 이에 대한 철저한 고증을 다하지 못한 채 다만 뜻이 통하도록 본문과
   같이 풀이해 본 것이다.

來在世已賴圓音衆生等(解) 雨驟 空空之論雲奔或言我是 言他不是 或
說我然 說他不然 遂成河漢矣 大山而投廻谷 憎有愛空猶捨樹以赴長
林 譬如靑藍共體 氷水同源 鏡納萬形 水分通融 聊爲序述 名曰十門
和諍論 重莫不允 僉曰善哉.5)

　　王城의 서북방에 하나의 작은 절이 있었다. (원효대사는 이 절에서)6)
讖記, 雜文,7) 外書 같은 세상에서 배척 받아온 지 (오래된) 책들을 (읽
었다). 특히 십문화쟁론이라는 책에 의하면 부처님께서 세상에 계셨을
때에는 (모두들 부처님의) 흠 없는 말씀에 귀의하여 모든 중생들이 다
한결 같이 (알아들을8) 수 있었지만, 한 번 부처님이 가신 뒤에는 여러
가지 시비가)비 쏟아지듯 생기고, 또한 그들의 헛된 이론들이 구름이
내닫듯 (속출하여) 혹은 나는 옳고 남들은 옳지 않다고 말하는가 하면,
혹은 나는 그렇지만 남들은 그렇지 않다고 주장하여 (세상은) 마침내
홍수가 터진듯 (걷잡을 수 없는 판국에) 이르고 말았다. (그 싸우는 모
습을 대강 살피자면 사람들이 空을 싫어하면서 有를 좋아하는 꼴은 마
치) 큰 산을 (피해 다니면서) 깊은 골짜기를 찾아다니는 것과 같고, 유
를 싫어하면서 공만을 좋아하는 따위는 마치 나무를 싫어하면서 큰 숲
만 찾아다니는 것과 같았다. 비유를 들어 (이 잘못을) 깨우치자면 (공과
유의 관계는) 靑빛과 藍빛이 (원래) 體를 함께 하며, 얼음과 물이 (원
래) 같은 데서 나왔으며, 거울은 가지가지의 형상을 모두 다 용납하며,
물은 나누어 놓아도 마침내는 서로 통하여 하나로 되어 버리는 것과

---

5) 葛城末治,「新羅誓幢和上塔碑に就いて」(『靑丘學叢』第5號, 1931), p.153 ; 本
　井信雄,「新羅元曉の傳記について」(『大谷學報』XLI, No.1, 1961), p.34.
6) 본 논문에서 ( ) 표시는 항상 필자가 문맥의 소통을 위해서 임의로 부가한 부
　분이다.
7) □표시는 문자가 탈락된 부분임을 나타낸다. '잡문'이라는 말은 필자가 짐작
　으로 넣어 본 낱말이다.
8) 葛城, 本井의 논문에는 중생 등이라고만 되어 있고 '解'자가 없었지만 이종익
　의 논문 p.12에 있는 주 1)에 따라 '解'자를 붙여 해석하였다. 이는 진제역,
　「大乘起信論」중 "異類等解"라는 말과 일치하기 때문이다. T. 1666, vol.32,
　p.575c, line 10 참조. 이하 T는 『대정신수대장경』을 의미한다.

비슷하다. 부족하나마 이로써 서문을 삼고 이름을 붙여 십문화쟁론이
라 하니 모두들 옳다고 말하지 아니한 사람이 없었으며, 다들 참으로
좋다고 찬탄하였다.

거듭 밝히는 바이지만 필자의 해석은 앞으로 이 碑에 대한 보다 더
철저한 고증을 통해서 다시 확인되어야 할 줄 안다. 그러므로 필자는
여기에 필자의 해석이 지니고 있는 문제점을 미리 적어 놓기로 한다.
첫째는 왕성의 서북방에 있는 한 작은 절에서 누가 무엇을 했느냐는
문제이다. 필자는 이를 원효가 세상에서 배척 받은 지 오래된 참기, 잡
문, 외서 등을 읽었다고 해석하였다. 다시 말하면 이 문장에 들어 있는
네 개의 탈자를 차례로 '看, 雜文, 久'자로 본 것이다. 첫째의 탈자는
'看'자 대신에 '作'자를 넣어 볼 수도 있다. 그 때에는 원효가 참기, 외
서의 저자가 되어 버린다. 그러나 원효를 그렇게 해석하기에는 자료적
근거가 너무 빈약하다. 그렇지만 어느 경우이건 우리의 원효가 세상에
서 배척 받은 지 오래된 책들과 관련이 있었다고 하는 사실은 의심할
수 없다.
둘째는 여기서 말하는 외서라는 책들이 구체적으로 어떤 책이었을
까 하는 문제이다. 원효의 문체에는 老子風이 짙게 배어 있으며,9) 그
의 사고방식에는 공자의 耳順思想이 엿보인다10)는 점 등을 생각하면,

---

9) 일례를 들면 원효의 「大乘起信論別記」에 "玄之又玄之, 曠兮, 蕩兮, 無理之
   至理" 등의 문체는 모두 노자의 『道德經』을 연상시킨다. 원효의 이러한 문체
   상의 특징은 그의 저술의 도처에서 발견된다. T. 1845, vol.44, p.226a ; T. 1730,
   vol.34, p.961a 등 참조.
10) 원효가 즐겨 쓰는 문자들 가운데에 "二說皆得"이라는 말이 있다. 서로 대립
   되어 싸우고 있는 兩說이 모두 다 옳다는 말이다. 누구의 말을 듣건, 잘만 들
   어 보면 그 사람으로서는 그렇게 말할 수밖에 없는 도리를 발견하게 되고, 그
   러면 그 사람의 말에 귀를 기울일 수 있게 된다는 것이다. 분명히 유교의 이
   순사상이다. 그러나 조심해야 할 것이 있다. 그것은 원효가 "二說皆得"이라

여기에서 말하는 외서란 노장과 공맹의 書라고 생각해 볼 수 있다. 원효 당시에도 불교사원에서는 공맹과 노장의 서를 외서라고 하여 읽지 못하게 했었던 것 같다.[11]

셋째는 원효가 이러한 외서를 읽었다는 사실과 그가「십문화쟁론」을 지었다는 사실 사이에 어떠한 관계가 있느냐 하는 문제이다. 원효가 세상에서 배척 받은 지 오래된 외서를 읽었다는 말이 나온 다음에 바로 이어서「십문화쟁론」이라는 책의 소개가 뒤따르는 것을 보면 원효가 말하는 화쟁은 불교 집안의 시비를 화쟁하는 것 이상의 것이 아니었겠느냐 하는 생각이 든다.

넷째는 화쟁의 원리를 제시하는 것으로 해석될 수 있는 "靑藍共體"

고 말할 때는 반드시 "由是道理"라는 말이 붙어 다닌다는 사실이다. 그리고 이때의 도리라는 말엔 멍청한 맞장구에 칼을 꽂는 날카로움이 서려 있다. 말하자면 皆是皆非라는 자기부정을 통한 화쟁자 자신의 질적 전환을 반드시 전제하고 있기 때문이다. "모든 사람의 말이 다 옳다"는 원효의 말을 받아들이면 우리는 사실상 말문이 막혀 버리고, 생각이 다 끊어져 버리고, 그리하여 판단력의 마비 상태에 빠지게 된다. 왜냐하면 우리가 지금 하고 있는 말, 하고 있는 생각은 모두 "모든 사람의 말이 다 옳다"는 말이 들어올 자리를 주지 않는 것들이기 때문이다. 따라서 원효의 二說皆得이라는 말을 받아들인다고 하면서 종래의 말문이나 생각에 아무런 변화가 없다면, 이는 소위 이미 도통을 했거나 아니면 멍청한 맞장구이거나, 그것도 아니라면 원효의 저술의도와는 아무런 관계가 없는 세계에서 원효를 알고 있다고 말할 수 있을 것이다. 우리가 원효의 저술의도와는 아무런 관계없는 세계에 안주하면서 원효를 제대로 이해할 수 있을지는 의심스러운 일이다.

'由是道理 二說皆得'에 대해서는 불교학동인회,『원효전집』(서울, 동국역경원, 1973) pp.37a～43c ; 박종홍,『한국사상사』(서울, 서문당, 1972) pp.101～102 ; 이종익,『원효의 근본사상』, pp.15～19 등 참조.

공자의 이순에 대해서는『論語』의「爲政」편(서울, 성균관대학교, 대동문화연구원, 1968년판,『經書』, p.79) 참조.

11) 전통적인 불교의 교육과정에서는 불전 이외의 외서를 가르치지 않았지만 한국의 고승들은 대개 외서에도 밝았다. 서산대사의『삼가귀감』은 한 좋은 예라고 하겠다. 이지관,『한국불교소의경전연구』(합천 해인사, 1969) 참조.

이하의 四句를 어떻게 이해하느냐 하는 문제이다. 처음의 청람공체와 氷水同源이라는 구절은 현상적인 차이의 밑바닥에 서로 통하는 면이 있음을 간파해야 한다는 말인 듯하며, 그 다음의 鏡納萬形은 보다 적극적으로 이 세상에 있는 모든 차이를 다 포용하는 이치를 암시하고 있다고 볼 수 있으며, 마지막의 水分通融은 수분과 통융 사이에 탈락된 문자가 발견되지 아니한 한, 우선은 어떤 시비를 넘어선 경지를 일러 주고 있다고 보아 무방할 것이다.

아무튼 필자는 이상의 분석을 통해서 원효의 화쟁이 노리는 바는 불교 집안의 시비뿐만 아니라 유교와 도교와의 관계까지를 포함한 모든 시비를 화쟁하는 것이었다고 말할 수 있을 줄 안다. 이 점은 분명히 종래에 소홀히 되었던 점이 아닌가 생각된다.

다음으로 살펴보아야 할 자료는 988년 중국의 贊寧에 의하여 출판된 『宋高僧傳』 중의 「元曉傳」이다.[12] 이는 현재 필자들이 볼 수 있는 원효의 傳記로서는 가장 오래된 본격적인 원효의 전기인만큼 자세히 검토해 볼 필요가 있다. 그러나 여기에는 너무나 많은 고증 불가능한 전설적인 이야기들이 가득 차 있기 때문에 여기에서 얼마만큼의 원효의 화쟁사상 관계 자료를 얻어낼 수 있는지는 의문이다. 그러므로 필자는 여기에서 화쟁사상에 관계됨 직한 부분만을 골라서 살펴 볼 수밖에 없다. 이때 필자의 눈에 맨 먼저 띄는 문장은 다음과 같다.

> 蓋三學之淹通 彼土謂爲萬人之敵
> 精義入神 爲若此也[13]

필자는 이를 다음과 같이 풀어 본다.

---

12) 찬녕의 「원효전」은 T. 2061, vol.50, p.730a-b에 수록되어 있다.
13) Ibid., p.730a, lines 9~11.

(원효는) 삼학에 두루 통하여

(그 당시) 신라에서는 그를 가리켜 아무도 대적할 수 없는 사람이라고들 했다. 이는 다름 아닌 (그의 경전 해석이나 그 가운데에 있는 종교적, 철학적 문제에 대한 뜻을 밝혀냄이 아무도 추종 못 할) 가히 入神의 경지에 있었음을 말하는 것이다.

여기에서 문제되는 것은 찬녕이 말하는 삼학이 과연 무엇을 뜻하는가를 밝히는 일이다. 불교에서는 물론 戒學과 定學과 慧學을 삼학이라 한다. 그러나 여기에서는 전후 문맥으로 보아서 불교라는 '카테고리'를 넘어설 가능성도 없지 않다. 만일 찬녕이 말하는 삼학이 儒學, 佛學, 仙學을 가리킨다고 볼 수 있다면, 이는 먼저 살핀 고선사 탑비에 있는, 원효가 외서를 읽었다는 사실과 일맥상통한다고 하겠다. 그리고 원효의 精義가 입신의 경지에 있었고 아무도 이에 대적할 사람이 없었다는 말은 그의 화쟁이 우리의 상상을 훨씬 더 넘어선 무쟁의 경지에까지 이르러 있었음을 암시하는 것이 아닌가 생각된다.

찬녕이 지은 「원효전」은 大正新修大藏經本으로 한 쪽도 채 못 되는 짧은 전기이다. 그것도 전 53행 가운데 39행이 원효의 『금강삼매경론』[14]에 관한 이야기로 차 있다. 이 이야기 가운데서 원효의 화쟁사상과 관련지어 주목할 만한 대목은 다음의 두 문장이다.

1) 金剛三昧經 乃二覺圓通 示菩薩行也[15]

---

14) 한문본으로 가장 시원스럽게 읽을 수 있는 것은 1958년 동국대학교에서 출판한 영인본이며, 우리말로 번역된 것은 다음과 같다. 성락훈 역, 『금강삼매경론』(서울, 동화출판공사, 『한국의 사상대전집』 1, 1972), pp.133~281 ; 『한글대장경 155 - 한국고승전五』(서울, 동국역경원, 1975), pp.21~573 ; 이기영 역주, 『금강삼매경론』(서울, 대양출판사, 1972).

15) T. 2061, vol.50, p.730a, lines 24~26.

2) 謂使人曰 此經以本始二覺爲宗
   爲我備角乘 將案櫃 在兩角之間
   置筆硯 始終於牛車 造疏成五卷[16]

먼저 위의 두 문장을 우리말로 옮겨 보자.

1) 『金剛三昧經』[17]이란 두 가지의 각, 다시 말하면 本覺과 始覺[18]이
   원만하게 융통하는 것으로서 보살의 행을 나타내 보이는 책이다.
2) (원효가) 사신들에게 말하기를, "이 경은 본래 본각과 시각의 두 각
   을 그 근본으로 삼고 있으니 나를 위해서 소가 이끄는 수레를 준비
   해 주고 책상을 가져오라."고 당부하였다. 원효는 소의 두 뿔 사이
   에다 붓과 벼루를 놓고서 처음부터 끝까지 그 소가 끄는 수레 위에
   서 『疏五卷』을 다 지었다.

먼저 문장 1)부터 살펴보자.

문장 1)의 초점이 원효가 『금강삼매경』에 대한 소를 지었다는 데에
맞추어져 있기 때문에 우리는 불가불 『금강삼매경』이란 무슨 책인가
에 대해 어느 정도 이해를 할 필요가 있다. 『금강삼매경』 서문에 있는
이 글의 핵심은 "二覺圓通 示菩薩行"이라는 여덟 글자에 있다. 대승이
대승다운 所以는 보살행에 있으므로, 우리는 항상 보살행의 가능 근거
를 묻지 않을 수 없는데, 찬녕에 의하면 이에 대한 『금강삼매경』의 대
답이 여기에 있다. 즉 본각과 시각의 융통이다.

불교사상에서 본각과 시각은 항상 서로 팽팽히 맞서 있는 개념들이

16) Ibid., p.730b, lines 10~13.
17) T. 273, vol.9, pp.365c~374b.
18) 본각과 시각의 문제를 본격적으로 다룬 불전은 『대승기신론』(T. 1666, vol.32,
    pp.575~583)이며, 일본에서는 옛날부터 이 문제에 대해서 논란이 많았다.
    多田厚隆 등 편, 『天台本覺論』(日本思想大系 9, 東京, 岩波書店, 1973) 참조.

다. 본각이란 말은 일체 중생이 본래부터 깨달은 존재임을 주장할 때에 그 근거로 쓰이는 말이며, 시각이란 말은 일체 중생이 현재 미혹된 존재임을 전제로 하고, 이러한 미혹된 중생이 어떻게 본각을 유감없이 드러낼 수 있는가를 설명할 때 쓰이는 말이다. 그러므로 본각이라는 말은 시각이라는 말이 있을 자리를 주지 아니하며, 시각이라는 말은 항상 본각이라는 말을 무색하게 만들어 버린다. 다시 말하면 양각의 관계는 대립관계요 상극관계이다. 그런데 『금강삼매경』에 의하면 이러한 두 각이 서로서로 원만하게 융통할 때에 보살행이 가능하다는 것이다.

그러면 어떻게 해야 이러한 이각원통의 이상이 실현될 수 있을까? 우리는 문장 2)에서 그 답변을 찾아낼 수 있다고 생각한다. 두 번째 문장의 첫 머리에서 원효의 말로 인용되고 있는 "이 경은 본각과 시각의 이각으로 종을 삼는다(此經 以本始二覺 爲宗)"는 말은 첫 번째 문장과 똑같은 취지의 글임을 우리는 곧 알 수 있다.

문장 2)는 전설적인 방향으로 이어져 나가고 있는데, 무엇보다 먼저 우리는 현대의 우리들에게는 물론 「원효전」을 지은 찬녕 자신에게조차 쉽게 납득이 가지 않았을 전설적인 이 이야기를 「원효전」에 집어넣은 까닭이 무엇인지를 알아야 한다. 더구나 이 이야기는 그가 지은 「원효전」의 3분의 2 이상을 차지하고 있다는 자료적 비중을 생각할 때 더욱 그렇다.

그러기 위해 우선 할 수 있는 일은 이 이야기의 상징적인 의미를 캐내는 일이다. 박종홍은 "소의 양각 사이에 필연을 준비해 놓고 시종 牛車 위에서 저술을 하였다"는 이야기를 "본각과 시각의 양각으로써 이론전개의 기반으로 삼았다"는 뜻으로 풀이하였다.19) 우리나라 말에서

19) 박종홍, 『한국사상사』(서울, 서문당, 1972), p.108 참조.

나 중국말에서나 '角'과 '覺'은 그 음이 서로 통하며, 우차는 항상 대승
을 상징하므로 박종홍의 해석은 아주 재미있다.

　　그렇지만 우리는 여기에서 원효가 그의 붓과 벼루를 소의 두 뿔 사
이에다 놓았다고 말할 때의 '사이'의 의미를 좀 더 깊이 파고 들어가야
한다고 생각한다. 붓과 벼루가 원효의 저술 활동을 상징한다면, 붓과
벼루를 소의 두 뿔 사이에다 놓았다는 말은 그의 疏를 짓는 정신적 자
세를 말해주고 있다고 풀이할 수 있을 줄 안다. 그리고 두 뿔이 시각과
본각의 양각을 상징한다면 두 뿔의 '사이'란 시각과 본각에 두루 통한
다는 점을 말 해주고 있는 듯하다. 그러므로 이 이야기는 원효가 『금강
삼매경소』 5권을 지을 때에 처음부터 끝까지 이각이 원통하는 경지에
서 한 발도 벗어나지 아니했음을 보여 주고 있다고 해석할 수 있다. 그
리고 또한 이 이야기는 시각과 본각에 두루 통하기 위해서는 원효가
그의 붓과 벼루를 소의 두 뿔의 사이에 놓듯 우리도 시각과 본각의 사
이에 서 있어야 함을 가르쳐 주고 있다. 두 각의 사이에 서 있어야 한
다는 말은 무슨 말인가? 이는 두고두고 우리들이 參究해야 할 문제이
지만, 우선은 시각과 본각의 어느 편에도 기울어지지 않는 兩否定的인
태도를 지니면서 동시에 시각의 의미도 본각의 의미도 다 살리는 兩肯
定的인 면을 지니는 것이라고 말할 수 있겠다. 결국 찬녕은 그의 「원
효전」에서 원효의 화쟁사상을 구체적으로 언급하지는 않았지만 전설
적인 서술 방식을 통해서 원효의 화쟁정신과 화쟁하는 모습을 보여 주
었다고 하겠다.

　　고려의 학승 一然이 지은 『三國遺事』에도 원효의 전기가 들어 있
다.[20] 그러나 일연도 원효의 「십문화쟁론」이나 그의 화쟁사상에 대해
특별한 언급을 하지 아니하였으므로, 필자는 여기에서도 같은 방법으

---

20) T. 2039, vol.49, p.1006a-b.

로 화쟁사상에 관계됨직한 이야기들을 추려내어 분석하기로 하겠다. 먼저 유명한 「無碍歌」21)의 이야기를 생각해 보자. 원효가 무애가를 부르면서 전국 방방곡곡 안 가는 데 없이 돌아다녔다는 이야기는 과연 무엇을 의미하는가? "모든 것에 걸림 없는 사람이라야 한 길로 생사를 뛰어 넘을 수 있다(一切無碍人 一道出生死)"라는 무애가의 가사는 서기 421년에 Buddhabhadra가 한문으로 번역한 60권 『화엄경』의 「菩薩門難品」 第六에 나오는 한 게송이다.22) 생사를 뛰어넘는 일은 불교적 수도의 지상과제이다. 어떻게 해야 그렇게 될 수 있는가? 무애라야 된다. 모든 것에 걸림이 없어야 한다. 이 말이 얼마나 좋았기에 원효는 이를 노래부르면서 千村萬落, 안 가는 데 없이 춤을 추며 돌아다녔을까? 무애, 그것도 一切無碍, 이는 분명히 모든 시비와 대립이 다 녹아버린 가장 자유로운 모습이며, 모든 이치를 다 통달한 경지를 그려내는 데 가장 적절한 표현이다.

혼히 원효를 책을 많이 저술한 학승으로 생각하기 쉽지만, 만일 원효가 책을 저술하는 데에 그치고 책에서 밝힌 진리를 몸소 실천하는데는 소홀히 했더라면 그의 위대성도, 영향력도 모두 감소되고 말았을 것이다. 원효를 두고 찬녕이 암시한 '원통'이라는 말과 일연이 사용한 '무애'라는 말이 모두 원효의 사람됨과 그의 세상을 살아가는 모습을 그린 말임이 분명하며, 동시에 이는 원효사상의 핵심인 화쟁과 불가분적 관계에 있다. 사실 원통과 무애라는 말을 빼놓고서 달리 화쟁의 의미를 풀어낼 수 있을지 의문이다.

一然은 찬녕의 「원효전」을 읽은 사람이고 따라서 그는 피차의 중복을 의식적으로 피했음에도 불구하고, 소의 두 뿔 사이에다 붓과 벼루

---

21) Ibid., p.1006b, lines 12~14.
22) T. 278, vol.9, p.429b, line 19. 이 經의 번역연대 및 해제에 대해서는 『고려대장경 제48총목록, 해제색인』(서울, 동국대학교, 1976) pp.552~557 참조.

를 놓고서『금강삼매경소』를 지었다는 이야기를 되풀이해서 기록하였
다. 이는 이 이야기의 중요성을 재확인하는 것으로 봐도 무방할 줄 안
다.

이상은 주로 원효의 전기를 중심으로 원효의 화쟁사상에 대한 전통
적인 학자들의 견해를 살펴 본 것이다. 이 밖에도 고려의 均如,[23] 義
天,[24] 그리고 知訥[25] 등의 저술에도 원효가 빈번하게 인용되고 있지만

---

23) 균여(923~973)의 저술에 대해서는 K. 1507, K. 1509, K. 1510(서울, 동국대학
   교,『고려대장경』제47권 중 수록)과 김지견 박사 편주,『균여대사 화엄학 전
   서』상·하권(서울, 대한전통불교연구원, 1977) 참조. 여기서 K.는 동국대학교
   에서 영인출판한『고려대장경』을 의미한다.

24) 이종익은「원효의 근본사상」이라는 논문에서 의천을 원효의 발견자라고 높이
   평가했고(p.12 참조), 박종홍은『한국사상사』에서 의천을 원효의 화쟁사상의
   계승자라고 칭찬했다(pp.148~170 참조). 필자도 이에 반대하지는 않지만 의
   천의 원효관계 문장들은 모두 찬사와 둥글둥글한 표현뿐이라서 과연 의천이
   얼마만큼 원효의 원효다운 면을 발전시켰는지 알 수가 없었다. 그러므로 아
   직은 후일의 보다 더 철저한 연구를 기다리는 것이 성급한 평가보다는 낫다
   고 생각되어 여기서는 의천의 원효관을 다루지 않기로 했다. 박종홍은『한국
   사상사』(서문당, p.94)에서 의천의『원종문류』,「화쟁편」에 나오는 "불괴진명
   속환인색변공"이라는 구절을 "불괴의 진은 속을 밝히고 환인의 색은 공을 변
   한다"고 해석하였다. 그러나 여기서 불괴의 진이란 과연 무엇이며, 환인의 색
   이란 어떤 것인지 불분명하다. 필자는 이를 "진을 파괴하지 아니하고 속을 밝
   히며, 오히려 색을 인연으로 하여 공을 드러낸다"고 번역하는 것이 더 원효의
   화쟁사상에 가깝다고 생각한다. 대각국사의 문집은 김달진의 번역으로『한국
   의 사상전집』1(동화출판사, pp.353~427)에 수록되어 있다.

25) 최근에 지눌관계 논문들이 많이 나왔다. 그러나 지눌과 원효의 관계는 여전히
   미개척의 분야로 남아 있는 것 같다. 필자에게 입수된 지눌관계 박사학위논
   문들은 다음과 같다.
   1. 이종익,「고려보조국사 연구」(일본 대정대학 박사학위논문, 1974). 이 책은
   이후『한국불교연구』(동경, 국서간행회, 1980)로 출판됐다.
   2. Keel, Hee Sung. *Chinul, the Founder of Korean Son(Zen) Tradition*. Ph.D. Dissertation,
   Harvard University, 1977.
   3. Kang, Kun Ki. *Thomas Merton and Buddhism : A Comparative Study of the Spiritual
   Thought of Thomas Merton and that of National Teacher Bojo*, Ph.D. Dissertation, New

원효의 화쟁사상을 본격적으로 다룬 곳은 발견되지 아니하므로 일단
여기에서 전통적인 학자들에 대한 고찰을 마치기로 한다. 다만 이상의
고찰을 통해서 놀라지 않을 수 없는 것은 원효의 화쟁사상을 다룬 후
인들의 문헌이 별로 없다는 사실이다. 원효가 그렇게 훌륭했다고 모두
들 입을 모아 극찬을 하면서도 원효사상의 핵심인 화쟁사상에 대해서
단 한 편의 글도 남아 있지 않다고 하는 사실은 참으로 믿어지지 않는
일이다. 원효가 위대한 정상이었다는 것은 현존하는 20여 종의 그의
저서만으로도 충분히 입증된다. 그렇게 높은 봉우리가 갑자기 생겨났
을 리도 없고 갑자기 없어졌을 리도 없다. 그러나 지금 우리에게 보이
는 것은 공허한 찬사와 옛날 것의 되풀이 뿐이니 어찌된 일일까? 원효
의 전통은 우리들의 예상과는 전혀 다른 방향으로, 또는 전혀 다른 형
태로 계승되어 가고 있는데 우리들의 눈이 어두워 이를 바로 보지 못
하고 있는 것이 아닐까? 아무튼 이는 오늘날의 학자들이 풀어야 할 숙
제라고 하겠다.

3

원효의 화쟁사상에 대해서 언급한 현대학자들은 많지만 이를 논리
라는 이름으로 체계를 세우려고 시도한 사람은 박종홍이 처음이었다.
그는 처음부터 그의 입장을 원효의 철학사상을 밝히는 데에다 국한시
켰다. 그러나 그는 각의 원리, 각의 방법, 그리고 무애의 구현에 이르기
까지 원효사상 전반에 걸친 불교학적 주제들을 광범위하게 다루었다.

York University, 1979.

4. Shim, Jae Ryong. *The Philosophical Foundation of Korean Zen Buddhism : The Integration of Son and Kyo by Chinul(1158-1210)*, Ph.D. Dissertation, University of Hawaii, 1979.

그리고 그는 현존하는 원효의 저술에 충실하면서 원효가 화쟁사상을 전개하는 데 있어서 어떠한 논리를 구사했는가를 살피는 데 시종일관하고 있다.

박종홍에 의하면 "원효의 논리는 화쟁의 논리이며 그것은 다름 아닌 開合으로써 宗要를 밝히는 것"[26]이었다. 선생의 이러한 정의는 오늘날 널리 받아들여지고 있는 것 같다.[27] 그러나 우리는 먼저 이 자리에서 이 말의 뜻이 무엇인가를 좀 더 분명히 하고 넘어 가는 것이 좋을 줄 안다.

원효가 즐겨 쓰는 종요라는 말과 개합이라는 말에 대해서 박종홍은 다음과 같은 정의를 내리고 있다.

> 종요의 종이라 함은 多로 전개함이요, 요라 함은 一로 통합이니, 종요가 곧 개합 이외의 다른 것이 아니다.[28]

여기서 개합의 개는 전개라는 뜻으로, 합은 통합이라는 뜻으로 이해되고 있으며, 또한 개합과 종요는 동일시되고 있다. 그러나 선생의 이러한 개념 규정에는 약간의 문제점이 있는 것 같다. 종요가 개합 이외의 다른 것이 아니라면 어떻게 개합으로써 종요를 밝힌다고 말할 수 있을까 하는 의심이 난다. 아무리 종요와 개합 사이에 서로 비슷한 면이 없지 않다 할지라도 선생의 체계에 있어서는 말을 바꾸어 종요로써 개합을 밝힌다고 말하지는 아니할 것이다. 이는 앞서 인용한 선생의 화쟁논리에 대한 정의상 불가능하다. 개합이라는 말에는 도구격 조사인 '으로써'라는 조사를 달았고 종요라는 말에는 목적격 조사인 '를이

---

26) 박종홍, 『한국사상사』(서울, 서문당, 1972), p.88.
27) 채인환, 『신라불교계율사상연구』(동경, 국서간행회, 1977), p.292 ; 류동식, 『한국종교와 기독교』(서울, 대한기독교서회, 1977), pp.50~51 등 참조.
28) 박종홍, 『한국사상사』(서울, 서문당, 1972), p.87.

라는 조사를 달았으니, 여기에서 개합은 일종의 도구적 또는 방법론적인 의미를 가지고 있으며 종요는 밝힌다라는 타동사의 목적어로 되어 있다. 그러므로 필자가 이해하는 한에 있어서 박종홍이 말하는 원효의 화쟁의 논리란, "전개와 통합이라는 작업을 통해서 多와 一의 관계가 無碍自在함을 밝히는 것"이라고 말할 수 있을 줄 안다. 이와 같이 개합을 방법론적인 의미로 사용하고 있는 점은 선생의 다음과 같은 문장에서도 더욱 뚜렷이 나타나 있다.

> 원효의 진리탐구방법은 이 개합의 논리로서 철두철미 일관되어 있는 것이요, 그 어느 경이나 논을 연구함에 있어서 우선 이 개합의 견지, 즉 종요의 입장에서 전체적인 통찰을 먼저 하곤 하였다. 개합이나 종요를 말한 사람이야 다른 데서도 찾아 볼 수 있을 것이요, 원효에서 비롯한 것도 아니겠으나 이처럼 자초지종 근본적인 태도로 한결같이 뚜렷함은 원효에 있어서의 방법적 특색이 아닐 수 없다.[29]

박종홍은 계속해서 이러한 논법으로 立破와 與奪, 同異와 有無, 離邊非中, 一味와 絶言 등으로 표현된 원효의 거의 모든 화쟁관계 문장들을 다루어 나감으로써 개합의 논리가 가지고 있는 뜻을 널리, 그리고 깊게 파악하려고 노력하였다.

박종홍이 원효의 개합을 진리탐구의 방법으로 이해했다는 점은 특이하고 주목해야 할 일이다. 왜냐하면 이러한 원효 해석은 원효연구사상 처음 있는 일이며 전통적인 학자들에게서는 볼 수 없는 시도이기 때문이다.

우리는 이제부터 박종홍의 이러한 원효 해석을 밑받침하는 논거들을 차례로 분석하면서 그 타당성의 여부를 생각해 보기로 하자.

---

29) 앞의 책, p.88.

(1) 화쟁사상의 논리적 가능근거에 대해서[30]

박종홍은 그의 논문 벽두에서 「십문화쟁론」의 서문과 『東文選』 제 27권에 나오는 官誥(왕의 司令)를 인용하면서 원효의 사상을 다음과 같이 특징짓고 있다.

> 석가 생존시에는 그의 설법을 중생들이 직접 들어 진의를 깨칠 수 있었던 만큼 별로 이론이라고 할 것이 없었으나, 이미 오랜 세월이 경과하고 또 널리 전파됨에 따라 서로 다른 이론들이 속출하여 혹은 내가 옳고 다른 사람은 옳지 못하다고 하는가 하면, 혹은 나는 그렇지만 다른 사람은 그렇지 않다고 하여 드디어 무수한 논란을 형성하게 되었다. 그리하여 오랫동안 矛盾相爭하던 차에 百家의 異諍을 화합하여 서로 다른 견해를 귀일시킨 것이 바로 원효 사상의 가장 근본적인 특색이다.[31]

박종홍의 위와 같은 서술은 분명히 새로운 것은 아니다. 우리는 그동안 여기저기서 이와 비슷한 이야기들을 하도 많이 들어 왔기 때문에 우리의 귀는 이제 이러한 말들이 아무 저항 없이 받아들여지게끔 되어 있다. 우리가 참으로 궁금한 것은 원효가 어떻게 하여 백가의 이쟁을

---

30) 화쟁사상의 논리적 가능근거에 대한 질문은 박종홍의 『한국사상사』, p.7에 있는 개합과 종요 장의 첫머리에 나와 있다. 엄밀히 말해서 이 질문은 박종홍이 한 것처럼 『열반경종요』에 나오는 "統衆典之部分 歸萬流之一味 開佛意之至公 和百家之異諍"으로 받을 것이 아니라 선생이 이 질문의 직전에 한 바 있는 "生起門과 歸原門의 二門이 相通無碍하다"는 말로 돌아가서 받았어야 할 것이다. 이문상통의 문제는 원효의 『대승기신론소』와 『별기』의 벽두에서부터 등장하여 끝까지 일관되어 있다고 말해도 과언이 아니다. 필자는 二門相通의 사상에서 화쟁사상의 논리적 가능근거를 찾아야 한다고 생각한다. 그러나 본 논문에서는 박종홍의 이론을 이해하는 데에만 치중하였다.

31) 박종홍, 『한국사상사』(서문당), pp.85~86.

화합시켰을까 하는 점이다. 박종홍은 우리의 이와 같은 궁금증을 풀어주기 위해서 "그러면 원효의 이러한 화쟁사상의 이론적 가능근거는 무엇인가?"라고 물은 다음, 그 대답으로 원효의 『涅槃經宗要』에 나오는 한 구절을 인용, "불교중전의 부분을 통합하면 만류가 일미이며 불의 至公無私함을 전개하면 백가의 異諍이 그대로 살려져 和할 수 있기 때문이다."라고 하였다.

우리는 위의 질문과 대답 사이에 얼핏 연결이 되지 않는 어려움을 발견한다. 그것은 무엇보다도 선생의 해석이 원효의 원의와는 상당히 다르기 때문인 것 같다. 다음에 원효의 원문과 선생의 해석을 병렬적으로 기록하여 양자를 비교해 보자.

<원효의 원문>[32]　　<박종홍의 해석>[33]
① 統衆典之部分　① 佛敎衆典의 부분을 통합하면
② 歸萬流之一味　② 만류가 일미이며
③ 開佛意之至公　③ 佛意의 지공무사함을 전개하면
④ 和百家之異諍　④ 백가의 이쟁이 그대로 살려져 和할 수 있기 때문이다.

위에 인용한 원효의 원문에는 네 개의 동사가 있다. 그것들은 위의 각행의 맨 처음에 있는 '統, 歸, 開, 和' 등이다. 이들 네 개 동사의 주어는 원효의 경우 모두가 『열반경』으로 되어 있다.[34] 다시 말하면 『열

32) T. 1769, vol.38, p.239a, lines 22~24.
33) 박종홍, 『한국사상사』(서문당), p.87.
34) 이 인용문 가운데 있는 네 개의 동사의 주어가 『열반경』임을 확인하기 위해서는 이 인용문이 들어 있는 원효의 『열반경종요』, 「서」를 전부 읽어 볼 수밖에 없다. 이 서는 불교학동인회편, 『원효전집』(동국역경원, 1973), pp.31~33에 들어 있다. 또한 T. 1769, vol.38, p.239a 참조.

반경』이 모든 불전에 있는 분산된 교리를 통섭하여 만류가 일미인 경
지에 귀착하게 하였고 열반경이 불의의 지공한 이치를 열어 백가의 이
쟁을 화합해 놓았다는 것이다. 그러나 박종홍은 ①행의 '통'자와 ③행
의 '개'자의 주어를 우리들 일반인 것처럼 보았고, ②행의 '귀'자와 ④
행의 '화'자는 각각 그 다음에 오는 '만류지일미'와 '백가지이쟁'을 주
어로 하는 자동사처럼 다루었다. 따라서 우리들 가운데 아무나 불교중
전의 부분을 통합하고 불의의 지공을 전개하기만 하면 그 결과는 만류
가 일미이고 백가의 이쟁이 그대로 살려져 화할 수 있게 되는 것처럼
되어 있다.[35] 박종홍은 어째서 이와 같이 주어를 바꾸고 문맥을 전도
시켰을까? 선생은 원래 원효의 화쟁을 개합으로써 종요를 밝히는 것이
라고 정의를 하였다. 여기에서 ①행을 통합을 나타내는 부분으로 보면
②행은 그 결과, 一로 되는 부분이며, ③행을 전개를 나타내는 부분으
로 보면 ④행은 多로 되는 부분이 된다. 다시 말하면 선생은 一로 통합
되고 多로 전개되는 종요의 뜻을 여기서 읽은 것 같다.

　선생의 이러한 고전해석 태도는 불교의 전통적 해석에서는 허용되
지 않았다. 이는 문법과 문맥의 문제라기보다도 불교의 교리적 문제라
고 말해야 할 것이다. 무엇보다도 우리가 불교중전의 부분을 통합한다
고 하여 반드시 만류가 일미로 될 보장이 없으며 불의의 지공무사함을
전개한다고 할 때에도 마찬가지의 난점이 있다. 그러므로 이는 원효의
원문처럼 『열반경』이 주어로 될 때만이 말이 된다. 그리고 설사 박종

<hr>

35) 閔泳圭는 1953년 8월호 『사상계』에 발표한 「원효론」에서 이 문장을 "제대소
　경론의 이설을 통섭하고 백가의 논쟁을 화합시켜서 하나로 귀일시킨다."고
　이해했고, 이종익은 그의 『원효의 근본사상』에서 똑같은 문장을 "중전의 부
　분을 통괄하여 만류의 일미에 돌아가며 불의의 지공을 열어서 백가의 이쟁을
　화합하였다"고 해석하였다. 두 분 모두 『열반경』을 주어로 보고 있음이 분명
　하다. 민영규, 「원효론」(『사상계』 제1권 제5호, 1953년 8월), p.186 ; 이종익,
　『원효의 근본사상』(동방사상연구원, 1977), p.19 참조.

홍의 해석처럼 ①행과 ②행의 관계 및 ③행과 ④행의 관계가 조건과 귀결의 관계로 당연하다 할지라도 우리는 또 다시 보다 더 근본적인 어려움에 부딪치게 된다. 그것은 다름 아닌 "어떻게 통합하고 어떻게 전개하느냐" 하는 문제이다. 우리가 불교중전의 부분을 통합한다고 할 때 우리가 해야 할 일은 무엇일까? 불교학자들처럼 불교중전의 부분을 하나하나 모두 주워 모아야 한다는 말인가? 우리가 불의의 지공무사함을 전개한다고 할 때는 또한 어떻게 해야 할 것인가? 모두들 스님들처럼 수도를 해야만 할 것인가? 이렇게 되면 화쟁사상의 논리적 가능근거가 갈수록 오리무중이 되고 말 것만 같다. 아무튼 우리의 가장 큰 관심사인 "어떻게 하여야 백가의 이쟁을 화합시킬 수 있을까?"하는 궁금증은 여전하기만 하다.

(2) 개합의 논리에 대하여

박종홍은 원효가 즐겨 쓰는 개와 합이라는 말을 전개와 통합이라는 현대어로 바꾸어 사용하였다. 과연 그렇게 해도 좋은지 우리는 이 점을 문제 삼아야 될 줄 안다. 박종홍이 개합의 논리의 전거로 삼고 있는 구절은 유명한『起信論海東疏』의 宗體章에 나오는 말이다. 필자는 여기에서도 앞에서와 똑 같은 방법으로 원효의 원문과 선생의 해석을 대조해 보기로 한다.

<원효의 원문>[36]	<박종홍의 해석>[37]
① 開則無量無邊之義爲宗	① 開하면 無量無邊之義가 전개되지만
② 合則二門一心之法爲要	② 합치면

---

36) T. 1844, vol.44, p.202b, lines 18~22.
37) 박종홍,『한국사상사』(서문당), pp.87~88.

③ 二門之內容萬義而不亂   ③
④ 無邊之義同一心而混融   ④ 하나로 혼융되어
⑤ 是以開合自在立破無碍   ⑤ 이른바 개합이 자재하고 입파가 무
애하여
⑥ 開而不繁合而不狹   ⑥ 開한다고 번거로운 것도 아니오, 합
친다고 좁아지는 것도 아니다(다시
말하면 개합에 따라 증감하는 것이
아니다).
⑦ 立而無碍破而無失   ⑦ 그리하여 정립하되 얻음이 없으며
논파하되 잃음이 없다고 한다.

위의 인용문과 그 해석에서 각행의 머리에 붙어 있는 번호는 나중에
문장을 따지는데 사용하도록 필자가 붙인 것이다. 우리는 여기에서도
또한 박종홍이 그의 지론인 개합의 논리에 초점을 맞추어 원효의 원문
을 퍽 자유롭게 해석하고 있음을 곧 알 수 있다. 다시 말하면 원효에
있어서 전개와 통합이라는 진리 탐구의 방법론적인 특색을 부각시키
기 위해서 선생은 원문의 ②·③·④행 속에 들어 있는 한자 30자를
우리말 10자로 압축하였다.
선생은 여기서 문헌학적인 고증을 하고 있는 것도 아니고 훈고학적
인 주석을 달고 있는 것도 아니며 오직 한 철학자로서 원효의 철학사
상을 논리적으로 체계 세우려 하고 있는 것뿐이니까, 우리는 박종홍의
이러한 자유로운 해석을 탓할 수는 없다고 할지도 모른다. 그러나 우
리가 여기서 문제 삼고 있는 것은 박종홍의 사상이 아니고 원효의 사
상인 만큼 박종홍의 해석이 원효의 원의와 멀어져 간다고 생각될 때에
는 기탄없이 이의를 제기해야 할 것이다. 그러면 원효의 원문 가운데
②·③·④를 박종홍처럼 간단하게 "합치면 하나로 혼융되어"라고 해
석하면 무슨 잘못된 점이라도 있다는 말인가?

　여기서 문제의 성격을 좀 더 뚜렷이 하기 위해서 먼저 필자의 해석을 내놓는 것이 좋을 것 같다.

① 펼칠 때는 무량무변한 뜻(義)이 그 大宗으로 되어 있고
② 합칠 때는 二門一心이라는 법이 그 요체로 되어 있다.[38]
③ (그런데 묘하게도) 그 이문 속에 (위에 말한) 무량한 뜻이 다 포용되고도 조금도 혼란됨이 없으며
④ (또한 위에 말한) 무변한 뜻이 일심과 하나가 되어 혼연히 융합해 버린다.
⑤ 이렇기 때문에 개와 합은 서로 자재하고 정입(긍정)과 논파(부정)는 서로 걸림이 없는 것이다.

　⑥행과 ⑦행에 대한 필자의 해석은 선생의 것과 별로 차이가 없으므로 생략했다. 필자의 해석도 퍽 자유롭고 다분히 해설적이다. 이 문장을 통해서 원효가 무엇을 말하려고 했는가를 잡아내기 위해서는 어떠한 형태로든 필자의 이해한 바를 모두 다 털어 내놓아야만 했기 때문이다.

　그러면 필자의 해석을 바탕으로 필요한 분석을 시도해 보자. ①행과 ②행은 일종의 대칭구조로서 양자는 서로 상반된 성격을 지니고 있는 것이 그 특징이다. 원효는 여기서 개와 합, 무량무변지의와 이문일심지법, 그리고 종과 요, 이러한 것들이 모두 서로서로 팽팽히 맞서 있음을

---

38) 여기서 필자는 원효의 종과 요를 각각 대종과 요체라고 번역해 보았지만 여전히 만족할 수 없으므로 필자의 이해한 바를 여기에 밝혀 후일을 기다리기로 한다. 여기서 종이란 형식논리학에서 말하는 외연이 가장 넓은 개념이며 요란 내포가 가장 작은 개념이다. 신유교의 정이천이 『중용』을 주석하면서 그 첫 머리에다 "放之則彌六合 捲之則退藏於密"이라는 말을 했는데 이는 각각 원효의 종과 요라는 개념에 가까운 것이라고 생각한다.
대동문화연구원, 『경서』(서울, 성균관대학교, 1968), p.769 아래 칸 참조.

의식적으로 대조시켜 보여 주고 있다. 이러한 대조는 현과 밀, 용과 체, 생기와 귀원 등등 여러 가지로 나타날 수 있다. 그런데 흔히들 이러한 쌍쌍의 어느 하나만을 보거나 또는 둘 다 본다 하더라도 양자의 진정한 관계를 못 보고 곧 잘 그 가운데 어느 하나만을 더 강조한다. 이래서 시비가 벌어진다. 원효는 지금 어떻게 해서든지 이러한 시비가 아무런 근거가 없음을 밝히려 하고 있다. 그 첫 작업이 여기서는 ③행과 ④행의 표현으로 나타난 것이다. 다시 말하면 시비를 벌이는 사람들이 생각하는 것과는 달리, 펼칠 때(開) 나타난 무량무변한 뜻이 합칠 때(合) 나타난 이문일심 속에 완전히 포용되어 조금도 혼란이 없이 융합되어 있다는 것이다. 그래서 원효는 ⑤행과 같은 결론을 자신 있게 내릴 수 있는 것이다. 즉, 개측과 합측이 서로 모순하기는커녕 개는 합의 나타남이고, 합에는 또 개가 포용되어 있어서 개가 곧 합이요, 합이 곧 개가 되는 상호 무애자재한 관계에 있다. 개합이 자재한다는 말은 원효의 화쟁사상을 단적으로 가장 잘 드러낸 말이다. 지금 필자들이 문제삼고 있는 ③행과 ④행은 개합이 자재한 가능근거를 파헤치고 있는 부분이므로 원효의 원효다운 면을 가장 잘 드러낸 중요한 대목이라고 말할 수 있다. 이는 개측과 합측 사이에 가로막혀 있는 두터운 벽을 터서 통하게 하고, 시비를 무쟁으로 질적 전환시키는 화쟁작업이기 때문이다. 만일 원효가 ①행과 ②행만을 말했다면 그는 한낱 지식인에 불과하다고 말해 마땅할 것이며, 만일 그가 ⑤행만을 말했다면 그는 한낱 奇異를 能事로 하는 도인에 불과할 것이다.[39] 그가 ③행과 ④행을 마저 말했기 때문에 그는 지식을 지혜로 승화시키고, 그 지혜를 다시 지식으로 표현한 보살행의 실천자가 될 수 있었으며, 한국 불교의 특

---

39) 이 문장을 도인을 평가하는 것으로 오해해서는 안 될 것이다. "한낱 기이를 능사로 하는 도인"이라는 말은 "기이를 능사로 하는 한낱 도인"이라는 말이 아니며, 이 세상에는 기이를 능사로 하지 않는 도인도 많기 때문이다.

징인 통불교의 선구자가 될 수 있었던 것이라 할 수 있다.[40]

　그러면 박종홍처럼 ②·③·④행을 하나로 묶어서 "합치면 하나로 혼융되어"라고 줄여 버릴 때 어떠한 결과가 생기는가를 살펴보자. 첫째, ②행을 철두철미하게 ①행에 맞서게 하지 아니하고 '합치면'이라는 단 한 마디의 말로 대치하고 넘어가 버리면 원효가 제기한 문제, 즉 시비하는 사람들이 빠지기 쉬운 '대립'이라는 함정을 여실히 부각시킨다는 초점이 흐려져 버릴 우려가 있고, 둘째, ③행과 ④행을 단순히 "하나로 혼융되어"라는 말로 대치해 버리면 ⑤행의 결론이 진부한 고투의 되풀이로밖에는 들리지 아니할 수도 있다.

　그러나 거듭 밝히는 바이지만 필자는 여기에서 박종홍이 말하는 개합의 논리가 원효의 특색이 아니라고 말하고 있는 것은 아니다. 개합의 의미에 있어서 양자 간에 거리가 있다는 점을 말하고 있을 뿐이다. 원효에 있어서는 개합은 문제제기일 뿐이요, 더 중요한 것은 개와 합의 관계가 어떻게 해서 대립의 관계에서 자재의 관계로 넘어가느냐에 있었다. 그런데 박종홍에 있어서는 개합이 진리탐구의 방법이 되어 있고 따라서 전개와 통합만을 잘 해 나가면 진리는 발견되게 되어 있다. 이러한 차이는 결코 작은 차이가 아니다. 원효에게서는 개합을 아무리 잘 해 놓아도 그것이 곧 화쟁이 되지는 못 한다. 더 요청되는 것이 있다. 그것은 개와 합의 관계에 대하여 새로 눈을 뜨는 것이다. 다시 말하면 종래엔 대립관계로 보던 것을 조화된 융통관계로 새롭게 다시 보는 것이다. ③행과 ④행은 바로 이러한 인식의 전환을 알리는 구절들이다. 여기에 ②·③·④행을 하나로 합쳐 버려서는 안 된다고 주장하

────────────────

40) 필자는 '보살행의 실천'이라는 말을 빼고 '통불교'라는 말을 생각해 볼 수가 없다. 이때의 '通'이라는 말은 여러 종파를 하나로 통합했다는 뜻이 아니라 지식의 차원이 승화되어 지혜의 차원이 되고, 이는 다시 지식의 차원으로 내려와서 서로서로 통하는 것을 의미하며, 보살이란 자기자신도 이렇게 되고 남들도 이렇게 되도록 돕는 사람들을 말하기 때문이다.

는 필자의 이유가 있다.

(3) 立破無碍와 與奪自在에 대하여

박종홍은 그의 논문 가운데 입파와 여탈의 장에서도 개합과 종요의 경우에서와 똑같은 성격의 문제점을 드러냈다. 다시 말하면 앞에서 개합이 진리탐구의 방법론으로 다루어질 경우 어떻게 해서 개합이 자재하게 되는가가 간과되었듯이 여기서는 어떻게 해서 입파가 무애하게 되는가가 간과되고 있다. 다음에 박종홍의 논거가 되어 있는 원효의 원문과 선생의 해석을 비교해 보자.

<원효의 원문>[41]	<박종홍의 해석>[42]
① 今此論者	① 馬鳴의 起信論은
② 無不立而自遣	② 정립하면서도 자유하지 않음이 없고
③ 無不破而還許	③ 논파하면서도 還許하지 않음이 없다
④ 而還許者顯彼往者往極而遍立	④ 여기서 환허는 往, 즉 논파가 極하여 편입함을 顯示함이요
⑤ 而自遣者明此與者窮與而奪	⑤ 자유는 與, 즉 許가 窮하여 奪함을 밝힘이니
⑥ 是爲諸論之祖宗群諍之評主	⑥ 이것이야말로 諸論之祖宗이요, 群諍之評主라고 한다.

상기 인용문에서 ②행과 ③행은 정립과 논파가 자유자재함을 선언

---

41) 이 문장은 원효의 『대승기신론별기』에 나온다. T. 1845, vol.44, p.224b, lines 9~12 참조.
42) 박종홍, 『한국사상사』(서문당), pp.89~90 참조.

한 대목이고 ④행과 ⑤행은 그에 대한 설명부분이라고 말할 수 있다. 그러므로 ④, ⑤행은 원효의 원효다운 면을 알아 볼 수 있는 가장 중요한 대목이라고 말할 수 있다. 그런데 필자는 여기에서도 박종홍의 해석에 대해서 의문이 있다.

그러면 먼저 ④행과 ⑤행을 철저히 분석해 보자. ④행의 본동사는 '顯'자이며 ⑤행의 그것은 '明'자이다. '현'자의 주어는 "而還許者"이고 '명'자의 주어는 "而自遺者"이다. 원래 龍樹 계통은 논파하지 아니함이 없는 것(無所不破)이 특징이고 世親 계통은 정립하지 아니함이 없는 것(無所不立)이 그 특징이었다. 그런데 원효에 의하면 馬鳴의 起信論의 특징은 이상 두 가지의 서로 다른 특징인 무소불파와 무소불립을 다 함께 가지고 있는 것이었다. 그러면 어떻게 그것이 가능하느냐 하는 문제가 생긴다. 여기에서 원효의 특징이 드러난다. ②행에서 보는 바와 같이 '無不立' 다음에는 '而自遺' 세 자를, 그리고 ③행의 '無不破' 다음에는 '而還許' 세 자를 닮으로써 원효는 그의 작업을 시작한 것이다. 그러므로 ④행과 ⑤행의 주제는 어떻게 해서 정립이 논파가 되고, 논파가 정립이 되는가를 밝히는 것이다.

그러면 필자의 분석 작업을 진일보시켜 ④행의 동사인 '顯'자의 목적절인 "彼往者 往極而遍立"이라는 문장과 ⑤행의 동사인 '明'자의 목적절인 "此與者 窮與而奪"이라는 문장을 분석하기로 하자. 이상 두 목적절 내의 주어들은 각각 '彼往者'와 '此與者'이며 그들의 동사는 각각 맨 끝에 있는 '立'자와 '奪'자이다. 그러면 이들 주어와 동사 사이에 끼여 있는 '往極'이라는 말과 '窮與'라는 말을 어떻게 처리할 것인가 하는 문제가 남는다. 우선 왕극과 궁여를 빼 놓고 주어와 동사를 바로 연결시켜 이를 알기 쉬운 우리말로 옮겨 보면 "저 부정된 자는 모두 살려지고" "이 긍정된 자는 부정된다"는 뜻이 된다. 우리는 여기서 대강이나마 원효가 왜 왕극과 궁여를 각각 주어와 동사 사이에 끼워 넣었는가를 짐작할 수 있다. 즉, 왕극은 그의 주어인 피왕자가 이편립으로, 궁여는 그의 주어인 차여자가 이탈로 각각 질적 전환되는 데에 없어서는 아니 될 말들이다. 그러한 의미에서 이 말들은 ④행과 ⑤행의 사명을 완수하는 데에 있어서 가장 중요한 역할을 하는 핵심어들이라고 말할 수 있으며, 원효를 원효답게 만드는 것도 이러한 말들이 있어야 할 자리에 바로 놓여 있기 때문이라고 하겠다.

그러면 이제부터는 왕극과 궁여의 의미만을 집중적으로 탐구해 보자. 논파라는 작업, 즉 往이 그 극에 이르지 못하면 저 논파되어 버린 자, 즉 피왕자가 모두 다 긍정되는 질적 전환이 있을 수 없는 것이요, 정립하는 일, 즉 與가 그 궁극에 이르지 못하면 지금 정립되어 있는 자, 즉 차여자가 다시 부정되는 질적 전환이 불가능하다. ②행의 무불립이라는 말과 ③행의 무불파라는 말에서 '무불'이라는 이중부정사는 정립과 논파라는 작업을 그 극치에까지 몰고 가기 위해서 쓴 극단적인 강조어구이다. 그러므로 우리는 왕극과 궁여가 각각 ②행과 ③행의 첫머리에 있는 '무불'이라는 말을 받아서 이를 발전시키는 말이라고 볼 수 있다. 다시 말하면 정립이 정립되지 아니함이 없을 때 비로소 자유롭게 되고, 논파가 논파하지 아니함이 없을 때 오히려 다 살려진다는 것이다.

이제 우리는 다시 맨 처음의 화제로 돌아가서 박종홍의 해석 가운데서 우리들이 납득할 수 없는 대목을 분명히 해 놓기로 하자. 박종홍은 ②, ③행에 나오는 두 개의 '무불'의 해석과 ④, ⑤행에 나오는 왕극과 궁여의 해석을 모두 애매하게 해 놓았다. 좀 더 구체적으로 이야기하자면 선생의 해석 가운데 ②행과 ③행의 "하지 않음이 없다"는 말은 둘 다 자유와 환허에 걸리도록 되어 있으며 ④행과 ⑤행에 있어서 각각 두 번 거듭해서 나오는 '往'자와 '與'자를 모두 한 번만 나온 것처럼 다루어 실제로 긍정되는 것과 실제로 부정되는 것이 과연 무엇인가가 불분명하게 되어 있다.

한문이란 원래 간결을 미덕으로 삼아서 주어와 목적어를 명시하지 않는 것이 보통이고 주문과 종속문의 구별이나 능동과 피동의 구별조차 분명히 해 놓지 않을 때가 많아서 항상 해석상에 차이가 많이 생기게 마련이다. 그래서 필자는 여기에 이해한 바를 밝히기 위해서 번거로움을 무릅쓰고 문장분석에 힘쓰고 있다. 원효의 원문 중 ②행의 動詞는 '立'자이고 주어는 전후 문맥상 기신론임이 분명하며 동사의 목적어는 기신론 속의 모든 주장들이다. 그리고 '而'자 다음의 '自'자는 副詞로서 동사인 '遣'자를 수식하며 '遣'자는 피동태이므로 유를 當하는 것은 방금 정립해 놓은 것들이다. ③행의 경우를 보면 동사인 '破'자의 주어는 역시 기신론이고 그 목적어는 중론, 유가론을 비롯한 백가의 학설들이다. '而'자 다음의 '還'자는 부사로서 동사인 '許'자를 수식하며, '許'자는 역시 피동태이므로 還許된 것은 방금 논파 당한 모든 학설들이다. 그런데 만일 우리들이 박종홍처럼 ②행의 이자유와 ③행의 이환허를 모두 능동태로 보아 "정립하면서도 자유하지 않음이 없고 논파하면서도 환허하지 않음이 없다"고 해석한다면 이 경우엔 입에서 파로, 파에서 입으로 질적 전환하는 과정을 설명하는 대목을 넣을 필요가 그렇게 절실하지 않게 된다. 왜냐하면 논파와 정립은 기신론이 원래 가지고 있는 방법론적인 두 개의 칼이기 때문이다.

거듭 말하는 바이지만 원효가 본 기신론의 특징은 정립과 논파라는 두 개의 칼을 다 가지고 있다는 데 있지 아니하고 정립과 논파가 상호전환 한다는 데에 있었다. 그리고 원효에 의하면 이러한 전환의 가능조건이 다름 아닌 왕극과 궁여라는 것이다. 다음은 필자의 분석을 바탕으로 한 필자의 해석이다.

① 기신론에서는

② 주장되지 아니함이 없으면서도 (그 모든 주장된 것들이) 스스로 부
정되어 버리고

③ 논파되지 아니함이 없으면서도 (그 모든 논파된 것들이) 오히려 긍
정되어 버린다.

④ 여기서 "오히려 긍정되어 버린다"고 말하는 것은 저 논파되어 버린
것들이 (기신론의) 논파작업이 그 극치에 이를 때, 모두 되살아나는
것임을 나타내는 것이요,

⑤ "스스로 부정되어 버린다"고 말하는 것은 여기서 주장된 것들이,
(기신론의) 정립작업을 끝까지 밀고 나갈 때, 스스로 부정되어 버리
는 것임을 밝히는 것이다.[43]

(4) 원효가 승랑과 원측을 화합했다는 데 대해서

박종홍은 그의 입파와 여탈의 장 마지막에서 "원효는 바로 삼론과
유식의 사상을 그의 화쟁의 논리로써 지양한 것, 다시 말하면 승랑과
원측의 사상을 보다 심오한 근본적이며 전체적인 입장에서 화합시킴
으로써 전불교사상의 올바른 방향을 명시한 것"이라는 결론을 내렸다.
그런데 박종홍은 무엇을 근거로 이러한 결론을 내렸는지 궁금하다. 원
효가 승랑과 원측을 만났다는 기록도 없고, 그들에 대해서 언급한 적
도 없다. 승랑과 원측은 둘 다 한 번 중국으로 건너간 뒤 그들의 조국

---

43) 이기영은 그의 『원효사상』(서울, 홍법원, 1976), pp.52~53에서 이 부분을 다음
과 같이 해석하였다. "지금 이 논을 보건대 (중략) 긍정적 주장이 있으나 또
적극적 부정이 있다. 긍정과 부정이 모두 용인된 셈이다. 기신론은 '나아가아
르쥬나'의 부정적 논리를 그 궁극점에 이끌어, 거기에 논리를 넘어선 보편적
진리가 드러남을 밝히고, 또 '마이트레야나아타'의 긍정적 논리를 끝까지 몰
고 가, 마지막에는 그 긍정적 논리의 가능성을 빼앗는 것이다." 여기, 이기영
의 해석은 우리의 분석이 뒤쫓아 갈 수 없을 만큼 뜻 본위로 되어 있지만 우
리의 해석과 다른 점은 ④행의 피왕자를 Nāgārjuna의 부정적 논리로, ⑤행의
차여자를 Maitreya-nātha의 긍정적 논리로 보았다는 점이다.

에 돌아온 적이 없었다.44) 뿐만 아니라 그들이 조국에 남아 있는 사람들과 편지를 주고받으며 사상적 교류를 했다는 증거도 남아 있지 않다. 그렇다면 무엇을 근거로 원효가 중관학파의 승랑과 유식학파의 원측의 사상을 화합시켜, 한국 불교의 방향을 명시했다고 주장할 수 있을 것인가? 오직 그들이 원래 한반도 출신이었다는 사실 하나만으로 그러한 주장을 할 수 있을까? 물론 원효는 그의 『大乘起信論別記』에서 『중관론』, 『십이문론』 등의 삼론종 계통의 논서와 『유가론』, 『섭대승론』 등의 유식종 계통의 논서를 모두 한 편에 치우친 불편론들이라고 비판한 일이 있다.

그러나 원효의 이러한 비판은 오늘날 학적인 지지를 받기에는 너무 단편적인 발언만이 남아 있을 뿐 그를 밑받침할 만한 원효 자신의 이론적인 근거가 아직 발견되지 않고 있으며, 이에 대한 후학들의 연구도 없는 것 같다. 원효의 『중관론』, 『유가론』에 대한 비판은 어디까지나 그 뒤에 나온 『대승기신론』의 특징을 드러내기 위한 수사적인 성격을 띠고 있을 뿐이다. 만일 우리들이 처음에 쓰인 것으로 알려진 원효의 『기신론별기』와 해동소라는 이름으로 널리 알려진 『대승기신론소』를 자세히 비교해 보면 이 점이 뚜렷하게 드러난다. 우리에게 지금 문제가 되어 있는 원효의 중관론과 유가론에 대한 비판 문장은 별기에만 있을 뿐, 소에서는 삭제되어 있다. 이러한 사실은 무엇을 의미하는가? 원효가 처음에 별기를 지을 때에는 기신론을 군쟁의 평주로 보고, 따라서 타서에 대한 비판을 서슴지 않다가 나중에 소를 지을 무렵에는 그의 태도를 바꾼 것으로 해석할 수도 있을 줄 안다. 사실 해동소에서는 유식계의 학설들이 자주, 그리고 소중하게 인용되고 있다.45)

---

44) 원측이 귀국하지 않았다는데 대해서는 박종홍, 『한국사상사』(서문당), pp.82~83에 있는 주 1)을 참조.
45) 원효가 유식계의 학설을 소중히 다루었다는 이야기는 민영규 선생도 지적하

아무튼 위의 박종홍의 주장은 매우 흥미롭고 고무적이지만 앞으로 우리나라에서의 용수계와 세친계의 사상 발전에 대한 학적 연구가 여러 면에서 심화될 때까지 좀 더 토론이 계속되어야 할 것 같다.

(5) 同異와 有無에 대하여

박종홍은 『금강삼매경』에 나오는 동이의 장을 다음과 같이 해석하였다.

<원효의 원문>[46]	<박종홍의 해석>[47]
① 若諸異見諍論興時	① 여러 이견의 쟁론이 생겼을 때에
② 若同有見而說則異空見	② 만일 유견과 같이 설한다면 空見과 다를 것이요
③ 若同空執而說則異有執	③ 만일 空執과 같이 설한다면 有執과 다를 것이다
④ 所同所異彌與其諍	④ 그리하여 所同所異가 쟁론만 더욱 야기할 것이다
⑤ 又復兩同彼二則自內相諍	⑤ 그렇다고 또 동이의 둘을 같다고 한다면 자기 속에서 상쟁할 것이요
⑥ 若異彼二則與二相諍	⑥ 동이의 둘이 다르다면 그 둘과 더불어 상쟁할 것이다
⑦ 是故非同非異而說	⑦ 그러므로 동도 아니요 이도 아니라고 설한다
⑧ 非同者如言而取皆不許故	⑧ 동이 아니라고 함은 말 그대로 모두를 불허하기 때문이요

고 있다. 민영규, 「원효론」(『사상계』 1953년 8월호), p.18b 참조.
46) T. 1730, vol.34, p.932c, lines 11~17.
47) 박종홍, 『한국사상사』(서문당), pp.91~92.

⑨ 非異者得意而言無不許故   ⑨ 이가 아니라고 함은 뜻을 밝히어 허
　　　　　　　　　　　　　　　　하지 않음이 없기 때문이다

⑩ 由非異故不違彼情   ⑩ 이가 아니라고 하니만큼 그의 정에
　　　　　　　　　　　　어그러지지 않고

⑪ 由非同故不違道理   ⑪ 동이 아니라고 하니만큼 도리에 어
　　　　　　　　　　　　그러지지 않는다

⑫ 於情於理相望不違   ⑫ 그리하여 정에 있어서나 理에 있어
　　　　　　　　　　　　서나 서로 불가리의 관계에 있어서
　　　　　　　　　　　　어그러지지 않는 것이다

상기 총 12행의 인용문은 크게 둘로 나누어 볼 수 있다. 즉 ①행부터 ⑥행까지는 어째서 시비가 그치지 않고 있는가를 이야기하고 있으며, ⑦행부터 ⑫행까지는 어떻게 해야 시비가 멎을 수 있는가를 말하고 있다. 원효는 다시 전반부를 둘로 나누어 ②행과 ③행에서는 소위 시비꾼들의 시비에 부채질하는 모습을 드러냈고 ⑤행과 ⑥행에서는 소위 시비를 초월하려는 사람들이 여전히 시비의 테두리를 벗어나지 못하고 있음을 지적하고 있다. 다시 말하면 지금 싸우고 있는 유견과 공견의 둘을 다 같이 긍정한다든가 또는 둘을 다 같이 부정하는 것으로써 화쟁이 이루어지는 것처럼 착각하는 폐단을 통쾌하게 찌르고 있다. 그러므로 ⑦행은 이러한 모든 시비꾼 내지 사이비 화쟁꾼들에 대한 대안을 제시하고 있는 가장 중요한 대목이라고 하겠다. ⑧행 이하는 ⑦행을 설명하고 있다고 보아 무방할 것이다.

그러므로 우리는 여기에서 ⑦행의 의미를 집중적으로 탐구해 보자. 필자는 박종홍의 해석인 "동도 아니요 이도 아니라고 설한다"라는 말이 원효의 뜻을 충분히 드러냈다고 생각하지 않는다. ⑦행이 제대로 해석되려면 '동'자와 '이'자가 여기에서 무엇을 의미하는가가 분명해져야 할 것이다. 그러기 위해서는 물론 전반부인 ⑥행까지에서 '동'자와

'이'자가 어떻게 쓰여졌는가를 살피지 아니할 수 없다. 필자가 보는 바로는 여기에서 '동'자는 항상 '동의한다'는 뜻으로, '이'자는 항상 '동의하지 않는다'는 뜻으로 쓰이고 있다. 그러므로 ① · ② · ③ · ④행의 취지를 간추리면 대강 다음과 같은 뜻이 된다.

① A와 B가 싸우고 있을 때에
② · ③ 만일 A에 동의하면 이는 B에 동의하지 않는 것이니 역시 싸움의 해결엔 도움이 안 되어
④ (그 결과는 A를 지지하건 B를 지지하건) 지지받는 쪽(所同)과 지지받지 못하는 쪽(所異) 사이의 싸움만 더욱 더 심각해지는 것밖에 없을 것이다.

이상의 필자의 해석은 박종홍의 그것과 별차가 없다. 그러나 그 다음의 ⑤행과 ⑥행에서는 크게 차이가 나타난다. 박종홍은 첫째, ⑤행의 '同'자와 ⑥행의 '異'자를 각각 "같다고 본다"와 "다르다고 본다"는 뜻으로 해석하였고 둘째, 이들의 목적어인 '彼二'를 동과 이의 둘이라고 보았다. 이는 분명히 ④행의 소동 소이를 동이와 동일시했기 때문이라고 생각된다. 그러나 여기서 소동을 '동의된 것' 즉 지지 받는 쪽이라 해석하고, 소이를 '동의 받지 못한 것' 즉 지지 받지 못하는 쪽이라 해석하면, 그것들은 결국 이제까지 시비를 벌여오던 유견과 공견 외에 다른 것이 아니게 된다. 이렇게 볼 경우 ⑤행의 '동'자 앞에 붙어 있는 '양'자가 매우 중요한 역할을 하고 있음을 알 수 있다. 즉, 그것은 부사로서 동사인 '동'자를 수식하면서 소위 화쟁을 지향한다는 사람들이 유견도 옳고, 공견도 옳다는 식으로 상반된 두 의견에다 동의하는 폐단을 지적하고 있는 것이다.[48] 이 점은 '則'자 다음의 자내상쟁이라는

---

48) 이러한 폐단을 필자는 양동의 오류라고 부르기로 했다.

말이 더욱 뚜렷하게 밑받침해 주고 있다. 다시 말하면 입으로만, 또는 작전방편상 둘 다 옳다 하는 화쟁술은 유견과 공견이 가지는 문제점의 진정한 해결을 못 본 채 짐짓 한 짓이기 때문에 그 사람 자신 속에서 아직 해결을 못 본 유견과 공견이 계속 싸울 것이라는 것이다. ⑥행의 경우는 ⑤행의 경우와 정반대가 되어 있다. 그러므로 필자는 ⑥행의 '이'자 앞에 '양'자가 생략되어 있다고 보고 이번에는 유견에도 반대하고, 공견에도 반대하는 식으로 둘 다 동의하지 않는 것으로 장기를 삼는 사이비 화쟁술을 비판하고 있다고 해석한다.[49]

　　사실 화쟁은 術이 아니다. 그것은 道여야 한다. 술에는 자기비판이 없다. 그러므로 바꾸어져야 할 것은 항상 남들이다. 그러나 원효의 화쟁에는 항상 자기자신의 질적 전환이 말 없는 가운데에 전제되어 있었다. 원효의 수많은 저술들 가운데 일관된 하나의 특징이 있다면 그것은 難破라는 개념일 것이다. 난파란 자기자신이 깨지고 부서지는 것이다. 이 점은 ⑦행의 해석에서도 마찬가지이다. ①행부터 ⑥행까지는 계속 '동의한다'든가 '동의하지 않는다'는 태도로 세상 사람들의 시비를 대해 왔다. 심지어 ⑤행과 ⑥행의 경우까지도 예외는 아니었다. 그러나 어느 경우도 화쟁은 실패였다. 왜 그랬을까? 그러면 어떻게 해야 될까? 이러한 의문에 대한 답변이 바로 ⑦행의 '메시지'다. ⑦행은 ②행과 대조해 볼 때 그 문의가 더욱 뚜렷이 드러난다.

　　② 若同有見而說
　　⑦ 非同非異而說

　　②행과 ⑦행의 차이는 어디에 있는가? ②행은 '동의한다'든가 또는

---

49) 이것은 兩異의 오류다. 兩同과 양이는 그 증상이 정반대로 나타났지만 그 병인은 똑같다.

'동의하지 않는다'는 두 가지의 길 가운데 하나를 택한 태도라면, ⑦행은 동과 이로 대립되는 차원을 뛰어 넘으라는 것이다. 비동비이라는 양부정은 이제까지의 모든 길을 다 차단해 버림으로써 길을 찾고 있는 사람 자신을 죽여 버리는 것을 의미한다.50) 크게 죽어 거기서 다시 살아나는 大死一飜의 변화이다. 그러므로 ②행과 ⑦행의 차이는 시비에 임하는 사람이 원용하는 方法의 차이가 아니라 일종의 차원의 차이이다. 그러므로 필자는 ⑦행의 해석을 박종홍처럼 "동도 아니요 이도 아니라고 설한다"고 해석하기보다는 "동의한다 또는 동의하지 않는다는 차원을 모두 떠나서 설한다."고 해석하고 싶은 것이다. ②행이나 ⑦행이나 본동사는 '說'자이다. 그런데 이들 '설'자 앞에 '而'자로 연결된 전반부가 있다는 것이 재미있다. ②행에서는 동유견이었는데 ⑦행에서는 비동비이이다. 전자는 한쪽에 치우쳐 있지만 후자에서는 치우칠 길마저 없어져 버렸다. 그러므로 설은 같은 설이지만 전자는 구태가 의연한 채로 설하는 것이고, 후자는 자아혁명의 질적 전환을 수행한 사람의 설이다. 박종홍의 해석에서는 이 점이 분명치 아니하며 원효의 원본을 설비동비이로 바꾸어 놓은 듯한 불안감마저 있다.51)

다음은 필자의 이해한 바에 따라 ⑤·⑥·⑦행을 그 취지 본위로 해석해 본 것이다.

---

50) 비동비이는 동유견도 아니고, 이공견도 아니고 양동도 아니고 양이도 아니다. 그러므로 화쟁자는 크게 한 번 죽어야 한다는 것이다. 남이 보기에는 예전이나 조금도 다름없고 다른 사람들과도 조금도 다름없으나 사실은 한 번 크게 죽고난 사람이기 때문에, 그 큰 죽음은 보통 사람들의 숨이 끊어진 죽음과는 다르며, 따라서 그 다음의 쓰임이나 힘이 화쟁을 할 만하게 된다.

51) 비동비이이설이라는 말은 설비동비이라는 말과 다르다. 전자는 원효가 말하는 질적 전환을 한 화쟁자의 차원에서 나오는 말이며 후자는 화쟁자의 필수 조건인 사람의 질적 전환 없이 입으로만 비동비이를 설하는 것이므로 양자의 차이는 하늘과 땅의 거리만큼 크다.

⑤ 그렇다고 하여 저렇게 시비하는 A와 B의 둘을 둘 다 옳다고 하면 (兩同), (A와 B의 싸움에 무슨 해결이 나서 그렇게 한 것이 아니기 때문에) 이제 자기 속에서 (아직 해결을 못 본 저 둘(彼二)) 서로 싸울 것이요

⑥ 만일 저 A와 B의 둘을 둘 다 그르다고 하면(兩異) 이젠 (나하고) 저들 둘하고 서로 싸우게 될 것이다.

⑦ 그러므로 "동의한다" 또는 "동의하지 않는다"는 두 입장을 모두 떠나서 (시비하는 사람들을 대하는 것이다).

　이상에서 시도한 필자의 해석은 얼핏 보기에 다음의 ⑧ · ⑨ · ⑩ · ⑪행에 나타나 있는 원효의 비동과 비이에 대한 설명과 일치하지 않는 것처럼 보인다. 다시 말하면 비동은 동의하지 않는 것이요, 비이는 동의하는 것처럼 보여서 비동비이를 한 데 묶어서 양부정으로 보려는 필자와는 다른 것처럼 보인다. 그러나 ⑧행의 결론인 개불허와 ⑨행의 무불허가 사실상 어떠한 경우에 가능한가를 생각해 보면 그러한 의문은 해소될 것이다. 모두 다 불허하는 경지에 자기의 주장만이 허락될 수 있을까? 자기의 주장이 허락되지 않는 자리에 어떻게 '동의한다'든가 '동의하지 않는다'는 태도를 지닐 수 있을까? ⑨행의 "허락하지 않음이 없다"고 말하는 경우도 마찬가지이다. 일체가 허락되지 않는 자리에 무슨 '동의한다' 또는 '동의하지 않는다'는 구별이 있을 수 있겠는가? 그러면 다시 여기에서 의심이 생긴다. ⑧행과 ⑥행, 그리고 ⑨행과 ⑤행이 서로 서로 비슷하게 보이는데 양자를 구별 짓는 무슨 뚜렷한 차이라도 있는가? 비슷하게 보인다고 하는 것은 ⑨행의 무불허가 ⑤행의 양동의 오류처럼 보이며 ⑧행의 개불허가 ⑥행의 양이의 오류처럼 보인다는 말이다.

　한 마디로 말해서 ⑧ · ⑨ · ⑩ · ⑪행은 ⑦행의 설명 부분이면서 동시에 ⑫행의 결론을 정당화시키려는 근거이기 때문에 이들은 항상 불

교사상의 양부정과 양긍정을 거친 다음의 융통자재함을 전제하고 있다. ⑫행의 "於情於理 相望不違"라는 말은 정서적인 면에서나 논리적인 면에서나 어느 경우를 막론하고 일체가 조금도 어긋남이 없이 서로서로 통한다는 말이다. 그러므로 양부정의 고비를 넘기지 못한 사이비 화쟁술의 소산인 양동양이의 오류로서의 ⑤·⑥행과 양동이 야기하는 ⑧·⑨행은 겉은 비슷해 보이나 그 질은 하늘과 땅의 차이라고 말해야 할 것이다.

이 밖에도 ⑧행과 ⑨행에는 원효의 화쟁사상을 이해하는 데에 있어서 소홀히 넘겨 버릴 수 없는 중요한 말이 들어 있다. 그것은 원효가 개불허와 무불허의 근거로서 각각 "如言而取"라는 말과 "得意而言"이라는 말을 쓰고 있다는 사실이다. ⑧행의 "여언이취 개불허"라는 말은 "말 그대로 받으면 아무도 용납될 수 없다."는 뜻이며 ⑨행의 "득의이언 무불허"라는 말은 "뜻을 살려서 들으면 누구나 용납될 수 있다."는 뜻이다. 여기서 원효는 인간의 언어를 본래 불완전한 것,[52] 그래서 항상 공격의 대상이 될 수 있는 것이라 보고 있으며, 동시에 그는 인간의 언어가 아무리 모순되어 보여도 항상 그 이면에는 어딘가에 살려야 할 좋은 뜻이 숨어 있다고 보고 있다.[53]

생각해 볼수록 옳은 말을 하고 있는 데도 불구하고 이를 시비하는 사람이 없지 아니하며, 아무리 생각해 보아도 말이 안 되는 소리들을 하고 있는 것 같은데도 이를 두둔하는 사람이 없지 아니한 것이 세상일이다. 일반 세상에서는 이미 내 편과 네 편이 갈라져 있기 때문에 이

---

52) 원효는 선종이 들어오기 이전에 살았지만 離言絶慮라는 말은 원효가 가장 애용한 말 가운데 하나이다.

53) 이 점은 원효의 인간존중의 사상과 사회존중의 사상에서 나온 것으로 보인다. "아무리 어리석어 보이고, 또한 피차에 의견의 차이가 크더라도 우리는 모두 함께 살아야 한다."는 달관이 없으면 아무도 득의이언하는 태도를 지닐 수 없을 것이다. 우리는 원효에게서 신라사회의 밝은 면을 보는 것 같다.

러한 일이 벌어진다. 그런데 원효는 여기에서 이를 화쟁의 원리로 역이용하고 있다. 다시 말해서 이제까지 미운 사람에게만 쏠렸던 시비하는 마음을 자기자신에게도 돌리고, 고운 사람에게만 쏠렸던 두둔하는 마음을 남에게도 돌리는 것이다. 왜냐하면 말은 누구의 말이건 허점이 있게 마련이고, 뜻은 누구의 뜻이건 살려져야 할 좋은 점이 있기 때문이다. 말과 뜻의 관계는 원효의 사상 가운데서 더 깊이 연구되어야 할 중요한 대목인 것 같다. 아무튼 원효에 있어서 "말 그대로 받는다."는 것은 자기자신과 자기자신이 속한 단체까지를 포함한 일체를 부정하는 원리로 등장하고 있으며, "뜻을 살려서 듣는다."는 것은 원수까지를 포함한 일체를 긍정하는 원리로 탈바꿈을 하고 있다. 불교에서 항상 강조하는 이러한 일체부정과 일체긍정의 가능근거를 원효는 말과 말뜻이 뒤엉킨 가운데서 사는 인간의 구조 자체에서 보았다고 말할 수 있다.

그러므로 화쟁에 뜻을 둔 사람은 아무리 가까운 사람들의 그럴듯한 말에서도 여언이취하는 원칙에서 그 허점을 지적할 줄 알아서 일시도 도리에서 벗어나는 일이 없어야 할 것이요, 또한 아무리 미운 사람들의 말에서도 득의이언의 원칙에 입각하여 오랫동안 엉킨 감정을 풀어버려야 할 것이다. 상대방이 누구이건, 무슨 말을 하건 공격의 대상이 되는 말에는 맞장구치지 않는다면 항상 도리에 어긋나지 아니할 것이요, 상대방이 누구이건 무슨 말을 하건 그 사람의 말하고자 하는 뜻을 살려내 주면 그 사람의 감정을 상하게 하지는 아니할 것이다. 여기에 원효의 화쟁이 매우 심오한 철학적인 성격을 담고 있는 것 같으면서도 극히 상식적인 세계를 무시하지 아니하며, 그러면서도 그것은 지적인 것만도 아니요, 또는 정서인 것만도 아닌 전인적인 것임을 알 수 있다. 이러한 원효의 이상은 철저한 자기심화를 통하여 결국은 모든 사람들을 다 소중히 여기면서 그들과 함께 살아야 하는 긍정적인 사회관이 그 바탕이 되어 있음을 알 수 있다.

얼핏 생각하면 "여언이취"는 그 결과가 모두 불허이기 때문에 화쟁을 위해서는 무불허를 가져오는 득의이언만이 상책일 듯도 싶으나 원효의 뜻은 그렇지 않다. 원효는 오히려 어떻게 하면 말이 치우칠 때에는 이를 지적하여 바로 잡고 동시에 뜻이 옳을 때에는 이를 살려낼 것인가를 문제 삼았다고 볼 수 있다. 다시 말하면 여언이취하여 비동할 줄 알고 동시에 득의이언하여 비이할 줄 아는 것이 화쟁의 길을 가는 사람들의 사는 모습이다. 원효는 비동의 정신으로 삼론과 유식을 비판했으며 비이의 정신으로 삼론과 유식을 살려냈다고 말할 수 있다.

마지막으로 필자는 다음에 ⑧ · ⑨ · ⑩ · ⑪ · ⑫에 대한 필자의 해석을 적어 보겠다.

⑧ (非同非異 가운데 非同 부분인) "동의하지 않는다."는 말은 (누구를 막론하고 사람의 말이란) 말 그대로 받으면 모두 용납될 수 없기 때문에 (가능한 것이요)

⑨ (非同非異 가운데 非異 부분인) "동의하지 않는 것이 아니다."는 말은 (누구를 막론하고 사람의 말이란) 그 뜻을 살려서 들으면 모두 용납될 수 있기 때문에 (가능한 것이다).

⑩ 동의하지 않는 것이 아니기 때문에 (다시 말하면 상대방의 뜻을 살려서 듣기 때문에) 상대방의 감정을 거스르지 않게 되고

⑪ 동의하지 않기 때문에 (다시 말하면 상대방의 말을 뒤쫓아가지는 않기 때문에) 도리에 어긋나지 않게 된다.

⑫ 이와 같이 정서적인 면에 있어서나 논리적인 면에 있어서나 조금도 어긋남이 없이 서로서로 융통자재하게 된다.

4

박종홍은 그의 논문 가운데 '동이와 유무'라는 장의 후반부에서부터 원효의 화쟁의 논리가 비합리의 합리요, 비논리의 논리라는 것을 강조하였다. 그리하여 이제까지는 비교적 소홀히 다루었던 개합과 입파가 서로 자유자재로 걸림이 없는 면에다가 역점을 두었다. 그래서 一과 多, 性과 相, 然과 不然, 邊과 中, 一味와 絕言 등의 문제들을 모두 양자가 서로 통하는 측면에서 다루었다. 선생의 논문 전반부와 후반부 사이에 나타난 성격상의 변화는 가히 급회전이라고 해도 과언이 아니다. 그런데도 선생은 무분별지의 소산인 후반부의 비논리의 논리가 어떻게 해서 이를 전반부에서 무애와 자재에 대한 부분을 계속 소홀히 하면서까지 부각시키려고 애썼던 진리탐구 방법으로서의 개합의 논리와 다르지 않은가를 설명하지 아니하였다. 다만 선생은 개합의 논리 이외의 다른 것이 아니라고 강조하면서 형식논리의 분별지에 집착하지 말라고 경계하였다.

필자는 앞에서 원효에서의 개합이라는 말이 박종홍이 말하는 전개와 통합이라는 개념과는 상당히 거리가 먼 말들임을 지적하였다. 그러면서도 필자는 원효가 그의 문장을 쓸 때에 그 형식적인 문장 서술기법상의 순서를, 항상 開했다가는 合하고 合했다가는 개하면서 나중에는 개에서 합을 드러내고 동시에 합 속에서 개를 봄으로써 이 양자가 자유자재로 융통함을 밝히는 문장형식을 쓰고 있다는 사실을 인정하였다. 박종홍은 원효의 현존 저술에 나타나 있는 이러한 개합형식의 문장들을 빠짐없이 망라하였다. 어떻게 보면 선생이 줄기차게 밝히려고 했던 것은 원효사상의 내용이었다기보다도 논리라는 이름의 이러한 형식이었던 것 같다. 물론 내용을 무시한 형식이란 있을 수 없다. 박종홍도 그의 각의 원리의 장에서 이 점을 분명히 하고 있다.

> 화쟁의 논리를 원효의 철학의 방법적인 면이라고 할 수 있다면, 본시
의 양각을 추축으로 하여 전개되는 각의 원리는 원효의 철학의 내실을
제시하는 것이라고 하겠다. 그러나 내실 자체의 전개하는 모습이 다름
아닌 논리인 이상, 화쟁의 논리가 각의 원리와 遊離하여 있을 리는 없
다.54)

논리와 내실은 따로 떨어질 수 없다는 소론은 매우 불교적이며 또한
원효적이다. 그러나 진리탐구의 방법으로서의 개합의 논리가 어떻게
해서 각의 원리라는 내실 자체의 전개하는 모습이라는 점을 밝히지 않
고서는 원효의 체계와 박종홍의 체계는 여전히 거리가 먼 것 같다. 논
리와 내실의 상관관계상 개합의 논리가 원효의 특징이라면 각의 원리
도 원효의 특징이어야 할 것이다. 그러나 불교 교리상 원효에서의 각
의 원리가 다른 불교학자들의 각의 원리와 다르다고 주장할 수 있을
까? 만일 각의 원리가 모든 개별적인 차이를 떠난 것이며 또한 초시공
적인 것이라면 왜 그것이 하필 개합이라는 형태로만 나타날 것인가?
그것은 때로는 논리로도 나타나고 때로는 비논리로도 나타나며, 사랑
으로도 나타나고 징벌로도 나타나고, 지혜 모순 등등 가지가지의 모습
으로 나타날 것이다. 만일 그렇다면 필자는 여기에서도 원효의 개합의
논리가 진리탐구의 방법이라는 말에 어떠한 단서를 붙여야만 할 것 같
다. 우리는 진리탐구의 방법이라는 말을 들을 때 그 방법에 의해서 그
진리에 도달한다고 생각하는 것이 보통이다. 그러나 원효의 화쟁사상
에 관한 한 개합이라는 방법에 의하여 화쟁이 이루어진다는 보장은 되
어 있지 않다고 생각한다. 왜냐하면 원효의 화쟁은 앞에서도 필자가
누누이 지적한 바와 같이 화쟁자의 세계에 무애자재가 구현된다는 점
을 항상 전제하고 있기 때문이다. 그러나 필자는 불교적 근본주의자들

---

54) 박종홍, 『한국사상사』(서문당), p.108.

처럼 "그러니까 우리는 먼저 도통해야 한다."고 주장하는 것은 아니다. 왜냐하면 무애자재를 핵으로 하고 있는 원효의 화쟁사상은 무엇보다도 먼저 비화쟁적인 사고방식으로부터 자유로워지는 것을 가르치고 있으며, 이때에 비화쟁적인 사고방식이란 다름 아닌 "이렇게 하기만 하면 된다"는 방법론 지상주의자나 또는 "길은 이 길밖에 없다"는 근본주의자들의 통폐를 두고 하는 말이기 때문이다. 이상적으로는 논리와 내실이 둘일 수 없지만 현실적으로 迷한 중생이 논리를 길잡이로 삼아 내실에 도달하려고 할 때에는 가지가지의 폐단이 생기게 마련이다. 이 점은 體와 用의 관계에 있어서 양자가 둘일 수 없지만, 양자를 아직도 둘로 보는 사람이 용을 길잡이로 체를 알려고 할 때에는 가지가지의 폐단이 생기는 것과 흡사하다고 하겠다. 그러므로 미한 중생이 논리라는 방법으로 내실에 도달한다는 실천적인 문제와, 논리는 내실의 드러남이라는 인식론적인 문제는 혼동해서는 안 될 별개의 문제이다.

아무튼 박종홍의 원효관에 있어서 '논리'라는 말의 비중은 대단히 크다. 그가 각의 방법이라는 장에서 "각의 방법으로서의 止가 원효의 화쟁의 논리와 뗄 수 없이 긴밀하게 일체가 되고 있다."고 강조하는 것이나, 무애의 구현이라는 장에서 "원효가 퇴속한 후 소성거사로서 참회하는 것을 무애의 이론적 탐구를 넘어선 다음의 구현하는 단계"로 보려는 것 등은 그 좋은 예라고 하겠다. 그러나 원효 자신이 말하는 지관과 무애의 구현이 과연 박종홍이 강조하는 것만큼 그렇게 긴밀하게 논리와 관계를 가지고 있는 것인지는 앞으로 더 연구해 보아야 할 과제라고 생각한다.

우리는 박종홍이 원효사상을 올바로 소개하고 이를 다시 계승 발전시키려 한 고충을 이해한다. '무애자재'하다는 말은 분명히 원효의 화쟁사상의 핵심이 되는 말이며, 이는 또한 무분별지의 세계에서나 가능한 일이기 때문에, 응당 비합리의 합리라는 말이나 비논리의 논리라는 말로밖에는 달리 어떻게 잘 표현할 길이 없을 것이다. 그러나 안타까운 것은 우리의 독자들이, 아니 우리들 자신이 형식논리의 분별지에 집착하지 말라는 경고를 받았다고 하여 곧 이에 집착하지 않게 될 수 있느냐 하는 점이다. 합리적이어야 하고 논리적이어야 한다는 것을 강요당해 온 우리들이 어떻게 비합리의 합리, 비논리의 논리라는 세계를 올바로 이해할 수 있을까 하는 문제는 결코 작은 문제가 아니며, 이는 원효사상 전개상 다루지 아니할 수 없는 중요한 문제라고 생각한다. 아직은 분별지에의 집착을 어찌하지 못하는 우리가 어떻게 무분별지의 소산인 비논리의 논리를 제대로 따라갈 수 있을 것인가? 박종홍 선생은 이러한 문제를 제기하는 것조차 하지 아니했다. 이는 무엇을 의미하는 것일까? 논문의 제목이 「원효의 철학사상」이니까 영역 밖의 일로 생각했기 때문이었을까? 아니면 분별지와 무분별지의 차이를 불교인들처럼 심각하게 생각하지 아니했기 때문이었을까?

　여기에서 소위 學語者의 길과 수도자의 길이 갈라진다. 전통적인 불교교육에서는 학어자의 길은 항상 무시당해 왔다. 학어자라는 말은 일종의 폄칭이다. 원효 이후에 원효 같은 사람이 다시 나오지 아니한 것은 이러한 전통사회의 풍조 때문이었는지도 모른다. 그러면 오늘날 우리들은 어느 길을 택해야 할까? 흔히 현대적인 의미의 학자의 길을 전통적인 의미의 학어자의 길로 착각한다. 그러나 우리들이 오늘날 학자의 사명이 무엇인가를 한 번 생각해 본다면 대답은 자명하다. 원효사상 전개의 경우 현대학자들이 다루고 있는 것은 원효의 언어요, 원효의 문장이지만, 학자들이 정말 밝히고자 하는 것은 원효의 사상이기 때문에, 오늘날의 학자들은 어찌할 수 없이 원효가 체험한 경지, 원효가 구현한 세계를 문제 삼아야만 되게 되어 있다. 그러므로 오늘날 원효사상을 전개하는 사람은, 겉으로는 학어자들처럼 보이지만 사실은 학어자이기만 해서는 안 되고, 겉으로는 수도자들처럼 보이지 않지만 사실은 수도자들 이상이라야 한다. 얼핏 듣기에 이는 너무 엄청난 무거운 짐을 지우는 것 같지만 그것이 어차피 우리들이 가야 할 길이라면 우리는 그 길을 외면할 수도 없고 외면해서도 아니 될 것이다. 진리를 탐구하는 사람의 길을 학어자의 길과 수도자의 길로 나누는 폐풍은 먼저 우리의 사고방식에서부터 시정되어 나아가야 한다. 찬녕과 일연이 원효의 『금강삼매경소』를 짓는 태도를 소의 두 뿔 '사이'에다 그의 붓과 벼루를 놓고 지었다고 말하듯이, 오늘날 우리들도 원효사상을 전개할 때에 학어자의 길과 수도자의 길의 '사이'에 서서 몸이 부서지는 난파를 체험하면서 이론을 전개해 나아가야 할 것이다.

(『苔巖 金奎榮博士 華甲紀念 論文集 : 東西哲學의 諸問題』,
서강대학교철학과동문회편, 1979, pp.60~96)

알렌 스폰버그(Alan Sponberg)의
「미륵상생경종요 해설」을 읽고

1. 알렌 스폰버그가 제기한 문제

프린스턴 대학과 스탠포드 대학에서 불교학을 가르친 적이 있는 알렌 스폰버그(Alan Sponberg) 교수는 1988년에 『미륵, 미래의 부처님』(*Maitreya, the Future Buddha*)이라는 두툼한 책을 영국의 케임브리지 대학 출판부에서 출판함으로써 일약 세계적인 미륵사상 전문가로 각광을 받게 됐다. 13명의 학자가 17편의 논문을 기고한 이 논문집에는 책임 편집자인 스폰버그 자신이 쓴 4편의 글이 들어 있는데, 그 가운데 하나가 오늘 필자가 문제 삼는 「원효의 미륵관」(Wonhyo on Maitreya Visualization)이라는 논문이다.

서양의 미륵사상 연구는 크게 다음의 세 가지로 구별할 수 있다. 첫째는 미륵을 새 시대의 구세주로 보려는 입장이요, 둘째는 미륵사상을 중국의 도교적 종말론에 영향을 받아 이루어진 새 시대를 여는 사회혁명사상으로 보려는 입장이요, 셋째는 미륵사상을 불교경전에 입각하여 개인의 구도적인 신앙과 수행이라는 측면에서 연구하는 입장이다. 동양에서는 셋째가 월등하게 많음에도 불구하고 서양에서는 첫째와 둘째가 우세하고 셋째는 이제야 겨우 시작하려는 태동 단계에 놓여있다고 말해도 과언이 아닐 것이다. 그 이유는 무엇보다도 미륵사상에 대한 학문적인 영역을 실지의 신앙과 수행이라는 차원으로까지 밀고 나가기에는 그들은 아직 역부족이 아닌가 생각되는 점이다. 그러나 알렌 스폰버그는 위에서 말한 제3의 입장을 취하고 있으며 특히 원효를 택했다는 점에서 우리의 주목을 끈다.

먼저「원효의 미륵관」(Wonhyo on Maitreya Visualization)이라고 이름붙인 스폰버그 교수의 논문을 잠깐 살펴보자. 그의 논문은 그가 편집한 『미륵, 미래의 부처님』이라는 책의 pp.94~109에 실려 있다. 모두 16페이지로 되어 있는 과히 길지 않는 논문이다. 이 논문의 구성은 (1) 서론 (2) 원효가 본 미륵사상수행론 (3) 스폰버그 자신이 본 원효의 미륵관 분석으로 되어 있다. 그 내용을 잠깐 살펴보면 (1)에서는 원효를 본격적으로 다루기 이전의 서설적인 소개를 했고, (2)에서는 원효가 지은 『미륵상생경종요』의 제2, 경의 종치(『미륵상생경』의 핵심사상)와 제4, 삼경동이(미륵삼부경 상호간의 같은 점과 다른 점) 가운데서 미륵사상의 수행론과 관련된 부분만을 뽑아서 해석해 놓았고, (3)에서는 (2)에 수록한 자기의 해석을 중심으로 하여 원효의 미륵관을 분석하고 있다.

오늘 특별히 필자의 관심을 끄는 대목은 물론 스폰버그 교수가 본 원효의 미륵관이다. 스폰버그는 처음부터『미륵상생경』에 나오는 '觀'이라는 글자에 특별한 주의를 기울인다. 특히 미륵사상을 실천하는 사람들의 실지 수행에 눈을 돌리는 한, 이 관이라는 한자를 간과할 수는 없을 것이다. 스폰버그는 용케도 이 점을 확실히 붙잡았다고 말할 수 있다.

그러면 관이란 무슨 뜻인가? 이 말은 본다, 관찰한다, 또는 명상한다는 말인데, 언제나 실지로 누가 보며, 무엇을 보며, 어떻게 보는가 등이 문제가 된다.『미륵상생경』의 문맥상으로는 수행자가 보며, 미륵보살이 도솔천에 상생하는 것을 보며, 이렇게 보살이 상생하는 장면을 형상화하여 상상적 직관이라는 관법으로 보는 것이 된다. 스폰버그 (Sponberg)는 이러한 관법을 영어로 'visualization'이라고 불렀다. 여기서 또 한 가지의 문제가 생긴다. 불교 漢字의 '觀'을 영어로 observation, speculation, contemplation, 또는 meditation이라고도 할 수 있는데 그렇게 하지 않고 왜 하필이면 visualization이라고 번역했느냐는 말이다.

觀을 visualization이라고 읽는 것은 이것을 밀교적인 관법으로 이해하는 사람들의 공통된 특징이다. 과연 원효의 『미륵상생경종요』에 나오는 관이라는 한자를 이렇게 읽어도 좋을 것인가? 스폰버그 자신도 원효가 그의 『상생경종요』에서 관을 이야기하면서 밀교적 관법을 성공적으로 수행하기 위한 여러 가지 기본적인 절차를 전혀 이야기하지 않는다는 점을 매우 의아하게 생각한다. 그러나 그는 이 문제를 이 이상 더 깊이 파고 들어가지 않았다. 그는 원효가 관을 중요시한 나머지, 관을 불교의 전통적인 수행상의 덕목들과 엄격히 구별했다고 주장하며 원효의 觀法은 보통의 미륵관법이 아니고 종래의 전통적인 관법의 일종이라고 주장했다. 다시 말하면 전통적인 수행덕목과 다르면서도 보통의 미륵관법도 아닌 것, 이것이 원효의 『미륵상생경종요』에 나오는 관법이라는 말이다. 도대체 전통적인 수행덕목과 다르다는 말은 무슨 말이며 보통의 미륵관법과 다르다는 말은 무슨 말일까?

이 밖에도 스폰버그는 여러 가지 의문을 제기했다. 그가 가장 궁금해 하는 것은 미륵신앙을 가진 사람들이 실지로 어떻게 수행했는가 하는 것이다. 그는 이제까지의 미륵경전 연구가들이 이 점을 분명히 밝혀 놓지 않았다고 불평한다. 따라서 미륵신앙을 가진 이들이 도솔천에 태어나기 위해서 구체적으로 어떻게 발원했는지도 불분명하고 그들의 발원과 수행이 제대로 잘 되어가고 있는가를 검토하는 기준에 대해서도 확실한 연구가 없으며, 미륵사상이 처음 등장했을 때 그 당시에 이미 유행했던 전통적인 불교의 수행덕목들과 무엇이 어떻게 다른가도

알려지지 않고 있다고 날카롭게 비판하고 있다. 우리는 이제부터 스폰
버그의 이러한 여러 의문들에 답변하기 위하여 『미륵상생경』과 이에
대한 원효의 종요를 검토해 보기로 한다.

2. 『미륵상생경』의 관법

『미륵상생경』을 전통적인 경전 분석법에 따라 '서분, 정종분, 유통
분'으로 나누어 보면 경의 구조가 좀 더 분명해진다. 처음 如是我聞
(『대정대장경』 제14권, 418b-4)에서 시작하여, 부처님이 사위국 기수급
고독원에서 方光(설법)하는 장면이 주가 되어 마침내 미륵보살이 부처
님 앞에 합장하고 서 있는 곳(Ibid., 418c-3)까지가 서분에 해당하고, 그
다음에 지계제일 우바리 존자가 의심이 생겨 부처님께 묻기를, "선정
도 닦지 않고 번뇌도 끊지 못한 아일다가 미래에 성불한다는 부처님의
수기가 왠 말씀이냐?"고 항의조로 질문하는 곳(Ibid., 418c-4)에서 시작
하여, 마지막으로 부처님이, "이렇게 관하면 정관이고 다른 관을 하면
사관이라."고 말씀하신 대목(Ibid., 420c-10)까지가 본론격인 정종분이다.
마지막에 경의 이름에 대한 아난존자의 질문(Ibid., 420c-11)과 이에 대
한 부처님의 답변(Ibid., 420c-22)으로 된 짤막한 글이 결론격인 유통분
이다.

이 경의 사상적인 핵심이라고 말할 수 있는 정종분은 우바리의 질문
과 이에 대한 부처님의 답변이라는 형식으로 진행된다. 정종분에는 우
바리의 질문이 두 번 나온다. 첫째 질문은 미륵보살이 태어날 장소에
관한 질문이고, 둘째 질문은 태어날 시기에 관한 것이다. 우바리의 첫
째 질문에 답변하시면서 부처님은 세 번 우바리 존자의 이름을 부른
다. 물론 질문자의 주의를 환기시키기 위한 것이다. 둘째 질문에 답변

하시면서 부처님은 모두 일곱 번 우바리의 이름을 부른다. 따라서 이 경에는 우바리라는 이름이 모두 합해서 열두 번 나오는 셈이다. 이 점은 우리들의 주의를 환기시키기에 충분하다. 부처님과 미륵보살의 대화도 아니고 미륵보살 자신의 설법도 아니고, 오직 우바리의 의문을 풀어 주기 위해서 이 경이 쓰였다고 말할 수 있다면, 이 경의 근본성격은 보다 더 분명해졌다고 말할 수 있을 것이다. 말이란 듣는 상대방이 누구냐에 따라서 그 성격이 크게 달라지기 때문이다.

사상적인 면에서 볼 때, 이 경의 핵심 인물은 미륵보살임에 틀림없다. 그러나 사상의 전개과정이라는 경전의 구조면에서 볼 때는, 우바리가 주역을 담당하고 있다고 말할 수 있다. 다시 말하면 이 경에 등장하는 인물을 가지고 말할 때 우리의 사색에 지적 자극을 주는 인물은 미륵보살이 아니라 우바리라는 말이다. 『미륵상생경』속에서 담당하고 있는 미륵의 역할은 다분히 신앙의 대상이라는 역할인 데 반하여, 우바리는 우리와 똑같이 일상적인 사색을 하고 의문을 제기하는, 말하자면 신앙을 필요로 하는 중생의 입장을 취하고 있다. 이 점은 이 경에 동원된 다른 인물들의 역할과 퍽 대조적이라 말할 수 있다. 예를 들면 아난존자나 교진여, 가섭, 목건련, 사리불, 문수사리 등이 하고 있는 보조적인 역할과는 판이하다는 말이다. 그러므로 『미륵상생경』의 근본사상을 해명하는 열쇠는 우바리와 부처님 사이의 대화를 제치고 딴 데서 구할 수는 없는 것이다.

『미륵상생경』의 저자는 왜 하필이면 우바리를 이 경의 주역으로 내세웠을까? 우바리는 부처님의 십대제자 중에서 지계제일로 알려져 있다. 여기서 우리는 계율사상과 미륵사상과의 관계를 생각해 보지 않을 수 없다. 불교사상의 핵심을 이야기할 때 항상 문제되는 것은 업(카르마)사상과 해탈(모크샤)사상의 관계이다. 업은 항상 정화되어야할 어떤 것이고 해탈은 우리들이 업에서 자유로워졌을 때 비로소 이루어지는 것으로 되어 있다. 여기서 업을 바꾸는 역할에 큰 몫을 하는 것이 계율이다. 사실 계율을 지킨다는 것은 불교인이 불교인일 수 있는 제일증표중의 하나이다. 그런데 문제는 계율을 지킨다는 것이 우리를 해탈의 길로 이끄는 것이 아니라 또 다른 속박의 길로 몰아넣을 수도 있다는 사실이다. 악만 우리를 속박하는 것이 아니라 선도 우리를 속박하는 것이기 때문에 수행자는 악도 선도 다 버린다는 이론이 거기서 나온다. 이래서 해탈사상을 강조하는 것은 계율사상을 위협하는 것으로 받아들여졌던 것이다. 이러한 맥락에서 번뇌를 끊는다든가 선정을 닦는다는 것을 계율을 지키는 것보다 더 우선적인 것으로 여기게 되었고, 모든 더러움을 극복하고 범부의 몸을 버리는 부처 되는 길의 전제조건처럼 여기게 되었다. 우바리의 첫째 질문은 바로 이러한 분위기를 밑에다 깔고서 제기되고 있는 듯하다.

－우바리의 질문
먼저 본문을 인용해 보자.

　그때에 우바리도 또한 자리에서 일어났다. 부처님께 머리를 조아려 절을 하고 나서 다음과 같이 말씀드렸다. "부처님이시여, 부처님께서는 옛날 율장과 여러 경장 속에서, '아일다가 이 다음에 꼭 성불할 것.'이라고 말씀하셨습니다. 그런데 이 아일다라는 사람은 아직도 범부에 불과하며, 따라서 그는 범부가 가지고 있는 여러 가지 근본적인 한계를 극복하지 못하고 있습니다. 이런 사람이 죽으면 장차 어느 곳에 태어날 것입니까? 그 사람은 지금 비록 출가를 했지만 선정도 닦지 않고 있으며 번뇌도 끊지 못하고 있습니다. 그럼에도 불구하고 부처님께서는 이 사람이 틀림없이 성불할 것이라고 수기를 주셨습니다. 이런 사람이 죽으면 과연 어느 국토에 태어날 것입니까?"
　(『대정대장경』 제14권, 418c, 4-9를 의역한 것)

우바리의 질문은 물론 그 다음에 따라올 도솔천에 대한 부처님의 설명을 끌어내기 위한 것이다. 이것은 누구나 다 아는 사실이다. 그러나 우리는 우바리가 질문하는 분위기 속에 서려 있는 경전 작가의 문제의식을 놓쳐서는 안 된다. 첫째 이 질문이 제기된 대목은 바로 그 앞 대목과 그 분위기가 매우 대조적이라는 사실에 주의해야겠다. 앞에서는 부처님이 한 음성으로 백억 다라니 문을 말씀하시자, 미륵보살이 대번에 백만 억 다라니 문을 얻고 장엄하게 부처님 앞에 합장하고 서 있는 아주 황홀한 장면이었다. 그러나 이를 이어가는 본 장면은 너무나 평범하다. 앞의 미륵은 아주 황홀한 존재인데 반하여 여기의 우바리는 너무나 일상적이다. 일상적이다 못해 조금은 민망스러울 정도로 못나 보이기까지 한다. 더구나 질문의 첫째 줄은 "爾時優波離 亦從座起(그때에 우바리도 또한 자리에서 일어났다)"다. 여기서 '또한(亦)'이라는 글자가 유난히 뚜렷하게 눈에 들어온다. 미륵이 일어나니 우바리도 또한 따라 일어난다. 자기의 분수도 모르고 당돌하게 자기도 또한 따라 일어나는 것 같은 기분이다. 그리고 나서 한다는 소리는 더욱 가관이다. "아일다는 범부에 불과하고…… 비록 출가는 했지만 선정도 닦지 않고 번뇌도 끊지 못하고…… (具凡夫身……雖復出家 不修禪定 不斷煩惱……)" 등등 이런 자리에서는 차마 할 수 없는 소리를 우바리는 미륵의 전신인 아일다에 대해서 퍼붓고 있는 것이다. 분명히 미륵을 헐뜯는 소리처럼 들린다. 그러나 우리는 여기서 경전작가의 뚜렷한 의도를 읽을 수 있다. 그 의도란 별 다른 것이 아니다. 선정도 닦지 않고 번뇌도 끊지 못하는 범부에게도 밝은 앞날이 약속되어 있다는 말을 하고 싶은 것이다.

우리는 여기서 이 이야기의 역사성을 따질 필요는 없다. 하나의 성공적인 드라마를 통해 사람들의 마음속에 파급될 결과를 주시하면 된다. 우바리의 이러한 질문에 대해 부처님의 답변은 미륵보살에 대한

당신의 성불수기를 재확인하고 미륵보살이 태어날 도솔천을 황홀할
정도로 크게 묘사하고 있다. 그러나 인간의 상상을 초월한 도솔천의
묘사는 이곳이야말로 또한 수행자가 살아야할 최상의 수도처임을 여
러가지 방법으로 강조하고 있다. 불교의 근본교리라고 말할 수 있는
고, 공, 무사, 무아의 사상을 비롯하여 삼귀의, 사홍서원, 육바라밀, 십
선 등의 사상이 쫙 깔려 있다. 그리고 마침내는 수행자들 모두가 그렇
게도 간절하게 바라는 불퇴전이 보장되어 있다. 무상의 대도에서 물러
서지 않게 된다는 것은 우바리 같은 지계제일주의자들에게도 희소식
중에서도 가장 반가운 희소식이 아닐 수 없을 것이다. 『미륵상생경』은
미륵사상과 계율사상의 조화를 시도하고 있는 것이다. 그러나 우바리
의 첫째 질문에 대한 부처님 답변의 마지막을 장식한 것은 우리의 가
장 큰 관심사인 관법에 관한 것이어서 더욱 우리의 주목을 끈다. 먼저
그 대목을 인용해 보자.

부처님은 우바리에게 말씀하셨다.
"위에서 이제까지 말한 것이 도솔타천의 모습이다. 도솔타천은 이 세
상에서 열 가지 선을 닦은 대가로 갈 수 있는 곳으로서 기가 막히게 좋
은 곳이다. 미륵보살이 거기에서 받고 있는 것과 여러분이 열 가지 선
을 닦은 결과에 대해서는 비록 내가 일소겁 동안이라는 긴 세월 동안
을 자세하게 설명한다 할지라도 제대로 다 말할 수 없는 것이다. 위는
내가 지금 여러분을 위해서 간략하게 설명한 것일 뿐이다."
계속해서 부처님은 우바리에게 말씀하셨다.
"만약 비구나 일체대중들 가운데서 생사를 싫어하지 않고 천상에 태
어나기를 바라는 자나, 무상의 보리심을 애경하는 자나, 미륵의 제자가
되고 싶은 자는 마땅히 이런 관법으로 수행해야 한다. 이러한 관을 하
는 자는 마땅히 오계와 팔계와 구족계 등을 지키면서 몸과 마음을 바
쳐 정진해야 할 것이다. 행여 번뇌 끊는 것을 목적으로 삼지 말 것이며

오직 평범하게 열 가지 선을 닦으면서 도솔타 천상의 그 상묘한 즐거움을 하나하나 생각해 나가면 될 것이다. 이렇게 관하면 正觀이 되고 만약 이와 다르게 관하면 邪觀이 된다."

(『대정대장경』 제14권, 419c, 1-10을 의역한 것)

여러 말 할 것 없이 우리의 문제는 여기서 말하는 정관이란 어떤 것인가를 밝히는 일이다. 여기서 관이란 수행자 개개인이 스스로 해야 하는 것이다. 아무도 대신해 줄 수 없는 것이 관이다. 부처님이 대신해주는 것도 아니고 미륵보살님이 대신해 주는 것도 아니고 수행자 자신이 스스로 할 수밖에 없는 일이다. 그렇다면 문제는 비교적 간단해진다. 첫째, 십선법 등의 계율을 잘 지키고, 나도 도솔타천에 태어나야겠다는 원을 일으키고, 도솔타천의 훌륭한 점을 하나씩 하나씩 부지런히 사유하는 것이다. 이것이 정관이다. 다만 한 가지 덧붙여 이야기해 두지 않을 수 없는 것은 '不求斷結'이라는 말이다. '불구단결'이란 '번뇌 끊는 것을 목적으로 삼지 않는다'는 말이다. 그 대신에 내놓은 안이 '修十善法(열 가지 선을 닦는 것)'이라는 평범한 윤리의식이다. 여기서 불구단결과 수십선법을 날카롭게 맞서지 않게 하는 번역도 물론 가능하다. 이종익 박사는 이 대목을 "번뇌를 끊지 못하더라도 십선법을 닦으면서 도솔천상의 미묘한 쾌락을 생각하라."고 번역하였고(1968년 서울 경서원에서 낸 그의 『미륵성전』, p.51 참조), 심재열 선생은 이를 "번뇌는 다 끊으려 하지 못하더라도 십선을 닦아 도솔천의 미묘하고 거룩한 즐거움을 생각할지어다."로 보았다(1985년 보련각에서 낸 그의 『미륵삼부경』, p.48 참조).

'불구단결'이란 말이 왜 '번뇌를 끊지 못하더라도'로 번역되어야 하는지 나는 그 까닭을 알 수 없다. 아무리 뜯어보아도 이 대목은 그렇게 양보절로 해석될 수는 없다. 아무튼 두 분의 번역이 모두 '불구단결'을 강하게 내세우지 않았다. 그러나 나는 '불구단결'과 '수십선업'을 날카롭게 맞서게 하는 것이 더 이 경의 근본의도를 잘 나타내는 것이라고 생각한다. 왜냐하면『미륵상생경』의 저자는 처음부터 우바리로 하여금 아일다가 '불수선정 부단번뇌'의 범부라는 사실을 들어 부처님께 힐문하도록 했기 때문이다. 그러므로 부처님의 답변도 또한 거기에 초점을 맞추어 선정을 닦아 번뇌가 없어지기를 목적으로 삼는 그런 어려운 불교를 믿지 말고, 일상생활을 충실히 하면서 도솔타 천상에 태어나 불퇴전을 보장받는 쉬운 불교를 믿으라고 강조하고 있는 것이다. 이것은 부처님이 그렇게 가르쳤다기보다는『미륵상생경』의 저자가 그렇게 강조하고 있는 것이다. 그러므로 이 점이 선정 중심의 흐름과 갈라져 나온 미륵불교의 새로운 흐름이라고 말할 수 있을 것이다.

부처님의 근본정신에서 보면 십선을 닦는 것과 번뇌를 끊는 것이 반드시 서로 상반된 딴 것일 수는 없다. 그러나 개개인의 실지 수행에 있어서는 우선 사람 노릇부터 제대로 하자는 십선 닦는 수도 스타일과 만사를 제치고 번뇌부터 끊자는 식의 스타일이 함께 가지 않을 때가 많다. 문제는 미륵사상을 어떻게 해석하느냐에 있다. 선정을 닦아 번뇌를 끊자는 세력에 밀려 우바리의 지계제일주의가 심한 위협을 받고 있을 때, 이에 새로운 활로를 열어 살려낸 것이 다름 아닌 미륵상생경 사상이라고 해석할 수도 있고, 그렇지 않으면 우바리의 持戒第一主義로도 구원 못하고 禪定斷結主義로 구원 못하는 절대다수의 일반 사람들을 돕기 위해 새로 등장한 사상이 미륵사상이라고도 말할 수 있을 것이다.

그러면 우리는 이제 우바리의 둘째 질문으로 넘어 가보자. 둘째 질문은 비교적 간단하다. 우바리의 첫째 질문에서 엿볼 수 있었던 힐문조의 분위기는 완전히 가시고 없다. 오히려 우바리는 이미 부처님의 도솔타천 묘사에 황홀해진 것 같다. 그래서 그는 성급하게 그런 좋은 곳에 언제 가느냐고 묻는다. 첫째 질문이 '어디?'라는 물음이었다면 둘째 질문은 '언제?'라는 물음이었다고 말할 수 있을 것이다. '어디?'라는 질문에는 필연적으로 도솔천이라는 천상세계의 묘사가 주로 될 수밖에 없지만 '언제?'라는 질문에는 수행자의 준비 여하를 문제 삼을 수밖에 없다. 부처님의 답변은 미륵이 12년 후 2월 15일 운운하는 말로 시작되고 56억 년 후에 다시 이 세상에 내려오신다는 『미륵하생경』의 말을 인용하고 있지만 사실 이런 數字들은 우바리의 '언제?'라는 질문에 대한 답변의 본질적인 부분이 될 수 없다. 미륵이 언제 올라가서 언제 내려오느냐가 문제되는 게 아니라 미륵사상에 매혹된 미륵신앙 가진 사람들이 언제 올라가느냐가 더 절실한 문제이기 때문이다. 그렇다면 이들에겐 무엇이 더 중요한가? 이제는 본인의 결단여하에 달려 있다. 도솔천도 분명히 존재하고, 그곳의 천주인 미륵님도 거기 분명히 계시고, 번뇌를 미리 다 끊어야 하는 것도 아니고, 시간이 오래 걸리는 것도 아니고, 말하자면 모든 것이 다 갖추어졌다. 오직 남은 것은 어떤 행동이 요청되고 있을 뿐이다. 그것은 발원하고, 미륵경전을 잘 독송하고, 미륵의 모양새를 머릿속에서 그림을 그리듯 상상하고, 미륵의 이름을 부르고, 그러면서 일상생활에서 여법하게 살면 된다. 그렇게만 하면 상상을 초월하는 공덕이 있고 복락이 찾아온다는 것이다. 마지막으로 부처님은 우바리에게 이렇게 하면 정관이고 그렇지 않으면 사관이란 말씀을 다시 강조하면서 긴 설명을 끝마친다.

　『미륵상생경』의 원래 제목은 『佛說觀彌勒菩薩上生兜率天經』이다. "미륵보살이 도솔천에 올라가 태어나신 것을 관하는 데에 대한 부처님의 말씀을 기록한 경"이라는 뜻이다. 경의 제목부터가 이 경의 핵심이 관에 있다는 것을 강조하고 있는 듯이 보인다. 많은 미륵경전 중에서 경의 제목에 '觀'자가 붙어 있는 것은 『미륵상생경』뿐이라는 사실도 우리에게 많은 것을 시사해 준다. 불교의 경전해석학에서 경이 가진 이름은 상당히 큰 비중을 차지한다. 천태의 지자대사가 『법화경』을 해설하면서 묘법연화경이라는 다섯 글자를 가지고 얼마나 오랫동안 씨름했던가? 유교의 선비들이 자주 쓰는 명분이라는 말이나 공자의 정명이라는 말이 모두 이름과 관련되어 있다는 사실은 퍽 흥미 있는 일이다.

미륵보살이 '도솔천에 상생하는 것을 관하는 것'은 이 경에서 말하는 미륵관의 핵심이다. 그래서 이 관을 정보라 하고 도솔천을 관하는 것은 의보에 해당한다. 원효는 이 점을 분명히 했다. 미륵보살이 도솔천에 상생했다는 사건의 정보와 의보를 똑바로 관찰함으로써 수행자는 불퇴전의 경지에 이를 수 있다는 것이 원효의 주장이다.

3. 『미륵상생경종요』에 나타난 원효의 관법

원효의 글은 대개 그 첫 문장에 가장 중요한 메시지를 모두 쏟아 놓는다. 유명한 『기신론소』가 그렇고 『열반종요』, 『금강삼매경론』 등 원효의 중요한 저술들이 모두 그렇다. 『미륵상생경종요』에서도 원효는 맨 먼저 大意라는 이름으로 미륵보살이 누구인가를 문제 삼는다. "彌勒菩薩之爲人也(미륵보살의 사람됨은)"(『대정대장경』 제38권, 299-1)로 시작되는 대의문의 첫 부분은 원효의 미륵관을 잘 나타내 주고 있다.

미륵보살의 사람됨(爲人)은 그 분이 가까이 계시는지 멀리 계시는지 헤아릴 길이 없다. 그 분의 세계가 깊은지 옅은지 짐작이 가지 않는다. 시작도 없고 끝도 없고, 마음도 아니고 물질도 아니다. 위대한 하늘과 땅도 그 분의 하신 일을 다 감당하지 못하고, 무한한 우주도 그 분의 큰 덕을 다 감싸지 못한다. 모르신 것이 없는 성인들도 그 분의 모습이 어떻게 생겼는지 짐작할 수 없고, 아무리 말 잘하는 사람이라 할지라도 그 분의 진리를 충분히 다 말할 수는 없다. 아득하기만 하고 아무런 짐작도 가지 않으니 언어로도 안 되고 침묵으로도 안 된다.

원효가 본 미륵은 너무도 초인간적이라는 인상을 준다. 원효의 미륵에 대한 묘사는 한 인간을 묘사하고 있다기보다는 차라리 어떤 우주적인 진리를 묘사하고 있는 것 같다. 시작도 없고 끝도 없고, 色도 아니고 心도 아니라면 그것은 서양에서 말하는 초월적인 신 같은 것인가? 그러나 원효에 의하면 미륵보살은 그저 알 수 없는 그러한 존재이기만 한 것은 아니다. 오히려 우리와 밀접한 관계가 있는 존재이다. 무엇보다도 우리와 똑같은 인간이다. 그러므로 우주적인 면과 개인적인 면을 함께 가지고 있는 미륵보살을 이해하기 위해서는 미륵을 보는 특수한 관찰법이 필요하다. 그러면 원효의 『미륵상생경종요』에 나오는 관법이 어떤 것인가를 알아보기로 하자.

行者靜慮思察名之爲觀
수행하는 사람이 참선 상태에서 깊이 관찰하는 것을 관이라 한다.
(『대정대장경』 제38권, 299, 23~24)

'靜慮思察'이란 말은 얼핏 들으면 유교의 성리학자들이 많이 사용하는 말처럼 들린다. 다시 말하면 불교의 명상 세계에서 사용하는 말들이라기보다는 오히려 유교에서 장려하는 아주 현실적인 사색을 가리키는 말처럼 들린다는 말이다. 그러나 관찰의 대상이 시작도 없고 끝도 없고, 물질도 아니고 정신도 아닌 어떤 것이라는 사실을 생각하면 그렇게 간단하게 결론지어서는 안 될 것이다. 더구나 이 문장의 주어가 행자임을 생각하면 우리는 더욱 조심해야 한다. 행자란 물론 수행자를 의미하며, 여기서는 특히 미륵신앙을 가지고 도솔왕생을 바라는 수행자임을 잊지 말아야 할 것이다. 그리고 정려는 상식적인 의미에서의 깊은 사려를 뜻하는 말은 아니다. 인도 말 'dhyana'의 번역어로서 불교적인 명상을 가리키는 불교의 전문용어이다.

원효에 의하면 『미륵상생경』이란 사람들로 하여금 도솔천에 태어나게 하여 다시는 부처님의 가르침에서 물러서지 않게 하기 위해 쓰인 경이다. 그리고 이런 목적을 달성하기 위해서 이 경은 '觀行의 因果'를 밝히고 있는데 원효는 이것을 이 경의 핵심사상으로 보았다. 이 대목의 원문은 "此經 正以觀行因果 而爲其宗 令人生天 永無退轉 以爲意致"(Ibid., 299c, 1~2)라고 되어 있지만 이 문장 자체에 특별한 사상적인 문제가 숨어 있다고 보지 않기 때문에 더 중요하다고 생각되는 '觀行因果'의 내용 분석에 들어가기로 한다.

여기서 원효는 관을 둘로 나눈다. 하나는 도솔천을 관하는 것이고 또 하나는 미륵보살을 관하는 것이다. 전자를 '依報를 관한다' 하고 후자를 '正報를 관한다'고 말한다. 의보와 정보는 불전 해석학에서 자주 사용하는 전문용어이다. 이러한 관은 정신을 통일하여 골똘하게 하는 관이기 때문에 三昧라고 부른다고 한다. 비록 삼매라고 이름 붙였지만 너무 특별한 것으로 생각하지 말라는 것이 원효의 부탁이다. 한마디로 모두가 欲界의 因이라는 것이다. 욕계란 매사에 욕심이 끼어 있는 보통사람들의 세상이란 말이다. 그러므로 거기에는 궁극적인 편안함이 없고 따라서 그런 삼매는 영원한 삼매가 아닌 번갯불 같은 삼매이다. 이런 삼매는 聞慧, 思慧, 修慧의 三慧 중 마지막인 수혜는 될 수 없고, 처음의 둘, 곧 듣고 생각하는 차원의 삼매라는 것이다. 무엇이거나 최고의 것을 갖다 대야 직성이 풀리는 고대적인 수식이 유행하던 시대에 나온 표현법치고는 매우 겸손하고 좀 자기비하 같은 느낌마저 준다. 왜 삼혜가 구족이니 영원한 삼매니 하는 그런 고상한 표현을 삼갔을까? 우리는 여기에서 『미륵상생경』의 본문에 나오는 우바리의 첫 질문을 다시 생각해 볼 필요가 있다. "선정도 닦지 않고 번뇌도 끊지 못하

는 아일다가 도솔왕생한다"는 이 경의 근본적인 분위기를 우리는 잊지
말아야 할 것이다. 원효가 이 경의 관이 어떤 관인가를 밝히면서 자기
비하적으로 욕계인이니, 수혜가 아니니, 전광삼매일 뿐이고 경안이 없
다느니 한 것은 너무나 경의 근본성격을 잘 파악한 적절한 표현이라
생각된다. 이상을 다시 요약하면 이 관은 특별한 사람만이 할 수 있는
그런 어려운 관이 아니고 누구나 할 수 있는, 보통사람들이 하는 관이
라는 말일 것이다.

그 다음으로 원효가 다룬 문제는 行에 관한 것이다. 행에는 세 가지
가 있다. 첫째는 미륵의 이름을 듣고 자기가 이제까지 지은 죄를 진심
으로 뉘우치는 것이다. 둘째는 미륵의 이름을 듣고 미륵의 커다란 덕
을 믿는 것이다. 셋째는 탑을 쓸고 소제하며 향과 꽃을 공양하는 등 부
처님 받드는 여러 가지 일들을 실천하는 것이다. 앞서 말한 두 가지의
관과 방금 말한 세 가지의 행이 합하여 하나의 뿌리가 되면 다음 네
가지의 결과가 생긴다고 한다. 첫째 싹이 트고, 둘째 잎이 나고, 셋째
꽃이 피고, 넷째 열매가 맺는다. 원효의 원문은 앞뒤에 여러 가지 수식
어가 많이 붙어 있지만 그 요지는 싹, 잎, 꽃, 열매라는 한 나무의 성장
과정에서 보는 바와 같은 결과가 틀림없이 생긴다는 말밖에 딴 뜻은
없을 것이다. 원효는 이상 네 가지 단계를 하나씩 하나씩 따로 분리하
여 앞에 말한 관과 행에 결부시킨다. 첫째 싹이 텄다는 것은 사람들이
이제까지 지은 죄를 깨끗이 씻어냈다는 것이므로 이것은 첫째의 행,
즉 미륵의 이름을 듣고 자기의 지은 죄를 뉘우쳤기 때문이요, 둘째 잎
이 났다는 것은 삼악도에 떨어지는 邊地邪見에 사로잡히지 않게 되었
다는 것이니 이것은 둘째의 행, 즉 미륵의 이름을 듣고 그분의 훌륭한
덕을 잘 믿었기 때문이요, 셋째 꽃이 피었다는 것은 도솔천을 관하고
미륵을 관하는 의보와 정보를 다 얻었다는 말이므로 이것은 셋째의
행, 즉 탑을 쓸고 향과 꽃을 공양하는 여러 가지 일들을 잘 했기 때문

이요, 넷째 열매가 맺었다는 것은 부처님의 길에서 물러서지 않게 되었다는 것이니 이것은 맨 앞의 두 가지의 관, 즉 도솔천의 훌륭함과 미륵보살의 훌륭함을 잘 관했기 때문이라는 것이다.

원효의 이러한 배대에는 약간의 논리적인 무리가 있어 보인다. 그 무리는 제3과와 제4과의 관계에서 생긴다. 제3과에서 '도솔천의 의보와 정보'를 이미 얻었다면 '무상도에서 불퇴전'이라는 제4과는 그 속에 포함되어 있어야 한다. 나무의 비유에서는 꽃과 열매가 다른 단계로 구별될 수 있지만 비유를 통해 밝혀지는 도솔천에 태어난 수행자의 분상에서는 '도솔천에서 의정묘보를 얻는 것'과 '무상도에서 불퇴전을 얻는 것'이 따로 나누어질 수 없는 것이다. 더구나 원효는 무상도에서 불퇴전을 얻는 것은 도솔천의 의정묘보를 관하는 것이라고 말했으니 의정묘보를 이미 얻은 사람이 무엇 때문에 다시 의정묘보를 관할 필요가 있겠는가? 원효도 이 점이 마음에 걸렸는지 그 까닭을 다음과 같이 밝히고 있다.

所以然者 觀察菩薩依正報故 生彼天時 親承聖導 永不退於阿耨菩提 故依二觀 得第四果.
왜 그런가 하면 미륵보살의 의보와 정보를 관했기 때문에 저 도솔천에 태어났을 때 친히 미륵보살의 인도를 받아 최상의 보리에서 영원히 물러서지 않게 되는 것이다. 그러므로 수행자들은 반드시 두 가지의 관을 실천하여 제4과를 얻으라. (『대정대장경』 제38권, 19~21)

위에 인용한 원효의 설명을 바탕으로 하여 우리는 이 문제를 다음과 같이 회통할 수 있다. 수행자가 도솔천에 태어나 설사 '依正妙報'를 다 수용하게 되었다 할지라도 '불퇴전을 얻는 것'은 별개의 것이다. 이것만은 두 가지의 관을 정식으로 해야만 얻을 수 있다. 다시 말하면 도솔

왕생을 발원하고 십선도만을 행해도 도솔천에 태어날 수 있고 거기에
서 가진 즐거움을 다 누릴 수 있지만 무상도에서 물러서지 않게 되는
것만은 안 된다. 그것은 관을 해야 된다. 말하자면 '관법'을 가장 중요
한 수행으로 치켜올리는 것이 원효의 목적이 아닌가 하고 생각해 본
다. 그렇지만 논리적으로 뭔가 석연치 않는다는 느낌은 여전히 가시지
않는다. 왜 그런가 하면 앞에서 원효는 두 가지의 관법과 세 가지의 수
행이 합해져서 하나의 뿌리가 된다고 말했으며 거기에서 네 가지의 결
과가 나온다고 말했다. 그렇다면 싹트는 것에 비유되는 제1과부터가
두 가지의 관법을 했기 때문에 이루어진 것이라고 말할 수 있다. 제2과
와 제3과도 마찬가지이다. 유독 제4과에 가서 두 가지의 관법을 새삼
스럽게 강조할 필요는 없을 것이다. 그러므로 여기에서의 필자의 결론
은 원효가 두 가지의 관법을 강조하다 보니까 논리가 이렇게 되어 버
렸다고 밖엔 설명할 수 없다. 더구나 원효는 이 대목의 마지막에서 다
음과 같이 말하고 있다.

知是觀行因果成就 無上菩提自然而至 是謂上生之果之所致也.
이러한 관행의 인과가 성취되었을 때 무상의 보리는 자연히 얻어진
다는 것을 알 수 있다. 이것을 일러 도솔천에 태어난 결과가 가져다 준
것이라 한다. (Ibid., 22~24)

원효는 여기서도 도솔왕생의 결과로 무상의 보리에 자연히 이른다
는 점을 강조하고 있다.

4. 맺음말

스폰버그는 이 밖에도 원효가 밝힌 미륵삼부경의 同異 문제를 약간

다루고 있지만 특별한 것은 없었다. 여기서 스폰버그의 속셈은 원효의 관법이 무엇인가를 좀 더 분명하게 해보려고 했지만 사실은 '관불삼매'라는 말 이외에 새로운 것은 없었다. 스폰버그는 관불삼매를 'the samadhi of Buddha visualization'이라고 번역하는 친절을 보여주었지만, 관불삼매가 어떤 것이라는 것을 밝히지는 못했다. 그리고 그는 그 궁극적인 책임을 원효에게 돌리고 들키지 않을 정도의 유감을 표시했다. (이 대목에 대해서는 Alan Sponberg가 엮은 *Maitreya, the Future Buddha*, Cambridge University Press, 1988, pp.94~109에 있는 그의 'Wonhyo on Maitreya Visualization'을 참조하기 바란다.) 원효의 『미륵상생경종요』가 운데서 원효의 관법을 가장 잘 드러내는 대목은 두 가지의 관법을 이야기한 다음의 두 구절이라 말할 수 있을 것이다.

所言觀者 有其二種 一觀彼天依報莊嚴 二觀菩薩正報殊勝.
이른바 관에는 두 가지가 있다. 첫째는 저 도솔천의 의보가 장엄함을 관하는 것이요, 둘째는 미륵보살의 정보가 수승함을 관하는 것이다. (『대정대장경』 제38권, 299c, 3~4)

그런데 이에 대한 스폰버그의 해석은 독특하다.

Visualization here is of two kinds. The first is to visualize the majestic adornments (alamkara) of [Tushita] Heaven as the setting for rebirth, and the second is to visualize the superiority of receiving rebirth [there] as a bodhisattva.
(Alan Sponberg가 엮은 *Maitreya, the Future Buddha*, p.98, p.101 참조)

스폰버그는 첫째의 관을 도솔천의 장엄함을 수행자인 자기자신이 태어날 곳으로 관한다고 번역했으며, 둘째의 관도 미륵보살의 정보가

수승함을 관하는 것이 아니라 자기자신이 한 보살로서 도솔천에 태어
남의 수승함을 관하는 것으로 보았다. 스폰버그는 나중에 이 대목을
해설하면서도 또다시 미륵의 의보와 정보를 관하는 것만이 아니고 수
행자 자신의 의보와 정보를 관하는 것이라고 여러 차례 힘주어 강조하
였다. 스폰버그의 견해가 옳으냐 그르냐는 차치하고 매우 기발한 해석
이라고 말하지 않을 수 없다. 그의 이러한 'visualization'이 어디서 온 것
인지 그 유래를 밝히는 것도 하나의 재미있는 연구과제가 될 수 있을
것이다.

참고문헌

1. 『한국불교전서』 제1책, 서울 : 동국대학교 출판부, 1979.
2. 『대정신수대장경』 제14권, 제38권, 동경 : 대정신수대장경 간행회, 1924.
3. 『원효성사전서』 권2, 서울 : 원효전서국역간행회, 1987.
4. 이종익, 『미륵성전』, 서울 : 경서원, 1968.
5. 심재열, 『미륵삼부경』, 서울 : 보련각, 1985.
6. Alan Sponberg, *Maitreya, the Future Buddha*, Cambridge : Cambridge University
   Press, 1988.

(미륵사상 국제학술회의 발표문, 1993년 11월 26~27일, 원광대학교)

敎判論을 중심으로 본 元曉와 義湘

일본의 화엄학자 사카모토(坂本幸男) 교수는 그의 역저인『화엄교학의 연구』에서 화엄종조로서의 원효와 의상을 다음과 같이 비교하였다.

> 의상이 해동화엄의 초조가 될 수 있었던 것은 그가 그의 스승인 지엄의 오교판을 계승했기 때문이며…… 반면에 원효는 사교판을 내세웠기 때문에 화엄조사가 될 수 없었다. 이는 마치 법장의 제자인 혜원이 사교판을 주장했기 때문에 이단으로 몰려 華嚴列祖에도 낄 수 없었던 것과 일맥상통한다.1)

사카모토 교수의 주장에는 납득이 가지 않는 점도 없지 않지만 그러나 동시에 우리의 주의를 끌기에 충분한, 중요한 시사도 내포되어 있다. 먼저 납득이 가지 않는 점들을 지적해 보자.

첫째, 원효가 사교판을 내세웠기 때문에 해동화엄의 초조가 될 수 없었다는 것은 원효가 화엄종의 승려임을 전제하고 하는 말이다. 그러나 원효가 화엄학의 대가였다는 것은 천하가 다 아는 일이지만 엄밀한 의미에서 그는 화엄종의 승려는 아니었다. 그는 거의 모든 종파의 경전에 심취하였었고, 또한 각각의 경전 연구에 괄목할 만한 업적을 남겼으면서도, 그러한 모든 종파로부터 항상 자유로운 한 야인으로서 일

---

1) 坂本幸男,『화엄교학 연구』, p.431.

생을 마친 사람이다. 승려가 그 중심이 되었던 신라의 불교사회에서 파계를 이유로 승복을 벗어버리고 속인을 자처했던 그에게 그가 화엄 초조가 되지 못한 이유를 그의 교판관에서 찾는다는 것은 우스운 일이 다. 특정 종파의 전등은 거의 관심이 될 수도 없었다. 원효는 설사 지 엄의 오교판을 그대로 계승했다 하더라도 화엄열조에는 끼일 수 없는 사람이었으며, 또한 화엄초조에 추대되었다 하더라도 이를 받아들일 사람도 아니었다.

둘째, 법장과 혜원 사이에 일어난 일을 지엄과 원효 사이에 일어난 일과 비교하여 일맥상통한 바가 있다고 말한 것은 이해하기 곤란하다. 법장과 혜원의 관계는 스승−제자의 관계였지만 지엄과 원효의 관계 는 스승−제자의 관계가 아니었다. 뿐만 아니라 우리는 원효의 사교판 과 혜원의 그것이 그 이름은 똑 같은 사교판이지만 그 내용과 초점은 현저히 다르다는 사실에 주의해야 할 것이다.

다음으로 사카모토 교수의 주장에서 중요한 것은 화엄종의 스승− 제자 사이에서 스승의 교판을 계승한다는 것이 크게 문제되고 있었음 을 지적했다는 점이다. 선종에서 스승이 제자에게 법을 전할 때는 覺 체험의 正邪 또는 深淺이 항상 문제되었다. 이에 대하여 교종의 전 등에 있어서는 무엇이 문제되었겠느냐고 묻는 것은 매우 중요한 질문 이 아닐 수 없다. 물론 교종에서도 覺체험은 문제되었을 것이다. 그러 나 경을 소중히 여기고 경전연구에 열을 올렸던 것이 교종이라면, 교 종의 전등에 있어서는 교종 고유의 또 다른 그 어떤 것이 문제되었을 것임에 틀림없다. 그것이 다름 아닌 그 종파 고유의 교판관이었다고 말하는 것은 실로 재미있는 착상이 아닐 수 없다.

예를 들면 화엄종에서는 『화엄경』을 소의경전으로 삼기 때문에, 『화 엄경』의 가르침을 他經典에서는 볼 수 없는 고유한 그리고 최고의 가 르침으로 보고, 이러한 입장에서 타경전들의 가르침과 이들을 소의경전으로 삼는 각 종파들의 주장들을 평하고 해석하는 데서 소위 화엄종의 교판이 나오는 것이다. 그러므로 화엄종의 교판은 화엄종이 하나의 종파로서 따로 성립되어야 할 근거를 밝히는 일종의 개종선언문 내지는 종헌의 성격을 지니는 것이라고 말할 수 있다. 따라서 어떤 사람이 화엄종의 고유한 교판이 엄연히 존재하는데도 불구하고 이에 동의하지 않고 다른 교판을 주장한다면, 이 사람은 화엄종의 열조에 끼일 수 없을 뿐만 아니라 화엄종 자체를 이미 벗어난 사람이라고 말할 수밖에 없다.

교판론상에 나타난 원효와 의상의 차이는 바로 여기에서 찾아 볼 수 있다. 즉, 원효는 화엄종의 테두리를 벗어 나간 사람이요, 의상은 화엄의 전통을 그대로 잘 계승해 나간 사람이다. 그러나 우리는 여기에서 주의해야 할 것이 있다. 그것은 원효의 교판이 지엄의 그것과는 달랐지만, 그의 『華嚴經疏』가 전하는 한 그가 『화엄경』을 최고의 경전으로 보았던 것임에는 틀림없었다는 사실이다. 그렇다면 무엇을 근거로 원효를 화엄종의 테두리를 벗어난 사람으로 보려 하는가? 그것은 그가 『화엄경』을 말할 때는 화엄경이 최고요, 『涅槃經』을 말할 때는 열반경이 최고라는 태도를 취했기 때문이다. 그는 여러 교판을 가지고 있었던 셈이 된다. 이는 분명히 흔히 보는 종파적인 교판이 아니라 탈종파적인 독특한 교판이다. 원효는 요즘의 말로 표현하면 '경에 미친 사람'이었던 것 같다. 경은 무슨 경이든지 모두 다 좋아했었기 때문에 그는 어느 특정한 경만을 편파적으로 좋아하는, 어느 특정한 종파에 끼일 수가 없었다. 원효의 이러한 사상적인 경향을 경전 성립의 역사도 모르고 경이면 무조건 맹신하는 보수적인 근본주의로 오해해서는 아니 될 것이다. 사정은 오히려 그 반대에 가깝다고 말해야 옳다. 그 말은 원효가 살피는 중생은 각계각층의 서로 서로 다른 처지에 놓여 있는 모든 중생이었다는 것을 의미하며, 그래서 원효에게는 어느 경전의 말씀도 지금 당장 절실하지 않은 것이 없었기 때문에 어느 경은 택하고 어느 경은 버리는 태도를 가질 수가 없었던 것이다. 원효는 그의『열반종요』에서 다음과 같이 말하고 있다.

　심원하고 무한하기가 이를 데 없는 각 경전에 나타난 부처님의 뜻을 종파적인 교판의 테두리 속에 묶으려 하는 것은 소라 껍데기로 큰 바닷물을 다 재려는 격이요, 갈대 구멍으로 하늘을 관찰하려는 것처럼 어리석은 짓이다. (意譯,『韓國佛敎全書』第一冊, 547a)

　위와 같은 원효의 교판 아닌 교판에 비하면 의상의 경우는 매우 온건했다고 말할 수 있다. 의상은 처음부터 끝까지 충실한 화엄종의 승려로 일생을 살았던 분이다. 그는 처음 당나라에 유학의 길을 떠날 때부터 이미 지엄 문하에서 화엄을 공부해 보겠다는 생각을 가지고 있었다. 그의 집념은 원효의 도중의 변심에도 흔들리지 않았고, 유학을 마치고 신라에 돌아온 뒤에도 지엄의 思想圈 밖으로 나가지 아니하였다. 따라서『법계도총수록』을 통해서 짐작해 볼 수 있는 그의 교판론도 지엄의 그것을 벗어나지 않고 있다. 의상이 신라에 돌아온 뒤에 부석사를 짓고 정토신앙을 고취한, 소위 화엄과 정토를 융합하려는 경향 역시『화엄경』자체가 원래 지니고 있었던 사상이었다. 華嚴宗師의 눈에는 정토에 왕생하기를 원하는 중생들이 바로 정토를 장엄하는 화엄 보살들이기 때문이다.

　의상에 의하여 터가 닦인 신라의 화엄사상은 고려에 가서 선종의 도전으로 말미암아 많은 시련을 겪었다. 그러다가 지눌의 선교합일 운동을 만나서 소위 겉은 선이요, 속은 화엄이라는 화엄선으로 탈바꿈을 하게 되었다. 신라의 화엄종이 이와 같이 화엄선으로 재탄생하는 것은 의상의 입장에서 보면 분명히 일종의 변질임에 틀림없다. 그러나 원효의 교판 아닌 교판의 입장에서 보면 이는 얼마든지 가능한 일이 또 하나 나타났을 뿐이다. 만일 이러한 해석이 가능하다면 원효의 이른바 탈종파적인 교판사상은 종파불교를 지향했던 신라의 불교계에서는 환영받지 못했으나, 그 뒤 각 종파간의 싸움이 치열해짐에 따라 화쟁이 모색되었을 때는 한 평화의 원리로서 남몰래 중요한 역할을 했었지 않았나 생각된다.

(第三回 國際佛敎學會議 「新羅 義湘の華嚴思想」 발표문,
1980년 7월 19~21일, 日本 京都 龍谷大學校)

元曉의 和諍論理로 생각해 본 남북통일문제
─원효사상의 현실적 전개를 위하여[1]─

1. 머리말

남북통일 같은 민족 전체의 평화를 논하는 마당에 요즘 원효사상이 자주 거론되고 있다. 우리 민족이 장차 나아가야 할 길을 우리의 전통 속에서 찾고자 하는 노력인 만큼 참으로 반가운 일이다.[2]

전통은 전통대로 있고 현실은 현실대로 따로 있다면 우리는 전통 없는 민족이나 다름없이 불행할 것이다. 전통이란 박물관의 진열품도 아니고, 책을 뒤적여야 비로소 만나는 추상적인 진리도 아니고, 어느 전문가만이 알고 있는 지식도 아니다. 눈을 감고 보지 않을 뿐, 알고 보면 어디에나 있는 것이 전통이요, 사람들이 알아주건 말건 항상 우리와 고락을 함께 하면서 면면히 이어져 내려 온 민족의 문화적 맥박 같은 것이 바로 우리의 전통이다. 전통은 숨결처럼 우리의 삶 속에 살아

---

1) 이 논문의 일부는 「원효사상의 현실적인 전개」라는 제목으로 『미주현대불교』 제2호(1989년 12월, 뉴욕), pp.7~17에 실린 적이 있었다. 이제 장봉 김지견 박사의 화갑기념 사우록에 싣기 위해서 앞부분과 뒷부분을 새로 쓰고 내용을 많이 고쳤다. 그래서 제목도 새로 달았다.

2) 국토통일원이 주최하고 대한전통불교연구원이 주관한 1987년 11월의 聖원효사 심포지엄은 그 대표적인 것이라 하겠다. 김지견 편, 『원효성사의 철학세계』, 대한전통불교연구원, 1989 참조.

있다. 원효(617~686)의 화쟁사상은 우리 민족이 키워온 사상적 전통의 핵심을 이루어 왔다고 해도 결코 과언은 아닐 것이다. 그러므로 남북통일 같은 우리의 절박한 현실문제와 원효의 화쟁사상과의 접목을 꾀한다는 것은 너무나 당연한 일이요, 오히려 때늦은 느낌마저 없지 않다.

원효는 그 시대의 한 사상가로서, '중생의 병을 알고, 약을 아는 사람'으로 널리 알려져 있으며 특히 그의 화쟁논리는 싸움병 치료의 명약으로 이름이 나 있다. 그러나 '원효의 화쟁사상이 정말 지금 남북 간에 팽배해 있는 비극적인 대결의식을 완화시킬 수 있으며, 또한 우리 민족이 진정한 평화를 얻게 하는 이론적인 근거가 될 수 있느냐'의 문제는 본격적으로 다루어지지 않았다. 안타깝게도 원효의 화쟁논리는 여전히 원효 전문가들의 전용물 상태를 극복하지 못하고 있다. '원효'라 하면 제일 먼저 떠오르는 생각이 '민중과 함께 동고동락한 사람'일 정도로 민중의 구체적인 삶 속에서 자신의 철학 체계를 형성한 인물임에도 불구하고, 민중의 삶과 고립되어 있었다.

원효의 화쟁론은 관점에 따라서는 비현실적인 관념론으로 보일지도 모른다. 그러나 원효 당시에 원효의 시각에서 보면 그것은 매우 절박한 현실문제를 다루는 논리였다.

그가 말하는 싸움은 사람들 마음속의 심리적 갈등 같은 싸움이 아니라 사람과 사람 사이에 생긴 구체적인 싸움을 말하고 있으며, 그가 말하는 평화도 개인적인 마음속의 관념적인 평화가 아니라 사람과 사람 사이의 구체적인 싸움을 없앤다는 의미의 평화를 말하고 있다. 원효가 한 불교학자로서 남들이 흔히 하듯 관념적인 세계에 머무르지 않고, 싸움질하는 당사자들 간의 구체적인 싸움의 종식을 문제 삼았다는 사실은 크게 주목해야 할 대목이다.

원효의 화쟁론은 또한 불교권 안의 특수한 논리에 불과한 것처럼 보이기도 하고, 비현실적인 희론처럼 보일지도 모른다. 그러나 좀 더 자세히 관찰해 보고, 좀 더 깊이 생각해 보면, 그의 논리는 그 당시 싸움질하고 있는 모든 사람들에게 적용될 수 있는 보편성을 지니고 있음을 알 수 있다. 뿐만 아니라 싸움을 말리는 그의 이론에는 오늘날 싸움질하는 사람들도 귀 기울이지 않을 수 없는 지혜가 번득이고 있다. 그래서 필자는 이제부터 원효의 싸움 말리는 이론을 오늘날 우리 민족의 고질병 가운데 하나인 남북대결병 치료에 적용해 보려고 한다. 성패는 여하간에 이는 누군가에 의하여 시도되어야 할 일이라고 믿기 때문이며, 이렇게 해야만 원효사상의 현대적인 가치가 확인될 수 있다고 믿기 때문이다.

　원효의 화쟁사상이 우리의 문화적 전통의 전부라고 말할 수는 없지만 적어도 중요한 일부임에는 틀림없다. 또 그것이 정녕 우리의 전통이라면 그것은 분명히 지금 우리의 어딘가에서, 어떤 형태로든, 일(用)하고 있어야 한다. 화쟁론이 일할 곳은 일차적으로 싸움이 벌어지고 있는 곳임에 틀림없다. 싸움이 벌어졌는데 그곳에 원효의 화쟁론이 나타나지 않는다면 원효의 화쟁론은 이미 우리의 전통이 아니다. 우리 민족의 가장 큰 싸움의 현장인 남북대결의 현장에서 원효의 화쟁이론이 자기 역할을 하지 못한다면, 원효의 화쟁이론은 전통으로서의 가치를 상실한 것이나 마찬가지다. 물론 옛날 것을 오늘에 접목하고, 불교의 교리를 현실문제에 접목하는 것은 쉬운 일이 아니지만 원효의 후학들에 의하여 응당 시도되어야 할 일이라고 생각한다.

2. 접목자의 주의사항

　첫째는 자료문제이다. 우리는 곧잘 '원효사상'이라는 말을 입에 올리지만 그것은 일차적으로 원효가 저술한 책들을 비롯한 구체적인 자료를 떠나 있을 수 없다. 특히 원효의 화쟁사상을 연구하는 데 있어서 누구나 지적하듯이 원효의 「십문화쟁론」이 중요한 자료라는 사실은 더 강조할 필요가 없다. 「십문화쟁론」의 본문이 발견되지 않고 있는 지금, 그것을 복원하려 애쓰는 것 또한 후학들이 마땅히 해야할 중요한 일임에 틀림없다.[3] 또 원효의 화쟁사상은 그의 저술 도처에 여러 가지 형태로 나타나 있다. 우리 후학들은 이것을 간추려 체계화해야 한다.

둘째는 주어진 자료를 어떻게 다룰 것인가 하는 문제이다. 우리는 원효의 화쟁관계 자료가 모두 7세기의 신라 때 자료임을 잊어서는 안된다. 원효의 화쟁론이 아무리 훌륭하다 할지라도 자료가 지닌 시대적인 제약을 면할 수는 없다. 이 제약을 무시하고 원효의 이론을 그대로 오늘의 현실문제에 적응하려 해서는 안 된다. 이것은 마치 보약이 좋다니까 환자의 사정은 아랑곳없이 아무런 조제도 하지 않고 원약자재 그대로를 마구 퍼 먹이는 것과 다를 바 없다. 음식을 만들 때도 요리사는 먼저 반찬거리를 깨끗이 씻고 먹는 사람의 식성과 소화능력 등을 고려하여 잘 요리해야 하며, 또한 먹는 사람도 삼키기 전에 잘 씹어 침액과 섞이게 하여 먹어야 한다. 간단한 보약이나 음식 만드는 일도 이렇거늘, 하물며 옛날의 원효사상을 오늘의 현실문제에 接木시키려는 일은 더 말해 무엇하겠는가? 처음부터 끝까지 접목자의 용의주도한 작업이 요청된다. 다시 말하면 입수된 자료에 대한 해석학적 변형이 불가피하다는 말이다. 중요한 의미를 살리기 위해 원효시대의 제약 때문

---

3) 「십문화쟁론」의 복원을 위한 연구성과로는 이종익의 「십문화쟁론연구」와 최범술의 「십문화쟁론복원을 위한 수집자료」등을 들 수 있다. 두 논문은 각각 1987년, 서울의 국토통일원조사연구실에서 낸 『원효연구논총』의 pp.435~476과 pp.976~1049에 실려 있다.

에 생겨난 소위 用的 요소들을 말끔히 씻어내고 그것들을 오늘에 맞는 用으로 부활재생시켜야 한다. 이는 결코 작은 일이 아니다.

셋째는 접목 작업자의 자세 문제다. 원효의 화쟁정신을 감싸고 있는 낡은 옷을 새 옷으로 갈아 입히는 해석학적 변형 작업을 성공적으로 수행하기 위해서는 작업자의 자세가 유연하고 融通自在해야 한다. 마음 쓰고 머리 돌아가는 것이 자료에 얽매이거나, 자료가 제공한 공식에 얽매이거나, 접목의 현장에서 벌어지는 현실적인 여건 같은 것에 얽매여서는 안 된다. 한 나무를 다른 나무에 접목하려면 두 나무를 다 칼로 잘라야 한다. 그래야 접목이 시작되는 것이다. 접목자는 주어진 자료와 이론과 현실을 모두 일단 해석학적으로 공화할 수 있어야 한다. 뿐만 아니라 접목자인 자기자신까지도 공화할 수 있어야 한다. 작업자의 자세를 공화한다는 것을 필자는 작업자가 대승불교의 공사상처럼 의식 속에 아무런 전제도 가지지 않는다는 뜻으로 썼다. 작업자가 공화될 때 자료도 이론도 현실도 모두 사람을 얽매는 멍에가 아니라 사람과 사위일체가 되어 접목사업을 완성시킬 수 있을 것이다.[4]

---

4) 공화현상은 자연계의 도처에서 발견된다. 가령 배추농사를 짓는 사람이 밭을 갈고(1), 씨를 뿌리고(2), 물 주고(3), 거름 주고(4)…… 등, 별의별 정성을 다 쏟는다 치자. 그러나 이러한 모든 것들을 합쳐 놓은 것이 그대로 배추가 되는가? '(1)+(2)+(3)+(4)=배추'라는 등식이 가능한가? 아니다. (1), (2), (3), (4) 등 사람이 할 수 있는 모든 일을 다 해도 자연의 도움 없이는 배추를 생산할 수 없다. 인위적인 것들을 인연으로 하여 자연은 배추를 키우는 것이다. 우리는 여기서 인위와 자연 사이의 묘한 관계를 볼 수 있다. 인위 없이는 자연도 배추농사를 시작할 수 없고, 자연 없이는 인위도 결실을 못 거둔다. 이처럼 양자의 관계는 밀접하다. 그렇지만 양자는 또한 직선적인 연결이 아니다. 일단은 단절한다. 그러나 영원한 단절은 아니다. 양자는 단절을 통해 연결해 나가고, 연결의 한 과정으로서 단절한다. 이러한 성격의 단절이 바로 자연계가 우리에게 보여주는 공화현상이다. 우리들이 먹는 음식과 우리 몸 속의 피의 관계도 그렇다. 음식은 공화과정을 통해서 피가 된다. 지식도 비슷한 성격을 가지고 있다. 지식은 밖에서 들어오는 것인데 이것이 나에게 힘이 되려면 일단

넷째는 원효에 대한 비신화화 작업이다. 이 작업은 한국의 모든 고승연구에 절실히 요청되는 것이지만 특히 원효연구에는 빠져서는 안 될 중요한 작업이다. 원효는 지금 신화적인 전설의 안개에 싸여 그 참 모습이 많이 흐려져 있다. 원효의 화쟁론이 제아무리 훌륭하다고 할지라도 이를 신비화하면 그 현실적 가치는 급속히 감소되고 만다. 가령 원효의 화쟁사상만 알면 이 세상의 모든 싸움이 일시에 다 사라질 수 있는 것처럼 말하는 사람들을 가끔 만나는데, 이는 분명히 독자를 오도하는 짓일 뿐만 아니라 원효학의 생명을 위축시키는 자해행위라고 말하지 않을 수 없다. 좀 역설적으로 말하면, 원효의 화쟁론은 오히려 그와 반대되는 결론을 우리에게 가르쳐 준다. 원효는 무조건 시비를 없애려고 하기보다는 시비 있음이 오히려 자연스럽다고 보는 입장을 취하고 있다. 시비하는 세속을 인정하고 세속의 시비를 통해서 세속 속의 여러 가지 차이를 이해하고, 이리하여 시비하는 양쪽이 모두 함께 그 모습을 전체적으로 드러낼 때 화쟁의 길도 열린다는 것이다. 원효가 싸움을 말린 것은 사실이지만, 그렇다고 대립하고 있는 양자의 차이가 없어진다고 장담한 적은 없다. 원효에 의하면, "싸움이란 양자 간에 차이가 있기 때문에 생긴 것이 아니고, 양자 간의 차이를 강제로 없애려고 한 데서 생긴 것이다."라고 하였다. 원효사상에는 가치와 시각의 다원주의를 강조하는 근대적인 사고와 통하는 점이 있다고 말할 수 있다.

다섯째는 눈에 안 보이는 자료에 관한 문제이다. 원효가 공전절후의 대저술가요, 또한 대단한 학자였다는 사실은 천하가 다 아는 일이다.

공화과정을 거쳐야 한다. 그렇지 않으면 지식은 지식대로 있고 나는 나대로 따로 있어, 지식이 오히려 병이 되거나 아니면 세뇌현상을 일으켜 사람을 비인간화한다. 그러므로 우리는 옛날 것을 오늘에 살리려고 할 때, 반드시 이러한 공화작업을 거쳐야 한다고 주장하는 것이다.

그러나 원효에 있어서 학문은 그의 삶의 일부였다. 삶의 일부라 해서 그 가치가 덜하다는 말은 아니지만 적어도 원효사상을 오늘의 현실문제에 접목하려는 입장에서 보면 그의 학적 업적만을 가지고 원효사상 운운한다는 것은 아무래도 무언가 중요한 것을 빠뜨린 듯한 아쉬움을 금할 수가 없다. 이 문제를 동양철학의 가장 보편적이고도 또한 가장 중요한 논리형식이라는 體用의 논리로 풀면 원효의 학문은 용이요 그의 삶은 체이다. 그러므로 체인 그의 삶을 이해함이 없이, 용인 그의 학문만 따지고 앉아 있을 때 과연 우리의 접목사업이 제대로 될 수 있을지 의심스럽다. 더구나 원효사상은 그의 후학들에 의하여 계승 발전되어 이제는 우리의 사상적인 전통이 되어 있다면, 우리들이 원효를 알건 모르건 그런 것에 관계없이 한국 사람이면 누구나 그 사고방식 속에 다소간 원효적인 것이 면면히 흐르고 있다고 보아야 할 것이다. 우리는 또한 이것을 집어내야 한다. 이것이 바로 눈에 안 보이는 자료이다. 눈에 안 보이는 자료는 체요, 눈에 보이는 자료는 용이다. 체 없는 용이 있을 수 없듯이, 눈에 안 보이는 자료와 분리된 자료의 이해란 극히 불안하고 위험스런 것이라고 말할 수밖에 없다.

3. 원효의 화쟁논리

'모두 다 틀렸다' 또는 '모두 다 맞았다'는 말은 원효가 세상 사람들의 싸움을 말리면서 자주 쓴 말들이었다. 도대체 이게 무슨 말인가?

종래에 우리는 알쏭달쏭한 이 말의 참뜻을 철저히 밝히지도 않고 무조건 '원효 스님께서 하신 말씀'이라 하여 이를 너무 함부로 쓰지 않았나 싶다. 이제 우리는 납득이 갈 때까지 줄기차게 그 뜻을 따져야 할 것이다. 그렇지 않고 이런 말을 함부로 쓰면 그것은 원효에 대한 사람들의 오해만 깊게 하고, 결과적으로 사상적 혼란만을 조장할 것이다. 원효가 '모두 다 틀렸다'고 말할 때는 상대방만 틀린 게 아니고 나도 틀렸다는 것을 인정하자는 것이며, 또 '모두 다 맞았다'고 말할 때는 나만 맞은 게 아니고 남들도 맞았다는 것을 인정하자는 것이 아닐까? 이 말은 또한 어떤 대상을 보고 틀렸다고 말하기 전에 부정자는 부정의 정신에 철저하여 부정자 자신도 부정의 대상에 올려놓아야 하고, 긍정을 할 때도 어떤 특정한 대상을 긍정하기 전에 긍정자 자신이 올바른 긍정정신을 갖고 원수에게까지도 자비로운 긍정정신을 발휘해야 한다는 말일 것이다. 부정의 정신이란 날카로운 비판정신이요, 긍정의 정신이란 따뜻한 자비정신이라 말할 수 있을 것이다. 한 발 더 나아가서, 이 말은 '틀렸다' 또는 '맞았다'는 따위의 시비를 가르는 말을 공정하게 쓰자는 말이며, 그러기 위해서는 이런 말을 쓰는 사람들이 '나'의 입장과 '남'의 입장을 함께 포괄할 수 있는 보다 높은 차원의 입장을 발견해야 한다는 말도 될 것이다.

원효는 그의 『열반경종요』에서 '불성이 무엇인가'에 대한 여러 학자들의 여러 가지 서로 다른 주장을 소개한 다음, 그 가운데서 누가 옳고 누가 그른가를 따지면서 다음과 같이 말했다.

> 此諸師說 皆是皆非 所以然者 佛性非然 非不然故 以非然故 諸說悉非 非不然故 諸義悉是.
> 이들 모든 논사들의 주장이 다 맞았고(皆是), 또한 다 틀렸다(皆非). 왜 그런가? (그들이 밝히려고 하는) 부처님 성품(佛性)은 원래 '그런 것'(然)이 아니기 때문이며, 동시에 '그런 것이 아닌 것'(不然)도 아니기 때문이다. (부처님 성품은) '그런 것'(然)이 아니기 때문에 모든 주장이 다 틀렸다(皆非)고 말하는 것이요, (부처님 성품은) 또한 '그런 것 아닌 것'(不然)도 아니기 때문에 모든 주장이 다 맞았다(皆是)고 말하는 것이다. (『한국불교전서』 제1책, p.538, 가운데 칸)[5]

이 글은 원효의 화쟁논리를 이야기할 때마다 학자들이 흔히 인용하는 有名한 글귀이다. 그러나 안타깝게도 이 글은 난해하기로도 유명하다. 많은 사람들이 원효의 화쟁논리를 두고 '알쏭달쏭하여 뭐가 뭔지 잘 모르겠다'고 불평하는 것도 이 글의 난해성 때문이다. 보통 사람들에게 '모두 다 맞았고, 모두 다 틀렸다'는 원효의 '皆非皆是의 논리'는 이조시대 황희 정승의 덕담 정도로밖엔 들리지 않을 것이다. 그러므로 우리는 거기에 깔려 있는 논리를 분명히 하고, 그 현실성을 점검해야 한다.

원효는 '개비개시의 논리'를 분명히 하기 위해서 장님 코끼리 만지는 비유를 들었다.

如彼盲人 各各說象 雖不得實 非不說象 說佛性者 亦復如是 不卽六法 不離六法.[6]

눈먼 장님들이 코끼리를 설명할 때, 제각기 딴 소리를 한다. 비록 어느 장님도 코끼리를 제대로 드러내지 못하지만 그렇다고 어느 장님도 코끼리 아닌 딴 것을 설명하고 있는 것은 아니다. 사람들의 부처님 성품을 설명하는 것도 이와 같다. 그러므로 어느 입장에 집착해서도 안 된다. (『한국불교전서』 제1책, p.539, 위 칸)[7]

---

5) 본 논문에 인용된 원효의 글은 원문을 왜곡하지 않는 한, 한문을 대조하지 않아도 곧 이해할 수 있도록 의역하는데 힘썼다. 『한국불교전서』는 1979년, 동국대학교에서 출판하였다.

6) 마지막의 '不卽六法 不離六法'은 '여섯 가지 법에 집착하지도 않고 여섯 가지 법을 떠나지도 않는다.'고 직역할 수 있다. 육법은 여섯 학자들의 학설을 가리키겠지만 전후의 문맥으로 보아 여기서는 부득이 '어느 입장에 집착해서도 안되지만 그렇다고 모든 입장을 다 떠나서 설명하려 해서도 안된'다고 의역하였다. 『한국불교전서』 제1책, pp.538~539 참조.

7) 개비의 논리는 부정의 정신을 드러낸 것이요, 개시의 논리는 긍정의 정신을 나타낸 것이라고 말할 수 있을 줄 안다. 부정의 정신은 도리라는 말로 표현되는 지혜와 보편의 추구라면 긍정의 정신은 인간 세상에 개개인의 딱한 사정

장님들이 코끼리를 설명하는 비유로 밝혀진 것은 무엇인가? 원효가 '모두 다 틀렸다(皆非)'라고 말하는 것은 불성에 대한 어떠한 설명도 완전하지 못하다는 것을 깨우쳐 주기 위한 것이요, '모두 다 맞았다(皆是)'라고 말하는 것은 불성에 대한 각각의 설명이 불완전함에도 불구하고 그 나름대로 모두 일면적인 진리를 간직하고 있다는 사실을 인정해야 한다는 말이다. 그러니까 싸움은 자기가 일면적인 진리밖엔 알지 못하고 있다는 사실을 깨닫지 못하고, 마치 자기의 주장이 진리의 전면을 모두 다 드러내고 있는 듯이 착각하는 데서 비롯한다. 이러한 잘못은 '모두 다 틀렸다'는 개비의 논리로 시정할 수 있다. 또 사람들의 주장은 모두 그 나름대로의 일면적인 참을 지니고 있다. 이 점을 인정하지 않으면 시비는 영원히 없어지지 않는다. 이래서 '모두 다 맞았다'는 '개시의 논리'가 필요하게 된다.

그런데 원효는 불성에 대한 모든 주장을 '개비개시'라고 말하는 논리적 근거로서 불성의 "'그런 것'(然)도 아니고, '그런 것 아닌 것'(不然)도 아님"을 들었다. 여기서 '그런 것'(然)이란 상대방의 말을 긍정하는 말이요, '그런 것 아닌 것'(不然)이란 상대방의 말을 부정하는 것이므로 "불성은 '그런 것'이 아니라는 원칙"에 입각하여 사람들이 불성에 대해서 뭐라고 말하건 '그런 것'을 모두 부정하여 '다 틀렸다'고 평하고, 동시에 "불성은 '그런 것' 아닌 것도 아니라는 원칙"에 입각하여 사람들이 불성에 대해서 뭐라고 말하건 모두 긍정하여 '다 맞았다'고 평한다는 것이다. 이로써 '모든 주장이 다 틀렸고 또한 동시에 모든 주장이 다 맞았다'는 '개비 개시의 논리'와 토론의 주제인 "불성이란 '그런 것'도 아니고 동시에 '그런 것 아닌 것'도 아니라"는 '비연 비불연의 원칙' 사이의 논리적 상관관계는 분명해졌다.[8]

을 보살피는 자비와 인정의 실천이라 말할 수 있을 것이다. 원효의 화쟁사상은 항상 이 두 가지를 다 함께 만족시키는 것을 원칙으로 삼고 있다.

그러면 원효는 왜 불성을 "'그런 것'도 아니고, 동시에 '그런 것 아닌 것'도 아니라"고 보았을까? 원효의 '개비 개시의 논리'가 분명해지지 않는 것은 원효가 말한 '비연 비불연의 원칙'이 분명해지지 않기 때문이라 말할 수 있을 것이다. 불성이 "'그런 것'도 아니고, '그런 것 아닌 것'도 아니다"는 것을 원효는 다음과 같이 말했다.

佛性之體 正是一心 一心之性 遠離諸邊 遠離諸邊故 都無所當 無所當故 無所不當 所以就心論 心非因非果 非眞非俗 非人非法 非起非伏 如其約緣論 心爲其(?)爲伏 作法作人 爲俗爲眞 作因作果 是謂非然非不然義 所以諸說 皆非皆是.

불성의 몸(體)은 다름 아닌 한 마음(一心)이다. 한 마음의 본바탕은 모든 종류의 극단을 완전히 벗어났다는 데에 있다. 모든 종류의 극단을 완전히 벗어났기 때문에 불성은 어떤 범주에도 담을 수가 없다. 어떤 범주에도 담아지지 않기 때문에 불성은 해당되지 않는 곳이 없다. (그러므로 보이지 않는) 전체적인 면에서 말하는 한, (불성을 부정판단 형식으로 표현하면) 원인도 아니고 결과도 아니고, 참된 것도 아니고 속된 것도 아니고, 주체적인 인간도 아니고 객관적인 법도 아니고, 생기는 것도 아니고 잠복하는 것도 아니라고 말할 수밖에 없다. 그러나

---

8) '佛性이 非然故로 諸說이 皆非요 佛性이 非不然故로 諸說이 皆是'라는 원효의 화쟁논리는 여러 가지 측면에서 검토되어야 할 것이다. 앞 주 7)에서 말한 것처럼 도리를 추구하고 인정을 실천한다는 측면에서 보면 비연은 도리추구요 비불연은 인정실천이다. 한문에서 '然'은 원래 '그렇다'는 긍정사이니 '非然'은 '그렇지 않다'는 부정사가 된다. 여기서 불성이 비연이라 함은 인도철학의 neti neti 처럼 atman에 대한 어떠한 설명에 대해서도 '그런 것은 아니다'고 거부하는 것이다. 생멸계의 개별자에게 합당한 어떠한 형용사도, 어떠한 설명이나 정의도 모두 진여계의 보편자적인 면을 설명하지 못하기 때문이다. 그러나 불성이 비불연이라 함은, 위와는 반대로, 화엄철학의 사사무애적인 iti iti 처럼 불성에 대해서 무어라 하건 '그래 그래 그 말도 옳다'고 수긍하는 것이다.

구체적인 면에서 말하는 한, 불성은 생기기도 하고 잠복하기도 하고, 객관적인 법이 되기도 하고 주체적인 인간이 되기도 하고, 속된 것이 되기도 하고 참된 것이 되기도 하고, 원인이 되기도 하고 결과가 되기도 한다. 이래서 불성은 '그런 것'도 아니고, '그런 것이 아닌 것'도 아니라고 말하는 것이다. 학자들의 모든 주장들이 '다 틀렸고, 다 맞았다'고 말하는 까닭이 여기에 있다. (『한국불교전서』 제1책, p.538, 아래 칸)[9]

불성은 인과니 진속이니 인법이니 기복이니 하는 상대적이고 분별법적인 범주의 어느 하나에 소속되는 것이 아니기 때문에 우리는 "불성이란 '그런 것'이 아니다(佛性 非然)"라고 말하는 것이요, 따라서 불성을 '그런 것'처럼 말하는 "모든 학설을 다 틀렸다(諸說 皆非)"라고 말하는 것이다. 그러나 불성은 또한 인과, 진속, 인법, 기복 등등 어떤 것이든지 다 되기 때문에 우리는 "불성이란 '그런 것 아닌 것'도 아니다(佛性非不然)"라고 말하는 것이요, 따라서 불성을 '그런 것'으로 말하는 "모든 학설을 또한 다 맞았다(諸說 皆是)"라고 말하는 것이다. 결국,

---

9) 이 인용문에는 두 가지의 어려운 문제가 있다. 하나는 '무소당고 무소부당'이라는 논리요, 또 하나는 '취심론과 약연론'이라는 대립이다. 먼저 '무소부당'이란 해당되지 않는 바가 없다는 뜻이니 불교적인 보편성을 나타내는 말이다. 어떻게 하여 보편을 성취했는가? 아무 데도 얽매이지 않기 때문이다. 다시 말하면 개별성을 극복했다는 말이다. 어떻게 개별성을 극복했는가? 그 까닭이 여기 말한 원리제변고다. 이것이 일심의 성이요 불성의 체이다. 불성이나 일심은 나 자신의 주인공임으로 나 자신이 모든 극단을 완전히 극복해야 한다는 말이다. 그 다음으로 심론과 연론의 차이에 대해서 생각해 보자. 여기서 심이란 눈에 보이지 않는 것이다. 심은 불성의 체요 또한 그것은 본질상 모든 극단을 떠난 것이다. 따라서 그것은 모든 개념적인 범주를 벗어나 있다. 도무소당이란 말이 그 말이다. 심을 비인비과 등등의 부정사로 표현하여 도무소당의 의미를 드러냈다. 그러나 연은 심이 일하는 현상적인 인연관계이니 위기위복 등등의 긍정사로 표현하여 무소부당의 의미를 드러냈다.

원효는 불성이 지니고 있는 서로 상반되어 보이는 두 면을 둘 다 살려야 하기 때문에 불성을 그런 것으로 단정하는 데에도 반대한 것이다. 말하자면 원효는 그의 이러한 불성관 때문에 여러 학자들의 주장을 '다 틀렸다'고 말하기도 하고 또한 '다 맞았다'고 말하기도 한 것이다.

그러면 왜 원효는 불성이 "'그런 것'도 아니고, 동시에 '그런 것 아닌 것'도 아닌" 것이라고 말하여 형식논리상 모순을 드러내고 있는가? 『열반경』에 나오는 "일체중생 실유불성",[10] 즉 "모든 사람이 다 부처님 성품을 가지고 있다"는 말은 우리의 의문을 풀어 줄 수 있는 좋은 실마리가 될 수 있다. 사람이 중생이라 불릴 때는 여러 다른 모습을 한 개별자로 살고 있는 모습을 가리킨다. 그런데 이렇게 하나하나의 개별자로 살고 있는 중생이 자기 속에 모든 것을 다 지닌 일체자로서의 부처님 성품을 지녔다고 『열반경』은 가르치고 있는 것이다. 이것은 '하나가 모두요 모두는 또한 하나(一卽一切 一切卽一)'[11]라는 화엄연기의 기본 공식을 다른 말로 표현한 것이다. 다시 말하면 불성은 '하나이면서 모두요 모두이면서 하나'라는 의미에서 개별자이면서 일체자이고, 일체자이면서 또한 개별자라는 특성을 지니고 있는 것이다. 그러므로 원효는 사람들이 불성을 개별자로만 파악하여 '그런 것'으로 표현하는 것을 인정하기도 하고, 불성을 일체자로 파악하여 '그런 것 아닌 것'으로 표현하는 것을 인정하기도 하며, 또 두 경우 모두 반대하기도 한 것이다.

원효의 이러한 불성관에 나타난 '개비개시의 태도'는 싸움질하는 학

---

10) 『열반경종요』의 "일체중생 실유불성"에 대해서는 『한국불교전서』 제1책, p.525, 가운데 칸과 아래 칸 참조.

11) 화엄철학의 '一卽一切 一切卽一'에 대해서는 의상의 『화엄일승법계도』가 정곡을 찔렀다고 말할 수 있다. 김지견 강의, 「대화엄일승법계도주병서 : 김시습의 선과 화엄」, 『불교학습문고』 제2집, 서울 : 대한전통불교연구원, 1983, pp.83~93 참조.

자들에게 자기반성을 촉구하고 있는 것이다. 필자는 여기서 '개비 개시
의 태도'라고 하였다. 원효에 있어서 '개비개시'는 단순한 논리만은 아
니었기 때문이다. 그것은 도리를 추구하는 구도자의 비타협적 자세라
고도 말할 수 있고, 도를 닦는 수도자가 이 세상 사람들을 대하는 너그
러운 태도라고도 말할 수 있다. 다시 말하면 원효가 '모두 다 틀렸다'
고 말할 때는 불성의 일체자적인 면을 드러내기 위해서 사람들이 불성
을 단순히 어떤 특정한 것으로 처리해 버리는 것을 철두철미하게 거부
하는 부정의 정신을 발휘하는 것이요, 그가 '모두 다 맞았다'고 말할
때는 불성을 추구하는 모든 중생들이 보고 있는 불성의 모든 단편들을
끊지 않으려는 일종의 이해와 관용으로 나타나는 자비정신의 발로라
고 하겠다.

　원효의 화쟁논리를 우리의 현실문제인 남북통일문제에 관련시키기
전에, 마지막으로 우리의 이러한 노력이 어떤 의미를 지닐 수 있는가
를 살펴보지 않을 수 없다. 왜냐하면 옛날 원효가 했던 화쟁은 불성에
대한 여러 가지의 다른 견해들을 화쟁하는 것이었지만, 오늘날 우리들
이 해야 할 화쟁은 통일에 대한 남북 간 다른 견해들을 화쟁하는 것이
기 때문이다. 양자는 말만 똑같은 '화쟁'이지 실지는 간과할 수 없는
여러 가지의 큰 차이를 가지고 있다. 특히 주목하지 않을 수 없는 것은
그 주제가 하나는 불성이요 하나는 통일이라는 점이다. 불성논쟁에
'개비개시의 논리'를 적용할 수 있었던 것은 불성이 '비연 비불연'이었
기 때문이다. 만약 우리들이 '개비 개시의 논리'를 통일논쟁에도 적용
할 수 있으려면, 통일 또한 '비연 비불연'이어야 할 것이다. 통일을 그
렇게 볼 수 있으려면 불성처럼 통일도 연기적인 존재라는 결론을 내릴
수 있어야 할 것이다. 불교의 교리에 의하면 이 세상에 모든 것은 연기
아닌 것이 없다.12) 그러므로 연기가 무엇인가를 따지자면 말이 한정
없이 길어지겠지만 통일이 연기적 사실이냐 아니냐에 대한 불교인들

의 답변은 위와 같이 비교적 간단할 수밖에 없다. 불교인들이 통일을 연기적 사실로 보고 이 세상 모든 사람들이 뭐라고 말하건 먼저 "'그런 것' 아니다", 즉 '비연'이라고 부정하고, 그 다음에 또 "'그런 것 아닌 것'도 아니다", 즉 '비불연'이라고 부정을 다시 부정한다는 것은 통일을 책상 위의 수학공식이나 공장의 기계조작과 같은 것이 아니라, 그 속에 무한한 가능성을 창조적으로 지니고 있는 일종의 생명현상으로 본다는 말이다. 여기서 이만 불교의 교리소개를 멈추고 원효의 화쟁논리를 우리의 통일문제에 적용해 보는 일로 넘어가 보자.

4. 사이비 화쟁자들

원효가 전개한 화쟁사상의 한 특징은 그가 '사람의 문제'[13]를 다루었다는 데에 있다. 싸움이란 항상 사람이 하는 짓이지만, 싸움을 말리는 것도 또한 사람이 하는 일이다. 그러므로 누가 싸움을 시작했으며 누가 지금 싸우고 있느냐를 따지는 것도 중요하지만, 누가 지금 싸움을 말리고 있느냐 또는 누가 진정 싸움을 말릴 수 있느냐를 따지는 것도 또한 중요하다. 이것은 화쟁자의 자격을 따지는 문제라고 말할 수 있을 것이다. 더구나 남북통일 같은 현실적으로 중요한 문제를 다루는 데 있어서는 거짓된 사이비 화쟁자를 가려내는 것이 무엇보다도 급선무라고 하겠다. 민족전체에 미치는 사이비의 피해는 너무 크기 때문이다. '싸움은 말리렷다'라고 사람들은 쉽게들 말하지만, 실지에 있어서

---

12) 연기에 대해서는 일본 龍谷大學 불교학회에서 나온 「연기연구」, 『불교학연구』 제39, 40호, 京都 : 龍谷大學, 1985 참조.

13) 원효가 싸움과 화쟁의 문제를 순전히 사람의 문제로 풀어가고 있다는 것은 매우 주목할 만한 대목이며 앞으로 원효사상의 특징을 집어내는 데 좋은 연구과제라 생각된다.

싸움을 말리는 일은 그리 쉬운 일이 아니다. 우리 주변에는 싸움을 말리는 척 하면서 사실은 싸움을 돋우는 사람들이 많다.

무엇보다도 현재 싸우고 있거나 또는 싸움에 말려든 사람은 싸움을 말릴 수 없다. 어느 한쪽에 치우쳐 있거나, 편을 드는 사람도 싸움을 말릴 수 없다. 너무나 당연한 말이다. 치우치지도 않고, 편들지도 않고, 말려들지도 않는 사람이 누구인가? 지금 우리의 지병인 남북대결 상태에서 누가 진정 싸움을 말리고 있는가? 미국이 말리는가? 소련이 말리는가? 아니면 일본이 말리는가? 중국이 말리는가? 미국과 일본은 남쪽을 편들고 소련과 중국은 북쪽을 편들고 있으니 이들은 모두 싸움 말리는 기본적인 자격을 상실한 자들이다. 그렇다면 남북대결의 주역들이 싸움을 말릴 것인가?

그것도 안 된다. 싸우면서 싸움 말린다 함은 말이 안 된다. 싸우는 자들이 때로는 휴전을 선언하나, 그것은 더 크게 싸우기 위한 작전에 불과하다. 휴전은 어디까지나 휴전일 뿐 평화는 아니다. 그러므로 싸움의 피해자들은 싸움의 주역들에게 평화의 대임을 일임해서는 안 된다.

싸움을 말리려면 한 쪽으로 치우치거나 편을 들어서는 안 된다는 것은 싸움말림의 기본요건이다. 그러나 편들지 않는다고 다 옳은 것은 아니다. 여기에도 정사가 있다. 싸우고 있는 양쪽을 모두 부정하는 경우나 양쪽을 모두 긍정하는 경우가 다 편들지 않는 것이지만, 엄격히 따지면 이들은 또 두 가지로 분류된다. 하나는 싸움을 말리는 데 필수불가결한 진정한 의미의 '편 안듦'이요, 또 하나는 싸움 말리는 데 전혀 도움이 되지 않는 경우이다. 사람들이 싸우고 있을 때, 왜 그들이 싸우고 있는지 그 내막에 대해서 아무 것도 모르면서 '둘 다 틀렸다'고 내뱉듯이 말하는 사람들을 본다. 이러한 맹목적인 兩否定은 해결해야 할 문제로부터의 도피일 뿐만 아니라 사실은 또 하나의 싸움을 더 만드는 결과를 가져온다. 원효는 이들을 평하여 싸움을 말린다면서 실은 싸우고 있는 저들 둘의 싸움을 해결하지도 않는 채, 내가 또 저들 둘과 새 싸움을 벌이는 격이라고 말했다.[14] 양파전이 삼파전으로 확대될 뿐이라는 것이다.

그러므로 까닭도 모르면서 '둘 다 틀렸다'고 말하는 맹목적인 兩否定論者들은 싸움을 더욱 복잡하게 만들고 장기화시킬 뿐이다. 지금 우리의 남북대결상태에서도 이러한 사이비 양부정론자들의 수는 의외로 많으며 그 피해 또한 적지 않다. 6·25전쟁 때 전쟁에 지친 한국 사람들은 곧잘 "김일성이도 틀렸고 이승만이도 틀렸다"는 말을 내뱉었다. 그리고 그들은 또한 "공산주의도 싫고 자본주의도 싫다"고 했다. 이러한 발언은 전쟁으로 말미암은 민중의 고통이 어느 지경에까지 이르렀는가를 잘 말해주는 이야기이기도 하지만, 사실상 전쟁종식엔 아무런 도움도 주지 못했었다.

잘 알지도 못하면서 '둘 다 틀렸다'고 말하는 것은 그것이 설사 일면적인 참을 반영한다 할지라도 엄격히 말해서 진정으로 싸움을 말리려는 사람의 발언은 아니다. 우리가 진정 南北對決病을 치료하려면 한쪽을 편들어 자기편은 선이고 반대편은 무조건 악이라는 치우친 흑백논리를 펴서도 안되지만, 잘 모르면서 양쪽을 다 틀렸다고 말하는 맹목적인 양부정도 역시 삼가야 할 것이다.

대립을 싫어하는 동양인들 가운데는 싸우는 양쪽을 '모두 다 옳다'고 말하는 兩肯定主義者들이 많다. 옛날에는 이러한 사람들을 양시론자라고 불렀다. 양쪽의 장점을 모두 정확히 알고 이를 인정하는 양긍정은 싸움을 말리는 필수요건이지만 잘 모르면서 싸우는 것이 싫으니까 양쪽의 어떤 부분적인 장점만을 보고 그저 둘 '다 옳다'고 말해 버리는 것은 매우 무책임한 짓이며, 역시 문제를 회피하는 것밖엔 안 된

---

14) 원효는 『금강삼매경론』 卷中, 「입실제품」 제5(『한국불교전서』 제1책, p.638 위 칸)에서 이를 '若異彼二則 與二相爭'이라 비판했다.

다. 이들은 사이비 양부정론자들과 마찬가지로 싸움을 말리는데 아무런 도움도 주지 못하는 사이비 양긍정론자들이다. 이들은 대개 그때그때의 개인적인 이익만 노리는 기회주의자이거나 타협만을 일삼는 야합주의자들이다. 엄격히 말해서 이들은 수난의 민족적인 성격도 역사적인 의미도 모르는 사람들이다. 따라서 이들에게는 남북대결병을 치료하겠다는 확고한 신념도 없고, 성실성도 없다. 이들의 言行은 대개 싸움을 더욱 더 복잡하게 만들 뿐이다. 원효는 이들을 평하여 밖에서 싸우고 있는 둘을 자기의 품속으로 끌어들여 계속 싸우게 하는 격이라고 했다.[15]

　　요즘 동서해빙의 따뜻한 조류를 타고 남북 양쪽이 '모두 옳다'고 말하는 양긍정론자들의 수가 부쩍 는 것 같다. 이들이 진정 우리들이 바라는 좋은 의미의 양긍정을 하고 있는지, 아니면 문제의 핵심을 피하는 나쁜 의미의 양긍정을 하고 있는지 우리는 조심스럽게 지켜보아야 할 것이다.

5. 누가 진정으로 싸움을 말리는가

　　싸움을 말리는 데 있어서 누가 진짜이고 누가 가짜인가를 가르는 기준은 무엇인가? 양자는 겉보기에 아주 비슷하다. 우리는 가짜들만 양부정과 양긍정을 하는 게 아니고 원효도 양부정과 양긍정을 강조한다는 사실을 잊어서는 안 된다. 그렇다면 양자는 어떻게 다른가?

　　대답은 간단하다. 사이비들은 싸우고 있는 양쪽을 제대로 모르면서 양부정과 양긍정을 남발하는 데 반하여 진짜 싸움 말리는 사람들은 양쪽을 다 알고 난 다음에 부정할 것은 부정하고 긍정할 것은 긍정한다.

---

15) 같은 책, 같은 곳에서 원효는 이를 '同彼二則 自內相爭'이라 비판했다.

문제는 알고 모르고의 차이에 있다. 이는 매우 간단하게 들린다. 그러나 이 차이는 결코 무시할 수 없을 정도의 차이다. 이렇게 큰 차이가 종래엔 왜 그렇게도 쉽게 간과되었을까? 그것은 종래에 사이비의 발호가 극심했다는 사실과 상대적으로 정말 싸움을 말리는 사람이 매우 드물었다는 사실을 말해 줄 것이다. 우리는 여기서 싸움 말림의 핵심인 '양쪽을 다 안다'는 말의 참 뜻이 무엇인지를 밝혀야 할 것이다.

원효의 경우, 싸움 말리는 사람의 자격으로서의 '양쪽을 다 앎'이란 특별한 의미를 갖는다. 여기서 '안다'는 말은 단순한 지식이 아니다. 남이 안 가지고 있는 자료나 정보를 더 가지고 있다는 말도 아니다. 갑과 을이 두 패로 갈리어 싸우고 있을 때, 싸움 말리는 사람은 철두철미하게 갑의 입장에 설 수 있고 또한 동시에 똑같이 철두철미하게 을의 입장에도 설 수 있어야 한다. 이리하여 갑과 을의 두 입장이 싸우지 않고 평화적으로 자기 속에서 공존할 수 있어야 한다. 이 세상 어디에 이런 인물이 있는가? 이론적으로 싸움을 말릴 수 있는 사람의 자격을 따지는 마당에서 이러한 인물의 등장을 가정하지 않고서는 사실상 화쟁은 불가능할 것이다. 그러므로 우리는 남북통일의 주역 노릇할 이러한 인물을 키워야 할 것이다. 화쟁자의 양성은 개인과 집단의 두 가지 경우를 생각해 볼 수 있다.

먼저 집단의 경우를 생각해 보자. 현실적으로 미국도 소련도 중국도 일본도 모두 싸움 말림의 실격자들이었다. 이들은 모두 자국의 이익에 급급했으며 따라서 어느 한쪽에 치우쳤었다. 그 치우침이 싸움을 장기화시켰고 그 장기화는 각각 그들의 이익을 증대했다. 그러므로 싸움 말림의 주역은 결국 이제까지 어느 쪽에도 편들지 않았고 계속 싸움의 피해자이기만 했던 선량한 우리나라 백성이 될 수밖에 없다. 우리나라 백성들의 역량을 키워야 한다. 이들의 힘이 싸움을 말릴 수 있을 정도로까지 성장해야 한다. 남도 북도 모두 포용할 수 있도록 민중의 힘을 키우는 것은 곧 진정한 화쟁자를 키우는 길일 것이다. 싸움을 말리는 집단의 양성이 중요하면 중요할수록 그런 집단을 구성하는 개개인의 자격을 엄격히 밝혀두어야 한다. 싸움 말리는 사람은 무엇보다도 그 그릇이 커야 한다. 그래야 싸우는 두 입장이 다 함께 그 큰 그릇 속에 편안하게 들어가 있을 수 있다. 그래야 두 입장은 대립된 상태로 공존하는 것이 아니고 상호협조적인 관계로 공존할 수 있다. 다시 말하면 둘은 한 감방 속에서 으르렁거리는 원수들처럼 공존하는 것도 아니고, 큰 창고 속에 넣어 둔 물건들처럼 멍청하게 공존하는 것도 아니다. 둘은 한 생명체 속의 손과 발의 관계처럼 유기적으로 상보적으로 공존하는 것이다.

엄밀하게 말해서 '양쪽을 다 안다'고 말할 때의 '앎'은 어느 한 쪽만을 아는 경우의 '앎'과는 그 질이 다르다. 그러므로 이런 경우 '안다'는 표현은 사실상 부적당한 표현이다. 차라리 '둘과 하나가 되었다'는 표현이 더 가까울 것이다. 하나가 되어 비로소 아는 그러한 '앎'이다. 아무튼 이처럼 아는 것이 원효가 말하는 '양쪽을 다 아는 것'이다. 이처럼 알기 때문에 싸움 말리는 사람은 이처럼 알지 못하고 싸우는 사람들을 보고 '둘 다 틀렸다'고 말하는 것이다. 그리고 동시에 이처럼 알고서 싸움 말리는 사람은 지금 싸우고 있는 사람들의 '현재의 수준'과 '장래의 가능성'을 모두 꿰뚫어보고 있기 때문에 마냥 틀렸다는 비판만을 능사로 삼지 않고, 성장을 돕는 미래지향적인 따뜻한 肯定을 양쪽에 다 보내는 것이다. 이것이 정말 싸움 말리는 사람의 양긍정이다.

다시 한 번 '장님 코끼리 만지는 비유'가 암시하는 바를 음미해 보자.

눈먼 장님들이 제각기 코끼리를 설명할 때, 아무도 코끼리를 제대로 설명하지 못 한다. 그러나 이들의 어떤 설명도 코끼리 아닌 딴 것을 설명을 하고 있는 것은 아니다.

원효는 여기서 싸움질하는 사람들과 싸움 말리는 사람과의 관계를 매우 은유적으로 잘 설명하고 있다. 여기서 어느 장님도 코끼리를 제대로 설명 못했다는 말은 얼른 수긍이 간다. 그러나 장님의 어떤 설명도 코끼리 아닌 딴 것을 설명하고 있는 것은 아니라는 말은 무슨 말인가? 알쏭달쏭한 원효의 이 말은 종래에 많은 오해를 불러 일으켰다. 여기서 원효의 말은 외형상 '모두 다 틀렸고, 모두 다 맞았다'는 투로 되어 있고 이는 사이비들의 그것과 흡사하다. 오해는 여기에서 생겨났다. 원효의 참뜻은 어디에 있는가? 사실 원효는 여기서 우리가 필요로 하는 매우 중요한 證言을 하고 있다. 두 장님이 코끼리를 이야기하면서 한 장님은 코끼리를 구렁이 같다 하고 다른 장님은 바람벽 같다고 시비할 때 그 시비의 화쟁은 코끼리를 제대로 본, 눈뜬 사람의 등장을 계기로 가능하다. 코끼리 전체를 바로 본 눈뜬 사람에게는 구렁이 같은 코끼리의 코도 바람벽 같은 코끼리의 배도 한 생명체 안에 모두 함께 평화스럽게 공존하는 여러 기관들일 뿐이다. 그러므로 양자의 관계는 아무런 걸림이 없는 관계이다. 대립은 코끼리 전체를 바로 보지 못한 '눈멂'에서 비롯되었다. 긴장된 대립의 해소는 '눈을 뜸'으로써만이 가능하다. 장님들의 코끼리 설명이 '모두 다 틀렸다'고 증언할 수 있는 것도 눈을 뜬 사람만이 할 수 있는 일이요, 장님들의 코끼리 설명이 불완전하나 모두 코끼리 이외의 딴 것을 설명하고 있는 것은 아니라고 증언할 수 있는 것도 역시 눈뜬 사람만이 할 수 있는 일이다. 여기서 싸움을 말릴 수 있는 자격은 눈뜬 사람만이 할 수 있는 일이다. 여기서 싸움을 말릴 수 있는 자격은 눈을 뜸으로써 갖추어질 수 있다. 和諍者란 곧 '눈뜬 자'다.

우리는 여기서 눈먼 사람이 '틀렸다' 또는 '맞았다'고 말할 때의 그 말은 눈뜬 사람이 쓸 때의 그 말과 뜻이 서로 다름을 곧 알 수 있다. 눈먼 자들은 관찰하는 사물의 전체적인 파악에 실패했음에도 불구하고 주장을 단정적으로 하는데 반하여, 눈뜬 사람은 전체적인 파악에 성공했음에도 불구하고 말이 부드럽다. 말이 부드럽다는 말은 상대방의 장래의 가능성을 믿고 현재 틀린 줄을 알면서도 부분적이나마 맞은 것은 맞다고 말할 줄 안다는 말이다. 그러므로 싸움 말리는 사람이 싸우는 자들을 향하여 틀렸다고 말하는 것도 그들의 부분적인 맞음을 알고서 하는 말이요, 맞았다는 말도 그들의 틀림을 알고서 하는 말이다. 여기서 우리는 눈뜬 자의 언어가 지니고 있는 유기적인 함축성을 간파할 줄 알아야 할 것이다. 눈뜬 자에 있어서 언어란 생명 없는 도구가 아니다. 그들의 언어는 그들의 생명의 일부이다. 틀렸다고 말하건 맞았다고 말하건 모두가 눈뜬 사람의 생명전체의 표출이다. 하늘에 있는 별 하나하나가 우주공간 전체에 깔려 있는 모든 다른 별들과의 관계 속에서 자기의 위치를 기키고 있듯이, 눈뜬 자의 말 한 마디 한 마디는 눈뜬 자가 이해하고 있는 모든 다른 것들과의 유기적인 관계 속에서 나오는 것이다.

6. 화쟁의 원리

원효는 싸움 말리는 원리를 자연계의 생명 그 자체에서 발견한 듯하다.[16] 자연계에서는 봄이 되면 일체의 생명이 생겨났다가 겨울이 되면 생겨났던 것들이 모두 다시 없어진다. 원효는 생겨나는 것을 우주생명의 '펴내 보임', 즉 '전개'로 보고, 없어지는 것을 우주생명의 '거두어들임', 즉 '통합'으로 본다. 생겨남과 없어짐을 서로 분리시켜 두 개의 딴

---

16) 捨相歸一心門과 從性成萬德門(원효의 『열반경종요』, 『한국불교전서』 제1책, p.533, 위 칸), 또는 從因生起之門과 息緣歸原之門(견등지의 『대승기신론동이략집권상』에 나오는 원효의 말, 『한국불교전서』 제3책, p.695, 위 칸)이란 말들이 모두 생겨났다가 없어지는 자연계의 질서를 연상케 한다.

것으로 보면 이 세상에 생겨남과 없어짐의 관계처럼 상극적으로 대립되는 것도 드물 것이다. 그러나 자연계에서는 이들 둘의 관계가 서로 모순되지 않고, 오고 감이 자유자재하다. 이 세상 삼라만상은 생명의 '펴내 보임'이요, 그러다가 나중에 모두 없어지는 것은 생명의 '거두어들임'이다. '펴내 보임'과 '거두어들임'이 서로 모순되지 않고 걸림 없이 자유자재한 것이 생명의 본래 모습이요, 자연의 질서다. 겉으로는 대립되어 보이는데 실은 "서로 모순되지 않고, 자유자재하며, 걸림이 없다."[17]

이 '걸림 없다'는 말이야말로 원효가 싸움 말리는 이론을 전개하면서 가장 즐겨 썼던 말이었다. '걸림 없다'는 말을 한문으로는 '無碍'라 한다. 원효는 「無碍歌」를 부르면서 신라의 저잣거리를 춤추고 다녔다 한다. 걸리는 것 투성이인 저잣거리를 '걸림 없음'의 상징인 '춤과 노래로 물이 흘러가듯, 바람이 지나가듯, 공기가 통하듯, 싸움 없는 경지를 사람들에게 몸으로 보여준 원효의 극적인 인생이 그대로 평화를 주제로 한 한편의 시 같고, 한 곡의 노래 같고, 한 폭의 그림 같다. 그것이 그림이건 노래건 시건 딱딱한 철학논문이건 그런 건 문제가 아니다. 문제는 원효가 '걸림 없음'을 삶으로 보여 주었다는 데 있다. 걸림 없음이란 생겨남과 없어짐이 충돌하여 막히지 않고 물처럼, 바람처럼, 공기처럼 걸림 없이 서로 통하고 흘러가는 것이다. 원효는 이렇게 외치는 것 같다.

싸우는 자들이여! 물에게서 배우라, 거침없이 흘러라, 바람처럼 신선하라, 그리고 공기처럼 걸림 없이 통하라, 그리하여 함께 노래하고 춤을 추어라.

---

17) 개합의 논리를 화쟁의 논리로 파악한 것으로 박종홍, 「원효의 철학사상」, 『한국철학사』, 서울 : 일신사, 1966년판, pp.59~88 참조.

「무애가」에 얽힌 원효의 이야기는 학문적인 이론은 아니다. 그러나 그의 학문을 이러한 그의 삶으로부터 절연시키려 하는 것은 올바른 원효관이 될 수 없다. 원효에 있어서는 삶은 체요, 학문은 용이었다. 원효는 오늘날 학자들처럼 학문이 체가 되고 삶이 그 용이 되는 不自然을 받아들이지 않았다. 원효는 철저하게 사색하고 정확하게 말하는 사람이었지만 그것이 그의 삶을 제한하지 않았다. 학문은 삶의 용이었기 때문이었다. 오늘날 삶은 자연의 질서에 거역하기를 강요당하고 그러한 부자연 때문에 생명은 끝없이 신음하고 있다. 그래도 학자들은 이를 거부할 줄 모른다. 신라시대인들 어찌 이런 불합리가 없었겠으며 이런 부자연이 없었으랴만 적어도 원효는 몸으로 이를 거부하면서 살았다. 그래서 우리는 '원효는 원효로 보아야 한다'고 주장하는 것이다. 원효에 있어서는 그의 화쟁이론과 무애행을 분리시킬 수 없다. 그의 화쟁이론은 생명의 '펴내 보임' 같고, 그의 무애행은 생명의 '거두어들임' 같은 것이다. 그러므로 양자 사이에 분리란 있을 수 없다. 오히려 서로 서로 아무런 걸림이 없었다. 무애의 춤을 추다가 글을 쓰고, 화쟁의 글을 쓰다가 춤을 추었던 사람이 원효 아니었던가 싶다. 체와 용이 서로 떨어질 수 없듯이, 원효의 삶으로서의 무애행과 그의 학문으로서의 화쟁이론은 서로 떨어질 수 없었다. '펴내 보임'과 '거두어들임' 사이의 걸림 없는 관계는 원효의 싸움 말리는 이론의 근본원리라 말할 수 있다.[18]

---

18) 體用의 논리에 대한 연구는 좀 더 적극적으로 추진되어야 할 줄 안다. 동양사상에 있어서 체용의 논리는 거의 절대적이라 말해도 좋을 만큼 중요하다. 특히 體와 用의 관계에 대한 명확한 이해 없이 동양사상의 무엇이 제대로 밝혀질 수 있을지 의심스럽다. 원효사상을 이해하는 데 있어서도 體用에 대한 이해는 성패의 관건이다. 그리고 체용에 대한 이해 없이는 원효사상을 오늘날 우리의 현실문제에 접목할 수도 없을 것이다. 싸움이란 잘못된 用이며 화쟁이란 이러한 잘못된 用을 바로 잡는 것이다. 그러므로 싸움도 화쟁도 둘 다

7. 화쟁작업의 과정

원효에 있어서 화쟁의 원리는 한마디로 '걸림 없음', 곧 '무애'였다 이 '걸림 없음'은 원래 싸움이 시작되기 전의 모습이다. 이는 또한 싸움이 그치고 평화가 회복되어 양자 간의 유기적인 관계가 원활해졌을 때를 묘사하는 말이다. '무애'는 원래 주어진 것이었다. '있음'의 본래적인 모습이 '무애'라는 말이다. 그런 것을 일시적 착각 때문에 망각하고 그 반대인 '걸림', 즉 '장애'의 길로 들어서서 싸움이 벌어졌다. 화쟁이란 이러한 망각의 상태를 극복하고 본래의 '무애'를 되찾자는 것이다. 그러므로 이제 어떤 싸움을 종식시키고자 하는 사람에게는 '무애'가 싸움을 종식시킬 수 있는 원리로 쓰이는 것이다. 싸움을 말리려면 '걸림 없음'이라는 화쟁의 원리가 지금 싸움질하고 있는 양자의 관계에도 적용될 수 있는가를 먼저 확인해야 한다. 이것은 또한 지금 싸우고 있는 양

용의 세계에서 일어나는 일이다. 싸움이 잘못된 用이라는 것을 아는 길은 그것을 體와의 관계에서 살펴볼 때 비로소 분명해진다. 일반적으로 말해서 대승불교사상은 모두 體를 空한 것으로 보았다. 원효사상도 예외는 아니었다. 싸움이란 用은 空한 體에서 나오지 않고 다른 用을 잘못 실체화하는 데서 생겨 나왔다. 여기서 다른 用이란 오해, 집착, 교만, 어리석음 등등이다. 이런 것들은 모두 用이지 결코 體가 될 수 없는 것들이다. 그런데도 그것을 體化하여 그로부터 用이 나오니 잘못된 用이라고 말하는 것이다. 화쟁작업으로 양부정과 양긍정을 실천할 때도 역시 體用의 논리에 근거하고 있다. 화쟁자가 모든 것을 다 부정할 수 있고, 또한 모든 것을 다 긍정할 수 있는 것도 모든 것이 다 空化된 體에서 나온 用이기 때문에 가능한 것이다. 否定은 空인 體로 돌아감이요 肯定은 空인 體의 나타남이다. 펴내 보임은 空인 體에서 나오는 用이고 거두어들임은 體로 돌아가는 用이다. 이들 둘이 서로 서로 걸림이 없다는 것은 體와 用이 원래 한 생명체 속의 여러 가지 것들이 연기적으로 걸림 없기 때문이다. 아무튼 體用의 논리는 철저하게 파혜쳐져야 하며 우리들의 일상생활 속에서 실험되어야 할 것이다. 왜냐하면 동양 사람들은 너 나없이, 자각하고 있건 안하고 있건 간에, 모두 體用의 논리로 살고 있다고 말할 수 있기 때문이다.

쪽의 관계개선이 과연 가능한가를 타진하는 일이라고도 말할 수 있다. 이런 타진작업은 삼단계로 이루어진다. 첫째는 양부정이요, 둘째는 양긍정이요, 셋째는 '걸림 없음'의 실천이다.

이런 타진방법은 자연계에서 생겨남과 없어짐의 '걸림 없음'이 '펴내 보임'과 '거두어들임'의 형식으로 보여 주는 것을 역으로 진행해 들어가는 것이다. 다시 말하면 자연계에서는 융통자재한 '걸림 없음'이 맨 먼저 있고 그 내용으로서 생겨남과 없어짐이 되풀이된다. 이것이 우리들의 눈엔 생겨남이 먼저이고 없어짐이 뒤따른다든가 또는 '펴내 보임'이 먼저이고 '거두어들임'이 뒤따른다는 식으로 인식된다. 그러나 우리들이 이것을 화쟁작업에 전용할 때는 그 순서가 바뀐다. 다시 말하면 없어지는 '거두어들임'이 먼저이고, 생겨나는 '펴내 보임'이 뒤따른다. '펴내 보임'이 긍정이라면 '거두어들임'은 부정이다. 싸움이란 인간의 오해와 착각 때문에 생긴 부자연스럽고 비인간적인 '잘못된 펴내 보임'의 상태임으로, 화쟁작업에서는 무엇보다도 먼저 이러한 잘못됨을 모두 부정해야 한다. 이것이 이른바 양부정이다. 그런 다음에 자연의 질서에 따라, 인간의 본성에 따라, 새롭게 펴내 보이는 것이 이른바 양긍정이다. 그런 양부정과 양긍정을 성공적으로 마친 다음에 마지막으로 이제까지 싸우고 있었던 양자의 관계가 걸림 없음의 관계로 개선되면 화쟁은 이론적으로 가능하다는 결론을 내릴 수 있다.

먼저 양부정을 하고, 그 다음에 양긍정을 하고, 마지막으로 걸림 없음을 확인하는 원효의 화쟁작업은 말로 할 때, 매우 숫자적이고 기계적인 작업처럼 쉽게 들릴지 모르나 실지의 작업과정에 있어서는 여러 가지의 변형을 요구하는 복잡하고 미묘한 경우가 많다.[19) 가령 양부정

---

19) 여러 가지 변형 가운데 특히 주목해야 할 것은 다음과 같은 것들이다. 언어에 집착하면 항상 잃고, 아무데도 집착하지 않으면 얻는다('若如言取 二說皆失 若非定執 二說俱得', 元曉의 『열반경종요』에 나오는 말이다. 『한국불교전서』

보다는 양긍정이 선행되어야 할 경우도 있을 수 있고, 부정 또는 긍정이라는 작업 이전에 싸우는 양자의 관계가 원래는 틀림없이 '걸림 없음'의 관계였을 것이란 직관적인 확신 같은 것이 먼저일 수도 있다. 그러나 우리는 지금 여러 가지 변형연구에 앞서 가장 기본적인 공식에 따라 원효의 화쟁논리가 우리의 현실에 적용될 수 있는지의 여부를 무엇보다도 먼저 시험해 보아야 할 것이다.

8. 양부정과 양긍정

맨 먼저 우리들이 왜 양부정을 꼭 해야 하는가를 생각해 보자. 남은 북을 장애물이라 하고 북은 남을 장애물이라 생각하는 그런 사고방식을 바로 잡는 작업이 양부정이다. 친구가 아니면 모두 적이라는 편협하고 교만한 흑백논리와, 모든 것을 한 판 승부로 해결하려는 전쟁논리로부터 사람들을 해방시키는 작업이 바로 양부정 작업이다. 양부정이란 말은 원효가 사용한 '다 틀렸다'는 뜻의 '皆非'라는 말을 오늘날 현실에 맞추어 우리들이 흔히 쓰는 말로 바꾼 것이다. 원효가 화쟁을 하면서 '다 틀렸다'고 말할 수 있는 근거는 불성이란 "'그런 것'이 아니라"는 그의 불성에 대한 자각에 있었다. 그러므로 통일에 관한 한, 누가 뭐라 하건 "'그런 것'이 아니라"고 말할 수 있으려면 우리의 통일에 대한 자각도 원효의 불성에 대한 자각만큼 심화되어야 할 것이다.

양부정의 성공적인 수행을 위해서는 양부정이 갖는 독특한 성격을 제대로 이해해야 한다. 다시 말하면 이런 부정은 싸우기 위한 부정이

제1책, p.529, 위 칸) ; 인정에도 소홀하지 않고 도리에도 어긋나지 않는다('於 情於理 相望不違'. 원효의 『금강삼매경론』에 나오는 말이다. 『한국불교전서』 제1책, p.638, 위 칸). 말에 집착하고 도리에 어긋나면 부정의 대상이 되고, 아 무 데도 집착하지 않고 인정에도 소홀하지 않기 때문에 긍정이 나온다.

아니고 화쟁을 위한 부정이라는 것을 알아야 한다는 말이다. 부정을 위한 부정, 상대방에 대해 적대감을 갖고 맞서는 부정, 또는 무조건 고개부터 내젓는 맹목적인 부정 등은 모두 싸우기 위한 부정 내지 싸움으로 치닫는 부정들이다. 화쟁을 위한 부정은 싸우기 위한 부정의 근거를 없애 버리는 것이다. 시비의 근원이 되고 있는 '그런 것'이란 모두 싸우기 위한 근거가 되기 때문에 그런 것을 모두 부정하는 것이다. 이런 것들이 모두 철저히 부정되어 버리면 전쟁주의자들의 거점을 모두 빼앗아버린 셈이 된다. 여기는 흑백논리, 전쟁논리 또는 승패논리가 완전히 항복한 자리라고 말할 수 있다. 바로 이때에, 여기서 양긍정의 작업이 시작된다.[20]

양부정을 할 때는 모든 것을 아낌없이 철저하게 버려야 한다. 봄과 여름과 가을에 만들었던 꽃과 잎과 열매를 동장군은 아낌없이 버리듯이 버릴 수 있는 모든 것을 그렇게 버려야 한다. 이것은 지엽적이고, 부분적이고, 일시적이고, 덜 중요한 것은 모두 보다 근본적이고, 보다 전체적이고, 보다 영원하고, 보다 중요한 것 속으로 거두어들이는 것이다. 이것은 탐욕과 집착의 노예가 된 인간의 싸움질이 아니라 자연의 질서에 따른 '거두어들임'이다. 이 작업은 경우에 따라 상당한 전문지식과 대단한 인내를 요청한다. 또 싸움질하는 양자 각각을 이것도 부정하고 저것도 부정하는 철두철미한 부정의 정신으로 대하는 것이다. 마치 겨울철엔 봄철의 아름다운 꽃들도, 여름철의 무성한 잎들도, 가을철의 풍성한 열매들도 모두 거두어들여 천지에 이런 것들의 자취조차 남겨두지 않듯이 그처럼 철저히 모든 것을 다 거두어들이는 것이다. 이것이 화쟁 과정상의 양부정이다. 부정은 철저할수록 좋다. 만일 싸움 말리는 사람의 눈뜸이 철저하면, 그만큼 부정도 철저해진다. 이 말은

---

20) 앞에 말한 體用의 논리로써 풀면, 用에서 體로 돌아가는 것이 양부정이요, 體에서 用으로 나오는 것이 양긍정이다.

화쟁자의 양심이 예리하면 예리할수록, 부정도 그만큼 예리해진다는 말이며, 싸움의 잘못됨을 뼈저리게 느끼면 느낄수록 부정도 그만큼 세차게 진행된다는 말이다. 이것은 병을 정확히 알수록 약이 정확해지는 것과 같다.

그러면 이제 우리는 이런 양부정을 우리의 남북대결병에 적용해 보자. 남쪽의 모든 것과 북쪽의 모든 것을 철저히 부정하고 난 다음, 남는 것은 무엇일까? 양부정을 행할 경우, 부정될 수 있는 것은 무엇 무엇이며, 끝끝내 부정당하지 않고 남는 것은 무엇일까? 남북대결의 경우, 대결을 가장 첨예화하고 대결종식을 가로막는 최악의 암적 존재는 무엇인가? 한번 생살부 같은 부정대상 제거목록을 만들어 보면 좋을 것이다. 무엇보다도 목록의 첫째는 처음 대결상태를 만든 자와 이를 조장한 자들일 것이다. 그 다음은 이들이 내세운 대결합리화의 이론, 법률, 제도, 습관, 사고방식들일 것이다. 이 뿐만이 아니라 대결로 말미암아 연쇄적으로 생긴 크고 작은 가지가지의 것들이 이루 헤아릴 수 없이 많을 것이다. 이런 모든 것을 목록으로 만들어 들여다보고 있노라면 통일은 틀렸구나 하는 생각이 저절로 날지 모른다. 하지만 이런 것들이 일시적인 것인가 아니면 영구불변의 것인가를 살펴보면 생각이 바뀔 것이다. 목록 속의 어떤 것이 영구불변일까? 그러면 영구불변의 것이 아닌 것들이 다 거두어들여져 추풍낙엽 없어지듯 다 없어진 경우를 상상해 보자. 그 때에 남는 것이 무엇인가? 모든 인위적인 것들은 다 사라지고 국토와 자연과 자연의 일부인 사람은 남을 것이다. 이것은 남쪽에서건 북쪽에서건 마찬가지일 것이다. 남쪽의 국토, 자연, 삶이 북쪽의 국토, 자연, 삶과 서로 서로 모순되는가? 결코 그럴 리 없다. 싸움은 결국 인위적인 것들끼리의 싸움이요 자연 또는 자연적인 것들의 싸움이 아니었다. 이로써 우리는 비록 논리에 불과하지만 원효의 양부정을 통해서 우리의 고질병인 남북대결병은 치유될 수 있다는

희망을 가질 수 있다.[21]

　양긍정은 싸움 말림의 제2작업이다. 양긍정이란 말은 원효가 사용한 '다 맞았다'는 뜻의 '皆是'라는 말을 지금 우리들이 흔히 쓰는 말로 바꾼 것이다. 원효가 '다 맞았다'고 말할 수 있는 근거는 불성이 "'그런 것 아닌 것'도 아니다"는 그의 자각에 있었다. 다시 말하면 부정을 다시 부정하여 '그런 것'을 다시 인정하는 것이다. 여기서 주의할 것은 양부정 이전의 '그런 것'과 양부정 이후의 '그런 것'과의 차이를 분명히 하는 일이다. 양부정 이전의 '그런 것'은 아직도 전쟁논리를 극복하지 못한 사람들의 '그런 것'이지만 양부정 이후의 '그런 것'은 싸움 말리는 사람들의 '그런 것'임을 알아야 한다. 전쟁논리를 극복하지 못한 사람들의 '그런 것'은 자기의 그런 것만을 옳다 하고 남들의 '그런 것'은 모두 배격하여 결국엔 전쟁주의자로 전락하고 말지만, 싸움 말리는 사람들의 '그런 것'은 자기 것만을 옳다고 고집하지 않고 남들의 '그런 것'도 모두 받아들이는 높은 차원의 '그런 것'이다. 그래서 이를 양긍정이라 부른다. 양긍정은 양부정이 다시 살아나는 모습이다. 그러므로 양부정을 거치지 않는 양긍정은 원효가 말한 화쟁과정으로서의 양긍정이 아니라고 말할 수 있다. 부정이 극치에 이르면 오히려 긍정으로 나타나고, 긍정이 극치에 이르면 부정으로 나타난다는 원효의 화쟁철학이 여기서도 확인되는 셈이다.[22]

---

21) 대승불교의 공사상이 그렇듯이, 철저한 부정의 결과는 허무가 아니라 오히려 부정할 수 없는 충실한 자연이 된다. 이것이 전환점이 되어 양긍정이 이루어진다.

22) 원효는 그의 『대승기신론별기』에서 『기신론』이 『중관론』이나 『유가론』보다 더 훌륭한 이유를 다음과 같이 말했다. 『기신론』은 긍정하지 않는 것이 없고 또한 부정하지 않는 것이 없다. 그러나 『중관론』이나 『십이문론』은 부정에 부정을 거듭할 뿐 긍정으로 돌아올 줄 모른다. 이들은 한쪽으로 치우친 글들이다. 반대로 『유가론』이나 『섭대승론』은 깊은 것과 얕은 것을 모두 드러내 잘 정리되어 있지만 이들에겐 부정이 없다. 이들 또한 한쪽으로 치우친 글

양긍정 작업은 자연계의 '퍼내 보임'에 해당한다. 앞에 양부정 작업으로 없어져도 상관없고 없어질 수밖에 없는 것들은 모두 다 없어졌다. 이제는 그 남은 것에서 새싹이 트는 것이다. 싸움질했던 양자의 각각에 최후까지 죽지 않고 살아남아 있던 것으로부터 생명이 다시 소생하는 것이다. 여기서 중요한 것은 드러내 보일 수 있는 것은 하나도 숨김없이 완전히 드러내 보이는 것이다. 이리하여 한쪽에서는 복숭아꽃이 피었고 한쪽에서는 사과꽃이 피었다고 치자. 이런 경우 이들 둘은 세상을 더욱 아름답게 하고 더욱 풍성하게 한다. 양자는 모순관계가 아니라 서로 필요하고 서로 돕는 관계이다.

9. 평화의 길

화쟁의 제3단계는 싸우는 양자에 대한 양부정과 양긍정의 고된 작업을 마친 다음, 과연 양자의 관계가 싸움이 종식된 평화로운 관계인가를 확인하는 단계이다. 원효에 있어서 평화란 '걸림 없음'을 실천하는 과정이다. 남쪽이 북쪽에 걸림돌이 되고 북쪽이 남쪽에 걸림돌이 되었을 때, 남과 북은 서로 싸웠다. 그러나 만일 이제 남과 북이 모두 원효의 화쟁이론을 받아들여 결코 쉽지 않은 양부정과 양긍정을 모두 성공적으로 수행해 낼 수 있다면 둘은 서로 거치적거리는 관계를 청산하고 걸림 없는 사이로 발전할 수 있을 것이다. 이론적으로 이것이 평화요, 통일일 것이다. 그러나 현실적인 문제는 항상 이론에 있지 않고,

---

들이다. 그러나 『기신론』은 모든 것을 골고루 다 가지고 있어서 긍정하지 않는 것이 없지만 마침내는 긍정하는 자기자신까지 부정해 버리는 데에 이르고 또한 부정하지 않는 것이 없지만 결국 그 속에서 긍정이 되살아 나온다. 위는 원효의 뜻을 따라 좀 자유롭게 번역한 것이다. 원문은 『한국불교전서』 제1책, p.678, 위 칸에 있다.

실지 사실에 있다. 도대체, 남북 간에 걸리는 것이 없다는 말은 실지로 무엇을 의미하는가?

우리의 사명은 원효사상과 현실문제와의 접목이다. 원효를 살리려다 현실과 무관해져도 안 되고, 현실을 살리려다 원효와 무관해져도 안 된다. 우리들이 아무리 원효 속에서 근대적 사고의 특징인 다원주의적 시각과 비판적인 비신화화 작업을 목격했다 할지라도 그것에 흥분한 나머지 원효사상 전체의 분위기와 그 속에 숨쉬고 있는 원효의 독특한 안목을 흐리게 해서는 안 될 것이다. 그러므로 우리는 원효의 '걸림 없음'을 두 가지의 서로 다른 방향에서 살펴봄으로써 어느 한쪽으로 치우치는 일이 없도록 해야 할 것이다. 여기서 두 가지란 눈뜬 사람의 입장과 눈먼 사람의 입장을 말한다. 원효의 화쟁이론에 의하면 싸우고 있는 남과 북에 대해서 '둘 다 틀렸다'고 양부정을 할 수 있고, '둘 다 맞다'고 양긍정을 할 수 있는 사람은 오직 '눈뜬 사람' 뿐이었다. 여기서 눈뜬 사람이란 남과 북을 동시에 속속들이 꿰뚫어 보고 있는 사람이다. 현재뿐만 아니라 과거도 미래도 손바닥 들여다보듯이 환히 아는 사람이다. 이런 눈뜬 사람만이 양부정과 양긍정을 성공적으로 해낼 수 있고 마침내 무애의 길을 실천할 수 있을 것이다.

그럼 현실적으로 누가 눈뜬 사람인가? 우리는 과거에 눈뜬 사람을 키우지 않았고, 설사 있다 해도 용납하지 않았다. 우리가 진정 남북대결병을 치료하려 하거든 눈뜬 사람을 키워야 한다. 그리고 이들을 용납해야 할 것이다. 화쟁을 성공시키는 데 눈뜬 사람의 등장은 가장 절실하고 시급한 문제이다. 그러나 우리는 눈뜬 사람의 등장만을 무조건 기다리고 앉아 있을 수는 없다. 눈뜬 사람의 출현을 기다려 비로소 화쟁이 가능하다면 그것은 百年河淸격이 되고 말 것이기 때문이다. 눈뜬 사람이 할 일을 눈 못 뜬 사람이 해야 한다. 눈뜬 사람이 해야 할 일은 무엇인가? 눈뜬 사람은 남북 양쪽을 속속들이 다 보는 사람이기 때문

에 눈먼 사람처럼 한 쪽으로 치우쳐 편드는 일은 하지 않을 것이다. 부
정해야 할 것은 어느 쪽을 막론하고 다 부정하고, 긍정해야 할 것은 어
느 쪽을 막론하고 다 긍정할 것이다. 그것만이 아니다. 그보다 더 중요
한 일은 눈 안 뜬 사람을 용납하는 일이다. 이는 눈뜬 사람만이 할 수
있는 일이요, 눈뜬 사람이 꼭 해야 할 일 가운데 가장 중요한 일이다.
원효의 경우, 눈뜬 사람은 눈먼 사람을 배제하지 않았다. 오히려 눈먼
사람들의 제한된 인식을 긍정하고 그것이 전체적인 파악에 공헌한다
고 보았다. 한 마디로 눈먼 자도 옳다는 것이다. 눈먼 자는 틀린 자가
아니다. 틀린 자는 자기만 옳다고 고집하는 자다. 자기의 부분적인 인
식을 마치 전체적인 파악인 양 착각하고 교만에 빠진 자들이다. 원효
는 남의 '그런 것'을 인정하지 않는 배타독선적인 태도를 경계했다. 착
각과 오만과 독선과 배타만 없다면 눈먼 자라 할지라도 사실은 눈뜬
자와 똑같은 '걸림 없음'의 길을 따를 수 있다고 볼 수 있다. 원효는 눈
을 뜨고도 남들의 입장을 인정하지 않는 사람보다는 눈은 아직 뜨지
못했으나 남들을 배제하지 않는 사람들이 훨씬 더 무애를 올바로 실천
하고 있다고 본 듯하다. 貪瞋痴 三毒心이 없고, 我執과 我慢만 없다
면, 일체 중생이 있는 그대로 중도 자리에 있고, 무애를 구현하고 있다
는 대승불교의 중생관이 원효의 화쟁사상 밑바닥에 깔려 있다고 볼 수
있다.

　이론적으로는 눈뜬 사람이면 누구나 화쟁의 길을 갈 수 있으나, 실
제적으로는 눈을 뜨고도 화쟁의 길을 가지 않는 사람도 없지 않을 것
이다. 그리고 이와는 반대로 눈은 아직 뜨지 못했으나 구체적인 화쟁
작업에 참여하는 사람도 있을 수 있다. 원효는 싸움을 이익으로 간주
하는 어리석은 자와의 싸움은 결국 양쪽을 다 망치는 것으로 보는 지
혜로운 사람을 분명히 구별하였다. 전쟁을 일삼는 칼자루 쥔 요즘의
전쟁 장사들은 분명히 어리석은 자들이다. 이들은 자기들만 어리석은

상태에 머물러 있으려 하지 않고 민중을 '눈멂'의 상태에 묶어 두려고 한다. 자고로 전쟁을 일으킨 자들이 민중을 속이지 않는 법이 없었고, 언론을 통제하지 않는 법이 없었다. 그래야 전쟁을 시작할 수 있고, 전쟁을 계속할 수 있기 때문이다. 반면에 민중은 전쟁 피해자들이다. 그러므로 민중은 본능적으로 눈을 뜨려고 애쓴다. 살아야 하기 때문이다. 이처럼 민중은 구조적으로 지혜로운 사람에 속한다. 눈뜬 사람은 이러한 민중의 지혜를 개발해 주는 역할을 한다.

마지막으로 해야 할 이야기가 있다. 우리들이 이제까지 공부한 '원효의 화쟁논리로 생각해 본 남북통일문제'에 과연 얼마만큼의 현실적인 가치가 있느냐는 것이다. 통일에 대한 우리의 이러한 의견을 미국이 좋아할까, 소련이 좋아할까? 남쪽이 받아들일까, 북쪽이 받아들일까? 설사 당사자 아닌 제삼자라 할지라도 과연 얼마만한 사람들이 이를 지지해줄까? 정확히는 몰라도 비관론이 더 우세할 것은 뻔하다.23)

---

23) 가령 중동 이라크 전쟁의 경우, 미국의 조지 부시가 이라크의 사담 후세인에게 너만 틀린 게 아니라 실은 나도 틀렸다고 말할 수 있을 것 같은가? 반대로 사담이 부시에게 나만 옳은 게 아니라 너도 옳다고 말할 수 있을 것 같은가? 물어보나마나 대답은 뻔하다. 그렇다면 원효의 화쟁논리는 무가치한가? 결코 그렇지 않다. 원효의 입장에서 보면 사담도 틀렸고 부시도 틀렸다. 이렇게 말할 때, 바로 거기에 원효의 화쟁론의 가치가 있는 것이다. 두 사람이 모두 원효의 양부정을 받아들이지 않는 것은 원효사상이 무가치해서가 아니라 그들이 인간 세상의 모든 문제를 전쟁으로 해결하려는 전쟁주의자들이기 때문이다. 그러나 원효는 이 세상에 그 무엇보다 더 인간의 가치를 존중하는 사람이요, 그렇기 때문에 그는 화쟁론을 쓴 것이다. 원효의 화쟁론이 갖는 현대적인 가치는 바로 여기에 있다. 전쟁주의자와 화쟁주의자를 분명히 구별하고 전쟁의 길 말고도 화쟁의 길이 있다는 것과, 인류의 먼 장래를 생각할 때 화쟁의 길이 더 바람직한 길이라는 것을 선명하게 일러줄 때, 원효의 화쟁사상은 헌 옷을 벗어버리고 새 옷으로 갈아입는 격이 될 것이며, 날마다 세상과 함께 새로워지는 것이라고 생각한다. 부처님의 말씀처럼 약을 먹고 안 먹고는 환자가 스스로 할 일이다. 원효의 화쟁약을 복용하고 안하고는 사담과 부시가 스스로 해야 할 일이고 원효의 후학들이 할 일은 그들에게 원효의 처방을 일러

왜 그럴까? 첫째는 우리의 연구가 아직 불충분하기 때문이다. 원효와 현실의 접목을 위해서는 우리는 양자를 모두 잘 알아야 할 것이다. 부끄럽지만 우리는 원효도 잘 모르고 현실도 잘 모른다는 사실을 인정하지 않을 수 없다. 절간이 몇이며 불교학자가 몇인데 왜 원효를 모른다 하는가? 원효에 관한 자료를 다 가지고 있다든가, 그런 자료를 현대말로 모두 번역해 놓았다든가, 또는 이것들을 모두 분석하여 체계적으로 정리하여 놓았다는 것만으로 우리는 원효를 잘 알았다고 말할 수 없다. 문제는 접목에 있다. 현실에의 접목이 가능하도록 원효사상을 잘 요리해 놓아야 우리는 비로소 원효를 잘 안다고 말할 수 있다. 현실을 잘 안다는 것도 마찬가지이다. 남쪽만 알고 북쪽을 모른다든가 북쪽만 알고 남쪽을 모른다면 현실을 잘 안다고 말할 수 없다. 양쪽을 다 안다고 할지라도 어설프게 알아서는 안 된다. 부분적인 지식으로는 양자를 성공적으로 접목할 수 없다. 이러한 의미에서 오늘 우리의 연구는 아직도 태부족임을 자인하지 않을 수 없다. 두 가지의 서로 다른 것들을 접목하려 하는 화쟁사들은, 훌륭한 요리사처럼, 원효에서 나온 원료를 사람들이 즐겁게 먹고 잘 소화할 수 있도록 만들어 주어야 한다.

문제는 이것만이 아니다. 화쟁의 길은 형극의 길이다. 가슴과 머리와 맨주먹밖엔 가진 것이 없는 화쟁주의자들이 총과 칼과 고성능폭탄을 가진 전쟁주의자들을 설득하기란 결코 쉬운 일이 아니다. 화쟁주의자들의 짐은 무겁고 가야할 길은 멀다. 그러므로 우리는 있을 법한 가지가지의 어려움을 모두 다 생각해 보아야 할 것이다. 가령 우리의 연구가 철저하여 원효도 현실도 모두 잘 안다 할지라도 만일 남도 북도 모두 우리의 화쟁안을 외면하거나 반대하면 어떻게 할 것인가? 지금 싸움에 열을 올리고 있는 사람들이 양부정을 쉽게 받아들일 리는 없

주는 일이다.

다. 그러나 싸우는 자들이 화쟁을 거부한다는 이유 하나로 우리의 화
쟁이론을 비현실적이라든가 무가치하다고 자포자기할 수는 없다. 싸우
는 길로 가고 있는 자들이 싸움 말리는 말을 듣지 않는다 하여 싸움을
말리는 일을 포기한다는 것은 너무 소극적인 자세라 말하지 않을 수
없다. 화쟁의 의미를 아는 사람이라면 도저히 그럴 수는 없을 것이다.
화쟁의 길을 걷는 사람의 자세는 누구보다 더 적극적이라야 한다.

　화쟁의 길을 걷는 사람들이 취해야 할 적극적인 자세란 구체적으로
어떤 자세를 말하는가? 첫째 불경을 읽을 때 옛날처럼 소극적으로 해
석해서는 안 되겠다. 가령 서력으로 기원전 6세기의 인도사상인 원시
경전을 부처님 말씀이라 하여 문자 그대로 우리의 현실에 적용하려 하
면, 맞는 것도 있겠지만 안 맞는 것도 없지 않을 것이다. 이런 경우, 양
자의 접목을 시도하지도 않고 지금은 말세라고 한탄하면서 현실에서
뒷걸음질부터 먼저 치는 것은 매우 패배주의적이고, 현실도피적이고,
이원론적이고, 피동적이고, 소극적인 불경해석이다. 이러한 불경 이해
는 불경의 가치를 스스로 무가치하게 만드는 것밖에는 안 된다. 불교
의 가르침을 현실적으로 값있게 만드느냐 또는 값없게 만드느냐 하는
것은 불교인들 자신에게 달려 있다. 그러므로 화쟁의 길을 걷고자 하
는 사람은 종래와 같은 소극적인 불경해석을 철저히 배격해야 할 것이
다. 원효사상을 현실에 접목하기 위해서는 적극적인 불경해석이 나와
야 한다. 전쟁의 길로 가고 있는 현실정치인들이 화쟁의 길을 이해하
지 못할 때는 그들이 이해할 수 있도록 다시 해석해 주어야 하고, 만일
그들이 화쟁의 길을 받아들이지 않을 때에는 그들을 비판하는 적극성
을 보여 주어야 한다. 그리고 지지의 폭을 넓히기 위해 '화쟁 캠페인'을
벌여야 한다. 그래야 화쟁의 길은 현실적으로 값있는 것이 된다. 원효
가 화쟁론을 발표한 것도 이러한 캠페인의 일환으로 보아야 할 것이
다.

(莊峰 金知見博士華甲記念社友錄刊行會,『莊峰 金知見博士華甲
記念 社友錄－東과 西의 思惟世界』, 1991년 9월 25일, 民族社)

원효의 신앙체계
-『大乘起信論疏』를 중심으로-

1. 풀어야할 문제

'신앙의 체계'는, 그것이 누구의 것이든, 그 온전한 모습을 제대로 밝혀내기란 여간 힘든 일이 아니다. 신앙이란 원래 사람의 삶 자체와 관련되어 있고 또한 그것은 말 이전의 모습이기 때문이다. 어느 종교를 막론하고 종교적인 의미의 신앙이라는 말에는 항상 두 가지의 상반된 모습이 공존하고 있다고 할 수 있다. 첫째는 인간의 어두운 대목을 낱낱이 들춰내어, 이를 모두 때려부수고, 여지없이 깨트려, 마침내 씨도 없이 죽여버리는 모습이다. 신앙이 악을 물리치지 못한다면 종교적인 신앙은 아닐 것이다. 둘째는 앞의 경우와는 정반대의 모습이다. 아무리 미천하고, 보잘것없고, 쓸모 없고, 설사 제아무리 사악하게 보이는 것이라 할지라도, 신앙의 이름 아래서는 하나도 버리지 않고 모두 다 다시 살려내어 가장 소중한 것으로 값지게 쓰는 모습이다. 신앙이 악을 구원하지 못한다면 그런 신앙은 종교적인 신앙이라고는 말할 수 없을 것이다.

'破壞와 建設', '否定과 肯定', '죽음과 삶', '어둠과 밝음', '깨짐과 깨침' 등등 서로 모순되어 보이는 것들이 함께 있는 곳을 우리는 '신앙'의 현장이라 부른다. 이러한 신앙의 현장에서는 많은 문제들이 생긴다. 오늘 필자는 이러한 상극처럼 보이는 것들이 어떻게 한 자리에 함께 있는지, 그 공존의 구조를 원효의 『大乘起信論疏』를 통해서 밝혀 보려고 한다.

2. 신앙이라는 말

元曉(617~686)갸 감명 깊게 읽었다는 『대승기신론』[1]은 원래 인도의 馬鳴(Ashvaghosa, 생존연대 불명)이 지었고 梁의 眞諦(Paramartha, 499~569)가 번역한 이른바 舊譯이다. 구역이란 말은 그 뒤 唐의 實叉難陀(Siksananda, 695~704)가 번역한 신역 『대승기신론』[2]과 구별하기 위해서 쓰는 말이다. 원효가 탐독한 구역 『대승기신론』에는 信이라는 글자가 52회나 나온다. 처음, 책의 제목과 귀경송으로 이어지는 서분에서 4회, 제1 인연분에서 3회, 제3 해석분에서 21회, 제4 수행신심분에서 18회, 마지막 권수이익분에서 6회. 필자가 이해한 바로는 『대승기신론』의 저자 마명은 믿음을 크게 두 가지의 다른 유형으로 나누고 있는 것 같다. 하나는 부처님처럼 똑바로 깨친 이의 믿음이요, 또 하나는 아직 깨치지 못한 이의 믿음이다. '깨친 이의 믿음'은 그 특징이 '不二(non-dualism, 둘 아님)'의 진리에 바탕을 두고 있다는 데 있으며 이것은 『대승기신론』이라는 책의 제목에 잘 드러나 있고 서분과 제1 인연분과 제2 입의분과 제3 해석분에서도 줄기차게 다루어지고 있다. '못 깨친 이의 믿음'은 다시 둘로 나누어져 하나는 아직 깨치지는 못했지만 믿음이 견고하여 다시는 물러서지 않는 不退信의 단계에 이른 것이고,

---

1) T.1666, vol.32, pp.575~583.
2) T.1667, vol.32, pp.583~591.

다른 하나는 믿음이 굳건하지 못하여 자꾸 물러서는 退信의 수준을 벗어나지 못한 것이다. 불퇴신과 퇴신은 제4 수행신심분에 잘 다루어져 있다.

원효의 대승기신론관은 철두철미 제2 입의분에 근거하고 있다고 말해도 좋을 것이다. 그런데 흥미롭게도 가장 중요한 제2 입의분에서 마명은 단 한 번도 信이라는 말을 비친 적이 없다. 그러나 원효의『대승기신론』이해에 있어서는 제2 입의분만큼 중요한 글은 없기 때문에, 원효가 생각한 불교의 '믿음'도 제2 입의분을 떠나서 따로 있을 수 없다고 말해도 과언은 아닐 것이다. 그리고『대승기신론』전체 분량의 4분의 3을 차지하고 있는 해석분도 그 내용을 보면 입의분을 해석하는 것 이외의 다른 것이 아니며, 그 밖의 인연분, 수행신심분, 권수이익분도 결국은 입의분의 보조 역할을 하고 있다고 말해도 결코 무리한 말은 아닐 것이다. 그래서 원효는 그의『기신론소』의 첫 머리에 있는 유명한 宗體章에서 다음과 같이 말했다.

　　所述雖廣 可略而言 開二門於一心.
　　(이 책에서) 말하고 있는 것이 비록 광대하지만 간략하게 말하자면 일심에서 (진여문과 생멸문이라는) 두 개의 문을 열었다(는 것 이외의 다른 것이 아니다).[3]

이러한 원효의 말투는 한 마디로 말해서『대승기신론』의 독자들에게 제발 한 눈 팔지 말고 立義分에서 사생 결판을 내도록 하라는 당부로 받아들여도 좋을 것이다. 사실 원효는 그 뒤로도 '二門一心' 또는 '一心二門'이라는 말을 자주 되새기면서 독자의 눈길이 딴 데로 빗나가지 않도록 무척 애쓰고 있다는 것을 알 수 있다.

―――――――――――
3)『한국불교전서』(이하 HPC로 표기함) 1권, p.733, 가운데 칸, 마지막 줄.

立義分을 잘 읽어보면 우리는 이 책의 주제가 摩訶衍, 즉 大乘임을 곧 알 수 있다. 마명은 마하연을 중생심이라고 말했지만 원효는 여기에 회의의 칼날을 꽂는다. 도대체 '그게 뭐냐'는 것이다. 원효의『기신론소』는 이러한 회의에서 출발하여 모든 가능한 답변을 모두 동원하면서 결국 어떠한 답변도 모두 다 때려부숴 버리고 사람들이 사용한 언어의 한계를 지적한다. 이리하여 원효는 마침내 '마하연'이란 말 자체에까지 회의의 화살을 꽂는다. 마하연, 즉 대승이란 말도 마지못해서 한 소리에 불과하다는 것이다. "어떻게 말해야 할지 모르겠다. 억지로 대승이라 했다(不知何以言之 強號之謂大乘 : I do not know how to speak of it, but as I am compelled now to name it, I call it 'Mahayana'.)"[4]란 말이 바로 그 말이다. 그리고 나서 원효는 바로 離言과 絶慮의 문제를 들고 나온다. 대승은 離言의 경지요 기신은 絶慮의 세계라는 것이다. 한마디로 원효는 말과 생각의 세계에 도전하고 있는 것이다. 원효는 책을 읽고 글을 쓰며 사색하는 사람이다. 그러한 원효가 어떻게 이렇게 말과 생각을 철두철미하게 죽이려 드는가? 원효는 결국 말도 안 되는 어불성설의 불장난을 하고 있는 것일까? 필자는 여기서 원효의 때리고 부수고 깨뜨리고 죽이는 무서운 칼날을 본다. 그것은 否定이라는 이름의 칼날이다. 이러한 부정은 아무나 할 수 있는 일이 아니다. 그 밑바닥에 종교적인 믿음이라는 저력이 없이는 수행될 수 없는 것이다. 우리는 여기서 불교적인 믿음이 가지고 있는 두 가지 면 즉 부정과 긍정 가운데 첫째인 부정의 극치를 본다. 필자가 원효의 종체장을 훌륭한 '믿음의 글', 즉 일종의 信仰論으로 보는 이유가 여기에 있다.

4) HPC 1-733a.

3. 부정의 칼날

이제 우리는 여기서 몇 가지의 중요한 문제를 제기하지 않을 수 없다. 첫째 문제는 '그럼 대승이 뭐냐?'는 것이다. 어떠한 언어도 어떠한 생각도 심지어 '대승'이란 말 자체도 난파당하고 마는 자리, 그 자리를 마지못해 '대승'이란 부호, 즉 '대승'이라는 '손가락'으로 가리키고 있는데 그 '손가락'이 가리키고 있는 당체 즉 '달'은 뭐냐는 것이다. 마명이 대승은 일체 중생의 마음이라 하니까 그런 마음은 많은 마음, 복수적인 마음이 아니라 하나의 마음, 즉 一心임이 분명하고 또한 그 일심은 거기서 두 문이 열리는 곳이니 그 곳은 뭔가 기독교의 하나님 자리 비슷한 것이라고 생각하는 사람들이 있는 것 같다. 그러나 이것은 원효가 가지고 있는 부정의 칼날 맛을 제대로 맛보지 못하고 있기 때문에 생기는 현상이 아닌가 생각한다. 마명은 대승을 말로 설명하면서 세 가지 것이 아주 크다고 말했다. 첫째는 몸이 아주 크고, 둘째는 공덕이 아주 크고, 셋째는 능력이 아주 크다고 했다. 유명한 기신론의 삼대설이 바로 이것이다.[5] 그런데 만일 우리들이 대승을 일심이라 말하면서 그것을 실체화하고 거기서 뭔가가 나오는 것처럼 생각한다면, 대승의 몸이 아주 크다는 말도 제대로 이해하지 못하고 있는 어둠의 소치에 불과하다. 몸이 아주 크다는 말은 대승불교의 空사상에 입각하여 하는 말이다. '나'라는 생각이 있기 때문에 '나 아닌 것'이 맞서게 되고 이렇게 둘이 맞서 있기 때문에 몸은 이미 두 동강이로 부러져 아주 작

---

5) 삼대설을 체용의 대치로 보는 것은 오독이다. 체용은 관계 설명의 도구로서 그 본질은 不二다. 그러나 삼대는 체용을 통해 드러내고자 하는 당체를 말로 설명하려 할 때, 등장하는 설명용 도구이다. 체용은 본질이 不二이기에 거기엔 항상 긴장이 있고 역설과 모순과 언어의 난파가 있다. 그러나 삼대는 상호 보완적이다. 거기엔 긴장이 없다. 역설도 모순도 이언절려도 없다. 그러므로 양자를 혼동하는 것은 오늘날 학계의 비극이다.

은 병신이 되고 만다. 그렇지만 만일 '나'라는 생각이 없어지면 '나 아 닌 것'도 없어져 이 세상 모든 것이 '나 아닌 것'이 없게 되어 그 몸은 아주 크다고 말할 수밖에 없는 것이다. 이것은 역설적인 말이다. "모든 있는 것은 실제는 없는 것이고 진실로 없는 것이야말로 정말 있는 것 이다."라고 말하는 역설적인 말투처럼 대승이든 중생심이든 일심이든 그것이 정말 크다면 거기엔 '나 아닌 것'과 구별되는 '나'가 있어서는 안 될 것이다. 그런데 왜 사람들은 원효가 찬탄해 마지않는 '일심이문 법'의 일심을 작은 일심으로 만들려 하는가?

원효가 그의 종체장 첫 머리에서 대승이란 말에 날카로운 부정의 칼 날을 꽂을 때, 이미 모든 말과 생각에 칼날이 동시에 꽂혀 모두 박살이 난 것이다. 그때 대승이란 말뿐만 아니라 중생심이란 말도, 일심이란 말도, 여래장, 아라야식 등등 모든 말이 다 박살이 난 것이다. 만일 거 기에 그래도 뭔가 박살나지 않고 여전히 살아남아 있는 게 있다면 그 것은 원효의 종체장에 나오는 부정의 정신을 아직 제대로 파악하지 못 하고 있다는 말밖에 안 된다. 그래서 필자는 종체장을 원효의 신앙 고 백으로 보고 싶은 것이다. 신앙이 정말 신앙이 될 수 있으려면 거기엔 먼저 철저한 부정 작업이 선행해야 하기 때문이다. 99.99%의 부정도 신앙적인 부정은 아니다. 0.01%의 잔재가 더 무서운 것이다. 그 속엔 많은 의심과 가지가지의 집착이 숨겨져 있다. 신앙은 100%의 부정일 때만이 비로소 종교적인 신앙이 될 수 있을 것이다.

4. 죽어야 산다

둘째 문제는 일체를 두들겨 부쉬 버리는 그 무서운 힘이 어디서 나 오는가 하는 문제이다. 결론부터 먼저 말하라면 그런 힘은 구태의연한 종래의 '자기'에게서는 나오지 않는다. 원효에게는 '죽어야 산다'는 신앙 체계가 있었던 것 같다. 종래의 구태의연한 '자기'를 죽일 때 일체가 함께 죽게 된다. 一死가 一切死라고나 할까. 우리는 불경에서 '죽음이 곧 삶이고, 삶이 곧 죽음'이란 표현을 자주 만난다. 신앙은 말장난이 아니다. 모르면서 아는 척하는 것도 아니고, 희망 사항에 상상의 날개를 붙여 끝없이 하늘로 날아 가버리는 것도 아니다. 신앙은 구체적인 삶의 현장을 떠나 따로 있는 것이 아니다. 긴가 민가 잘 모르겠다면 그건 신앙이 아니다. 뭐가 뭔 줄 모르는 삶은 종교적인 삶이 아니다. 갈 것인가 말 것인가를 정확하게 판단하여 결단을 내려야 하고, 그러기 위해서 옳은가 그른가를 따져야 하고, 하나를 잡으면 다른 하나는 놓아야 하는 일상적인 삶을 떠난 신앙은 적어도 불교적인 신앙은 아니다. 이렇듯 가장 구체적인 일상적 삶의 현장에서 신앙생활을 뒤틀리게 만드는 것이 있다면 그것은 죽어야 마땅하다. 그것이 죽어야 신앙은 살아나고 삶은 비로소 삶다워진다. '죽어야 산다'는 말이 바로 그 말이다. 죽어야 할 것이 죽을 때 죽음은 곧 삶이 된다. 죽어야 할 자를 고발하고 그 자를 여지없이 죽여 버리는 것이 신앙생활이다. 『대승기신론』을 비롯한 많은 불교 책들이 하나같이 무명을 이야기하고 번뇌와 망상과 탐진치, 삼독심 등등 죽어 마땅할 것들을 적발하여 이들을 모두 산더미처럼 쌓아 놓고 불을 질러버리는 까닭이 여기에 있다.

한 마디로 말해 신앙의 체계를 말하는 한, 죽음이 먼저다. 파괴가 먼저고 부정이 먼저라는 말이다. 어둠이 뭔가를 모르는 사람은 밝음을 찾지 않는다. 이 말은 우리의 삶이 지금 뭔가 어둠에 싸여 있으니 그 어둠부터 먼저 몰아내자는 것이다. 어둠이란 인간의 무명을 말한다. 무명에서 비롯한 번뇌, 망상 등을 말한다. 이것들을 그대로 놓아둔 채로는 백날 이야기해 보았자 말짱 헛짓이란 말이다. 이렇게 어둠을 물리치는 죽임의 작업이 철저히 수행되어야 다시 살아나는 밝음이 있다.

부정 없는 긍정은 말장난에 떨어지기 쉽다. 파괴 없는 건설은 종교적인 건설이 아니다. 불교에서 破邪顯正이란 말이 회자되는 까닭도 여기에 있다. 구름이 걷혀야 햇볕이 난다. 올바름이 그립지 않은 사람에게서 사악한 것에 대항하는 도전이 나올 수 없고 햇볕의 고마움을 모르는 사람에게서 구름 걷는 작업이 나올 수 없다. '죽음이 곧 삶이고 삶이 곧 죽음'이란 말만 되뇌고 있는 사람은 아직 신앙이 없고 신앙의 체계도 서있지 않은 사람이다. 원효의 부정 정신에 근거하면 먼저 있어야 할 것은 죽음뿐이다. 그러므로 엄밀하게 말하자면 삶마저도 죽어야 한다. 또 역설이 나오지만 죽음도 또한 죽어야 한다. 임제 선사의 말이 생각난다. "조사를 만나면 조사를 죽이고 부처를 만나면 부처를 죽여라!" 만고의 금언이다. 원효와 임제 사이에 어떤 통하는 점이 있는 것 같다.

원래 '신앙'이란 말은 사람이 만든 말이다. 왜 사람은 이런 말을 만들어냈을까? 중요한 것은 '신앙'이란 것이 사람을 떠나 따로 저기에 홀로 있는 것이 아니라는 것을 바로 아는 일이다. 이 말은 신앙의 체계라는 것도 사람 때문에 생겨났다는 말이다. 사람은 신앙이 필요하다. 신앙 없이는 사람이 사람 노릇을 할 수 없다. 사람은 순간순간 죽는 존재이다. 그럼에도 불구하고 사람은 누구나 죽지 않으려고 발버둥친다. 無明 탓이다. 그러나 종교의 세계는 그렇지 않다. 죽기 전에 먼저 죽는 것이다. 이것은 살아 있으면서 죽는 것이기에 자살이 아니다. 구태여 이름 붙이자면 大死다. 커다란 죽음이란 말이다. 이것이 신앙의 현장이다. 현실적으로 사람은 살고 있는 존재이지 죽어 있는 존재가 아니다. '죽어야 산다'는 말은 죽지 않으려고 발버둥치는 것은 삶의 길이 아니란 말이다. 즉 죽음이 삶이지 죽음과 삶이란 두 놈이 따로 있으면서 또한 함께 나란히 서 있다는 말이 아니다. 원효의 많은 저술 가운데 비교적 후기의 작품으로 알려져 있고 또한 걸작 중의 걸작으로 알려져

있는『金剛三昧經論』6)을 펴보자. 거기에 처음부터 쏟아져 나오는 부
정적인 표현법은 무엇을 의미하는가? 살려고 발버둥치는 놈들을 모두
때려부수는 작업이 아니고 무엇인가? 왜 때려부수는가? 죽어야 살기
때문이다. 원효의 저술이라면 이런 특징은 어디에나 두드러지게 나타
나 있다.『大慧度經宗要』,7)『晉譯華嚴經疏序』,8)『本業經疏序』,9)『涅
槃宗要』10) 등등 어느 책을 펴보아도 한결같이 쏟아져 나오는 투가 모
두 부정법이다. 부정은 분명히 신앙인에게서 나타나는 가장 두드러진
특징이라고 말할 수 있을 것이다. 부정은 신앙이 일하는 모습이다.

그러나 부정적인 표현은 종교적인 신앙이 없는 사람에게서도 나타
난다. 그렇다면 양자 사이에 어떤 차이가 있는가? 답변은 간단하다. 전
자는 살기 위해서 부정하지만 후자는 죽어버리기 위해서 부정한다. 전
자가 살리려고 애쓰는 것이 '나'라면 후자가 죽이려고 애쓰는 것도 '나'
다. 똑 같은 '나'이건만 '나'에 대한 양자간의 견해는 전혀 다르다. 무엇
이 그런 차이를 가져오게 하는가? 신앙이다. 신앙의 세계에서는 죽어
야 살지만, 신앙 없는 세계에서는 죽으면 그것으로 그만이다. 그렇기
때문에 부정도 살기 위해 부정하는 것이다. 살기 위한 부정의 핵심에
는 항상 내가 도사리고 앉아 있다. 따라서 부정되어야 할 것은 내가 아
니라 남이 되고 만다. 여기서 추한 전쟁이 일어나는 것이다. 그러나 종
교적인 부정의 표적은 다름 아닌 '나'다. 그런데 이 '나'라는 놈이 어찌
나 묘한지 자꾸 둔갑을 한다. 그래서 꼭 죽은 줄 알았는데 어딘가에 숨
어서 또 미소 짓고 있는 것이다. 어떻게 이 교활한 자를 때려잡을 것인
가. 무엇보다도 여기서 잡으려는 자는 누구며 잡혀야 할 자는 누구인

---

6) HPC vol.1, pp.604~677.

7) HPC 1-480.

8) HPC 1-495.

9) HPC 1-498.

10) HPC 1-594.

가? 만약 그 두 놈이 똑같은 놈이면 일은 이미 그른 것이다. 아무리 야
무지게 때려잡은들, 잡은 놈이 똑같은 그 놈이면, 결과는 헛농사다. 여
기서 우리는 신앙의 본질에 육박해 들어가지 않을 수 없다. 내가 나를
때려잡을 수 있는 힘은 나에게서는 나오지 않는다. 다른 말로 바꾸어
말하면 죽어 마땅한 '나'에게서 죽어 마땅한 '나'를 때려잡을 힘은 나
오지 않는다는 말이다. 왜 사람들은 어떤 잘못을 저지른 다음, 후회하
고 참회하고 별 야단을 다 치고, 그러고서 또 똑같은 잘못을 저지르는
가? 왜 '退信의 경지'에서 '不退信의 경지'로 넘어가기가 그렇게 어려
운가? 먹으로 먹을 지울 수는 없기 때문이다.

5. 起信이란 말

모든 언어는 무거운 업을 가지고 있다. 보통, 사람들은 그런 언어의
업에 짓눌려 산다. 우리들이 『대승기신론』이라는 책의 제목을 두고 한
번 생각해봐도 사람들이 그동안 얼마나 그 무거운 언어의 업에 짓눌려
왔던가를 곧 알 수 있다. 우선 '起信'이라 하면 사람들은 자동적으로
'누구의 기신?' 또는 '누가 무엇을 믿는가?'라는 식으로 머리가 돌아간
다. 이것은 자기가 언어를 구사하는 것이 아니고 언어가 사람을 구사
하고 있는 현상이다. 『六祖壇經』에도 보면 無念이 무엇인가를 밝히는
과정에서 起念이란 말이 나오는데 여기서도 사람들은 무조건 '누가 무
슨 생각을 일으키는가?'라는 식으로 머리를 굴린다.[11] 이런 식의 머리
굴림은 그 속에 이미 답변을 가지고 있는 것이다. 다시 말하면 '내가
진여자성을 생각한다'는 답변을 이미 머리 속에 깔고 있으면서 생각하

---

11) 駒澤大學禪宗史硏究會 編, 『慧能硏究』, 東京 : 大修館書店, 1978, p.297 참
조.

는 주체인 내가 **빠져** 나가면 말이 안 된다고 속단하고, '생각한다'는 타동사의 목적어가 없다면 또한 말이 안 된다고 생각한다. 말이 좋아 철학이지 이건 철학이 아니다. 한 마디로 언어의 노예생활이지 사람이 사람 노릇하고 있는 것은 아니란 말이다. 여기서 사람 노릇이란 언어의 노예 노릇 그만 하고 언어를 부릴 줄 알아야 한다는 말이다. 새로운 언어, 새로운 논리를 자꾸 창조하면서 진리와 사람의 간격을 없애 줘야 그것이 철학이지 그렇지 못하면 그런 것은 불교에서 말하는 철학이 아니다. 사람 죽이는 짓을 어찌 철학이라 말할 수 있겠는가?

6세기 중엽, 진제의『대승기신론』이 출판된 이래 수백 종의『대승기신론』관계 연구서들이 줄기차게 나왔다. 그 가운데서 가장 생명이 길고 가장 큰 영향력을 행사한 책이 法藏(643~712)의『大乘起信論義記』12)다. 이 책에서 법장은 '대승'과 '기신'의 관계를 能所關係로 보았다.

　　＜법장의 원문＞
　　大乘 所信之境 體能13)爲義 起信卽 能信之心 澄淨爲性 心境合目 故云 大乘起信.14)

　　＜필자의 번역＞
　　'대승'은 믿어야할(所信) 경지임으로 본체와 능력이 그 뜻이 되고

---

12) T.1846, vol.44, pp.240~287.
13) 여기서 법장의 체와 능은 아래에 인용한 원효의 종체와 승능을 연상시킨다. 원효가 종체는 대승에, 승능은 기신에 배대시켜 양자를 하나로 묶어 체용관계로 보고 있는 반면, 법장은 의도적으로 체와 능을 둘 다 오직 대승에만 배대시키고 있다. 법장은 대승을 所信으로, 기신을 能信으로 나눴기 때문에 이런 현상이 일어난 것이다. 법장의 義記는 원효의 海東疏보다 훨씬 뒤에 나왔기 때문에 법장의 이러한 분석은 의식적이었을 것으로 생각된다.
14) T.1846, vol.44, p.245b.

'기신'은 믿는(能信) 마음임으로 맑음과 깨끗함이 그 바탕이 된다.

(믿는) 마음과 (믿어야 할) 경지를 합하여 '대승기신'이라 이름 붙인 것이다.

법장은 여기서 能과 所라는 불교의 주석학적인 전문 용어를 가지고 '대승기신'이라는 책의 제목을 이해한 것이다. 能所란 말은 가령 여기에 어떤 행위나 동작이 있을 때 그런 행위의 주체는 누구이며 그리고 그런 행위를 받는 대상이 무엇인가를 밝혀야 할 때 동원되는 해석의 도구이다. 요즘엔 능소라 하면 곧잘 能動(active)과 受動(passive)으로 해석하거나 아니면 主觀(subjective)과 客觀(objective)으로 바꾸어 이해한다. 그러나 법장의 능소가 과연 요즘의 능소처럼 깨끗하게 능동－수동 아니면 주관－객관이라는 二分法(dualistic)으로 나누어질지는 의문이다. 그럼에도 불구하고 법장의 제목 풀이는 원효의 그것과 아주 대조적이다.

<원효의 원문>

總而言之 大乘是 論之宗體 起信是 論之勝能 體用合擧 以標題目 故言 大乘起信論也.[15]

<필자의 번역>

통 털어서 말하자면

'대승'이란 이 책의 몸이고

'기신'이란 이 책의 몸짓이다.

몸과 몸짓을 하나로 묶어 책의 제목을 삼아

대승기신론이라고 말한 것이다.

---

15) HPC 1-735a.

원효는 법장과는 달리 '대승'과 '기신'의 관계를 體用關係로 읽은 것이다. 문제는 '능소관계'와 '체용관계'의 차이이다. 체용의 논리는 한마디로 몸의 논리다. 말하자면 몸에서 몸짓을 설명하는 논리이다. 몸 떠난 몸짓도 없고 몸짓 없는 몸도 없다. 그래서 체용논리의 저변에는 항상 不二사상이 깔려 있다. 그러나 능소의 논리는 몸의 논리가 아니라 몸짓의 논리이다. 능소도 사람을 다루는 이상 몸을 무시하진 않지만 능소에 묶인 사람들은 몸짓 설명이 급선무이기 때문에 몸짓과 몸짓 사이의 여러 가지 차이들이 먼저 눈에 띄기 마련이다. 하나의 몸짓만을 다룰 때도 앞의 몸짓과 뒤의 몸짓 사이의 차이에 더 관심이 쏠리게 된다. 그러나 몸에 관심이 더 많은 체용의 논리는 겉에 나타난 차이를 언어로 규정짓고 이를 의식에 보관하는 여러 행위를 무명과 망상이 주동이 되어 생긴 집착으로 보기 때문에 먼저 이런 병통의 근본 원인을 치료하고 하루속히 몸으로 돌아갈 것을 강조한다. 이것은 능소의 논리가 겉으로 나타난 몸짓에 더 관심이 많기 때문에 모든 차이를 무효화하는 것을 거부하는 것과는 아주 대조적이다.

앞서 인용한 법장의 제목 풀이를 잘 살펴보면 법장은 대승과 기신을 둘로 나눠놓았다는 비난을 면할 수 없을 것이다. 법장은 앞에 인용한 문장에 곧 뒤이어 말하기를 "대승기신은 증의 경지를 말한 것이 아니다"라고 잘라 말하고 있다.16) 법장에 의하면 '대승기신'이란 말은 "부처님의 경지를 바라보면서 자기의 마음을 잘 다스려라"는 뜻이었다. 그러므로 법장은 대승기신을 자기가 이미 부처님의 경지에 들어간 경계를 말하는 것으로 착각해서는 안 된다는 식으로 단호하게 말하고 있다. 이는 '대승기신'이란 말을 체용관계로 보는 원효의 해석에 정면으로 도전하고 있는 것이다. "대승은 체요 기신은 용"이라는 원효의 말은

---

16) T.1846, vol.44, p.245b, "此卽大乘之起信 是對境揀心 非是證等也".

'대승기신'을 '부처님의 경지', '증의 경지'로 보려는 것인데 반하여 법장의 말은 '어리석은 중생들에게 정신 차려서 공부 열심히 하라'는 교훈조의 말로 볼 수 있기 때문이다. 원효는 법장보다 25세가 앞서며 원효가 義湘(625~702)과 함께 중국에 들어가려다 말고 신라로 되돌아온 것이 661년의 일이라면 그때 원효의 나이는 45세쯤 되었을 것이다. 그때 법장은 20대의 젊은 나이였고 원효가 68세의 나이로 세상을 떠났을 때 법장은 40대의 한창 정력적으로 저술활동을 하고 있을 때였다. 필자는 원효가 언제 그의 『기신론소』를 지었으며 법장이 언제 원효의 소를 읽었는지 잘 모르지만 지금 원효의 소와 법장의 소를 비교해 보면 두 분 사이엔 커다란 차이가 있다는 것을 간과할 수 없다. 원효는 신앙의 눈을 가지고 수행을 들여다보고 있는 반면, 법장은 학자의 눈으로 실천을 이야기하고 있다는 느낌을 지울 수 없다. 신앙의 눈이란 다름 아닌 부처님의 눈이다. 부처님의 눈이 일하지 않는 눈을 우리는 신앙의 눈이라 말할 수 없다. 법장이 '대승기신'이란 책의 제목에서 읽기를 거부했던 '증의 경지'를 원효는 처음부터 인정하고 들어가는 것이다. '증의 경지'가 곧 '부처님의 경지'이며 이 경지를 받아들일 때, 비로소 우리는 '신앙의 눈'을 가지게 되는 것이 아닌가 생각한다.

6. 체용론적 해석의 근거

원효가 마명의 『대승기신론』을 극찬했다는 이야기는 되풀이할 필요가 없다. 원효는 당시의 학자들이 마명의 책을 읽고도 그의 메시지를 잡지 못하고 있는 안타까운 현실에 대하여 심한 불만을 털어놓았다.

"물의 근원을 찾아간다면서 물살에 휘말려 물줄기로 떠내려 가버린

자들!"

"무성한 잎사귀를 따는 데에 정신이 나가 나무의 줄기를 잊어버린 자들!"

"나뭇가지를 꺾어다가 뿌리에다 갖다 붙이고 있는 자들!"

정신 빠진 학자들에 대하여 원효는 호된 비판을 아끼지 않았다. 만일 원효가 법장의 소를 직접 읽었다면 뭐라고 말했을까? 원효의 『해동소』를 그의 출세작이라 말하지만 원효가 세상을 떠난 뒤 그의 『해동소』는 법장의 책에 가려 오랫동안 빛을 보지 못했으며 아주 최근에 나온 한국의 원효 해설서까지도 법장을 원효의 훌륭한 계승자로 보고 있는 형편이다.[17] 그렇게 말하는 이유는 법장이 원효를 자주 인용했기 때문이라는 것이다. 빈번한 인용을 어찌 계승의 증거로 내세울 수 있는지 모르겠다.

만일 '大乘起信'이란 말을 법장 식으로 읽으면 우리는 대승을 기신의 주어로 볼 수 없다. 그러나 이를 원효 식으로 읽으면 대승은 기신의 주어가 되어야 한다. 누가 옳은가? 그 판단은 『대승기신론』의 저자 馬鳴이 이미 그의 본문에서 내려주고 있다. 『대승기신론』의 첫 문장이라고 말할 수 있는 「論曰章」을 한번 보자.[18]

「논왈장」은 "論曰有法能起 摩訶衍信根 是故應說"[19]이라는 단 15자로 되어 있는 짧은 문장이다. 필자는 이 문장을 다음과 같이 번역해보았다.

논은 말한다. '유법'이 능히 마하연 신근을 일으킨다. 그러므로 마땅

17) 故이기영 교수는 항상 법장을 원효의 수속을 밟지 않은 제자라고 주장했다.
18) 귀경이라는 의식적인 게송을 빼고 나면 「논왈장」이 그 첫 문장임을 아무도 부정하지 못할 것이다.
19) T.1666, vol.32, p.575b.

히 이를 설해야겠다.

'유법'은 하나의 전문 용어로서 이 문장의 주어이다. 실차난타가 번역한 신역을 보면 마하연을 두 가지로 말하여 하나는 유법(dharmin)이고 하나는 법(dharma)이라고 말하면서 '유법'은 법을 가진 자라는 뜻이되어 결국 그것은 일체 중생심이 된다.[20] 신역을 보지 못한 구역의 주석가라고 말할 수 있는 정영사 혜원의 「대승기신론의소」[21]도, 원효의 『해동소』[22]도 모두 '유법'을 전문 용어로 다루면서 이 문장의 주어로 삼고 있다. '유법'을 주어로 삼는 이상, 그 술어는 응당 '능기마하연신근'이 될 수밖에 없다. 여기서 '마하연'은 신근의 형용사 노릇을 하고 있으므로 남는 것은 결국 '기신'이다. 그럼 누가 기신하는가? 눈을 씻고 봐도 '유법'밖엔 없다. 유법은 뭔가? 일체 중생심이요 그것은 곧 대승이다. 그러므로 자연스런 해석은 원효처럼 양자를 체용 관계로 보아 "대승이 기신한다"가 될 수밖에 없다. 이렇게 자연스런 해석을 사람들은 왜 거부하는가? 해석자의 마음보에 能所라는 이분법이 도사리고 있기 때문이다. 대승은 所信이요 기신은 能信이라는 이분법 말이다. 원효의 해석이 자취를 감추고 법장의 해석이 판을 치게 된 것도 알고 보면 사람들의 마음보에 "능소라야 말이 된다"고 생각하는 사고방식이 도사리고 있기 때문에 그러한 현상이 일어나는 것이다.

다시 『육조단경』의 경우로 돌아가 말하자면 사람들이 '無念'의 念이란 글자를 해석하면서 이를 진여자성과 기념의 체용관계로 보는 돈황

---

20) T.1667, vol.32, p.584b 참조. 신역은 "有法能生 大乘信根 是故應說"이라 말하고 나서 한참 가다가 뒤에 입의분을 말하면서 "云何立義分 爲摩訶衍 若有異種 有法及法 言有法者 謂一切衆生心"이라고 했다. 이는 "유법"을 전문 용어로 삼아 한 문장의 주어로 삼은 것이다.

21) T.1843, vol.44, p.177b26.

22) HPC 1-737, line20.

본을 팽개치고, 그 뒤에 나온 홍성사본의 '念者念眞如本性', 즉 '염이
란 진여본성을 생각하는 것'이라는 해괴한 오독을 옳게 여겨 결국 돈
황본은 각광을 받지 못하고 홍성사본이 오늘날까지도 옳은 것으로 여
겨지고 있는 것과 똑같은 현상이다. 1969년 컬럼비아 대학교 출판사에
서 나온 필립 얌폴스키(Philip Yampolsky) 교수의 해석이 바로 그 좋은
예다.[23] 그는 돈황본을 번역했다고 광고해 놓고서는 이 대목에 이르러
돈황본은 말이 안 되어 홍성사본을 따른다고 정직하게 밝혔다. 정직한
것까지는 좋았다. 그러나 아쉽게도 그는 '왜 말이 안 된다고 생각하는
지' 그 까닭을 파고 들어가진 않았다. 능소적인 이분법이라야 귀에 솔
깃하지 불이적인 체용은 어딘지 불편했기 때문이리라.

　『대승기신론』의 「논왈장」은 15자로 된 단 한 줄의 글이지만 이 글은
여러 가지 의미에서 중요한 글이다. 첫째, '대승기신론'이라는 책의 제
목은 「논왈장」의 '유법능기마하연신근'이란 말을 한문투로 간략하게
표현했을 뿐이다. 「논왈장」의 '유법기신'이나 책 제목의 '대승기신'이
나 같은 말이다.[24] 다시 말하면 '대승기신'이란 말은 '유법능기 마하연
신근'이란 말에 바탕하여 해석할 수 있다는 말이다. 유법은 곧 대승임
으로 논왈장은 '대승능기대승신근'이란 말이 되고 그 뜻은 대승이 대
승신근을 일으킨다는 극히 자연스러운 말이 된다. 사람이 사람 노릇한
다는 말이나 똑같은 어법이다. 사람이 체라면 사람 노릇하는 것은 그

---

23) Philip B. Yampolsky, *the platform sutra of the sixth patriarch*, Columbia University Press, 1967, p.139.
24) 불교의 저술가들은 항상 책의 제목에다 사활을 걸었고 주석가들도 책의 제목
에 들어 있는 깊은 메시지를 바로 집어내려고 무척 애를 썼다. 그 좋은 예가
天台 智顗, pp.538~597의 경우이다. 지의는 '묘법연화경'(T.262, vol.9. 1~)이
라는 다섯 글자의 해석에 일생을 바쳤다고 말해도 과언이 아니며 그것이 나
중에 천태종의 이론적인 초석이 되었다. 천태 지의의 『법화문구』(T.1718,
vol.34, 1~)와 『법화현의』(T.1716, vol.33, 681~) 참조.

용이다. 마찬가지로 대승이 대승노릇한다고 말할 때, 대승은 체요 기신은 그 용이 되는 것이다. 이러한 체용론적 해석이 가능하기 때문에 우리는 일시에 마음이 편안해지는 것이다. 내가 믿고 안 믿고에 관계없이 대승은 항상 대승노릇을 제대로 하고 있기 때문에 우리는 어디로 물러서자니 물러 설 자리가 없는 것이다. 그래서 불퇴신이 가능한 것이다. 내가 노력해서 뭔가 달라지는 것도 대승이 대승노릇을 항상 잘하고 있기 때문에 가능한 것이다. 이것은 진정 기쁜 소식이 아닐 수 없으며 절로 환희심이 나는 대목이다. '대승기신'의 이러한 성격 때문에 이것이 믿어지지 않는 사람들이 열심히 이를 듣고 닦아 나가면 되겠다는 희망이 생기는 것이다.

또한 「논왈장」은 그 다음에 나오는 제2 입의분의 서곡 노릇을 하고 있다는 점에서 우리들의 특별한 주의를 끈다. 다시 말하지만 입의분의 주제는 '마하연'이며, 마하연은 다름 아닌 '중생심'이다. 그리고 이 중생심은 이 세상의 좋고 나쁜 모든 일을 다 한다고 입의분은 증언하고 있다. 한 마디로 말해, 이 세상의 어떤 일이고 이 중생심 밖의 일이 아니란 말이다. 그렇다면 기신도 중생심이 하는 일이 된다. 그리고 입의분의 마지막 증언은 모든 부처님과 중생심은 하나라는 것이다.[25] 이런 증언을 설명하기 위해서 마명은 이른바 체·상·용 삼대설을 끌어들인 것이다. 삼대설의 요지는 중생심에는 아무도 무시 못 할 세 가지의 커다란 특징이 있으니 첫째, 그 몸이 크고, 둘째, 그 공덕이 크고, 셋째, 그 능력이 크다는 것이다. 이것은 그대로 부처님 설명이다. 그러니 결론은 衆生心이야말로 모든 부처님이 본래 타고 계신 바라는 것이다. 부처님과 중생심을 하나로 보는 것이 입의분의 핵심이다. 우리는 이 사실을 어떻게 받아들일 수 있을까? 답변은 명백하다. 기신도 부처님

25) 一切諸佛 本所乘故 T. 1666, vol. 32, 575c.

이 하고 계신 것이다. 내가 기신하는 것이 아니고 이미 부처님이 기신
하고 계신 것이다. 우리는 우리가 노력해서 우리가 기신하는 것처럼
생각하는 좀도둑 근성을 버려야 한다. 입의분은 제3 해석분으로 이어
지는데 해석분의 메시지도 입의분의 근본 메시지에서 한 발짝도 밖으
로 나가지 않는다. 요지는 진여문과 생멸문을 둘로 나누지 말라는 말
이다. 둘이지만 둘이 아니라는 말이다. 말을 다른 말로 쓰는 이상 우리
에겐 양자가 이미 나누어져 있는 꼴이 된다. 그러므로 양자를 둘로 나
누지 말라는 말은 언어를 때리는 것이지, 진실을 때리는 것이 아니다.
언어 속에 진실을 가두지 말란 말이다.

7. 원효에는 능소가 없는가

불립문자를 내세운 선종의 승려들이 의외에도 책을 많이 저술한 이
유가 무엇인지를 모르는 사람들이 있다. 선승은 문자에 집착하고 문자
에 얽매이는 현상을 한탄했을 뿐, 문자 자체를 꾸짖지 않았다. 문자와
사람 사이의 전도된 모습을 한탄했을 뿐이다. 지금 우리가 당면한 문
제도 이와 비슷하다. 우리는 지금 능소에 얽매여 불경을 읽을 때의 오
류를 지적하고 있을 뿐, 능소 자체를 비판하진 않는다. 능소에 얽매이
지 않고 능소를 쓴다면 그것은 부처님의 능소다. 원효가 저술한 대승
기신론소의 도처에 우리는 능소를 본다.

원효가 그의 『대승기신론소』에서 책의 제목 풀이를 마치고 「귀경
송」을 해석하면서 내놓은 첫 마디가 '능소'였다.

馬鳴의 「귀경송」은 '歸命盡十方'이란 말로 시작하는데 '누가 귀명하
는가? 누구에게 귀명하는가?'라는 질문을 예상한 듯, 歸命은 能歸相이
요, 盡十方 아래는 所歸德이라고 말했다. 원효도 능소를 가지고 풀이

하고 있는 것이다. 그가 왜 이런 짓을 했을까? 주제가 귀명이기 때문이다. 귀명이란 말을 쓴 이상, 이것은 당연한 절차다. 중요한 것은 여기에서 일하는 능소가 집착과 구속의 능소는 아니라는 사실이다. 집착과 구속을 일삼는 능소의 주체는 '나'다. 그러한 '나'를 송두리째 죽여버리는 것이 "목숨바쳐 돌아가나이다"라는 '귀명' 두 글자의 뜻이다. 능소를 쓰되 능소에 묶이지 않고 있는 것이다.

우리는 여기서 '능소를 써도 좋을 때'와 '능소를 써서는 안 될 때'를 분명히 구별해 둘 필요가 있다. 가장 좋은 구별법은 능소가 '몸짓의 언어'인데 반하여 체용은 '몸의 언어'라는 차이를 바로 아는 일이다. 歸命(목숨 바쳐 귀의하나이다)은 수행자의 몸짓을 두고 하는 말이다. 그러니까 응당 "내가 나의 가장 소중한 목숨마저 내던져서……"라는 能 표현이 나올 수밖에 없고 能을 쓴 이상, 그 所 표현인 '진시방'으로 시작하는 삼보가 나올 수밖에 없다. 그러므로 마명의 「귀경송」을 원효가 능소로 푼 것은 잘 한 일이다. 그리고 원효가 마명의 '대승기신'을 능소로 풀지 않고 체용으로 푼 것도 또한 잘 한 일이다. 왜냐하면 그 자리는 체용이 들어올 자리이지 능소가 들어올 자리가 아니기 때문이다. '체용이 들어올 자리'와 '능소가 들어올 자리'를 어떻게 구별하는가? 다시 되풀이 하지만 결국은 이야기의 현장이 '몸짓'을 이야기하고 있는 자리인가 아니면 '몸'을 이야기하고 있는 자리인가를 가릴 줄 아는 길밖엔 없다. 신앙은 몸을 이야기하는 자리에서 나오는 말이며, 대승기신은 몸을 드러내려는 신앙적인 표현이다.

원효가 그의 『대승기신론소』의 벽두에 들고 나온 문제가 '몸의 문제'였다. 그의 첫 마디는 "乘之爲體也(대승의 몸됨)"[26]였다. 우리는 이 말을 어떻게 이해해야 옳은가? 해답은 그런 문제제기에 이어지는 그의

---

26) HPC 1-733a.

말투에서 찾을 수 있다. "사람들은 대승을 두고 공적이니 충현이니들 말하지만……"으로 시작하여 퍼붓는 猛攻, 猛打의 표적은 무엇인가? 한 마디로 대승을 '몸짓의 언어'로 풀려고 들지 말라는 것 아닌가? 그렇기 때문에 그의 중간 결론은 "不知何以言之 强號之謂大乘(어떻게 말해야 할지 모르겠다. 억지로 대승이라 했다)"였다. 그리고 그 다음 문절에서 離言絶慮의 문제를 들고 나오고 그 중간 결론은 "爲道者永息萬境 遂還一心之源(도를 닦는 사람들로 하여금 망상에서 비롯한 오만 경계로부터 영원히 해방되도록 하여 마침내 우리의 근원인 일심으로 돌아가게 하고자 한다)"였으며 마지막 결론은 유명한 開合의 논리로 一心과 萬義의 관계를 '圓融, 無碍, 自在'라고 선언하는 것이었다. 이런 구조가, 말하자면 원효의 종체장이 가지고 있는 기본 골격인데 여기의 그 어디에 몸짓 이야기가 나오는가? 그렇기에 원효는 스스로 이 글을 '宗體'라고 이름 붙인 것이다. 그렇다면 우리는 여기서 무엇을 배울 수 있는가? 오직 한 가지, '몸이 무엇인가'를 깨닫는 일이다. 몸 이야기의 핵심 문제는 다름 아닌 믿음의 문제다. 그리고 그런 믿음은 '몸짓 믿음'이 아니고 '몸 믿음'이다. 양자는 어떻게 다른가? 믿음을 말하면서 능소를 주무기로 사용하면 '몸짓 믿음'으로 전락하고, 체용으로 풀면 '몸 믿음'으로 나아간다.

8. 絶對肯定

'내가 대승에 대한 믿음을 일으킨다'는 능소적인 해석을 버리고 '대승이 기신한다'는 체용론적인 입장에 서서 보면 이 세상에 버릴 것이 하나도 없다. 善이든 惡이든 世間法이든 出世間法이든 그 어떤 것이든 모두가 '대승' 속에서 일어난 일이며 '대승'이 하는 일이다. 그러나 우리의 마음은 비좁아서 이 세상에 포용 못할 것이 너무 많다. 이것도 버려야 하고 저것도 버려야 하고 버려야 할 것이 너무나도 많은 것이다. 그러므로 이 세상에 버릴 것이 하나도 없다는 부처님의 경지는 버려야 할 것이 너무도 많은 이 '비좁은 마음'을 먼저 버린다는 것이 전제되어 있다. 여기가 바로 부정이 긍정으로 넘어가는 대목이다. 나를 버리는 부정이 바로 일체를 포용하는 긍정이란 말이다.

신앙이란 탁상공론이 아니고 지금 당장 여기에 이렇게 있는 나의 문제이기 때문에 『대승기신론』 제2 입의분에서 선언한 "所言法者 謂衆生心(법이란 중생심)"이란 말을 진정 내가 제대로 알아들었다면 현실적으로 나에게서 무슨 변화 즉 살아 움직이고 꿈틀거림이 생겨야 할 것이다. 한번 상상해 보자. 만일 이때, 이를 가르쳐준 스승이나 옆에서 함께 듣고 있었던 친구가 "알아들었어?"라고 물었을 때, "응, 알아들었어!"라고 답변하고 또 "그럼, 정말 믿는 거야?"라고 물으면 "응, 정말 믿어!"라고 답변한 경우를 한번 생각해 보자는 말이다. 이런 경험은 아마 진지한 『대승기신론』 독자라면 거의 누구나 한번쯤은 가졌으리라 믿는다. 바로 이때, '알아들었다' 또는 '믿는다'고 고백한 사람에게서 무슨 변화가 생겼느냔 말이다. 중대한 변화는 가끔 겉으로 나타나지 않고 저 깊은 속에서 아무도 모르게 조용히 일어나는 경우가 많기 때문에 그런 변화를 쉽게 감지할 수 없는 경우도 많지만 지금 우리들이 문제 삼고 있는 것은 '사실은 모르면서도 알았다고 착각'하는 경우이기 때문에 우리의 말이 많아지는 것이다. 하루가 지나고 이틀이 지나도, 아니 한 달이 지나고 일년이 지나도 아무런 변화가 없는 경우, 이런 기막힌 경우, '알아들었다'는 게 무슨 소용이 있으며 '믿는다'는 게 무슨 의미가 있느냐는 말이다. 아무 소용도 없고 아무 의미도 없는 그런 '알아들음'과 그런 '믿음'에 우리는 어떤 크레디트를 주어야 하는가? 아니 그래 놓고도 '알아들었다' 또는 '믿는다'고 말할 수 있을까?

그런 '믿음'을 마명이나 원효가 '믿음'이라고 인정해 줄 것 같은가? 『대승기신론』이나 『해동소』가 밝히고자 하는 믿음이 겨우 그 정도의 믿음일까? 이에 대한 답변은 단호하게 '아니다!'라고 말할 수밖에 없다. 그럼 무엇이 잘못되었는가? 적어도 한 가지가 빠진 것이다. 대승이란 능히 일체 세간과 출세간의 좋은 인과를 모두 창조하는 것인데[27] 어찌 하여 아무런 변화가 없단 말인가? 전류는 흐르고 있는데 작동 스위치를 누르지 않고 있는 것 같은 오류를 범하고 있는 것은 아닌가? 잘못된 믿음은 시동 스위치를 꺼버리는 것과 같다. 우리의 경우는 내가 믿음을 일으킨다고 생각하는 능소적인 믿음을 갖는 것이 바로 스위치를 꺼버리는 짓과 비슷하지 않을까? 내가 하는 것이 아니고 대승이 기신한다는 식으로 '나'를 빼버리면 시동이 걸릴 것이다. 부정이 곧 긍정이다. 여기서 기신론은 나를 부정할 줄 모르고 나를 부정할 능력이 없는 사람들을 위해서 제4 수행신심분과 제5 권수이익분을 추가하여 가지가지의 믿음을 모두 열거한다. 그러나 확실한 것은 어느 경우든 '나'를 철두철미 완전히 버릴 때 대승, 유법, 일체 중생심, 또는 일심으로 불리는 생명 자체가 항상 일을 하고 있음이 드러날 것이다. 생명 자체의 일함이 바로 부처님의 일함이다. 원효의 『대승기신론별기』는 제4 수행신심분과 제5 권수이익분을 다루지 않았다. 원효의 별기는 다음과 같은 말로 그 끝을 맺고 있다.

此後二分者 但可依文 深起信心 懃息妄想 不可執言 分別是非 以諍論故 今釋 煩不更消息也.
이 다음 수행신심분과 권수이익분에 대해서는 다만 본문 그대로 따라가면서 부지런히 망상을 쉬도록 할 것이다. 말에 집착하여 시비에 말려들지 말지니 그런 짓은 쟁론에 불과하기 때문이다. 이번 나의 주

석은 그런 것들이 번거러워 여기서 그치겠다.[28)]

그러나 원효는 별기 다음에 다시 『해동소』를 쓰면서 제4, 제5분에 대해서도 긴 주석을 달았다. 그러나 그 내용을 살펴보면 해동소의 글투를 따라 여러 말을 했을 뿐, 그 메시지는 앞의 제 1, 제2, 제3분의 그것과 조금도 다르지 않다.

9. 커다란 그림

원효의 『대승기신론소』의 핵심은 「宗體章」에 있다고 한다. 그러나 종체장은 믿음에 대해서 언급한 적이 없다. 그의 『대승기신론별기』의 「大意章」에서도 信이란 글자가 단 한 번도 나타나지 않는다. 마치 마명의 『대승기신론』의 근본 바탕이라고 말할 수 있는 입의분에서 信이란 글자가 단 한 번도 나타나지 않는 것과 분위기가 비슷하다. 이것은 무엇을 의미하는가? 화엄종에서 말하는 信·解·行·證의 수행 체계를 가지고 이야기하자면 마명이나 원효나 그 출발점이 證이기 때문이 아닐까? 증은 철두철미 不二의 경지다. '증의 경지'가 똑바로 드러나면 신과 해와 행은 그 속에 있는 것이다. "初發心時에 便成正覺"이란 말은 '증의 경지'를 전제하지 않고서는 말도 안 되는 소리다. '대승기신'이란 책의 제목과 '유법능기마하연신근'이란 「논왈장」의 메시지와 '유법자위일체중생심'이라는 입의분의 선언과 해석분의 첫 머리에 나오는 '일심—이문'의 법문이 모두 하나같이 부처님의 깨침을 이야기하고 있다. 다시 말하면 증의 경계란 말이다. 證이 드러나면 信과 解와 行은 저절로 그 속에 들어 있다. 그런데 왜 그것이 안 드러나는가? '나'라는

---

28) HPC 1-697c 13-15 참조.

것이 속에서 안 죽으려고 발버둥치고 있기 때문이다. 어떻게 이를 죽이나? 부처님의 깨침, 즉 證의 경지를 들이대는 수밖에 없다. 예불, 참회, 발원, 참선, 염불 등등 根機와 因緣을 따라 무엇을 하든 그 모든 것이 부처님의 깨침, 즉 證의 일함이어야 한다.

신앙의 체계라는 관점에서 볼 때 원효는 '커다란 그림'을 그리려고 애썼던 것 같다. 커다란 그림이란 작은 그림을 예상하고 하는 말이다. 작은 그림이란 아무리 잘 그려도 이리 막히고 저리 막혀서 결국엔 자기자신마저 비생명화 되어 버리는 그림이다. 비생명화는 신앙의 길이 아니다. 처음엔 말도 안 되는 것 같고 받아들이기 힘들어도 결국은 나를 해탈의 길로 이끌어 주고 나의 생명을 생명답게 해준다면 그런 것이 커다란 그림일 것이다. 현실적으로 우리들은 눈과 귀를 가지고 살기 때문에 보이고 들리는 것은 모두가 몸짓이다. 눈과 귀는 몸짓을 인식하는 기관이기 때문이다. 그러므로 만일 누가 몸짓을 무시한다면 그것은 종교는커녕 인간도 아니다. 그러나 몸짓을 보는 눈이나 귀는 다 똑같진 않다. 깨친 사람은 못 깨친 사람과 똑같이 몸짓을 보고 듣지만 '몸짓으로 몸짓을' 보지 않고 '몸으로 몸짓을' 보고 듣는다. "몸짓으로 몸짓을 본다"는 말은 자기의 잣대로 자기의 이익을 위해서 보고, 고약하게도 때로는 선입견으로 보고 오해하고, 망상심으로 보고 착각하고 왜곡하는 것인데 반하여, "몸으로 본다"는 말은 결국 대승의 눈, 부처님의 눈으로 본다는 말이기 때문에 전자의 병통을 극복하고 있다. 원효의 경우, 그는 체용으로 기신을 이야기하면서도 귀명을 소중히 여기고 삼보를 공경하는 모든 수행에 있을 자리를 주었다. 그래서 필자는 그의 그림을 '커다란 그림'이라고 말하는 것이다. 작은 그림은 몸짓만을 정확하게 그리려다 결국엔 다른 사람들이 그린 작은 그림과 충돌한다. 그럼에도 불구하고 자기의 덜된 그림을 완전한 그림으로 착각하여 오만에 빠지고 자기 것에 집착하여 적반하장으로 커다란 그림을 덜된 그림이라 욕한다. 이러한 그림은 비단 작은 그림일 뿐만 아니라 못 된 그림이다. 깨친 사람들이 異端邪說이라 규탄하는 그림들이 모두 이에 속한다.

『대승기신론』의 입의분에 나오는 체와 상과 용을 원효는 대승이라고 불리는 '몸'을 설명하는 名義라고 밝혔다. '명의'란 이름이요, 이름을 밝히는 뜻이라는 말이다. 다른 말로 말하면 달 자체는 아니고 달을 가리키는 손가락이란 말이다. 그런데 세상 사람들은 달을 보지 않고 달을 가리키는 손가락만 보고 손가락을 보는 것을 '믿음'이라고 부르고 있다. 우리는 불경을 대할 때 그 속에 있는 무수한 손가락(몸짓)에 현혹되지 말고 그러한 몸짓들이 가리키는 달(몸)을 바로 보는 공부를 해야할 것 같다.

필자는 처음 이 글을 시작하면서 '부정과 긍정', '죽음과 삶' 등 모순되어 보이는 것들이 함께 있는 자리가 신앙의 현장이라고 말했다. 이제 우리는 마지막으로 이 말을 다시 한 번 분명하게 정리해 둘 필요를 느낀다. 부정이든 죽음이든 그런 말을 쓰는 사람이 몸짓에 구속되어 '몸짓의 언어'밖에 구사할 줄 모르면 부정은 긍정이 아니고 죽음은 삶일 수 없다. 그러나 원효처럼 '죽어야 산다'는 신앙으로 밀고 나가면 죽음은 곧 삶이 된다. 다시 말하면 우리들이 몸짓의 속박에서 벗어나 '몸의 언어'를 구사할 줄 알게 되면 부정 그 자체가 곧 몸의 일함이기 때문에 부정은 부정만이 아니게 된다. 그러므로 부정과 긍정의 공존을 몸짓의 언어로 풀려는 것은 잘못이다. 만일 이를 몸짓의 언어로 풀면 부정과 긍정이란 두 놈이 따로 따로 존재하면서 으르렁거리고 맞서있는 것이 신앙의 현장인 것처럼 오해하는 사람이 생기게 될 것이다. 원효가 말했듯이 소승의 몸은 모두 다른 별개의 몸이지만 대승의 몸은 그렇지 않기 때문에 대승의 몸 속에서는 모든 몸짓이 함께 있는 것이다.[29] 몸짓의 몸짓은 모순의 공존이 불가능하지만 몸의 몸짓은 창조적인 空과 緣起의 모습으로 함께 있는 것이다. 몸의 몸짓이란 다름 아닌 몸의 일함이기 때문이다. 몸을 떠나서 몸짓을 그리려 하면 작은 그림이 되어 버리지만 몸 속에서 몸짓을 그리면 모든 작은 그림들이 각기 제 구실을 하게 된다. 작은 그림이란 '몸짓 그림'이요, 커다란 그림이란 '몸 그림'이다. 작은 그림이란 많은 경우에 덜된 그림이요 못된 그림이기 쉽다. 만일 작은 그림이 자기의 덜됨을 깨닫지 못하고 오만에 빠져 못된 그림으로 전락하는 경우, 커다란 그림은 불문곡직하고 여지없이 철퇴를 가하는 무서운 부정을 감행한다. 그러다가도 일단 커다란 그림과 한 몸이 되면 여러 가지 사정과 갖가지 인연 때문에 생겨난 상처를 어루만져주고 치유해준다. 이것이 커다란 그림의 제 모습이다. 원효의 신앙체계란 그의 커다란 그림을 통해서만 이해할 수 있을 것이다.

참고문헌

『한국불교전서』, 서울 : 동국대학교, 1979.

『대정신수대장경』, 동경 : 대정신수대장경 간행회, 1925.

『원효학연구 제2집 - 원효성사의 信觀연구 특집』, 경주 : 원효학연구원, 1997.

『혜능연구』, 동경 : 구택대학교 선종사연구회, 1978.

고영섭, 『원효 - 한국사상의 새벽』, 서울 : 한길사, 1997.

고영섭 편저, 『한국의 사상가 10인 - 원효』, 서울 : 예문서원, 2002.

고익진, 『한국고대불교사상사』, 서울 : 동국대학교 출판부, 1989.

김상현, 『원효연구』, 서울 : 민족사, 2000.

김영태, 「한국불교사」, 서울 : 경서원, 1997.

김탄허 현토역해, 『기신론』, 교림, 1985.

박태원, 『대승기신론 사상연구』, 서울 : 민족사, 1994.

윤원철 역, 『깨침과 깨달음』, 서울 : 예문서원, 2002.

은정희 역, 『원효의 대승기신론 소 별기』, 서울 : 일지사, 1991.

은정희 · 송진현 역주, 『원효의 금강삼매경론』, 서울 : 일지사, 2000.

이기영, 『원효사상 1 세계관』, 서울 : 홍법원, 1976.

---

29) HPC 1-740a.

이기영, 『원효사상연구 1』, 서울 : 한국불교연구원, 1994.

이기영, 『한국불교연구』, 서울 : 한국불교연구원, 1982.

이평래, 『신라불교여래장사상연구』, 서울 : 민족사, 1996.

전해주, 『화엄의 세계』, 서울 : 민족사, 1998.

Yoshito S. Hakeda, translated by, *The Awakening of Faith*, Columbia University Press, 1967.

Philip B. Yampolsky, translated by, *the platform sutra of the sixth patriarch*, Columbia University Press, 1967.

Sung Bae Park, *Buddhist Faith and Sudden Enlightenment*, SUNY Press, 1983.

(제2회 국제원효학회 학술회의, 2002년 11월 11~13일,

동국대학교 예술극장)

『대승기신론소기 회본』*

문제 1. 번역에 사용한 대본의 문제

원효는『대승기신론』에 대한 책을 많이 썼다고 한다.[1] 그 가운데 일부는 없어지고 지금 남아있는 것은『대승기신론 별기』2권과『기신론해동소』2권뿐이다. 이번 영역에 사용한 대본은 이상 두 권의 현존 저서를 마명의『대승기신론』과 합쳐 만든 소위『大乘起信論疏記 會本』6권이다.[2]

나는 번역의 대본 선택에 적지 않은 어려움을 겪었다. 제대로 하자

---

* 이 보고서는 번역자가 원효의『大乘起信論疏』를 英譯하면서 경험한 여러 가지 어려움을 문제제기의 형식으로 정리한 것이다.

1) 채인환 스님의『신라불교계율사상연구』(동경 : 國書刊行會, 1977)에 포함된「원효의 저서 일람표」(pp.278~284)에는 다음과 같은 기신론 관계 책들이 보인다.

1. 一道章, 2. 기신론 일도장, 3. 대승관행(이상의 세 글은『義天錄』과『奈良錄』에 보이는데 모두 同本異名이 아닌지 모르겠다고 저자 채인환 스님은 밝혔다. 만일 인환 스님의 추측이 옳다면, 이들 세 가지의 글은 모두 기신론 관계의 글로 생각할 수도 있을 것이다.)

4. 기신론소(현존,『한국불교전서』제1책, pp.698~732), 5. 기신론 종요, 6. 기신론 대기, 7. 기신론 별기(현존,『한국불교전서』제1책, pp.677~697), 8. 기신론 요간(이상 다섯 글은 모두『義天錄』에 보인다. 그렇다면 원효는 모두 8종의 기신론 관계 저술을 남겼는데 현재는 오직 두 가지만 남아 있는 셈이다.)

2)『한국불교전서』제1책, 서울 : 동국대학교, 1979, pp.733~789에 들어 있다.

면『별기』와『해동소』를 따로따로 번역했어야 했다. 엄밀한 의미에서
『회본』은 원효의 저술이 아니다.3) 그럼에도 한국에서는 현재 이 회본
이 원효의『대승기신론』관계 저술 전부를 대표하는 책으로 알려져 있
다. 그러나 이러한 생각에는 문제가 있는 것 같다. 이제 그 점을 밝혀
보고자 한다. 우선 會本이 많은 장점을 가지고 있는 것은 사실이다.

원효가 경론을 주석하는 글투에는 몇 가지 특징이 있다. 첫째는 자
기가 이해한 책의 대의나 종체를 문제 삼는다. 그 다음엔 책의 제목 풀
이 등등의 일을 치른다. 그리고 나서 마지막으로 본문의 주석에 들어
간다. 원효의 주석 작업은 항상 주석하는 책의 원문을 먼저 인용하고
나서 자기의 주석을 다는 형식으로 진행된다. 따라서 마명의 해당 원
문을 먼저 원효의 주석 앞에 갖다 놓는 일은 독자에겐 필수적인 작업
이다.『회본』은 바로 이런 작업을 잘 해놓았다. 이래서『회본』은 독자
들이 원효의『기신론소』를 읽고 공부하기에 아주 편리하게 되어 있다.

그 다음에 원효가 처음에 쓴『대승기신론 별기』와 뒤에 쓴『기신론
해동소』사이에는 공통되는 것들이 많기 때문에 중복을 피하기 위해서
『회본』의 편자는 양자 간 공통되는 부분에 관한 한,『해동소』의 글만
놓아두고『별기』의 글은 모두 다 빼버렸다. 그리고『별기』중에서 해
동소와 다른 부분만을 해당 부분에 넣어 두었다. 마치 양자 간의 차이
에 대한 주를 보는 기분이다. 이렇게 함으로써『회본』은 간편하면서도
『별기』와『해동소』를 다 본다는 일석이조의 장점을 가지고 있는 듯이
보인다.

이리하여 회본은 지금 원효의 기신론 사상 연구에 필수불가결한 요

---

3)『대승기신론소기 회본』을 누가 언제 만들었는지 정확히 모른다. 다만 19~20
세기 전후의 작품으로 알려져 있을 뿐 아직 확실한 고증은 없다. 경남 합천
가야산 해인사의 장경각에는 해인사 팔만대장경의 판본과 함께 소위 寺刊本
이라는 이름의 판본이 따로 보관되어 있는데 이 회본은 이 사간본 속에 포함
되어 있다.

지부동의 권위를 확보하기에 이르렀다. 그래서 나도 이번에 『회본』을 대본으로 택한 것이다.

그러나 별기와 해동소를 조심스럽게 대조해 보면 양자 간의 뚜렷한 차이를 간과할 수 없다. 여러 가지 사소한 차이는 접어두고 먼저 결론부터 말하자면, 『별기』는 다분히 철학적 이론전개에 주력하고 있는 듯한 분위기가 있는 반면, 『해동소』는 오히려 종교적인 信行에 관심이 더 많은 듯이 보인다. 우선 양자의 벽두에 나오는 『별기』의 「대의장」과 『해동소』의 「종체장」만 비교해 보아도 이 점은 뚜렷하다. 원효가 『해동소』의 「종체장」을 쓸 때 『별기』에 있는 두 문장을 빼버렸다. 빠진 부분을 아래에 다시 적어본다.

<빠진 부분 1>
원효의 원문

기체야	其體也
광혜 기약대허이무사언	曠兮 其若大虛而無私焉
탕혜 기약거해이유지공언	蕩兮 其若巨海而有至公焉
유지공고 동정수성	有至公故 動靜隨成
무기사고 염정사융	無其私故 染淨斯融
염정융고 진속평등	染淨融故 眞俗平等
동정성고 승강참차	動靜成故 昇降參差
승강차고 감응로통	昇降差故 感應路通
진속등고 사의로절	眞俗等故 思議路絶
사의절고 체지자승영향이무방	思議絶故 體之者乘影響而無方
감응통고 기지자초명상이유귀	感應通故 祈之者超名相而有歸
소승영향 비형비설	所乘影響 非形非說
기초명상 하초하귀	旣超名相 何超何歸
시위무리지지리	是謂無理之至理

불연지대연   不然之大然[4]

  한국어 번역
그 몸으로 말할 것 같으면
텅텅 비어 마치 커다란 허공처럼 아무런 사사로움이 없고
또한 탕탕하여 마치 거대한 바닷물처럼 지극히 공정하구나
지극히 공정하기 때문에 움직임과 고요함이 따라 이루어지고
아무런 사사로움도 없기 때문에
더러움과 조촐함이 다 녹아 없어져 버리고
더러움과 조촐함이 녹아 없어졌기 때문에
참됨과 속됨이 똑 같고
움직임과 고요함이 따라 이루어졌기 때문에
올라감과 내려감이 서로 다르고
올라감과 내려감이 서로 다르기 때문에
감응의 길이 열리고
참됨과 속됨이 평등하기 때문에
생각의 길이 끊어졌다.
생각의 길이 끊어졌기에
이를 체득한 사람은 그림자나 메아리처럼 어디든지 다 가고
감응의 길이 열렸기 때문에
기도하는 사람은 이름과 모양을 뛰어 넘어 돌아가는 데가 있다.
타고 있는 그림자나 메아리는
모양이 있는 것도 아니요 말로 된 설명도 아니다.
이미 이름과 모양을 넘어섰으니
무엇을 초월하고 어디로 돌아가랴.
이를 일러 이치 없는 지극한 이치라 하고

---

4) 원효, 『대승기신론별기』, 「대의장」/『한국불교전서』 제1책, p.677, 하단 제12행
  부터 p.678, 상단 제2행까지의 열 줄 문장.

그러하지 않으면서 크게 그러한 것이라 하는 것이다.

영어 번역

How vast is the body of Mahayana! Like space it hides nothing. How empty is the essence of Mahayana! Like a great ocean, it is universally impartial. Because of its universal impartiality, movement and stillness take their turns.[5]

Because it hides nothing, impurity and purity are melded. Because impurity and purity are melded, the absolute and the conventional are made equal. Because movement and stillness take their turns, [the directions of] rising and falling are differentiated. Because [the directions of] rising and falling are differentiated, the path of prayer and response is unobstructed. Because the

---

5) In this portion of the *Special Notes*(別記) Wonhyo uses the *sй(u)ngchepop*(陞遞法) literary device which was popular in his time. *Sйngchepop* is a kind of rhyme pattern, where initial and final phrases of sentences rather than vowel sounds are repeated according to a specific pattern. The pattern of *sйngchepop* displayed in this section, then, is : AB, BC, AD, DE, CF, FG, EH, HI. It can be seen in practice as follows :

How vast is the body of Mahayana! Like space it hides nothing. (A) How empty is the body of Mahayana! Like a great ocean it is universally impartial. (B)
Because of its universal impartiality, (B) movement and stillness take their turns. (C)

Because it hides nothing, (A) impurity and purity are melded. (D)
Because impurity and purity are melded, (D) the absolute and conventional are made equal. (E)

Because movement and stillness take their turns, (C) the directions of rising and falling are differentiated. (F)
Because the directions of rising and falling are differentiated (F)
The path of prayer and response are unobstructed. (G)

Because the absolute and conventional are made equal (E) The path of thinking is cut off. (H)
Because thinking is cut off (H) The one who embodies Mahayana rides, without hindrance, upon shadows and echoes. (I)

absolute and the conventional are made equal, the path of thinking is cut off. Because thinking is cut off, the one who embodies rides, without hindrance, upon shadows and echoes. Because the path of prayer and response is unobstructed, the one who prays transcends name and form and makes his return.

As for the shadows and echoes ridden upon, they are formless and indescribable.

And when name and form have already been transcended, what then does one transcend and where does one return to?

This is called the supreme principle, though it does not seem to be a principle, the great suchness, though it does not seem to be suchness.

해설

과연 명문이다. 이 글을 두고 많은 사람들이 많은 글을 썼다. 그러나 나는 요즘 이 글을 읽을수록 '너무 재주를 부렸다'는 느낌을 지울 수 없다. 이 글을 통해서 밝혀진 것이 무엇일까? 처음에 나오는 허공과 바닷물의 비유나 마지막의 '無理之至理'나 '不然之大然'을 빼놓으면 승체법으로 이어지는 아름다운 말장난처럼 느껴진다. 허공과 거해의 비유를 통해 마침내 '무리지지리'와 '불연지대연'으로 맺어지는 과정에서 못 견디는 産苦가 느껴지지 않는다는 말이다. 나중에 해동소를 쓰면서 이 대목을 빼버린 원효의 뜻을 읽을 수 있을 것 같다.

<빠진 부분 2>
원효의 원문

기위론야 무소불립 무소불파	其爲論也 無所不立 無所不破
여중관론 십이문론등	如中觀論 十二門論等
변파제집 역파어파	遍破諸執 亦破於破

| 이불환허 능파소파 | 而不還許 能破所破 |
| 시위 왕이불변론야 | 是謂 往而不遍論也 |

기유가론 섭대승등	其瑜伽論 攝大乘等等
통립심천 판어법문	通立深淺 判於法門
이불융견 자소립법	而不融遣 自所立法
시위여이 불탈론야	是謂與而 不奪論也

금차론자	今此論者
기지기인 역현역박	旣智旣仁 亦玄亦博
무불립이자견	無不立而自遣
무불파이환허	無不破而還許
이환허자 현피왕자 왕극이변립	而還許者 顯彼往者往極而遍立
이자견자 명차여자 궁여이탈	而自遣者 明此與者 窮與而奪
시위제론지조종	是謂諸論之祖宗
군쟁지평주야	群諍之評主也[6]

한국어 번역
(대승기신)론의 논됨은
긍정하지 아니함이 없고
부정하지 아니함이 없다.

저 중관론이나 십이문론 등은 두루 두루 여러 집착을 부수고
또한 부숨마저 부숴 버림에도 불구하고
오히려 부수는 주체와 부서지는 대상의 구별을 인정하고 만다.
이래서 이들은 부정하기만을 일삼는 완전치 못한 논이라 한다.

---

6) 원효, 『대승기신론별기』, 대의장/ 한국불교전서 제1책 678쪽 상단 제10행부터
   제19행까지의 열 줄 문장.

이제 이 (대승기신)론은
지혜롭기도 하고 인자롭기도 하며
깊기도 하고 넓기도 하여
긍정하지 않는 바가 없으면서도 스스로 부정해버리고
부정하지 않는 바가 없으면서도 오히려 긍정해버린다.
여기서 오히려 긍정한다 함은
저 부정자가 부정의 극치에서 완전히 긍정함을 나타내고
이 긍정자가 긍정의 극치에서 오히려 부정함을 밝힌다.
이래서 이 (대승기신)론은 모든 논서들의 할아버지요
여러 쟁론들을 화해시키는 평주라고 말하는 것이다.

영어 번역

The way this treatise is, there is nothing that is not affirmed and nothing that is not refuted.

Treatises such as the Madhyamaka-sastra, and the Dv_da_anik_ya-sastra, refute all attachments, then go on to refute the refutation. They do not, however, return to affirm [once again] the refuter and the refuted. Therefore, they are called the treatises that refute but remain incomplete. On the other hand, treatises such as the Yogacarabhumi-sastra, and the Mahayanasamgraha-sastra penetratingly establish the profound and the shallow and, having done so, set out their dharma teachings. They do not, however, reject the theories they themselves have affirmed. Therefore, they are called the treatises that affirm, but fail to negate.

This treatise contains not only wisdom, but also benevolence. Its doctrine is both mysterious and comprehensive. Though there is nothing that it does not affirm, ultimately it rejects everything. Though there is nothing that it does not refute, still it returns to affirm. The phrase, still it returns to affirm,[7]

---

7) Here Wonhyo provides another display of the *sŭngchepop* style of literary composition :

reveals that refutation, carried to its extreme, universally affirms all. The phrase, ultimately it rejects everything, illustrates that affirmation, carried to its extreme, negates everything. This is why the doctrine of the treatise is called the archetypal treatise for all treatises. This is also why its author is called the chief arbitrator of all controversies.

해설

이 문장 역시 많은 학자들이 애용하는 유명한 문장이다. 그러나 문제는 원효가 왜 이 글을 빼버렸는가를 밝히는 일이다. 너무 철학적이고 이론적이어서 자기가 지금 힘주어 밝히려는 종교적 신행 위주의 종체장에는 적합하지 않다고 생각했기 때문이 아닐까? 여기서 "너무 이론적"이라고 말함은 앞에 인용한 <빠진 부분 1>에서 지적한 것처럼 운치있고 아름다운 문장으로서는 더 할 나위 없이 훌륭하다 하겠으나, 부정이 긍정으로 넘어가고 긍정이 부정으로 넘어가는 과정에 아무런 産苦가 느껴지지 않는다는 말이다. 그런 점에서 볼 때 이 문장 역시 말재주가 앞선다는 느낌을 지워버릴 수 없다.

이에 비하면 『별기』에 없었던 것을 원효가 뒤에 『해동소』를 지을 때에 추가해 넣은 부분은 그 성격이 숨이 막힐 정도로 묵직하기만 하다.

Though there is nothing that it does not affirm,
Ultimately it rejects everything.
Though there is nothing that it does not refute,
still it returns to affirm.

The phrase, still it returns to affirm,
Reveals that refutation, carried to its extreme,
universally affirms all.
The phrase, ultimately it rejects everything,
Illustrates that affirmation, carried to its extreme,
negates everything.

아래에 추가한 부분을 적어 본다.

    <추가한 부분>
    원효의 원문
차론지의 기기여시   此論之意 旣其如是
개(즉)무량무변지의위종   開(則)無量無邊之義爲宗
합즉이문일심지법위요   合則二門一心之法爲要
이문지내 용만의이불란   二門之內 容萬義而不亂
무변지의 동일심이혼융   無邊之義 同一心而混融
시이 개합자재 입파무애   是以 開合自在 立破無礙
개이불번 합이불협   開而不繁 合而不狹
입이무득 파이무실   立而無得 破而無失
시위 마명지묘술 기신지종체야 是爲馬鳴之妙術 起信之宗禮也[8]

    한국어 번역
이 (대승기신)론의 메시지가 이미 이와 같을진댄
열면 한량없고 가없는 뜻이 그 宗이 되고
합하면 두 가지의 문과 한 마음의 법이 그 要가 된다.
두 가지 문안에 만가지 뜻을 다 포용하고도 조금도 혼란스러운 것이
    없고
가없는 뜻은 한 마음과 함께 다 녹아 버린다.
따라서
열림과 합침이 자유자재하고
긍정과 부정이 원융무애 하게 된다.
열어도 번거롭지 않고
합쳐도 비좁지 않으며

---

8) 원효, 『기신론 해동소』, 「종체장」/『한국불교전서』 제1책, p.698, 하단, 제7행부터 제12행까지의 여섯 줄 문장.

긍정한다 해도 얻은 것 하나 없고
부정한다 해도 잃은 것 하나 없네.
이런 점이 마명의 묘술이고 이 책의 종체이다.

영어 번역

This is the purpose of the treatise and when it is unfolded, it takes on immeasurable and limitless meanings. Accordingly, when it is sealed, the dharma of the two aspects of one mind comprises its essence.

The two aspects contain, without confusion, limitless meanings, which are identical with one mind, completely melded, as it were, with it. Thus, the doctrine unfolds and seals freely. It proves and refutes without restriction. Unfolding without complicating ; sealing without narrowing ; proving without gaining ; refuting without losing this is Asvaghoṣa's wonderful discursive skill and the complete essence of the *Awakening of Mahayana Faith*.

해설

이 추가된 문장에는 말재주 장난기가 하나도 없다. 왜냐하면 이 문장은 「종체장」의 핵심이며 『기신론 해동소』 전편에 일관하는 기본 정신이기 때문이다.

이 밖에도 "不知何以言之 强號之謂大乘"이라는 문장에 이어지는 대목에서도 『별기』와 『해동소』는 두드러진 차이를 나타낸다. 『별기』나 『해동소』는 똑같이 유마힐 거사와 목격장부를 가장 이상적인 인물로 내세우지만 이들 두 거물의 경지를 표현하는 말에 있어서는 현격한 차이를 드러낸다. 즉, 『해동소』는 여기서 離言과 絶慮의 문제를 들고 나오는 데 반하여, 『별기』는 無乘에서 大乘을 논하고 無信에서 深信을 일으킨다는 종래의 말투를 쓰고 있다. 그러면 다음에 두 문장을 비교해 보자.

원효의 원문

『별기』: 自非 杜口開士 目擊丈夫 誰能論大乘於無乘 起深信於無信者哉9)

『해동소』: 自非 杜口大士 目擊丈夫 誰能論大乘於離言 起深信於絶慮者哉10)

한국어 번역

『별기』: 자기자신이 유마힐 거사나 목격장부(공자와 노자) 정도의 인물이 아니고서는 누가 능히 대승을 무승에서 논할 수 있으며 깊은 믿음을 믿음 없음에서 일으킬 수 있을까.

『해동소』: 자기자신이 유마힐 거사나 목격장부가 아니고서 누가 능히 대승을 말을 떠나 논할 수 있으며 심신을 생각 끊김에서 일으킬 수 있을까.

영어 번역

Special Notes :

Who can discuss the Great Vehicle at no vehicle and awaken deep faith at no faith, except for people like The Great Gentleman Who kept his Mouth Shut, and the One Galnce Hero?

Commentary :

Who can discuss Mahayana or awaken deep faith, except for people like The Great Gentleman Who Kept his Mouth Shut, and the One Glance Hero, who have passed beyond language and cut off thought?

해설

---

9) 원효, 『대승기신론별기』, 「대의장」/ 『한국불교전서』 제1책. p.678, 상단 3~4행.

10) 원효, 『기신론소』, 「종체장」/ 『한국불교전서』 제1책, p.698, 중단, 13~14행.

 여기서 문제는 원효가 '離言絶慮'라는 말을 끌어들였다는 사실이다. 이것은 오늘날도 선승들이 즐겨 쓰는 말이다. 번역자는 여기서 원효의 선적인 세계를 본다. 물론 선종은 원효가 세상을 떠난 훨씬 후에 신라에 들어왔지만 우리는 이렇게 말할 수 있을 것이다. 선은 원래 사람 속에 있는 것이기 때문에 석가가 만든 것도 아니고 달마가 가지고 온 것도 아니다. 사람이면 누구나 다 본래부터 가지고 있는 것이다. 원효는 원래 선적인 세계를 가지고 있는 사람이었던 같다. 그러니까 원효가 한 말과 뒤에 들어온 선사들의 말이 계합하는 것이다.

 아무튼 『별기』와 『해동소』는 서로서로 이처럼 다르다. 이러한 차이는 원효의 사상이 처음엔 좀 이론적이었던 것이 나중엔 점점 더 종교적인 방향으로 발전해 나아간 것으로 볼 수도 있을 것이다. 그러나 『회본』만을 읽을 때 우리는 원효의 이러한 사상적인 발전을 읽을 수가 없게 된다.

소결론

 다시 우리가 최초에 제기한 문제 즉 우리가 대본으로 채택한 『대승기신론소기 회본』에 대한 평가의 문제로 돌아가자. 『회본』은 누가 편찬했는지 모르지만 수고를 많이 한 흔적이 뚜렷하고 그 후에 원효의 기신론 사상 보급에 커다란 공헌을 한 것도 사실이다. 다시 말하면 『회본』은 대중 보급용 또는 학부 학생들을 위한 교재용으로 볼 때 아주 잘 만들어진 책임에 틀림없다. 그러나 전문 학자들이 전적으로 이 『회본』에만 의존할 때 커다란 학적 과오를 범할 수 있다. 『회본』에서는 원효가 처음에 쓴 『별기』와 뒤에 쓴 『해동소』 사이에 겪은 뼈아픈 사상 발전의 자취들이 모두 없어져 버리고 말았기 때문이다. 그러므로 앞으로의 진지한 원효 학자들은 모름지기 회본 편찬자의 의식에서 벗어나 『별기』를 읽을 때는 『별기』에만 몰두하고 『해동소』를 읽을 때는 『해동

소』에만 몰두함으로써 원효가 겪은 고통을 함께 나눈 다음, 마지막에
회본으로 들어가는 것이 공부의 순서로 볼 때 좋을 것 같다.

문제 2. '대승기신'의 의미

이제까지의 거의 모든 번역들이 책의 제목 풀이에서 '대승기신'을
능소의 틀로 해석했다. 이것은 법장이 그의 의기에서 대승은 소신이요
기신은 능신이라고 못박은 뒤[11]부터 생긴 풍조이다. 법장을 따를 경우,
그 번역은 응당 "내가 대승에 대해서 믿음을 일으킨다"로 낙착될 수밖
에 없다. 그러나 원효는 법장과는 달리 대승기신을 체용의 틀로 풀었
다. 대승이 체요, 기신이 용이라는 것이다. 그럴 경우, 그 번역은 "대승
이 기신한다"로 된다. 그러면 사람들은 물을 것이다. "대승이 기신한다
니?" "대승이 어떻게 기신하나?" 등등의 의문이 쏟아져 나올 것이 뻔하
다. 이러한 질문들에 대한 해답의 첫째는 '내가 기신하는 경우'와 '대
승이 기신하는 경우'를 가상적으로 상상하면서 양자를 비교해보라는
것이다.

내가 기신하는 경우는 비교적 상상하기 쉬울 것이다. 五戒를 받고
三寶에 귀의하며 佛菩薩처럼 커다란 誓願을 세워 同體大悲의 삶으로
朝夕禮佛과 四分精勤을 부지런히 하면 우리는 이를 '내가 기신한 경
우'로 간주할 수 있을 것이다. 그러나 '대승이 기신하는 경우'는 우선
상상하기조차 힘들 것이다. 그래도 가능한 것은 大乘은 衆生心이고 一
心이라 했으니 "일심이 기신한다"고 말을 바꾸어 생각하는 것이다. 일
심은 모든 것이 그 속에서 일어나며 그 체도 크고 그 상도 크고 그 용
도 크고 부처님도 본래 거기에 계신다 했으니 일심이 하는 기신은 우

---

11) 법장, 『대승기신론의기』/ T.1846, vol.44, 245b, lines 15~18 참조.

리가 하는 기신과는 다를 것이다. 무엇이 어떻게 다를까? 우리의 기신
은 아무래도 좀 인위적인 노력이 주가 되는 것, 즉 '억지로' 하는 것이
지만 대승은 아무런 억지 없이 '저절로' 하는 것일 것이다. 다시 말하
면 우리의 경우는 실천자 개인이 노력하는 힘으로 어떤 행위를 하는
것이지만, 대승의 경우는 모든 것이 대승이 하는 일이 되기 때문에 나
개인의 노력 여부를 가지고 따질 일이 아니라고 말해야 옳을 것이다.

그러므로 가장 근사한 말은 대승이 기신한다는 말은 대승이 대승노
릇 한다고 이해하는 것이 좋을 것 같다. 기신을 타동사와 목적어로 보
지 말고 하나의 자동사로 보자는 것이다. 어느 개체가 '나는 개체다'라
는 뚜렷한 개체 의식을 가지고 모든 것이 연기적으로 엉클어져 있는
'空卽是色'적인 일체자를 상상하기란 쉬운 일이 아니다. 우리의 언어활
동에서 어떤 動詞의 주어가 '나'인 경우하고 일체자인 하나님이나 부
처님인 경우하고를 비교하면서 생각해 보면 말로는 똑같은 동사를 쓴
다고 할지라도 그 내용은 판이할 것이다. 가령 '사랑한다'는 동사의 주
어가 '나'인 경우하고 '일체자'인 경우는 그 내용이 엄청 다를 것이다
그러므로 나는 '대승기신'이라고 말할 때의 기신은 그 의미 내용이 상
상을 초월할 정도로 달라질 거라고 생각한다.

"일체자가 일체자 노릇 한다", "부처님이 부처님 노릇 한다", "하나
님이 하나님 노릇 한다", "사람이 사람 노릇 한다", "자연이 자연 노릇
한다", "우주가 우주 노릇 한다", "천지가 천지 노릇 한다", "지구가 지
구 노릇 한다", "엄마가 엄마 노릇 한다" 등등 끝없이 '억지로'가 아니
고 '저절로' 되는 경우의 동사가 가지고 있는 가지가지 모습을 다 상상
해본다.

원효가 "대승은 체요, 기신은 용"이라고 말할 때 원효의 참뜻은 무
엇이었을까? 억지 동작이 아닌 저절로 되는 동작으로서의 기신을 원효
는 생각했으리라고 짐작해 본다. 그래서 법장과는 달리 능소의 틀이

아닌 체용의 틀로 책의 제목 풀이를 마무리 지은 것이라고 짐작해 본다. 대승이 체용적으로 기신하니까 나도 체용적으로 기신할 수 있는 것이다. 대승이 곧 중생심이고 일심인 차원에서는 내가 곧 대승이고, 내가 곧 중생심이고, 내가 곧 일심이고, 내가 곧 부처님이니 대승이 기신하는 것이 곧 내가 기신하는 것이 될 수 있을 것이다.

여기서 우리의 사색을 가로막는 장애물은 "나는 어디까지나 나지, 내가 곧 대승은 아니지 않는가"라는 생각이다. 그러나 우리가 이러한 생각을 가지고 있는 한, 대승기신에 대한 능소적인 해석도 있을 자리가 없어지고 만다. 다시 말하면 기신한다면서 죽을 때까지 '억지 춘향 노릇'만 했지, 대승기신론이 '是故應說' 운운하면서 밝히고자하는 '저절로'는 그림의 떡에 불과한 것이다. 우리들이 밤낮 '믿는다'고 신앙고백을 해놓고서 하는 짓마다 믿지 않는 사람들과 똑같은 짓을 되풀이하는 처절하고 절박한 상황에 처해 있으면서 그래도 자포자기하지 않고 꾸준히 신앙생활을 계속할 수 있는 것은 대승이 스스로 기신하는 진리가 내 속과 내 밖이라는 차이 없이 항상 일체처에서 태양처럼 빛나고 있기 때문이 아닐까.

대승이 대승 노릇 하는 것이 대승기신의 뜻이다. 우리들이 항상 생각하기를, 우리들은 어리석고 죄 많은 중생이니까 우리는 대승이 아닐 것이라고 한다. 따라서 대승은 대상화되고 또한 그것은 所信으로 멀리 떨어져 있게 되고 만다. 그리고 그러한 대승에 대해서 믿음을 일으키는 것이 신앙의 길인 것처럼 생각한다. 그러나 대승기신론은 철두철미 우리들이 바로 대승이라는 입장에 서 있다. 그러므로 원효의 체용론적인 해석이 책의 근본적인 메시지에 더 가깝다고 말할 수 있을 것이다. 원효의 제목 풀이를 뒷받침해 주는 증거는 얼마든지 있다. 첫 번째 증거는 「논왈장」이다.

<논왈장의 해석>

마명의 원문

論曰 有法能起摩訶衍信根 是故應說[12]

한국어 번역

논한다. 유법이 능히 마하연의 신근을 일으킨다. 그러므로 나는 설해야
겠다.

영어 번역

I declare that the dharmin can arouse the root of Mahâyâna faith. Therefore,
I must explain it.

해설

대승이 기신의 주어인 것처럼 여기서는 '유법'이 "능기마하연신근"
의 주어다. 여기서 유법은 대승의 다른 이름일 뿐이다. 그러므로 「논왈
장」의 메시지는 대승이 대승의 신근을 일으킨다는 좋은 소식을 알리자
는 것이다. 그래서 '是故應說', 즉 "꼭 말해야겠다."고 덧붙인 것이다.
『대승기신론』의 저자가 이 논을 지으면서 먼저 "유법능기마하연신근"
이란 말이 떠올랐고, 그것에 근거해서 '대승기신'이란 책의 제목을 뽑
았을 것이라는 생각이 든다.

두 번째 증거는 제2 입의분에서 찾을 수 있다.

우리는 여기에 입의분의 전문을 인용할 필요는 없다. 다만 입의분의
메시지는 '마하연이 무엇인가'를 밝히는 데 있다는 것만 주의하면 된
다. 그리고 우리는 실차난타의 신역『대승기신론』[13]이 마하연의 체를

---

12) 원효,『기신론소』,「논왈장」/『한국불교전서』제1책, p.737, 상단, 19행.
13) T.1667, vol.32, pp.583~591.

'有法(dharmin)'이라고 말했다는 사실에 특별한 주의를 기울일 필요가 있다.14) 이 사실은 우리들로 하여금 「논왈장」의 '유법'과 「입의분」의 '유법'이 같은 것임을 상기시켜 주기 때문이다.15)

그럼 본론으로 돌아가서, 대승기신론의 입의분은 과연 '마하연을 무엇이라고' 말했는지 한번 따져보자. 한 마디로 말해 그것은 衆生心밖에 딴 것이 아니라고 마명은 잘라서 말하고 있다. 그리고 중생심을 말로 설명16)하자면 거기엔 세 가지의 커다란 특징이 있다고 덧붙였다. 체대, 상대, 용대 이른바 三大說이다.17) 입의분의 이러한 노력을 통해서 우리들은 이 세상의 어떠한 일도 마하연 즉 중생심 밖의 일이 아님을 알게 된다. 부처님은 일체자인데 그러한 부처님이 본래 타고 계신 바라고 말했으니 할 말은 다 한 셈이다. 그리고 그 다음에 이어서 말하

---

14) See T.1667, vol.32, p.584b, line23.

15) 원효도 "有法"이란 말을 하나의 전문 용어로 다루고 있다. 그는 실차난타의 신역 『대승기신론』을 보지 못했음에도(한 사람임에도) 불구하고 "유법"이 곧 "대승"이고 "중생심"이고 "일심"이라는 점에 대해서는 뚜렷한 인식을 가지고 있었던 것 같다. HPC 1-737a, line20 참조.

16) 여기서 '說明'이란 단어에 특별한 주의를 기울여야 한다. 6세기 진제 삼장의 한문 역어인 '義'를 오늘날 우리들의 말로 바꾸자면 '說明'이다.

17) 기신론의 三大說을 오해하여 이것이 마치 종래의 體用 二大說을 대치한 것으로 보는 사람들이 가끔 있다. 그러나 기신론에서 체용이 하는 일과 체상용이 하는 일은 근본적으로 다르다. 체용은 생명 실상의 구조를 불이론적으로 밝혀 보려는 동양 고유의 도전적인 논리 형식이다. 그래서 입의분에 나타난 체용관계를 해석분에서는 양자가 不相離라고 못 박았다. 그러나 체상용 삼대는 체용의 체를 用 하나만 잘 드러나지 않는다고 생각했는지 이 用을 확대하여 체상용의 셋으로 설명하는 하나의 설명 형식이다. 다시 말하면 체상용은 입의분에서 용의 확대 설명에 지나지 않는다는 말이다. 그러므로 '체용 논리'의 '체'와 '체상용 삼대설'의 '체'는 글자는 같아도 그 내용은 같지 않다고 말해야 할 것이다. 여기서 혹자는 진여문과 생멸문의 불상리를 어찌 체용의 불상리로 바꿨느냐고 항의할지 모른다. 그러나 본문을 조심스럽게 읽어보면 그 말이 그 말임을 곧 알게 될 것이다.

기를 일체 보살들도 똑같이 이 법을 타고 여래지에 도달한다고 했다.
일체 제불이 본래 타고 있는 바이고 일체 보살이 이 법을 탄다니 이게
무슨 말인가? 부처님이 부처님 노릇 하는 것도, 보살이 보살 노릇 하는
것도 모두가 다 마하연을 바탕으로 가능한 것이다. 따라서 지금 우리
가 문제삼고 있는 기신도 대승이 하는 일이 아니고 무엇이겠는가. 그
래서 나는 입의분도 똑같이 '대승이 기신한다'는 메시지를 전해 주고
있다고 생각하게 되었다.

세 번째 증거는 제3 해석분에서도 찾을 수 있다.

해석분 가운데 첫째인 顯示正義의 첫 문장은 다음과 같다.

　　마명의 원문

　현시정의자　　　　　顯示正義者
　의일심법 유이종문　　依一心法 有二種門
　운하위이　　　　　　云何爲二
　일자 심진여문　　　　一者 心眞如門
　이자 심생멸문　　　　二者 心生滅門
　시이종문　　　　　　是二種門
　개각총섭 일체법　　　皆各總攝 一切法
　차의운하　　　　　　此義云何
　이시이문 불상리고　　以是二門 不相離故

　　한국어 번역

(입의분의) 올바른 뜻을 드러냄
일심법을 바탕으로 해서 두 가지 문이 있다.
두 가지란
첫째는 마음 자체를 있는 그대로 드러내는 것이고
둘째는 마음의 생겼다 없어졌다 하는 모습을 드러내는 것이다.

(그런데) 이들 두 가지 모습은

(묘하게도) 둘의 각각이 모든 법을 똑같이 다 가지고 있다.

이게 무슨 뜻인고 하면

이들 두 문은 서로서로 떨어져 따로 있는 것이 아니기 때문에 그런 것
이다.

영어 번역

Based on the dharma of one mind, there are two aspects [of the mind].
What are the two? The first is the suchness aspect of mind. The second is the
arising and ceasing aspect of mind. These two aspects, singly and together,
completely embrace all dharmas. What does this mean? This means that these
two aspects are inseparable from each other.

해설

해석분은 입의분에서 선언한 메시지에 대한 해석임으로 응당 이렇
게 시작할 수밖에 없을 것이다.

이에 대해서 원효는 다음과 같이 말하고 있다.

원효의 원문

이문여시 하위일심	二門如是 何爲一心
위	謂
염정제법 기성무이	染淨諸法 其性無二
진망이문 부득유이	眞妄二門 不得有異
고명위일	故名爲一
차무이처 제법중실	此無二處 諸法中實
부동허공 성자신해	不同虛空 性自神解
고명위심	故名爲心
연	然

기무유이 하득유일	既無有二 何得有一
일무소유 취수왈심	一無所有 就誰曰心
여시도리 이언절려	如是道理 離言絕慮
부지하이목지 강호위일심야	不知何以目之 强號爲一心也[18]

한국어 번역

(진여문과 생멸문의) 두 문이 이와 같거늘 어떻게 일심인들 있을 수 있
    겠는가.

말하자면

염법과 정법이 모두 그 본성 상 둘일 순 없다.

참된 문과 망령된 문도 서로 다를 수 없다.

그래서 하나라고 부르는 것이다.

이러한 두 가지가 따로 없는 곳에

모든 법이 그 속에 꽉 차있으니

그것은 허공과 같지 않아서

자성이 스스로 신령스럽게 알기 때문에

이름붙여 마음이라 한다.

그러나

이미 둘이 없으니 어떻게 하나인들 있을 수 있겠는가.

하나도 없으니 무엇을 보고 마음이라 부르겠는가.

이러한 도리는 말을 여의고 생각을 끊은 경지라

무어라고 이름 붙일 수 없어 억지로 "일심"이라 한 것이다.

영어 번역

If these two different aspects are inherent, how can it possibly be one mind?
It is said, the nature of all pure and impure dharmas is non-dual, and, truth
and falsity cannot be different. Hence, they are called One. At the point of

---

18) 『한국불교전서』 제1책, p.742, 상단과 중단.

non-duality all dharmas are completely real. This differs from empty space. [Original] Nature miraculously knows everything by itself and therefore it is called mind.

But, if there is no duality, what can be called One? And if there is nothing that is One, then what can be called mind? A principle like this leaves behind words and cuts off thought. I do not know what to call it. However, forced to name it, I call it one mind.

해설

해석분은 입의분의 부연 설명임으로 그 메시지가 입의분의 그것과 근본적으로 다를 순 없다. 다시 말하면 여기서도 그 근본적인 메시지는 '대승이 기신한다.'는 말 외의 다른 말이 아닌 것이다. 해석분의 첫 문장에는 네 마디의 전문 용어가 등장하고 있다. 즉 一心法, 眞如門, 生滅門, 一切法이 그것이다. 그런데 여기서 우리가 저자 마명의 마음 돌아가는 것을 가만히 보면 문제는 일심과 일체법의 관계를 설명하는 일인데 그 문제는 우선 제쳐두고 진여문과 생멸문이란 말 앞에 각각 心이란 글자를 붙여 이들 둘을 각각 심진여문, 심생멸문이란 말로 고쳐 부르면서 양자의 관계를 따짐으로써 제기된 문제를 해결하려 하고 있다는 것을 알 수 있다. 마명의 이러한 관계 설명에 동원된 말이 다름 아닌 '皆各總攝'이란 말과 '不相離'란 말이다. 그리고 마명은 이들 두 마디 말들 앞에 또다시 각각 '二門'이란 말을 붙여 "二門皆各總攝", "二門不相離"라고 부름으로써 그 주어가 무엇인가를 분명히 해놓았다. 여기서 원효의 장기가 발동하기 시작하는 것이다. 그 주어 노릇하고 있는 놈들과 격투를 벌여 모두 때려눕히는 일이다. 이러한 때려눕히는 작업을 나는 어제 발표한 「원효의 신앙체계」라는 논문에서 '否定作業'이라고 불러 보았다. 부정이란 곧 때려부수는 일이요 깨지고 무너지고 망가지는 일이기 때문이다.

그런데 원효의 수는 항상 그렇듯이 한 수가 높다. 진여문이나 생멸문을 직접 상대하지 않고 똑바로 '一心'과 맞붙는 것이다. 그러고 나서는 결론은 이언절려다. 그 이유는 "不知何以目之 强號爲一心也"이기 때문이다. 원효는 마명의 『대승기신론』에 대해서 소를 쓰면서 맨 먼저한 일이 부정작업이었다. 모든 생각할 수 있는 일들을 모두 다 끌어다놓고 하나씩 하나씩 한결같이 다 때려부수는 일이었다. 그러고 나서마지막에 한 말이 "不知何以言之"요, "離言絶慮"였다. 똑같은 수법이다. 도대체 원효는 왜 이렇게 하는 것일까? 언어는 몸짓인데 그런 몸짓속에 살아 움직이는 생명 그 자체인 몸을 가두려하는 사람들의 못된짓, 헛짓을 못하게 하기 위해서가 아닌가? 원효의 이러한 부정작업을통해서 그 위대한 일심이 解體되면 일심은 所信이라는 대상화의 감옥에서 풀려나 비로소 기지개를 펴고 제(自己) 할 일을 하기 시작하는 것이다. 다시 말하면 일심이 기신하는 것이다. 대승이 기신하는 것이다. 대승이든 중생심이든 일심이든 부처님이든 주인공이든 하나님이든 뭐라고 불러도 좋다. 그러한 일심은 원래 그렇게 있었다. 일심은 원래 그렇게 하고 있었다. 사람들이 괜히 자기가 뭔가 대단한 짓을 하는 것처럼 대승은 所信이요 기신은 能信 운운하면서 잔꾀를 부린 것이다. '그따위 능신, 천만년을 해 보라지!' 되는가? 일심을 소신 운운하는 대상화를 그만 두면 그 즉시 일심 덕에 자기는 일심이 기신하는 커다란 구도속에서 울고 웃고 粉骨碎身 부처님 일을 하게 된다. 분골쇄신하지 말란 말이 아니다. 어떻게 해야 제대로 된 분골쇄신을 할 수 있는가를 묻고 있는 것이다. 일심이 기신하기에 내가 기신하는 것이다. 내가 일심이요, 일심이 나다. 내가 기신하는 것이 대승이 기신하는 것이요, 대승이 기신하는 것이 곧 내가 기신하는 것이다. 그럼 우리는 이제 起信이뭔가를 한번 따져 봐야겠다.

문제 3. 원효의 信仰論

원효가 起信을 어떻게 이해했는가에 대해서 말이 많다. 엉뚱한 말들은 공부하는 사람을 헷갈리게 한다.

원효의 신앙론을 따지는 데 있어서 가장 골치 아픈 글자가 '解'라는 글자이다. 이 글자를 어떻게 푸느냐가 원효의 신앙론을 제 자리에 올려놓는 일의 관건이다. 1964년의 일이었다. 동국대학교 불교대학에 들어온 宗費生(종단에서 학비를 받는 학승)들의 수련대회가 오대산 월정사에서 있었다. 약 일주일간 呑虛 스님의 법문을 들으면서 지도교수로 함께 갔던 李箕永 교수와 내가 번갈아 가면서 강의를 했다. 그 자리에서 이기영 교수가 화엄학의 信解行證 4단계설에 대해서 이의를 제기했다. "알아야 믿지, 알지 않고 어떻게 믿느냐"는 것이 이기영 교수의 주장이었다. 그러므로 解라는 단계는 제2단계가 아니고 제1의 信 단계에 앞서 있어야 한다고 그는 역설했다. 나는 동의할 수 없었다. '신 이전의 해(아는 것)' 하고 '신 이후의 해' 하고는 글자는 똑같은 '알 解'자이지만 그 내용은 질적으로 다르다는 것이 내 생각이었다. 解자가 『화엄경』 구역에서는 '住'로 되어 있듯이 여기서 제2단계의 해는 신의 완성을 의미한다. 泰山不動의 不退信이라는 뜻이리라.

원효의 기신을 이해할 때도 이와 똑같은 문제가 생긴다. 원효는 그의 『해동소』에서 책의 제목을 풀이하면서 "言起信者 依此論文 起衆生信"이라고 말했다. 문제는 "依此論文"이라는 네 글자를 어떻게 해석하느냐에 있다. 특히 여기에 있는 '의지할 依'자를 어떻게 읽느냐가 문제다. 재판을 할 때, 판사가 "법률 조문에 의지하여" 형량을 선고할 때처럼 '의지'하는 것인가? 아니면, 전자제품 수리공이 공장에서 보내온 "매뉴얼에 의지하여" 기계를 고치는 경우처럼 '의지'하는 것인가? 둘 다 아닐 것이다. 앞에 말한 신해행증의 도식으로 이야기하자면 여기의

依자가 신 이전의 지적 이해 정도의 의미로 보느냐 아니면 신 이후의 "태산부동 불퇴신"으로 보느냐의 문제가 여기에도 있다. 『해동소』의 여기저기에 뚜렷이 나타나 있는 문맥으로 보아 전자는 분명히 아닐 것이고 후자일 가능성이 훨씬 더 높다. 그리고 여기서 衆生信은 곧 大乘信임이 분명함으로 기신하는 자는 책이 기신하는 게 아니라 책이 가리키고 있는 진리가 기신할 것임에 틀림없다. 그리고 그런 사건은 내가 책을 읽고 나서 종래의 잘못된 사고방식이 깨짐으로써 생기는 사건이다. 그러므로 여기서 '依'자는 책을 읽는 나와 책 속의 진리가 하나가 된다는 것을 의미한다.

馬鳴의 『대승기신론』 원문에서도 이 글자가 자주 나오는데, 대개가 이때의 依자는 하나의 부호 역할을 하고 있다. 무슨 부호냐 하면 依자 다음의 말이 '몸'임을 표시하는 부호다. 그리고 그 몸에 뒤따라오는 말이 그 몸의 몸짓이 된다. 예를 들면 『대승기신론』의 제2 입의분에서 "依於此心 顯示摩訶衍義"란 말을 찬찬히 들여다보면 '차심' 즉 대승은 몸이고 '마하연의'는 대승의 몸짓임이 분명하다. 이것은 제3 해석분의 "顯示正義者 依一心法 有二種門"의 경우도 마찬가지다. 다시 말하면 의지할 依자로 지시되는 일심법이 몸이고 그 다음에 따라오는 있을 有자로 시작하는 문장은 일심법의 몸짓이다.

다음에 원효가 기신의 문제를 다룬 문장을 한번 분석해보자.

원효의 원문
언기신자   言起信者
의차론문 기중생신 고언기신   依此論文 起衆生信 故言起信
신이결정위이지사   信以決定謂爾之辭
소위   所謂
신이실유   信理實有

신수가득	信修可得
신수득시 유무궁덕	信修得時 有無窮德
차중	此中
신실유자 시신체대	信實有者 是信體大
신일체법 불가득고	信一切法 不可得故
즉신실유 평등법계	卽信實有 平等法界
신가득자 시신상대	信可得者 是信相大
구성공덕 훈중생고	具性功德 熏衆生故
즉신상훈 필득귀원	卽信相熏 必得歸原
신유무궁 공덕용자 시신용대	信有無窮 功德用者 是信用大
무소불위고	無所不爲故
약인능기 차삼신자	若人能起 此三信者
능입불법 생제공덕	能入佛法 生諸功德
출제마경 지무상도	出諸魔境 至無上道

한국어 번역

기신이란

이 논문으로 말미암아 중생신(대승신)이 일어나기 때문에

기신이라고 말하는 것이다.

'믿음'이란 무엇이든 결정적임을 뜻하는 말이다.

말하자면

진리는 정말 있는 것이라 믿고

진리는 실천가능하다고 믿고

진리를 실천할 때 무궁한 공덕이 있다는 것을 믿는다

여기서

"진리는 정말 있는 것이라고 믿는다"는 것은 믿음의 체가 크다는 말이
　　다.

(왜 그런고 하면 금강경에서 말하듯이) 일체법이 불가득임을 믿기 때문
　　에

실지로 존재하는 (진리는) 아주 평등한 법계임을 믿는 것이다.

"진리는 실천 가능하다고 믿는다"는 것은 믿음의 공덕이 크다는 말이다.

(왜 그런고 하면 믿음이란) 불성의 공덕을 다 갖추고 중생을 돕기 때문에

이런 공덕의 훈습으로 우리는 반드시 근원으로 돌아간다는 것을 믿는 것이다.

"믿음에 무궁한 공덕의 용이 있다고 믿는다"는 것은 믿음의 용이 크다는 말이다.

(왜 그런고 하면 믿으면) 하지 못할 바가 없기 때문이다.

만약 어떤 사람이 능히 이러한 세 가지 커다란 특징을 다 갖춘 믿음을 일으킨다면

이 사람은 부처님의 진리와 한 몸이 되고 여러 가지 공덕을 내고

여러 가지 마군의 경계에서 벗어나 무상대도에 이를 것이다.

영어 번역

On the Words Awakening Faith

This treatise causes the faith of people to awaken, hence the words, Awakening Faith.

"Faith" is a term that indicates a quality of being certain.

Here, faith refers to certainty that the principle really exists,[19]

Faith that practice can get results,

Faith has limitless meritorious function when practiced.

Faith that the principle really exists is certainty in the greatness of the body [of Faith].

---

19) This passage about faith in the truth should not be misconstrued as contradicting the emptiness doctrine of Mahāyāna Buddhism. On the contrary, with this statement Wonhyo is trying to lead the reader away from a nihilistic view, to the world of sunyata, as can be occurs.

Since we believe that all dharmas are unobtainable,

We also believe that there really is a dharma-world of equality

Faith that practice can get results is certainty in the greatness of the attributes [of Faith].

The conviction that the merits possessed [by the body] permeate all sentient beings leads to the belief that,

Through the infusion of the attributes of good seed, we are bound to return to the source.

Faith in the workings of boundless merit is faith in the greatness of operation,

because there is nothing that does not get accomplished.

If one can awaken these three faiths,

one can enter into the Buddha dharma,

produce all forms of merit,

escape all demonic states,

and attain the peerless way.

해설

위의 인용문에는 분명히 짚고 넘어가야 할 대목들이 몇 군데 있다. 먼저 여기에 나오는 '決定'이란 말을 문제 삼지 않을 수 없다. 원효의 말을 다시 한 번 그대로 인용하자면 그것은 "信以決定謂爾之辭"[20]이다. 탄허 스님은 이를 "信은 결정으로써 이르는 말"이라고 번역했고,[21] 은정희 교수는 이를 "信은 결단코 그러하다고 여기는 말"이라고 번역했다.[22] 누구의 번역이든 번역만을 가지고 '信을 결정된 것'으로 보는

---

20) 정원사 慧遠의 『大乘起信論義疏』(T.1843, vol.44, 175b, line17)에 "所言信者 決定爲義"란 말이 나오는 것을 보면 '信을 어떤 결정적인 것'으로 보는 견해는 이미 일반화되어 있었던 것 같다.

21) 김탄허 현토역해, 『대승기신론소기 회본』, 서울 : 교림, 1982, p.48 참조.

우리 선배들의 뜻을 바로 알기는 힘들다. 무엇보다도 요즘 우리들이 말하는 소위 '결정'이란 것은 항상 바뀔 수 있는 것이기 때문이다. 대법원에서 내린 사형선고까지도 바뀌는 판이니 여타는 말해서 뭘 할 것인가. 원효가 '信은 결정된 것'이라고 말하는 경우의 '결정'이란 적어도 그러한 것은 아닐 것이다. 다시 말하면 여기서 말하는 '決定'이란 상황이 바뀌면 물러서 버리는 退信을 두고 '결정'이란 말을 쓰지 않았다는 말이다. 우리의 독자들이 만일 여기에 나오는 '결정'이란 말에 헷갈리면 그 다음에 나오는 '三信'에 대해서도 헷갈리게 된다.

위의 인용문에서 三信이란 세 가지를 믿는 것이다. 첫째, "진리는 정말 존재한다."고 믿고, 둘째, "진리의 실천가능함"을 믿고, 셋째, "진리를 실천할 때 무궁한 공덕이 있다"는 것을 믿는 것이다. 이러한 삼신의 내용을 보면 이것들은 그대로 『대승기신론』 본문의 제2 입의분에서 진여가 가지고 있는 세 가지 커다란 징표와 아주 흡사하다는 것을 곧 알 수 있다. 더구나 그 다음에 따라 나오는 말이 바로 "信實有者 是信體大"라고 되어 있기 때문에 종래에 학자들은 이를 心眞如의 三大義를 믿는 것으로 해석했다. 그래서 "체대를 믿고 상대를 믿고 용대를 믿는다."고 해석했다.[23] 그러나 나는 이들 삼신을 진여의 삼대를 믿는다고 보지 않고 信 自體의 三大로 보고 싶다. 다시 말하면 신의 體大, 신의 相大, 신의 用大로 보고 싶단 말이다. 도토리 키 재기 같은 짓이지 그게 그거 아니냐고 힐난할지도 모른다. 그러나 만일 우리가 독자를 생각할 때 양자의 차이는 천양지판이라고 느껴진다. 왜냐하면 전자의 경우는 신이 하나의 타동사가 되어 믿는 내용이 지적 인식에 불과하게 될 우려가 있기 때문이다. 다시 말하면 거기엔 '불퇴신'이라는 보장이

22) 은정희 역주, 『원효의 대승기신론소. 별기』, 서울 : 일지사, 1991, p.40 참조.
23) 김탄허 현토역해, 『기신론』, 서울 : 교림, 1982, p.48 ; 은정희, 『원효의 대승기신론 소. 별기』, 서울 : 일지사, 1991, p.40 참조.

없다는 말이다. 나의 의문점은 바로 여기에 있다. 그러한 지적 인식에 불과한 믿음 즉 언제 물러서 버릴지 모르는 믿음이야 백번 일으켜 보았자 아무 소용없다는 말이다. 뿐만 아니라 원효가 마지막에 결어로 인용한『화엄경』의 게송을 보아도 不退信이라야 말이 되지, 退信을 가지고서 "위없는 해탈도" 운운하지는 못할 것이다. 그러나 만일 신의 체가 크고, 신의 상이 크고, 신의 용이 그런 커다란 信을 일으킨다면, "示現無上解脫道"라는 말은 터럭만큼의 과장도 없는 진실어가 될 것이다. 원효는 불교의 믿음을 '生命自體'로 보고 있는 것 같다. 그래야만 불교의 信은 진여와 똑같이 그 체가 크고 그 상도 크고 그 용도 크다고 말할 수 있을 것이다.

이러한 신앙의 구조가 사람들에게 얼른 먹혀 들어가지 않는 데에는 그럴만한 까닭이 있는 것 같다. 사람에게는 누구에게나 항상 '골칫거리 애물단지'가 출몰하기 때문이다. 그것이 다름 아닌 '我相', 즉 '나'라는 생각이다. 이놈의 '나'라는 생각 때문에 내가 믿음을 일으킨다고 말해야 말이 되지, "대승이 일으키느니" 또는 "일심이 일으키느니" 하면 자기도 모르게 고개가 갸우뚱해지는 것이다. "대승이 믿음을 일으킨다"고 말할 때 죽었던 송장, 아니 송장보다 더 고약한 '나'가 죽고 부처님으로서의 참된 '나'가 다시 살아나 일하기 시작한다는 소식을 모르는 것이다. 그때에, 바로 그때에 말썽꾸러기 골칫거리 애물단지 같았던 그놈의 '나'가 바로 자비롭고 지혜로운 부처님의 화신으로 일체 중생을 돌보는 것이다. 여기서 '믿음은 바로 닦음이요, 또한 깨침'이 되는 것이 아닌가 생각한다.

(제2회 국제원효학회『대승기신론소기 회본』영역 중간보고서,
2002, 동국대학교)

원효, 서양에 가다
―그러나 아무도 그를 알아보는 사람이 없다―

1. 무엇이 문제인가

그동안 국내외를 막론하고 원효의 저술들이 많이 번역되어 나왔다.
최근에는 UCLA의 불교학 교수, 로버트 버스웰(Robert Buswell)이 원효의
『금강삼매경론』 3권을 영어로 번역하여 출판했다.[1] 버스웰은 『金剛三
昧經論』 大意章의 핵심 단어인 "無破而無不破"란 말을 "……though
refuting nothing, there is nothing not refuted……"라고 번역했다.[2] 원효의
'無破'를 이런 식으로 다루는 것은 그동안 한국불교학계의 관례였다.
원효의 '無破'를 老壯사상의 '無爲'와 혼동한 것이다. 원효의 '無破'를
"though refuting nothing"으로 번역하면 원효사상은 온통 뒤죽박죽이 되
고 만다. 원효의 '無破'는 그 말 바로 앞에 나오는 "爾乃(이와 같이,
accordingly)"라는 감탄조의 말투가 암시하듯이 계속되는 産苦(否定) 끝
에 마침내 탄생하는 '몸'의 등장을 소리 높여 외치는 말이다. 사실, 원
효는 여기서 열두 번의 부정을 통해 온갖 것을 다 破했다. 한번 열거해
보자. 첫째는 有無를 파했고, 둘째는 眞俗을 파했고, 셋째는 不一로 融

---

1) Robert Buswell, translated by, *Cultivating Original Enlightenment*, Honolulu : University
   of Hawaii Press, 2007.
2) 위의 책, pp.47~48.

二를 파했고, 넷째는 非中으로 二邊을 파했고, 다섯째는 無는 無가 아
니라고 파했고, 여섯째는 有는 有가 아니라고 파했고, 일곱째는 俗은
俗이 아니라고 破했고, 여덟째는 眞은 眞이 아니라고 파했다. 그러고
나서 원효는 다시 네 번을 더 破한다. 이 네 번은 이제까지 자기가 부
정한 것을 모두 다 긍정해버리는 식의 색다른 破를 감행했다. 그래서
나는 열두 번 破했다고 보는 것이다. 열두 번의 부정은 일종의 産苦다.
그러므로 아무 것도 破하지 않았다는 말은 맞지 않는 말이다. 파하고
또 파하기를 여덟 번, 그리고 더 나아가 파한 자기까지 파하기를 네
번, 모두 합해서 열두 번을 파했으니 원효는 여기서 '無破'라고 말함으
로써 破의 뿌리까지 송두리째 뽑아버린 셈이다. 이러한 근거 위에 원
효는 그 다음에 '無不破', 즉 "파하지 아니함이 없다(there is nothing not
refuted)"라고 말한 것이다. 이러한 원효이해를 바탕으로 그의 "無破而
無不破"를 다시 번역해보면 우리말 번역은 응당 "파를 없애니(또는 파
가 없어지니) 파하지 아니함이 없다"로 되어야 할 것이다.

이제 우리에게 문제는 주어졌다. 원효의 '無破'를 "파함이 없다"로
읽을 것인가, 아니면 "파를 없애니" 또는 수동형으로 "파가 없어지니"
로 읽을 것인가? 그동안 한국의 『금강삼매경론』 번역가들은 이 대목을
어떻게 번역했는지 알아보자.

1972년, 이기영은 "파함이 없으되 파하지 않음이 없으며"(대양사 판,
　　p.31)
1986년, 김달진은 "파함이 없되 파하지 않음이 없고"(열음사 판, p.11)
1987년, 한길로는 "부숨이 없으면서도 부수지 않음이 없고"(보련각 판,
　　p.241)
1991년, 동국역경원은 "파함이 없되 파하지 않음이 없으며"(동국대학
　　교 판, p.32)
1996년, 다시 이기영은 "파함이 없으되 파하지 않음이 없으며"(한국불

교연구원 판, p.25)

2000년, 은정희, 송진현은 "깨뜨림이 없되 깨뜨리지 않음이 없으며"(일지사, p.20).

버스웰의 英譯은 위에 열거한 한국어 번역들과 아주 비슷하다. 모두가 한결같이 원효의 "無破而無不破"를 중국 도가의 "無爲而無不爲"(아무 것도 하지 않는데 실은 하지 않는 것이 없다)와 비슷하게 읽고 있다. 그러나 원효는 여기서 도가의 흉내를 내어 "아무 것도 하지 않는데(無破) 실지는 모든 것이 저절로 다 잘 되어간다(無不破)"는 식의 '無爲自然'을 이야기하고 있는 것 같지 않다.

누가 나에게 불교적 체험의 핵심을 드러내는 말이 무엇이냐고 묻는다면 나는 서슴없이 '無我' 체험이라고 대답할 것이다. '無我' 체험은 다름 아닌 '無不我' 체험이다. 진정 我가 없어지면 남은 남이 아니게 된다. 이것이 '無不我'다. 이를 한문으로 표현하면 "無我而無不我"다. 나는 여기서 원효의 "無破而無不破"를 "無我而無不我"와 똑같은 사상에서 나온 똑같은 말투로 보고 싶다. 우리는 '無破'를 "破함이 없되"로 처리하는 道家風을 버려야 한다. 無我처럼 "我가 없어지니"로 번역하여 佛家 고유의 적극적인 맛을 내자는 말이다. 원효의 삶은 아무도 흉내낼 수 없을 만큼 적극적이었다. 앞에서도 지적한 바와 같이 원효가 말하는 無破의 破는 '破'라는 이름의 또 다른 '我'이기 때문에 원효는 이를 쳐부수고 있는 것이다.

"無破而無不破"라는 표현에서 가운데에 있는 '而'(말이을 이)라는 글자의 앞부분의 '無破'와 뒷부분의 '無不破'는 서로서로 떨어질 수 없는 관계를 이룬다. 앞의 '無破'는 '몸' 소식이고 뒤의 '無不破'는 '몸짓' 소식이다. 몸 소식은 항상 끊임없이 계속되는 부정으로밖에는 표현할 길이 없다. 그러나 몸짓 소식은 사람들의 눈에 보이고 귀에 들리고 의식

에 붙잡힌다. 그래서 사람들은 곧잘 뒤의 '몸짓' 소식에 대해서는 제법
잘 아는 것처럼 쉽게 고개를 끄덕이지만, 사실인즉 앞의 '몸' 소식을
놓치면 그런 '고개 끄덕임'은 자기기만일 뿐이다. 모르면서도 안다고
미소 짓는 것과 다를 바 없다는 말이다. '無破'없이는 '無不破'도 없다.
'無破 작업'을 제대로 수행하지 못하면 '無不破 작업'도 제대로 하지
못한다는 말이다. 한국의 원효학계에는 아직도 도가의 안개가 자욱하
게 끼어 있는 것 같다. 그러니 한국 안에서도 그렇고 한국 밖에서도 그
렇고 오나가나 원효가 제대로 드러나지 않는 것이다. 그래서 나는 "아
무도 그를 알아보는 사람이 없다"고 말한 것이다.

원효의 『금강삼매경론』 대의장 원문과 은정희와 버스웰의 두 번역
을 함께 묶어 '삼자대조표'를 만들어 보았다.

<원효의 원문>　　　　<은정희의 한국어 번역과 버스웰의 영역>
第一述大意者　　　　1. 대의를 서술함
　　　　　　　　　　Part One : A Statement of Its Main Idea

夫一心之源　　　　　저 일심의 근원은
　　　　　　　　　　Now, the fountainhead of the one mind,

離有無而獨淨　　　　유와 무를 떠나서 홀로 맑으며,
　　　　　　　　　　which is distinct from existence and nonexistence,
　　　　　　　　　　is independently pure.

三空之海　　　　　　삼공의 바다는
　　　　　　　　　　The sea of the three voidness,

融眞俗而湛然　　　　진과 속을 융합하여 깊고 고요하다.

which subsumes absolute and conventional, is
profoundly calm.

湛然 融二而不一　깊고 고요하게 둘을 융합하였으나 하나가 아니
며,
Profoundly calm, it subsumes dualities and yet is not
unitary.

獨淨 離邊而非中　홀로 맑아서 양변을 떠나 있으나 중간도 아니다.
Independently pure, it is far from the extremes and
yet is not located at the middle.

非中而離邊故　중간이 아니면서 양변을 떠났으므로
Because it is not located at the middle and yet is far
from the extremes,

不有之法 不卽住無　유가 아닌 법이 무에 나아가 머물지 아니하며,
dharmas that are nonexistence do not linger in
nonexistence

不無之相 不卽住有　무가 아닌 상이 유에 나아가 머물지 아니한다.
and characteristics that are not-nonexistent do not
linger in existence.

不一而融二故　하나가 아니면서 둘을 융합하였으므로
Because it is not unitary and yet subsumes dualities,

非眞之事 未始爲俗　진이 아닌 사가 애초에 속이 된 적이 없으며
those phenomena that are not absolute need not be

conventional

非俗之理 未始爲眞也 속이 아닌 이가 애초에 진이 된 적이 없다.

and those principles that are not conventional need
not be absolute.

融二而不一故 둘을 융합하였으면서도 하나가 아니기 때문에

Because it subsumes dualities and yet is not unitary,

眞俗之性 無所不立 진과 속의 자성이 세워지지 않는 것이 없고,

there are none of its absolute or conventional qualities
that are not established

染淨之相 莫不備焉 염과 정의 상이 갖추어지지 않는 것이 없으며,

and none of its tainted or pure characteristics that are
not furnished therein.

離邊而非中故 양변을 떠났으면서도 중간이 아니기 때문에

Because it is far from the extremes and yet is not
located at the middle,

有無之法 無所不作 유와 무의 법이 만들어지지 않는 법이 없고,

there are none of the existent or nonexistent dharmas
that are inactive

是非之義 莫不周焉 옳음과 그름의 뜻이 두루 하지 아니함이 없다.

and none of its affirmative or negative concepts with
which it is not equipped.

爾乃	이와 같이 Accordingly,
無破而無不破	깨뜨림이 없되 깨뜨리지 않음이 없으며, though refuting nothing, there is nothing not refuted
無立而無不立	세움이 없되 세우지 않음이 없으니, and, though establishing nothing, there is nothing not established.
可謂	이야말로
無理之至理	이치가 없는 지극한 이치요, This alone can be called the ultimate principle that is free from principles,
不然之大然矣	그렇지 않으면서 크게 그러한 것이라고 할 수 있다. and the great suchness that is not such.
是謂斯經之大意也	이것이 이 경의 대의다. This is said to be the main idea of this sutra.

　위의 '삼자대조표'를 잘 들여다보면서 거기에 담겨있는 깊은 뜻을 파고 들어가면 토론거리는 끝없이 나올 수 있다. 그러나 오늘 여기서는 한 가지만 더 짚고 넘어가기로 하자. 그것은 마지막에 나오는 "無理之至理"와 "不然之大然"이란 말을 어떻게 이해해야 할 것인가의 문제다. 은정희는 이를 "이치가 없는 지극한 이치요, 그렇지 않으면서 크게 그

러한 것"이라 번역했고, 버스웰은 이를 "This alone can be called the ultimate principle that is free from principles and the great suchness that is not such."라고 번역했다. 번역이야 어떻게 하든, 문제는 이해다. 이게 도대체 무슨 말일까? 위의 두 번역은 모두 道家냄새를 깨끗이 씻어내지 못한 혐의가 있다. "無理之至理 不然之大然"은 바로 그 앞의 "無破而無不破 無立而無不立"을 떠나서 해석할 수 없다. 無破의 無가 破를 때려부수듯이 여기서도 無理의 無는 그 다음에 따라오는 '理'를 때려부셔야 한다. 그러므로 이 문장은 "理致(라는 我相)를 때려부순 지극한 理요, 그럴 법(이라는 몸짓) 然을 때려부순 커다란 (몸의) 그러함(然)"으로 읽을 수 있다. 이렇게 읽으면 원효의 『금강삼매경론』대의장의 메시지가 뚜렷해지고 앞뒤가 서로서로 맞아떨어지며 도가의 냄새도 씻어버릴 수 있다.

원효는 7세기의 신라 사람이다. 그는 많은 글을 남겼지만 모두 한문으로 썼다. 그를 제대로 알아보는 사람이 많지 않으리라는 것은 예상했던 일이지만 그렇다고 "아무도 그를 알아보는 사람이 없다"고 말하는 것은 좀 심한 말이라고 생각하는 사람이 많을 것이다. 나는 이제부터 왜 그렇게 말하는가를 밝혀야겠다.

사람을 못 알아보는 이야기는 서양에도 있다. 기독교의 신약성서 누가복음 마지막 부분에 이런 이야기가 있다.

예수가 십자가에 못 박혀 죽은 지 삼일 째 되던 날, 예수와 가까웠던 제자 두 사람이 예루살렘에서 삼십 리쯤 떨어져 있는 엠마오라는 마을로 가고 있었다. 이때 예수가 나타나 그들과 동행하면서 대화를 나누었다. 그러나 그들은 예수를 알아보지 못했다. 나중에 그들의 집에 들어가 함께 식사를 할 때 비로소 그들은 예수를 알아보았다. 그러나 그들이 그를 알아보는 그 순간 예수는 사라졌다.[3]

제자가, 그것도 직접 제자가, 갈린 지 삼일밖에 안 되었는데 왜 스승을 못 알아보았을까? 누가복음은 이를 "눈이 가려져······"라고만 적었을 뿐, 그 이유를 밝히지 않았다. 영어로는 "but they were kept from recognizing him."[4]이라고 되어있다. 같은 책은 이에 "By special divine intervention"이란 간단한 각주를 달았다. 이런 일을 신의 섭리로 보고 있는 듯하다. 부활한 예수의 이야기는 신약성경의 여러 군데에 나온다. 나는 오늘 여기서 누가복음의 이야기를 신약성경의 부활사상 쪽으로 밀고 나가지 않고 내가 요즈음 즐겨 사용하는 '몸과 몸짓의 논리'와 결부하여 원효의 몸을 바로 보는 길을 밝혀 보려 한다. 예수의 두 제자가 예수를 못 알아 본 것은 그들의 눈이 가려 있었기 때문이다. 무엇에 가리었는가? 그들은 자기들이 이제까지 듣고 보고 한 것에 가리어 예수를 못 알아 본 것이다. 다시 말하면 그들은 그들이 보고 들었던 예수의 몸짓에 갇혀 있었다. 그래서 그들은 예수의 몸을 보지 못한 것이다.

부활한 예수는 예수의 몸짓만으로는 알 수 없다. 그의 몸을 바로 보지 않고서는 그를 알아볼 수 없다. 그러므로 '몸짓만 보지 말고 몸을 보라.' 이것이 요즈음 나의 구호다. 그러나 문제는 '어떻게?'에 있다. 남의 이야기 할 것 없다. 문제는 나 자신이다. 원효를 공부한 지 반세기가 넘었고, 원효로 박사학위를 땄고, 원효의 『대승기신론소기 회본』을 영어로 번역했으며, 밤낮 입만 열면 원효를 이야기하고 있건만 나는 과연 원효의 몸을 보았다고 말할 수 있을까? 나는 감히 '나는 보았다.'고 말하지 못한다. 문제가 어디에 있을까? 내 진단이 옳은지, 또 언제 변할지 모르지만 나는 내 나름대로 진단을 했다. 문제는 '실천'이다.

---

3) 누가복음 24장 13-35절 참조. 여기서는 1993년 대한성서공회에서 나온 『성경전서』, p.121의 이야기를 요약했다.

4) The NIV STUDY BIBLE. Grand Raids, MI : Zondervan Publishing House, 1995. p.1586.

'원효처럼 살고 있지 않다'는 데에 문제가 있다는 말이다. 원효의 몸짓만 보고 만족한다면 더 말할 것 없지만, 만일 원효의 몸을 보고 싶다면 실천의 문제를 들고 나오지 않을 수 없다. 오늘날 불교학에서 실천의 문제를 심각하게 다루지 않는 것은 큰 잘못이라고 생각한다.

나는 오늘날 서양에서 원효를 알아보지 못한 것도 이러한 맥락에서 이해해 보려고 한다. 사람들이 원효의 몸짓만을 보고 그의 몸을 보지 못했기 때문에 그를 알아보지 못한다는 말을 좀 더 구체적으로 해보자. 오늘날 학자들은 원효의 몸짓만을 주워 모으고 있는 것 같다. 이렇게 주워 모은 것들을 아무리 잘 분석하고 종합하고 비교해보았댔자 그것이 바로 원효는 아니다. 그것은 내가 그린 원효의 그림일 뿐이다. 그것은 누가복음이 지적하듯, 예수의 제자들이 예수를 보고도 못 알아보는 현상, 그리고 알아보았다 하면 거기에는 이미 그런 예수는 없는 꼴이 되고 말 것이다.

나는 오늘 그동안 나온 몇 가지의 중요한 글들을 차례로 분석해 보려고 한다. 과연 얼마나 잘 원효가 드러났는가를 알아보기 위해서다. 내 입장은 간단하다. 내가 읽은 원효에는 원효의 간절한 외침으로 가득 차 있다. '제발 자기를 몸짓으로 읽지 말아 달라'고 호소하는 원효의 외침으로 가득 차 있다는 말이다. 그런데 왜 오늘날의 원효학자들은 이를 외면하는지 모르겠다. 오늘날 원효를 읽는 사람은 모두들 한결같이 원효를 몸짓으로 읽고 있는 것 같다. 그렇게 해서는 원효는 마침내 드러나지 않고 만다는 말을 나는 하고 싶은 것이다. 원효를 몸짓으로 읽는다는 말은 사람들이 너무 문자에 의존하고 있다는 말이다. 문자에 의존한다는 말은 여러 가지로 풀이할 수 있다. 첫째는 문헌에 갇힌다는 말이다. 이 말은 문헌 속의 어떤 표현, 논리 등등에 갇힌다는 말이다. 나는 오늘 이 논문에서 그러한 갇힘의 현장들을 좀 자세히 들여다 보려고 한다.

오늘 우리 원효학 학술대회의 주제는 '원효, 서양에 놀다'로 되어 있다. '놀다'라는 말이 흥미롭다. 문제는 '놀다'라는 말이 '몸짓 개념'이 아니라 '몸 개념'이었으면 좋겠다. 어디서 놀든, 정말 논다면 그것은 '몸 놀음'이지 '몸짓 놀음'일 수는 없다. 나는 일일연속극 드라마에 열중하지 못한다. 그 이유는 요즘 드라마들이 온통 몸짓 놀음만 하고 있기 때문이다. 작가의 각본에 따라, 감독의 지시에 따라, 많은 카메라맨들의 조명아래, 뭇 사람들이 지켜보는 가운데서 우는 장면인데도 눈물이 안 나오면 눈에 눈물나오는 안약을 넣어 눈물이 나오게 만들고……등등 철저한 몸짓 놀음이다. 온통 관심사가 '히트 친다'는 일념에 사로잡혀 있는 것 같다. 놀음의 본질인 자기자신의 평화도 없고 즐거움도 없다. 몸짓이 몸보다 앞서 있으면 창조는 없다. 거기엔 오직 각본만이 있고 그 밑바닥엔 소기의 목적을 달성하고 말겠다는 '탐욕'만이 도사리고 있다. 거기엔 자유가 없다. 자유가 없는 곳에 창조는 없다.

몸짓이 앞장서면 몸은 고달프다. 오늘날의 정치인들, 비즈니스 하는 사람들, 모두가 몸짓 놀음을 하고 있다. 종교인들은 어떻고 학자들은 어떠한가? '나는 그렇지 않다'고 장담할 수 있는 사람이 있을지 모르겠다. 분명한 비극이다. 현대문화는 '몸짓 문화'라는 사실에 비극의 심각성이 있다. 사람이 태어날 때는 누구나 몸으로 태어난다. 자연 그대로다. 그러나 일단 태어나면 훈련이 시작된다. 훈련이란 사회에서 살아남는 교육이다. 여기서 자연성과 사회성의 갈등이 생긴다. 자연성은 '몸 위주'인데 반하여 사회성은 '몸짓 위주'이기가 일쑤다. 오늘날 소위 성공했다는 사람들을 보면 대개가 몸짓 훈련이 잘 된 사람들이다. 말하자면 사회성이 발달한 사람들이란 말이다. 개인만이 아니다. 집단도 그렇고 국가니 민족 등등 모두가 몸짓 훈련이 잘 되면 성공하는 것 같다. 이런 판국에 몸의 중요성을 역설하면 웃음거리가 되기 십상이다. 그러나 원효는 몸을 중요시했다. 그리고 몸짓 일변도를 경계했다. 원효의 노는 모습은 그의 몸을 보지 않고서는 그 진미를 알 수 없다. 슬프게도 오늘날 학자들은 원효를 이야기하면서 원효의 이 점을 분명히 하지 않고 있는 것 같다.

2. 옛날 문헌 속의 원효

원효를 문제 삼은 사람들은 그동안 원효를 바로 보려고 많은 애를 썼던 것 같다. 이 점은 고금이 한결 같다. 그러나 옛날엔 십중팔구 중요한 대목에 이르러 신비화로 빠지거나 아니면, 덜된 것을 다 됐다는 듯이 적당히 얼버무리는 것이 일쑤였다. 이 점은 오늘날도 크게 달라진 것 같지 않다. 조금 달라진 것이 있다면 신비화의 반대 방향으로만 치닫고 있다는 점이다. 한 마디로 말해, 이성적이고 합리적이면 된다는 식이다. 두 극단이다. 극단은 어느 쪽으로 가든 모두 邊見이다. 옛날 기록에도 중요한 가르침이 많다. 그 중요한 말들 가운데 몇 가지만 골라보자.

예를 들면, 원효가 세상을 떠난 뒤 얼마 안 있어 세워졌다는 慶州 高仙寺 誓幢和上塔碑[5]에 나오는 다음의 말들은 우리의 주목을 끈다.

靑藍共體 氷水同源 鏡納萬形 水分通融

우리말로 풀면 "靑빛과 藍빛은 (원래) 體를 함께 하며, 얼음과 물은 (원래) 같은 데서 나왔으며, 거울은 가지가지의 형상을 모두 다 용납하며, 물은 나누어 놓아도 마침내는 서로 통하여 하나로 된다"는 뜻이다. 이 말은 원래 원효가 쓴 「十門和諍論」이라는 글의 서문에 나오는 말

---

5) 1914년 5월, 경주에서 발견된 탑비.

이라고 한다. 이러한 말은 우리들이 원효를 어디서 보아야 할 것인가를 일러주고 있는 것 같다. 여기서 '靑'과 '藍'은 두 가지의 서로 다른 빛깔임에도 불구하고 둘은 다 똑같은 몸(體)에서 나왔다(共體)는 사실에서 우리는 몸짓으로 보면 둘이지만 몸으로 보면 둘이 아니라는 메시지를 읽을 수 있다. '氷'과 '水'의 관계에서도 우리는 똑같은 말을 할 수 있다. 얼음과 물은 겉으로 나타난 몸짓으로 보면 둘이지만 둘을 꿰뚫는 몸으로 보면 '同源'이란 말이다. 그래서 나는 몸과 몸짓의 논리로 원효를 읽으면 그를 보다 더 잘 알아볼 수 있다고 주장한다. 다시 말하면 원효는 그의 몸짓만을 잘 아는 것으로는 알아볼 수 없고, 그의 몸을 바로 봄으로써만이 알아볼 수 있다고 주장하는 것이다.

988년에 나온 贊寧의 『宋高僧傳』[6]은 우리들에게 원효에 관한 중요한 정보를 제공해주고 있다. 이 책에 들어있는 「元曉傳」은 大正新修大藏經本으로 한 쪽도 채 못 되는 짧은 전기이다. 그것도 전 53행 가운데 39행이 원효의 『금강삼매경론』에 관한 이야기로 차 있다. 그러나 여기에도 우리들이 원효를 어떻게 보아야 하는가를 말해주는 중요한 구절이 들어있다. "金剛三昧經 乃二覺圓通 示菩薩行也……謂使人曰 此經以本始二覺爲宗 爲我備角乘 將案櫃 在兩角之間 置筆硯 始終於 牛車 造疏成五卷"이란 말이다. 이를 우리말로 풀면, "金剛三昧經은 두 가지의 각, 다시 말하면 本覺과 始覺이 원만하게 융통하는 것으로서 보살의 행을 나타내 보이는 책이다.…… (원효가) 사신들에게 말하기를, '이 경은 본래 본각과 시각의 두 각을 그 근본으로 삼고 있으니 나를 위해서 소가 이끄는 수레를 준비해 주고 책상을 가져오라.'고 당부하였다. 원효는 소의 두 뿔 사이에다 붓과 벼루를 놓고서 처음부터 끝까지 그 소가 끄는 수레 위에서 疏 五卷을 다 지었다."는 말이다.

---

6) T.2061, vol.50, p.730a.

여기서 우리의 눈길을 끄는 것은 "二覺圓通 示菩薩行"이란 말이다. 이 말은『금강삼매경』의 서문에 나온다. 대승이 대승다운 所以는 보살행에 있으므로, 우리는 항상 보살행의 가능 근거를 묻지 않을 수 없다. 찬녕에 의하면 이에 대한『금강삼매경』의 대답이 여기에 있다. 다름 아닌 '본각과 시각의 융통'이다. 불교사상에서 본각과 시각은 항상 서로 팽팽히 맞서 있는 개념들이다. '본각'이란 말은 일체 중생이 본래부터 깨달은 존재임을 주장할 때에 그 근거로 쓰이는 말이며, '시각'이란 말은 일체 중생이 현재 미혹된 존재임을 전제로 하고, 이러한 미혹된 중생이 어떻게 본각을 유감없이 드러낼 수 있는가를 설명할 때에 쓰이는 말이다. 그러므로 본각이라는 말은 시각이라는 말이 있을 자리를 주지 아니하며, 시각이라는 말은 항상 본각이라는 말을 무색하게 만들어 버린다. 언뜻 보기에 본각과 시각의 관계는 서로 용납하지 않는 관계처럼 보인다. 그런데『금강삼매경』에 의하면 이러한 두 각이 서로서로 원만하게 융통할 때에 보살행이 가능하다는 것이다.

그러면 어떻게 해야 이러한 二覺圓通의 이상이 실현될 수 있을까? 찬녕은 전설적인 말투로「원효전」을 쓰고 있다. 그러므로 우리는 이러한 전설의 이면에 숨어있는 상징적인 의미를 캐내야 한다. 朴鍾鴻은 그의 글,「원효의 철학사상」에서 "소의 양각 사이에 필연을 준비해 놓고 시종 牛車 위에서 저술을 하였다."는 이야기를 "본각과 시각의 양각으로써 이론전개의 기반으로 삼았다."는 뜻으로 풀이하였다. "이론 전개의 기반을 삼았다"니, 이게 무슨 말인가? 원효가 그의 붓과 벼루를 소의 두 뿔 사이에다 놓았다고 말할 때의 '사이'라는 말에 귀가 번쩍 띄어야 할 것이다. 붓과 벼루가 원효의 저술 활동을 상징한다면, 붓과 벼루를 소의 두 뿔 '사이'에다 놓았다는 말은 疏를 짓는 그의 차원을 암시해주고 있다. 그리고 두 뿔이 시각과 본각의 양각을 상징한다면 두 뿔의 '사이'란 시각과 본각에 두루 통하는 경지를 말해주고 있는 듯하다. 그러므로 이 이야기는 원효가 『금강삼매경소』 5권을 지을 때, 처음부터 끝까지 두 가지의 서로 다른 覺이 완전하게 통(圓通)하는 경지에서 한 발도 벗어나지 않았음을 보여 주고 있다고 해석할 수 있다. 그리고 또한 이 이야기는 시각과 본각에 두루 통하기 위해서는 원효가 그의 붓과 벼루를 소의 두 뿔의 사이에 놓듯이 우리도 시각과 본각의 사이에 서 있어야 함을 가르쳐 주고 있다. 그리고 동시에 우리는 시각도 본각도 둘 다 포섭하는 세계에 서 있어야 한다는 말일 것이다. 다시 말하면 시각과 본각의 어느 편에도 기울지 않는 양부정적인 태도를 지니면서, 동시에 시각의 의미도 본각의 의미도 다 살리는 양긍정적인 면을 지니는 것이라고 말할 수 있을 것이다. 결국 찬녕은 전설적인 서술 방식을 원용하고 있지만 실지는 우리들이 어디서 원효를 보아야 할 것인지를 알려 주었다고 말할 수 있을 것이다.

고려의 一然(1206~1289)도 그의 『삼국유사』[7]에서 원효를 아무 데도 걸림이 없는 무애도인으로 그리고 있다. 거기에 나오는 「無碍歌」가 바로 그것이다. 원효가 「무애가」를 부르면서 전국 방방곡곡 안 가는 데 없이 돌아다녔다는 이야기는 과연 무엇을 의미하는가? "모든 것에 걸림 없는 사람이라야 한 길로 생사를 뛰어 넘을 수 있다(一切無碍人 一道出生死)"라는 「무애가」의 가사는 서기 421년에 Buddhabhadra가 한문으로 번역한 60권 『화엄경』의 菩薩門難品 第六에 나오는 말이다. 생사를 뛰어 넘는 일은 불교적 수도의 지상과제이다. 어떻게 해야 그렇게 될 수 있는가? 무애라야 된다. 모든 것에 걸림이 없어야 한다. 이 말이 얼마나 좋았기에 원효는 이를 노래하면서 千村萬落, 안 가는 데 없이 춤을 추며 돌아다녔을까? 무애, 그것도 一切無碍, 이는 분명히 모든 시비와 대립이 다 녹아버린 가장 자유로운 모습이며, 모든 이치를 다

---

7) T.2039, vol.49, p.1006a-b.

통달한 경지를 그려내는 데 가장 적절한 표현이다. 흔히 원효를 책을 많이 저술한 학승으로 생각하기 쉽지만, 만일 원효가 책을 저술하는 데에 그치고 책에서 밝힌 진리를 몸소 실천하는 데는 소홀히 했더라면 그의 위대성도, 영향력도 모두 감소되고 말았을 것이다. 원효를 두고 찬녕이 암시한 '圓通'이라는 말과 일연이 사용한 '無碍'라는 말이 모두 원효의 사람됨과 그가 세상을 살아가는 모습을 그린 말임이 분명하며, 동시에 이는 원효사상의 핵심인 和諍과 불가분적인 관계에 있다고 말할 수 있을 것이다. 사실 '원통'과 '무애'와 '화쟁'이라는 세 마디의 말을 빼놓고서 원효의 몸을 제대로 그릴 수는 없을 것이며 이 세 마디의 말이야 말로 원효의 현주소를 일러주는 말일 것이다. 그러면 이제부터 현대인들의 원효 이해를 살펴보자.

3. 현대인의 원효 이해

오늘 우리의 주제가 '서양에 간 원효'라 하지만 서양에서 사는 사람만이 우리의 연구대상이 될 수는 없다. 동양에 살아도 서양적으로 생각하는 사람들의 발언은 우리의 연구대상이 되지 않을 수 없다. 원효를 서양적으로 다룬 많은 학자들 가운데 가장 먼저 나의 눈에 띈 학자는 朴鍾鴻(1903~1976)이다.[8]

1966년, 박종홍은 「원효의 철학사상」이라는 논문을 발표했다. 화쟁이라는 초점을 가지고 원효의 전 사상체계를 꿰뚫어 보려는 매우 야심찬 논문이다. 박종홍에 의하면, "원효의 논리는 화쟁의 논리이며 그것

---

8) 필자는 1979년, 苦巖 金奎榮博士 華甲紀念 論文集 『東西哲學의 諸問題』에 「원효사상 전개의 문제점 - 박종홍 박사의 경우」(서울 : 서강대학교 철학과동문회편, 1979, 60~96쪽)라는 논문을 발표했다. 여기서는 거기에 실린 글의 일부를 발췌하여 오늘의 초점에 맞추어 다시 정리한 것이다.

은 다름 아닌 開合으로서 宗要를 밝히는 것"이었다. 박종홍의 이러한 정의는 오늘날 널리 받아들여지고 있는 것 같다. 그러나 우리는 먼저 이 자리에서 이 말의 뜻이 무엇인가를 좀 더 분명히 하고 넘어 가는 것이 좋을 줄 안다.

원효가 즐겨 쓰는 종요라는 말과 개합이라는 말에 대해서 박종홍은 다음과 같은 정의를 내리고 있다.

> 종요의 종이라 함은 多로 전개함이요, 요라 함은 一로 통합이니, 종 요가 곧 개합 이외의 다른 것이 아니다.

여기서 개합의 개는 전개라는 뜻으로, 합은 통합이라는 뜻으로 이해 되고 있으며, 또한 개합과 종요는 동일시되고 있다. 필자가 이해하는 한에 있어서 박종홍이 말하는 원효의 화쟁논리란 "전개와 통합이라는 작업을 통해서 多와 一의 관계가 無碍自在함을 밝히는 것"이라고 말 할 수 있을 줄 안다.

박종홍은 원효가 즐겨 쓰는 開와 合이라는 말을 '전개'와 '통합'이라 는 현대어로 바꾸어 사용하였다. 과연 그렇게 해도 좋은지 우리는 이 점을 문제 삼아야 될 줄 안다. 박종홍이 개합의 논리의 전거로 삼고 있 는 구절은 유명한 『起信論海東疏』의 「宗體章」에 나오는 말이다.

<원효의 원문>	<朴鍾鴻의 해석>
① 開則無量無邊之義爲宗	① 開하면 無量無邊之義가 전개되지만
② 合則二門一心之法爲要	② 합치면
③ 二門之內容萬義而不亂	③
④ 無邊之義同一心而混融	④ 하나로 혼융되어
⑤ 是以開合自在立破無碍	⑤ 이른바 개합이 자재하고 입파가 무애 하여

⑥ 開而不繁合而不狹   ⑥ 開한다고 번거로운 것도 아니오, 합친
　　　　　　　　　　　　다고 좁아지는 것도 아니다. (다시 말
　　　　　　　　　　　　하면 개합에 따라 증감하는 것이 아니
　　　　　　　　　　　　다)

⑦ 立而無碍破而無失   ⑦ 그리하여 정립하되 얻음이 없으며 논
　　　　　　　　　　　　파하되 잃음이 없다고 한다.

　이상에서 우리는 원효의 원문과 박종홍의 해석 사이에 가로 놓여있
는 엄청난 차이에 대해서 놀라지 않을 수 없다. 박종홍은 그의 지론인
개합의 논리에 초점을 맞추어 원효의 원문을 제멋대로 해석해버렸다
는 비난을 면할 수 없을 것이다. 다시 말하면 박종홍은 자기가 고안한
전개와 통합이라는 도식을 진리탐구의 방법론으로 정착시키기 위해서
원효의 원문을 완전히 변형시켜버렸다. 위의 대조표에서 ②·③·④행
속에 들어 있는 원효의 한자 30자를 우리말 10자로 압축하였다. 이는
무엇을 의미하는가?

　지금 우리의 관심사는 원효의 사상이다. 그러므로 만일 박종홍이 원
효와 멀어져 간다고 생각될 때는 기탄없이 이의를 제기해야 할 것이
다. 그러면 원효의 원문 가운데 ②·③·④를 박종홍처럼 간단하게
"합치면 하나로 혼용되어"라고 해석하면 무슨 잘못된 점이라도 있다는
말인가?

　여기서 문제의 성격을 좀 더 뚜렷이 하기 위해서 먼저 필자의 해석
을 내놓는 것이 좋을 것 같다.

① 펼칠 때는 무량무변한 뜻(義)이 그 大宗으로 되어 있고

② 합칠 때는 二門一心이라는 법이 그 요체로 되어 있다.

③ (그런데 묘하게도) 그 이문 속에 (위에 말한) 무량한 뜻이 다 포용되
　고도 조금도 혼란됨이 없으며

④ (또한 위에 말 한) 무변한 뜻이 일심과 하나가 되어 혼연히 융합해 버린다.

⑤ 이렇기 때문에 개와 합은 서로 자재하고 定立(긍정)과 論破(부정)는 서로 걸림이 없는 것이다.

이상에서 ⑥행과 ⑦행에 대한 필자의 해석은 선생의 것과 별로 차이가 없으므로 생략했다. 필자의 해석도 퍽 자유롭고 다분히 해설적이다. 이 문장을 통해서 원효가 무엇을 말하려고 했는가를 잡아내기 위해서는 어떠한 형태로든 필자가 이해한 바를 모두 다 털어 내놓아야만 했기 때문이다.

그러면 필자의 해석을 바탕으로 필요한 분석을 시도해 보자. ①행과 ②행은 일종의 대칭구조로서 양자는 서로 상반된 성격을 지니고 있는 것이 그 특징이다. 원효는 여기서 개와 합, 무량무변지의와 이문일심지법, 그리고 종과 요, 이러한 것들이 모두 서로서로 팽팽히 맞서 있음을 의식적으로 대조시켜 보여 주고 있다. 이러한 대조는 현과 밀, 용과 체, 생기와 귀원 등등 여러 가지로 나타날 수 있다. 그런데 흔히들 이러한 쌍쌍의 어느 하나만을 보거나, 또는 둘 다 본다 하더라도 양자의 진정한 관계를 못 보고 곧잘 그 가운데 어느 하나만을 더 강조한다. 이래서 시비가 벌어진다. 원효는 지금 어떻게 해서든지 이러한 시비가 아무런 근거가 없음을 밝히려 하고 있다. 그 첫째 작업이 여기서는 ③행과 ④행의 표현으로 나타난 것이다. 다시 말하면 시비를 벌이는 사람들이 생각하는 것과는 달리, 펼칠 때(開) 나타난 무량무변한 뜻이 합칠 때(合) 나타난 이문일심 속에 완전히 포용되어 조금도 혼란이 없이 융합되어 있다는 것이다. 그래서 원효는 ⑤행과 같은 결론을 자신 있게 내릴 수 있는 것이다. 즉, 개측과 합측이 서로 모순되기는커녕 개는 합의 나타남이고, 합에는 또 개가 포용되어 있어서 개가 곧 합이요, 합이 곧 개가 되는 상호 무애자재한 관계에 있다. 개합이 자재한다는 말은 원효의 화쟁사상을 단적으로 가장 잘 드러낸 말이다. 지금 필자가 문제삼고 있는 ③행과 ④행은 개합이 자재한 가능 근거를 파헤치고 있는 부분이므로 원효의 원효다운 면을 가장 잘 드러낸 중요한 대목이라고 말할 수 있다. 이는 개측과 합측 사이에 가로막혀 있는 두꺼운 벽을 터서 통하게 하고, 시비를 無諍으로 질적으로 전환시키는 화쟁작업이기 때문이다. 만일 원효가 ①행과 ②행만을 말했다면 그는 한낱 지식인에 불과하다고 말해 마땅할 것이며, 만일 그가 ⑤행만을 말했다면 그는 한낱 奇異를 능사로 하는 도인에 불과할 것이다. 그가 ③행과 ④행을 마저 말했기 때문에 그는 지식을 지혜로 승화시키고, 그 지혜를 다시 지식으로 표현한 보살행의 실천자가 될 수 있었으며, 한국 불교의 특징인 통불교의 선구자가 될 수 있었다. 나는 '보살행의 실천'이라는 말을 빼고 '통불교'라는 말을 생각해 볼 수가 없다. 그러므로 여기서 '通'이라는 말은 여러 종파를 하나로 통합했다는 뜻이 아니라 지식의 차원이 승화되어 지혜의 차원이 되고, 이는 다시 지식의 차원으로 내려와서 서로서로 통하는 것을 의미한다. 보살이란 자기자신도 이렇게 되려고 노력하고 남들도 이렇게 되도록 돕는 사람들을 가리키는 말일 것이다.

그러면 박종홍처럼 ②·③·④행을 하나로 묶어서 "합치면 하나로 혼융되어"라고 줄여 버릴 때 어떠한 결과가 생기는가를 살펴보자. 첫째, ②행을 철두철미하게 ①행에 맞서게 하지 아니하고 '합치면'이라는 단 한 마디의 말로 대치하고 넘어가 버리면 원효가 제기한 문제, 즉 시비하는 사람들이 빠지기 쉬운 '대립'이라는 함정을 여실히 부각시킨다는 초점이 흐려져 버릴 우려가 있고, 둘째, ③행과 ④행을 단순히 "하나로 혼융되어"라는 말로 대치해 버리면 ⑤행의 결론이 진부한 고투의 되풀이로밖에는 들리지 아니할 수도 있다.

나는 여기에서 박종홍이 말하는 개합의 논리가 원효의 특색이 아니라고 말하고 있는 것은 아니다. 개합의 의미에 있어서 양자 간에 거리가 있다는 점을 말하고 있을 뿐이다. 원효에 있어서는 개합은 문제제기일 뿐이요, 더 중요한 것은 개와 합의 관계가 어떻게 해서 대립의 관계에서 자재의 관계로 넘어가느냐에 있었다. 그런데 박종홍에 있어서는 개합이 진리탐구의 방법이 되어 있고 따라서 전개와 통합만을 잘 해 나가면 진리는 발견되게 되어 있다. 이러한 차이는 결코 작은 차이가 아니다. 원효에게서는 개합을 아무리 잘 해 놓아도 그것이 곧 화쟁이 되지는 못 한다. 더 요청되는 것이 있다. 그것은 개와 합의 관계에 대하여 새로 눈을 뜨는 것이다. 다시 말하면 종래엔 대립관계로 보던 것을 조화된 융통관계로 새롭게 다시 보는 것이다. ③행과 ④행은 바로 이러한 인식의 전환을 알리는 구절들이다. 여기에 ②・③・④행을 하나로 합쳐 버려서는 안 된다고 주장하는 필자의 이유가 있다.

나는 앞에서 원효에 있어서의 개합이라는 말이 박종홍이 말하는 전개와 통합이라는 개념과는 상당히 거리가 먼 말들임을 지적하였다. 그러면서도 필자는 원효가 그의 문장을 쓸 때에 그 형식적인 문장 서술 기법상의 순서를 항상 開했다가는 合하고 合했다가는 開하면서, 나중에는 개에서 합을 드러내고 동시에 합 속에서 개를 봄으로써, 이 양자가 자유자재로 융통함을 밝히는 문장 형식을 쓰고 있다는 사실을 인정하였다. 박종홍은 원효의 현존 저술에 나타나 있는 이러한 개합 형식의 문장들을 빠짐없이 망라하였다. 어떻게 보면 선생이 줄기차게 밝히려고 했던 것은 원효사상의 내용이었다기보다도 논리라는 이름의 이러한 형식이었던 것 같다. 물론 내용을 무시한 형식이란 있을 수 없다. 박종홍도 그의 각의 원리의 장에서 이 점을 분명히 하고 있다.

화쟁의 논리를 원효철학의 방법론적인 면이라고 할 수 있다면, 본시

(本覺과 始覺)의 양각을 추축으로 하여 전개되는 각의 원리는 원효철
학의 내용을 제시하는 것이라고 하겠다. 그러나 내실 자체의 전개하는
모습이 다름 아닌 논리인 이상, 화쟁의 논리가 각의 원리와 遊離하여
있을 리는 없다.

논리와 내실은 따로 떨어질 수 없다는 말은 매우 불교적이며 또한
원효적이다. 그러나 진리탐구의 방법으로서의 개합의 논리가 어떻게
해서 내실 자체의 전개하는 모습이라는 점을 밝히지 않고서는 원효의
체계와 박종홍의 체계는 여전히 거리가 멀다고 말할 수밖에 없다. 논
리와 내실의 상관관계상 개합의 논리가 원효의 특징이라면 각의 원리
도 원효의 특징이어야 할 것이다. 그러나 불교의 교리상 원효에서의
각의 원리가 다른 불교학자들의 각의 원리와 다르다고 주장할 수 있을
까? 만일 각의 원리가 모든 개별적인 차이를 떠난 것이며 또한 초시공
적인 것이라면 왜 그것이 하필 개합이라는 형태로만 나타날 것인가?
그것은 때로는 논리로도 나타나고 때로는 비논리로도 나타나며, 사랑
으로도 나타나고 징벌로도 나타나고, 지혜, 모순 등등 가지가지의 모습
으로 나타날 것이다. 만일 그렇다면 필자는 여기에서도 원효의 개합의
논리가 진리탐구의 방법이라는 말에 어떠한 단서를 붙여야만 할 것 같
다. 우리는 진리탐구의 방법이라는 말을 들을 때 그 방법에 의해서 그
진리에 도달한다고 생각하기 쉽다. 그러나 원효의 화쟁사상에 관한 한
개합이라는 방법에 의하여 화쟁이 이루어진다는 보장은 되어 있지 않
다고 생각한다. 왜냐하면 원효의 화쟁은 앞에서도 필자가 누누이 지적
한 바와 같이 화쟁자의 세계에 무애자재가 구현된다는 점을 항상 전제
하고 있기 때문이다. 그러나 필자는 불교적 근본주의자들처럼 "그러니
까 우리는 먼저 도통해야 한다."고 주장하고 있는 것은 아니다. 왜냐하
면 무애자재를 핵으로 하고 있는 원효의 화쟁사상은 무엇보다도 먼저

비화쟁적인 사고방식으로부터 자유로워지는 것을 가르치고 있으며, 이 때에 비화쟁적인 사고방식이란 다름 아닌 "이렇게 하기만 하면 된다"는 방법론 지상주의자나 또는 "길은 이 길밖에 없다"는 근본주의자들의 통폐를 두고 하는 말이기 때문이다. 이상적으로는 논리와 내실이 둘일 수 없지만 현실적으로 迷한 중생이 논리를 길잡이로 삼아 내실에 도달하려고 할 때에는 가지가지의 폐단이 생기게 마련이다. 이 점은 體와 用의 관계에 있어서 양자가 둘일 수 없지만, 양자를 아직도 둘로 보는 사람이 용을 길잡이로 체를 알려고 할 때에는 가지가지의 폐단이 생기는 것과 恰似하다고 하겠다. 그러므로 미한 중생이 논리라는 방법으로 내실에 도달한다는 실천적인 문제와 논리는 내실의 드러남이라는 인식론적인 문제는 혼동해서는 아니 될 별개의 문제이다.

아무튼 박종홍의 원효관에 있어서 '논리'라는 말의 비중은 대단히 크다. 그가 각의 방법이라는 장에서 "각의 방법으로서의 止가 원효의 화쟁논리와 뗄 수 없이 긴밀하게 일체가 되고 있다."고 강조하는 것이나, 무애의 구현이라는 장에서 "원효가 퇴속한 후 소성거사로서 참회하는 것을 무애의 이론적 탐구를 넘어선 다음의 구현하는 단계"로 보려는 것 등은 그 좋은 예라고 하겠다. 그러나 원효 자신이 말하는 지관과 무애의 구현이 과연 박종홍이 강조하는 것만큼 그렇게 긴밀하게 논리와 관계를 가지고 있는 것인지는 앞으로 더 연구해 보아야 할 과제라고 생각한다.

우리는 박종홍이 원효사상을 올바로 소개하고 이를 다시 계승 발전시키려 한 고충을 이해한다. '무애자재'하다는 말은 분명히 화쟁사상의 핵심이 되는 말이며, 이는 또한 무분별지의 세계에서나 가능한 일이기 때문에, 응당 비합리의 합리라는 말이나 비논리의 논리라는 말로밖에는 달리 어떻게 잘 표현할 길이 없을 것이다. 그러나 안타까운 것은 우리의 독자들이, 아니 우리들 자신이 형식논리의 분별지에 집착하지 말

라는 경고를 받았다고 하여 곧 이에 집착하지 않게 될 수 있느냐 하는
점이다. 합리적이어야 하고 논리적이어야 한다는 것을 강요당해 온 우
리들이 어떻게 비합리의 합리, 비논리의 논리라는 세계를 올바로 이해
할 수 있을까 하는 문제는 결코 작은 문제가 아니며, 이는 원효사상 전
개상 다루지 않을 수 없는 중요한 문제라고 생각한다. 아직은 분별지
에의 집착을 어찌하지 못하는 우리가 어떻게 무분별지의 소산인 비논
리의 논리를 제대로 따라갈 수 있을 것인가? 박종홍은 이러한 문제를
제기조차 하지 않았다. 이는 무엇을 의미하는 것일까? 논문의 제목이
'원효의 철학사상'이니까 영역 밖의 일로 생각했기 때문이었을까? 아
니면 분별지와 무분별지의 차이를 불교인들처럼 심각하게 생각하지
않았기 때문이었을까?

   여기에서 소위 學語者의 길과 修道者의 길이 갈라진다. 전통적인
불교교육에서는 학어자의 길은 항상 무시당해 왔다. 학어자라는 말은
일종의 폄칭이다. 원효 이후에 원효 같은 사람이 다시 나오지 아니한
것은 이러한 전통사회의 풍조 때문이었는지도 모른다. 그러면 오늘날
우리들은 어느 길을 택해야 할까? 흔히 현대적인 의미의 학자의 길을
전통적인 의미의 학어자의 길로 착각한다. 그러나 우리들이 오늘날 학
자의 사명이 무엇인가를 한 번 생각해 본다면 대답은 자명하다. 원효
사상 전개의 경우 현대 학자들이 다루고 있는 것은 원효의 언어요, 원
효의 문장이지만, 학자들이 정말 밝히고자 하는 것은 원효의 사상이기
때문에, 오늘날의 학자들은 어찌할 수 없이 원효가 체험한 경지, 원효
가 구현한 세계를 문제 삼아야만 되게 되어 있다. 그러므로 오늘날 원
효사상을 전개하는 사람은, 겉으로는 學語者처럼 보이지만 사실은 學
語者이기만 해서는 안 되고, 겉으로는 修道者처럼 보이지 않지만 사실
은 修道者들 이상이라야 한다. 얼핏 듣기에 이는 너무 엄청난 무거운
짐을 지우는 것 같지만 그것이 어차피 우리들이 가야 할 길이라면 우

리는 그 길을 외면할 수도 없고 외면해서도 아니 될 것이다. 진리를 탐구하는 사람의 길을 학어자의 길과 수도자의 길로 나누는 폐풍은 먼저 우리의 사고방식에서부터 시정되어 나아가야 한다. 찬녕과 일연이 원효의 『금강삼매경소』를 짓는 태도를 소의 두 뿔 '사이'에다 그의 붓과 벼루를 놓고 지었다고 말하듯이, 오늘날 우리들도 원효사상을 전개할 때 학어자의 길과 수도자의 길의 '사이'에 서서 몸이 부서지는 난파를 체험하면서 이론을 전개해 나아가야 할 것이다.

요즘처럼 천하가 서구화의 홍수에 휩쓸려 떠내려가고 있는 판에, 불교학계에까지 쳐들어온 '방법일변도'라는 잘못된 풍조를 바로 잡는 일은 쉽지 않을 것이다. 그렇지만 원효를 바로 본다는 말이 그의 '몸짓'만이 아니고 그 '몸'을 바로 본다는 것을 의미하는 한, 우리들이 어떻게 修道의 문제를 비학문의 영역이라고 배제할 수 있을지 모르겠다. 뿐만 아니라 요즘 학자들 간에는 수도란 말이 다분히 오해되고 있다. 수도란 한마디로 말해 실천의 문제인데 동양의 어디에 실천을 빼놓은 종교적 학문이 있었던가? 원효의 경우는 더 말할 것이 없다. 박종홍의 경우, 논리적 혼란이 비일비재인 것은 이 점이 분명치 않았기 때문이라고 말하지 않을 수 없다.

1973년, 高翊晉은 「원효의 기신론소.별기를 통해 본 진속원륭무애관과 그 성립이론」[9]이라는 논문을 발표했다. 이 논문의 서론에서 고익진은 다음과 같이 주장한다.

원효의 기신론소 종체문은 그의 기신론 연구의 총결이라고 할 수 있는데, 거기에는 眞如 生滅 二門이 화합된 불가사의한 대승의 체가 진에서 속, 속에서 진으로 원륭무애하게 생동하고 있음을 본다. 이 원숙

---

9) 고익진, 「원효의 기신론소.별기를 통해 본 진속원륭무애관과 그 성립이론」, 『불교학보』 제10집, 서울 : 동국대학교, 1973, pp.287~321.

한 종교적 경지를 나는 '진속원륭무애'라고 부르고 싶다.(同 논문, p.289)

"대승의 體가 진에서 속, 속에서 진으로 원륭무애하게 생동하고 있다"는 말은 고익진이 애용하는 말이다. 그는 이 말을 자기 논문의 이곳 저곳에 여러 번 되풀이했으며, 마지막의 결론에서도 똑같은 말을 힘주어 강조했다. 그러나 우리는 고익진의 이 말을 주의 깊게 들여다 볼 필요가 있다. 고익진이 애용하는 이 말은 원효의 종체문 어디에도 없는 말이다. 다시 말하면 이 말은 고익진의 말이지 원효의 말은 아니라는 말이다. 그러면 우리는 이제부터 고익진이 원효의 종체문을 어떻게 이해하고 있는지 한번 살펴보자.

고익진은 같은 논문 제8장 '해동소 종체문의 음미'에서 먼저 원효의 원문을 소개하고 그 다음에 자기의 해설을 붙였다.

<원효의 기신론소 원문>
a 然夫大乘之爲體也 蕭焉空寂 湛爾沖玄
b 玄之又玄之 豈出萬像之表
   寂之又寂之 猶在百家之談
c 非像表也 五眼不能見其軀
   在言裏也 四辯不能談其狀
d 欲言大矣 入無內而莫遺
   欲言微矣 苞無外而有餘
e 引之於有 一如用之而空
   獲之於無 萬物乘之而生
f 不知何以言之 强號之謂大乘[10]

---

10) 동국대학교 편,『한국불교전서』제1책, p.698, 중단.

(원효의) 이 종체문에서 "然夫大乘之爲體也 蕭焉空寂 湛爾沖玄."(a문)은 진여문과 생멸문이 非一非二의 관계로 和合하여 大乘의 體를 이룸을 나타내고 있다. 진여문은 일체의 분별과 언설을 떠났으므로 "蕭焉空寂"이라고 말할 수 있고, 생멸문은 불생불멸(自性淸淨心)이 擧體動(隨緣)하여 생멸을 지음으로 "湛爾沖玄"이라고 할 수 있기 때문이다.

이 구절을 잇는 다음 문장(b문)은 二門 和合의 大乘體가 眞에서 俗으로 나오고, 俗에서 다시 眞으로 들어가 진속원륭무애함을 나타낸다고 볼 수 있다. 그 가운데 "玄之又玄之 豈出萬像之表"는 상문의 "湛爾沖玄(생멸문)"을 이어 그것이 지극하여(玄之又玄之) 다시 眞에 들어가고, "寂之又寂之 猶在百家之談"은 상문의 "蕭焉空寂(진여문)"을 이어 그것이 지극하여(寂之又寂之) 다시 俗에 나옴을(猶在百家之談) 뜻하는 것으로 생각되기 때문이다. 따라서 "玄之又玄之"는 "현한 것이 다시 현하니"와 같이, "寂之又寂之"는 "적한 것이 다시 적하니"와 같이, 二重不定을 통한 肯定과 같은 논리로 해석할 수 있을 것이다. 이럴 경우, 생멸문의 '玄'은 다시 '玄'하면 眞에 들어갈 수밖에 없고, 진여문의 '寂'은 다시 '寂'하면 俗에 나올 수밖에 없는 것이다.

생멸문이 이렇게 현하고 다시 현하여 만상의 겉에 나타나지 않으므로, 다시 말하면 진에 들어가므로 오안으로도 그 몸을 볼 수 없고, 진여문이 적하고 다시 적하여 오히려 백가의 말속에 있으므로, 다시 말하면 속에 나옴으로 사변으로도 그 모양을 표현할 수가 없을 것은(d문) 물론이다.[11]

고익진은 "玄之又玄之 豈出萬像之表"를 "현하고 다시 현하여 만상의 겉에 나타나지 않으므로……"라고 읽었다. 이러한 독법은 탄허, 성

---

11) 같은 책, pp.315~316.

락훈, 은정희 등 다른 사람들의 번역과 다르다. 은정희는 이를 "(이 대
승의 체가) 깊고 또 깊으나 어찌 만상의 밖을 벗어났겠으며……"라고
번역했다.[12] 고익진 독법의 문제점은 번역 자체의 한문 문법상의 잘
잘못에 있다기보다 더 심각한 데 있는 것 같다. 왜 고익진은 "玄之又
玄之"를 재부정으로 보고 "豈出萬像之表"를 생멸문이 진여문으로 돌
아서는 것으로 보아야 했을까?

　원효의 종체문 전편에 흐르고 있는 사상을 딱 꼬집어내는 말이 있다
면 그것은 '離言'과 '絶慮'라는 말일 것이다. 그가 대승을 이야기하고
기신을 이야기하지만 말로 하는 대승, 생각으로 하는 기신 가지고는
안 되겠다고 잘라 말한다. 그의 대안은 두구대사나 목격장부 같은 사
람의 등장이다. 다시 말하면 몸짓으로 살지 않고 몸으로 사는 사람이
라야 되겠다는 것이다. 원효는 고익진이 열심히 두들겨 맞추고 갖다가
붙이는 모든 작업을 미리 예견이나 한 듯이 한마디로 때려부수고 있
다. 그 한 마디란 "不知何以言之 强號之謂大乘(무엇으로 이를 말해야
할지 몰라 억지로 대승이라 부른다.)"란 말이다. 원효의 종체문은 처음
부터 일관되게 우리의 언어와 생각에 도전하고 있다. 다시 말하면 구
태의연한 우리의 intellectual karma라 할까, way of thinking을 쳐부수면서
몸짓에 얽매이지 말고 몸을 보라고 외치고 있는 것 같다.

　원효는 그가 『別記』에서 썼던 '大意'란 말을 나중에 쓴 『海東疏』에
서는 '宗體'란 말로 바꿨다. 그리고 『別記』의 첫 문장인 "佛道之爲道
也"란 말을 "大乘之爲體也"로 바꿨다. 대수롭지 않게 보면 그냥 넘어
갈 수도 있겠지만 따지고 들어가면 거기에도 많은 뜻이 함축되어 있
다. 道라는 말 대신에 體란 말을 썼다는 것이 눈에 띈다. 道라는 말보
다도 體라는 말이 더 자기 사상에 가까웠던 것 같다. 뿐만 아니라 원효

는 『別記』에서 썼던 佛道란 말 대신에 소에서는 大乘이란 말로 바꿨다. 원효에게 大乘은 바로 몸이었고 起信은 그 몸짓이었다. 원효가 생각하는 몸은 관념적인 것이 아니라 철저한 현실이었다. "玄之又玄之 豈出萬像之表"란 말이 그 말이다. 아무리 현묘하고 또 현묘해 보았자 어찌 만상 밖으로 나갔겠느냐고 감탄조로 되물은 것이다. 철저한 현실이다. 그것을 한문 고유의 화법으로 요약한 것이 그 다음의 "非像表也"다. 삼라만상 밖으로 나간 것이 아니란 말이다. 다시 말하면 "바로 지금 당장, 바로 이 자리" 눈앞의 현실을 그는 들여다보고 있는 것이다. 그것이 효이다. 만상 밖으로 나간 진여문이어서 현한 것이 아니다. 천하에 제 아무리 별 재주를 다 가졌다 해도, 설령 불교의 오안과 사변을 다 갖추었다 할지라도, 그런 것들을 가지고 몸을 알려고 해서는 안 된다는 것이다. 왜? 그런 것들은 모두 몸짓 문화의 산물이거나 몸짓 문화에 초점을 맞추어 놓은 노예적 성격의 것이기 때문이다.

나는 고익진이 인용한 종체문을 영어로 번역해 보았다.

Revealing the mom of the doctrine

In its *mom*, Mahayana is completely empty, yet very mysterious.

Though very mysterious, it does not exist outside of the myriad things.

Though completely empty, it nevertheless resides in everyday talk.

Though not outside of the myriad things, even the Buddha's five visual powers cannot grasp its form.

And while it resides in everyday talk, even the Buddha's four powers of speech cannot describe its shape.

We want to say it is big, but it enters into a single point without residue.

We want to say it is tiny, but it envelops the universe with room to spare.

Force it into 'being'? But we use it all the time and still it remains empty.

Trap it in 'nothingness'? Yet through it everything arises.

Not knowing how to speak of it, we force it into the name Mahayana.[13]

고익진은 근래에 드물게 보는 훌륭한 불교학자다. 그러나 그의 글에
서는 수도원 중심의 조계종 불교에 도전하는 비판정신이 보인다. 그에
겐 眞 일변도이어서는 안 되겠다는 의식이 투철하고 현실을 긍정적으
로 살려내야겠다는 강력한 의지가 있다. 뭔가 현실에 도움을 주고 싶
어 하는 그의 자비심은 환영한다. 그러나 難破없는 현실긍정은 위험하
다. 고익진은 진여문 일변도의 제1의제적 眞俗平等을 교리적 결함으
로 보았다. 그리고 眞如・生滅 이문의 화합에 의한 이론전개를 원효의
'진속원융무애'라고 칭찬했다. 그러나 진여・생멸 二門은 원래 일심으
로 화합된 것인데 어찌하여 불화합이 되었으며 이 불화합을 어떻게 재
화합시킬 수 있는가를 밝혀야 했음에도 불구하고 그는 성급하게 전통
적인 제1의제 공격에 치우친 나머지 원효의 저술 도처에 면면히 흐르
는 체적 측면을 소홀히 다루었다. 그래서 고익진의 글에는 난파
(shipwreck)가 없다. 난파 없이는 몸이 드러날 수 없다.

4. 맺는 말

사람들의 관심사는 크게 '몸짓 관심'과 '몸 관심'으로 나눌 수 있을
것이다. 사람이 태어날 때 눈이 먼다든가 또는 귀가 멀고 말을 못하면
그 부모는 태산이 무너진 듯 한숨으로 세상을 산다. 사람이 사람 노릇
하는데 이목구비의 역할은 가위 절대적이기 때문이다. 사람에게 있어

---

13) 이 영역은 1993년 Peter Lee가 편집하여 컬럼비아대학 출판부에서 나온
Sourcebook of Korean Civilization Vol. 1, 157쪽에 실렸던 것을 이번에 다시 손질한
것이다.

서 이목구비 등 여섯 가지 의식기관의 역할은 각자가 태어난 가정의 훈련과 자라날 때의 사회적, 문화적 또는 역사적 조건에 따라 많은 차이가 생긴다. 이른바 자기 것밖에는 못 보는 'tunnel vision'이랄지 또는 전체주의적 세뇌현상도 이러한 차이 가운데 하나일 것이다. 그러므로 종교적 훈련이란 사람으로 하여금 이러한 개별적 또는 전체적 '업의 감옥'을 뛰어넘어 보다 커다란 세계를 알아차리게 하는 것이라고 말할 수 있을 것이다. 나는 대화의 편의상, 이러한 감옥에 갇힌 사람들의 관심을 '몸짓 관심'이라 부르고, 감옥을 부수고 해방된 사람의 관심을 '몸 관심'이라 부르고 있다.

내가 읽은 원효의 글들은 철두철미 '몸짓 관심'에 갇힌 사람들을 '몸 관심'의 차원으로 끌어올리려는 노력으로 일관하고 있는 것 같다. 원효의 기신론소 첫 머리에 나오는 종체문이 그 좋은 예라고 말할 수 있을 것이다. 그리고 그 첫 문장이 "然夫大乘之爲體也" 아닌가! 간단하게 '體'라고만 말하지 않고 '爲體'라고 말한 것도 재미있다. 體라는 글자 앞에 爲라는 글자를 붙이고 안 붙이고의 차이는 무시할 수 없는 커다란 차이인 것 같다. '爲體'라고 말함으로써 畵龍點睛처럼 생명 없는 것이 갑자기 생동하는 생명체로 변신하는 것 같다. 그러니 그 다음부터는 생명 없는 말장난을 철두철미 때려부수고 있다. 마침내는 '大乘'이란 말까지도 부정해버린다. "不知何以言之 强號之謂大乘"이란 말이 바로 그 말이다.

내가 앞에서 박종홍이 말한 '開合의 論理'를 비판한 것도 그 때문이다. 박종홍이 말한 개합은 원효의 개합이 아니란 말을 하고 싶었던 것이다. 원효의 개합은 몸을 드러내는 것이었는데 박종홍의 개합은 몸짓을 분석하고 종합하는 데에 그쳤다. 원효의 開는 생명의 開이었는데 박종홍의 開는 그렇질 못 했다. 원효의 開는 생명이 피어나고 자라는 것인데 박종홍의 開는 말 가지고 씨름하는 것이었다. 박종홍의 開는 그렇다 치더라도 그의 合은 더욱 가관이었다. 박종홍은 開와 合을 각각 分析과 統合이라 이해했다.[14] 원효의 경우 合은 開와 마찬가지로 생명의 일함이기 때문에 강산을 덮을 것 같은 커다란 나무가 하나의 씨앗으로 들어가듯 감추어지는 것이었다. 박종홍의 '전개-통합'이든 버스웰(Buswell)의 'analysis-synthesis'든 이것들이 어찌 원효의 개합을 드러낼 수 있을 것인가. 우리는 원효가 개했다고 번거로워지는 것도 아니고 합했다고 좁아지는 것이 아니어서 개와 합은 서로서로 자재의 관계라고 말하는 대목을 잊어서는 안 될 것이다. 말을 가지고 나눴다 붙였다 하는 것과 생명 자체의 일함과를 혼동할 수는 없다. 전자는 몸짓 문화고 후자는 몸 문화이기 때문이다. 버스웰(Buswell)은 그의 『금강삼매경론』 영역본, *Cultivating Original Enlightenment*의 서론(pp.41~42)에서 원효의 개와 합의 문제를 다루었지만 예나 다름없이 박종홍과 비슷했다.

원효는 그렇게도 간절하게 몸짓만 보지 말고 제발 몸을 보라고 호소하고 있건만 어찌된 영문인지 무슨 약속이나 한 듯이 요즘 사람들은 모두 원효의 몸을 보지 않고 원효의 몸짓만을 보고 있는 것 같다. 『해동소』의 종체문은 처음부터 이것도 아니고 저것도 아니고 하는 식으로 "아니"를 되풀이하고 있는데 무엇을 "아니"라고 하는가? 몸짓을 아니라고 하고 있지 않는가! "아니"를 철저히 할 때 몸이 드러난다. 그러나 몸짓 학자들은 이렇게 반문할지도 모른다.

"원효는 '아니'라는 부정만을 되풀이하지 않았다. 원효는 '그렇다'는 긍정도 수없이 했다."

옳은 말이다. 그러나 원효의 긍정은 혁명적인 부정 작업을 완수한

---

14) Robert Buswell은 원효의 開와 合을 각각 analysis와 synthesis로 영역했다. Robert Buswell, translated by, "Wonhyo's Philosophical Thought," *Assimilation of Buddhism in Korea : Religious Maturity and Innovation in the Silla Dynasty*. edited by Lewis Lancaster and C.S. Yu. Berkeley : Asian Humanities Press, 1991, pp.47~103.

다음에 나타난 몸의 일함으로써의 긍정임을 알아야 한다. 다시 말하면 '몸짓의 몸짓'이 아니라 '몸의 몸짓'이란 말이다.

참고문헌

원효,『금강삼매경론』三卷,『한국불교전서』제1책 신라시대편 1, 서울 : 동국대학교 출판부, 1979, pp.604~677.

원효,『대승기신론별기』,『한국불교전서』제1책 신라시대편 1, pp.677~697.

원효,『기신론소』,『한국불교전서』제1책 신라시대편 1, pp.698~732.

贊寧,『宋高僧傳』,『대정신수대장경』제50권 史傳部 2, 日本 東京, 대정신수대장경간행회, 1960, pp.709~900.

최남선 편, 一然 지음,『三國遺事』, 서울 : 서문문화사, 1983.

박종홍,『한국사상사』, 서울 : 일신사, 1966.

『태암 김규영박사 화갑기념논문집 : 동서철학의 제문제』, 서울 : 서강대학교 철학과동문회, 1979.

고익진,「원효의 기신론소 별기를 통해 본 진속원융무애관과 그 성립이론」,『불교학보』제10집, 1973, pp.287~321.

은정희 역주,『원효의 대승기신론 소.별기』, 서울 : 일지사, 1991.

은정희, 송진현 역주,『원효의 금강삼매경론』, 서울 : 일지사, 2000.

Robert Buswell, translated by, *Cultivationg Original Enlightenment,* Honolulu : University of Hawaii Press, 2007.

『누가복음』24장,『성경전서』, 서울 : 대한성서공회, 1993.

The NIV STUDY BIBLE, Grand Raids, MI : Zondervan Publishing House, 1995.

(원효학연구원 주최 원효학 학술대회의 발표문, 2007년 11월 3일, 경주 불국사 문화회관)

216

古典을 어떻게 읽을 것인가

1. 다루어야 할 문제

오늘날 자본주의적 산업사회에 살면서 동양의 古典을 제대로 읽겠다고 하는 것은 어쩌면 무모한 만용일지도 모른다. 옛날 고전을 쓴 사람들과 오늘날 고전을 읽는 사람 사이에 가로막혀 있는 장벽이 너무 크다. 양자 간에 사용하는 언어가 다르다느니 또는 시대가 다르고 사회가 다르다고 운운하지만 모두 부차적인 문제다. 정말 문제는 서로서로 바라는 것이 다르다는 데에 있는 것 같다. 바라는 것이 다르면 자세가 달라진다. 그리고 자세가 다르면 보이는 것도 다르고 얻는 것도 다르기 마련이다. 옛날엔 지식을 얻기 위한 공부를 크게 경계했다. 공부하는 사람 자신의 내적인 '意識 革命'이 더 급선무였기 때문이다. 다시 말하면 '성현처럼 되는 것'[1]이 옛날 고전을 쓴 사람들의 바라는 바였다. 오늘날 학계에 널리 퍼져 있는 개인주의, 출세주의, 상업주의 등등과는 너무나 거리가 멀다. 그러한 의미에서 '오늘날 동양의 고전을 어떻게 읽어야 옳은가'라는 문제를 놓고 다시 한 번 오늘날의 우리를 돌이켜 보는 것도 무의미한 일은 아닐 것이다.

사람은 원래 제각기 익혀온 業이 다르고 또한 하고픈 願도 다르기

---

1) 栗谷 李珥(1536~1584)는 그의 『擊蒙要訣』 제1장, 立志에서, "학문에 뜻을 둔 사람은 '聖人 되기'를 목표로 하여 물러서지 말고 나아가라"고 당부하였다.

때문에 같은 책을 읽어도 제각기 달리 읽을 수밖에 없을 것이다. 따라서 동양의 고전을 여러 가지로 다양하게 읽는 것은 오히려 자연스러운 현상일지 모른다. 그러나 고전 읽기의 이러한 다양성 허용이 고전의 誤讀과 거기에 들어있는 메시지의 歪曲을 조장하는 일이 되어서는 안 될 것이다. 오독은 대개 인간의 나태에서 비롯한 무식과 무지의 산물이며 왜곡은 오독의 연장선상에서 생긴 안이와 오만과 이해관계에 얽힌 악의의 산물인 경우가 많다. 조금만 더 부지런히 공부하고 조금만 더 겸허한 자세로 진지한 학문적인 투쟁을 벌였더라면 그냥 극복할 수 있는 문제들을 그렇지 못하여 마냥 오독과 왜곡을 되풀이하는 경우는 흔히 있는 일이다. 또한 그러한 잘못은 남에게서만 일어나는 일이 아니라 자기자신에게서도 수시로 일어나고 있음을 부인할 사람은 많지 않으리라. 아침에 옳다고 믿었던 일을 저녁에 뉘우치고 어제는 저렇게 읽었던 글이 오늘은 그와 달리 이렇게 읽히는 일은 누구에게나 항상 일어나는 일이다. 그러므로 고전의 '바로 읽기' 작업은 필연적으로 배우는 이의 이러한 나태, 무식, 무지, 안이, 오만, 악의 등등의 부정적인 요소들을 청소하는 작업과 함께 진행되어야 할 것이다.

2. 朱子의 「讀大學法」[2]

주자의 말을 모은 「독대학법」이란 글에는 다음과 같은 말이 있다.

경서를 읽는 데는 많이 읽기를 탐내서는 안 된다. (경서는)『대학』을

---

[2] 이 글은 중국이나 일본에서 출판된 『大學章句』에서는 보이지 않고 오직 조선조 영조 34년(1758)에 출판된 조선판 『大學章句』의 맨 앞에 들어 있다. 조선조의 유학자가 주자의 말을 모아 '독대학법'이라 이름 붙인 듯하다. 확실한 것은 보다 철저한 서지학적 고증에 기대할 수밖에 없다.

먼저 읽는 것이 좋다. 문단을 따라 숙독을 하고 정밀하게 생각하여 그 뜻이 뚜렷하게 밝혀진 다음에 비로소 그 다음 단을 읽기 시작하는 것이 좋다. 다음 단을 읽을 때는 항상 앞단을 생각하여 두 문단의 뜻이 이어지게 하고 서로 모순되지 않게 되어야 한다. 질문 : 이제 『대학』은 좀 알았으니 논어를 읽고 싶습니다. 답변 : 그건 안 된다. 『대학』을 좀 알았다면 이제부터 정신을 바짝 차려 『대학』을 계속 더 열심히 읽어야 한다. 전에 책을 읽을 때는 앞쪽을 보면 뒤쪽이 안보이고 뒤쪽을 보면 앞쪽이 안 보였을 것이다. 그러나 이젠 글 전체의 줄거리와 맥락을 알게 되었으니 정말 이제부터 글이 몸에 배도록 읽고 또 읽어야 한다. 이 책을 읽을 때 공력을 많이 들이면 그만큼 그 용처도 넓어질 것이다. 옛날 尹和靖이란 학자가 程伊川 선생 밑에서 공부하면서 반년동안에 오직 『대학』한 권과 (張載가 지은) 『西銘』이라는 짧은 글을 읽었을 뿐이었다. 그런데 요즘 사람들은 (탐욕스럽게도) 반년 동안에 너무 많은 책을 읽으려 하는구나.[3]

'옛날엔 글을 어떻게 읽었는가'를 잘 말해 주고 있다. 한 마디로 貪讀을 경계하고 있으며 精讀을 하되 구체적으로 어떻게 해야 하는가를 가르쳐 주고 있다. 읽을 것이 너무 많기 때문에 무엇이나 빨리 읽고 많이 읽어야 하는 오늘날의 분위기와는 자못 대조적이다. 그러나 그러한 시대적 차이를 이유로 주자의 독서법을 무시하고 오늘의 우리를 합리화하는 데만 급급해서는 우리가 제기한 문제, 즉 오독과 왜곡을 바로잡는 일에 아무런 도움을 주지 못한다. 옛날에도 알아야 할 것은 많았

---

3) 이것은 필자의 해설적인 번역이다. 그 원문은 다음과 같다. "讀書不可貪多. 當且以大學爲先 逐段熟讀精思 須令了了分明 方可改讀後段 看第二段 却思量前段 令文意連屬却不妨. 問 大學稍通 方要讀論語 (答)曰 且未可 大學稍通 正好着心精讀 前日讀時 見得前 未見得後面 見得後 未見得前面 今識得大綱體統 正好熟看 讀此書 功深則用博 昔尹和靖見伊川半年 方得大學西銘 看 今人半年 要讀多少書". 1968년 성균관대학교 대동문화연구원에서 영인출판한 『經書 : 大學 論語 孟子 中庸』의 pp.3~5 참조.

다. 일찍이 장자는 말했다. "인생은 유한한데 지식은 무한하다. 유한으로 무한을 쫓으려 하니 위험하지 않는가."[4] 동양의 전통 사상계에는 책들이 무진장 많다. 그럼에도 불구하고 그렇게 다독을 경계했다. 우리는 여기서 그 까닭을 분명히 알아야 한다. 오늘날 유행하고 있는 다독과 속독이 불러오는 여러 가지 폐단을 밝혀내야 한다.

3. 『華嚴經』「普賢行願品」[5]

여기에서 내 개인적 경험을 하나 소개하고 싶다. 1962년 봄에 나는 동국대학교 대학선원에서 『화엄경』「보현행원품」을 강의한 적이 있다. 대학에서의 첫 강의라 준비를 단단히 했고 청중들의 평도 나쁘지 않았다. 그러나 뜻하지 않게도 당시의 총장이 나의 대학선원 강의를 문제 삼기 시작했다. 왜 철학과 출신이 대학의 선원에서 불경을 강의하느냐는 것이었다. 물론 나는 그런 비판에 개의치 않았다. 그러나 시간강사가 총장과 시비를 벌였으니 결과는 뻔했다. 나는 그 길로 보따리를 싸 짊어지고 절로 들어갔다. 거기서 나는 아침 일찍부터 밤늦게까지 하루 종일 「보현행원품」만을 읽었다. 한 번 읽는 데 약 25분이 걸렸다. 처음엔 주자의 말처럼 첫 문장을 읽을 때는 그 다음 문장이 보이지 않았다. 그리고 둘째 문장을 읽을 때는 첫 문장이 보이지 않았다. 그럼에도 불

---

4) 원문은 "吾生也有涯 而知也無涯 以有涯隨無涯 殆已". 『莊子』의 養生主 첫 머리에 나온다.

5) 이 경의 원래 이름은 『대방광불화엄경 입부사의 해탈경계 보현행원품』이다. 『대정신수대장경』 제10권, T293, pp.844~848에 있다. 1966년 동국대학교의 동국역경원이 운허 스님 번역의 『보현행원품』을 출판한 이래 1970년대에 光德 스님이 번역하고 해인총림에서 출판한 『보현행원품』이 독송용으로 널리 보급되어 있으며 1984년에 법정 스님이 번역하고 불일출판사에서 펴낸 『나누는 기쁨』이 읽기 쉽기로 이름나 있다.

구하고 읽고 또 읽기를 근 한 달을 계속했더니 뜻밖의 현상이 일어났다. 첫 문장을 읽을 때 둘째, 셋째 문장이 동시에 보이는 것이었다. 뿐만 아니라 마침내는 글의 첫 문장부터 마지막 문장까지가 한꺼번에 눈앞에 나타나는 것이었다. 일종의 '如對目前'현상6)이었다고나 할까. 읽

---

6) 如對目前이란 "마치 내 눈앞에 대하듯 하다"는 말이다. 「보현행원품」의 제일 행원인 예경제불원에 나온다. 『대정신수대장경』 제10권, p.844 아래 칸, 넷째 줄 참조. 다음에 예경제불원 전문과 우리말 번역을 소개한다. '여대목전'의 의미를 분명히 하기 위해서다.

〈원문〉

普賢菩薩 告善財言 善男子 言禮敬諸佛者 所有盡法界 虛空界 十方三世 一切佛刹 極微塵數 諸佛世尊 我以普賢行願力故 起深信解 如對目前 悉以淸淨 身語意業 常修禮敬 ——佛所皆現 不可說不可說佛刹 極微塵數身 ——身遍禮 不可說不可說佛刹 極微塵數佛 虛空界盡 我禮乃盡 而虛空界 不可盡故 我此禮敬 無有窮盡 如是乃至 衆生界盡 衆生業盡 衆生煩惱盡 我禮乃盡 而衆生界 乃至煩惱 無有盡故 我此禮敬 無有窮盡 念念相續 無有間斷 身語意業 無有疲厭

〈운허 스님 번역〉

보현보살은 선재동자에게 말하였다.

선남자여, 부처님께 예배하고 공경한다는 것은 온 법계 허공계 시방삼세 모든 부처님 세계의 아주 작은 티끌만치 많은 수의 모든 부처님들께 보현의 수행과 서원의 힘으로 깊은 믿음(信解)을 일으켜 눈앞에 뵈온 듯이 받들고 청정한 몸과 말과 뜻으로 항상 예배하고 공경하는 것이니라. 낱낱 부처님께 이루다 말할 수 없는 아주 작은 티끌만치 많은 수의 몸을 나타내어 그 한 몸 한 몸이 이루 다 말할 수 없는 아주 작은 티끌만치 많은 부처님께 두루 절하는 것이니, 虛空界가 다 하여야 나의 예배하고 공경함도 다하려니와 허공계가 다할 수 없으므로 나의 이 예배하고 공경함도 다함이 없느니라. 이와 같이 중생의 세계가 다하고, 중생의 業이 다하고, 중생의 번뇌가 다하여야 나의 예배함도 다하려니와, 중생계와, 내지 중생의 번뇌가 다함이 없으므로 나의 이 예배하고 공경함도 다함이 없느니라. 念念히 계속하여 쉬지 않건만 몸과 말과 뜻으로 하는 일은 지치거나 싫어함이 없느니라(운허 스님 번역,『보현행원품, 보문품, 보안장』, 동국역경원, 1966, pp.4~5).

〈번역의 문제점〉

위에 소개한 운허 스님의 번역이 과연 '如對目前'을 제대로 처리하고 있는지 의심스럽다. 제1 예경제불원에 나오는 '여대목전'이란 말은 제2 칭찬여래원에

을 때와 안 읽을 때의 차이도 없어지는 것 같았고 내가 바로『화엄경』
자체인 듯 느껴졌다. 그러니까「보현행원품」의 어느 대목에 눈이 가고
있건 그런 것에 관계없이 항상「보현행원품」전체가 내 앞에 펼쳐져
있는 것 같았다. 그것은 전체와 부분이 유기적으로 동시 공존하는 경
험이었다. 환희심이 났다. 총장에 대한 불쾌감 같은 것은 사라진 지 오
래고 도대체 남들의 평 같은 것엔 신경을 쓰지 않게 되었다. 내 속을
드러내는 데도 밖의 눈치를 살피지 않게 되었다. 나는 이러한 경험을
혼자서 '의식 변화'라고 이름 붙여 보았다. 남들의 경우를 모두 일률적
으로 말할 수는 없지만 동양에서 소위 '글을 읽는다'든지 또는 '공부를
한다'는 말은 항상 이처럼 공부하는 사람 자신의 '내적 변혁'을 겨냥하

나오는 現前知見의 '現前'과 마찬가지로 수행자의 어떤 경지를 나타내는 상
징적인 말이다. 그러므로 우리는 '여대목전'이란 말이 '몸짓 언어'가 아니고
'몸 언어'라는 사실에 주의해야할 것 같다. 운허 스님은 그것을 보현행자가 부
처님을 받드는 모습을 수식하는 말로 본 듯하다. 그래서 그 번역은 "보현의
수행과 서원의 힘으로 깊은 믿음을 일으켜 눈앞에 뵈온 듯이 받들고……"가
되었다. '받들고'란 말이 본문에는 없는데도 불구하고 없는 글자를 삽입해서
까지 드러내고자 하는 운허 스님의 뜻은 오히려 분명하다. 운허 스님은 '여대
목전'을 하나의 구체적인 몸짓으로 보고 있음이 분명하다. 법정 스님도 그의
『나누는 기쁨』(불일출판사, 1984, p.16)에서 운허 스님의 번역을 그대로 따르
고 있다. 그러나 광덕 스님은 그의『보현행원품 강의』(불광출판부, 1994, p.24)
에서 그것을 깊은 믿음을 수식하는 말로 보고서, "……내가 보현행원의 원력
으로 눈앞에 대하듯 깊은 믿음을 내어서……"라고 번역하였다. 한 분은 '여대
목전'을 보현행자의 예경하는 행위를 수식하는 말로 보았고, 한 분은 보현행
자의 신심을 수식하는 말로 보고 있다. 이러나저러나 결과적으로는 둘 다 똑
같이 그 많은 부처님을 눈앞에 뵌 듯이 예경한다는 뜻을 깔고 있으므로 어느
것은 옳고 어느 것은 그르다는 식으로 말할 수는 없을 것 같다. 그러나 '여대
목전'이란 말이 원래 안 계신 곳 없고 안 계신 때 없이 일체가 부처님인 화엄
의 세계와 예경하는 나하고가 극적으로 만나는 대목을 상징적으로 손가락질
하고 있다는 것을 생각하면 그 손가락이 가리키는 달을 번역에 반영해야 하
지 않을까? '나와 부처님의 만남'이라는 종교적인 체험을 몸짓 세계의 한 예
인 '여대목전'이란 말로 표현하고 있다는 본문의 핵심 메시지를 좀 더 분명히
드러내는 새로운 번역이 나왔으면 좋겠다.

고 있지 않는가 생각한다. 한 마디로 독서의 量이 문제가 아니라 독서
하는 자기자신의 質이 더 문제되는 것이다. 고전이 고전일 수 있는 것
은 그것이 글을 읽는 사람으로 하여금 어떤 질적 변화를 맛보도록 해
주기 때문이 아닌가 생각한다. 그리고 우리 선배들이 다독과 속독을
경계한 것은 독서인의 의식 세계에 '양적인 축적'만이 있을 뿐, 의식
자체의 '질적 변혁'이 없을까 두려워해서였던 것이다.

「보현행원품」의 핵심은 보현보살의 十大願을 실천하는 데 있다. 십
대원이란,

   1. 부처님께 예배하고(禮敬諸佛)
   2. 부처님을 찬탄하고(稱讚如來)
   3. 널리 공양하고(廣修供養)
   4. 업장을 참회하고(懺悔業障)
   5. 남이 잘한 일을 자기가 잘한 일처럼 기뻐하고(隨喜功德)
   6. 설법을 청하고(請轉法輪)
   7. 부처님이 세상에 오래 계시기를 청하고(請佛住世)
   8. 부처님을 본받아 배우고(常隨佛學)
   9. 항상 중생을 수순하고(恒順衆生)
   10. 지은 공덕을 회향(普皆廻向)

하는 것이다.[7]

  여기서 문제되는 것은 이상의 열 가지 일들이 각각 따로따로 놀아서
는 안 된다는 것이다. 어느 하나를 하든 그 하나 속에 다른 아홉이 다
녹아 들어와야 한다. 다시 말하면 첫째의 예경을 할 때 그 다음의 찬탄

---

7)『대정신수장경』제10권, p.844 가운데 칸 참조. 이 대목의 처음 영역은 D. T.
  Suzuki의 *Studies in The Lankavatara Sutra*, London : George Routledge & Sons, 1930,
  p.230에 보인다.

과 공양, 참회 등등을 포함하여 마지막의 수순과 회향까지가 다 동시에 성취되어야 한다. 이렇게 되려면 경을 읽는 사람의 의식이 바뀌어야 한다. 경을 읽는 사람의 의식이 흩어져 있거나 또는 굳어져 있어서 '사람 따로 경 따로(書自書 我自我)'여서는 안 된다는 것이다. 사람의 의식 상태가 그러한 수준에 머물러 있는 한, 열 가지의 일이 동시에 성취될 수는 없다. 경을 읽는 사람의 의식 속에 열 가지가 다 들어와 있어야 한다. 다시 말하면 인간의 의식이 어디에 집착해 있지 않고 허공처럼 모든 것을 포용할 수 있도록 확대되어 있어야 한다. 확대된 의식으로 경을 읽는 것과 어디에 집착된 의식으로 경을 읽는 것은 천양지판으로 다르다.

4. 배운다는 말

공부에 실천적인 차원을 끌어들이는 것은 동양 사상의 특징이다. 『논어』의 첫 문장은 공자의 실천위주적 학문관을 잘 드러내고 있다. 여기서 우리는 공자가 學과 習을 떼어놓지 않았다는 사실에 주의해야 한다. 뿐만 아니라 공자의 習을 오늘날의 단순한 실천 정도로 보아 넘겨서도 안 될 것이다. 공자의 실천은 겉모양만 '하는 척하고 꾸미는' 그런 얄팍한 실천이 아니다. 어디 한번 해보자는 식의 실험용 실천도 아니고, 하다 말다 하는 게으름뱅이 실천도 아니었다. 알았으니 이제부터는 실천을 해야지 하는 현대판 '지행이분법(知行二分法)'적인 구조에서 나온 실천도 아니다. 마치 어린 새가 꾸준한 날개 짓을 통해 마침내 하늘로 나는 것과 같은 '생명이 생명노릇 함' 그 자체가 아니었던가 생각한다. 생명의 약동은 순간순간 질적 비약을 수반한다. 그것은 사실 기적도 아니고 횡재도 아니고 은총도 아니다. 실천이 실천다울 때 자연스럽게 일어나는 생명의 본래 모습일 것이다. 하늘을 날지 못한다면 새가 아니듯, 실천이 없는 배움은 배움이 아니다. 아니, 실천이라야 배움이라고 말해야 공자의 본뜻에 더 가까울지도 모른다. 『논어』에는 '好學' 즉 "학문을 즐긴다"는 말이 가끔 나온다. 논어의 「雍也」편에 보면 哀公이 공자에게 제자 중에 누가 배우기를 좋아하는 사람이냐고 물었다. 공자는 顔回를 들었고 안회가 세상을 떠난 뒤로는 아직 배우기를 좋아하는 사람을 보지 못했다고 답했다. 공자가 안회를 호학의 모범으로 꼽는 이유는 그가 "노여움을 옮기지 않고(不遷怒), 잘못을 되풀이하지 않는(不貳過)" 사람이기 때문이라고 했다. 여기서 우리는 다시 독서인이 갖추어야할 조건이 특별하다는 것을 지적하지 않을 수 없다. 사람이 "잘못을 되풀이하지 않고(不貳過), 노여움을 옮기지 않는다(不遷怒)"는 것은 지식으로 되는 일이 아니기에 하는 말이다.

실천에 '생명의 약동으로서의 질적 비약'이라는 문제의식이 빠져버린다면 그것은 동양사상이 문제 삼는 실천은 아니라고 말해야 할 것이다. 안회를 두고 이 문제를 다시 한 번 생각해보자. 공자는 안회를 항상 높이 평가했다. 30대의 젊은 나이에 요절한 안회를 공자는 평생 잊지 못했다. 공자는 안회의 어느 대목을 그렇게 높이 산 것일까? 나는 안회의 이야기에서 우리의 문제를 푸는 어떤 실마리 같은 것을 발견한다.

여기서 잠깐 또 내 이야기를 해야겠다. 나는 1969년에 도미하여, 1977년부터 오늘까지 계속해서 스토니부룩에 있는 뉴욕주립대학교에서 가르치고 있다. 오랫동안 미국에서 살면서 항상 느끼는 것은 '동양학의 危機' 같은 것이었다. 특히 나를 괴롭히는 것은 동양 고전의 오역과 왜곡의 범람 현상이다. 고전을 창조한 사람들과 이를 해석하는 오늘날 학자들 간의 엄청난 차이를 나는 간과할 수가 없다. 양자 간엔 학문의 정의도 다르고 학문하는 동기나 목적, 방법 등등이 모두 다르다.

오역과 왜곡의 주범은 오늘날 학계에 팽배해 있는 폐쇄적이고 고립된
병적인 個人主義, 出世主義와 商業主義라고 생각한다. 출세주의와 상
업주의를 옳다고 생각하는 학자들은 많지 않을 것이다. 그러나 출세주
의와 상업주의의 물결을 막지 못하고 천하가 거기에 휩쓸려 함께 떠내
려가고 있는 판국에 나만은 그렇지 않노라고 장담할 사람 또한 많지
않을 것 같다. 이러한 잘못된 풍조에 휩쓸려 다니면서 말로만 동양의
고전을 바로 읽겠다고 하는 것은 緣木求魚가 아닐까 하는 생각이 든
다.

　『논어』의 「雍也」편을 보면 공자는 안회를 다음과 같은 말로 칭찬했
다.

　　　안회는 어진 사람이다. 밥 한 그릇과 물 한 잔으로 가난한 마을에서
　　어렵게 사는 것을 사람들은 견디지 못하고 걱정 속에서 살지만 그러나
　　안회는 그 속에서도 자기의 즐거움을 아무 것과도 바꾸지 않는구나.
　　정말 어질도다, 안회의 사람됨이여.[8]

　출세주의와 상업주의를 이처럼 깨끗하게 극복한 사람이 이 세상에
또 어디에 있을까 싶다. 여기서 문제는 '其樂'이라는 두 글자에 있다.
아무리 어려워도 그 어떤 것과도 바꾸지 않았던 안회의 즐거움, 그 정
체가 궁금하다. 흔히 안회의 삶을 '安貧樂道'라고 한다.[9] 가난하지만
그 속에서도 편안하게 도를 즐긴다는 말이겠다. 그렇지만 여기에서도
여전히 남는 문제는 '즐거움의 정체'가 무엇이냐는 것이다. 즐거움의

---

8) 『논어』의 「옹야」편에 나온다. "子曰 賢哉回也 一簞食 一瓢飲 在陋巷 人不堪
　 其憂 回也不改其樂 賢哉回也".
9) 공자와 안자의 즐거움이 무엇이냐는 질문은 유교의 오랜 화두였다. 孔顔之樂
　 에 대해서는 주자의 어류에 긴 문답이 나온다.『朱子語類』卷第三十一,『論
　 語十三, 雍也篇二 참조.

정체가 밝혀지면 안회만이 호학자라고 말한 공자의 뜻도 드러나지 않을까 싶다. 생명으로 하여금 생명 노릇하게 놔두는 즐거움이 아니었을까? 하고 남몰래 혼자서 짐작해본다. 안회는 특별한 사람이다. 그러나 안회는 천하가 성인으로 추앙하는 순임금을 향하여 "당신은 누구고 나는 누구냐?"고 대들었다.[10] 이 점이 안회의 안회다운 대목이며 그래서 우리는 그를 특별한 사람이라고 말하는 것이다. 어떤 사람이 타고날 때부터 성현이라는 사상은 안회에게 없다. 그러한 사상에서는 질적 비약으로서의 실천은 나올 수 없다. 그러므로 성현은 타고난다고 믿는 사람들이 사실은 성현을 죽인 사람들이요, 성현의 씨를 말린 사람들이다. 그럼에도 불구하고 안회와 다른 사람들 사이엔 엄연한 차이가 있다. 그래서 공자는 안회 이후 호학자를 못 보았다고 말한 것이다. 안회의 안회다운 대목은 두고두고 문제 삼아야 할 것 같다. 다음은 내가 그동안 고전에 대한 심각한 오해요 왜곡이라고 느꼈던 대목들 가운데서 몇 가지를 골라 본 것이다.

5. 오해와 왜곡의 현장

<예 1>

지난 학기에 나는 스토니부룩에서 『法華經』[11]을 가르쳤다. 텍스트는 컬럼비아 대학교의 왓슨(Burton Watson) 교수가 번역한 영역본, *THE LOTUS SUTRA*이었고, 鳩摩羅什(Kumarajiva)의 한역본과 동국역경원의

---

10) 『孟子』의 「滕文公 上」에 나온다. "顔淵曰 舜何人也 予何人也", 『經書 : 大學 論語 孟子 中庸』, 성균관대학교 대동문화연구원 영인본, 1968, p.542, 하단 좌측 참조.

11) "法華經"은 『妙法蓮華經』의 약칭이다. 원래 이름은 Saddharmapundarika-sutra. Kumarajiva의 한역본은 『대정신수대장경』, T.262, 제9권, pp.5~62.

우리말 번역, 일본의 이와나미 서점(岩波書店)에서 나온 사카모토(坂本
幸男)의 일본어 번역 등을 참조하면서 한 줄 한 줄 착실하게 읽어 나
갔다. 그런데 우리들은 얼마 안 가서 커다란 암초에 부딪치고 말았다.
그것은『법화경』「方便品」제2의 첫 부분에 나오는 '十如是'를 어떻게
이해해야 옳은가를 두고 논쟁이 붙은 것이다.12) 영역과 일본어 번역들
이 鳩摩羅什(Kumarajiva)의 한문 번역을 월권 또는 과장 정도로 가볍게
넘기는 것을 천태사상과『법화경』의 '如是思想'을 잘 아는 학자들이
가만 두지 않았다. 만일 우리들이 이 문제를 이렇게 가볍게 처리해 버
리면 6세기의 天台智顗(538~597)가 발전시킨 一念三千 사상은 鳩摩
羅什(Kumarajiva)의 오역을 맹신한 데에서 비롯한 웃기는 현상이 되고
말지 않느냐는 것이 논쟁의 초점이었다. 일념삼천이란 十如是에 근거
하여 나온 사상이기 때문이다. 그러면 우리는『법화경』의 십여시를 이
해할 때, 범어 원전을 참조하면서 요즘 학자들처럼 이해하는 것이 옳
으냐 아니면 5세기 초의 鳩摩羅什(Kumarajiva)처럼 이해하는 것이 옳으
냐는 문제에 부딪치게 된다.

불경을 번역할 때 가장 조심해야 할 문제가 '부처님의 뜻'을 왜곡해
서는 안 된다는 것이다. 그러면 "어떻게 하는 것이 왜곡"이고, "어떻게
하는 것이 부처님의 뜻을 제대로 전달하는 것"인가가 문제된다. 영국
에서 인도 침략정책의 일환으로 19세기 말과 20세기 초에 인도의 고전
과 불경의 영역 사업을 했다. 이런 영역을 읽고 그 당시에 일본의 젊은
親西洋的인 불교학자들은 크게 흥분했다. 그들의 흥분이란 그동안 일
본은 중국의 漢譯 불전에 속고 살아 왔다는 일종의 분통 터트림이었

---

12) Burton Watson, translated by, *THE LOTUS SUTRA*. New York : Columbia University
   Press, 1993. p.24 ; 坂本幸男과 岩本裕 譯註,『法華經』上卷, 東京 : 岩波書店,
   1967, pp.68~69 ; 三枝充悳 譯,『法華經現代語譯』上卷, 東京 : 第三文明社,
   1981, pp.48~49 ;『한글대장경 : 法華經』, 서울 : 동국역경원, 1991, p.19.

다. Pali語와 Sanskrit에서 직접 번역한 영역은 말이 되는데 해당 부분의 중국의 한역은 말이 안 되더라는 것이다. 여기서 말이 된다, 안 된다의 판단 기준이 뭐냐가 크게 문제가 되어야 함에도 불구하고 그들은 탄식부터 먼저 했다.

"그러면 그렇지, 우리의 선배들이 인도 고전을 제대로 읽지 못했었구나!"

이러한 탄식과 함께 그들은 크게 외쳤다. "우리는 이제부터 중국의 한역에만 의존하는 종래의 태도를 버리고 인도의 원전을 공부하자"고. 그들의 새로운 시대를 연다는 자부심은 대단했다. 이리하여 마침내 동경제국대학에는 범어학과가 신설되었다. 그런데 이러한 흥분은 오늘날까지도 가라앉지 않고 있다. 지금도 세계의 여기저기서 똑같은 목소리가 커다란 소리로 외쳐지고 있다. 한국과 미국의 불교학이란 것도 그중의 하나이다. 소위 '주류(main stream)'란 것은 대개가 다 그런 것 같다.

중국에서 불경을 한문으로 번역할 때 아홉 번의 독회를 거쳤다는 것은 유명한 이야기이다. 맨 처음 인도의 梵語에 능통한 사람들이 일을 시작했고 마지막엔 깨친 선지식이 證義를 했다고 한다. '증의'란 부처님의 뜻을 제대로 전달했는가를 확인하는 작업이라고 말할 수 있을 것이니 오늘날 학자들의 경우와는 아주 대조적이어서 재미있다. 『법화경』 전7권 총28장 전편에 면면히 흐르고 있는 일관된 사상에 통달하고 있느냐가 작업의 핵심이었음을 알 수 있다. 아홉 번의 독회 가운데 제1회만 해놓고, 그것도 자기 입맛에만 맞도록 해놓고서, 제9회까지의 길고도 지루한 과정을 다 밟은 사람의 노력을 불고한 것이다.

『법화경』의 주석가들에 따르면 법화경의 요지는 한 마디로 '諸法實相'을 밝히는 데에 있다고 한다. 해당 문장에서 '實'은 '如是'로 바뀌면서 '諸法實相'이 '諸法如是相'으로 전개된다. '실'은 곧 '여시'요, '여시는 곧 '실'이다. 그러면 '그게 뭐냐?'는 질문이 나오지 않을 수 없다. 여시로 나타난 '실'은 다름 아닌 '부처님의 일함'이다. 우리들 중생의 눈에 비친 부처님의 모습이다. 여시는 부처님과 중생이 만나는 순간이요 만나는 자리이다. 이것이 다름 아닌 부처님의 방편이다. 그래서 방편을 곧 부처님 지혜의 일함이라고 말한다. 그때 그 자리 그 상황에서 우리에게 가장 적절하게 일하심이 부처님의 방편이다. 진흙 속에서 저렇게 피어 있는 연꽃에서 우리는 부처님의 '실실'을 보고 '여시여시'를 보고 '方便'을 본다. 이러한 비유가 가리키는 뜻을 바로 알면 일체중생이 연꽃임을 알게 된다.

기독교의 요한복음 14장을 『법화경』의 '여시사상'으로 풀 때 기독교의 '福音'은 곧 불교의 '法音'이 된다. 요한복음 14장을 보면 예수님은 "내가 길이요 진리요 생명이다"라고 말씀하신다.[13] 여지없는 '여시사상'이다. 이렇게 바로 가르쳐 주었는데도 사람들은 그 뜻을 못 알아듣는다. 그래 빌립은 하나님 아버지를 보여 달라고 조른다(8절). 이에 예수님은 답답해하시면서 다음과 같이 말씀하신다.

빌립아, 내가 이렇게 오랫동안 너희와 함께 지냈는데도, 너는 나를 알지 못하느냐? 나를 본 사람은 아버지를 본 사람이다. 그런데 네가 어떻게 '우리에게 아버지를 보여 주십시오' 한다는 말이냐? 내가 아버지 안에 있고 아버지께서 내 안에 계심을, 네가 믿지 않느냐?…… (9~10절)

몸짓에서 몸을 보란 말씀 같다. 예수님이 당신을 '길'이라고 말씀하

---

13) 요한복음 14장 6절, 『성경전서 표준 새번역』, 서울 : 대한성서공회, 1993, p.147. 영역 : Jesus said to him, "I am the way, and the truth, and the life……" See *Holy Bible New Revised Standard Version with Apocrypha*, New York Oxford : Oxford University Press, 1977, p.112.

시니까 그 '길'은 자기들이 아는 보통 길이 아니고 어떤 특별한 길이라
고 생각하고 따로 길을 찾아 헤매는 것이 중생들의 도 닦는 꼬락서니
다. 예수는 진리라니까 그 진리는 우리들이 모르는 어떤 특별한 진리
라고 생각하고, 예수는 생명이라니까 그것은 어떤 특별한 생명이라고
생각하기 때문에 빌립처럼 오랫동안 밤낮 주님을 보고서도 또 주님을
보여 달라고 보챈다. 천지를 분간 못하는 사람들의 언행은 항상 이와
같다. 자기들이 이제까지 보물단지처럼 간직해 왔던 妄想 속의 '하나
님의 길', '하나님의 진리', '하나님의 생명'에서 해방되어 눈앞에 계신
보통 사람 예수에서 길을 보고, 진리를 보고, 생명을 보았어야 하는데
안타깝다. 사람에게서 하나님을 보는 것은 분명히 종래의 망상 세계에
서 한 발 더 껑충 뛰어 올라가는 것인데도 불구하고 그것을 모르기 때
문에 오히려 반대로 그것을 한 발 더 밑으로 망상세계에 처박아 넣으
니까 예수님을 밤낮 모시고 살았으면서도 실은 망상 속의 예수를 모시
고 살았으니 예수를 만날 수가 없다. 그러니 빌립처럼 또 보여 달라고
조르고 또 보려고 애쓰는 것이다.

　부처님의 최초 설법으로 알려져 있는 사제법문[14]도 알고 보면 '번뇌

---

14) 다음은 나의 영문 저술, *Buddhist Faith and Sudden Enlightenment*(SUNY Press, 1983)
의 우리말 번역, 『깨침과 깨달음』(윤원철 옮김, 예문서원, 2002)의 한국어판
서문의 마지막(pp.31~37)에 나오는 글이다. 좀 길지만 주제가 서로 통하고 이
해에 도움이 될 듯 싶어 轉載한다.
　부처님의 사제 법문을 어떻게 이해해야 옳은가? 사제를 生滅 현상에 대한 가
르침으로만 보면 안 된다는 것은 하나의 상식이다. 적어도 옛날 동양에서는
그것이 상식이었다. 그래서 우리 선배들은 생멸사제와 무생사제의 구별을 분
명히 했다. 생멸사제란 생긴 고통을 없앤다는 데 초점을 맞추어 설명한 것이
고; 無生四諦는 無作四諦라고도 하는데 고통이란 원래 생겨나지 않았다는
것에 초점을 맞춘 것이다. 전자를 소승사제라 하고, 후자를 대승사제라고 말
하는 사람도 있다. 문제 해결의 열쇠는 무생사제라는 말이 무슨 말인지를 바
로 아는 데 있다. 고통이 생겼다 사라졌다 하는 것은 사람 사는 모습인데, 이
런 사람의 삶을 생멸적 사고방식으로 보면 안 된다는 것이 무생사제의 메시

지라고 말할 수 있을 것이다. 그렇다면 생멸적 사고방식이란 무엇인가? 그것
은 자기의 오관에 잡힌 몸짓을 종합하고 분석하고 이를 다시 체계화시켜 자
기 귀에 솔깃한 판단을 내려 거기에 안주하고 사는 사고방식이다. 여기엔 이
미 시간의 틀이 자리 잡고 있기 때문에 눈에 비친 모든 것은 선후가 있고, 먼
저 것은 원인이며 그 결과는 나중에 뒤따라오게 되어 있다. 이것이 先因後果
라는 말이다. 사람들은 좋은 결과를 얻기 위해서 얼마나 열심히 일하는가? 세
상에서 소위 성공했다고 하는 사람들을 보면 대개 선인후과를 金科玉條로
삼고 인생을 열심히 산 사람들이다. 옛날 부모님들이 우리들에게 읽히고 싶
어 했던 위인전들은 모두 이러한 착상 아래 쓰인 책들 아닌가.

그러나 문제는 거기에 있지 않다. 일단 그러한 사고방식을 갖게 되면 그 순간
그 사람은 송장이 되고 만다는 데 문제가 있다. 죽은 송장은 산 것이기에 썩
기 시작하고 냄새가 나서 사람들이 얼른 알아볼 수 있지만, 산 송장은 죽은
것이기에 사람들이 영영 못 알아볼 뿐만 아니라 자기자신도 못 알아보기 때
문에 너나 나나 모두 잘 되어 가는 줄 안다. '산 것이 죽은 것이고 죽은 것은
산 것'이란 논리가 여기서 나온다. 선인후과적인 생멸적 사고방식을 몸에 지
니고 다닌다는 것이 어째서 산 송장이 되는 것이라고 말하는가? 생겨났다가
없어진다는 소위 생멸 현상은 몸의 몸짓이라 나무랄 것이 없지만, 이것을 공
식화하여 거기에 안주하면 그 순간 그 사람은 부자유하게 된다. 여기서 부자
유는 구속이요 속박이다. 생명이 생명 노릇을 제대로 못 하게 된다. 생멸이란
말은 한 마디로 무상하다는 말인데, 무상을 말하는 사람은 무상 아닌 항상이
되어 있는 웃지 못할 비극이 연출되는 것이다. 생명이 비생명화되면 그 순간
송장이 되는 것이다. 사제의 생멸적 이해는 부처님의 무상법문에도 맞지 않
고 무아 사상에도 맞지 않고 따라서 연기설에도 어긋나고 空 사상과도 모순
된다.

부처님의 사제법문을 생멸적으로 해석하는 사람들의 경우를 보자. 말은 그럴
듯한데 기막히게도 그렇게 말하는 본인은 죽어 있는 비극을 연출하면서 스스
로는 이 비극을 바로 보지 못한다. 그들은 고제와 집제는 어리석은 중생의 비
참한 모습을 가르쳤고, 멸제와 도제는 모범적인 수도자들의 성스러운 삶을
가르쳤으니 어서 우리는 중생세계를 벗어나 부처님 세계로 가자고 말한다.
이런 식으로 부처님의 사제법문을 해설할 때, 나는 여전히 어떤 모순이나 부
담감도 갖지 않는다. 다만 이러한 선인후과적인 생멸적 사고방식에 안주할
때 생기는 비생명화 현상을 걱정할 뿐이다. 그래서 '병 주고 약 줄 필요 뭐 있
나? 아예 처음부터 병 주지 말아야지!' 하고 생각하는 것이다. 뿐만 아니라 중
생과 부처를 나누고, 성과 속을 나누고, 그리하여 하나를 버리고 하나를 취한
다면 그런 병은 영원히 고칠 수 없는 것이다. 겉병 고치려다 속병 들면 안 된
다. 속병 나으면 겉병은 저절로 낫는 법이다.

그들은 또 고제는 현재의 결과요, 집제는 과거의 원인이다. 이것이 중생상이다. 중생상을 벗어나려면 과거의 원인을 없애야 한다. 그래야 현재의 고통이 없어진다. 그리고 멸제는 미래의 결과요, 도제는 현재의 원인이다. 이것이 부처님의 세계다. 미래에 부처님의 세계로 가고 싶거든 현재에 부처님 말씀대로 열심히 살아 부처님 세계로 갈 수 있는 원인을 심어야 한다고 말한다. 나는 여기에서도 눈에 보이는 특별한 문제는 없다고 생각한다. 다만 여기에서도 앞에서와 마찬가지로 눈에 안 보이는 잘못된 사고방식이 생길까 두려울 뿐이다. 그래서 생멸사제로는 안 된다는 말이 나오는 것이다.

부처님이 처음 깨치고 나서 입 열기를 주저했다는 말이 있다. 왜 그랬을까? 결국 입을 열어 사제법문을 해주셨으니 다행이지만 문제는 여전히 남는다. 왜 그랬을까? 주저한 까닭이 무엇일까? 무엇이 그로 하여금 입 열기를 주저하게 만들었을까? 사람들이 사제법문을 얼른 못 알아들었다는데 무엇을 못 알아들었을까? 부처님은 사제를 三轉十二行相으로 풀었다고 한다. 여기서 '삼전'이란 똑같은 법문을 세 바퀴 돌렸다는 말이니 3×4=12로 십이행상이 된 것이다. 여기서 문제는 왜 하필 '세 바퀴냐' 하는 것이다. 첫째 바퀴는 사제를 당위로 해석하여 윤리적 명제처럼 들리고, 둘째 바퀴는 그 시제가 현재진행형으로 되어 수행처럼 들리고, 셋째 바퀴는 진리가 그대로 현현하는 현재완료형으로 되어 있다. 선인후과적인 생멸적 사고방식은 첫 바퀴에 걸려 버린 것이 아닐까? 마지막의 현재완료형으로 보아야 부처님의 뜻이 드러나는 것이 아닐까?

부처님의 사제법문을 들은 최초의 청중은 함께 출가한 교진여 등 다섯 비구로 되어 있다. 다섯 비구 중에서 교진여가 부처님의 사제법문을 듣고 깨쳤다. 그리고 그는 "집제가 바로 멸제로군요!"라고 말하였다. 부처님은 기뻐했다. 그리고 자신의 말을 알아들었다고 하여 교진여를 인가했다. 그렇다면 무엇을 알아들었다는 말인가. 이것은 부처님이 처음 입 열기를 주저한 것과 마지막 알아들었다고 기뻐한 것 사이에 일맥상통하는 문제의식을 보는 것 같다. 이처럼 제2 제3 제4 제5의 비구가 똑같은 방식으로 깨치고 부처님은 똑같은 방식으로 인가한다. 모두가 '集諦卽是滅諦'라고 말함으로써 부처님의 인가를 받는다.

우리는 이것을 다음과 같이 정리할 수 있을 것이다. 부처님이 깨친 것도 집제즉시멸제로 표현할 수 있고, 부처님이 설법을 주저한 것도 집제즉시멸제의 소식을 못 알아들을까 걱정했기 때문이며, 이제 다섯 비구가 모두 집제즉시멸제를 알아들으니 인가했던 것이라고. 집제즉시멸제라니 이게 무슨 말일까? 다른 것은 몰라도 가장 두드러진 것이 생멸적 인과적 사고방식을 두들겨 부수고 있다는 사실이다. 생멸사제파들이 "집제는 과거의 원인이고, 멸제는 미래의 결과"라고 말한다면 무생사제파들은 원인이 그대로 결과요, 과거가 그

(집제)가 곧 보리(멸제)'라는 것이 그 핵심 메시지이니 번뇌를 다 없애고 난 다음에 보리를 얻는다고 생각하면 영원히 보리를 보지 못한다는 말 아니겠는가? 눈앞에 예수님, 우리와 똑같은 예수님, 우리와 똑같이 밥먹고 똑같이 변소가고 똑같이 행동하는 예수님에게서 하나님을 보지 못하면 영원히 하나님은 못보고 만다. 사제법문, 요한복음, 여시법

대로 미래요, 중생의 모습이 바로 부처님의 모습이고 번뇌가 보리이고 지옥이 극락이고…… 등등을 외치고 있는 것이다. 깨진 것이다. 깨질 것이 깨지지 않은 채 거기에 거룩한 옷을 입히고 성스러운 수도상을 연출해 봤자 말짱 헛짓이란 말이다. 거룩하고 성스러운 것이 없다는 말이 아니다. 깨질 것이 깨져야 성스럽다는 말이다.

사제법문을 오해하는 병이나 돈오점수설의 오류를 간파하지 못하는 병이나 둘 다 똑같은 뿌리에서 나온 같은 병이다. 생각하는 능력은 모두 훌륭하게 타고났으며 그래서 곧잘 훌륭한 사색을 함에도 아깝게 언어의 노예 상태를 극복하지 못하고 언어의 병이 그대로 의식으로 흘러 들어와 다람쥐 쳇바퀴 돌듯 옛 버릇만을 되풀이하고 있는 것이다.

生滅四諦에서 무생사제로 가는 길은 막혀 있지만 무생사제를 알면 그 속에 생멸사제가 집착도 모순도 없이 잘 일하고 있음을 발견하게 된다는 것이다. 지눌 사상을 평가하는 경우도 마찬가지다. 생멸사제 같은 돈오점수에서 교진여의 깨침 같은 돈오돈수로 가는 길은 막혀 있지만 일단 돈오돈수가 무엇인 줄 알면 돈오점수는 그 속에 들어 있다는 말이다. 물론 여기서 우리들이 조심해야 할 것은 돈오돈수의 관문을 돌파한 다음의 돈오점수는 관문 돌파 이전의 돈오점수와는 전혀 다르다는 사실이다. 말이 같다고 하여 똑같은 것인 줄 알면 큰일 난다. 부디 우리는 막힌 길로 가려고 하지 말고 열린 길로 가야 할 것이다. 몸짓에서 몸으로 가는 길은 막혀 있지만, 일단 몸으로 돌아가면 그 속에 온갖 몸짓이 자유자재로 조화롭게 잘 일하고 있음을 발견할 수 있는 것처럼 불교 공부도 그런 것이다. 몸과 몸짓은 둘이 아님에도 사람의 의식이 몸짓에 머물러 거기에 집착하면 온갖 병이 다 생긴다. 몸짓의 뿌리라고 말할 수 있는 몸이 몸 노릇을 못 하기 때문이다. 이렇게 되면 몸과 몸짓의 관계는 자연스런 생명 본연의 관계가 아니라 적대적 대립 관계로 변해 버린다. 그러므로 나는 말하고 싶다. 몸으로 하여금 몸 노릇하도록 내버려 두라. 이것은 학문하는 사람이든 도닦는 사람이든 사람이면 누구나 명심해야 할 일일 줄 안다. 몸짓의 속박에서 벗어나 몸이 몸노릇을 제대로 하는 세계가 바로 깨침의 세계요, 몰록. 頓의 세계요, 부처님의 세계가 아닐까 생각해 본다.

234 제1부 원효 사상 연구

문이 모두 똑같은 메시지를 담고 있다. "집제가 곧 멸제로군요!"라는 교진여의 발언은 이런 소식을 전하고 있는 것 같다. 그래서 교진여를 불교역사상 부처님 설법을 듣고 최초로 깨친 사람이라고 말하지 않는가 생각한다. 교진여의 발언을 한문으로는 "集諦卽是滅諦"라 하고, Pali어 원전에는 "yam kinci samudaya dhammam sabam tam nirodha dhammam"이라고 되어 있다. 영어로는 보통 "whatever is subject to arising is subject to cessation"이라고 번역한다.15) 문법적으로는 'yam kinci x……sabbam tam y……' 구문인데, 그 의미는 "x는 모두 y다"라는 말이므로 "samudaya dhammam(集諦)는 nirodha dhammam(滅諦)다"로 된다. 그런데 이 문장을 로빈슨(Richard Robinson)처럼 읽으면 상기한 바와 같은 영역이 된다. 이미 말했지만 한문으로는 "集諦卽是滅諦"가 된다. 왜 그러한 차이가 생기는가? 부처님의 四諦를 生滅하는 사제로 보면 英譯처럼 되고, 그것을 不生不滅의 無生四諦로 보면 漢譯처럼 된다. 한 마디로 한역은 무생사제의 입장이라 말할 수 있다면 영역이나 日譯은 생멸사제에 입각해 있다고 말할 수 있을 것이다.

이러한 차이를 體(몸)와 用(몸짓)의 논리로 풀면, 생멸사제는 겉으로 나타난 '몸짓 공부'하는 사람들의 사제이고, 무생사제는 속 알맹이 꿰뚫어 보는 '몸 공부'하는 사람들의 사제라고 말할 수 있을 줄 안다. 법화경 사상으로 이를 풀이하면 "생멸사제가 바로 무생사제"라고 말해야 할 것이다. 몸짓 밖에 따로 몸이 없기 때문이다. 그러나 이 말은 몸을 본 사람 즉 無量三昧에 들어가 無量義를 터득한 부처님이나 알 수 있는 경지이지, 그렇지 못한 성문이나 벽지불은 모른다는 것이다. 왜냐하면 소승불교의 성자들은 자기들의 경지를 과신하여 오만에 빠진 增上慢을 가지고 있기 때문이며, 또한 그들은 '아래는 경멸하고 위는 절대

---

15) See Richard H. Robinson and Willard L. Johnson, *The Buddhist Religion*, Berkeley : Wadsworth Publishing Company, 1982, p.24.

시하는 병'에 걸려 이원론적으로 이렇게 계속 닦으면 언젠가 나도 미래에 부처님이 된다고 생각하기 때문이다. 『법화경』에서 계속 소승을 때리는 까닭이 여기에 있다. 우리들이 만에 하나라도 소승적인 견해를 속에 간직하고서 입으로만 "생멸사제가 곧 무생사제"라고 『법화경』의 흉내를 낸다면 무생사제는 실종해버리고 말 것이다. "몸짓 밖에 몸이 따로 없다"는 말에서도 똑같은 문제가 생긴다는 사실을 우리는 똑똑히 알아야 할 것이다. 몸사상은 사라지고 몸짓만을 숭상하는 세계는 번뇌와 망상만이 판을 치는 소인들의 세계이지 일체 중생이 모두 자기의 친자식이 되어 있는 大慈大悲 大智大慧의 부처님 세계는 아니다. 그러므로 오직 부처님의 세계에서만 "몸짓 밖에 몸이 따로 없다"는 말이 그 본래의 의미를 갖게 된다는 것을 우리는 잊어서는 안 될 것이다.

<예 2>

지난 2002년 11월, 국제원효학회는 동국대학교에서 '원효전서 영역상의 제문제'라는 주제의 워크숍을 가졌다. 이 자리에서도 우리들이 겪은 어려움은 똑같은 것이었다. 갑론을박, 많은 말이 오고 갔지만 문제는 학자들이 원효를 제각기 제멋대로 읽는다는 데에 있었다. 누가 뭐라 하든 "나는 그렇게 안 읽는다"고 말하는 자리에서 나올 수 있는 말은 무엇일까? 솔직히 말해서 나는 할 말이 없었다. 모든 가능성을 다 열어 놓고 다양성을 인정하는 민주사회라는 게 도대체 뭘까 하는 생각이 들었다. 옛날 부처님이 처음 깨치신 다음, 설법을 주저했다는 말이 있다. 모두들 자기 생각에 도취해 있는데 말을 해서 뭘 하냐고 입을 열지 않으려 했다는 것이다. 나는 이것을 禪의 시작이라고 본다. 불상을 때려부수고 대장경을 불지르는 해괴한 행위가 정당화되는 선의 역사를 들여다보면 미소가 번진다. 오죽했으면 있었던 경전을 제쳐두고 대승불교운동의 선구자들은 경전을 다시 쓰기 시작했을까. 이해가 가고도 남는다. 사람의 말이란 말 뒤에 숨은 말하는 사람의 뜻을 무시할 때 의미가 없어진다. 글도 마찬가지다. 앞에 나타난 것은 뒤에 숨은 것과 함께 읽어야 비로소 그 의미가 드러난다.

원효 워크숍 전날, 우리는 일종의 심포지엄을 가졌다. 나는 거기서 「『대승기신론소』에 나타난 원효의 신앙체계」(Wonhyo's Faith System, as seen in his Commentaries on the Awakening of Mahayana Faith)라는 논문을 발표하였다. 논문의 요지는 '大乘起信'이란 책의 제목을 이해할 때 이 제까지 이 방면의 전문가들이 흔히 읽었듯이 "대승에 대한 믿음을 일 으킨다"고 읽어서는 안 되고 "대승이 기신한다"로 읽어야 한다고 주장 했다. 나의 이러한 주장은 원효가 그의 『기신론소』에서 "대승은 體요 기신은 用이"라고 말한 소위 體用論적인 해석에 근거하고 있다. 그렇 지만 그때 내가 체용을 앞장 세워 말하고 싶었던 숨은 의도라 할까 그 런 것은 따로 있었다. 그것은 다름 아닌 '믿음의 정체'를 밝히는 일이었 다. 能과 所를 대립시키는 二分法적인 사고에 갇혀 있는 한, 우리는 종 교적인 세계에서 말하는 믿음을 밝힐 수 없고 오직 체와 용의 논리가 가지고 있는 종교적인 성격에 눈을 뜰 때 우리는 비로소 원효가 믿는 다고 말할 때의 믿음의 본래 모습을 볼 수 있게 된다고 나는 주장했다.

體用이란 말은 漢文에서 나온 특별한 단어다. 한문과 한자에 익숙하 지 않는 사람들에게 체용의 논리를 설명하는 것은 쉽지 않다. 차라리 영어가 더 좋다고 체를 substance 또는 essence라 하고 용을 function이라 고 하는 사람들도 있지만 어렵기는 마찬가지다. 한자엔 한자의 업이 있듯이 영어는 또 영어의 업이 있기 때문이다. 그래도 우리말의 몸과 몸짓의 관계가 체용논리의 종교적인 성격을 드러내는 데는 가장 적격 인 것 같다. 체용의 논리는 그동안 동양 문화에서 몇 천 년의 오랜 역 사를 가지고 있다. 유교, 도교, 불교 등 동양 종교의 어디를 들어가 보 아도 거기엔 예외 없이 체용적인 사고방식이 그냥 눈에 띈다. 가장 혼

히 눈에 띄는 것이 本末論적인 성격의 체용론이다. 어떠한 관찰 가능
한 사태나 현상을 놓고 어떤 것이 더 근본적이고 어떤 것이 더 지말적
인가를 따지는 것이다. 여기서 흔히 동원되는 것이 나무의 비유이다.
한 그루의 나무를 놓고 뿌리와 가지를 구별하면서 뿌리는 체요 가지는
용이라고 말하는 것이다. 가지는 쳐주어도 상관없지만 뿌리를 자르면
그 나무는 죽듯이 인간 생활에도 자르면 죽는 뿌리 같은 부분이 있는
가 하면, 잘라도 끄떡없는 가지 같은 부분이 있다는 것이다. 이러한 체
용론은 가치의 문제를 밑에 깔고 윤리적인 문제에 관심이 많은 것 같
지만 실제는 공리주의로 흘러가고 말았다. 많은 동양 사람들에게서 발
견되는 삶의 지혜 같은 것이 결국 공리주의의 테두리를 못 벗어나는
까닭이 여기에 있는 듯하다.

동양에서 흔히 발견되는 체용론의 또다른 면은 모든 것을 하나로 보
려는 萬物一體적인 체용론이다. 만물이란 말은 만 가지의 것이란 말이
니 풍기는 뜻이 가지가지, 여러 가지, 즉 다 다르다는 것을 강조하는
말이다. 그런데 그 다 다른 여러 가지 것들이 알고 보면 다르지 않는
한 몸에서 나온 것이라는 말이다. 도를 닦는 도인들의 주변에서 이러
한 사고방식이 널리 퍼져있다. 본체와 현상의 관계가 서로 떨어지지
않는다는 어떤 철학적인 입장을 밑에 깔고 있다. 이와 비슷한 철학적
입장의 체용론 중에 빼놓을 수 없는 것이 인도철학적인 ‘둘아님(不二)’
의 사상에서 나온 체용론이다. 불교의 반야사상에서 공과 색이 둘이
아니다라고 말할 때, 공은 체요 색은 용이라는 것이다. 그리고 용수의
중론사상에서 “진제와 속제가 둘이 아니다”라고 말하는 것도 진제는
체요, 속제는 용임으로 이것도 다름 아닌 체용론이라고 주장한다.

그렇다면 종교적인 성격을 띤 체용론이란 어떤 것인가? 나는 옛날
동양의 선사들에게서 체용론의 종교적인 성격을 본다. 단적인 예가
『임제록』에 나오는 ‘隨處作主’ 즉 “어디서나 주인 노릇 한다”는 말이

다.16) 사람이 주인 노릇을 하려면 주인 노릇 할 수 있는 조건이 갖추어

---

16)『臨濟錄』의「隨處作主」章은『大正新修大藏經』제47권, T.1985, p.497, a-b 참
　조. 다음은 독자와의 대화를 위한 필자의 해설적 번역이다. 필자가 수처작주
　를 체용론 전개의 종교적인 측면이라고 말하는 까닭을 알기 위해서는 아무래
　도 이 말이 나오는 전후 문맥을 파악하는 것이 좋을 것이다.

　　<原文>　　　　　<필자의 번역>
　師示衆云.　　　(임제) 스님이 대중에게 말씀 하셨습니다.
　道流.　　　　　"도를 닦는 여러분들,
　佛法無用功處　　부처님 법엔 '특별히 공을 들여야 할 곳'이 따로 있지 않습니
　　　　　　　　다.
　是平常無事.　　오직 있는 그대로의 '平常'일 뿐, 딴 일이 없습니다.
　屙屎送尿著衣喫飯. 困來卽臥. 똥누고 오줌싸고 옷입고 밥먹고 고단하면 누
　　　　　　　　워자고……
　愚人笑我. 智乃知焉. 어리석은 사람은 나보고 웃겠지만, 지혜로운 사람은 바
　　　　　　　　로 압니다."
　古人云.　　　　옛 사람이 말했습니다 :
　向外作工夫.　　"바깥세상 내다보면서 억지공부 하는 자들은
　總是癡頑漢.　　모두가 어리석은 녀석들이라"고.
　爾且　　　　　그러니 당신들도
　隨處作主.　　　어디에 있으나 그 자리에서 주인답게 사십시오.
　立處皆眞.　　　그러면 그 자리가 바로 진리의 현장입니다.
　境來回換不得.　어떠한 경계가 들이닥쳐도 이를 바꿔칠 수는 없습니다.
　縱有從來習氣五無間業. 비록 종래의 습기와 5무간 업장을 가지고 있더라도
　自爲解脫大海.　이런 삶이, 있는 그대로, 해탈의 큰 바다입니다.

　今時學者總不識法. 요즘 학자들은 부처님의 법을 통 모릅니다.
　猶如觸鼻羊 逢著物安在口裏. 마치 촉비양 염소가 닥치는 대로 무엇이나 입
　　　　　　　　에다 처 넣는 것처럼
　奴郎不辨　　　종과 주인 양반도 구별할 줄 모르고
　賓主不分.　　　손님과 주인도 구별할 줄 모르니
　如是之流 邪心入道. 이러한 무리들은 사특한 마음으로 도에 들어 온 자들이
　　　　　　　　라
　鬧處卽入　　　떠들썩한 곳이면 즉시 뛰어 들어갑니다.
　不得名爲眞出家人.이래서야 참된 출가인이라 말할 수 없습니다.
　正是眞俗家人.　이들이야말로 영락없는 속가인 일뿐입니다.

져 있어야 한다. 남의 집에 가서 주인 노릇 할 수는 없다. 언제나 어디
서나 주객이 분명한 게 인간사다. 터줏대감이니 주류니 또는 변두리
인생이니 떠돌이 신세니 하는 말들이 모두 인간 세상의 이러한 사정을
두고 하는 말들이다. 그러나 선승들은 항상 엉뚱한 데가 있다. 그러한
사람 사정을 아는지 모르는지 "언제나 어디서나 주인 노릇 하라"고 외
친다. 이러한 외침의 뜻이 분명히 드러나야 한다. 선승의 말은 항상 그
落處를 보아야 한다. 선승의 눈엔 사람은 누구나 주인 노릇 할 수 있는
조건이 완전히 갖추어져 있는 것이다. 사람은 원래 누구나 다 똑같은
부처님이라는 말이 바로 그 말이다. 그러므로 일체중생의 온갖 잡다한
일들이 모두 다 자기 일이다. 보통 사람은 자기가 낳은 자식만을 자식

夫出家者.　　　　대저 출가한 사람은
須辨得平常眞正見解. 모름지기 '平常'에 진정한 견해를 지녀
辨佛辨魔　　　　부처와 마구니를 가릴 줄 알고
辨眞辨僞　　　　참과 거짓을 가릴 줄 알고
辨凡辨聖.　　　　범인과 성현을 가릴 줄 알아야 합니다.
若如是辨得.名眞出家.만약 이처럼 제대로 가릴 줄 알면 진정한 출가라고 말
　　　　　　　　할 수 있습니다.

若魔佛不辨.　　　만약 마구니와 부처도 가리지 않는다면
正是出一家入一家. 이것은 한 집에서 나와 다른 집으로 들어간 것에 불과한
　　　　　　　　지라
喚作造業衆生.　　업만 짓고 다니는 중생이라 불러 마땅하기에
未得名爲眞出家. 진정한 출가라고 말할 수 없습니다.
秖如今有　　　　다만 지금 여기에
一箇佛魔　　　　하나의 부처 마구니가 있어
同體不分.　　　　같은 몸이라 나누어지지 않음이
如水乳合.　　　　마치 물과 우유가 섞여 있는 것과 같습니다.
鵝王喫乳.　　　　이 경우에 거위는 거기서 우유만을 먹지만
如明眼道流. 魔佛俱打. 눈밝은 수도자들은 마구니와 부처를 다 함께 처버립
　　　　　　　　니다.
爾若愛聖憎凡.　　당신이 만약 성인은 사랑하고 범인은 미워한다면
生死海裏浮沈　　그것은 바로 생사의 바다에 빠져 허우적거리는 것입니다.

으로 알지만 부처님은 일체중생을 자기자신의 자식으로 안다는 말이
그 말이다. 그러므로 부처님은 언제나 어디서나 개개의 중생을 도울
때 주도적인 역할을 한다. 그 말이 수처작주다. 그렇다고 하여 천편일
률 똑같은 짓만을 고지식하게 되풀이하거나 어떤 권위를 가지고 군림
하는 식으로 내려오는 자세도 아니다. 주인일 때는 주인답게, 객일 땐
객답게 행동한다. 그러나 주인과 대립된 객이 아니기 때문에 주인으로
하여금 주인노릇 하도록 도와주는 객이라고나 말할까. 가령 어머니가
시집간 딸집에 찾아간 경우, 어머니는 분명한 객인데 그러나 보통 객
과는 달리 딸이 시집에서 주인노릇 잘 하도록 도와주는 객 노릇을 할
때 이를 두고 수처작주라 한다. 그러므로 마하트마 간디가 독립운동을
하면서 대영제국과 싸울 때 영국으로 하여금 영국 노릇을 제대로 하도
록 도와주는 형식을 잊지 않고 싸웠다. 말하자면 眞理把持(Satya graha)
운동이다. 영국이 진리가 무엇인줄 알도록 도와주는 형식의 독립운동
이다. 영국이 진리가 무엇인줄 알면 남의 나라에 쳐들어와 약탈하는
짓을 할 수 없을 거라는 것이다. 그래서 대항하되 비폭력을 외쳤다. 이
것도 수처작주의 좋은 예다. 그러므로 어디서나 수처작주 할 수 있다.
한 사람의 육체를 두고 보더라도 눈도, 귀도, 코도, 입도, 손도, 발도 수
처작주하고 있다. 발이 손이 돼야 수처작주할 수 있는 것이 아니다. 이
목구비 사지오체 오장육부 이러한 개개가 모두 함께 수처작주하고 있
는 것이다. 그러므로 각각이 모두 있는 그 자리에서 진리를 실현하고
있는 것이다. 만일 누가 지금은 민주시대라 상하가 없다고 외친다면
우리는 즉시 질문할 것이다. '좋다. 그러나 만일 상하가 생기면 어떻게
할 것인가'라고. 수처작주는 어떠한 상황에서도 인간의 길을 가리키고
있다. 그러므로 수처작주는 절대자가 개체 노릇하고 개체가 절대자 노
릇하는 논리다. 나는 이것을 체용논리의 종교적 해석이라고 부른다. 불
교의 인간관은 인간을 유일신론자들이 창조주를 수식할 때 사용하는

말로밖에는 어떻게 달리 말할 수가 없는 절대자로 본다. 그러면서도
불교는 인간을 무상하고 유한하고 과거의 업에 묶여 윤회하는 부자유
한 존재로 본다. 이러한 적체상반의 모순은 도저히 공존이 불가능함에
도 불구하고 불교는 이러한 양면이 인간에게 동시에 존재한다고 본다.
그러므로 인간은 영원하면서도 무상하고 어디에나 존재하면서도 지금
여기에만 있는 존재이며 업에 끌려 부자유한 윤회적 존재이면서도 동
시에 절대 자유의 해탈적인 존재라는 것이다. 그래서 체는 언제나 어
디에나 있는 존재인데도 불구하고 그 용은 시간과 공간상의 가장 구체
적인 자리를 갖는다. 그러므로 수처에 작주가 가능하다고 말하는 것이
다. 이 경우의 몸짓은 바로 몸의 몸짓이다. 몸짓이기 때문에 구체적이
고 구체적이기 때문에 무상하고 그렇지만 그 몸짓은 몸의 몸짓이기 때
문에 하는 일마다 그 즉시 그 자리에서 진리 그 자체이다. 이런 의미에
서 '대승기신'을 "대승에 대한 믿음을 일으킨다"고 해석하는 것도 또한
몸의 몸짓이 되지 못하고 있다는 혐의를 지울 수가 없다. 다시 말하면
그들에게 있어서 대승기신이란 몸으로 돌아가기 위한 수단과 방법으
로 전락한 몸 밖의 몸짓에 그치고 있기 때문에 큰 그림을 못보고 작은
그림에 집착하고 있는 현상이라는 의미에서 일종의 곡해라고 말할 수
밖에 없다.

　　흔히 『海東疏』라고 불리는 원효의 『대승기신론소』[17]의 핵심 사상은
「宗體章」에 다 드러나 있다고 한다. 그러나 「종체장」은 믿음의 문제를
다루지 않았다. 이 점은 그의 『대승기신론별기』[18]의 「大意章」에서도

----

17) 동국대학교, 『한국불교전서』 제1책, p.698 참조.
18) 같은 책, pp.677~678 참조. 2003년 11월 12일 동국대학교에서 열린 국제 원효
　　학회 학술회의에서 나는 원효의 『대승기신론 별기』의 대의장에는 信이란 글
　　자가 단 한 번도 나타나지 않는다고 말했다. 그때 논평자로 나온 울산대 철학
　　과의 박태원 교수는 고맙게도 "딱 한번 나온다!"고 정정해주었다. 나의 부주
　　의를 사죄하면서 이에 해당 부분을 정정한다. 『제2회 국제원효학회 학술논

마찬가지였다. 마치 마명의 『대승기신론』의 근본 바탕이라고 말할 수 있는 「입의분」에서 信이란 글자가 단 한 번도 나타나지 않는 것과 분위기가 비슷하다. 이것은 무엇을 의미하는가? 화엄종에서 말하는 信·解·行·證의 수행 체계를 가지고 이야기하자면 마명이나 원효나 그 출발점이 證이기 때문이 아닐까? 증은 때려부수는 것이다. 독경자는 여기서 산산조각으로 난파당한다. 破邪顯正의 현장을 '증'이라고 한다. 그러므로 증은 철두철미 不二의 경지다. '증의 경지'가 똑바로 드러나면 신과 해와 행은 그 속에 있는 것이다. "初發心時 便成正覺"이란 말은 '증의 경지'를 전제하지 않고서는 말도 안 되는 소리이다. '대승기신'이란 책의 제목과 "유법능기마하연신근"이란 「논왈장」의 메시지와 "유법자위일체중생심"이라는 「입의분」의 선언과 해석분의 첫 머리에 나오는 "일심-이문"의 법문이 모두 하나같이 부처님의 깨침을 이야기하고 있다. 다시 말하면 모두 증의 경계이며 증에서 출발하고 있으며 증이 수원지이고 원동력이란 말이다. 證이 드러나면 信과 解와 行은 저절로 그 속에 들어 있다. 그런데 왜 그것이 안 드러나는가? '나'라는 것이 속에서 안 죽으려고 발버둥치고 있기 때문이다. 어떻게 이를 죽이나? 부처님의 깨침 즉, 證의 경지를 들이대는 수밖에 없다. 예불, 참회, 발원, 참선, 염불 등등 根機와 因緣을 따라 무엇을 하든 그 모든 것이 부처님의 깨침 즉 證의 일함으로 말미암아 가능한 것이다.

  신앙의 체계라는 관점에서 볼 때 원효는 '커다란 그림'을 그리려고 애썼던 것 같다. 커다란 그림이란 작은 그림을 예상하고 하는 말이다. 작은 그림이란 아무리 잘 그려도 이리 막히고 저리 막혀서 결국엔 자기자신마저 비생명화 되어 버리는 그림이다. 비생명화는 신앙의 길이 아니다. 처음엔 말도 안 되는 것 같고 받아들이기 힘들어도 결국은 나

집』, 동국대학교, 2003, p.92 참조.

를 해탈의 길로 이끌어 주고 나의 생명을 생명답게 해준다면 그런 것이 커다란 그림일 것이다. 현실적으로 우리들은 눈과 귀를 가지고 살기 때문에 보이고 들리는 것은 모두가 몸짓이다. 눈과 귀는 몸짓을 인식하는 기관이기 때문이다. 그러므로 만일 누가 몸짓을 무시한다면 그것은 종교는커녕 인간도 못되는 지경이라고 할 수 있을 것이다. 그러나 몸짓을 보는 눈이나 귀는 다 똑같진 않다. 깨친 사람은 못 깨친 사람과 똑같이 몸짓을 보고 듣지만 '몸짓으로 몸짓을' 보지 않고 '몸으로 몸짓을' 보고 듣는다. "몸짓으로 몸짓을 본다"는 말은 자기의 잣대로 자기의 이익을 위해서 보고 고약하게도 때로는 선입견으로 보고 오해하고 망상심으로 보고 착각하고 왜곡하는 것인데 반하여 "몸으로 본다"는 말은 결국 대승의 눈, 일심의 눈, 부처님의 눈으로 본다는 말이기 때문에 전자의 병통을 극복하고 있다. 원효의 경우, 그는 체용으로 기신을 이야기하면서도 귀명을 소중히 여기고 삼보를 공경하는 모든 수행에 있을 자리를 주었다. 그래서 필자는 그의 그림을 '커다란 그림'이라고 말하는 것이다. 작은 그림은 몸짓만을 정확하게 그리려다 결국엔 다른 사람들이 그린 작은 그림과 충돌한다. 그럼에도 불구하고 자기의 덜된 그림을 완전한 그림으로 착각하여 오만에 빠지고 자기 것에 집착하여 적반하장으로 커다란 그림을 덜된 그림이라 욕한다. 이러한 그림은 비단 작은 그림일 뿐만 아니라 못 된 그림이다. 깨친 사람들이 異端邪說이라 규탄하는 그림들이 모두 이에 속한다.

『대승기신론』의 「입의분」에 나오는 三大說, 즉 體大와 相大와 用大를 원효는 대승이라고 불리는 '몸'을 설명하는 名義라고 밝혔다.[19] '명의'란 이름이요, 이름을 밝히는 뜻이라는 말이다. 다른 말로 말하면 달 자체는 아니고 달을 가리키는 손가락이란 말이다. 그런데 세상 사람들

---

19) 같은 책, p.704, 위 칸 참조.

은 달을 보지 않고 달을 가리키는 손가락만 보고 손가락을 보는 것을 '믿음'이라고 부르고 있다. 번지수가 잘못된 것이다. 원효불교는 '손가락 불교'가 아니라 '달 불교'라는 것을 알아야 한다. 달이 있기에 달 가리키는 손가락도 빛이 나는 것이다. 우리는 불경을 대할 때 그 속에 있는 무수한 손가락(몸짓)에 현혹되지 말고 그러한 몸짓들이 가리키는 달(몸)을 바로 보는 공부를 해야 할 것 같다. 거듭 말하는 바이지만 우리는 몸짓 믿음을 몸 믿음으로 착각해서는 안 될 것이다.

　종교적 체험을 놓고 말할 때, 難破(shipwreck)란 말을 빼버리면 무엇이 남을까? 동양의 종교적 고전이란 대개 종교적인 체험과 관련되어 있으며 따라서 거기에는 否定이니 大死니 난파니 하는 말들이 대단한 무게를 가지고 등장한다. '부정과 긍정', '죽음과 삶' 등 모순되어 보이는 것들이 함께 있는 자리가 신앙의 현장이다. 우리는 이 말을 다시 한번 분명하게 정리해 둘 필요를 느낀다. 부정이든 죽음이든 그런 말을 쓰는 사람이 몸짓에 구속되어 '몸짓의 언어'밖에 구사할 줄 모르면 부정은 긍정이 아니고 죽음은 삶일 수 없다. 그러나 원효처럼 '죽어야 산다'는 신앙으로 밀고 나가면 죽음은 곧 삶이 된다. 다시 말하면 우리들이 몸짓의 속박에서 벗어나 '몸의 언어'를 구사할 줄 알게 되면 부정 그 자체가 곧 몸의 일함이기 때문에 부정은 부정만이 아니게 된다. 그러므로 부정과 긍정의 공존을 몸짓의 언어로 풀려는 것은 잘못이다. 만일 이를 몸짓의 언어로 풀면 부정과 긍정이란 두 놈이 따로 따로 존재하면서 으르렁거리고 맞서 있는 것이 신앙의 현장인 것처럼 오해하는 사람이 생기게 될 것이다. 원효가 말했듯이 소승의 몸은 모두 다른 별개의 몸이지만 대승의 몸은 그렇지 않기 때문에 대승의 몸속에서는 모든 몸짓이 함께 있는 것이다.[20]

---

20) 같은 책, p.740, 위 칸 참조.

몸짓의 몸짓은 모순의 공존이 불가능하지만 몸의 몸짓은 창조적 空과 연기의 모습으로 함께 있는 것이다. 몸의 몸짓이란 다름 아닌 몸의 일함이기 때문이다. 몸을 떠나서 몸짓을 그리려 하면 작은 그림이 되어 버리지만 몸속에서 몸짓을 그리면 모든 작은 그림들이 각기 제 구실을 하게 된다. 작은 그림이란 '몸짓 그림'이요, 커다란 그림이란 '몸 그림'이다. 작은 그림이란 많은 경우에 덜된 그림이요 못된 그림이기 쉽다. 만일 작은 그림이 자기의 덜됨을 깨닫지 못하고 오만에 빠져 못된 그림으로 전락하는 경우, 커다란 그림은 불문곡직하고 여지없이 철퇴를 가하는 무서운 否定을 감행한다. 그러다가도 일단 커다란 그림과 한 몸이 되면 여러 가지 사정과 가지가지 인연 때문에 생겨난 상처를 어루만져주고 치유해준다. 이것이 커다란 그림의 제 모습이다. 원효의 신앙 체계란 그의 커다란 그림을 통해서만 이해할 수 있을 것이다.

<예 3>

한국불교 조계종의 宗旨는 禪에 있다고 한다. 이러한 주장을 학문적으로 논의할 때, 知訥(1158~1210)의 『看話決疑論』[21]은 반드시 짚고 넘어가야 할 고전이다. 그런데 지금 이 책에 대한 학자들의 의견이 엇갈리고 있다. 지눌은 1209년에 『法集別行錄節要』[22]라는 책을 발표했다. 요즘 학자들은 이 책을 지눌사상의 총결산으로 보려 한다. 왜냐하

---

21) 『한국불교전서』 제4책, 서울 : 동국대학교, 1982, pp.732~737 ; Robert Buswell, translated by, "Resolving Doubts About Observing the Hwadu," *The Korean Approach to Zen : The Collected Works of Chinul*, Honolulu : University of Hawaii Press, 1983, pp.238~261.

22) 같은 책, pp.740~768 ; Robert Buswell, translated by, "Excerts from the Dharma Collection and Special Practice Record with Personal Notes," *The Korean Approach to Zen : The Collected Works of Chinul*, Honolulu : University of Hawaii Press, 1983, pp.262~374.

면 지눌은 절요를 출판하고 그 다음 해에 세상을 떠났기 때문이다. 그
뒤 5년이 지난 1215년, 그의 제자 혜심 진각국사는 스승의 행낭에서 발
견되었다고 하는 지눌의 『간화결의론』을 출판했다. 이 책은 지눌이
『법집별행록절요』에서 집요하게 전개한 돈오점수설을 뒤집어엎은 책
이다. 지눌의 이러한 '뒤집어엎음'을 바로 보지 않고는 지눌을 올바로
평가할 수 없다.

『간화결의론』을 잘 읽어보면 지눌이 수행자의 경지에 대해서 얼마
나 세심한 주의를 기울이고 있는지를 곧 알 수 있다. 첫째, 그는 교가
의 원돈신해 사상이 제아무리 현묘하고 수승하다 하더라도 공부를 성
취하는 데 있어서 선가의 간화경절문에 비할 바가 아니라고 단호하게
말하고 있다. 그 이유는 교가의 길이 수도자의 解碍를 제거해 주지 못
하기 때문이라고 한다.

지눌은 참선이 무엇인지를 분명히 하기 위해서 같은 禪門 안에서
아직도 敎家적인 냄새를 풍기는 參意門과 이를 깨끗이 청산한 參句門
을 구별하였다. 참의란 숨은 뜻을 캐낸다는 말이요, 참구란 알 수 없는
한 마디의 화두에 몸으로 부딪친다는 말이다. '참의'와 '참구'는 또 다
시 하늘과 땅의 차이라고 한다. 참의는 그것이 아무리 현묘하고 수승
하다 할지라도 원돈신해문의 병폐와 똑같은 병폐를 드러내고 마침내
이를 극복하지 못하므로 정말 경절문이라는 이름에 합당한 올바른 길
은 참구의 길 즉 活句參禪밖엔 없다고 잘라 말하였다.

참선에서 參意와 參句를 구별할 줄 모르고, 死句와 活句를 똑바로
구별할 줄 모른다는 것은 이런 논쟁에 참여한 학자로서는 매우 심각한
문제가 아닐 수 없다. 참선의 正邪와 死活이 여기에 걸려 있기 때문이
다. 지눌의 『간화결의론』은 이 점을 분명히 하고 있다. 특히 『간화결의
론』의 결론이라고 말할 수 있는 마지막 문장은 지눌의 이러한 사상을
웅변으로 입증해 주고 있다. 그 문장은 이렇다.

　무릇 참선하는 사람은 모름지기 활구로 참선하고 절대로 사구로 참선해서는 안 된다. 활구로 참선하다가 깨치면 영겁토록 또릿또릿하지만 사구로 참선하다가 깨달으면 (일체중생을 모두 제도하기는커녕) 자기자신의 구제도 못하고 만다.…… 요즘엔 이렇게 활구참선으로 깨친 사람을 보지도 못하고 듣지도 못하기 때문에 요즘 사람들은 참의문에라도 의지하여 어떤 지견을 얻는 것을 귀하게 여기고 있을 뿐이니 이렇게 사구참선으로 깨달은 것도 교종 사람들이 교리에 의지하여 참선한다고 앉아 있으나 여전히 자기 본위의 감정적인 알음알이에 묶여있는 것에 비하면 하늘과 땅의 거리만큼 크게 다르기 때문이다. 그러나 엎드려 절하면서 바라옵나니 모처럼 참선의 세계에 뛰어든 사람들이여, (제발 참의문 사구참선에 현혹되지 말고 결단코) 활구참선으로 속히 보리를 증득하소서. 그렇게만 되면 얼마나 다행스럽고 다행스럽겠는가.[23]

　번역을 하다 보니 일종의 해설이 되고 말았다. 내가 지금 왜 이렇게 해설적 번역을 감행하는가를 밝혀야겠다. 불행히도 종래의 번역들은 마치 지눌이 참의문 사구를 선양한 것처럼 만들어 놓았다. 이런 오해가 또 어디 있을까. 만에 하나라도 어떤 독자가 지눌의 결론을 "그렇게 잘 안 되는 참구문 활구참선일랑 아예 그만두고, 잘 되는 참의문 사구참선이나 하라"는 뜻으로 오해한다면 이는 단순한 경전의 오해에 그치지 않고 역사를 왜곡하는 과오를 저지르게 될 것이다.[24]

---

23) 지눌의 원문은 『한국불교전서』 제4책, p.737에 있다. "夫參學者 須參活句 莫參死句 活句下薦得 永劫不忘 死句下薦得 自救不了……此證智現前者 今時罕見罕聞故 今時但貴依話頭參意門 發明正知見耳 以此人見處 比於依敎觀行 未離情識者 天地懸隔故也 伏望觀行出世之人 參詳禪門活句 速證菩提 幸甚幸甚".
24) 나는 그동안 이러한 오해와 왜곡을 바로 잡으려고 무척 애썼다. 가장 최근의 것이 윤원철 교수가 번역한 『깨침과 깨달음』(서울 : 예문서원, 2002) 한국어판 서문에 들어 있다.

『간화결의론』이 과연 지눌의 저작인가를 의심하는 사람도 있다. 혹시 혜심이 스승의 명예회복을 위해서 자기가 쓴 책을 스승의 이름으로 출판한 것이 아닌가 하고 조심스럽게 말하는 사람도 있다. 나는 이러한 모든 의심에 동조하지 않는다. 이유는 두 가지다. 첫째 화두참선의 생명인 활구사상이 『절요』와 『간화결의론』에 모두 공통적으로 들어 있다는 점이다. 참선은 활구참선이라야 하지 사구참선이어서는 안 된다는 데에 동의하면 돈오점수설은 설자리를 잃고 만다. 뿐만 아니라 『절요』의 말미는 『간화결의론』 집필 동기로 보아도 좋을 만큼 이 두 권의 책은 일맥상통하는 바가 있다. 다만 이 두 책 사이에는 이어지면서도 끊기는 대목이 있다는 것이 다를 뿐이다. 그러므로 '이어지는 대목'과 '끊기는 대목'을 동시에 꿰뚫어 보는 것이 중요하다. 이어지는 대목은 활구 사상이고, 끊기는 대목은 돈오점수설을 폐기하는 것이다. 이 문제를 놓고 우리는 앞으로 고생을 많이 해야 할 것 같다.

지눌은 『절요』를 마무리 지으면서 괴로운 빛을 감추지 않았다. 그때 그는 자기가 평생 쌓아 올린 학문의 탑을 스스로 무너뜨려 버릴 생각을 하고 있었던 것 같다. 사실상 『간화결의론』을 쓰는 지눌의 근본 동기는 바로 그러한 작업을 하기 위한 것으로 보여진다. 다시 말하면 『절요』와 『간화결의론』은 적체상반으로 끊기는 대목이 있다는 말이다. 우리는 이 '끊기는 대목'에 주목해야 한다. '끊음'으로써 지눌은 백척간두에서 진일보한 것이다. 懸崖에서 撒手한 대장부가 된 것이다. 지눌은 그 사람됨에 있어서 요즘 학자들처럼 학설 하나 내놓고 거기에 묶여 평생 헤어 나오지 못하는 그런 인물이 아니었다고 생각한다.

나는 한때 지눌의 수제자인 혜심이 스승의 학문적인 면을 계승하지 아니 한 것을 퍽 유감스럽게 생각했었다. 그러나 이제 내 생각은 바뀌었다. 스승과 상좌는 무릎을 맞대고 '參意門 死句'일랑 하지 말고 맹세코 '參句門 活句'하자고 다짐했을 것이라고 생각한다. 적어도 이것이

지눌 만년의 모습이었음에 틀림없다. 그래서 혜심은 스승의 절요 가운데 '참의문 사구'에 해당되는 대목을 자기의 삶 속에서 버려 버린 것이다. 혜심의 이러한 노선 전환은 사실 그의 스승 지눌이 닦아 놓았던 것이라고 말해도 좋을 것이다. 그러한 맥락에서 그 뒤 西山大師의 선교결도 나올 수 있었으며, 경허, 만공, 전강, 성철 등 현대의 많은 고승들이 줄기차게 활구참선을 한국 선불교의 안목으로 삼았던 것이다.

그런데 무슨 이유로 지눌의 『법집별행록절요』는 조선시대에 와서 그렇게 여러 번(20여 회?) 판각되어 널리 유포되었을까? 한 마디로 그것은 '혼선'이라고 볼 수밖에 없다. 진짜 구슬은 알아보지 못하고, 가짜 구슬만 애지중지한 것이다. 그들은 부끄럽게도 지눌의 일대 전환을 보지 못한 것이다. 그러므로 성철 스님이 해인사 강원에서 『절요』를 가르치지 못하도록 조처한 것은 올바른 조처라고 보아야 할 것이다. 그런데 성철 스님은 이러한 사정을 밝히지 않은 채 『절요』를 친다는 것이 '대장부 지눌'을 쳐서 지눌의 간화결의론마저 함께 죽여 버리는 결과를 가져 온 것이다. 이 대목은 우리 학자들이 또 한 번 크게 씨름해야 할 대목이라고 생각한다. 우리는 앞으로 지눌의 돈오점수설 비판과 지눌 평가를 혼동해서는 안 될 것이다.

활구와 사구의 구별은 간단한 것 같은데 가만히 보면 많은 사람들이 거기서 갈 길을 잃고 방황하고 있다는 것을 알 수 있다. 지눌은 활구를 바로 이해하고 사구를 버렸기 때문에 산 사람이 됐다. 뉴욕주립대학교 출판사 편집인들이 내 원고에서 지눌의 돈오점수설 비판을 빼버린 것은 그들이 활구가 무엇인지를 이해하지 못했기 때문일 거라고 생각한다. 깨달음의 차원만 강조하고 깨침의 차원을 不顧하며, 몸짓의 세계만 들여다보고 몸의 세계를 볼 줄 모르며, 몸짓의 세계에 집착하여 몸의 세계를 외면하고, 점차의 질서만 알고 몰록의 질서를 모르면 그 결과는 一事百事로 모두 뒤틀리고 말 것이다.

6. 나가면서

요즘 사람들의 눈엔 좌우만 보이고 상하는 안 보이는 것 같다. 권위의식에서 생긴 구분일 때, 이런 경우의 상하는 안 보이는 게 차라리 낫다는 생각이 속에 도사리고 있기 때문이리라. 일종의 저항의식이다. 저항의식을 가진 사람에게는 上下란 있어서는 안 될 상하, 마땅히 하루속히 없어져야 할 상하일 것이다. 이를 구태여 설명할 필요는 없지만 요즘의 우리 주변을 돌아다보면 사람을 질식시키는 상하가 여전히 많다는 것도 인정하지 않을 수 없다. 가진 자가 안 가진 자를 위에서 짓누르는 경우를 비롯하여 가지가지의 기막힌 상하가 아직도 수두룩하다. 이런 경우의 '위 上'자는 돈도 없고, 힘도 없고, 아는 것도 없고, 능력도 없고, 지연·학연·혈연 등등 아무 것도 내세울 것 없는 버림받은 외톨이 같은 약자를 돈 있고, 힘 있고, 아는 것 많고, 능력 있고, 지연 학연 혈연 등등 말하자면 좋은 조건은 모두 갖춘 사람이 폭군처럼 짓밟고 억누르는 '위 上'자로밖엔 안보일 것이다. 그러나 우리는 여기서 조심해야 한다. 사람은 묘한 것이다. 겉보기로는 밑에 있기 때문에 '아래 下'자가 붙을 수밖에 없는 사람인데도 바로 그 사람이 위에 있는 사람 보다 더 높은 경우가 얼마든지 있다. 이목구비에 의지하는 판단으로는 분명히 아래인데도, 내가 가지고 있는 잣대로는 분명히 아래인데도, 사실은 그렇지 않고 오히려 위에 있는 사람이 얼마든지 있다는 것이다. 지위나 신분의 상하를 막론하고 그 사람 앞에서는 저절로 머리가 수그러지는 경우가 있다. 아버지가 아들을 존경하고, 형이 아우를 존경하고, 스승이 제자를 존경하고, 매질하는 사람이 매 맞는 사람을 존경하고 등등 인간 사회에는 그러한 경우가 무수히 있다는 말이다. 이것은 무엇을 의미하는가? 이 세상에는 나보다 더 멀리 미래를 내다보는 사람들이 많고, 나보다 더 이 세상을 더 깊게 그리고 더 넓게 속속들이 들여다보고 있는 사람들이 많다는 말이다. 그리고 이 세상에는 나보다 더 앞과 뒤나 겉과 속의 모순을 숨기지 않고 진솔하게 사는 사람들이 많다. 이런 사람들을 보면 우리는 저절로 머리가 숙여진다. 이런 사람들은 인격적으로 더 높은 경지에 있는 사람들이다. 이러한 상하는 있어야 할 상하다. 이처럼 내 눈에 잘 안 보이는 높은 경지의 윗사람을 존경할 줄 알고 두려워할 줄 아는 사람이라야 동양의 고전을 제대로 읽을 수 있다. 다시 말하면 글을 읽는 사람의 의식 세계에 커다란 변혁이 일어난 사람과 일어나지 않는 사람은 구별되어야 한다는 말이다. 경지의 상하를 무시하는 사람은 제아무리 남다른 저항 정신의 소유자라 할지라도 결국엔 눈에 보이는 것에 대한 쌈질 이상의 일을 못하고 만다. 이러한 사람들은 밖의 불합리가 개선되기 전에 자기 내부의 불합리 때문에 쓰러지고 만다. 여기서 말하는 자신 내부의 불합리란 높은 경지를 알아보지 못하고 자기의 결함을 불고하는 데서 생긴다. 오만의 결과다. 그러므로 독서는 모름지기 자기 고발의 정신에서 시작되고 또한 진행되어야 한다.

서양에서 한국사상을 강의하다 보면 이상한 질문을 곧잘 받는다. 그 가운데 하나가 한국사상의 독특한 점이 뭐냐는 질문이다. 원효를 강의하나 퇴계를 강의하나 항상 나오는 질문이 신라의 원효는 당나라의 법장과 어떻게 다르며, 조선의 퇴계는 송나라의 주자와 어떻게 다른가를 말해 달라는 것이다. 좋은 질문이고 응당 나와야할 질문임에 틀림없다. 그리고 질문 받은 사람은 누구나 이런 질문에 속 시원한 답변을 주려고 애쓴다. 그러기를 얼마동안 하다 보면 이상한 생각이 든다. 원효나 퇴계 같은 사람들은 오늘날의 이런 질문을 가지고 끙끙거리지 않았다는 사실이 눈에 띄기 때문이다. 오늘날의 우리와 원효나 퇴계 같은 사람들의 관심사가 너무 다르다는 말이다. 옛날 선배들의 관심사는 무엇이 참이냐를 밝히는 일이었다. 그리고 그런 목적은 자기자신이 참됨으로써만 성취된다고 믿었던 것 같다. 거기에 비하면 오늘날 한국사상의 특징을 문제 삼는 사람들에게 과연 '자기자신이 참됨으로써만'이라는 의식이 있는지 의심스럽다. 자기자신이 참되지 않고 참이 밝혀질 수 있을까 의심스럽다. 다시 말하면 옛날 우리 선배들이 밝혔던 참이 오늘날 우리들에게 밝혀지려면 적어도 우리들에게도 어느 정도라도 참되려고 애쓰는 면이 없어서는 안 될 것 같다. 더구나 오늘날 학자들이 앉아서 중국은 어떻고 한국은 어떻고 일본은 어떻고 등등의 이야기를 하려고 한다면 이른바 몸(體)에 대한 관심사는 모두 증발해버리고 그저 겉으로 나타난 몸짓(用)의 비교에 더 열을 올릴 것만 같다. 오늘날 동양학이라는 이름으로 동양의 여러 나라들을 기립 자세로 줄서게 해놓고 키 재기 하는 식의 동양 연구에 모두가 열을 올리는 까닭이 어디에 있는가? 왜 동양사상 연구에 고전의 올바른 독해가 급선무중의 급선무임에도 불구하고 동양사상의 주역들이 불철주야로 노심초사했던 최대 관심사에는 그렇게도 무관심한 것일까? 우리는 18세기 영국의 산업혁명 후에 우후죽순처럼 만연한 제국주의적 가치관과 그 부수 현상으로 발생한 편협한 민족주의적 사고방식을 철저히 척결해야 할 것 같다. 그래야 우리는 잘못된 몸짓 문화의 폐풍에서 벗어나 올바른 몸 문화를 창조할 수 있을 것이다.

　서양 사람들과 한국사상을 두고 이야기 해보면 예외 없이 항상 막히는 대목이 있다. 그것은 불교의 不二論적인 말투가 등장하는 경우이다. 기껏 중생을 어리석다고 말해 놓고서 바로 그 자리에서 일체 중생이 하나도 빠짐없이 모두 있는 그대로 지혜롭고 자비로운 부처님이라고 말하면 누구나 당혹스러울 것이다. 간혹 불교 공부를 좀 한 사람이거나 또는 스스로 불교 신자라고 자처하는 사람은 그런 말이 귀에 익은 탓인지 미소까지 지으면서 고개를 끄덕거리는 걸 볼 수 있다. 그러면 이젠 됐는가 보다 하고 한참 이야기를 더 하다 보면 결국은 도로아

미타불인 경우가 비일비재다. 가장 구체적이고 개별적인 내가 바로 가장 보편적이고 우주적인 존재라고 말하면 백발백중 문제가 생긴다. 이러한 어려움은 체용의 논리를 따질 때도 나타난다. 몸만 몸이 아니고 천하 만물이 다 내 몸이라고 말해 놓고 바로 그 자리에서 구체적인 자기의 육체, 다른 누구의 육체하고도 바꿀 수도 없고 혼동할 수도 없는 자기 몸을 가리켜 내 몸이라 말하니 혼란스럽다는 것이다. 이 세상의 모든 것이 無常하다는 말은 사람의 몸짓을 두고 생각할 때 딱 들어맞는 말이다. 그러나 불생불멸, 즉 삶도 아니고 죽음도 아니다 라는 투의 말이 등장하면 역시 혼란스럽다고 말한다. 이러한 혼란을 미연에 방지해 보려는 노력이 체용의 논리로 나타난 것 같다. 문제는 체용의 논리를 전개할 때 몸이란 말이 가지고 있는 여러 가지의 뜻 때문에 생긴다. 특히 체용논리에 동원된 몸이란 말은 두 가지의 상반되어 보이는 뜻을 동시에 가지고 있다. 다시 말하면 몸은 우리의 눈에 보이는 면과 눈에 안 보이는 면을 동시에 가지고 있다는 말이다. 보이는 몸은 개체적인 육체인데 안 보이는 몸은 전 우주에 충만해 있는 것이다. 이러한 안 보이는 몸을 新儒學에서는 理라 말하기도 하고 氣라고 말하기도 한다. 서양의 유신론적인 종교 전통에서는 神이라고 부르기도 한다. 이 밖에도 여러 전통이 이를 여러 가지 이름으로 불렀다. 여기서 중요한 것은 이러한 안 보이는 몸이 보이는 몸을 떠나서 따로 존재하는 것이 아니라는 사실을 제대로 파악하는 일이다. 여기서 몸은 몸짓을 떠나서는 바로 볼 수도 없고 또한 그렇게 생각해서도 안 되는 것이다. 여기서 '언어의 논리'와 '생명의 논리'를 나누어 설명하는 경향이 대두한다. 생명 현상을 모두 언어의 질서 속에다 억지로 집어넣으려 해서는 안 된다는 것이다. 불교에 不立文字 사상이 나오고 활구참선을 강조하는 祖師禪이 등장하게 된 까닭이다. 언어의 세계에서는 모순의 공존을 용납하지 않지만 생명의 세계에서 모순의 공존은 흔히 있는 일이다. 여

기서 모순이란 무엇인가가 문제된다. 언어의 세계에서 의미하는 '모순'
이란 것과 실지 생명 세계의 일을 억지로 언어의 세계로 끌고 내려와
거기에 '모순'이라는 이름표를 갖다 붙이는 것 사이엔 엄청난 차이가
있다. 생명세계를 언어세계 안에서 이해하려드는 것은 한 마디로 말이
되게 하기 위해서 사실을 뒤틀리게 하는 어리석음을 저지르고 있는 것
이다. 몸에 보이는 면과 안 보이는 면의 양면이 있다고 말한다든지 또
는 개체적인 면과 우주적인 면의 두 면이 있다고 말하는 것도 알고 보
면 앞의 경우와 비슷한 고민에서 나온 말들이다. 말로 생명을 보지 말
고 자기자신이 생명과 혼연히 하나 될 때 생명을 바로 아는 훈련, 이것
이 동양의 사상 훈련이 아니었던가 생각한다.

　몸이 있으면 몸짓이 있고 몸짓이 있으면 몸이 있다. 몸과 몸짓은 서
로 떨어질 수 없다. 그러나 몸짓은 무상한 반면, 몸은 몸짓과 다르다.
몸짓으로 하여금 몸짓 노릇하게 하는 것이 몸이다. 그러므로 건강한
몸짓은 건강한 몸을 전제한다. 그럼에도 불구하고 사람들은 몸짓에만
신경을 쓰고 몸을 돌보지 않는다. 하루 세 끼니 밥 먹고 일하고 그리고
잠자면 됐지 또 어떻게 몸을 돌보란 말이냐고 반문하는 사람도 없지
않을 것이다. 옳은 말이다. 그러나 오늘날의 우리를 가만히 비추어 보
면 몸의 질서를 좀먹는 반생명적인 가치관과 사고방식을 버리지 못하
고 허덕이는 경우가 허다하다. 현대의 특색인 이기주의, 출세주의, 상
업주의 등등이 지구촌 도처에서 환경문제나 인권문제들을 무자비하게
야기시키고 있는 것을 보면 우리는 이 이상 몸짓의 질서만을 연구 대
상으로 삼고 몸의 질서를 불고하는 학풍을 용서해서는 안 될 것이다.
가장 이상적인 것은 몸의 질서와 몸짓의 질서가 자연스럽게 조화를 이
루며 공존하는 일일 것이다. 사람은 이 두 가지의 질서가 조화를 이룰
때 자유스럽고 평화롭기 때문이다. 그러나 몸짓의 질서가 몸의 질서와
조화를 이루지 못하면 병이 생긴다. 우리 육체엔 隨意筋과 不隨意筋

이 있다. 손과 발 같은 것은 수의근이고 심장 같은 것은 불수의근이다. 수의근은 몸짓의 질서에 따라가지만 불수의근은 몸의 질서에 따를 뿐 몸짓의 질서에 아부하지 않는다. 이것이 인간의 조건이다. 탐진치 삼독심을 비롯한 사람의 모든 병폐는 잘못된 몸짓의 질서가 몸의 질서에 저항하는 데서 나온다. 사람들이 누구나 싫어하는 가지가지의 속임수가 다 여기서 나오고, 위선, 허위, 기만 등등도 다 여기서 나오고, 겉 다르고 속 다르며 앞과 뒤가 다른 이중성도 다 여기서 나온다. 그래서 몸으로 돌아가자는 말이 나온다. 그 말은 몸의 질서에 따르자는 말이며, 몸으로 하여금 몸노릇 하도록 놔두자는 말이다. 그리되면 사람의 모든 몸짓은 몸의 몸짓이기 때문에 자유롭고 편안하다는 것이다.

오늘 우리의 원래 관심사는 고전을 읽을 때 나타나는 誤讀과 歪曲을 어떻게 방지할 것인가 하는 문제였다. 사람은 누구나 자기의 질서를 가지고 있다. 그런데 이 질서가 암초에 부딪쳐 難破 당하는 경우가 있다. 동양에서 말하는 사상적인 古典이란 대개 개개인이 가지고 있는 잘못된 질서를 때려부수는 역할을 한다. 그러므로 고전을 읽고도 난파의 경험이 없다면 고전이 말만 고전이지 고전답지 못하거나 아니면 고전을 읽는 사람이 고전을 제대로 읽지 않았기 때문이라고 진단할 수 있다.

나는 이제까지 주로 고전을 어떻게 읽어야 옳은가 라는 문제를 놓고 올바르게 읽지 못하는 장애 요소들을 들추어내는 데 주력했고 또한 바로 읽기 위해서는 어떻게 해야 하는가를 생각해 보았다. 오늘날 내 진단이 옳은가 그른가를 따지고 동시에 그것의 치료 가능성의 문제를 놓고 생각할 때 異論이 많을 수밖에 없을 것 같다. 그러나 치료 가능성의 여부를 따지기 이전에 진단부터 제대로 해두어야 21세기는 우리에게 희망의 세기가 될 수 있을 것이다.

참고문헌

『대정신수대장경』, 동경 : 대정신수대장경 간행회, 1925.
『경서 : 대학, 논어, 맹자, 중용』, 서울 : 성균관대학교 대동문화연구원, 1968.
『한국불교전서』, 서울 : 동국대학교, 1979.
『한글대장경 법화경』, 서울 : 동국대학교 역경원, 1991.
『성경전서 표준새번역』, 서울 : 대한성서공회, 1993.
고영섭 편저, 『한국의 사상가 10인 - 원효』, 서울 : 예문서원, 2002.
광덕 스님, 『보현행원품 강의』, 서울 : 불광출판부, 1994.
김탄허 현토역해, 『보조법어』, 서울 : 법보원, 1963.
김탄허 현토역해, 『기신론』, 서울 : 교림, 1985.
박성배 저, 윤원철 역, 『깨침과 깨달음』, 서울 : 예문서원, 2002.
운허 스님, 『보현행원품 보문품 보안장』, 서울 : 동국역경원, 1966.
은정희, 『원효의 대승기신론 소 별기』, 서울 : 일지사, 1991.
이덕진 편저, 『한국의 사상가 10인 - 지눌』, 서울 : 예문서원, 2002.
坂本幸男, 岩本裕 역주, 『法華經』, 東京 : 岩波書店, 1962.
三枝充悳 번역, 『法華經現代語譯』, 東京 : 第三文明社, 1981.

Yoshito S. Hakeda, translated by, *The Awakening of Faith*, New York : Columbia Uniiversity Press, 1967.

Burton Watson, tr. by, *The Lotus Sutra*, New York : Columbia University Press, 1993.

Leon Hurvitz, tr. by, *Scripture of the Lotus Blossom of the Fine Dharma*, New York : Columbia University Press, 1976.

D. T. Suzuki, *Studies in the Lankavatara Sutra*, London : George Routledge & Sons, 1930.

Robert Buswell, translated by, *The Korean Approach to Zen : The Collected Works of Chinul*, Honolulu : University of Hawaii Press, 1983.

Sung Bae Park, *Buddhist Faith and Sudden Enlightenment*, SUNY Press, 1983.

Sung Bae Park, "Wonhyo's Faith System, as Seen in His Commentarie on the Awakenig of Mahayana Faith," *International Journal of Buddhist Thought & Culture* (Seoul : International Association for Buddhist Thought & Culture, Dongguk University, 2003) Vol. 2, pp.25~45.

Holy Bible, *New Revised Standard Version with Apocrypha*, New York Oxford : Oxford University Press, 1977.

(the International Seminar on the 21st Century Korean Studies Session
2 : 21th Korean History and Culture, 2003년 10월, 아주대학교 다산홀)

제2부

퇴계 사상 연구

栗谷의 退溪理解
―「壬申年 答成浩原書」를 중심으로―

退溪가 한국 儒學을 대표하는 성자임에는 틀림없으나 栗谷이 한국 유학사상의 발전에 기여한 공헌 또한 결코 과소평가할 수 없다. 中國 의 유교를 흔히 孔孟의 가르침이라 하듯이 한국의 유교를 종종 退栗 의 가르침이라 말하는 것은 결코 우연한 일이 아니다.

그러나 공맹관계와 퇴율관계 사이에는 현저한 차이가 있다. 孟子 (371~289B.C.)는 孔子(551~479B.C.)가 세상을 떠난 지 약 100년 뒤에 태어났음에도 불구하고, 그는 공자를 철저히 신봉하였다. 그러나 율곡 (1536~1584)은 그가 23세 때 陶山에 가서 58세의 퇴계(1501~1570)를 예방하고 깊은 감명을 받았음에도 불구하고 직접적인 사제관계를 맺 지 않았고, 그 뒤로도 두 분의 관계는 심지어 오늘날까지 상당한 거리 가 있는 듯이 보인다. 그러나 그런 거리에도 불구하고, 또 오늘날 퇴계 를 따르는 사람과 율곡을 따르는 사람들이 어떠한 관계를 유지하고 있 건 간에 한국유학사상 퇴계와 율곡의 관계는 불가분의 관계임에 틀림 없으며, 당사자인 두 분 자신의 관계는 더욱 더 떨어질 수 없는 밀접한 관계였던 것 같다.

다시 말하면 퇴계 없는 율곡을 생각할 수 없을 만큼 율곡사상 형성 에 퇴계는 커다란 역할을 하고 있으며, 동시에 퇴계사상 발전에 율곡이 끼친 영향 또한 지대하다고 말할 수 있다. 이러한 주장을 방증하는 가장 좋은 예가 牛溪 成渾(1535~1598)의 경우다. 우계는 퇴계를 신봉했지만 理氣說에 관한 한, 처음엔 퇴계의 理氣互發說보다는 율곡의 氣發理乘一道說을 옳게 여기고 있었다. 그러다가 어느 날 주자의 혹생혹원설을 읽고서 퇴계의 이기호발설을 지지하게 되었다. 이로 말미암아 율곡은 1572년(壬申)에 유명한 牛栗往復書를 통한 제2차 四七논쟁을 벌이게 된다. 그 결과 우계는 다시 율곡 쪽으로 기울어진다. 퇴계가 세상을 떠난 지 2년 후인 1572년에 당시 37세의 율곡은 가장 믿고 존경하는 한 살 연상의 고향친구 우계에게 보낸 편지 가운데서 다음과 같이 퇴계를 평했다.

　　퇴계가 奇高峰(1527~1572)과 四端七情을 논하면서 말을 많이 했습니다. 그런데 고봉의 이론은 분명하고 똑 떨어져서 대를 쪼개는 듯 시원하고 힘찬 데 반하여, 퇴계의 말은 비록 상세하나 그 뜻이 드러나지 않아 아무리 읽어보아도 도시 무슨 뜻인지도 모르겠고 마침내 읽는 재미가 하나도 없습니다. 그러나 고봉의 학식이 어찌 감히 퇴계를 당하겠습니까? 여기에선 다만 고봉의 재주가 우연히 이것을 알아맞힌 것입니다. 제가 퇴계의 뜻을 가만히 생각해 보니 그는, '사단은 안으로부터 나오고, 칠정은 밖의 것에 감동되어 생긴다.'는 생각에 사로잡혀 주자의, '이로부터 나오고, 기로 말미암아 생긴다.'는 말을 근거삼아 그러한 주장을 끝없이 발전시켜 허다한 모순을 만들어 내고 있는 듯합니다. 저는 이러한 퇴계의 글을 읽을 때마다, 정견의 한 티라고 한탄하지 않을 수 없습니다.

　위의 인용문에서 퇴계에 대한 율곡의 불만은 뚜렷하다. 그리고 그의 고봉에 대한 칭찬은 대조적이다. 그럼에도 불구하고 율곡의 결론은 퇴계에 대한 그의 존경을 조금도 손상하지 않고 있다. 퇴계에 비하여 고봉은 그 논리가 월등하게 분명하다고 칭찬을 아끼지 않았던 율곡이 마지막에 가서는 "고봉의 학식이 어찌 감히 퇴계를 당하겠느냐"고 반문하는 대목은 오늘날 우리들이 매우 조심스럽게 다루어야 할 대목이라고 생각된다. 율곡은 비록 퇴계가 주장한 이기호발설에 불만을 품고 '정견의 한 티'라고 한탄했다 할지라도, 그것은 어디까지나 흔히 존경하는 사람에게서 발견되는 일종의 이론적인 모순에 대한 한탄일 뿐이요, 퇴계에 대한 그의 존경심이 흔들린 것은 아니라고 보아야 할 것이다. 다시 말하면 율곡이 퇴계에게 붙여 준 '칭호'는 어디까지나 '정견을 가진 대학자'였기 때문이다. 퇴계도 율곡도 모두 다 가고 없는 오늘날, 율곡이 퇴계를 '정견을 가진 대학자'로 존경했다는 사실은 보지 않고 정견을 가진 사람에게서 발견되는 '하나의 티'에 대한 율곡의 한탄만을 강조하는 것은 율곡을 바로 읽었다고 말할 수도 없고 퇴계와 율곡이 지녔던 관계를 올바로 이해했다고도 말할 수 없다.

본 논문의 목적은 1572년(임신년)에 율곡이 우계에게 보낸 편지들 속에 나타난 율곡의 퇴계에 대한 평을 분석하여 율곡이 퇴계를 어떻게 이해하고 있었던가를 밝히는 데 있다. 본문을 분석하기에 앞서 결론부터 먼저 말하자면 율곡은 임신년 「답성호원서」에서 퇴계가 가진 정견 속에, '한 티'를 밝히는 데 치중하고 있을 뿐, 퇴계의 정견에 대해서는 언급하지 않고 있다. 그러나 필자는 율곡이 지적한 정견 가운데의 '하나의 티'에 대한 해석도 율곡의 눈에 비친 퇴계의 정견과의 관련 속에서 이루어져야 한다고 주장하고 싶다. 왜냐하면 율곡을 깊이 연구하면 할수록 율곡은 퇴계를 마음으로부터 존경했던 게 분명하기 때문이다. 1570년, 퇴계가 세상을 떠났을 때 율곡의 애통은 비길 데가 없었으며 (哭退溪先生), 퇴계의 大祥에 지은 율곡의 「祭退溪李先生文」 또한 율곡이 얼마나 퇴계를 사모했던가를 잘 말해 준다. 이 제문에 의하면 율곡은 퇴계를 은인으로 모시고 있으며 특히 거경궁리의 도학으로 이끌

어 준 스승으로 모시고 있다. 1573년, 율곡은 宣祖로 하여금 퇴계에게
시호를 내려주도록 청하였고, 1581년에는 다시 퇴계를 靜庵 趙光祖
(1482~1519)와 함께 문묘에 배향할 것을 청하였다. 율곡의 제자들 또
한 퇴계에 대한 스승 생시의 뜻을 실현하기 위해서 1584년 율곡이 49
세를 일기로 세상을 떠난 지 얼마 안 지나서 율곡이 43세(1578年) 때
隱屏精舍와 함께 지은 朱子祀 옆에 정암과 퇴계의 사당을 세웠다. 이
러한 사례들로 미루어 보아 율곡이 경세에는 정암을, 그리고 학문에는
퇴계를 제일로 꼽고 있었던 것은 틀림없는 사실이다.

　여기서 밝혀야 할 것은 두 가지다. 하나는 임신년 「답성호원서」에
나타난 율곡의 퇴계에 대한 불만, 즉 '正見之一累(한 티)'란 무엇이냐를
밝히는 것이고 다른 하나는 퇴계가 지닌 정견이란 무엇인가를 밝히는
것이다.

　첫째, 퇴계가 지닌 正見 중의 '한 티'란 퇴계의 이기호발설에 나타난
이원론적인 경향을 두고 말하는 것이다. 율곡에 의하면 이와 기는 서
로 떨어진 별개의 것도 아니고 그렇다고 똑 같은 동일의 것도 아니다.
율곡은 분명하게 둘을 하나로 본 것은 정암의 잘못이고 둘을 다른 것
으로 본 것은 퇴계의 잘못이라고 한다. 우계가 인심과 도심의 차이를
가지고 불순물이 끼어 있는 칠정과 순수한 사단의 차이를 인정하려 하
고 나아가서는 기와 이의 차이마저 인정하려 할 때, 율곡은 인심과 도
심과의 관계는 그 차이를 분명히 둘로 나누는 상대적인 관계이지만 칠
정과 사단의 경우는 이와 달라서 칠정은 전체적으로 이야기하고, 사단
은 부분적으로 이야기하는 소위 부분과 전체의 관계이기 때문에 양 관
계를 서로 혼동하는 것은 잘못이고, 따라서 모든 것은 기가 관여하지
않는 이만 있는 경우는 없다고 잘라 말하고 있다. 여기서 율곡의 유명
한 기발이승일도설이 나온다. 한 마디로 이기호발이라는 말은 이와 기
가 이물이라는 전제에서만이 가능하다고 보는 것이 율곡의 입장이다.

이와 기가 이물이 아니라면 호발은 불가능하다는 것이다. 율곡은 일종의 천지주의자라고 말할 수 있다. 그리고 또한 일심주의자라고 부를 수도 있다. 왜냐하면 율곡은 매사를 마지막엔 천지라는 우주적인 이치로 환원하여 해결하고 그런 우주적인 천지의 이치가 가장 잘 드러난 곳이 허영불매한 한 마음이라 하기 때문에, 천지의 조화에 이로 된 조화, 또는 기로 된 조화라는 구별이 없고, 우리의 한 마음에도 그런 구별이 없으므로, 이 세상 어디에도 이와 기를 둘로 나누는 경우는 찾아볼 수 없다는 것이다. 결론적으로 율곡은 퇴계가 주자를 오해했다고 생각한 듯하다. 과연 퇴계가 주자를 오해한데서 그렇게 집요하게 理發 사상을 강조했을까? 과연 율곡은 무엇을 근거로 퇴계를 정견의 소유자로 보았을까? 이것이 우리에게 남은 문제이다.

(Hong Kong 국제퇴계학회 발표문)

李相殷의 退高四七理氣比較圖에 대하여

故 李相殷 교수가 1973년 3월, 『아세아연구』제49호(pp.1~33)에 발
표한 「사칠론변과 대설·인설의 의의」라는 논문에는 <퇴고의 사칠이
기도의 비교>라는 이름의 이상한 그림 하나가 들어있다(p.25).

이 그림은 周濂溪의 太極圖처럼 모두 5층으로 되어 있다. 1층으로
부터 3층까지는 주렴계의 것을 그대로 옮겨다 놓았으니 하나도 이상할
것이 없다. 그리고 4층과 5층의 우측에 있는 고봉설의 도식화 또한 고
봉의 학설에 매우 충실한 것이기 때문에 조금도 이상할 것이 없다. 그
러나 4·5층의 좌측에 있는 퇴계설의 도식화는 누가 보아도 실패작이
요, 또한 그 속에 많은 문제를 안고 있음을 쉽게 발견할 수 있다. 가장
심각한 문제는 퇴계의 주장을 의식적으로 왜곡하고 있다는 사실이다.

이 그림은 원래 「高峯答退溪第三書」에 나타난 고봉의 뜻을 따라 이
상은 교수 자신이 그린 것이다. 이 교수는 이러한 그림을 그리게 된 동
기를 다음과 같이 말한다.

고봉은 이 제삼신에서 사단과 칠정이 같이 성에서 발한 것으로 각자
의 소발이 따로 있을 수 없다고 하면서 퇴계에게 천지지성과 기질지성
을 대로 하여 그림을 하나 그리고, 또 사단과 칠정을 대로 하여 그림을
하나 그려놓고, 그것을 서로 비교하여 생각해 보라고 하였다. 이제 우
리는 그의 말대로 그림을 그려보면 그것은 다음과 같이 될 것이다.

(같은 글, p.24)

문맥상으로 보면 이 그림의 책임은 고봉에게 있는 것처럼 되어 있다. 이상은 교수 자신이 지적한 바와 같이 제삼신이란 처음부터 고봉이 자신의 이기일원론적 인성관의 타당성을 분명히 하고 퇴계의 이기이원론적 인성론의 부당성을 타파하기 위해서 쓴 글이었다. 그런데다가 이상은 교수는 다분히 편파적으로 고봉의 편을 들고 있다. 이상은 교수는 우측에 있는 고봉설의 도식화를 설명할 때는 비교적 자상하게 그리고 긍정적인 태도로 고봉사상을 밝히는 데 힘쓰는 반면, 좌측에 있는 퇴계설의 도식화를 설명할 때는 그림이 왜 이렇게 실패작으로 끝나 버릴 수밖에 없었는지를 매우 책임전가적인 어조로 변명하고 있을 뿐이다. 이 교수는 다음과 같이 말한다.

퇴계의 주장대로 하면 인성이 본연지성이 기질지성으로 대립되어 있어, 각각 사단칠정의 所從來가 되어 있기 때문에, 發에 있어서도 사단과 칠정은 각각 따로 발하는 것으로 되어 있다. 따라서 이 그림에서 흑권(氣質之性)은 흑권대로 일곱 개의 흑선이 그어져 칠정의 표시가 되고, 백권(本然之性)은 백권대로 네 개의 점선이 그어져 사단의 표시가 되었다. 물론 퇴계도 칠정의 발에 이가 없는 것이 아니요, 사단의 발에 기가 없는 것이 아님을 인정한다. 그러나 그는 각유소종래를 분명히 해야 하고 主於理, 主於氣를 갈라서 반드시 이발, 기발로 대립시켜야 한다고 하기 때문에 그림이 이와 같이 되지 않을 수 없다. 그리하여 사단을 '이발이기수지'라 하지만 이발만 표시되고 '기수지'는 표시되지 아니하며, 칠정은 '기발이이승지'라 하지만 기발만 표시되고 '이승지'는 표시되지 않는다. 이렇게 되면 이것은 퇴계의 저도입상의 본의와도 틀린다. 고봉이 퇴계에게 "천지지성, 기질지성을 대로, 사단지정과 칠정지정을 대로, 각각 그림을 그려보시오"라고 한 것은 이런 불합리가 그

림 속에 나타난다고 해서 그런 것일 것이다." (같은 글, pp.26~27)

여기서 우리들이 짚고 넘어가야 할 것은 이러한 그림이 완성되기까지 이상은 교수가 담당한 역할이다. 분명한 것은 이 교수 자신이 그림의 불합리함을 시인하고 있다는 사실이다. 그림을 그리다보니 불합리하게 그려진 것이 아니고 처음부터 의도적으로 퇴계의 사칠이기사상이 얼마나 불합리한 것인가를 눈앞에 보여 주기 위하여 그림을 그리기 시작한 것이다. 만일 그가 그렇지 않았더라면 좀 더 성실하게 퇴계사상을 이 그림 속에 반영하려고 애썼을 것이다. 이상은 교수가 그린 이 그림은 불합리하게 되었다던가 아니면 퇴계의 뜻과 너무 거리가 멀다던가 하는 그 정도의 것이 아니고 마치 기괴한 낙서를 보는 듯 했다.

고봉의 인성론이 항상 일원론적인 성격을 띠는 것은 그의 관심사가 항상 구체적인 사물에 있었기 때문이었다. 구체적인 사물을 두고 말하는 한, 이와 기는 항상 不相離의 관계에 있다. 이 엄연한 사실을 부정할 사람은 없다. 퇴계도 예외는 아니다. 오히려 퇴계는 누구보다도 이를 잘 알고 있는 사람이었다. 그래서 퇴계는 고봉의 주장을 자기 학설속에 포용하기 위해서 이른바 互發說을 내놓은 것이다. 다시 말하면 퇴계는 사칠과 이기가 부상리한 면을 인정하고 난 다음, 이에서 한 발더 나아가 그 다음의 문제를 다루고 있는 것이다. 여기서 '그 다음의 문제'라고 함은 다름 아닌 선의 문제인데 그 선은 현상적인 사물계에서 문제되는 윤리도덕적인 문제가 아니고, 그러한 윤리도덕의 가능근거로서의 선의 근원을 해명하기 위해 씨름하고, 그러한 선의 근원으로 돌아가기 위해 몸부림치는 것을 의미한다. 이는 곧 종교의 궁극적 관심사이며 모든 구도자들의 평생관심사이기도 하다.

퇴계가 위에서 밝힌 바와 같은 '그 다음의 문제'를 다루고 있는 것은, 그는 고봉류의 이기일원론을 이미 극복하였기 때문이라고 할 수 있을 것이다. 그의 호발설의 근본목적은 여기에 있다. 그런데도 퇴계의 ‘이발이기수지’에서 기수지를 빼버리고, 게다가 ‘기발이이승지’에서 이승지를 빼버리고서 그의 학설을 도식화하기까지 한다면, 그것은 기괴한 낙서에 불과할 수밖에 없지 않겠는가? 그리고 그것은 한발 앞서가고 있는 사람더러 왜 내 뒤도 못 따라오느냐고 욕하는 것과 비슷하다. 퇴계가 그토록 여러 번 ‘이와 기의 서로 떨어질 수 없음’을 인정한다고 증언했는데 또 몇 번을 더 증언해야 한단 말인가? 퇴계가 그렇게 분명하게 ‘사칠이 모두 이와 기를 겸했음’을 시인했는데 또 어떻게 더 분명하게 시인하란 말인가? 여기서 문제 해결의 열쇠는 퇴계를 뒷걸음질 치게 하는 데 있지 않고, 퇴계는 이미 한 발 더 앞서나가 ‘그 다음의 문제’를 다루고 있다는 것을 깨닫는 데에 있다. 퇴계가 비록 이와 기를 일물로 생각하는 사람들을 평생을 두고 공격한 것은 사실이지만, 그가 이상은 교수의 그림처럼 이기나 사칠이 평면상에서 좌우로 대립되어 있는 이물로 여긴 것이 아니라는 것도 또한 사실이다. 그럼에도 불구하고 이상은 교수는 비단 이 그림에서 뿐 아니라 그의 논문 전편을 통해서 이 점을 분명히 하는 데 실패했다. 그 결과 이상은 교수는 퇴계의 주장과는 전혀 다른 모습의 그림을 그려놓고 공공연하게 이를 ‘퇴고의 사칠이기도의 비교’라는 이름을 붙여 발표하기에 이른 것이다. 고봉을 충실하게 소개하려 한 것은 좋다. 그러나 퇴계사상의 가장 중요한 대목을 왜곡해 가면서까지 고봉을 위한다면 이는 편파라는 비난을 면할 길이 없을 것이다.

이제 우리는 이상은 교수가 왜 그러한 실수를 저질렀을까 하는 까닭을 생각해 보지 않을 수 없다. 결론부터 먼저 말하자면 이상은 교수는 「고봉답퇴계제삼서」에 나오는 고봉의 대설, 인설이라는 말을 너무 과신하고 이를 너무 확대 해석했던 것 같다.

　나(大升)는 주자가 말한, "사단은 이가 발한 것이요, 칠정은 기가 발한 것이다."는 대설로 말한 게 아니라 인설로 말한 것이라고 생각합니다. (『高峯集』 四七王復書 卷二, 九面前)

　사칠, 이기에 대한 주자의 입장을 대설이 아니라 인설이라 주장한 것은 확실히 탁견이었다. 그리고 이러한 탁견을 재빨리 알아차린 이상은 교수의 밝은 안견 또한 높이 평가받아야 마땅하며, 고봉설을 인설로 풀어 나간 것 또한 매우 훌륭한 학적 공헌이라 치하해야 할 것이다. 이상은 교수가 손수 만든 「퇴고의 사칠, 이기비교도」 가운데 4·5층의 우측에 있는 고봉설의 도식화가 그렇게 성공적으로 잘 된 것도 실은 고봉의 인설을 이교수가 정확히 이해했었기 때문이라고 말할 수 있을 것이다.

　그러나 애석하게도 이상은 교수는 퇴계설을 단순한 대설로 낙인찍고 말았다. 문제는 여기서부터 비롯한다. 좀 무리한 요청일지 모르지만 왜 이상은 교수가 주자만이 인설로 말한 것이 아니고, 알고 보면 퇴계 또한 인설로 말했었다고 주장하지 못했는지 아쉽다.

　퇴계가 사칠논변을 통해서 이루 헤아릴 수도 없이 이와 기를 對待해서 말했었기 때문에 사람들이 퇴계설을 단순한 대설로 오해한 것은 사실이다. 그러나 '겉보기에 대설처럼 보이는 퇴계설'을 좀 더 신중하게 관찰하고 분석해 보면 퇴계적 대설은 보통의 대설이 아님을 곧 알 수 있다. 다시 말하면 고봉이 공식화한 '대설, 인설'의 하나인 인설에 맞선 단순한 대설이 아니라 고봉의 인설을 포용한 다음, 이에서 한발 더 나아가 이 자리에서 다시 고봉의 차원에 도전하는 대설이 바로 퇴계의 대설인 것이다. 따라서 퇴계의 대설은 그 속에 인설을 딛고 넘어선 과정이 포함되어 있다고 말해야 할 것이다. 퇴계의 저술 가운데에 무수히 발견되는 분별과 분석의 강조 또한 이러한 맥락에서 이해되어야 할 줄 안다. 이 점은 퇴계사상을 이해하는 데 매우 중요한 대목이다.

어떤 학자들은 고봉의 사단칠정 후설과 총론에 나타난 고봉의 태도를 평하여 "고봉은 마지막 판에 가서 퇴계와 타협하고 말았다."고 아쉬워하지만, 사실은 고봉이 마지막에 가서야 '퇴계의 대설은 보통 대설이 아니었음'을 깨달았다고 말할 수 있을 것이다.

사실, 퇴계의 대거호언적인 언행은 너무나 오랫동안 너무나 많은 사람들로부터 많은 오해를 받아 온 것 같다. 이는 퇴계가 역설한 '분석과 분별'의 진의가 전달되지 않았기 때문이라고 생각한다. 퇴계의 '분석과 분별의 중요성 강조'는 그가 고봉에게 보낸 「답기명언 논사단칠정 제일서」에서부터 뚜렷이 나타나 있다.

무릇 학문을 함에 있어서 분석을 싫어하고 통합하여 한 이론으로 주장하기를 힘쓰는 것을 옛사람들은 鶻圇呑棗라 하였습니다. 그 병통은 작은 것이 아닙니다. 그럼에도 이와 같은 태도를 끊임없이 계속한다면 자신도 모르는 사이에 쉽사리 '기로써 성을 논하는 폐단'에 빠지게 되고 또한 '인욕을 천리로 여기는 병통'에 떨어지게 됩니다. 어찌 이러한 태도를 옳다고 하겠습니까?" (尹絲淳 譯, 『韓國의 儒學思想』上, 三省社, p.85)

퇴계가 따지기(分析과 分別)를 좋아한 것은 그가 논쟁을 즐겨서도 아니요, 지나치게 사변적이어서도 아니었다. 오직 천리가 가리어지는 것을 보고 가만히 앉아 있을 수 없어서 마지못해 그랬을 뿐이다. 위의 인용문이 분명히 말해 주듯이 이와 기가 일물이라는 생각에 갇혀 버리면 마침내는 인욕을 천리로 잘못 아는 오류를 면할 길이 없다는 것이다. 이것이 바로 퇴계의 안목이다. 실로 퇴계는 유교의 근본목적인 '인욕을 막고 천리를 보존'하기 위해서 어려운 길을 스스로 택했던 것이라 생각한다. 다시 말하면 퇴계에 있어서 '分析과 分別'은 인욕을 막고 천리를 보존하는 수도의 한 모습이었다. 사람들은 천리처럼 보이는 인욕에 속고 있다. 이러한 잘못은 그 싹(萌芽)에서부터 막아 버려야 한다. 그러기 위해서는 인욕과 혼동될 수 없는 천리의 존재를 전제해야 한다. 모든 사람에게 사지가 있듯이 누구에게나 성인이 될 수 있는 인의예지의 사덕이 갖추어져 있다는 맹자의 성선설은 퇴계에게는 일종의 희망의 근거와도 같은 것이었으며, 그러한 천리의 존재를 자기 속에서 확인한다는 것은 퇴계로서는 일종의 깨달음을 맛보는 것과도 같은 것이었으리라 생각된다.

퇴계학(또는 聖學이라 이름 붙여도 좋다)의 분석과 분별이 오랫동안 오해받아온 가장 큰 이유는 퇴계의 '분석과 분별'이 갖는 '수도(또는 求道)적인 의미'를 분명히 하지 않았기 때문이 아닌가 생각한다. 퇴계의 평생 사업이 '천리처럼 보이는 사이비 천리 즉 인욕을 적발해내는 것'이고 이 적발사업은 분석과 분별의 형식을 취했었다. 만약 참된 희망의 근거로부터 사람들을 호도하기 위한 기만적인 사이비 희망의 근거를 골라내지 않으면, 그리고 사이비 깨달음으로부터 진짜 깨달음을 분별해내지 않는다면 성학의 길은 막히고 말 것이기 때문이다. 그러므로 퇴계가 즐겨 썼던 분석, 분별상의 특수용어들, 예를 들면 '혼륜언지, 분별언지'라든가 또는 '합간, 분간' 등등의 말들을 단순히 '종합해서 말하면', '분별해서 말하면' 하는 식으로 평면적으로만 처리해 버리면 퇴계에 있어서 분석과 분별이 갖는 구도적인 성격은 사라지고 말 것이다. 퇴계의 분간은 합간과 동일평면선상에 놓고 양자가 서로 대립해 있는 것으로 처리되면, 그것이 갖는 본래의 의미는 다 죽고 만다. 이것은 퇴계의 대설을 인설에 맞서는 정도의 대설로 오해하는 것과 똑같은 오류라고 말해 좋을 것이다.

(제10회 退溪學國際學術會議 서울올림픽大會紀念 退溪學 Symposium 발표문, 1988년 9월 14~21일, 韓國精神文化研究院)

지눌의 돈오점수설과 퇴계의 사단칠정설의 구조적 유사성에 대하여

-수행론적인 해석-

　이 글은 고려불교를 대표하는 普照國師 知訥(1158~1210)과 조선 유학을 대표하는 退溪 李滉(1501~1570) 사이에 발견되는 사상적인 공통점을 밝히기 위한 글이다. 보조국사와 퇴계 선생은 두 분 모두 그 뒤의 한국사상 형성에 큰 영향을 준, 한국이 낳은 위대한 사상가들이기 때문에 만일 우리들이 두 분 사이의 어떤 사상적인 공통점을 확인할 수 있다면, 이는 한국사상의 저변에 흐르는 어떤 사상적인 맥을 짚는 데에도 큰 도움을 줄 수 있을 것이다.

　보조국사와 퇴계 선생 사이에 사상적인 공통점이 있다는 말은, 보조국사의 돈오점수설과 퇴계 선생의 사단칠정설 사이에 어떤 이론구조상의 유사성이 발견된다는 말이다. 누구나 잘 아는 바와 같이 돈오점수설은 보조국사의 평생 관심사였고 사단칠정설은 퇴계 선생의 평생 관심사였다. 보조국사와 퇴계 선생은 여러 가지 점에서 함부로 혼동해서는 안 될 서로 다른 분들이었다. 두 분 사이에 가로놓여 있는 약 300년간이라는 시간적인 간격 외에도, 한 분은 고려시대에 불교수도원에서 일생을 마친 승려였고, 또 한 분은 조선시대에 오랫동안 관료생활을 했던 유학자였다. 뿐만 아니라 보조국사는 유교에 대해서 언급한 적이 없고, 퇴계 선생은 불교에 대해서 아주 비판적이었다. 이러한 점들을 생각하면 두 분 사이의 공통점이란 일종의 우연이거나 극히 피상적인 관찰에서 나온 속단처럼 들릴 수도 있다. 그러나 두 분의 평생 관심사인 돈오점수설과 사단칠정설을 비교해 보면 누구나 간과할 수 없는 구조적 유사성을 발견할 수 있을 것이다.

한 마디로 말해서, 이 두 학설은 모두 공부하는 사람들이 도를 닦을 때 일어나는 여러 가지 문제들을 다룬 일종의 수도이론이라고 특정 지을 수 있을 것이다. 보조국사와 퇴계 선생은 두 분 다 각자의 생을 마치는 순간까지 철두철미하게 도를 닦다가 가신 분들이라고 말할 수 있다. 그리고 이 두 분은 모두 그들의 제자들에게 '죽는 순간까지 꾸준히 닦아야 한다.'고 가르쳤다. 이러한 공통점은 비단 보조와 퇴계 두 분 사이에서만 발견될 수 있는 것이 아니고 수도에 관심이 있는 사람이라면 누구에게나 공통적으로 발견되는 특징이다. 그러나 여기에서 우리들이 주의해야 할 점은 두 분이 '죽는 순간까지 꾸준히 닦아야 한다.'는 주장을 하나의 수도이론으로써 체계화하였으며, 그 체계에 구조적인 유사성이 있다는 점이다. 여기에 연구할 만한 가치가 있다. 가장 중요한 공통점은 두 분이 모두 돈종을 반대하고 점종의 길을 택했다는 것이다. 다시 말하면, 두 분 다 어떤 사람이 잠깐 수도한 다음, 자기 공부가 이제 다 완성된 듯이 말하는 것을 가장 신랄하게 비판했다. 두 분은 한결같이 도를 닦는다는 의미의 공부가 하루아침에 갑자기 완성되는 것이 아니라고 주장했다. 보조의 돈오점수설과 퇴계의 사단칠정설은 모두 점종적인 수도이론임에 틀림없다.

漸宗적인 수도이론의 체계화는 보조나 퇴계가 처음으로 시작한 것은 아니다. 중국에서는 불교의 경우 9세기 경에 이미 宗密(780~841)이 홍주계의 頓宗사상을 체계적으로 비판하고 나섰으며, 유교의 경우에는 주자(1130~1200)가 陸象山(1139~1193)과 선종의 돈종적인 경향을 크게 비판했었다. 보조가 종밀의 영향을 받았고, 퇴계가 주자의 영향 아래 있었다는 것은 주지의 사실이다.

도를 닦아 나가는 데서의 점종적인 경향은 필연적으로 경전 공부를 중요시하게 마련이다. 이 점 또한 보조와 퇴계가 함께 가지고 있는 공통적인 특징이다. 만약 이 세상에 수도를 하루아침에 완성시킬 수 있는 길이 있다면 경전공부가 아무리 중요하다 할지라도 구태여 끝이 없는 경전공부로 일생을 허비할 필요는 없을 것이다. 경전공부의 중요성을 강조한다는 것은 곧 수도란 일조일석에 끝나는 것이 아님을 전제하고 있는 것이다. 보조국사가 『금강경』의 정신에 입각하여 『육조단경』을 스승 삼고 대혜의 「서장」과 이통현의 「화엄론」을 벗 삼았다는 말은 그가 얼마나 경전공부를 소중히 여겼던가를 질 말해준다. 퇴계 선생의 『주자어록』에 대한 태도 역시 같은 맥락에서 이해할 수 있을 것이다.

이와 같이 점종적인 입장에 서서 경전공부를 중요시하는 두 분의 공부 방법 또한 필연적으로 정확한 언어의 구사와 명석한 논리의 전개를 요구하게 된다. 정확한 언어를 구사할 줄 모르고 명석한 논리를 전개할 수 없는 사람이 경전 공부를 제대로 할 수는 없기 때문이다. 그래서 두 분은 모두 '體用', '能所', '因果' 등의 무수한 논리학적인 특수용어들을 많이 사용했었다. 두 분의 이러한 특징은 또한 철저한 사색과 날카로운 비판을 수반하기 마련이다. 정확한 언어의 구사와 명석한 논리의 전개는 철저한 사색과 날카로운 비판의식이 없이는 불가능한 법이기 때문이다

보조국사와 퇴계 선생은 두 분 다 항상 보다 중요한 근본적인 것과 덜 중요한 지엽적인 것을 철저하게 따지는 '本末問題'와 공부해 나갈 때 먼저 해야 할 것과 나중에 해야 할 것을 분명히 구별하자는 '先後問題'를 중요하게 다루었다.

보조국사가 『화엄경』을 공부하면서 당시에 유행했던 청량국사의 주

석서보다는 단지 한 사람의 거사에 불과한 이통현 장자의 「화엄론」을 더 높이 평가한 것이나, 또는 禪을 이야기하면서 정통 대접을 받는 홍주계보다는 서자 취급당하고 있는 知解宗師 荷澤神會를 더 중요하게 받들었다는 사실은 그가 얼마나 시세에 아부하지 않고 자기자신에게 충실했던가를 잘 말해 준다. 퇴계 선생의 경우도 마찬가지다. 퇴계 선생 당시에 중국에서는 주자학보다는 새로 일어난 양명학이 더 각광을 받고 있었다. 이때 퇴계 선생은 의연히 돈종적인 양명학을 배격하고 점종적인 주자학을 높이 샀다. 그는 또한 기고봉과 사단칠정설을 두고 전후 8년간의 긴 사상적인 토론을 전개했을 때에도 남달리 날카로운 비판정신을 발휘했었다. 이러한 의미에서 두 분의 저술은 모두 훌륭한 학문적인 노작들이라고 말할 수 있다. 오늘날 학자들이 보조국사의 어록과 퇴계 선생의 문집을 높이 평가하는 것도 결국 두 분의 뛰어난 학문적인 성격 때문일 것이다. 여기에서 우리는 수도 상의 점종적인 성격과 학문적인 작업 사이의 필연적인 관계를 볼 수 있다.

이처럼 보조국사와 퇴계 선생은 두 분 다 탁월한 학문적인 업적을 남겼음에도 불구하고 두 분은 또한 학문의 세계에서는 쉽게 납득할 수 없는 자기모순적이고 비논리적인 발언을 태연히 하였다. 가령 보조국사가 평생 돈오점수설을 내세우고 점종적인 입장을 취하면서도 깨달음의 문제를 거론하는 한 돈종적인 발언을 삼가하지 않았고 知解를 비상으로 아는 화두선을 수행의 근본으로 삼았던 것이다. 보조국사의 이러한 경향은 그의 수제자 진각국사 惠諶(1178~1234)으로 하여금 스승의 길과는 전혀 다른 길의 『禪門拈頌』60권을 출판하게 하였고, 오늘날 해인사의 성철 스님으로 하여금 돈오점수설의 타도를 목적으로 하는 『禪門正路』라는 책을 저술하게 하였다. 만일 보조국사가 話頭禪을 강조했을 때 知解를 규탄했더라면 그 뒤에 이러한 파문은 일어나지 않았을 것이다. 문제는 두 가지의 상반된 경향을 함께 가진 데에 있는 것이다.

우리는 똑같은 문제를 퇴계 선생의 경우에서도 발견할 수 있다. 그가 기고봉과 유명한 사칠논변을 전개했을 때 만일 어느 쪽이건 일원론적인 입장을 고수했었더라면, 문제가 그렇게까지 복잡해지지 않았을 것이다. 그러나 그는 끝까지 사단으로 나타나는 理의 소중함을 철저하게 강조하면서도 동시에 칠정으로 나타나는 氣가 따로 있는 듯한 이원론적인 입장을 버리지 않았다. 그의 이러한 태도는 그 뒤에 율곡 李珥(1536~1584)로 하여금 대단한 반발을 일으키게 하였고 오늘날까지도 학자들 간에 사칠논쟁(The Four-Seven Debate)이라는 이름의 세계적인 물의를 일으키게 하고 있다.

보조국사의 돈오점수설에 있어서의 첫 부분인 '돈오'에 대한 그의 설명과 둘째 부분인 '점수'에 대한 그의 설명은 그 성격상 크게 다르다. 첫째의 '돈오' 부분은 분명히 둘째의 '점수' 부분에 대한 원리의 역할을 하고 있다. 수행이란 일상생활 속에서 잠시도 쉬지 않고 일생을 두고 꾸준히 하는 것이었다. 이러한 수행을 하는 경우, 최대의 장애물은 어리석은 생각과 사리사욕을 바탕으로 하는 불순한 감정이 끝없이 일어나는 것이다. 이것이 다름 아닌 인욕이요, 번뇌망상이다. 일상생활 속에서 이러한 장애물들의 방해를 받지 않고 간단없이 불성을 발휘하고 천리를 보존한다는 것은 어려운 일이다. 이런 어려운 일을 성공적으로 수행해낼 수 있는 원리를 제공해 주는 부분이 첫째의 돈오 부분이다. 보조국사는 돈오 없는 점수는 수가 아니라고 말했다. 깨닫는다는 것은 수행자 자신 속에 부처님 성품이 갖추어져 있다는 것을 확인하는 것이다. 이런 확인은 원리의 파악일 뿐만 아니라 수행을 성공적으로 이끌어 나갈 수 있는 원동력의 공급이기도 하다. 원리의 확인은 내가 바로 부처님이라는 말에서 나타나듯이 철저한 일원론적인 성격을 지니고 있다. 그리고 이것은 철학적인 지식이 아니라 직관적인 체험에 근거한 일종의 종교적인 믿음 같은 것이다. 수행자가 이러한 믿음을 갖게 되면 그런 믿음은 일상생활에서 일을 하기 시작한다. 그 일이란 믿음과 배치되는 것을 모두 순화하는 일이다. 둘째의 점수 부분에 이원론적인 성격이 드러나고 학문적인 면모가 나타나는 이유가 여기에 있다.

우리는 똑같은 특징을 퇴계 선생의 사단칠정설에서도 발견할 수 있다. 퇴계 선생을 따르면 첫째 부분인 四端은 순수한 理다. 그리고 이에 대한 그의 설명 또한 일원론적이다. 理를 말할 때의 퇴계 선생은 理 만능주의자처럼 보인다. 그러나 그가 七情을 말할 때는 다분히 이원론적이다. 칠정은 선과 악을 겸한 것이므로 선은 키우고 악은 없애야 한다. 칠정을 말하는 한 선과 악을 혼동해서는 안 된다. 사단이 이이고 칠정이 기라면 이와 기는 분명히 구별해야 한다. 이와 기가 서로 떨어지지 않는 일원론에 집착하면 결국엔 기를 이로 착각하는 오류를 범한다. 이렇게 되면 선과 악이 뒤범벅이 되어 마침내는 인욕을 천리라고 우기는 중대한 과오를 저지르게 된다는 것이다. 여기에서 퇴계 선생은 사단에 대한 올바른 인식이 없이 선악이 兼在한 칠정을 순화시킬 수 없다고 보았다. 이는 보조국사가 먼저 깨달아야 한다고 강조한 것과 그 주장의 성격이 매우 흡사하다. 퇴계 선생이 사단을 특별히 중요시하는 이유는 간단하다. 우리들 속에 성인의 징표인 仁義禮智 四德이 분명히 갖추어져 있음을 투철히 깨달으면 善惡兼在의 칠정을 성공적으로 순화할 수 있다고 믿었기 때문일 것이다.

우리는 그동안 불교와 유교라는 종파적인 차이에 대해서 너무 민감했던 것 같다. 그리고 한국과 중국의 차이나 보조국사와 진각국사와의 차이, 또는 퇴계 선생과 율곡 선생과의 차이를 밝혀내는 데에만 주력해 온 것 같다. 종교적인 체험의 세계에서는 여러 가지 차이를 넘어선 '커다란 같음'이 더 크게 문제되며 이러한 같음의 확인이 없는 차이만의 연구는 중요한 것은 버리고 피상적인 것만을 모아 놓는 한계를 벗어날 수 없다.

한국사상의 저변을 흐르는 맥을 짚는 데 있어서 고려불교의 보조국사와 조선유학의 퇴계 선생 사이의 공통점을 확인하는 작업만큼 중요한 연구과제도 드물 것이다. 그러나 아직까지 이 문제를 학문적으로 다룬 보고는 없었다. 왜 이렇게 중요한 문제가 단 한 번도 본격적으로 다루어지지 않았을까? 거기에는 이유가 있었던 것 같다. 첫째는 불교와 유교의 관계를 연구하는 종래의 방법론에 문제가 있었고, 둘째는 한국사상을 보는 우리의 시각에 문제가 있었던 것 같다.

연구방법론상의 문제점은 무엇보다도 학자들의 일방적인 자료선택에 있었다. 사실, 종래의 유불관계 연구는 너무 일방적이었다. 불교와 유교는 둘 다 4세기경에 우리 나라에 들어와서 오늘날까지 1,600년 이상을 우리 나라 사람들의 심성계발과 덕성함양에 지대한 공헌을 한 정신적인 유산들이다. 한때는 불교가 성했고 한때는 유교가 더 성했었다는 차이는 있었으나, 두 종교는 항상 공존하면서 이 나라의 정신적인 지주노릇을 함께 해 왔다고 말할 수 있다. 그런데도 불구하고 오늘날의 유불관계 연구는 너무나도 고려말과 조선초의 불행했던 시절에 나온 자료에만 의존하고 있다. 鄭道傳(1342~1398)의 「佛氏雜辯」이라는 책이 잘 말해 주듯이 이 당시에 나온 儒佛관계 문헌들은 대개가 논쟁적이거나 또는 호교적인 종파 문헌이었다. 이러한 문헌들에 의존하는 한, 불교와 유교가 1,600년 이상을 공존해 왔고 전혀 교통이 없어 보이는 보조국사와 퇴계 선생 사이에 간과할 수 없는 사상적인 유사성이 있다는 사실을 해명할 수는 없을 것이다. 다시 말하면 자료의 한정은 곧 학자들의 문제의식의 한정을 의미한다. 종파적인 자료에 갇혀 있는 한, 종파를 넘어서는 문제의식이 발달할 수는 없다.

보조국사와 퇴계 선생 사이에 나타난 사상적인 공통성에 관한 연구는 麗末鮮初에 종파적인 문헌에의 지나친 의존을 지양하고 불교와 유교의 1,600년이라는 긴 공존관계에 눈을 돌려 초종파적인 문제의식을 발전시킬 때만이 성공적으로 수행할 수 있을 것이다. 여기서 초종파적인 문제의식이라 함은 불교인이거나 유교인이기 때문에 문제되는 것이 아니라, 그러한 종파의 차이에 관계없이 한나라 안에서 같은 민족으로 태어나 함께 사는 똑같은 사람이기 때문에 어찌할 수 없이 문제되는 그러한 문제를 가지고 함께 고민하는 의식을 말한다. 이러한 문제의식이 없는 성자는 없었다. 적어도 종교적인 지도자라면 이러한 문제의식은 필수적인 것이다. 보조국사와 퇴계 선생은 여러 가지 점에서 서로 다른 분이었지만 민족의 고민을 함께 나눈 초종파적인 문제의식을 가진 민족의 정신적인 지도자였다는 점에서는 똑같은 길을 걸었던 종교적인 성자들이었다고 말할 수 있다.

　다음엔 종래의 유불관계 연구가 너무 일방적으로 논쟁적이고 종파적인 경향으로 쏠린 또 하나의 커다란 이유 중의 하나로 지적한 한국사상을 보는 시각에 대한 문제를 다루어야 하겠다. 이 문제는 결코 작은 문제가 아니다. 사람들이 흔히 갖는 시각이란 어떤 점에서는 시대적인 산물이라 말할 수 있고, 그러한 의미에서 그것은 일종의 유행적인 성격을 지닌다. 우리들이 지금 살고 있는 시대는 한 마디로 量이 橫暴하는 시대라 말할 수 있다. 그래서 눈에 잘 안 보이는 질을 더 중요시하는 사람은 항상 손해 보기 마련이다. 이러한 시대에 사는 사람들은 사물을 보는 시각도 마찬가지로 물량적이기 마련이며, 눈에 잘 보이지 않는 질의 탐구에 시간을 보내려 하지 않는다. 흔히들 이러한 병폐를 현대의 특징이라 말하고, 서양과 물질만능의 자본주의 사회에만 있는 것처럼 말하지만 사실 이러한 경향은 동양에도 있었고, 옛날에도 있었고 인간이 모여 사는 곳엔 항상 그러한 경향이 강했던 것 같다. 그래서 눈에 잘 안 보이는 질을 추구하는 사람은 어디서나 항상 외로웠었다. 우리의 보조국사와 퇴계 선생이 겉보기엔 전민족의 존경을 받고 어쨌든 화려한 일생을 살다가 간 것처럼 보이지만, 그들이 써 놓은 저술들의 전편을 흐르는 짙은 외로움을 아무도 간과할 수가 없을 것이다. 이러한 외로움은 자기를 존경하고 뒤따른다고 말하면서도 사실은 자꾸만 자기와는 반대방향으로 가고 있는 것을 목격하는 기막힌 외로움이었다. 보이는 것만을 가지고 모든 것을 해결하려 드는 물량적인 사고방식은 반드시 현대인만의 고민은 아니었던 것 같다. 그래서 보조국사와 퇴계 선생은 두 분 다 똑같이 이 문제를 하나의 큰 문제로 다루고 있으며 또한 이 문제의 해결은 두 분의 일생을 일관한 근본문제였다. 이 문제를 지금 우리의 표현으로 바꾸자면 다름 아닌 사물을 바로 보는 시각조정의 문제라고 말할 수 있다.

이러한 시각조정에 동원한 논리가 저 유명한 '체와 용의 논리'다. 한국사상의 발전에 공헌한 사상가치고 '체용의 논리'를 다루지 않는 사람은 없었다. 그 가운데서도 보조국사와 퇴계 선생은 이 문제에 대해서 유난히 민감하였고, 독특한 경지를 개척하였다.

흔히들 동양에서 말하는 체용의 논리는 둘이 아닌 불이의 논리라고 하여 아무리 따져보았자 결국엔 오리무중의 알쏭달쏭한 논리라고 말한다. 이는 체용의 논리가 아직 무엇인지도 모르는 사람들의 악질적인 중상모략에 불과함은 더 말할 것도 없다. 체용의 논리는 결코 알쏭달쏭한 것이 아니다. 그것은 한마디로 눈에 잘 보이는 물량적인 사고방식에 젖어 있는 사람들의 시각을 교정하는 논리이다. 양자 간의 이러한 관계를 제대로 알았을 때 우리는 그 나무로 하여금 꽃이 잘 피고 좋은 열매를 맺을 수 있는 훌륭한 나무로 가꿀 수 있다. 여기서 나무는 사람에 비유한 것이다. 인간의 올바른 성장은 나무의 경우처럼 눈에 잘 보이는 것만을 열심히 손질한다고 하여 다 되는 것은 아니다. 눈에 안 보이는 것이 너무나도 많기 때문이다. 눈에 안 보이는 것이 더 근본적인 경우가 얼마든지 있다. 용은 눈에 보이는 것이요, 체는 눈에 안 보이는 것이다. '용'은 枝葉이요, '체'는 근본이다. 체용의 논리는 다시 국가와 민족과 우리들이 그 속에서 함께 사는 사회에도 적용된다. 여기서도 무엇이 체이고 무엇이 용인가를 가릴 줄 알아야 한다. 나무의 근본과 지엽의 비유는 여기에도 적용된다. 눈에 보이는 지엽적인 '용'에만 신경을 쓰고 눈에 안 보이는 근본적인 '체'에는 관심이 없다면 이는 크게 잘못된 것이다. 고인들은 이를 옹졸한 사람, 소인이라 꾸짖었다. 현대는 용에 치우친 시대라 말해도 변명할 여지가 없을 것이다.

그러나 우리는 똑바로 알아야 할 것이 있다. 현대가 '용'에 치우쳤다면 과거는 '체'에 치우쳤다는 사실이다. 용만 있고 체가 없다면, 한 편에 치우친 것이듯이 체만 있고 용이 없는 것 또한 한 편에 치우친 것이다. 그러나 엄밀한 의미에서 용만 있고 체가 없는 경우는 얼마든지 볼 수 있으나 체만 있고 용이 없는 경우는 보기 드물다. 체가 있으면 용이 있기 마련이다. 그러므로 용 없는 체는 체가 아니다. 죽은 체이다. 그것은 체인 척하는 또 하나의 죽은 용에 불과하다. 과거의 동양이 체에 치우쳤다는 말은 결국 체를 갖지 못했었다는 말이다. 겉으로만 체를 강조하고 실제로는 체를 추구하지 아니한 소인문화였다는 말이다. 보조국사와 퇴계 선생은 두 분 다 일생을 두고 이러한 小人문화와 싸운 분들이었다.

오늘날 학자들이 한국의 유불관계를 제대로 파악하기 위해서는 무엇보다도 눈에 잘 보이는 '用'만을 볼 것이 아니라 눈에 잘 안 보이는 '體'까지 꿰뚫어 보는 통찰력을 가져야 한다. '정도전'류의 문헌들은 '용'적인 분석으로 그 이해가 가능하지만 '보조', '퇴계'류의 문헌들은 그것만으로는 안 된다. 보조, 퇴계 사상은 그 본질이 '체'적인 데에 있기 때문이다. 아까도 지적했듯이 문제는 결코 간단치 않다. 현대의 학문연구 방법론에 눈에 안 보이는 '체'를 문제 삼는 방법이 있는가? 현대는 '정신'이라는 말조차 사용하기를 꺼려하는 시대다. 아무 실속이 없는 관념적인 말로 들리기 때문이다. 그러나 우리가 사는 인간사회에 어떤 일이 인간의 정신이 관여하지 않고 제대로 되는 일이 있는가? 정신의 신비성은 믿지 못한다 할지라도 정신의 중요성을 부정할 사람은 없을 것이다. 보조국사와 퇴계 선생의 세계에서는 눈에 잘 안 보이는 '체'란 다름 아닌 정신적인 특징을 가지고 있는 것이다. 그러므로 여기서 우리는 더 긴말 할 것 없이 보조국사와 퇴계 선생의 세계를 바로 알고 이 두 분의 관계를 제대로 파악하기 위해서는 체용의 논리에 입각하여 눈에 잘 안 보이는 질을 더 중요시하는 시각을 가져야 한다고 주장할 수밖에 없다.

체와 용의 논리에 의하면 말은 용이고 그러한 말을 하게끔 하는 체험은 체이다. 그러므로 어떤 사람이 성인들의 말을 앵무새처럼 잘 옮길 줄 알지만 아직 성인의 말이 가리키는 체험을 가지지 못했다면, 이러한 사람은 용만이 있을 뿐 체를 갖추지 못한 불완전한 것으로 간주할 수밖에 없다. 이러한 사고방식에서 보면 말만이 용이 아니라 말에서 파생되는 글도 용이고 글을 모아 놓은 책도 용이고, 이러한 책들을 분석하고 종합해서 만든 모든 학설과 이론들이 모두 용이다. 그러므로 말 잘 한다던가, 글 잘 쓴다던가, 책을 많이 썼다던가, 새로운 학설을 발표했다는 사실들이 모두 용의 차원으로 떨어지고 만다. 이러한 말은 분명히 현대의 학풍을 위협하고 현대의 학자들을 당황하게 만드는 말이다. 그러나 보조국사나 퇴계 선생의 사상을 문제 삼는 한 우리는 이 사실을 짚고 넘어가지 않을 수 없다. 그리고 현대 학문이 과연 용만 있고 체가 없는 불완전한 학문인지의 여부도 따져 보아야 할 것이다. 이 것은 앞으로 우리들이 연구해야 할 과제이다.

(普照思想의 歷史的 位置(sponsored by The Research Institute of Bojo's Thought) 國際佛敎學術會議의 발표문, 1988년 7월 8~10일, 순천 松廣寺 ; 普照思想硏究院, 『國際佛敎學術會議 別刷本』에 수록)

퇴계 사상의 종교적 성격

1. 문제의 소재

본 논문의 목적은 퇴계 이황(1501~1570)의 언행에 나타난 종교적인 차원을 체계적으로 설명해 보려는 데 있다.

퇴계는 한국의 대표적인 성리학자다. 그는 또한 훌륭한 교육자였으며, 동시에 국가 관리로서도, 자연을 노래하는 시인으로서도 뛰어난 분이었기 때문에 오늘날의 퇴계학자들은 퇴계를 여러 가지 측면에서 연구해 왔다. 그러나 과문한 탓인지는 몰라도 퇴계의 사상을 종교적 측면에서 다룬 연구는 많지 않은 것 같다.

역사적으로 유교는 항상 불교나 도교 같은 종교사상에 비판적이었고, 교리적으로도 유교의 가르침은 확실히 불교의 교리와 혼동될 수 없는 어떤 특성을 가지고 있다. 그러므로 퇴계와 같은 유학자를 종교인으로 보는 것은 잘못이라고 말할지도 모른다. 그러나 퇴계의 언행을 자세히 검토해 보면 거기에는 숨길 수 없는 종교적 성격이 무수히 발견된다. 퇴계의 언행이 종교적인지 아닌지를 확인함에 있어서 필자는 믿음과 수행이라는 두 가지의 관점을 적용해 보았다. 믿음과 수행은 어떤 종교에서도 공통적으로 발견되는 종교 구성의 근본 요소이기 때문이다.

2. 퇴계의 믿음

퇴계는 평생 천리를 믿고 살았던 분이었다고 말할 수 있다. 천리를 믿지 아니한 사람은 없다고 말할 수 있을지 모르지만 보통사람들이 천리를 믿는 것과 퇴계의 경우와는 큰 차이가 있어 보인다. 보통사람들은 천리를 지식의 차원에서 받아들이는데 불과하지만 퇴계는 천리의 실재를 눈으로 보듯 확신했고, 일생 동안 천리대로 살려고 애를 쓰다가 간 분이었다. 천리란 말은 동양사람들이 가장 즐겨 쓰는 말 가운데 하나이다. 특히 유교의 성리학자들은 천리를 학문의 시발점으로 삼았다. 천리는 여러 가지 이름으로 불린다. 天命·道·中·太極 또는 理 등이 모두 천리를 여러 가지 다른 이름으로 부르는 말이다.

그러면 퇴계가 믿었던 천리는 과연 어떠한 것이었던가? 이러한 질문은 반드시 물어야 할 질문임에도 불구하고 그에 대한 답변이 퇴계의 책에 쓰여 있는 천리에 대한 설명을 종합하고 분석하는 데 그치는 한, 본 논문의 주제를 밝히는 데는 크게 도움이 되지 못한다. 필자는 본 논문이 문제 삼는 천리가 보통 책에 쓰인 개념적인 천리가 아니라 신앙의 대상으로서의 천리임을 다시 한 번 강조하여야 하겠다. 한 지식체계 안에 있는 개념으로서의 천리와 순간순간 사람의 마음과 언행에 영향을 미치고 있는 신앙의 대상으로서의 천리 사이엔 커다란 차이가 있다. 그러므로 우리는 먼저 퇴계가 문제 삼았던 천리가 과연 신앙의 대상으로서의 천리였던가 아니면 단순한 저식으로서의 천리였던가를 따져 보아야 할 것이다.

퇴계는 천리를 말할 때 매우 비논리적이고 비합리적인 경우가 많았다. 이 점은 그가 고봉 奇大升(1527~1572)과 이기논쟁을 할 때에도 뚜렷이 드러났다. 이 때문에 퇴계는 그의 후배인 율곡 李珥(1536~1584)로부터 가혹한 비판을 받기도 했다. 율곡은 그가 우계 成渾에게 보내는 편지에서 다음과 같이 말했다.

    퇴계가 이명언과 사단칠정을 논한 것이 무려 萬餘言이지만 명언의
  이론은 분명하고 똑바로 갈라져서 대쪼개듯 힘차고 시원한데 퇴계는
  변설이 비록 상세하나 이치가 밝지 않아 반복하여 음미하여도 마침내
  틀림없이 확실한 맛이 없으니, 명언의 학식이 어찌 감히 퇴계를 따를
  까마는 다만 재주가 있어 우연히 이것을 알아낸 것입니다. 퇴계의 뜻
  을 살리건대, '사단은 안에서 발하고 칠정은 밖에서 느껴 발한다.'는 선
  입견이 되었고, '주자의 이에서 발하고 기에서 발한다.'는 설을 주장하
  고 길게 늘여 말하여 허다한 모순을 만들어 냈었으니 매양 읽을 때마
  다 정견의 한 티끌이라고 개탄합니다.[1]

  율곡은 여기에서 고봉의 편을 들고 있지만 우리의 문제는 지금 누구
의 말이 옳은지, 또는 누구의 논리가 더 분명한지를 따지는 데 있지 않
다. 우리의 문제는 퇴계가 왜 율곡으로부터 '선입견에 묶여있다'고 핀
잔 받을 만큼 '이치가 스스로 발동한다'는 생각에 묶여 있었던가를 밝
혀내는 데 있다. 다시 말하면 '이치가 스스로 발동한다'는 말이 무엇이
기에 퇴계는 그렇게도 이 말을 소중하게 지켰던가? 사실 퇴계는 이치
가 스스로 발동한다는 주장을 내세움으로써 후학들에게 많은 시비와
혼란을 일으켰다. 그리고 이는 율곡이 지적한 것처럼 논리적인 측면에
서 말하는 한 正見의 한 티라고 말할 수 있다. 그러나 퇴계 스스로도
이러한 사정을 다 잘 알고 있었던 것 같다. 다시 말하면 퇴계는 자신의
주장에 논리적인 모순이 없지 않다는 것을 잘 알고 있었음에도 불구하
고, 그러한 모순에 크게 개의치 않았던 것 같다.
  70을 바라보는 老대가인 퇴계가 30대의 젊은 제자인 고봉에게 쩔쩔

---

1) 『국역 율곡집 I』(고전국역총서 22), p.189 ; 『율곡전서』, 성균관대학교 대동문
   화연구원, p.299a.

매면서 8년간을 계속 논쟁하다가, 마침내는 내가 잘못했노라고 자기의
잘못을 시인하는 이른바 사단칠정론은 한국사상 가운데 가장 감동적
인 논쟁 장면이 아닐 수 없다. 그런데 여기에서 우리들이 주의해야 할
것은 퇴계가 이 긴 논쟁에서 무엇을 잃고 무엇을 얻었던가를 분명히
해야 한다는 것이다. 사칠논쟁의 마지막 장면을 보면 논쟁자들이 모두
서로 잘못했다고 고백하는 것으로 그 막이 내린다. 그리고 그 개막 이
전에 두 분은 어떤 합의점에 도달하고 있다. 그들이 서로 잘못했다고
말하는 것은 그 합의점에 도달하기까지의 미숙했던 점에 대해서 사죄
하고 있을 뿐이다. 그리고 그 합의점이란 다름 아닌 理에 대해서이다.

이를 두고 말하는 한 퇴계는 조금도 양보하지 않고 있음을 우리는
역력히 볼 수 있다. 이와 기의 관계에 대해서는 다소의 수정을 서슴지
않았지만 이가 기보다 귀하다는 퇴계의 기본적인 입장은 시종일관 변
한 적이 없었다. 이것은 분명히 퇴계의 굽힐 수 없는 믿음이라고 말할
수 있다. 氣는 하나의 졸병처럼 항상 理라는 장수의 통솔아래 있어야
한다는 이에 대한 그의 믿음이 그로 하여금 어떻게든 이와 기를 구별
해 보려고 하는 경향을 갖게 했다고 말할 수 있다. 주자를 누구보다도
깊이 공부한 그가 이와 기가 둘이 아니라는 이론을 모를 리 없다. 그러
나 매일매일 철저하게 敬 공부를 하고 있는 퇴계로서는 무슨 기둥이
있어야만 했다. 그 기둥이 바로 그의 理貴思想이었다. 이는 純善無雜
한 것이므로 그는 이와 기를 둘로 나누는 잘못을 서슴지 않고 고쳤지
만, 이의 절대성을 주장하는 데는 주저하지 않았다. 이와 기의 관계에
대한 그의 최후의 결론인 이기호발설도 알고 보면 이에 대한 그의 믿
음을 온건하게 표현한 말에 불과하다. 이란 있지 아니한 곳이 없고, 하
지 아니한 일이 없다고 퇴계는 믿었다.

그에게서 측은해 할 줄 알고 부끄러워 할 줄 알고, 양보할 줄 알고,
잘잘못을 따질 줄 아는 것은 인간이면 누구나 가지고 있는 본성이었

다. 퇴계에 있어서는 이러한 것들이 모두 이의 나타남이다. 다시 말하면 천리가 항상 나와 함께 있음을 믿었던 것이다. 사람이 순선을 그리워하고 순선의 당체인 이가 항상 나와 함께 있음을 믿으면 믿을수록, 그러한 이에 반대되는 것에는 더욱 민감해지는 법이다. 퇴계가 처음엔 칠정을 氣의 발로라고 말했다가, 나중에 이를 시정하여 거기에도 이가 없지 아니함을 인정하면서도 거기엔 아직도 선악이 함께 있다는 이유로 이를 순선의 이와 구별하려는 것은 퇴계의 이에 대한 믿음이 다분히 종교적임을 잘 말해주고 있다.

3. 퇴계의 수행

퇴계의 수행은 한마디로 말해서 敬 공부였다고 말할 수 있다. 퇴계의 경 공부는 앞에서도 지적했듯이 그의 이에 대한 믿음의 발로이었다. 천리의 無所不在와 無所不能을 굳게 믿는 퇴계는 언제나 어디서나, 사람들이 볼 때나 안 볼 때나, 항상 천리에 따라 살지 않을 수 없었다. 이것이 그의 경 공부이다. 하늘이 주신 것(天命)이 사람의 본바탕인 인성이고 인성은 곧 이라고 그는 믿었다. 다시 말하면 천명이 곧 천리이고 천리가 곧 인성이었다. 도를 닦는다는 것은 천리인 인성에 따라 산다는 말밖에 딴 뜻이 있을 수 없으며, 스승의 입장에서 가르치는 교육도 제자의 입장에서 배우는 학문도 이에서 벗어나지 않는다. 그러므로 스승과 제자가 모두 함께 닦는 것이 유가의 기본 정신이요, 퇴계의 경 공부이다.

일찍이 주자는 경에 대해서 다음과 같이 말한 적이 있다.

내가 듣기로는 경이라는 한 글자는 성학의 기초와 終局을 성립시켜

주는 것이라 한다.2)

이는 유교교육의 궁극적인 목적인 성인되는 학문에 경 공부가 얼마나 중요한가를 강조하는 말이라 하겠다. 「성학십도」를 17세의 어린 선조에게 바치면서 퇴계는 그 서문에서 학문을 다음과 같이 정의하였다.

배움(學)이란 자기가 배운 것을 항상 몸에 익혀서 그 정신을 몸소 참되게 실천함을 말합니다.3)

퇴계는 여기에서 배움의 본질이 실천에 있음을 분명히 하고 있다. 남으로부터 배우기만 하고 배운 것을 자기가 실천해 보지 않으면 그것은 매우 위험스러운 결과를 가져오기가 쉽다. 배운 것을 실천에 옮겼을 때에 비로소 그것은 참다운 배움이 된다. 이것이 성인되는 공부를 한 특징이다. 그러나 실천만이 능사는 아니다. 맹목적인 실천은 사람을 어둡게 만든다. 그러므로 배운 것에 대해서는 깊이 생각해 보아야 한다. 그리하여 실천자의 마음속은 어두운 대목이 없이 툭 트여야 한다. 성인되는 학문은 실천이 그 핵심인 배움과 완전히 밝아질 때까지 마음속으로 깊이 생각함을 항상 함께 가지고 있어야 한다. 퇴계에 따르면 敬 공부야말로 배움과 생각함을 동시에 가능케 하고 움직임과 고요함을 하나 되게 하고 안과 밖을 통일시키고 드러난 것과 숨겨진 것을 하나로 만드는 길(道)이라는 것이다.

다음으로 우리는 퇴계가 경 공부를 어떻게 해야 한다고 가르쳤는가를 살펴보아야 하겠다. 퇴계의 전 저술이 경 공부를 가르치기 위해 쓰였다고 해도 과언이 아니고 퇴계의 일생이 시종 경으로 일관되어 있었

---

2) 윤사순 역, 『퇴계선집』, 현암사, 1982, p.341.
3) 위와 같음, p.323.

다는 것은 이미 널리 알려진 사실이다.4) 그러므로 퇴계에게 불교의 좌
선법처럼 경 공부의 특별한 방법이 있을 수는 없다. 언제나 어디서나
항상 해야 할 경 공부를 어떤 특별한 방법 속에 가두어 둘 수는 없다.
이는 경의 근본정신에 배치되기 때문이다.

그러나 그의 경 공부가 일상생활 속에서의 경의 실천이라는 실천적
인 측면만을 가진 것은 아니다. 그가 만년에 지은 「성학십도」에는 그
의 경 공부가 지니는 다분히 종교적인 특성이 나타나고 있다. 그는 이
십도를 선조에게 바치면서 다음과 같이 말하고 있다.

도는 끝없이 넓으니 어디서 착수할 것이며, 옛 성인들의 가르침은 너
무나 많으니 어디로부터 들어갈 것입니까? 그러나 성인되는 공부에는
뚜렷한 길이 있으며 마음을 다스리는 법에도 좋은 방법이 있습니다.
그래서 그것을 그림으로 만들고 해설하여 사람들에게 도에 들어가는
문과 덕을 쌓는 기틀을 보여주는 것은 뒤에 나온 현인들이 꼭 해야 할
일이었습니다.5)

우리는 위에서 넓고 넓은 도에 들어가는 문이 圖說을 통해서 뚜렷
해질 수 있음을 알았다. 그러면 도설이 어떻게 그러한 역할을 할 수 있
을까? 퇴계는 이에 대해서 또 말한다.

오직 옛 현인군자가 성학을 밝히고, 심법을 얻어서 그림을 그리고 도
설에 지어 사람에게 입도의 문과 적덕의 기틀을 보여준 것이 세상에
전해져 해와 별처럼 분명합니다. 그러므로 감히 이에 바라옵나니 저의
「성학십도」를 임금님의 좌우에 항상 펴놓으심으로써 옛날 제왕들이

4) 박종홍, 「이퇴계론-경으로 일관된 생애와 사상」, 『현실과 구상』, 박영사, 1963,
pp.340~379.
5) 이상은 역, 「성학10도」, 『한국의 유학사상』, 삼성출판사, 1983, p.233.

工誦과 器銘을 항상 옆에 놓아두었던 그 깊은 뜻을 대신해 주시기를
빌어마지 않습니다.6)

퇴계는 여기서 성인되는 공부에 도설의 역할이 얼마나 중요한가를
크게 강조하고 있다. 퇴계는 선조에게 자기의 「성학십도」로 병풍을 만
들어 임금의 눈에 잘 띄는 곳에 놓아두어 항상 관성 할 수 있도록 해
달라고 부탁한다.

「성학십도」를 선조에게 올리는 글에서 퇴계가 간절히 말하고자 한
것은 분명히 모든 종교적인 수행에 핵심이 되고 있는 명상법과 아주
흡사한 효과를 내는 수련법을 제시하는 것이다. 언제나 어디서나 항상
경 공부를 할 수 있게 하기 위해서는 먼저 안자, 증자, 자사, 맹자와 같
은 성인의 경지에 이르러야 하고, 항상 십도를 옆에 두고서 거기에 골
몰함으로써 이것이 가능하다는 것이다. 요즘 학자들은 퇴계의 성학십
도에 독창성이 있느냐 없느냐를 곧잘 따진다. 그러나 만일 퇴계가 성
학십도를 제작한 목적이 지적인 데에 있지 않고 선조로 하여금 인간혁
명을 일으키기 위한 종교적인 명상법과 흡사한 일종의 수련법을 제시
하는 데에 있었다면 이것이야말로 성리학 사상 특기해야 할 독창적 착
상이 아닐 수 없다.

4. 퇴계의 경지와 연구 방법론의 문제

퇴계의 믿음은 그의 尊理的 경향에서 그 모습을 뚜렷이 드러냈으며,
그의 수행은 그의 경 공부에서 그 성격을 분명히 나타나고 있다. 퇴계
가 믿는 이는 사단의 모습으로 모든 인간에게서 부단히 일하고 있는

---

6) 위의 책, p.235(필자 일부 改譯).

이였다. 퇴계의 이러한 믿음은 그로 하여금 항상 경 공부를 하지 않을 수 없게 하였다.

敬 공부를 한다는 말은 이가 하는 일에 동참한다는 뜻이며 또한 이는 理의 사업을 방해하는 모든 인욕의 私와 싸운다는 말이다. 필자가 퇴계의 언행에 종교적인 차원이 있다고 말하는 것은 그가 믿는 이와 그가 실천한 경 공부가 항상 불가분리의 관계에 있기 때문이라기보다는 그 불가분리를 가능케 하는 구조가 종교적이기 때문이다. 필자는 퇴계의 이와 경이 둘 다 이 세상의 모든 것을 다 그 속에 가지고 있는 가장 포괄적이고 가장 궁극적인 것이라는 사실을 간과할 수 없다. 그리고 이러한 것들은 종교적이라는 말 외에 딴 말로는 표현할 길이 없었다. 퇴계가 이를 말하고 경을 말할 때에는 마치 말로 표현할 수 없는 깊은 종교적인 경지를 체험한 사람처럼 때로는 말하기를 싫어하기도 하고 말을 해도 애매모호하게 하거나, 전후 모순되는 말을 태연히 하곤 했다. 퇴계는 고봉과 8년이라는 짧지 않는 세월의 긴 논쟁을 했지만 그는 논쟁의 공덕에 대해서는 매우 회의적인 태도를 지니고 있었다. 퇴계는 고봉에게 보내는 편지에서 다음과 같이 말하고 있다.

> 내가 듣기로는 "도가 같으면 한마디 말로도 충분히 서로 부합할 수 있지만 도가 같지 않으면 많은 말이 도리어 도를 해친다."고 하였습니다. 우리 두 사람이 배운 것은 서로 다르다고 할 수 있는데 한마디로 말에서 서로 부합하지 못하고 말을 많이 하고 있으니 참으로 밝혀낸 것은 없이 해로움만 있게 되지 않을까 두렵습니다.[7]

여기에서 퇴계가 주장하고 있는 것은 많은 말이 논쟁을 유익하게 하는 것이 아니고 도가 같아야 대화를 유익하게 한다는 것이다. 그러므

---

7) 윤사순 역, 『퇴계선집』, pp.274~275.

로 논쟁을 통해서 퇴계가 의도했던 것은 논쟁에서 이기는 것이 아니고 두 사람의 도를 똑같은 도로 만드는 것이었다고 말할 수 있다.

그러면 똑같은 도란 무엇을 두고 말하는 것일까? 그것은 말할 것도 없이 이를 무엇보다도 귀하게 여기고 이를 존중하는 생활을 하자는 것이다. 퇴계는 고봉에게 모든 것을 다 양보하고서라도 오직 한 가지 理貴尊理의 도 하나만은 함께 하고 싶었던 것이다. 이것이 바로 같은 도를 닦는 것이었기 때문이다. 여기서 이가 귀하다고 말함은 그의 이에의 믿음을 나타내는 말이며, 이를 존중하는 생활이란 다름 아닌 그의 경 공부를 가리킨다고 말할 수 있다. 다시 말하면 퇴계에 있어서는 理貴와 持敬의 관계가 信과 行의 관계로 하나 되어 있음을 말한다. 여기서 둘의 하나됨이란 이귀라는 신 때문에 지경이라는 행이 나오고 지경이라는 행 때문에 이귀라는 신이 더욱 깊어져 감을 말한다. 퇴계의 이러한 '하나 되어 감'은 때로는 상보적이고 때로는 변증법적이다. 따라서 퇴계의 이귀지경사상은 信理修敬사상이라고 말할 수 있다.

퇴계의 신리수경사상은 주자를 비롯한 다른 성리학자들의 거경궁리사상과 현저하게 다르다. 거경궁리에 있어서의 이는 신의 대상이라기보다 궁구의 대상이기 때문에 종교적이라기보다는 다분히 철학적이다. 그리고 경도 궁리를 위한 방법적인 성격이 더 강하다. 따라서 그 표현도 궁리거경이라 하면 약간 어색하게 들린다. 그러나 퇴계에게서의 이와 경의 관계는 오히려 그 반대로 信理를 먼저 말하고 修敬을 다음에 말해야 더 자연스럽게 들린다. 그러므로 퇴계는 주자의 철학적인 거경궁리의 차원을 넘어서 종교적인 신리수경의 차원으로 들어갔다고 말할 수 있다. 그러나 이 말은 퇴계에게 거경궁리가 없었다는 말이 아니다. 퇴계는 선불교에서 말하는 것처럼 한 마디의 가르침에 대뜸 천하의 이치를 다 깨친다는 식의 돈오사상을 배격하기 때문에 그는 항상 주자와 같은 거경궁리를 통해서 그의 이에 대한 믿음을 부단히 심화시

컸다.

그러므로 퇴계는 그의 신리수경의 차원 속에 거경궁리를 함께 하는 독특한 구조를 가지고 있다. 이 말은 퇴계가 종교적인 차원과 철학적인 차원을 서로 보완하고 융통하는 관계로서 함께 지니고 있음을 의미한다. 그리고 이 두 개의 서로 다른 차원은 동시에 모두 윤리적인 차원을 함께 가지고 있다. 종교적인 신리수경도 철학적인 거경궁리도 모두가 사람이면 누구나 매일 같이 하고 있는 가장 일상적인 현실생활 속에서 하는 일이어야 한다는 것이 모든 유학자들의 대전제이다. 이 점에서는 퇴계의 경우도 예외가 아니다. 가만히 생각해보면 퇴계에 있어서 일상적인 현실의 중시란 오히려 당연한 일 같기도 하다. 그가 믿는 이는 죽어 있는 물건이 아니고 항상 살아서 신비스럽게 일하는 이이며 그리고 그러한 이가 하는 일은 안 미치는 곳이 없고 일하지 않는 때가 없기 때문에, 우리의 눈에 보이는 모든 것, 우리의 귀에 들리는 모든 것, 우리의 손에 만져지는 모든 것이 하나도 빠짐없이 모두 이의 나타남이라는 말이다. 그러므로 가장 일상적인 현실을 떠나서 따로 이를 찾고 경을 하려 한다면 이는 큰 잘못이 아닐 수 없다. 이처럼 윤리와 철학과 종교가 혼연히 한 몸이 되어 유기적으로 살아 움직이고 있는 세계가 바로 퇴계의 경지라고 말할 수 있다.

마지막으로 우리는 오늘날 퇴계사상을 어떻게 연구하고 어떻게 계승 발전해 나가야 할 것인가 하는 방법론을 생각해 보아야 하겠다. 이제까지 퇴계사상 연구가들이 사용한 퇴계사상 연구방법론은 대개가 이른바 현대적인 의미의 학문 연구방법론이었다. 그러나 퇴계에 있어서의 학문이란 말의 뜻은 오늘날 학자들이 사용하고 있는 학문이라는 말의 뜻과는 상당히 다르다는 것을 우리는 주의해야 할 것이다. 퇴계에 있어서의 학문이란 실천이 그 생명이었으며, 그 목적은 성인이 되는 데 있었다. 따라서 현대학자들로부터는 매우 주관적이라는 비평을 받을 만큼 자기의 마음으로 외롭게 홀로 실천하는 특성을 지니고 있었다. 이는 또한 매우 주체성이 강하고 자각적인 경험 위주의 수련이기도 했다. 그러나 현대학자들의 학문세계에 있어서는 객관성과 비판성을 지니는 것이 가장 중요하다. 그리고 모든 주장은 논리적이고 합리적이어야 한다. 그러므로 양자의 거리는 의외로 크다고 말할 수밖에 없다. 양자 간의 이러한 거리 때문에 퇴계사상의 계승 발전은 기대할 수조차 없게 되어 있고 학자들이 발표하는 글들은 대개 퇴계사상을 소개하는 영역을 벗어나지 못하고 있다. 우리는 여기서 다시 한 번 그의 괴로운 독백을 상기해 볼 필요가 있다.

> 도가 같으면 한마디 말로 충분히 통하는데 도가 다르면 많은 말이 도리어 도를 해친다.

이 말은 분명히 우리들이 문제 삼지 않을 수 없는 매우 심각한 발언이다. 오늘날 학자적 기준으로 보면 이는 매우 비학문적인 발언이다. 그러나 우리는 퇴계의 이러한 비학문적인 성격 때문에 오히려 그가 그 괴로운 논쟁을 8년간이나 계속할 수 있었다는 사실을 잊어서는 안 된다.

퇴계에게는 이 밖에도 또 오늘날의 학자들과는 판이한 점이 있다. 오늘날의 학자들에게는 남이 하지 않는 새로운 말을 하여 남으로부터 인정을 받는다는 것이 매우 중요한 일로 되어 있다. 그러나 퇴계의 경우는 어떠한가? 독창적인 발언을 하여 남의 인정을 받으려 하는 것을 퇴계는 크게 수치스럽게 생각하였다. 학자들의 정신적 타락현상으로 보았다.

말하자면 퇴계의 학문은 철저하게 자기자존을 위하는 爲己之學이었다. 이때의 자기란 이기적이거나 배타적인 자기가 아니라 모든 참됨과 올바름이 거기에서 이루어져야 할 현장으로서 주체적인 자아이다. 그러므로 포섭하는 인류적인 대아라 말할 수 있다. 퇴계의 공부는 항상 그러한 본래적인 자기를 키워나가는 공부이었음으로 겉으로 남의 눈에 띄게끔 나타나는 공부가 아니고 속으로 안 보이게 깊어져가는 공부였다.

겉으로 주자를 답습한 것처럼 보였어도 퇴계는 주자연구를 통해서 한없이 자기를 심화시킬 수 있었다. 우리는 이 점을 밝혀내야 한다. 퇴계의 겉으로 나타난 면만을 보고 독창성이 있느니 없느니 따지고 있으면 퇴계가 퇴계다울 수 있는 그 진면목을 많이 놓쳐 버릴 염려가 있다.

불교에서는 문자만을 따지는 학자들의 어리석음을 꼬집어서 "달 가리키는 손가락만 보고 진짜 달은 보지 않았다."고 비웃는다. 만일 퇴계의 경우에도 그의 저술이 그가 말하고 싶은 모든 뜻을 제대로 다 표현해 주지 못하고 있다면 오늘날의 학자들에게 달 가리키는 손가락만 보고 달은 보지 않는 어리석음이 없다고 장담할 수는 없다. 앞으로의 퇴계연구는 이러한 여러 가지 방법론상의 문제점들에 각별한 배려가 있어야 할 것이다.

(독일 Hamburg 대학 국제퇴계학회 발표문, 1984년 9월 11일 ;『원각』
　　제20호, 1987년 12월, 대한불교조계종 뉴욕 원각사, pp.13〜17)

제3부

돈오돈수와 돈오점수

頓悟頓修論
−性徹 스님의 참선지도 노선을 중심으로−

1. 들어가는 말

1) 돈오돈수란 무엇인가?

1965년 경북 문경 金龍寺에서 시작하여 1968년 해인사 백련암을 떠날 때까지 약 3년간, 필자는 성철 스님의 지도 아래 참선수련을 받은 적이 있었다. 스님의 지도노선은 철저한 頓悟頓修 사상에 입각해 있었다. 요즘 학자들 사이에 돈오돈수설에 대해서 논란이 많다. 그런데 많은 경우에 학자들은 돈오돈수에 관한 글만을 분석하고 있을 뿐, 돈오돈수사상이 탄생하고 또한 실천되고 있는 현장을 고려하지 않고 있는 것 같다. 오히려 돈오돈수의 현장과는 너무나도 거리가 먼 자기자신의 현장에다가 돈오돈수설을 억지로 맞추어 넣으려고 애쓰는 듯한 경우를 보게 된다. 글이란 그 글이 탄생한 현장을 무시해 버릴 때 생명을 잃기 마련이다. 돈오돈수라는 말이 필자에게 조금도 이질감을 주지 않는 것은 그 말이 탄생한 현장에서 살아 본 경험이 있기 때문이라고 생각한다. 그러나 필자의 경험이 곧 필자의 이해를 정당화하는 근거로 사용될 수는 없다. 그래서 필자는 필자의 이해를 세상에 내놓고 여러분의 평을 듣기로 결심한 것이다.

2) 풀어야 할 문제와 필자의 입장

1981년, 성철 스님의 『禪門正路』가 출판된 이래, '돈오돈수의 문제'는 깨침과 닦음에 관심을 가진 사람들의 커다란 관심사가 되었다. 성철 스님의 일생을 일관한 필생의 사업을 한 마디로 요약하면 '돈오돈수의 소식'을 보다 더 많은 사람들에게 알리는 것이라고 말할 수 있을 것이다. 그동안 백련불교문화재단이 후원하여 출판한 많은 선서들도 모두 선종의 '돈오돈수사상'을 널리 선양하기 위한 것이었다.[1]

頓悟頓修란 말은 '단박에 깨쳐 단박에 닦아 마친다'는 뜻이다. 여기서 '깨쳤다'는 말은 자기자신이 원래 완전무결한 부처님이었음을 추호의 의심도 없이 철저히 확인한 상태를 의미하며, '닦아 마친다'는 말은 '깨침'을 얻는 순간에 자기자신 속의 부처님 성품이 조금도 부족함이 없이 완전무결하게 발휘되는 상태를 의미한다. '단박에'라는 말은 깨침이건 닦음이건 오랜 시간을 두고 서서히 점차로 이루어지는 것이 아니라 찰나간에 이루어지는 것임을 나타내는 말이다.

단박에 깨쳐서 단박에 닦아 마칠 수 있다면 불교도들에게 이 보다더 기쁜 소식은 없을 것이다. 그럼에도 불구하고 많은 사람들이 성철 스님의 이러한 '기쁜 소식'을 선뜻 받아들이지 못하고 있는 것은 무엇때문일까? 그 까닭은 보는 사람의 시각에 따라 여러 가지일 수 있다. 필자는 오늘 종교적인 경험을 놓고 철학적인 대화를 나눌 때, 말하는 사람과 듣는 사람 사이에 빈번히 발생하는 표현과 의사소통의 문제를

---

1) 이 점은 원택 스님이 쓴 『선림고경총서』 간행사에 분명히 밝혀져 있다. 이 禪書들은 백련선서간행회가 번역하고 장경각에서 출판했다. "돈오돈수사상을 선양한다"는 말은 참선을 통해 궁극적인 깨침의 경지를 체험하게 한다는 말이다. 돈오돈수라는 말은 "궁극적인 깨침"을 단적으로 드러내는 말이다. 성철 스님은 궁극적인 깨침만이 참다운 깨침이라고 정의한다. 다시 말하면 깨침은 반드시 돈오돈수여야 한다는 말이며 돈오돈수가 아니면 깨침이 아니라는 말이다.

중심으로 성철 스님의 돈오돈수사상을 필자의 말로 한번 전개해 보려고 한다. 사람들 사이에 의사소통이 잘 안 되는 이유를 열거하자면 그것 또한 한이 없을 것이다. 대화가 통하려면 말하는 쪽과 듣는 쪽이 모두 각자 해야 할 일을 다 해야 한다. 말하는 쪽에서는 듣는 사람이 알아들을 수 있도록 잘 말했는지를, 듣는 쪽에서는 제대로 알아들었는지를 확인하는 작업은 매우 중요하다. 학문을 하건 도를 닦건 간에 우리들이 대화를 하는 이상, 우리는 이 일을 피해서도 안 되고 또한 피할 수도 없을 것이다. 원활한 의사소통을 위해서 필자는 몇 가지 전문용어에 대하여 명확한 개념규정을 해두어야겠다.

(1) 깨달음과 깨침

필자는 '깨달음'이라는 말과 '깨침'이라는 말을 구별해서 사용하려고 한다. '깨달음'이 머리로 아는 것이라면 '깨침'은 온몸으로 아는 것이다. '깨달음'은 머리로 아는 것이기 때문에 몸이 깨달은 대로 실천해 주지 않을 수도 있다. 말하자면 아는 것과 행동하는 것이 따로따로일 수 있다는 말이다. 그러나 '깨침'은 온몸으로 아는 것이기 때문에 깨친 대로 몸이 실천한다. '깨침'이란 자기가 알고 있는 것에 대해 몸이 책임을 져 주는 것이다. 말하자면 지와 행이 일치하는 것을 의미한다. 한자로는 깨달음을 解悟, 깨침을 證悟라고 구별하여 쓴다. 그러나 이제까지 우리들은 우리말의 깨달음과 깨침을 구별하지 않았다. 딱딱한 구별은 한자용어에 일임해 버린 결과였을 것이다. 불교에서는 대개 깨달음과 깨침을 다 같이 문제 삼는다. 그러나 선가에서 말하는 궁극적인 체험인 究竟覺은 깨달음이 아니라 깨침이라는 것을 분명히 해 두는 것이 좋겠다. 성철 스님이 문제 삼는 돈오돈수라는 체험도 깨달음이 아니라 깨침이다. 그러므로 우리들은 깨침이란 말에 특별한 주의를 기울여야 할 것이다.[2]

'깨침'의 동사형인 '깨다'는 두 가지의 서로 대조되는 뜻을 함께 가지고 있다. 하나는 '굿판을 깬다'든가 또는 '유리창을 깬다'고 말할 때처럼 부정적이고 파괴적인 의미의 '깨진다'는 뜻이요, 다른 하나는 '한글을 깬다'든가 또는 '잠을 깬다'고 말할 때처럼 긍정적이고 건설적인 의미의 '깨친다'는 뜻이다. 앞의 것을 '죽음'이라고 부른다면 뒤의 것은 '다시 살아남'이라고 부를 수 있을 것이다. 선적인 체험에서는 '죽음' 같은 깨짐과 '다시 살아남' 같은 깨침이 시간적으로 동시에 일어난다. '깨진다'와 '깨친다'는 똑같은 경험의 두 가지 모습이라고 말할 수 있다. 이제까지의 묵은 것이 부서지는 깨짐의 순간이 곧 다시 새로 태어나는 깨침의 순간이라는 말이다. 다시 말하면 불교인들의 수도상에 나타나는 '깨침'이라는 체험은 반드시 그 속에 이제까지의 잘못된 자기가 죽는 '깨짐'의 경험을 포함하고 있다는 말이다. 그러므로 깨짐이 없는 깨침은 깨침이 아니다. 깨달음과 깨침이 다 같이 불교적인 체험을 가리키지만 깨침이 죽음의 체험을 전제하는 데에 비해서 깨달음은 그런 체험이 없이도 나타난다. 깨침과 깨달음의 차이는 바로 여기에 있다.[3]

(2) 頓悟頓修와 頓悟頓修說

필자는 또한 '돈오돈수'라는 말과 '돈오돈수설'이라는 말도 엄격히

2) 한자의 해오와 증오를 우리말의 깨달음과 깨침으로 바꿀 때 그 맛이 훨씬 더 신선해지고 그 뜻이 뚜렷해지는 것 같다. 깨달음을 머리로 아는 것이라 하고 깨침을 몸으로 아는 것이라고 구별하는 것은 단순히 행동이 뒤따르느냐 않느냐의 차이를 나타내기 위한 것에 그치지 않는다. 오히려 구경각이냐 아니냐의 구별이 더 중요한 비중을 차지한다고 말해야 할 것이다.

3) 깨짐과 깨침의 관계를 설명하는 방식은 옛날부터 여러 가지로 시도되어 왔다. 定과 慧, 寂과 惺, 止와 觀, 遮와 照 등 한 두 가지가 아니다. 서양에서는 시카고 대학의 故 Eliade 교수가 죽음과 부활을 종교적인 체험을 설명하는 한 형식으로 사용한 이래, 지금은 모르는 사람이 없을 정도로 널리 퍼져 있다.

구별하여 사용하려고 한다. '돈오돈수'라는 경지는 분명히 부처님의 경지임에 틀림없다. 그러나 우리는 지금 이미 깨친 부처님을 위해서 '돈오돈수'를 문제 삼는 것이 아니다. 아직 깨치지 못한 중생들을 위해서 '돈오돈수설'을 전개하려 하고 있는 것이다. 필자에게 이 구별은 매우 중요하다. 우리의 청중은 부처님이 아니라 아직 깨치지 못한 중생들이라는 사실을 우리는 한시도 잊어서는 안 될 줄 안다. 이미 깨친 이에게는 돈오돈수설이란 한낱 사족에 불과하겠지만 아직 깨치지 못한 사람들에게는 보통사람들이 알아들을 수 있는 돈오돈수론이 꼭 필요하다고 믿는다. 필자는 지금 '돈오돈수'와 '돈오돈수설'의 관계를 체용의 논리로 풀려고 하기 때문에 이 두 가지 말을 모두 거론하지 않을 수 없지만, 엄격한 의미에서 필자의 문제는 역시 '돈오돈수'가 아니라 '돈오돈수설'이라는 사실도 처음부터 분명히 해 두는 게 좋겠다.[4]

성철 스님은 이제까지 돈오돈수에 대해서 많은 말씀을 하셨다. 그렇지만 스님의 표현 방식은 항상 "눈 있는 자는 보고, 귀 있는 자는 들어라"는 식이었다. 단적으로 말해서 스님의 상대는 못 깨친 사람들이 아니라 깨친 사람들이 아니었나 싶다. 상대가 깨친 사람이든 못 깨친 사람이든 깨친 경지의 소식만을 곧바로 들이대는 것이 頓宗의 독특한 방식이기는 하다. 그러나 일단 '설'로 내놓은 이상 의사소통을 문제 삼지 않을 수 없고, 특히 돈오돈수설을 학문적인 방식으로 풀어 보고자 하는 이 논문에서는 전혀 다른 프레젠테이션 방법을 사용할 수밖에 없다. 오늘 필자의 문제는 어떻게 하면 성철 스님의 돈오돈수설을 깨치지 못한 사람도 알아들을 수 있게 하느냐에 있다. 대화다운 대화를 나

---

4) '돈오돈수'라는 말과 '돈오돈수설'이라는 말의 차이는 체험과 설명의 차이 또는 수도와 학문의 차이 같은 것이라고 생각한다. 그런데 이런 차이를 다시 체와 용의 차이로 바꾸어 볼 때 양자의 차이는 새로운 국면을 보여 독자의 재미를 한층 더 돋워 준다. 많은 것들이 더 분명해지기 때문이다. 자세한 것은 다음의 체와 용의 구별과 체용의 논리에서 다루고자 한다.

누기 위해서는 먼저 정확한 의사소통이 필요하다. 그러므로 우리의 작업에서는 불가피하게 깨치지 못한 사람들에 대한 배려가 큰 비중을 차지하지 않을 수 없다. 좋은 약은 병에 대한 정확한 진단 없이는 나올 수 없기 때문이며, 나아가 병자가 받아먹지 않으면 아무 소용이 없기 때문이다.

3) 체와 용

필자는 동양철학의 體와 用이라는 말에 이중적인 의미를 부여하려고 한다. 깨친 이의 체용과 못 깨친 이의 체용은 그 내용이 서로 달라서 이러한 구별이 불가피하기 때문이다. 유교의 성리학에 심취한 사람들은 체와 용의 구별을 철저히 했다. 그러나 불교의 화엄사상에 익숙한 사람들은 체와 용의 不二를 보라고 역설했다. 불교이론은 항상 궁극의 진리 자체에 몰두하였고, 유교사상은 비교적 진리의 세속에서의 전개에 큰 비중을 두었다. 이러한 유교적 체용준별과 불교적 체용불이의 현장적 배경을 무시한 채 어느 쪽이 더 타당한가를 따지는 것은 무의미한 짓이다.[5] 필자가 여기서 체와 용의 개념을 이중적으로 사용하려 하는 것도 체용의 논리가 사용되는 여러 가지 경우의 미묘한 차이를 잘 살리고 싶어서이다. 깨친 이의 체는 불이요, 공이요, 연기요, 중도이다. 그러므로 이들의 용은 체와 따로 떨어져 있지 않다. 그러나 깨

---

5) 체용준별은 유교적이고 체용불이는 불교적이라는 말에는 어폐가 있는 것 같다. 체용준별은 용의 세계에서 해야 할 일이고 체용불이는 체의 세계의 특징이다. 체용준별이 못깨친 사람들이 알아야 할 수도윤리의 잣대라면 체용불이는 종교적 체험감정의 잣대이다. 그렇다면 불교든 유교든 모두 양자를 다 갖추어야 할 것이다. 그럼에도 불구하고 유교는 체용준별, 불교는 체용불이라고 말하는 것은 종래에 불교는 수도원 중심으로 出世間道를 걸었고 유교는 사람 사는 마을을 떠나지 않는 世間道를 걸었기 때문이라고 생각한다.

치지 못한 이의 체는 그들이 지은 업이 일시 뭉친 결과이기 때문에 공과 중도에 거역하는 면이 없지 않다. 따라서 불이와 대립된 이원론적인 대립과 모순과 갈등의 구조를 드러낸다. 일시적이고 무상한 용이 체 노릇을 하는 '용을 체로 여기는 병' 현상은 모든 수도이론에서 항상 경계의 대상이 되어 있다. 그래서 못 깨친 이의 체는 항상 깨져야 할 체이다. 그리고 못 깨친 이들이 해야 할 일은 진정한 체 즉 깨친 이의 체로 돌아가는 일이다. 성철 스님의 돈오돈수설에서는 이 점을 몹시 강조하고 있다. 이렇게 체가 둘로 갈라지듯이 용도 둘로 갈라진다. 다시 말하면 깨친 이의 용과 못 깨친 이의 용은 서로 다르다는 말이다. 깨친 이의 용은 불이의 실천이지만 못 깨친 이의 용은 차별의 실천이다. '돈오돈수'는 부처님의 이야기이기 때문에 체적으로 표현해도 좋지만 '돈오돈수설'은 중생의 이야기이기 때문에 용적으로 표현해야 한다. 그러므로 '돈오돈수'는 체적 마당에서 체적 분위기로 풀어야 하고 '돈오돈수설'은 용적 마당에서 용적 분위기로 풀어야 한다.6)

2. 체용의 논리

체용의 논리는 동양철학의 핵심논리라고 한다. 그럼에도 불구하고 현대에 와서 체용의 논리를 본격적으로 다룬 학자는 별로 없었던 것 같다. 몇몇 외국의 학자들이 체와 용에 대하여 언급하지 않았던 것은 아니지만 모두가 단편적인 언급에 불과했다. 무엇보다도 그들의 관심은 문헌학적이고 역사학적인 것에 국한되어 있었다. 그래서 그들은 체

---

6) 문제는 못 깨친 이에게 있다. 체와 용을 구별하는 것도 못 깨쳤기에 생긴 문제이고 체적 접근이니 용적 접근이니 또는 체적 분위기니 용적 분위기니 하는 구별들이 모두 못 깨친 사람들로 하여금 자기들의 위치를 깨닫도록 도와주기 위해서 하는 말이다.

용의 논리가 맹렬하게 작용하고 있는 실지 현장에 대한 분석을 하지 않았다. 가끔 철학적인 관심을 가지고 체용을 연구하는 학자가 없지 않았지만, 그들은 또한 너무 이론화에 급급한 나머지, 체용의 논리는 서양의 범신론과 같다느니 인도의 인중유과론과 비슷하다느니, 빙빙 도는 순환의 논리에 불과하다느니 하는 따위의 부정적인 결론을 내리는 데에 그치고 말았다. 한 마디로 체용의 논리는 아직 제자리를 찾지 못한 느낌이 없지 않다.[7]

체용논리의 본격적인 연구는 그것이 원래 도를 닦는 사람들의 수도 이론이었다는 사실에 착안하여 시작되어야 할 것이다.[8] 체용의 논리가 국외자들에게 복잡해 보이고 때로는 애매모호해 보이는 것은 사실이다. 그러나 거기에는 까닭이 있다. 동양에서는 일반적으로 '삶은 道 닦는 자세로 살아야 한다'고 가르치기 때문에 가정생활하는 것도 도 닦는 일이요, 농사짓고 장사하는 일도 도 닦는 것이요, 불교를 믿건 유교를 믿건 모두가 다 도 닦는 일이었다. 그러니 체용논리의 응용과 전개가 매우 광범위하고 다채로울 수밖에 없었다. 이러한 다채로움이 국외자에겐 복잡하고 애매모호한 것으로 보이는 것은 오히려 당연하다 하겠다.[9]

---

7) 체용의 논리에 대해서는 다음과 같은 책들이 있다 :
   島田虔次, 『朱子學と陽明學』, 岩波新書 637, 東京 : 岩波書店, 1967, pp.3~13 ; 島田虔次, 「體用の歷史に案せて」, 『塚本博士頌壽紀念佛教史學論集』, 京都 : 塚本博士頌壽紀念會, 1961, pp.416~430 ; 柳田聖山, 「無の探究<中國禪>」, 『佛教の思想』 7, 東京 : 角川書店, 1969, pp.91~98 ; 熊十力, 『體用論』, 台北 : 台灣 學生書店, 1976 ; 湯用, 『漢魏兩晉南北朝佛教史』, 台北 : 漢城出版社, 1973, pp.333~339.

8) 종래에 일본의 학자들은 체용의 논리를 범신론적인 사고방식의 산물이니 또는 순환의 논리니 하고 여러 말을 했지만 아무도 이것을 '修證의 논리'로 보지 않았다. 그러므로 그들과 필자는 관점이 서로 다르다고 말해야 할 것이다.

9) 도 닦는 사람에게 지엽적인 일과 근본적인 일을 구별할 줄 아는 지혜는 필수적이다. 근본적인 일은 체가 되고, 지엽적인 일은 용이 된다. 근본적인 일을

  필자는 체용의 논리를 수행자들의 믿음과 닦음과 깨침을 다루는 가장 중요한 논리라고 생각한다. '돈오돈수설'이란 '돈오돈수'라는 체험을 이론적으로 체계화하려는 일종의 학문적인 작업을 가리키는 말이다. 작업에는 연장이 필요하다. 해석학적인 작업에는 개념과 논리와 관점같은 것들이 연장노릇을 한다. 필자는 여기서 '체용의 논리'를 그러한 연장으로 사용해 보려고 한다. 학문의 세계에 완벽이란 없다. 체용의 논리도 완벽한 것은 아니지만 필자가 알고 있는 한, 체용의 논리 이상으로 '돈오돈수설'의 구조적인 특징을 잘 드러낼 수 있는 효과적인 논리형식은 아직은 따로 없다고 생각한다.[10]

  체용의 논리는 철학사에서 흔히 볼 수 있는 일원론과 이원론 사이의 모순과 갈등을 해소해 주는 데 탁월한 공헌을 해 왔다. 대개의 경우, 이원론과 불이론은 공존할 수 없는 것으로 되어 있다. 그러나 체용의 논리는 불이론이면서 이원론을 죽이려 하지 않았다. 오히려 그들에게 있을 자리를 주어 제 몫을 하게 했다. 이것은 종교철학사상 결코 과소

  제대로 하면 지엽적인 일은 저절로 잘 된다는 것이 수도이론의 기본적인 전제이다. 이러한 전제에서 지엽적인 일도 근본적인 일처럼 철저히 한다는 이론이 나온다. 근본은 지엽을 배제하는 것이 아니기 때문이다. 그러나 만일 양자를 구별할 줄 모르면 지엽을 근본으로 착각하는 오류를 범하여 마침내 莫行莫食도 道요 이기적인 인욕도 天理라고 우기는 폐단이 생긴다. 가정생활도 도 닦는 일이라는 말은 용적인 차원에서 무엇을 하건 도 닦는 일은 일시도 중단될 수 없다는 말이다. 체용의 논리가 가지고 있는 이러한 수도이론적인 면을 무시하고 무조건 서양이나 인도의 비슷한 경우와 맞붙여 비교이론적으로 처리해 버리는 경우가 있는데 이것은 너무 안이한 연구자세라 말하지 않을 수 없다.
10) 禪家에서는 일반적으로 어떠한 논리도 거부하는 것이 상례였다. 체용의 논리도 예외는 아니었다. 그러나 우리는 지금 선학을 하고 있는 것이지 선가의 행세를 하자는 것이 아님을 알아야 한다. 필자가 앞에서 돈오돈수와 돈오돈수설을 엄격히 구분한 이유도 거기에 있었다. 돈오돈수를 체로 보고 수행자의 믿음과 닦음과 깨침 등을 용으로 보지 않고서 어떻게 돈오돈수의 이론을 전개할 수 있을지 의문이다.

평가할 수 없는 커다란 공헌이었다. 체용의 논리가 수도이론에 적용될 때는 수행자들의 장기인 불이의 논리와 일상적인 이원적 세계 사이의 관계를 잘 설정해 주기도 한다. 오늘 필자는 이와 같이 탁월한 점을 가진 체용의 논리로써 돈점의 문제를 풀어 보려고 한다. 이렇게 함으로써 동양의 불교역사 속에서 갈등관계를 극복하지 못했던 頓宗과 漸宗이 각각 그 위치를 드러낼 수 있다고 믿기 때문이다.[11)]

체와 용의 관계는 사람의 몸과 몸짓의 관계만큼이나 밀접하다. 다시 말하면 몸은 체요 몸짓은 용이라는 말이다. 산 사람에 있어서 몸과 몸짓이 서로 떨어질 수 없듯이 동양철학의 체와 용은 항상 그렇게 밀접하게 연관되어 있다. 몸과 몸짓은 현실적으로 두 개의 다른 개념이므로 양자를 똑같은 것이라고 말할 수는 없지만, 그러나 이들 둘은 완전히 독립된 별개의 것이라고 말할 수도 없다. 말로는 두 가지이지만 실제에 있어서 이들 둘은 흔히 말하는 별개의 두 물건은 아니다. 둘이면서도 하나이고 하나이면서도 둘인 관계는 인생의 도처에서 찾아 볼 수 있다. 기신론에서 말하는 물과 물결의 관계가 그렇고 『육조단경』에서 말하는 불과 불빛의 관계가 그렇다. 이러한 관계를 고전에서는 둘처럼 보이지만 둘이 아니라는 뜻으로 '불이'라고 불렀으며, 어떤 사물이 가지고 있는 불이의 성격을 똑바로 볼 수 있는 사람을 지혜로운 사람이라 불렀다. 종래에는 몸짓이 바뀌는 것을 몸이 바뀌는 것으로 오해했다. 돈오돈수설은 '몸 바꿈'을 문제 삼는 것이요, '몸짓 바꿈'을 문제 삼지 않는다. 그렇다면 어떻게 몸을 바꿀 것인가? 무엇보다도 부처님과 자기자신의 불이(둘 아님)를 깨닫고 '둘 아님의 세계'로 들어가야

11) 체용의 논리로 본 불이론과 이원론의 관계는 마치 화엄철학의 원융문과 행포문의 관계와 비슷한 것이라고 생각한다. 화엄 53위 각각은 처음부터 끝까지 모두 고유한 것이지만 어느 하나도 원융문을 떠난 별개일 수는 없다. 여기서 불이론이 원융문이라면 이원론은 행포문 같은 것이다. 따라서 어떠한 이원론도 불이론 밖의 것이 될 수 없다.

한다. 이것이 깨침이다.12)

　단박에 깨치고 단박에 닦아 마침은 자연적인 의미에서 우주의 구조가 원래 연기적으로 그렇게 되어 있고, 黃檗 같은 옛 선배들의 究竟覺의 순간이 그랬었다. 따라서 황벽처럼 항상 체로 돌아가는 공부만을 공부로 삼는 사람들에게는 그것이 불가능해서도 안되고 불가능할 것도 없을 것이다. 천하에 별것을 다 바꾸어 놓아봤자 소용없다. 사람이 바뀌지 않으면 아무 소용없다. 사람의 바뀜이 깨침이다. 어떤 깨침도 행동이 없으면 소용없다. 그러나 우리가 사는 사회는 황벽의 사회가 아니다. 만일 누가 그렇게 생각한다면 그것도 '용을 체로 여기는 병'이라는 오류에 속한다. 우리는 냉전체제가 무너지고 무엇이나 지구촌적인 차원에서 이루어지는 현대에 살기 때문에 현대인의 용이 나와야 한다.13)

---

12) '깨달음'은 '몸 바뀜'이 못된다. '깨침'이라야 '몸 바뀜'이다. 많은 경우 '깨달음'은 '몸짓 바뀜'에 그치고 만다. '몸짓 바뀜'에 그치고서 '깨침'이라 주장함은 잘못이다. 자기와 부처님이 둘로 나뉘어 있는 상태가 깨지고 부서지는 깨침의 경험이 이른바 '둘 아님의 세계' 곧 '불이의 경지'이다.

13) 현대 사회에서는 행동의 의미가 확대해석 되어야 한다. 행동의 장으로서의 사회가 있고 그 사회 속에서는 다른 사람들이 살고 있고 이러한 사람들은 여러 가지 이해관계와 질서 유지를 위한 법으로 구속되어 있다. 그러므로 법을 고치고 다른 사람들을 정화하는 사회정화적인 차원을 가지지 않고서는 깨친 이의 행동은 무의미하다. 따라서 깨침은 행동이 뒤따르는 것이며 그 행동은 사회정화운동과 법개정운동을 불가피하게 한다.

　사람의 바뀜이 곧 '몸 바뀜'이다. 이렇게 되면 부처님과 二元的인 갈등관계를 지니고 있던 중생의 몸을 버리고 부처님의 몸을 자기의 몸으로 삼는다. 부처님의 몸이란 일체중생의 몸을 자기의 몸으로 삼는 것이다. 다시 말하면 겉으로 보기에는 개별자이지만 안으로는 일체중생을 그 속에 안고 있기 때문에 부처님은 일체자라 부른다. 따라서 중생이 기쁠 때 따라 기쁘고 중생이 괴로울 때 따라 괴롭다. 『화엄경』「보현행원품」 제9 중생수순의 사상이 바로 이것이다. 그러므로 오늘날 잘못된 제도나 그것을 정당화하는 악법이나 또는 가지가지의 사회악이 모두 보살의 큰 관심사가 되지 않을 수 없다고 말할 수 있을 것이다.

체와 용의 두 모습으로 나타나는 것은 죽어 있는 물건이 아니라 살아 있는 생명체14)라는 사실이다. 이것은 체용의 논리가 전제하고 있는 기본적인 조건이다. 그러므로 체용의 논리를 구사한다 하면서 이 기본적인 전제를 무시하고 전혀 관련이 없는 별개의 두 물건을 체용의 논리로 묶으려 하는 것은 잘못이다. 근대 중국의 康有爲가 '中體西用(중국을 체로 하고 서양문명을 그 용으로 삼는다)'이라는 말을 만들어냈지만 이것은 체용논리의 기본원리에서 멀리 나간 응용이라고 생각한다. 中과 西가 공동으로 소유하는 기본전제가 없는 것이다. 이를 앞의 예를 가지고 설명하면 사람의 몸과 몸짓이나 바다의 물과 물결이나 등불의 타는 심지와 불빛을 갈라서 말하는 데에는 모두 사람, 바다, 등불 등이 기본적인 조건으로 전제되어 있다. 이런 기본적인 전제조건 위에 몸과 몸짓, 물과 물결, 타는 심지와 불빛이라는 관계가 성립되어 있다. 이러한 전제조건의 가장 중요한 특징이 생명체라는 사실이다. 이 점은 아래처럼 도표로 그려볼 때 더욱 분명해진다.

---

14) 인간은 겉으로 보기에 모두 다르지만 누구나 하나의 생명체로 살고 있다는 점에서는 모두가 다 같다고 말할 수 있다. 그러므로 나의 생명을 위협하고 있는 것은 곧 다른 사람의 생명도 위협하는 것이 된다. 대기나 물의 오염이랄지 오존층의 파괴 등등은 더 말할 것도 없고 법이나 제도, 관습이나 사상풍조 등이 잘못되면 인권을 유린하고 생명이 생명 노릇하는 것을 위협하게 된다. 아무리 어느 개인 하나에 국한되어 있고 또한 아무도 모르는 어느 개인의 마음속에서 일어나는 은밀한 느낌이나 생각이라 할지라도 그것이 생명을 위협하는 것이면 그것은 마침내 대기오염이나 오존층 파괴처럼 전체 생명을 위협하는 결과로 발전될 수 있다. 그러므로 아무리 미세한 일이라도 그것이 반생명적이면 그것을 하나의 사회악이나 인류악처럼 무서워할 줄 아는 사상적인 풍토가 마련되어야 한다. 이런 노력들을 정리해 놓은 것이 수도의 논리요 수증의 논리이다. 체용의 논리를 수도와 수증이라는 구도적인 정진의 세계를 외면하고 따로 논의해 버리면 체용논리가 가진 생명을 볼 수 없게 된다.

본 논문		기신론		육조단경	
사람		바다		등불	
몸	몸짓	물	물결	불	불빛
체	용	체	용	체	용

　여기서 우리는 체용의 논리가 원래 생명현상을 제대로 이해하자는 것 이외의 딴 것이 아님을 알 수 있다. 체용의 논리를 구사하는 한, 우리는 이 점을 일시도 잊어서는 안 될 것이다. 돈오돈수설도 돈오점수설도 모두 생명 밖의 딴 이야기를 하고 있는 것이 아니다. 불교의 믿음도 닦음도 깨침도 모두 생명을 가진 사람들이 하는 일이기 때문이다. 필자가 돈오돈수설을 알기 쉽게 설명하려 하면서 체용의 논리를 원용하는 까닭이 여기에 있다. 다시 말하면 모두가 다 초점을 생명현상에 모으고 있다는 말이다.

　頓悟는 體요 頓修는 用이다. 普照 스님의 돈오점수설 속의 돈오는 解悟이다. 이것은 성철 스님의 지적이기에 앞서 보조 스님 자신이 내린 정의였다. 그리고 그 체계 속에서 해오는 체요 점수는 그 용이었다. 성철 스님의 돈오돈수사상은 철저하게 체로 돌아가자는 사상이라고 말할 수 있다. 그래서 스님은 서투르게 깨친 이의 용을 흉내내는 것을 자살행위라고 경계한 것이다.

보조 스님		성철 스님	
해오	점수	돈오	돈수
체	용	체	용

　점수라는 용을 일으키는 '해오라는 체'와 돈수라는 용을 일으키는 '돈오라는 체'는 같은 것이 아니다. 전자는 믿음의 성격으로서의 '깨달음'이요 후자는 구경각으로서의 '깨침'이다. 보조 스님이 화엄학의 영향을 받은 것은 사실이다. 보조 스님의 해오는 화엄의 믿음과 아주 흡

사하다. 사실 화엄사상에서는 믿음이 차지하는 비중이 거의 절대적이라고 해도 지나친 말이 아닐 것이다. 그러나 성철 스님의 悟는 화엄과 결별한 臨濟宗의 깨침이다. 臨濟禪宗에서는 모든 것이 깨침 하나로 결판이 난다. 잡담 제하고 맨 처음부터 오와 대결하는 것이 임제종의 가풍이다.[15]

임제종 같은 頓門은 체적 접근을 즐겨 택했고 화엄종 같은 漸門은 용적 접근을 피하지 않았다. 문자를 중요시하고 현실을 중요시하면 용적 접근을 하지 않을 수 없다. 그러나 이와 같은 용적 접근에는 '용을 체로 여기는 병'이 따를 위험이 있다. 그런 함정을 피하지 못하고 천하가 '용을 체로 여기는 병'이라는 병에 휩쓸려 들어갈 때에는, 그런 용을 쓸어버리는 체적 접근이 등장하는 것 같다. 역사적으로 잘못된 흐름을 바로잡으려 할 때, 항상 '용 근본주의'를 거부하고 용의 근본이 되는 체를 보아야 한다고 강조하는 체적 접근이 나왔다. 그러나 이 체적 접근이 도그마화하여 병적으로 굳어지려 할 때, 다시 말해 '체 근본주의'가 되려고 할 때에는 또 다른 체적 접근이 요청된다. 그러나 이때의 체적 접근은 '용 근본주의'에 맞서서 나온 체적 접근과는 성격이 사뭇 다르다. 이것 역시 불이의 입장에 바탕을 둔다는 의미에서 '체적 접근'이기는 한데, 그 불이론에 입각해서 이번에는 용을 소홀히 할 수 없

---

15) 보조 스님의 돈오점수설과 성철 스님의 돈오돈수설을 똑같은 병에 대한 두 개의 다른 처방이라 생각하고 이 약을 써도 좋고 저 약을 써도 좋다고 생각하는 것은 잘못이다. 초발심을 문제 삼는 돈오점수설과 구경각을 문제 삼는 돈오돈수설을 뒤범벅을 만들 수 없기 때문이다. 첫째 보조 스님은 돈오돈수를 어떤 특수한 사람들에게만 가능한 것으로 이해했기 때문에 구경각의 문제에 매달리지 않았다. 반대로 성철 스님은 처음부터 끝까지 오직 구경각 하나로 밀고 나갔기 때문에, 초발심을 내면 누구나 겪는 하나의 과정인 해오의 문제를 다루지 않았다. 오직 화두공안 참구 하나로 三觀을 돌파하라고 강조한다. 성철 스님이 해오점수를 임제선이 아니라고 힐책하는 까닭이 여기에 있다.

다는 것을 강조하고 나서는 것이다. 여기에 굳이 이름을 붙인다면, '체적 입장에 바탕한 용적 접근'이라고 할 수 있을 것이다.16)

3. 頓悟頓修論

1) 믿음

돈오돈수론도 수행자에게 중요한 문제가 되는 대목들을 맨 처음부터 끝까지 모두 다룬다는 의미에서 믿음, 닦음, 깨침의 순서로 이야기할 수 있을 것이다.17) 앞에서도 언급했듯이 돈오돈수설은 처음부터 부처님의 '깨침'을 전제하고 있다. '일체중생이 있는 그대로 모두 완전한 부처님'이라는 것이 돈오돈수주의자들이 정의한 깨침의 내용이다. 이러한 깨친 이의 증언을 사실로서 받아들이는 것이 '믿음'이다. 믿음은 하나의 사건이다. 이 사건이 터짐으로써 믿는 사람의 세계에 커다란 변화가 생긴다. 우선 밖에서 찾던 부처님을 안에서 찾게 된다. 일체중생이 부처님이란 말은 곧 나 자신도 부처님이라는 말이므로 부처님을 먼 곳에서 찾지 않고 가까운 자신 속에서 찾게 되는 것이다. 그 다음에

---

16) '용을 체로 여기는 병'은 어디서나 발견되는 흔한 병이다. 용이란 변하는 것이고 그래서 무상한 것인데 이것이 안 변한다고 생각하는 병이다. 생각이건, 행동이건, 다른 무엇이건 똑같은 것이 자꾸 되풀이되면 업이 형성되어 인간을 구속한다. 이것이 오래되면 일종의 체 노릇을 한다. 이것을 '용을 체로 여기는 병'이라고 한다. 물론 이런 체는 잘못된 체이다. 깨치지 못한 사람들에게서 항상 나타나는 현상이다. '용 근본주의'나 '체 근본주의'는 둘 다 잘못된 것이다 이들은 체와 용의 관계를 생명적인 불이로 보지 못하고 양자를 분리하여 어느 하나만을 강조하고 더 나아가 그렇게 하면 매사가 다 잘 된다고 생각한다.
17) 믿음, 닦음, 깨침이라는 화엄의 信解行證의 순서와 다를 바 없다. 선을 말하면서 왜 또 화엄이냐고 힐문할 사람도 없지 않겠지만 이는 선이라면 무엇이거나 화엄과 달라야 한다고 생각한 나머지, 다른 그 가운데 같은 것이 있음을 간과한 오류가 아닌가 생각한다.

생기는 변화는 이제까지 무시했던 중생들을 부처님으로 받들고 존경
하게 되는 것이다. 그 밖에도 변화는 끝없이 일어난다. 마치 돌멩이 하
나가 조용한 호수에 던져졌을 때, 한 물결이 일어나자 여러 물결이 따
라 일어나듯이. 가령 부처님과 중생이 둘이 아닌 것을 몰랐던 까닭에
나머지 중생을 부처님으로 볼 줄 모르고, 그저 중생으로만 푸대접했던
과거의 어리석은 짓들을 뉘우치고 참회한다든가, 앞으로는 중생을 영
원토록 섬기겠다는 서원을 세운다든가 하는 등등의 여러 가지 변화가
생긴다. 믿음이라는 사건을 계기로 계속 터져 나오는 이러한 일련의
변화를 '닦음'이라 한다. 이러한 닦음은 일진일퇴의 여러 고비를 넘어
마침내 '깨침'을 이룬다. 그 다음에는 자기가 얻은 깨침이 과연 부처님
의 깨침과 동일한 것인지를 검증해야 한다. 만일 여기서 동일치 못한
것으로 판정되면 처음부터 다시 시작해야 한다. 초발심의 겸손한 마음
자리로 돌아가야 한다는 말이다. 이러한 믿음, 깨침, 닦음, 검증의 과정
이 곧 참선수행을 하는 사람들의 일생인 것이다.[18]

성철 스님의 돈오돈수사상도 부처님의 깨침에서 출발한다. 그러나
우리들이 처음부터 전제했듯이 우리의 문제는 깨치지 못한 사람들에
게 있다. 깨치지 못한 사람이 깨친 이의 법문을 듣고 깨달은 바가 있어
서 믿음이 생긴다. 이때 '믿음의 내용'은, 말로 표현하는 이상, 스승이
증언한 '깨침의 내용'과 동일하다. 다시 말하면 깨침의 내용도 믿음의
내용도 모두 '일체중생이 있는 그대로 모두 부처님'이라는 말 외의 다
른 것일 수 없다는 말이다. 따라서 양자는 모두 불이론적인 특성을 두
드러지게 나타낸다. '중생이 곧 부처님'이라고 말한다든가 또는 '번뇌

---

18) 필자는 본 논문에서 '믿음'의 체는 '깨침'임을 여러 차례 강조했으며 또한 '깨
침의 내용'을 말로 표현하면 '일체중생이 있는 그대로 완전한 부처님'이라는
것도 수없이 강조했다. 필자는 이것을 돈오돈수사상의 출발점으로 보기 때문
이다.

가 곧 보리', '사바세계가 곧 극락세계' 등등의 불이론적인 표현이 모두 그런 것들이다. 만일 여기서 양자간에 조금이라도 차이가 생긴다면 그것은 제자가 스승의 증언을 전적으로 받아들이는 것이 아니기 때문에 그런 것을 우리는 '믿음'이라 부를 수 없다.[19]

믿는 사람과 안 믿는 사람의 차이는 크다. 안 믿는 사람은 자기가 안 믿는 것을 합리화하려 한다. 특히 불교신자로 자처하는 사람은 항상 말로는 믿는다고 말하지만 사실은 그들이 과거에 불교를 믿지 않았을 때나 큰 차이가 없는 경우가 많은데, 이런 생각을 가진 사람들에게서는 아무런 변화가 생기지 않는다. 그들에게 믿음이란 일종의 앎에 불과하다. 그러므로 그것은 사건이 아니다. 깨침의 소식이 믿음으로 받아들여졌을 때 일어나는 큰 변화가 전혀 일어나지 않는다는 말이다.

사람이 천차만별이듯이 사람들이 갖는 믿음도 천차만별일 것이다. 그러나 오직 올바른 믿음을 드러내어 여러 올바르지 못한 믿음과 대비시키는 의미에서 믿음도 두 가지라고 말할 수 있겠다. 선가에서는 正信과 邪信이라는 말로 양자를 구분한다. 정신이란 깨친 스승식으로 믿는 것이고 사신이란 깨치지 못한 자기식으로 믿는 것이다. 깨친 스승은 일체중생을 있는 그대로 모두 부처님이라고 믿는 데 반하여, 깨치지 못한 사람은 의례 스승의 증언 앞에서 일단 멈추고 주저하며 서성거린다. 중생은 중생으로 보이지 부처님으로 보이지 않기 때문이다. 이 대목에서 수행자는 갈등한다. 스승의 증언을 무시할 수도 없고 자기의 현실을 외면할 수도 없고…… 스승을 따르는 사람, 자기를 따르는 사람, 스승 절반 자기 절반으로 절충하는 사람 등등 가지가지이다. 이 가지가지 사람들의 믿음을 선가에서는 정신과 사신으로 나눈 것이다. 다

---

19) 필자의 *Buddhist Faith and Sudden Enlightenment*(뉴욕주립대학교 출판부, 1983)에서 믿음을 깨친 이의 믿음과 못 깨친 이의 믿음으로 나눈 것도 똑같은 맥락에서 나온 사상이다.

시 말하면 일체중생을 있는 그대로 부처님으로 모시면 바른 믿음이요 그렇지 않으면 그릇된 믿음이다. 선가의 믿음은 현실에 입각한 것이지 가능성에 입각한 미래에의 희망사항이 아니다. 그러므로 누구나 불성을 가지고 있으니 닦아서 깨치면 부처님이 될 수 있다든가 깨치지 못한 내 눈에는 부처님으로 보이지 않지만 나도 깨치면 스승처럼 일체중생을 있는 그대로 부처님으로 볼 수 있을 것이라고 말하는 따위가 모두 올바른 믿음은 아니라는 말이다.[20]

2) 닦음

우리는 앞에서 믿음이라는 사건이 몰고 오는 큰 변화에 대해서 이야기했다. 그러면 이러한 큰 변화의 내용을 좀 더 자세히 살펴보도록 하자. 아까는 믿음의 내용과 깨침의 내용이 같다고 말했지만 사실 그것은 어느 한 면만을 강조해서 말했을 뿐이다. 다시 말하면 그것은 양자의 내용을 언어로 표현할 때 달라서는 안 된다는 점만을 강조하려고 하기 때문에 그렇게 말했다는 것이다. 그러나 이제 믿음 때문에 생긴 변화의 내용을 보면 이야기는 전혀 달라질 수밖에 없다. 우선 깨침의 소유자인 스승과 믿음의 소유자인 제자의 실력 차를 간과할 수 없을 것이다. 스승의 증언을 받아들여 믿음의 사람이 된 제자 자신이 누구보다 더 먼저 이 사실을 잘 안다. 그리고 주변에 눈 있는 사람은 누구나 다 이 사실을 안다. 오직 글이 가리키는 현장을 안 보고 말에만 집착하는 사람들만이 펄쩍 뛰면서 덤벼들 것이다. 아까는 중생이 있는 그대로 모두 다 완전한 부처님이라 말해 놓고서 이제는 왜 딴 소리를 하느냐고. 그러나 잘 들여다보면 딴 소리를 하는 것이 아님을 곧 알 수

---

20) Sung Bae Park, *Buddhist Faith and Sudden Enlightenment*, pp.19~24에 나오는 Part One FAITH의 2. Patriarchal Faith and Doctrinal Faith를 참조.

있다. 자기자신과 스승 사이에 실력 차가 발견되었다고 해서 그것이 곧 일체중생이 부처님이라는 가르침이 거짓이라는 증거가 되지는 않는다. 아까 양자가 같다니까 양자 간에 모든 차이가 다 없어지는 식의 '멍청한 같음'으로 오해하고, 모든 차이를 다 인정하면서도 같다고 말하는 '눈 밝은 같음'을 상상 못한 것이다.[21]

아직 못 깨친 제자와 깨친 스승 사이에 가로 놓여 있는 실력의 차가 크다는 사실은 교리적으로 여러 가지 어려운 문제들을 야기시킨다. 깨친 스승의 경우는 믿음과 닦음과 깨침이 모두 하나의 덩어리로 되어 있다. 信行一致니 修證一如니 하는 말들이 모두 그러한 뜻을 전달해 주는 말들이다. 그러나 못 깨친 제자의 경우는 이런 말들이 모두 이중의 뜻을 가지게 된다. 믿음으로 말하면 춤이 저절로 나오는 이야기이지만, 닦음으로 말하면 그림의 떡처럼 맛도 없고 냄새도 없는 텅 빈말이 되어 버린다. 따라서 못 깨친 제자의 경우를 두고 말할 때는 믿음의 발언과 닦음의 발언이 전혀 달라질 수밖에 없다. 어떻게 달라지는가? 믿음을 이야기할 때는 깨침을 이야기할 때나 마찬가지로 철저한 불이 사상에 입각한다. 그러나 일단 믿음이 생기면 공기는 완전히 바뀌어 버린다. 불이는 어디론지 사라져 버리고 엄연한 현실로 돌아와 제자는 땅바닥에 엎드려 하늘같은 스승에게 겸손하게 절하는 것이다. 다시 말하면 믿음의 불 앞에서 사라져 버린 줄 알았던 二元이 닦음의 세계에 다시 나타난 것이다. 그래서 믿음은 불이요, 닦음은 이원이라는 말이 나오는 것이다. 불교 수행을 지도하는 글들은 대개 믿음의 마당과 닦음의 마당 사이에 나타나는 이런 분위기의 차이를 의식하고 있다.[22]

---

21) '멍청한 같음'이란 언어분석에 입각한 동일의 인식이 생명현상으로서의 동일을 체험한 것과는 천양지판이라는 것을 나타내기 위해 지어낸 말이다. '눈 밝은 같음'이란 체험에 근거한 같음이기 때문에 그 속에 생명의 현상으로서의 차이를 인정하고 그러한 잡다한 차이를 포괄하고 관통하는 성격의 같음을 간파하는 것이다.

믿음에 두 가지가 있기 때문에 닦음에도 두 가지가 있게 된다. 올바로 믿으면 올바로 닦고, 잘못 믿으면 잘못 닦는다. 정신은 正修를 가져오고 사신은 邪修를 가져온다. '일체중생이 있는 그대로 모두 완전한 부처님'이라는 명제를 놓고 이것은 깨친 이의 경지이기 때문에 아직 못 깨친 나의 경지는 아니라고 말한다면, 이는 자기의 못 깨친 상태를 실체화하는 것이 된다. 모든 실체화는 잘못된 것이며 사신의 부산물이다. '일체중생이 있는 그대로 모두 완전한 부처님'이라는 정신의 명제 자체가 중생과 부처를 따로따로 실체화하는 것을 부인하는 내용이기 때문이다.

못 깨친 사람의 입장에서 말할 때, 성철 스님의 돈오돈수에 관한 말씀을 담을 수 있는 그릇은 믿음이라는 그릇밖에 없다. 그러나 그 그릇은 믿음을 담자마자 깨지고 만다. 믿음을 담지 않았더라면 안 깨졌을 텐데 담았기 때문에 깨진 것이다. 마땅히 깨져야 할 것이 깨진 것이다. 깨진 순간, 닦음이라는 그릇이 주어진다. 닦음이라는 그릇은 사실 믿음이라는 그릇이 깨졌다가 다시 살아난 것이다. 다시 살아난 것이기 때문에 이것 또한 이중적인 성격을 지닌다. 옛날 믿음의 그릇이 가지고 있지 아니한 새로운 면을 가지고 있으면서, 동시에 옛날에 가지고 있던 믿음의 그릇이 가지고 있었던 본래적인 면을 여전히 가지고 있다. 이것은 닦음이 가지고 있는 이중성이기도 하다. 새로운 면은 이원적인

---

22) 투철하게 깨친 이로 알려져 있는 황벽 스님이 법당의 불상에다가 밤낮없이 절을 수없이 해서 이마에 혹이 생겼다는 이야기는 유명하다. 비록 깨친 이라 할지라도 수행하는 마당에서는 얼핏보면 이원적으로 보이는 구조를 나타낸다. 하물며 초발심의 행자나 사미승이 수행의 마당에서 나는 부처라고 큰소리만 치고 있다면 이는 아직 나는 부처라는 말의 의미도 모르고 있기 때문에 나오는 현상이다. 아무튼 닦음의 마당의 분위기가 믿음의 마당의 그것과 판이하다는 것을 이해하는 것은 돈오돈수설을 바로 이해하는 데 매우 중요한 관건이라 말할 수 있다. 그리고 이러한 두 마당의 차이는 신을 정신과 사신으로 나눌 때 분명히 드러난다고 본다.

면이요 오래된 면은 불이론적인 면이다. 믿음의 차원을 딛고 넘어서 온 이 이원은 믿음 이전의 이원과는 다르다. 믿음 이전의 이원은 불이를 용납 못하다가 믿음이라는 불이 앞에 견디지 못하고 사라진 이원이지만, 믿음 이후에 등장한 닦음이라는 이원은 믿음이라는 불이 때문에 탄생한 이원이므로 현실적으로는 불이의 실천이라는 성격을 지닌 이원이다. 다시 말하면 불이가 체가 되어 그 용으로 나타난 이원이라는 말이다.

저간의 사정이야 어떻든 간에 닦음의 분위기는 이원론적이라는 점에서 불이론적인 믿음의 분위기와 현저하게 다르다는 점을 우리는 특별히 기억해 두어야 하겠다. 그동안 불교계의 일각에서는 이 점을 간과한 나머지 무수한 오해와 착각과 혼란이 뒤엉켜 시끄러웠다. 가령 이제 겨우 믿음의 차원으로 발돋움하려는 단계에 있는 사람이 이미 닦음의 차원에 들어가 열심히 수행하고 있는 사람을 믿음 이전의 이원론적인 구조를 극복 못한 것으로 착각하여, 자기보다 더 낮은 차원으로 알고 괜히 무시하고 비난하는 따위의 현상들이 바로 그런 폐단들이었다. 사실은 자기도 진정 믿음의 차원에 돌입하면 똑같이 그렇게 되었을 터인데, 그렇게 안 된 것은 아직 자기는 믿음의 차원에도 들어가 있지 않았기 때문에 그렇다는 것을 알아야 할 것이다.

믿음의 마당(信章)은 불이론이요, 닦음의 마당(修章)은 이원론이다. 믿음의 마당은 상식의 이원을 거부하고 불이로 일관하지만, 일관하는 바로 그때 닦음의 마당이 시작되며, 닦음의 마당은 다시 이원으로 돌아가 믿음의 마당의 불이를 거부한다. 여기서 우리는 상식의 이원과 닦음의 마당의 이원 사이에 있는 차이에 대해서 민감해야 하겠다. 다시 말하면 믿음의 마당의 불이에 들어갔다가 여기에서 나온 이원은 믿음의 마당 이전의 이원과는 다르다. 그리고 그 다음에 닦음의 마당의 이원이 다시 證悟의 경지에서 불이로 된다. 그러나 悟章의 불이는 믿

음의 마당의 불이와 또 다르다. 여기는 실력이 있는 불이이다. 융통자
재하다. 무소불통이다.[23]

수행자를 불신의 상태에서 정신의 상태로 끌어올리는 원동력은 무
엇인가? 그것은 사람 따라 다르기 때문에 일괄적으로 말할 수는 없을
것이다. 그러나 몇 가지의 공통점을 이야기할 수는 있다. 첫째는 스승
에 대한 존경심이다. 이것은 진리에 대한 존경이라고도 말할 수 있다.
진리에 대한 존경은 구도자의 내적인 욕구와 상응한다. 즉 진리에의
목마름이 안에 있지 않고서는 진리를 말해 주는 경이나 스승에 대한
존경이 나올 수 없다. 내적으로는 목마르기 때문에, 그리고 외적으로는
스승을 존경하기 때문에 믿게 된다. 그러나 일단 입신하여 그 믿음이
難破당하는 것은 구도자의 정직성 때문이다. 아까 스승과 자기자신 사
이의 실력 차라는 말을 했는데, 이는 결국 자기자신의 수준 미달을 간
파하는 정직성이다. 정직은 일종의 슬기이다. 슬기롭지 않으면 자기자
신을 바로 볼 수 없고, 그러면 스승과 자기자신의 거리를 바로 알 수
없다. 스승의 증언인 '네가 바로 부처님'이라는 말을 받아들이자마자
'나는 부처님이 아니다'라는 자각을 불러일으킨다. 스승의 증언에 대한
100% 존경과 현실적인 자기자신에 대한 100% 정직이 공존하는 현상
이 적어도 말로 나타낼 수 있는 닦음의 상태이다. 여기에도 주저앉지
않고 저기에도 주저앉지 않는 이런 상태는 화두에 드는 참선상태와 흡
사하다고 말할 수 있을 것이다.[24]

---

23) 여기서 이원이라는 구체적인 현실을 설명하는 구조적인 개념이다. 성철 스님
   은 이를 정당한 것으론 보지 않았다. 오직 구경각의 융통자재만을 표준으로
   삼았다. 따라서 비록 일시적이나마 불완전을 합리화할 틈을 주지 않았다. 화
   두공안을 하나의 활구선으로 참구하는 것이야말로 이러한 엉성한 틈에 주저
   앉지 않고 용맹정진하는 가장 올바른 길이라고 보았다.
24) 필자의 *Buddhist Faith and Sudden Enlightenment*, SUNY Press, 1983, pp.66~67에 있는
   Part Two : PRACTICE, 9. Questioning Meditation and the Dynamics of Faith 참조.

화두에 잘 들지 못한다면, 그것은 그 수행자에게 스승에 대한 100% 존경심과 자기자신에 대한 100% 정직성이 공존하지 않기 때문이라고 말할 수 있을 것이다. 스승에 대한 존경심만 있고 자기자신에 대한 정직성이 없으면 맹목적인 근본주의자로 전락하기 쉽고, 그 반대의 경우에는 현대의 지성인들 사이에 흔히 있는 회의론자가 되기 쉽다. 사실 자기자신에 대한 철저한 정직이란 스승의 증언이 하나의 진리로 자기자신 속에서 자리를 잡고 일을 하기 시작할 때만이 가능한 것이 아닌가 생각한다. 그리고 스승에 대한 철저한 존경심도 똑같이 자기자신의 비참한 모습에 몸서리칠 때만이 비로소 가능하다고 본다. 말하자면 양자는 양극에 마주서서 서로 영향을 주며 성장하는 변증법적인 관계라고 말할 수 있을 것이다.

3) 깨침

깨침이 깨침인 이상, 깨침에 두 가지가 있을 수는 없다. 믿음과 닦음에 두 가지가 있다는 말은 딴 뜻이 아니었다. 오직 올바른 것과 그릇된 것을 구별하기 위한 작업상의 한 방편이었을 뿐이다. 마찬가지로 여기서도 깨침에 대해서 똑같은 작업을 해야 한다. 하나의 올바른 깨침을 드러내기 위해서 여러 가지 올바르지 못한 깨침을 고발하는 것이다. 올바른 깨침이란 깨친 스승과 똑같이 일체중생을 있는 그대로 모두 완전한 부처님으로 모실 수 있게 된 경지를 말하는 것이다. 만일 그것이 여의치 않으면 그 깨침이 아무리 훌륭해 보여도 올바른 깨침은 아니라는 말이다.

결국 잘못된 체는 깨져야 한다. 용이 깨진 것을 깨침이라 말할 수는 없다. 체가 깨진다는 말은 무슨 말인가? 부처님에게는 깨질 체가 없다. 부처님은 체가 없는 것으로 체를 삼는다. 이처럼 당신의 체가 따로 없기 때문에 일체중생을 있는 그대로 자기의 체로 삼을 수 있다. 깨치지 못한 중생의 경우는 다르다. 자기의 체가 있다. 업이 체 노릇을 하고 있는 것이다. 이것도 알고 보면 '용을 체로 여기는 병' 현상에서 나온 것이다. 일체의 용은 무아이고 무상임에도 불구하고 사람이 이에 집착 하고, 이런 것들이 응집 누적되어 체가 된 것이다. 이래서 중생이란 말 이 생겨난 것이다. 이런 중생성의 근본이 무너지는 것을 체의 깨짐이 라 부른다.

중생성의 근본으로서의 체가 정말 깨졌는지를 확인하는 것이 돈오 돈수설의 핵심이라고 말할 수 있을 것이다. 정말 체가 깨지지 않으면 그것은 깨달음일 뿐이요 깨침이 될 수 없기 때문이다. 깨침의 길은 오 직 화두 하나만을 잡도리해 용맹스럽게 정진하는 것밖엔 없다고 잘라 말하는 것이 성철 스님의 가풍이다. 이 점에 대해서는 닦음의 마당에 서 이미 언급했었다. 그런데 깨침이 진짜 깨침인지를 확인하는 방법이 있다. 성철 스님은 이것을 삼관돌파라고 부른다. 화두에 대한 의심덩어 리가 순일하고 여법하게 지속되어 이목구비 등 여섯 가지 기관이 천하 의 별것을 다 보고 듣는다 할지라도 조금도 영향을 받지 않으면 첫째 관문은 돌파한 셈이다. 그런데 잠이 들어 꿈을 꿀 때도 이런 화두의단 이 여전하면 둘째 관문을 돌파한 것이 되고, 꿈이 없는 숙면상태에서 도 의단이 독로하면 셋째 관문까지 다 돌파한 것이니, 공부가 그 경지 에 이르면 수도자는 깨침의 경지에 가깝다고 말할 수 있다 한다. 성철 스님은 삼관을 돌파하지 않는 사람은 천하의 별 신통한 체험을 다 했 다 할지라도 아직 체가 깨지지 않은 것이니 딴 생각 말고 일사불란하 게 화두정진에 몰두해야 한다고 가르친다.[25] 예로부터 임제종의 큰 스 님들은 이 점이 분명했다고 한다. 즉 체가 깨지지 않은 것을 깨침이라

---

25) 중봉 스님의 『산방야화』에는 이러한 자세를 별입생애의 정신이라 부르고 이 것을 구경각을 성취하는 원동력으로 보았다.

부르지 않았으며, 삼관을 돌파하지 않은 깨침을 깨침이라 부르지 않았다는 것이다.

4. 원리와 응용

儒敎의 경전에 『中庸』이라는 책이 있다. 그 첫 머리에 나오는 "道也者 不可須臾離也(도란 잠시도 끊이지 않는 것이다)"라는 말처럼 수증이론으로써 체용의 논리를 잘 이야기해 주는 말도 드물 것이다. 특히 그 다음에 나오는 "可離非道(끊기면 도가 아니다)"라는 말은 우리에게 체가 무엇임을 똑똑히 가르쳐 준다. 과연 우리 주변에 어떤 것이 이런 것일까 하고 한번 살펴보면, 우선 해와 달을 비롯한 천체의 운행이 그렇고 사람의 경우는 숨결이나 맥박이나 혈액 같은 것들이 그렇다. 종교사에서는 부처님이나 공자님 같은 성인들의 일생이 그래도 끊이지 않는 길을 걸은 예일 것이다. 不可離(끊김 없음)의 개념을 불교에서는 虛空으로 표현했다. 허공 속에 있는 모든 물건은 可離(끊김)의 것이지만 허공자체는 그런 끊어짐과 동아리 낌이 없다는 것이다. 그리고 깨침의 세계에서는 허공만이 허공이 아니고 일체가 허공 아님이 없다고 한다. 그래서 色卽是空이라고 한다. 부처님은 일체자니 일체처에 충만해 있느니 하는 표현들이 모두 이를 두고 하는 말이다.[26]

"用 없는 體는 체가 아니고 체 없는 용은 용이 아니다."고 말하는 것은 不二論적인 입장에서 양자의 관계를 말하는 것이다. 그러므로 이는 깨침의 경지를 두고 하는 말이다. 설사 못 깨쳤다 할지라도 믿음으로

---

26) 『중용』 수장에 나오는 '가리'와 '불가리'의 구별은 그 다음의 주석서들을 통해서 볼 때 다분히 용적 접근이라는 인상을 준다. 홀로 있을 때를 삼가하라느니 未發工夫와 已發工夫를 함께 이야기하는 것 등이 그 좋은 증거일 것이다. 이 점은 체적 접근의 표본으로서의 화두참선과는 아주 대조적이다.

이를 받아들인다. 사실 體用不二가 되지 않고서는 不可離는 실현될 수 없다. 우주에 충만하지 않고서는 不可離가 될 수 없기 때문이다. 그러나 우리는 다시 못 깨친 사람에게로 돌아가야 한다. 아직 불이의 경지에도, 不可離의 경지에도 이르지 못하고 항상 이원론적인 끊김의 세계에서 윤회하는 사람의 수준에 있는 사람이 어떻게 不可離를 실천할 수 있을 것인가? 항상 용의 세계에서 보고 듣는 것에 매달리는 사람이 어떻게 체로 돌아갈 것인가? 언젠가는 돌아갈 수 있으리라 믿고 지금 별 뾰족한 수 없이 대립과 모순의 갈등 속에서 끊기고 동아리 난 '可離의 존재'로 살아야 한다면 그것은 돈오돈수설이라 말할 수 없을 것이다. 문제는 돈오돈수가 언제 어디서 이루어지는가에 있다. 만약 깨침에서만 이루어진다면 믿음과 닦음에서는 이루어지지 않는다는 말이 된다. 그렇다면 믿음과 닦음의 단계에서 돈오돈수설을 어떻게 가르칠 것인가?

자기가 지금 화엄 53위 가운데 어디에 있건 돈오돈수의 문은 활짝 열려 있어야 한다. 자기가 돈오돈수의 문을 닫았을 뿐, 돈오돈수가 스스로 문을 닫지는 않았다. 그렇기 때문에 우리는 돈오돈수를 미래로 미루고 비돈오돈수적인 짓을 하고 앉아 있을 수는 없다. 화엄십신의 초위에 있건 십지등각의 지위에 있건 하는 행동은 모두 돈오돈수적이어야 한다. 문제는 '어떻게?'에 있다. 깨친 스승이야 그게 원래 자기의 경지이니까 자연스럽게 되겠지만 못 깨친 제자의 수준에는 그것이 그림의 떡일 뿐이다. 이에 대한 해답은 이중적으로 말할 수밖에 없을 것이다. 첫째는 무조건 부처님처럼 사는 것이다. 부처님이 하화중생의 길을 걸으신다면 나도 그럴 수밖에 없고 부처님이 중도행을 하신다면 나도 그럴 수밖에 없을 것이다. 적어도 외형적으로는 그렇다는 말이다. 만일 이러지 않고 하화중생은 부처님의 길이고 나는 중생이니까 상구보리의 길을 가야 한다고 말한다면 그것은 돈오돈수의 길이 아니다.

그렇게 되면 그것은 불이가 아니고 이원론이 되어 버리기 때문이다. 그러므로 돈오돈수의 길은 부처님의 하화중생의 길을 상구보리의 길로 삼아야 할 것이다. 하화중생의 길 밖에 따로 상구보리의 길이 있다면 그것은 돈오돈수의 길이 아니라는 말이다.[27]

불교에서 올바른 체로 돌아간다는 말은 못 깨친 중생이지만 부처님의 중도행을 그대로 실천한다는 말이다. 하화니 상구니 하는 말들이 모두 이원론적인 논리에 맞추어 만들어진 말이다. 그래서 우리는 앞으로 중도행이라는 말로 바꾸어 쓰는 것이 좋겠다. 중도행은 만인의 길이다. 천차만별을 드러낸 채, 그대로 부처님의 길을 가는 것이 중도행이다. 잘난 사람은 잘난 대로, 못난 사람은 못난 대로 일체처에서 일체만물이 중도행을 실천하는 것이다. 그 가운데 스승과 제자의 실력 차도 엄연히 드러난다. 그래서 갈등이 있고 정진이 있다.

전체주의자나 근본주의자들에게서 흔히 나타나는 획일화의 경향은 돈오돈수의 길이 아니다. 돈오돈수는 엄연히 돈오돈수이지만, 모네의 그림을 통해 자연이 자기를 더 잘 드러내듯, 편작의 시술을 통해 비로소 의술의 진리가 병 고치는 일을 하듯이, 그렇게 개개인이 각자 자기 자신이 처한 현실 속에서 몸부림치는 노력을 통해서 나타난다. 그렇지 않고는 사람의 문화란 생기지 않는다. 문화란 자연계에 사람이 개입하는 것이다. 문화는 사람이 자연계에 동참하는 것이다. 이렇게 돈오돈수의 문화도 꽃피어야만 할 것이다. 지금 우리 민족이 통일이라는 문제로 고민하고 있다면 돈오돈수주의자는 그 문제에 대해서도 한 마디 하

---

27) 이론적으로 돈오돈수설에서는 불이가 언제나 어디서나 절대지상의 명령으로 실천되어야 한다. 잘 실천되었느냐 아니냐는 별개의 문제이다. 구경각 이전에는 잘 실천될 수 없는 것이 오히려 당연하다. 그리고 잘 실천되지 않기 때문에 그것은 오히려 구경각으로 가는 정진 열차의 연료 노릇을 한다. 이 점은 구경각을 뒤로 미루고 우리는 중생이니까 중생이 할 수 있는 일만 한다는 식의 수행법과는 크게 차이가 난다.

지 않을 수 없을 것이다. 돈오돈수의 길을 가는 사람은 도처에 있을 터이니까.

5. 돈오돈수설의 두 가지 측면

돈오돈수설을 얼핏 받아들이지 못하는 사람들의 말을 들어보면 몇 가지 공통점이 있다. 첫째 돈오돈수는 말이 안 된다고 한다. 그리고 그들은 따진다. 불교의 깨침이 어찌 그렇게 단박에 이루어지는 것인가? 누가 그런 것을 경험했단 말인가? 돈오돈수를 주장하는 당신들은 그것을 직접 경험했는가? 우리가 보기엔 그것을 주장하는 당신들 자신도 그렇지 않은 것 같은데 무엇을 근거로 그렇게 주장하는가? 더구나 닦음이 단박에 마쳐지다니 말도 안 된다. 이 세상 어디에 그런 일이 있는가? 사람의 정서에 안 맞는 소리다. 인간의 상식에 어긋나는 소리다. 현실을 등지고 하는 소리다. 돈오돈수를 받아들이지 못하는 이유는 그 밖에도 끝없이 계속될 수 있다.

종래의 돈오돈수설은 이론적인 체계화 작업을 하지 않았다. 그래서 못 깨친 이의 눈으로 볼 때, 모순으로밖엔 보이지 않는 대목들이 너무 많았다. 믿음의 마당과 닦음의 마당 사이에 발견되는 모순현상이 그 대표적인 예라 말할 수 있을 것이다. 그래서 사이비 돈오돈수주의자들이 "돈오돈수니까 이젠 안 닦아도 좋다."고 떠들고 다니는 면을 자꾸 들고 나오는 것은 상대방을 전체적으로 보지 못하고 어느 일부분만을 자기식으로 비약해서 보는 오류에 속한다. 돈오돈수라는 말은 연기적인 생명의 실상을 바로 드러내 보이는 말이었다. 따라서 그것은 생명의 특성으로서의 여러 가지 측면을 다 가지고 있다. 가령 믿음의 증표로서의 불이와 수행의 특징으로서의 이원성을 함께 가지고 있었다. 이래서 닦음의 마당은 믿음의 마당을 배반하는 모순처럼 보이는 것이다. 돈오돈수주의자들의 이러한 면을 무조건 논리적인 모순으로 몰아붙이는 것은 잘못이다. 모순에 두 가지가 있다. 하나는 생명현상의 하나로 모순처럼 보이는 것과 또 하나는 언어현상으로서의 모순이다. 소위 논리적인 모순이란 후자에 속한다. 생명 속에 공존하고 있는 모순처럼 보이는 것을 논리적 모순과 혼동하는 것은 잘못이다.[28]

성철 스님의 돈오돈수설 가운데서 가장 알아듣기 힘든 말은 '단박에 닦아 마쳤다'는 뜻의 '돈수'라는 말이라고 한다. 사람들은 이 말을 듣고 닦아 마쳤으니 이제는 예불도 참선도 아무 것도 할 필요 없다는 말로 이해한다. 이것도 분명한 오해이다. 깨친 사람이 일시 풍광을 한다는 말은 들은 적이 있지만 부처님이 해야 할 일을 그만 두었다는 말은 듣지 못했다. 실지로 돈수라는 체험은 부처님이 되었다는 말이므로 깨친 그 순간부터 오히려 그 어느 때보다 더 부처님다워져야 할 것이다. 생각하는 것, 말하는 것, 행동하는 것이 모두 부처님다워졌다면 이 세상에 이보다 더 철저한 수행이 어디 있을 것인가? 그러므로 돈수를 수행의 중단으로 속단하는 것은 잘못이다.[29]

그 다음에 주변의 어떤 불교신자들이 막행막식 하면서 돈오돈수설을 가지고 자기의 비윤리적인 행위를 합리화하려 하는 것을 보고 이것이 바로 돈오돈수설의 결과라고 단정해 버리는 경우를 본다. 이것 또

---

28) 요즘 학자들이 논리적인 모순을 발견했다 하여 돈오돈수설은 말도 안 된다고 말하는 것도 문제이지만, 동시에 돈오돈수주의자들이 생명현상에 모순처럼 보이는 것이 있다 하여 자기들의 언어활동에서 모순되는 말을 태연히 하고 있는 것도 또한 문제라 말하지 않을 수 없다.

29) 솔직히 말해서 필자는 왜 돈수가 수행을 그만 두는 것으로 오해되고 있는지 그 까닭을 알 수 없다. 돈수 이전은 조작적이고 이원적인 갈등의 구조를 가진 수행이지만 돈수 다음은 조화를 가진 자연스런 수행이 아닌가 생각한다. 따라서 보살행은 돈수라야 그 어느 때보다 더 맹렬하게 실천될 것으로 믿는다.

330 제3부 돈오돈수와 돈오점수

한 오해에 불과하다. 사실상 돈오돈수설과 막행막식 사이에는 아무런 논리적인 상관관계가 없다. 어째서 타락한 사람이 제멋대로 돈오돈수설을 악용한 책임을 돈오돈수설이 져야 한단 말인가? 이것이야말로 말이 안 된다. 문제는 사람들이 돈수라는 말을 깨친 이의 경지로 받아들이지 않고 그것을 깨치지 못한 사람들의 경험 세계로 억지로 끌어내려 제멋대로 해석하는 데에 있다. 사실 이것은 심각한 문제이다. 가령 닦아 마쳤다는 뜻의 돈수라는 말을 깨치지 못한 사람의 일상적인 경험 세계에서 무슨 일을 하다가 그 일을 다 끝마치면, 그 다음에는 그 일을 다시는 더 하지 않는 것과 비슷한 것으로 연상하는 경우 같은 것이 그 대표적인 예일 것이다. 여기서 닦아 마쳤다는 말의 참뜻은 수행자가 돈오를 하면 그때부터는 시작이니 끝마쳤느니 하는 차원을 벗어나 영원한 정진의 세계로 들어섰다는 말일 것이다. 그러므로 나태한 자들에게서 나타나는 수행의 중단이나 타락한 자들에게서 나타나는 막행막식을 돈오돈수설 때문에 생긴 현상이라고 말하는 것은 논리적으로 잘못이다. 아무튼 돈수라는 말은 문자만으로 해석할 때 자칫 왜곡될 소지가 많다. 생명을 생명으로 보지 않고 이를 이론으로 분석하고 해석하려 하기 때문에 무리가 생기는 것이다.[30]

(해인사 백련불교학술회의 발표문, 1993년 10월 8~9일)

---

30) 돈오돈수사상은 '일체중생이 있는 그대로 모두 다 완전한 부처님'이라는 스승의 깨침에서 출발하여 전의사상에 근거한 정진을 통하여 모두가 다 궁극적인 깨침의 경험을 성취해야 한다는 사상이다. 이러한 사상의 밑바닥에는 우리 모두가 생명의 실상으로 돌아가 생명으로 하여금 생명노릇을 제대로 하게 하자는 외침이 깔려 있다. 그리고 이러한 사상은 체용의 논리를 통해 잘 발전해 나갔다고 말할 수 있다.

성철 스님의 돈오점수설 비판에 대하여

1. 성철 스님은 왜 돈오점수설을 비판했는가?

毒樹生庭 不可不伐(몹쓸 나무가 뜰 안에 돋아났으니 베어버리지 않을 수 없다.)

이 말은 중국의 화엄학자 淸凉澄(738~839)이 자신의 노스님인 慧苑(673~743)을 이단으로 몰면서 한 말이다. 성철 스님은 普照知訥(1158~1210)의 돈오점수설을 비판하면서 이 말을 인용하였다. 그러면 성철 스님은 어떤 근거로 보조 스님의 돈오점수설을 '뜰 안의 몹쓸 나무'로 보았는가? 『禪門正路』를 통해 성철 스님이 제기한 문제는 다음과 같이 요약할 수 있을 것이다.

성철 스님의 『선문정로』는 1981년에 출판되었는데, 이 책은 돈오점수설의 피해가 얼마나 무서운 것인가를 참선하는 사람들에게 알리기 위해서 출판되었다고 할 수 있다.[1]

---

[1] 성철 스님은 한국불교사상 처음으로 한국의 선풍토를 이론적으로 분석하고 '겉 다르고 속 다른 병리'를 진단하면서 대안을 제시하였다. 그러한 의미에서 필자는 『선문정로』의 논지에 동의하고 안하고에 앞서, 한 불교학자로서 이 책의 출판을 진심으로 환영하는 바이다. 뿐만 아니라 『선문정로』는 오늘날 한국의 불교인들에게 스스로를 반성하고 점검하는 기준을 뚜렷이 제시하면서 앞으로 풀어야 할 중요한 과제를 분명히 안겨 주었다는 점에서 한국 선사

돈오점수는 보조 스님이 역설한 불교의 수행론인데, 깨침은 일시에 이루어지지만 닦음은 일시에 이루어지는 것이 아니므로 수도자는 먼저 깨친 다음에 오랜 세월을 두고 점차적인 수행을 꼭 해야 한다는 것이 그 기본 골격이다. 성철 스님은 이러한 돈오점수설을 조금도 주저하지 않고 깨침에서 멀어지는 知解(지적인 이해)의 길로 단정하면서, 돈오점수설을 신봉하는 자는 모두 지해종도라고 힐책한다. 또 오늘날 정법의 씨가 마른 것도 이 세상에 돈오점수설이 널리 퍼져 참선하는 사람들의 참생명을 끊어 놓았기 때문이라고 진단한다. 그러고서는 공부하는 사람들은 행여나 돈오점수설에 현혹되어 荷澤神會(668~760)나 圭峰宗密(780~841)과 같이 지해종도의 길로 잘못 들어서는 일이 없도록 하라고 당부한다.

성철 스님에 의하면 돈오점수설은 똑바로 깨치지 못한 거짓 선지식들이 아무런 證處도 가지지 못한 채, 알음알이 곧 지해로 조작해 낸 잘못된 수행이론이다. 지해의 길은 깨침의 길이 아니다. 지해는 깨침을 담지 못한다. 오히려 지해는 깨침의 길을 가로막는 최악의 장애물이다. 정확하게 말하자면 돈오점수는 해오점수로 고쳐 불러야 한다. 해오란 지해로 억측한 깨침이라는 뜻이므로 해오점수란 말은 悟를 잘못 짚고, 그런 잘못된 견해를 출발점으로 일생동안 닦는다는 뜻이 된다. 이렇게 잘못된 견해를 가지고 모순적인 도를 닦고서는 올바로 깨침을 얻을 수 없다. 그것은 절대로 불가능하다. 밝게 깨친 선종의 큰스님들은 모두 지해를 선문 최대의 금기로 삼았고, 항상 이를 통렬히 비판하고 배척하였다.

성철 스님은 돈오점수에 대한 대안으로 돈오돈수를 제시하였다. 스님은 馬祖道一(709~788)과 百丈懷海(720~814)와 같은 중국의 선승들

상의 역사에서 길이 기억될 문제작이라고 믿는 바이다.

을 똑바로 깨친 진정한 선지식으로 보고, 그들이 가르친 돈오돈수의 길을 참선하는 사람들이 걸어 가야할 올바른 길로 보았다. 돈오돈수란 깨침과 닦음이 둘 다 점차적인 시간을 요하지 않고 일시에 완성된다는 말인데, 그 핵심은 돈오에 있다. 성철 스님이 말하는 여기서 말하는 돈오, 즉 선문의 견성이 해오가 아니라 추호도 의심할 수 없는 완전무결한 구경각이라는 사실에 특별히 주의를 기울여야 한다. 참선하는 사람은 구경각을 얻기까지 해오 같은 것에 한눈 팔지 말고 일사불란하게 불조의 공안참구에만 몰두해야 한다. 공안참구란 바로 화두를 들고 참선하는 것을 의미하며, 구경각을 성취했다는 말은 화두를 타파하여 견성을 했다는 말이다.

성철 스님은 돈오돈수설의 길을 가는데 있어서 최대의 적은 悟가 아닌 것을 悟로 착각하는 것이라고 하면서 이런 오류에 빠지지 않기 위해서는 究竟覺을 얻은 사람만이 알 수 있는 佛祖의 公案을 참구하여야 한다고 하였다. 그는 또 참선하는 사람이 자기의 공부가 구경각에 이르렀는지 또는 아직도 못 이르렀는지를 알아보는 몇 가지의 감정하는 기준을 제시했다. 禪門의 三觀을 모두 통과했는지 안 했는지를 점검하는 것이 바로 그것이다. ‘삼관’이란 구경각에 이르기 위해서는 반드시 통과해야 할 세 개의 관문인데, 日常一如, 夢覺一如, 寤寐一如를 말한다. ‘일상일여’는 자기의 공안참구가 일상시에 항상 한결같은 경지이고, ‘몽각일여’는 깨어있을 때뿐만 아니라 꿈속에서도 한결같은 경지이며, ‘오매일여’는 아무런 꿈도 없는 숙면상태에서까지도 한결같은 경지이다. 돈오돈수의 돈오는 이러한 오매일여의 경지마저도 넘어선 경지, 의식의 심층에 있는 제8 아뢰야의 미세망념마저 영원히 끊어진 경지다. 번뇌 망상이 추호라도 남아 있다면 그런 사람은 아직 구경각을 얻지 못한 사람이다. 아직도 닦을 것이 남아 있다면 그 경지가 아무리 수승하다 할지라도 그것은 돈오가 아닌 것이다. 그렇기 때문에 ‘돈수라야 돈오요, 돈오면 돈수라야 한다'고 성철 스님은 주장하였다.

성철 스님이 돈오점수설을 가지고 깨치지 못한 사람들이 해오를 돈오로 여긴 것을 가장 격렬히 비판하였다. 이는 또한 출발 이전의 경지를 마지막의 경지로 착각한 것이 되는데, 결과적으로 이런 사람의 행동은 가장 값싼 것을 가장 비싼 것처럼 속여 파는 악덕 장사치의 소행과 같은 것이다. 해오를 돈오로 착각한 사람들에게서 세찬 정진이 나올 리 없다. 자기는 진정 아직 돈오의 경지를 '꿈에도 모른다'는 자기 경지에 대한 철저하고도 준엄한 부정 없이는 아무도 순간순간 새 출발하는 別立生涯의 참선생활을 제대로 해낼 수 없다. 일사불란한 정진을 꾸준히 해 낼 수 있는 힘은 깨침의 경지에 대해서 아무 것도 모른다는 자각에서 나온다. '알았다!' 할 때 움직이던 차는 정지하는 것이다. 추호라도 안 것이 있으면 정진은 중단되고 마는 것이다. 이래서 성철 스님은 지해적인 깨침인 해오에 의지하여 닦는 것을 자살행위로 보는 것이다.

해오를 돈오로 여기는 이러한 혼란은 선종사의 상이한 두 전통을 참선하는 이들이 뒤섞어 놓은 데 있다. 한국 선불교 교단의 참선 전통은 신라말에 한국에 들어온 마조의 祖師禪이 고려말에 들어온 같은 계통의 臨濟禪과 함께 널리 보급되어, 참선이라 하면 으레 임제선을 생각할 만큼 한국의 禪風土는 온통 임제풍이 되어 버렸다. 그런데, 마조, 황벽, 임제, 대혜로 이어지는 이 전통은 돈오돈수적 공안선을 위주로 하는데도 불구하고, 여기에 속해 있는 실지 수행자들은 대개 신회, 종밀, 지눌로 이어지는 돈오점수적 화엄선을 신봉하고 있다. 문제는 바로 여기에 있는 것이다. 겉보기엔 분명히 임제인데, 속은 분명히 종밀인 셈이다. 겉보기에 화두를 들고 있는 것 같으나, 속은 돈오점수사상으로 겉과 속이 안 맞는다는 것이다. 전통은 임제식이고, 현실은 종밀식이니 모두가 뒤죽박죽이 되어 버린 셈이다. 성철 스님은 이 혼란을 바로 잡고 싶었던 것이다. 임제식으로 정진하려면 임제사상을 속에 지녀야 하고, 종밀사상을 속에 지녔으면 그 식으로 살아야 마땅하지 양자를 섞어서 이것도 아니고 저것도 아닌 설익은 거짓 도인을 만들어 내서는 안 된다는 것이다.

2. 보조 스님은 왜 돈오점수설을 주장했는가?

위와 같은 성철 스님의 비판이 정당한 것인가를 알기 위해서는 다시 보조 스님의 논리를 살펴볼 필요가 있다. 그런데, 왜 돈오점수설을 주장했는지를 제대로 이해하기 위해서는 먼저 분명히 해 두어야 할 것이 몇 가지 있다. 첫째, 돈오점수설은 보조 스님의 證處를 이야기하는 것이 아니라는 점이다. 돈오점수설이란 깨치고 못 깨치고에 관계없이 누구나 이야기할 수 있는 일종의 지적인 사상체계일 뿐임을 알아야 한다. 이 말은 보조 스님이 돈오점수설을 이야기할 때의 청중은 깨친 사람이나 또는 어떤 특수한 사람이 아니고 불교에 관심 있는 일반 대중이라는 말이다. 둘째, 돈오점수설은 원래 보조 스님의 독창이 아니고 규봉종밀의 학설이란 점이다. 보조 스님은 종밀의 학설을 빌려 고려의 부패한 불교사회를 바로 잡아 보려고 했을 뿐, 종밀의 법통을 계승한다는 의식은 전혀 없었다. 그러므로 보조 스님은 완전히 교리화된 돈오점수설에 집착하지 않았으며, 돈오점수설은 현실적으로 실험해 나가는 과정에서 필요할 때에는 종밀의 사상에 반대되는 의견을 자유롭게 첨가하기도 했다. 이처럼 자기의 증처를 주장하려는 것도 아니고 종밀의 법통을 계승하려는 것도 아닌데도, 보조 스님이 돈오점수설을 평생토록 주장했던 데는 사회적인 이유와, 인간에 대한 보조 스님 나름의 이해가 깔려 있다. 보조 스님은 자기가 살던 시대, 자기가 살던 사회가 그러한 학설을 요청하고 있다고 판단하였으며, 자기자신을 포함해서 인간에게는 돈오돈수설보다 돈오점수설이 더 적절하다고 본 것이다. 보조 스님은 돈오라는 근본원리가 현실세계에서 어떻게 적용되어야 하는가를 고민했던 것이다.

　고려 중엽의 불교사회는 사상적인 혼란을 겪고 있었다. 물밀듯이 밀어닥친 돈오돈수적인 임제계의 간화선풍과, 원효와 의상으로부터 시작하여 면면히 이어져 내려오면서 많은 사람들에게 깊은 감화를 주고 있는 화엄사상이 부딪치면서 소용돌이를 일으키는 속에서 일반대중은 갈 길을 찾지 못하고 있었다. 보조 스님은 사상적 소용돌이 속에 빠져 있는 이들에게 두 사상조류를 종합해 낸 체계적인 철학적인 교과서가 절실히 필요하다고 여겼다. 올바른 교과서가 없을 때 초보적인 수도자들은 흔히 처음에는 좀 열심히 수도하다가도 이치가 잘 이해되지 않으면 공부를 그만 두어버리거나, 반대로 무엇인가를 좀 알면 모든 것을 이미 다 안 것처럼 날뛰고 돌아다니게 된다. 앞의 증상은 불경을 읽는 교종사람들에게서 흔히 나타나고, 뒤의 증상은 참선하는 선종사람들에게서 곧잘 나타난다. 이런 두 극단에 빠지지 않고 평생을 간단없이 꾸준히 수도하기 위해서는 무엇보다도 먼저 수도자 스스로 자기의 공부가 얕건 깊건 간에 지금 어디에 있는가를 분명히 아는 것이 필요하다. 올바른 교과서는 분명히 그런 일을 할 수 있을 것이라고 보조 스님은 믿었다. 이 교과서를 만들기 위해서 보조 스님은 종밀의 이론을 빌리기로 결심한 것이다.

　성철 스님의 다음과 같은 날카로운 힐문의 여지를 남겨두면서까지 보조 스님이 돈오점수설을 주장한 데에는 그의 인간관이 놓여 있다. "깨친 다음에 또 닦을 것이 있다면 어찌 그런 깨침을 진정한 깨침이라 말할 수 있느냐?"고 하는 성철 스님의 말은 분명히 돈오점수설의 급소를 찌른 셈이다. "그런 것은 깨침이 아니다. 그것은 지식일 뿐이다. 지식을 깨침으로 잘못 알고 있는 한, 깨침의 길은 영원히 막히고 만다. 자기 혼자 잘못 가는 것은 안타까울 뿐 어찌할 도리가 없는 일이지만 남들까지 그르치니 전법의 씨가 마르고 朝廷의 황폐함이 이보다 더 할 수 있느냐!" 성철 스님은 용서가 없다. 숨 쉴 겨를도 주지 않고 또 돈오점수설의 허를 찌른다. '일체 중생이 있는 그대로 모두 완전한 부처님'이라는 깨침의 내용 설명이 우리를 속이는 말이 아니라면 깨침에 대해서 말하는 한, '돈오돈수'라는 말보다 더 정확한 말은 없다. '돈오면 돈수'란 말이 바로 이 말이다. 돈수를 인정하지 않는 돈오는 돈오가 아니다. 이런 입장에서 말하면, 역설 같지만, '돈수는 돈오보다 앞선다'. 그런 돈수를 확인하는 것이 돈오이다. 돈오와 돈수는 이처럼 너무도 분명한 논리형식을 가지고 있음에도 불구하고 보조 스님은 돈오 다음의 점수를 옳다고 주장하고 나서니 이는 분명히 깨침에 대한 일종의 배신행위로 비칠 수밖에 없었다. 성철 스님이 이를 두고 일종의 자살행위라고 질타하는 것은 너무나도 당연하다고 볼 수 있다.

그러나 보조 스님의 입장에서 보면 그것은 돈오점수설의 허가 아니라 실이다. 또 급소는 급소가 아니라 돈오점수설이 영원히 사는 不死의 丹과도 같은 것이었다. 오히려 이는 돈오점수설의 장점이요, 강점이라는 말이다. 더욱 놀라운 것은 보조 스님 스스로도 자신의 이러한 논리 전개가 배신행위 또는 자살행위로 보일 수 있다는 것을 잘 알고 있었던 것 같다. 알고 있었음에도 불구하고 그는 그 일을 감행한 것이다. 여기에 바로 보조 스님의 인간관이 놓여 있다. 보조 스님은 인간의 일인 이상, 돈오지만 점수를 말해야 한다고 보았다. 완전한 부처님이지만 꾸준히 닦아야 한다. '그래야만 인간이고, 그것이 인간'이라는 투철한 자각이 보조 스님에게 있었던 것 같다. 대사회적인 수도의 일반이론을 다룰 때 그는 매우 논리적이었지만, 대내적인 개개인의 닦음의 문제를 다룰 때 그는 매우 실존적이었다고 말할 수 있을 것이다. 논리와 현실

의 괴리와 갈등 앞에서 보조 스님은 말이 잘 안 되는 부끄러움을 무릅
쓰면서도, 현실에 더 충실하기로 결심한 것이다. 돈오 후에 점수를 한
다는 것은 완전한 부처님이 중생이 할 행동을 하는 것이다. 돈오가 중
생이 부처님이 되는 것이라면, 점수는 부처님이 중생노릇 하는 것이라
고 말할 수 있는 것이다. 개념들이 서로 일치하지 않고, 논리 전개가
서로 어긋나는 한이 있더라도, 무엇보다 더 소중한 인간의 실존에 더
철저하게 충실하기 위해서는 현실적으로 이렇게 해야만 한다고 그는
깨달은 것이 아닐까? 이러한 실존적 자각이 없고서는 휩쓸듯이 쏟아져
들어오는 마조, 황벽, 임제, 대혜의 커다란 물결에 맞서면서, 그가 그렇
게 의연히 끝까지 돈오점수설을 밀고 나갈 수 없었을 것이다. 만일 보
조 스님이 오늘날 살아 있어 성철 스님의 『선문정로』를 읽었다면 뭐라
고 할까? 잘못했다고 사죄할까, 아니면 돈오한 다음에 점수해야 한다
고 여전히 주장할까? 틀림없이 그의 답변은 후자일 것이다. 그래야 보
조 스님이기 때문이다.

3. 보조 스님의 돈오와 점수

도를 닦는다는 말은 무슨 뜻인가? 보조 스님은 '불경을 읽고, 참선을
하며, 세상 사람들을 돕기 위하여 어떤 궂은일도 마다하지 않는 것'이
바로 도를 닦는 일이라고 보았다. 보조 스님은 또 불경을 읽는 사람은
평생 불경만 읽는다든가, 참선하는 사람은 평생 참선만 한다든가, 사회
봉사하는 사람은 평생 사회봉사만 하는 고려시대 불교 사회의 풍조를
옳다고 보지 않았다. 처음에는 누구나 불경을 읽어야 하고 다음에는
모두 참선해야 하고 그리고 모두 남을 위해서 일해야 한다는 것이 보
조 스님의 신념이었다.

 불경을 어떻게 읽어야 하는가? 글자를 배우고 문장을 외우는 지적인
이해만으로 불경을 읽었다고 말할 수는 없다. 그 속에 놓여 있는 근본
정신을 알아 차려야 한다. 그리고 이것이 사람 사는 세상에서 의미를
가져야 한다. 이렇게 불교의 이치를 깨닫고 나서 앞으로 자기가 가야
할 길을 환히 내다 볼 수 있게 될 때야 비로소 참으로 불경을 올바로
읽은 것이다. 보조 스님은 불경을 읽음으로써 깨칠 수 있다고 믿었다.
물론 그는 그것이 궁극적인 깨침, 즉 證悟라고 주장하지는 않았다. 불
경을 읽고서 얻는 깨침을 궁극적인 증오와 구별하기 위해서 종밀은 해
오라는 다른 이름을 붙였다. 아직도 지해적인 요소가 남아 있다는 뜻
이다. 그러나 해오를 과소평가해서는 안 된다. 해오 없이는 그 다음 단
계로 넘어갈 수 없다. 해오적인 깨침이 없는 그 다음 단계란 그 이름이
무엇이든 참된 수도라고 말할 수 없다. 그 이름이 참선이면 그것은 거
짓 참선이요, 봉사면 거짓 봉사라는 말이다. 아무튼 수도는 해오가 출
발점이며 始動力임을 보조 스님은 누누이 강조했다. 해오 없는 수도는
모두 무효라는 입장이라 하겠다. 그러므로 그는 누군가가 불경을 잘
읽는다 해도 해오를 얻기 전에는 진정한 수도를 했다고 보지 않았다.
다시 말하면 해오라는 경험은 수도자의 일생에서 거짓 수도와 진정한
수도를 갈라놓는 분수령이 되는 셈이다.

 그럼 참선한다는 말은 무슨 말인가? 수도로서의 참선의 의미는 '첫
출발인 해오'와 '궁극적인 깨침인 증오'의 차이를 분명히 하는 데서 드
러난다. 처음 불경에서 배운 단편적이고 價値灰色적이고 또한 정적인
지식이 해오라는 경험을 통해서 총괄적이고 유기적이며 또한 동적인
생명으로 전환되면서 여기서 힘이 나오고, 그렇게 함으로써 수도자는
비로소 진정한 의미의 행동과 실천의 차원으로 들어가게 된다. 이때에
가지가지의 긍정적인 현상과 부정적인 현상이 함께 일어나게 되는데,
수도자는 이때를 매우 조심해야 한다. 긍정적인 현상을 느낀 사람은

이제 자기 할 일은 다 끝났다고 장담하며 날뛰고 돌아다닌다. 넘치는 힘을 감당하지 못하기 때문이다. 반대로 부정적인 현상을 느낀 사람은 좌절과 난파의 고통으로 신음한다. 해오의 한계가 드러났기 때문이다. 바로 이때 어느 쪽 현상에도 속지 않고 의연히 자기의 길을 가는 것이 참선이다. 보조 스님은 '좋다, 나쁘다' 또는 '잘 된다, 잘 안 된다' 또는 '안다, 모른다' 등의 어느 현상에도 영향받지 않는 공부를 처음에는 惺寂等持門, 나중에는 徑截門 등의 이름으로 발전시켜 나갔다. 보조 스님은 이러한 모든 노력을 통틀어 점수라고 불렀다. 꾸준하게 닦는다는 뜻이다.

보조 스님은 점수를 인간의 성장으로 보았다. 아기 부처님이 어른 부처님이 되고, 범인불이 성인불이 되는 과정을 점수라고 이름 붙인 듯하다. 그러므로 점수를 하지 않는 사람은 모두 수도를 중단한 사람이다. 보조 스님은 특히 돈오돈수를 오해하여 이제는 깨쳤으니 더 이상 닦을 것이 없다고 주장하는 사람들을 안타깝게 생각했다. 보조 스님은 부처님의 궁극적인 증표를, 세상 사람들을 돕기 위해서 모든 궂은 일을 마다하지 않는 자비에서 보았으며 따라서 수도의 궁극적인 의미도 거기에서 찾은 듯하다. 그러므로 보조 스님의 돈오점수설에 있어서 점수의 본질은 轉凡成聖에 있다고 보아야 할 것이다. 그래서 보조 스님은 돈오돈수를 주장하는 사람들이 깨침을 절대화하여 이타만행을 소홀히 하는 것을 큰 잘못이라고 꾸짖었다.

보조 스님의 돈오점수설을 논하는 자리에서 가장 크게 논란이 되는 것은 역시 돈오와 점수의 관계이다. "깨친 다음에도 여전히 닦을 것이 있다면 그런 깨침은 진정한 깨침이 아니지 않느냐"는 성철 스님의 힐문이나, 또는 '돈오와 점수와의 관계를 요즘의 이론과 실천(theory and praxis)의 관계'로 보려고 하는 학자들의 의견이 모두 깨침과 닦음의 관계에 대한 질문이라 하겠다. 그런데 돈오와 점수의 관계를 사회과학에서 흔히 이야기되는 이론과 실천의 관계로 환원해서는 돈오와 점수의 내적인 관계를 드러낼 수 없다. 돈오점수설 속의 돈오와 점수의 관계를 돈오점수설이라는 하나의 학설과 그 학설의 사회적 실천 즉 보조 스님이 활동한 고려사회에의 적용처럼 생각해서는 안 된다. 분명 돈오점수설은 하나의 지적인 이론으로 볼 수 있으며, 이 이론을 고려사회에 적용하는 것은 일종의 실천으로 볼 수 있다. 그러나 돈오점수설 속의 돈오는 깨치는 이 자신의 경험과 분리된 객관화된 지적인 이론의 습득이 아니다. 그것은 자신의 삶과 분리된 지식이 난파당하면서 새로 탄생하는 지혜이며 점수는 그 지혜가 깨친 이의 삶을 통해 피어나는 것이다. 돈오는 깨친 이가 내적으로 새로운 생명으로 탄생하는 것이며, 점수는 그 새로운 생명이 성장해 가는 과정이다.

객관화된 이론의 습득과 깨침은 근본적으로 다른 것이다. 이론은 객관적인 것이며, 이론을 주장하는 이의 삶과 내적으로 융합되어 있지 않다. 양자는 다만 개인의 도덕적인 양심과 사회적인 윤리의식을 통해서만 연결될 수 있다. 흔히 사회적으로 윤리의식이 저하된 때에, 자신의 이론과 전혀 달리 행동하는 많은 지식인들을 보는 것은 바로 이 때문이다. 그러나 깨침은 원래 내적인 것이다. 깨침은 애초부터 깨치는 이의 내적인 체험과 하나이다. 깨치는 그 순간 깨치는 이는 새로운 존재로 탈바꿈한다. 그래서 깨침을 생명의 탄생이라 부르는 것이다. 점수는 생명의 탄생으로서의 깨침이 성장이라는 과정을 통해서 그 생명을 키워가는 것이다. 객관적 이론의 습득으로서의 지식은 그 지식의 소유자에게 과거와의 근본적인 단절을 요구하지 않는다. 지식은 우리의 과거의 업의 연장 또는 과거의 것 위에 또 하나 더 올려놓는 식의 양적 축적에 불과한 경우가 많다. 그렇기 때문에 지식은 우리를 근본적으로 바꾸어 놓지도 못하며, 그러한 만큼 근본적인 해방을 가져올 수도 없다. 그러나 우리가 깨침을 얻는다면 우리의 과거는 '깨침'이라는 말 그대로 깨진다. 그러면서 거기에서 질적으로 다른 새 것이 탄생한다. 일종의 인간혁명이다.

4. 『선문정로』의 문제점

'참선의 생명은 깨침에 있다'는 것을 부인할 수 없는 이상, '깨침을 헛 짚는 오류나 깨치지도 못했으면서 깨쳤다고 외치는 오류'는 철저히 바로잡아야 할 것이다. 사실, 선종의 역사는 거짓된 깨침을 고발하고 참된 깨침을 드러내는 破邪顯正의 역사였다. 그러한 의미에서 성철 스님이 '깨침은 어떤 것이어야 하는가'를 밝히고, '올바른 깨침을 얻기 위해서는 어떻게 해야 하는가'를 문제 삼았다는 것은 당신이 마땅히 해야 할 일을 한 것이다. 성철 스님의 『선문정로』는 이와 같이 중요한 역사적인 사명을 수행하기 위하여 출판되었다. 하지만 이 책은 여러 가지 수긍할 수 없는 난점을 내포하고 있어서 지금 학자들 간에 큰 논란의 대상이 된 것 또한 사실이다. 학자들이 문제 삼는 것은 크게 세 가지이다. 첫째는 성철 스님의 종파주의적 태도이다. '돈오점수를 주장하면 이단이고 돈오돈수를 주장하면 정통'이라든가 또는 '돈오점수설은 敎家의 주장이고 돈오돈수설은 禪門의 정설'이라든가 하는 『선문정로』에 대한 이분법적 사고들이 임제종 위주의 종파주의라는 인상을 준다. 요즘의 학자들은 종파주의에 대한 경계심이 많으며, '정통과 이단'이라는 말에 대해서도 매우 회의적인데, 거기에는 그럴 만한 까닭이 있다. 정통과 이단이라는 말은 원래 파사현정의 현장에서 생겨난 의로운 말이었지만 우리의 종교사는 이 말을 악용한 사례가 무수히 많다. 많은 경우에 정통과 이단이라는 말은 종파주의자들에 의하여 자기들이 반대파를 제거하기 위한 구실로 악용되었었다.

성철 스님이 정통이라고 내세우는 임제의현(?~866)은 원래 반역적인 이단이였다. 반대로, 지금 성철 스님이 이단으로 모는 규봉종밀은 그 당시엔 정통대접을 받았었다. 이것이 8~9세기경의 당나라 실정이었다. 임제가 사회적으로 정통대접을 받기 시작한 것은 송나라 때의 일이었다. 정통과 이단의 구분은 이처럼 '시대'와 '사회' 그리고 '관점'에 따라 달라진다. 또 서양 사람들이 곧잘 말하곤 하는 다음과 같은 말들도 생각해 봐야 할 것이다. 그들은 불교의 장점은 '자기들과 의견이 다른 사람들과 함께 살 줄 알고, 이단적인 주장을 수용할 줄 알고, 마침내는 이단에게 승리를 안겨주는 대승적인 포용성'에 있다고 한다. 그들의 이러한 평을 의식하기 이전에 『선문정로』의 역사적인 의미가 불필요한 종파주의적인 말투 때문에 훼손되도록 해서는 안 될 것이다.

『선문정로』에 대한 두 번째 논란은 이 책의 주장과 실제의 현실과의 차이에 관한 것이다. 이것은 성철 스님이 보조 스님의 돈오점수설에 뒤집어씌운 무서운 죄목들이 과연 사실이냐의 문제라고 말할 수 있다. 성철 스님은 보조 스님이 해오를 궁극적인 깨침으로 여겼다고 하지만, 학자들은 다음과 같이 달리 생각한다.

보조 스님은 한 번도 자기의 깨침을 궁극적인 깨침이라고 주장한 적이 없다. 다른 사람들의 깨침에 대해서도 마찬가지였다. 당신들의 깨침은 해오에 불과하니 자만심 갖지 말고 계속 부지런히 닦으라고 권했을 뿐이다. 그렇다면 悟를 헛 짚고 未證을 위증하는 것은 오히려 성철 스님 쪽이 아니냐?

학자들의 이러한 의심을 『선문정로』는 어떻게 풀어주고 있는가? 성철 스님은 돈오돈수설과 돈오점수설을 비교하면서 正邪를 구분하는 기준 이외에 금사불분, 옥석혼동, 천양지판 등등의 가치우열적인 양분

논리를 가지고 따지지만 과연 누가 금옥이며 누가 사석인가를 따지는 마당에 가서는 오직 돈오돈수설을 뒷받침하는 글귀만을 경전에서 인용할 뿐이다. 왜 돈오돈수가 옳은지에 대한 부연설명은 하지 않는다. 이러한 태도는 논리적으로 "돈오돈수는 돈오돈수이기 때문에 옳다"는 식이 되고 만다. 만일 불교의 경전에 돈오점수적인 글귀가 하나도 없다면 또 모르겠다. 설사 그런 글귀가 하나도 없다 하더라도 경전에 최고절대의 권위를 부여하지 않는 것이 선불교의 기본정신이라면 성철 스님의 주장은 설득력이 약하다고 말할 수밖에 없다.

그러나 더 중요한 것은 우리의 현실이 성철 스님의 돈오돈수의 논리를 받아들이기 어렵다는 점이다. 동서고금을 막론하고 사람의 일에는 돈오점수적인 논리로 설명할 수 있는 일들이 너무나 많다. 이것은 옳고 그르고의 문제가 아니다. 현실이다. 현실적인 상황에 역행할 때는 납득할 만한 현실적인 증거를 제시하면서 조리 있게 설명해야 한다. 돈오돈수를 주장했던 사람들이 아무리 훌륭했었다 할지라도 그들의 글귀를 인용하는 것만으로 현실적인 논증이 끝났다고 말할 수는 없다. 또한 "『선문정로』는 불교논리의 기본인 현량도 없고 비량도 없고 선불교에서 일찍이 집어 던져버렸던 경량과 성언량뿐"이라는 비난을 성철 스님은 어떻게 막을지 모르겠다. 왜 문제의 초점을 우리의 현실로 돌려 여기서 한 판 승부를 겨루지 못하고 자꾸만 경전으로 또는 과거로만 치닫는가?

지눌과 종밀을 논죄하는 것도 마찬가지다. 지눌의 경우는 지눌이 살았던 12~13세기 고려의 불교사회를 분석해야 할 것이고, 종밀의 경우는 8~9세기 당나라의 그것을 문제 삼아야 옳다. 그렇지 않고서 어떻게 그들 각각의 주장이 기여한 사회적인 공헌을 제대로 평가할 수 있겠는가? 지눌과 종밀의 특징은 두 분 다 그들의 현실에 입각하여 시대가 요청하는 역사적인 발언을 했다는 데에 있다. 역사적인 발언을 초

역사적인 논리로 단죄하는 것은 공평한 처사라고 말할 수 없다.

마지막 논란은 『선문정로』가 지니고 있는 문헌취급상의 문제점에 대한 것이다. 성철 스님은 『선문정로』의 머리말에서 선문에 널리 퍼져 있는 이단적인 학설의 폐단을 한탄한 다음, 보조 스님의 하택신회에 대한 태도를 다음과 같이 평하였다.

> 무릇 이설 중의 일례는 돈오점수이다. 선문의 돈오점수의 원조는 하택이며 규봉이 계승하고 보조가 역설한 바이다. 그러나 돈오점수의 대종인 보조도 돈오점수를 상술한 그의 『節要』 벽두에서, "하택은 지해종사이므로 조계의 적자가 아니다(荷澤是知解宗師 非曹溪嫡子)"라고 단언하였다. 이는 보조의 독단이 아니고 육조가 수기하고 총림이 공인한 바이다. 따라서 돈오점수사상을 신봉하는 자는 전부 知解宗徒이다.

성철 스님은 보조 스님이 마치 『육조단경』의 저자가 신회에 대해 평가한 것에 적극적으로 동의한 듯이 "보조도…… 단언하였다."고 평하였다. 그러나 보조 스님의 『절요』는 결코 그렇게 읽어서는 안 되게 되어 있다. 사실 보조 스님의 『절요』는 문자와 언교를 주축으로 하는 지해의 역할이 불교수행상 얼마나 중요한가를 인식하는 데서 출발한다. 이것은 『절요』 벽두에 나오는 보조 스님의 해당 문장이 '雖……然……' 등 두 구절로 이룩된 한문 문법상으로 보아서도 그렇고, 보조절요를 일관하는 전체 사상으로 보아서도, 보조 스님의 일생을 일관하는 정신으로 보아서도 의심할 여지가 없다. 우리는 여기서 문제가 되는 보조 스님의 문장을 정밀하게 검토해 보지 않을 수 없다.

보조 스님의 『절요』는 원래 『法集別行錄節要幷入私記』라는 이름으로 1209년에 저술되었다. 보조 스님이 돌아가시기 바로 전 해의 일이다. 절요는 다음과 같은 문장으로 시작되어 있다.

牧牛子曰 荷澤神會 是知解宗師 雖未爲曹溪嫡子 然悟解高明 決擇
了然 密師宗承其旨 故此錄中 伸而明之 豁然可見 抄出綱要 以爲覆
行龜鑑 今爲因敎悟心之者 除去繁詞.

　나(牧牛子)는 분명히 말하겠다. 하택신회는 지해종사로 낙인이 찍혀
서 비록 조계의 적자는 되지 못했다. 그러나 그 분의 깨침과 깨침에 대
한 인식은 투철하고 그 논리는 탁월하였다. 그렇기 때문에 규봉 스님
이 그 뜻을 계승하여 그의 법집별행록 중에서 하택 스님의 이론을 더
욱 전개하고 그 뜻을 더욱 분명하게 하여 누구나 환히 알아 볼 수 있게
하였다. 그래서 나는 이제 이러한 가르침을 인연으로 자기의 마음을
깨달은 사람들을 위해서 모든 번거로운 말들을 제거하고 그 뼈대가 되
는 요점만을 간추려 수행의 귀감으로 삼고자 한다.

　처음의 한문은 보조 스님의 원문이고, 그 다음은 필자의 해설적인
번역이다. 雖자로 시작하는 구절과 그 다음의 然자로 시작하는 구절의
관계는 명료하다. 앞은 양보요, 뒤는 주장이다. 한문에서 이러한 경우,
앞의 양보절은 뒤에 따라오는 주절의 주장을 더욱 강조해 주는 역할을
한다. 그런데 성철 스님은 이러한 구문상의 논리적인 관계를 아예 무
시해 버렸다. 위 인용문의 첫줄에서는 수자를 빼 버렸을 뿐만 아니라,
연자 다음에 따라오는 보조 스님의 근본적인 주장도 무시해 버린 채
斷章切句식으로 "보조도…… 하택은 시지해종사니 비조계적자라고 단
언하였다."고 읽음으로써 마치 보조 스님도 하택신회를 대수롭지 않게
본 듯이 만들었다. 성철 스님은 보조 스님의 '雖未爲' 세 글자를 非자
로 바꾸었고, 연자 이하의 문장을 끊어서는 안 될 곳에서 끊었다. 여기
서 성철 스님은 보조 스님의 본래 의도를 왜곡했다는 비난을 면할 수
없을 것이다. 이것은 한문 해석상의 작은 문제라기보다는 보조 스님을
어떻게 보아야 제대로 보느냐 하는 '올바른 普照觀' 문제가 걸려 있는
큰 문제이다. 보조 스님의 돈오점수설을 제대로 평가하는 데는 보조

스님이 자기 이론의 기초로 삼은 종밀을 어떻게 보았는가를 살피는 것
이 매우 중요하다. 그러므로 우리들이 여기에서 다시 한 번 확인하고
넘어가야 할 것은 '보조 스님의 荷澤觀'이다. 하택 스님이 지해종사라
는 평을 듣건 말건, 조계적자가 되었건 못 되었건, 그런 것에 관계없이
보조 스님은 그를 높이 평가했다는 사실을 똑바로 아는 것이 중요하
다. 그 이유는 그 다음에 계속되는 문장에도 분명히 밝혀져 있다. 계속
되는 절요의 그 다음 문장을 보자.

> 予觀今時修心人 不依文字指歸 直以密意相傳處爲道 即溟行然徒勞
> 坐睡 或於觀行 失心錯亂故 須依如實言敎 決擇悟修之本末 以鏡自心
> 即於時中觀照 不枉用功爾.
> 　내가 요즘의 마음 닦는 이들을 관찰해 보니, 문자의 가리킴에 의지하
> 지 않고 곧장 이심전심으로 통하는 것만을 공부라고 생각하기 때문에
> 항상 정신이 아득하여 앉으면 졸기만 하고 때때로 정신을 차려 자기의
> 수행을 점검하나 어찌할 바를 모르고 혼란에 빠지곤 한다. 그러므로
> 수행자들은 반드시 틀림없는 언교에 의지하여, 깨닫고 닦아 나가는 수
> 행상 무엇이 중요하고 무엇이 덜 중요한가를 분명히 가릴 줄 알아 이
> 로써 자기의 마음을 비추어 보면 공부에 헛됨이 없으리라.

　보조 스님은 여기서 『절요』를 지은 근본 목적을 드러내고 있다. 보
조 스님은 당시의 수행자들의 병은 "문자의 가리킴에 의지하지 않는
것(不依文字指歸)"이기 때문에 그에 대한 약은 "반드시 틀림없는 언교
에 의지하는 것(須依如實言敎)"이었다. 그리고 "틀림없는 언교"란 바
로 하택신회의 가르침이라는 것은 전후 문맥으로 보아 너무나 분명하
다. 이렇거늘 어떻게 보조 스님이 하택신회를 대수롭지 않게 여기는
발언을 바로 앞줄에서 했다고 생각할 수 있으랴. 그것은 앞뒤가 맞지
않는 일이다. 성철 스님은 보조 스님을 인용하거나 돈오점수설을 비판

할 때 이와 비슷한 오류를 『선문정로』의 여기저기에서 되풀이하고 있다. 우리는 성철 스님에게 현대학자들의 문헌비판적인 엄밀성을 기대하지 않지만 반복되는 이러한 오류는 스님의 주장을 설득력 있게 전달하는데 큰 장애물이 되고 있다는 사실을 지적하지 않을 수 없다.

5. 보조 스님을 보는 시각

성철 스님은 분명히 남다른 시각에서 普照思想을 조명했다. 그것은 曹溪嫡子를 자처하는 '본분종사의 시각'이라고 이름 붙일 수 있을 것이다. 그러나 보조 스님을 보는 시각은 하나만 일 수 없다. 사실을 왜곡하지 않는 한, 시각은 다양할수록 좋다. 불교는 도그마의 종교가 아니기 때문에 다양한 시각을 허용하는 것이 원칙이다. 특히 보조사상처럼 여러 가지 다양한 측면을 가지고 있고 또한 그것들이 상호간에 유기적인 복합구조를 이루고 있는 사상은 다양한 시각으로부터의 다양한 접근을 허용할 때만이 그 모습이 제대로 드러날 것이다. 뿐만 아니라 이러한 연구 자세는 오늘날 종교계의 암적 요소로 지목되고 있는 가지가지의 파벌주의와 그 밑에 도사리고 있는 아집, 아만, 배타, 독선 등을 청소하는 데도 크게 이바지할 것이다.

'보조사상 연구'라는 주제를 앞에 놓고 두 가지의 서로 다른 접근 방법이 가능하다고 본다. 하나는 '체적 접근'이며, 다른 하나는 '용적 접근'이다. '체적 접근'이란 옛날 동양에서 즐겨 썼던 방법이다. 예를 들면 "성인이라야 능히 성인을 알아 볼 수 있다(唯聖人 能知聖人)."라는 말을 금언으로 믿고 성인을 알아보기 위하여 스스로 성인이 되려고 애쓰는 유형이다. 이런 경우엔 "보조를 바로 보려면 먼저 보조가 되어야 한다"고 믿고 보조되는 공부를 먼저 하자고 할 것이다. 그러나 오늘날 사람들은 이런 접근 방법을 환영하지 않는다. 그것은 "성인이 될 때까지 성인 알아보기를 포기하라."는 말과 같으므로 성급한 현대생활엔 맞지 않기 때문이다. 현대인들은 "우리는 성인이 아니기 때문에 오히려 성인을 알아봄이 더욱 시급하다."고 말하기 십상이다.

보조 스님이 되기 전에 보조 스님을 제대로 알아 보는 길은 없을까? '용적 접근'이 바로 그 길이다. 이것은 현대인이 즐겨 쓰는 접근 방법이다. 그런데 '용적 접근'은 성철 스님이 타기했던 지혜의 힘을 빌려야 가능하다. 누구나 다 가지고 있는 지혜의 힘을 빌려 고려시대의 보조 스님을 우리의 목전에 부활시키는 것이다. 동양의 옛 성인들이 이를 보면 기가 막힐 것이다. "저 사람들이 될 일을 해야지. 저런 저런 큰일났구먼."하고 혀를 찰 것이 뻔하다. '체적 접근방법'에 익숙해 있는 사람들은 관찰자의 관찰능력에 혁명적인 변혁이 없는 한, 종교적 성자에 대한 올바른 관찰은 불가능하다고 믿어 의심치 않기 때문이다.

보조 스님을 제대로 이해하기 위해서 우리는 체와 용, 두 가지의 접근방법이 다 필요하다. 한 시대를 이끈 지도자는 대개 체와 용을 겸비한다. 체만 있고 용이 없는 사람은 마치 뿌리만 있고 아직 싹이 나지 않은 나무와 같고, 용만 있고 체가 없는 사람은 뿌리 없는 나무와 같다. 수도자에겐 전자의 경우가 많고 요즘 학자들에겐 후자의 경우가 많다. 보조 스님은 양자를 겸비했었다. 그는 관직을 싫어하고 수도에만 전념하면서도 그 시대의 문제에 예리하였다. 이것이 바로 그가 체와 용을 兼全했었다는 좋은 증거이다. 그러므로 우리는 보조 스님의 사람됨을 파악하는 '人物理解적 접근'과 함께 그가 살았던 시대의 연구를 해야 한다고 주장하는 것이다. 전자는 체적 접근으로, 후자는 용적 접근으로 가능할 것이다.

보조 스님의 돈오점수설도 '보조라는 인물'이 먼저 뚜렷해지지 않고서는 제대로 이해하기 힘들다는 것을 다시 더 강조할 필요는 없다. 한 인물의 '인간상'을 뚜렷이 하는 데는 심층적이고 종합적이며 동시에 직관투시적인 접근방법, 즉 체적인 방법이 요구된다. 이러한 접근 방법은 필연적으로 마지막엔 연구자 자신의 인간변혁을 요청한다. 보조를 제대로 알려면 보조가 되어야 한다는 말이 바로 이 말이다. 그러나 우리는 역사적인 인물이 모두 시대의 산물임을 잊어서도 안 된다. 보조 스님의 사람됨은 그의 평생 관심사와 직결되어 있으며 이는 또한 그가 살았던 사회와 역사 속에서 파악하지 않으면 안 된다. 그러므로 우리는 보조 스님을 이해하기 위해서 보조 스님이 살았던 시대와 사회를 지혜의 힘으로 되살려 내야 한다. 이것은 분명히 '용적 접근'이다. 우리들이 용적 접근을 무시할 때 주관적 독단과 종파주의적 편견은 날뛰기 마련이다.

요즘 유행하는 解釋學이라는 것도 일종의 용적 접근이다. 그들의 무기는 지혜이기 때문이다. 오늘날 이 분야의 학자들은 자부심이 대단하다. 자기들이야말로 새로운 관점과 새로운 이론으로 새롭게 해석한다고 믿기 때문이다. 그러나 아쉽게도 그들에겐 동양 성자들의 체적 접근이 없다. 해석자가 보조의 경지에 이르지 않거나 또는 보조의 경험을 가지지 않는 한, 그러한 해석들은 단편적이거나 파괴적임을 면치 못하고 말 것이다. 자기의 이론적인 체계를 공고히 하기 위해서 남을 비인간화하고 비생명화 하는 것은 해석자와 해석 대상 사이의 거리를 좁히는 데 아무런 도움도 주지 못하고 말 것이다. 몇 가지 공식을 가지고 기계적인 분석만을 일삼는 것은 매우 비생산적인 짓일 뿐만 아니라 때로는 매우 파괴적이라는 사실을 잊어서는 안 될 것이다.

동양에서는 옛날부터 공부 자체보다는 공부하는 자세에 대한 훈련을 철저히 시켰다. 사실은 이것이 바로 체적 접근의 중요한 내용이다. 보조사상을 연구하면서도 보조 스님의 주장을 모두 자기의 수준권 안으로 끌어내리는 것은 절대 금물이었다. 어떻게 해서든지 자기를 보조 스님의 수준으로 끌어올리는 것이 가장 시급한 지상과제이었다. 그들은 그것이 가능하다고 확신했다. 그리고 그것이 가장 빠른 길이라고 믿어 의심치 않았다.

유기물인 생명을 무기물화 시켜 이해하려 하는 것은 삼가 해야 할 것이다. 인간 보조를 통해서 보조의 이론을 이해해야지 그것을 거꾸로 하면 많은 문제가 생긴다. "생명은 생명으로", "인간은 인간으로"라는 말은 "보조는 보조로"라는 말이 된다. 결국 보조를 올바로 이해하려면 먼저 보조가 되어야 한다는 말이다. '인간에 대한 인간적 접근'은 넓게는 '생명에 대한 생명적 접근'이어야 한다. 접근자가 먼저 비인간화를 극복하고 생명의 본래 모습으로 돌아가 피접근자와 하나되는 경지에 도달해야 하는 것이 불교해석학의 기본 과제이다. 성철 스님이 보조 스님의 돈오점수설을 비판하는 까닭은 그것이 너무 용적 접근이라는 데에 있다고 말할 수 있다. 성철 스님은 불조를 이해하는 길은 불조와 하나되는 구경각의 체험 이외에는 없다고 단언하는 데, 그것은 체적 접근의 단적인 표현이다.

6. 지해와 반지해, 그리고 보조 스님의 지해

문자, 언어, 교리, 지해. 이 네 가지는 불교인에게 전혀 불필요한 것인가? 사실 이처럼 어리석은 질문은 없다. 이러한 질문은 마치 "육체가 인간에게 필요한 것인가?"라는 질문이 가능하다고 생각하는 것과 다를 바 없다. 육체는 필요, 불필요를 따지기 이전에 이미 존재하고 있다. 육체가 있기 때문에 그러한 질문도 가능한 것이다. 이와 마찬가지로 문자, 언어, 교리, 지해도 필요, 불필요를 따지기 이전에 이미 존재하고 있다. 필요, 불필요를 몇 번 따지든, 결론이 어느 쪽으로 나든, 그런 것과는 아무 상관없이 문자, 언어, 교리, 지해는 이제까지 불교인들과 함께 있어 왔고, 지금도 함께 있으며, 앞으로도 함께 있을 것이다. 문자, 언어, 교리, 지해가 있기 때문에 부처님의 법문도, 육조단경도, 임제록도, 성철 스님의 선문정로도 존재할 수 있고 또한 그 존재의의가 있는 것이다.

문제는 '문자, 언어, 교리, 지해' 자체에 있는 것이 아니고 이것들을 구사하는 사람들에게 있다. 이것들의 역할을 올바로 이해하지 못하고 이것들을 올바로 구사하지 못하는 사람에게 문제가 있는 것이다. 불행히도 많은 경우에 사람들은 이것들을 제대로 구사하기는커녕 오히려 이것들에게 속박되어 우리의 생명으로 하여금 생명노릇을 온전히 못하게 한 채, 대립과 갈등의 윤회를 되풀이하게 하고 있다. 불교 역사상에 흔히 나타난 반문자, 반언어, 반교리, 반지해 운동은 이러한 잘못된 '문자……지해'관을 바로 잡으려는 개혁운동이었다. 보조 스님도 기회 있을 때마다 이러한 개혁운동에 앞장섰었다. 보조 스님의 사상체계 속에는 경절문이 엄연히 존재하며 이는 또한 수행상의 마지막 손질이라는 중요한 비중을 차지하고 있다는 사실이 이를 잘 입증해 준다.

달리 말하면 문제는 환자의 입장에 서지 않음과 약을 남용하거나 전적으로 외면하는 데 있다. '문자……지해'가 있기 때문에 '문자……지해'병이 생겼고, '문자……지해'병이 있기 때문에 '반문자……반지해'라는 약이 나왔다. 그런데 이제 '반문자……반지해'라는 약이 오히려 병이 되었다. 엉터리 의사들이 약을 전적으로 외면하게 만든 것이다. '반문자……반지해' 운동은 어디까지나 제대로 된 불교의 출현을 고대하는 양심세력들의 개혁운동이었지, 불교의 '문자……지해'를 모두 없애버리자는 '멸문자……멸지해' 운동은 아니었음에도 불구하고, 엉터리 의사들이 멸문자 멸지해의 처방을 내렸다. 보조 스님이 '반문자……반지해'를 규탄하고 하택신회를 높이 평가하면서까지 다시 '문자……지해'를 살려내는 운동을 전개한 것은 이러한 약의 남용과 외면 속에 건강을 회복하지 못하고 있는 환자를 살려내기 위한 것이었다. 처방이 병을 악화시키고 있는 마당에 그에 계속 따를 필요는 없다. '문자……지해'의 부작용이 있다 하여 이를 없애는 것은, 약이 때로 부작용을 일으킨다 하여 이를 완전히 끊게 하여 환자를 죽게 하는 것과 같다. 다시 말하면 보조사상에 있어서 '문자……지해'는 病藥二元論이 벌어지기 이전의 것이었다. 그래서 보조 스님은 '문자……지해'를 살려내는 일을 곧 불교를 살려내는 중요한 일로 삼았다. 따라서 보조 스님은 '반문자……반지해'라는 약의 치료대상이 되어 있는 병으로서의 '문자……지해'를 붙들고 있는 문자법사들과 엄격히 구별되어야 한다. 보조 스님은 '문자……지해'병의 부산물인 문자법사도 배격하고 '반문자……반지해' 운동의 부산물인 暗證禪師도 똑 같이 배격했었다는 사실을 우리는 잊어서는 안 될 것이다. 보조 스님이 체와 용을 겸전할 수 있었던 것은 그가 환자의 입장에 서서 환자와 함께 이 세상을 살 수 있었기 때문이다.

7. 성철 스님과 보조 스님

보조 스님은 여러 가지 점에서 성철 스님과는 퍽 대조적인 인물이었다. 첫째, 성철 스님은 20세기의 마지막 고비에서 홍수처럼 밀어닥친 반불교적인 것들의 도전 앞에서 불교생존의 원리를 보다 더 정통적인 古佛古祖에서 찾고 있다. 그러나 보조 스님의 경우는 아주 다르다. 보조 스님은 불교의 권위가 절대적으로 보장되던 12~13세기의 고려시대에 살았다. 보조 스님의 문제는 오직 불교 집안의 화합을 도모하면서 보다 많은 사람들이 수용할 수 있는 보편적인 불교의 수행이론을 제시하는 데 있었다.

둘째, 좀 더 구체적으로 말해서, 성철 스님이 사시는 시대를 禪도 아니고 敎도 아닌 뒤죽박죽의 혼란기, 또는 선도 없고 교도 없는 위기의 시대라고 말할 수 있다면, 보조 스님이 사시던 시대는 선이냐 교냐의 갈림길에서 양자택일을 강요하는 이론적인 갈등의 시대였다고 말할 수 있을 것이다.

셋째, 두 분은 똑같이 혼란기에 사셨지만 두 분이 겪은 혼란의 성격이 이처럼 판이하기 때문에 두 분이 내놓은 혼란 극복의 처방 역시 아주 다르다. 성철 스님이 "어느 하나는 버려라"고 가르친 반면, 보조 스님은 양자택일적인 태도를 지양하고 선에서 교를 보고, 교에서 선을 보라고 강조한다. 성철 스님이 가르는 데 주력했다면, 보조 스님은 합치는 데 주력했다고 말할 수 있다. 여기서 가른다는 말은 정사를 가른다는 말이요, 합친다는 말은 싸움을 없앤다는 말이다.

넷째, 성철 스님은 불교의 다른 종파에 대해서 큰 관심이 없다. 오직 선종만을 문제 삼고 있다. 선종 중에서도 오직 화두선이요, 화두선 중에서도 임제정맥과 조계적자만을 문제 삼았다. 그래서 성철 스님은 항상 고불고조를 파사현정의 표준으로 앞세우고 적서의 구별을 분명히 하였다. 그러나 보조 스님은 딴 판이었다. 세상 사람들이 하택신회를 어떻게 평하든 그런 것들은 조금도 문제되지 않았다. 적서의 구별 따위는 그의 관심사가 아니었다. 누가 뭐라 평하든, 또는 평을 듣는 사람이 무슨 말을 하든 그런 것은 일체 상관하지 않고 그저 당신 판단에 옳다고 믿어지면 무조건 받아 들였다. 한 마디로 매우 높은 지성의 소유자였던 것 같다.

다섯째, 이미 지적한 바와 마찬가지로 지해에 대해서도 두 분은 서로 다른 태도를 취하였다. 성철 스님은 간화선의 입장에서 지해를 최대의 금기로 배척하는 데 반하여, 보조 스님은 초교파적인 입장에서 지해가 불교수행상 담당하는 역할을 인정하고 들어갔다. 사실 이 문제에는 몇 번 되풀이해서 말해도 여전히 시원치 않을 만큼 언설로 다 말할 수 없는 복잡하고 미묘한 문제들이 걸려 있다.

여섯째, 성철 스님이 구경각을 역설한 반면, 보조 스님은 모든 수행을 시작하기 이전에 누구나 지닐 수 있는 지해적인 해오를 더 중요시했다는 사실은 한 분이 엘리트주의 같은 정선주의자인 반면, 한 분은 대중과 함께 사는 보살임을 말해 준다. 우리들은 두 분이 지닌 이러한 근본적인 스타일의 차이를 항상 염두에 두고 두 주장의 차이를 비교해 보아야 할 것이다.

그러므로 보조사상을 올바로 이해하기 위해서는 우리는 다음 사항을 항상 염두에 두어야 할 것이다.

첫째, 우리는 교리적인 해석만이 아니라 반드시 역사적인 해석을 시도해야 한다. 보조 스님이 한 때 명약으로 각광받던 '반문자……반지해' 운동을 '멸문자……멸지해'라는 병으로 규정했다는 사실은 하나의 역사적인 사건이다. 보조 스님은 현실적으로 '반문자……반지해' 운동이 '멸문자……멸지해' 운동으로 변질하여 도처에서 암증선사들을 양산하는 폐단을 방관할 수 없었다. 이것은 결코 '반문자……반지해' 운동의 맹장들인 마조 일파를 과소평가하자는 것이 아니었다. 이는 오직 약이 병이 되어버린 현실 속에서 신음하는 환자들을 살려내기 위한 응급적인 구조작업으로 보아야 할 것이다. 이것은 또한 보조 스님이 용적 접근도 소홀히 하지 않았다는 말이기도 하다.

둘째, 우리는 보조 스님의 비판정신에 대한 깊은 연구가 필요하다. 비판의 성격과 비판의 원동력이 무엇인가? 보조 스님의 삶 자체는 결코 급진적이지 않았다. 그러나 스님은 정통보다는 이단적인 것들에게서 많은 것을 배웠다. 보조 스님이 당시에 인기 있던 염불종을 비판하기도 하고, 천하를 휩쓰는 '반문자……반지해' 운동에 반기를 들기도

하고, 화엄을 공부하면서 淸凉國師보다는 李通玄 居士를 더 높이 평가하고, 선을 공부하면서도 홍주 마조도일보다는 하택신회를 따랐다는 사실을 우리는 어떻게 해석해야 할 것인가? 혹자는 이를 보조 스님의 초종파주의 사상 때문이라고 해석한다. 물론 종파주의는 사람들로 하여금 역사적인 현실을 직시할 수 있는 눈을 멀게 만들고 시대병에 시달리는 사람들의 아픔을 외면하게 하는 가장 비불교적인 암적 존재라는 것을 보조 스님은 일찍이 간파했었을 것이다. 그러나 우리의 문제는 무엇이 보조 스님으로 하여금 그렇게 투철한 비판의식을 갖게 했으며, 평생 그토록 의연하게 초종파주의적인 길을 걷게 했던가를 밝히는 일이다. 여기에서도 우리는 그가 높은 지성의 소유자였다는 사실과 그가 일찍이 인간생활에서 지해가 담당하는 역할을 투철히 깨달았다는 사실을 상기하지 않을 수 없다.

셋째, 우리는 보조 스님이 불교교육의 보편성 문제를 들고 나왔다는 점에 깊은 주의를 기울여야 한다. 이것은 천하가 체적 접근에 쏠려 있을 때에 용적 접근의 중요성을 들고 나온 것이라고도 말할 수 있을 것이다. 종파주의적인 불교교육이란 오직 어떤 특수한 시기, 특수한 장소, 특수한 사람들의 특수한 상황 아래서만 인정될 수 있을 뿐이다. 그러므로 종파주의적인 불교교육은 언제나 어디서나 누구에게나 항상 일률적으로 적용할 수 있는 불교의 보편타당한 일반교육이 될 수 없다. 일반적인 불교교육은 어디까지나 '문자……지해'를 긍정적으로 대하지 않고서는 불가능하다.

넷째, 우리는 보조 스님이 불교 공부의 마지막 경지를 문제 삼기보다는 초보자들의 입문과정을 더 크게 문제 삼았다는 사실에 주의해야 하겠다. '문자……지해'가 아무리 폐단투성이라 할지라도 초보자를 위한 불교교육의 시작은 역시 '문자……지해'에 의지할 수밖에 없다는 투철한 인식은 보조 스님의 일생을 일관한 정신이었다.

보조 스님과 성철 스님은 두 분 다 불교계의 지도자로서 당신들이 사시던 시대의 병을 보신 분들이라 생각된다. 돈오점수설을 두고 생각하는 한, 보조 스님이 보신 그 당시의 병은 두 가지로 요약할 수 있을 것이다. 첫째는 수도하는 사람들이 '반문자……반지해' 운동의 영향 아래서 '지해'를 오해한 나머지 수도하기 전에 지해의 장점을 이용하여 생각을 정리할 줄 모르고, 둘째는 소위 깨친 사람들이 자기들의 깨침이 지해로 얻은 깨침이기 때문에 이는 오직 시작에 불과하다는 것을 깨닫지 못하고 해오한 다음에 닦지 않는다는 것이었다. 그래서 보조 스님은 돈오한 다음, 사람들이 점수하지 않는 것을 가장 큰 병으로 보았다. 그러나 성철 스님이 보신 요즘 수행자들의 병은 오히려 그 반대였다. 지해는 그것이 아무리 훌륭해도 절대로 깨침이 아니며 만에 하나라도 그런 것을 깨침이라 생각한다면 그 사람은 영원히 깨침의 길을 스스로 등지는 자살행위임을 모른다는 것이다. 그 결과 사람들은 닦지도 않고 돈오했다고 말하고, 돈오했기 때문에 교만이 생겨 닦지도 않는다는 것이다. 여하간에 두 분은 다 똑같이 사람들의 닦지 않는 병을 바로잡아 보려고 애썼다는 공통점을 가지고 있다. 다만 한 분은 '지해'의 힘을 빌리려고 했는데 반하여 또 한 분은 '지해'를 버림으로써 문제를 해결하려 했다.

보조 스님과 성철 스님은 '修 : 닦음'에 대해서도 현저한 견해의 차이를 보여 주고 있다. 보조 스님은 규봉종밀을 이어, 수행하는 이는 해오를 경험한 다음 계속적인 수행을 통하여 證悟, 즉 구경각에 이른다고 하였다. 다시 말하면 지해가 가져다 준 틀에 의해서 修는 진행되는 것이다. 성철 스님의 공격은 바로 여기에 집중되어 있다. 목적을 위한 방법이라고 하는 지해적인 틀을 가지고 있는 한, 과거의 업장으로부터 벗어날 수는 없고, 오매일여의 경지를 극복하기는커녕 오매일여에 들어갈 수조차 없다는 것이다.

보조 스님은 돈오돈수를 인정하지 않았다. 수심결에서는 돈오돈수를 돈오점수의 연장으로 보았다.

夫入道多門 以要言之 不出頓悟漸修兩門耳 雖曰 頓悟頓修 是最上根機得入也 若推過去 已是多生 依悟而修 漸熏而來 至於今生 聞卽發悟 一時頓畢 以實而論 是亦先悟後修之機也.

도에 들어가는 데는 문이 많다. 그러나 이것들을 요약하면 돈오문과 점수문의 둘 밖에 딴 것이 아니다. 비록 '돈오돈수'라고들 말하나 이것은 가장 상근기의 특출한 사람들이나 할 수 있는 일이다. 이것도 만일 그들의 과거를 미루어 볼 것 같으면 이미 그들이 과거의 많은 생을 두고 깨침에 의지하여 오래 오래 닦았기 때문에 그 점수의 훈습이 쌓여 금생에 이르러 한 번 듣고는 즉시 깨쳐 일시에 모든 수를 다 끝마쳤다고 말할 수 있다. 그러므로 돈오돈수라는 것도 알고 보면 실은 먼저 깨치고 난 다음에 닦는 경우와 똑같다고 말할 수 있을 것이다.

여기서 우리는 보조 스님이 돈오점수와 돈오돈수의 차이를 순전히 근기와 과거 업의 차이에서 비롯하는 문제로 다루었다는 사실에 주의해야 할 것이다.

보조 스님은 『절요』에서 당신의 입장을 분명히 하였다.

今刻意 宣揚悟後漸修之門爾 此悟後修門 非唯不汚染 亦有萬行兼修 自他兼濟矣 今時禪者 皆云但明見佛性然後 利他行願 自然成滿 牧牛子 以謂非然也.

이제 내 가슴에 새겨 '깨친 다음, 오래 닦는 길'을 선양하겠노라. '깨친 다음, 오래 닦는 길'은 비단 더럽혀지지 않는 공부일 뿐만 아니라 또한 만행을 다 함께 닦는 것이니 이는 자기와 남을 함께 제도하는 것이다. 요즘 참선하는 사람들이 한결같이 말하기를 '오직 佛性만을 투철하게 보아 버리면 그 가운데에 남을 돕는 보살의 행원이 저절로 다

원만하게 성취된다.'고 하나 목우자는 '절대로 그렇지 않다.'고 말하겠
노라.

    여기서 보조 스님은 닦음(修)의 의미를 만행겸수로 확대 해석하고
있다. 그리고 견성하면 이타행원이 저절로 성취된다는 선객들의 주장
을 '안 될 말'이라고 단연히 거부하고 있다. 이 점에서 보조 스님은 성
철 스님 같은 순수한 선사는 아니었다. 화엄사상의 영향을 크게 받았
고 보현행원사상을 몸에 지니고 살았던 넓은 의미에서의 부처님 제자
였다. 보조 스님의 닦음에는 미오의 문제 이외에 범부와 성인의 문제
가 들어 있었다. 미혹에서 깨달음으로 가는 길은 頓이나, 범부에서 성
인으로 가는 길은 漸일 수밖에 없다는 것이 보조 스님의 확고한 신념
이었다. 따라서 修는 깨치는 일 이외에 성인되는 일을 포함해야 한다
고 본 것이다. 따라서 보조 스님의 닦음을 순수 선종의 입장에서 목적
과 방법의 틀로 보려는 것은 잘못이다.
    보조 스님은 요즘 선객들이 흔히 하듯 미혹에서 깨달음으로 나아가
는(轉迷開悟) 길만을 수도의 전부라고 생각하지 않았다. 그는 轉凡成
聖의 길이 수반되어야 한다고 믿었다. 이는 분명히 보통 선사와 다른
점이다. 누가 보조 스님에게 "남들이 당신을 순수한 선사가 아니라고
평한다."고 귀띔해주면 그는 어떤 반응을 보였을까? 그는 분명히 빙그
레 웃으면서 "선사 칭호는 그것 좋아하는 분들에게 갖다 드려라."고 말
하며 합장했을 것 같다. 보조 스님을 선사가 아니라고 말하는 것은 이
러한 의미에서 결코 그를 깎는 말이 아니고 높이는 말임을 알아야 하
겠다.

8. 돈오점수파와 돈오돈수파, 무엇이 다른가?

돈오점수설은 해오를 출발점으로 하여 깨친 다음에도 부지런히 오래오래 닦는 점수에 묘미가 있다. 이것은 어린이가 탄생하여 계속 자라나는 것에 비길 수 있다. 자라나는 과정에 가지가지 훈련과 교육을 받으면서 마침내 훌륭한 어른이 되는 것이다. 어린이로 태어남이 轉迷開悟요, 어른으로 성장함이 轉凡成聖이다. 이것이 證悟의 경지다. 그러나 돈오돈수설은 다른 모든 과정을 생략하고 오직 화두에 대한 의심 하나로 밀고 나갈 뿐이다. 중간에 별 신통한 경지가 다 벌어져도 그런 것에 한 눈 팔지 말아야 한다. 망상이란 망상, 번뇌라는 번뇌는 추호도 남김 없이 모두 다 없어진 오매일여의 경지를 거친 다음의 구경각만이 참다운 깨침이다. 전자는 지해를 길잡이로 썼고, 후자는 지해를 수도자의 생명을 끊는 독약이라 했다. 이상을 도표로 그려 비교해 보자.

頓悟漸修派 : 解悟 → 漸修, 萬行兼修 → 證悟
頓悟頓修派 :   ? → 看話, 三關突破 → 究竟覺

양자는 한편으로 서로 대립적인 내용을 가지고 있음에도 불구하고 위의 도표를 통해서 보면 양자는 구조적으로 매우 흡사하다. 첫째 양자가 다 구경각을 인정하고, 이를 궁극적인 목표로 삼고 있다는 점이 같다. 그리고 또한 양자가 증오 이전에 어떤 형태로든지 修의 필요성을 인정하고 있다는 것도 같다. 다만 전자가 해오를 출발점으로 삼는데 반하여 후자는 이에 해당하는 것이 없다. 그러나 후자를 잘 관찰해 보면 후자 또한 해오라는 말만 안 썼을 뿐이지 그 비슷한 것이 전혀 없는 것은 아니다. 도대체 해오에 해당하는 자각 같은 것이 전혀 없이 어떻게 간화에 몰두할 수 있으며 또한 삼관돌파의 용맹정진이 가능할 것인가? 悟자를 쓰기 싫으면 화엄학자들이 쓰는 信解라는 말을 써도 좋다. 교리적으로 믿건, 스승의 말씀을 믿건, 그 어떤 신비적인 영감이나 체험을 믿건, 무엇인가가 있어야 그로 말미암아 修가 시작되고, 수가 계속되고, 그리하여 마침내 구경각을 성취할 것 아닌가? 움직이지 않던 놈이 움직이기 시작하려면 움직이지 않는 놈을 움직이게 하는 힘이 어디에서 나와야 한다. 보조 스님은 이 힘이 나오는 곳을 '해오'라고 불렀다. 성철 스님의 경우는 이것을 무엇이라고 부르는지는 밝히지 않았기 때문에 그 칸을 비워 두고 그 속에 물음표만 찍어 놓았지만, 성철 스님이 화두를 주기 전에 '삼천배'를 시키거나 또는 '백일법문' 같은 것을 해 주어 화두를 받는 사람으로 하여금 다시는 우왕좌왕하지 않도록 생각을 정리해 주는 것이 아마 이에 해당할지 모른다. 물론 보조 스님은 해오가 결코 단순한 지식이 아니고 부처님의 탄생임을 누누이 강조한다. 그럴 경우엔 해오 이전에 성철 스님의 법문에 해당하는 교리학습 시기를 상정하지 않을 수 없고, 성철 스님의 경우엔 법문 다음에 보조 스님의 해오에 해당하는 경험이 뒤따른다고 보아야 할 것이다. 이러한 과정을 다시 도표로 그려 비교해 보자.

돈오점수파 : 교리학습→ 해오→ 점수, 만행겸수→ 증오
돈오돈수파 : 백일법문→   ? → 간화, 삼관돌파→ 구경각

위에 그린 두 개의 도표를 통하여 우리는 겉보기에 전혀 다른 두 개의 수행이론이 구조적으로 매우 흡사하다는 사실을 알았다. 그렇다면 양자의 근본적인 차이는 어디에 있는가? 차이는 상대방의 비판을 통해서 드러난다. 후자는 전자를 비판하여 "해오에 의지해서는 증오에 이를 수 없다"고 말하고, 전자는 후자를 평하여 "먼저 해오가 없으면 아무도 구경각에 도달할 수 없다"고 말한다. 여기서 문제는 '해오가 무엇

이냐'로 좁혀진다. 보조 스님은 처음부터 끝까지 해오를 증오로 혼동한 적은 한 번도 없었다. 오히려 "해오 가지고는 안 된다. 지견의 병통을 털어버리기 위해서는 화두를 들고 용맹정진 하여야 한다"고 항상 강조하였다. 그렇다면 해오는 증오가 아니라는 점을 논지로 하는 성철 스님의 비판논리는 문제의 초점에서 빗나가고 있는 셈이다. 성철 스님의 돈오점수설 비판은 결국 지해의 성격을 지닌 깨침을 깨침이라 명명했다는 것을 시비하는 정명론밖에는 안 된다. 성철 스님은 참선하는 사람이 보조 스님의 돈오점수설에 영향받아 해오를 증오로 오해하여 자만심을 일으키고 용맹정진을 안 하게 되었다고 비난하지만 과연 그게 모두 보조 스님의 돈오점수설 탓이라고 말할 수 있을지 의심스럽다. 그러한 논리는 돈오돈수설의 '돈수'라는 개념 때문에 요즘의 불교인들이 수도를 하지 않게 되었다는 혹자의 논리나 다를 바 없다.

9. 성철 스님에게 바라는 것

"돈오점수설은 화엄교가들에게 영향받은 지해종사들이 하는 소리이고, 돈오돈수설은 조계적자이며 본분종사인 마조 스님과 그 후예들이 하신 말씀이다." 이것은 성철 스님이 즐겨 쓰신 분류법이다. 그러나 보조 스님의 돈오점수사상은 결코 그렇게 간단한 학설이 아니다. 아무 신념도 없고 아무 체험도 없이 무책임하고 무성의하게 일시의 재주기운으로 만들어 놓은 학설이 아니라는 말이다. 말하기 전에 생각하고 또 생각하고, 그런 다음 실험하고 또 실험하고, 무수히 생각하고 무수히 실험하여 평생의 공을 들이고 그러면서도 여전히 두려운 마음으로 조심스럽게 내놓은 것이 보조 스님의 돈오점수사상이다. 가장 초기의 저작에서 가장 말기의 작품에 이르기까지 모든 저작에서 줄기차게 주장했고 여러 고비의 사상적 변천을 거쳐 화엄사상과 조사선의 도리까지 감싸 안으면서 쌓아 올린 칠전팔기의 사상탑이 이른바 보조 스님의 돈오점수설이다.

여기에서 儒學者들의 일이지만, 퇴계와 고봉에 대한 율곡 선생의 인물평가가 생각난다. 율곡은 퇴계와 고봉이 주고받은 사단칠정에 관한 서간들을 읽고는 처음에 "고봉의 글은 대쪽을 쪼개듯 분명한데 퇴계의 글은 앞뒤로 말이 되지 않는 곳이 많아 몇 번을 읽어도 잘 모르겠다."고 하였다. 그러나 마지막에 가서는 "고봉의 당당한 논리는 일시 재주기운으로 그런 것이니 고봉의 학문이 어찌 퇴계의 도학을 당하겠느냐?"고 평했다. 율곡 선생이 퇴계 자손을 기쁘게 하기 위해서 이러는 것도 아니고 고봉을 헐뜯기 위해서 이러는 것도 아님을 우리는 알아야 한다. 공부란 원래 이런 것이다. 퇴계의 공부하는 자세는 참으로 본받을 만했었다. 퇴계는 자기 말에 책임을 지는 사람이었다. 매사에 자기의 있는 정성을 다 들이면서 성의로 세상을 사는 실천위주의 도학자이었다. 이 점에서 퇴계 선생은 보조 스님을 꼭 닮았다. 거듭 밝히는 바이지만 두 분 다 재주기운으로 인생을 사신 분이 아니었다. 두 분의 주장은 모두 재주기운으로 만들어 놓은 학설이 아니다. 논리전개의 명쾌성보다는 당신들이 지금 살고 있는 삶을 진솔하게 드러내려고 온갖 노력을 다 기울인 사람들이었다. 앞뒤 말이 잘 안 되는 것이 당신들의 삶이라면 그것을 솔직하게 그대로 드러내 놓아야 더 마음이 편했던 분들이다. 보조사상과 퇴계사상은 그 자체가 거짓 없는 생명이기 때문이다. 당신의 삶을 떠나서 따로 글을 쓰지 않았던 분들은 이 세상에 많지 않았다. 보조 스님은 그런 드문 분 중의 한 사람임을 우리는 잊지 말아야 할 것이다.

보조 스님의 『절요』는 1486년부터 1701년까지 215년 동안에 23종의 다른 판본으로 간행되었었다. 이것은 한국 思想史上 유례가 없는 일이다. 故 박종홍 교수가 일찍이 이를 염두에 두면서 보조 스님을 다음과 같이 평한 적이 있었다. "만일 외국학자들이 너희 나라에도 철학자가 있었느냐고 묻는다면 나는 서슴지 않고 순천 송광사에서 만년을 보내신 보조 스님을 들겠다. 나는 평생 지눌이 지은 『절요』처럼 문제의식이 뚜렷하고 논리가 명쾌한 철학서는 동서고금을 통틀어 따로 본적이 없다." 그런데 성철 스님은 해인사 강원에서 『절요』를 가르치지 못하도록 엄명을 내리셨다고 한다. 만일 이것이 사실이라면 오늘날 우리들이 납득할 만한 이유를 제시하여야 할 것이다. 만일 해인사 강원 학인들이 모두 성철 스님의 지도하에 참선을 한다면 스님의 지도노선에 위배되는 책을 못 읽게 한다 해도 하등의 이의를 제기하지 않겠다. 그러나 지금 학인 가운데 과연 몇 사람이나 스님의 참선지도를 받고 있는가? 뿐만 아니라 성철 스님은 학인들이 규봉종밀의 『도서』를 공부하는 데 대해서는 아무 말씀도 안 하신다고 한다. 『도서』나 『절요』나 돈오점수를 주장한다는 점에서는 똑 같은데 왜 중국 것은 가르치게 놔두고 한국 것은 못 가르치게 하시는지 그 이유를 알고 싶다.

오늘날은 분서갱유의 시대가 아니다. 없앤다고 있는 것이 없어지며, 못 보게 한다고 사람들이 그것을 안 볼 것인가? 보조 스님의 『절요』에 정녕 잘못이 있으면 이를 가르치면서 어디가 어째서 잘못되었다는 것을 깨닫도록 해 주어야 할 것이다. 지금의 해인사 강원은 옛날의 수도원이 아니다. 옛날의 높은 담은 모두 무너졌다. 지금의 조계종은 옛날의 임제종이 아니다. 조계종 종도 가운데 과연 몇 사람이나 임제가풍으로 살고 있는가? 도대체 옛날 임제가풍으로 산다는 게 현실적으로 가능한가? 법이란 무슨 법이든 사람들이 존중해야만 법으로서의 역할을 할 수 있다. 존중하지도 않는 법을 지키는 사람은 없다. 강권 때문에 또는 이해관계 때문에 어찌할 수 없이 지키는 법은 종교인이 마음으로부터 존중하는 법이 아니다. 보조 스님의 『절요』도 공부하고 또한 성철 스님의 『선문정로』도 공부하여 양자의 장단점을 잘 알 때만이 그 의미를 갖게 될 것이다. 사실, 『선문정로』의 출판으로 한국에 새로운 선풍이 일어나는 것 같더니 이제 『절요』를 못 가르치게 한다는 소식을 들으니 독재정권의 언론탄압을 보는 듯, 마음이 답답하다.

보조 스님과 성철 스님, 필자는 개인적으로 이 두 스님으로부터 큰 학문적 은덕을 입었다. 불교를 믿기도 전에 한 의학도로서 생전 처음 읽은 불교책이 『보조어록』이었다. 이것이 우연인지 필연인지 알 길은 없지만 지금 생각해도 그것은 퍽 다행스러운 일이었다. 만약 그 때 성철 스님의 『선문정로』를 먼저 읽었더라면 어떻게 되었을까? 십중팔구는 큰스님의 뜻을 이해할 수 없었을 것이고, 따라서 아무런 영향도 받지 못하고 말았을 것만 같다. 보조 스님과 성철 스님 중 누가 옳으냐를 떠나서, 『보조어록』이야말로 그 당시의 나에게 꼭 필요한 책이었다. 아무 것도 모르는 사람, 정말 어리석은 사람에게 갈 길을 가르쳐 준다는 것은 목마른 사람에게 감로수를 주는 것처럼 중요한 일이다.

『보조어록』은 지금 읽어보아도 여전히 감로수를 마시는 것처럼 좋다. 보조 스님의 인품이라 할까, 인격이라 할까, 그 비슷한 어떤 것이 지금도 살아 있어 스님의 책을 펼치고 읽어 내려가노라면 꽃의 향기처럼 나의 온 몸에 스며드는 것만 같다. 보조 스님의 그 간절하고 정성스러운 것이 스님이 쓰신 글의 한 글자 한 글자에 듬뿍 배어 있어 이것이 독자를 감동시키는 것 같다. 보조 스님의 돈오점수설은 깨달음에 대한 안이한 이해를 조장하여 수행자들을 게으르게 만든다는 이론적 결함이 있다고 성철 스님은 비판하지만, 나의 개인적인 경험으로 보아서 내가 보조 스님의 이론을 따랐기 때문에 거만해지거나 나태해졌다고는 생각하지 않는다. 내 속에 항상 도사리고 있는 교만과 나태는 온전히 나 자신 때문에 생긴 것이지 결코 보조 스님 때문에 생긴 것이라고는 생각하지 않는다.

필자는 성철 스님의 은혜 또한 잊지 못한다. 1967년 동안거 때 해인사에서 하신 성철 스님의 백일법문을 필자가 직접 듣지 않았더라면 돈오돈수의 세계를 영영 이해하지 못하고 말았을지도 모른다. 보조 스님의 책임은 아니었지만 성철 스님을 만나기 전의 나는 돈오점수의 틀에 갇혀 있었다. 다시 말하면 성철 스님이 지적하신 것처럼 돈오점수의 돈오와 돈오돈수의 돈오에 대한 명확한 구별을 할 줄 몰랐고 해오에 대한 병리학적인 진단을 내릴 줄 몰랐다. 그렇기 때문에 돈오에 대한 갈증이 없었다. 돈오에 대해서 '꿈에도 모른다'는 캄캄함이라 할까, 답답함이라 할까, 그런 것이 없었기 때문에 점수를 한다고 매우 유유자적한 것 같으나 사실은 나태한 생활을 되풀이하는 것이었다. 번뇌와 망상이 여전한 것을 조금도 개의치 않았고, 매일 매일이 똑같은 잘못의 되풀이였다. 돈오에 대해서 무엇인가 아는 것 같았기 때문에 견성에 대해서도, 화두공안에 대해서도, 캄캄함과 답답함을 절실히 느끼지 못했었다. 성철 스님은 내 병을 여지없이 지적해 주셨다.

그러나 지금은 단도직입적으로 성철 스님께 여쭈어 보지 않을 수 없다. "돈오돈수를 주장하시는 스님은 돈오돈수 하셨습니까? 그리고 스님의 지도를 받은 사람들 가운데 그러한 경험을 가진 사람이 과연 몇이나 나왔습니까?" 좀 더 구체적으로 말씀드려서, "스님께서는 언제 어디에서 오매일여의 경지에 들어가셨으며, 또한 거기서 얼마동안 계시다가 나오셨습니까? 이젠 제8 아뢰야의 미세망념까지도 다 없어지셨습니까?" 믿지 못하는 게 박복한 탓이라 하지만 아무런 증거도 없고 아무런 설명도 없이 믿으라는 것도 딱한 노릇이다. "'마조 제자 80명 중에 正眼은 數三人'이라는 황벽의 증언이 사실이라면 오늘날 지구상에 무수히 많은 길 잃은 사람들을 성철 스님은 무슨 수로 다 제도하시겠습니까? 四弘誓願을 조석으로 외우면 된다고 하시겠습니까? 무자화두로 용맹스럽게 정진하면 된다고 하시겠습니까? 사홍서원을 외우던 사람들이 사홍서원을 외우지 않고, 화두를 들던 사람이 화두를 들지 않는 우리의 기막힌 현실을 조계종 종정이신 성철 스님께서는 보시고 계십니까?" 한 번 여쭈어 보지 않을 수 없다.

10. 맺는 말

왜 우리는 지금 돈오점수를 문제 삼는가? 성철 스님이 『선문정로』를 출판하여 돈오점수설을 비판했기 때문인가? 아니면, 그보다 먼저 보조 스님이 돈오점수설을 주장했기 때문인가? 돈오점수설의 문제, 즉 '깨침과 닦음의 문제'는 보조 스님이나 성철 스님의 문제이기 전에, 수행에 관심이 있는 불교인이면 아무도 피할 수 없고 또한 피해서도 안 되는 중요한 문제이다. 우리들은 오늘 그 문제를 다루어야 하는 까닭이 여기에 있다. 깨침이 문제되는 것은 사람들이 깨치지 못했기 때문이며, 왜 닦음이 문제되는 것은 사람들이 닦지 않기 때문이다. 누가 감히 '나는 깨쳤노라. 나는 닦았노라'며 뽐낼 수 있으랴. 있다면, 그는 십중팔구 자기가 깨치지 못했다는 것도 아직 깨닫지 못하고 있는 사람이기 쉽다.

깨침이란 무엇이며 닦음이란 무엇인가? 그리고 양자의 관계는 어떤 것이어야 하는가? 돈오점수라야 하는가? 돈오돈수라야 하는가? 이러한 문제들을 속 시원하게 풀어 줄 수 있는 열쇠는 역시 '깨침'이라는 독특한 경험에서 찾아야 할 것이다. 보조 스님의 깨침, 성철 스님의 깨침, 그리고 이에 대한 질문자 자신의 깨달음이 분명해지지 않는 한, 우리들의 모든 논의는 허공에다 논문 쓰는 것처럼 헛되고 말 것이다.

우리들의 대화에서 '깨침'이란 말은 두 가지의 서로 다른 역할을 할 때가 있다. 첫째는 깨침이란 말이 하나의 구체적인 사건을 밝히기 위해서 쓰이는 경우이고, 둘째는 그것이 깨침의 궁극적인 내용을 밝히기 위해서 씌어지는 경우이다. '깨침'이란 말이 누군가의 각체험이라는 구체적인 사건을 가리킬 때, 우리는 어느 누가 언제 어디서 어떤 깨침을 얻었느냐는 식으로 현상계에 나타난 누군가의 구체적인 특수 경험을 문제 삼게 된다. 그러나 그 말이 각체험의 본질적인 내용을 가리킬 때는 특수한 것은 모두 배제되고, 대신 깨침의 보편적인 본질 같은 것이 크게 문제된다. 이러한 구별을 명확하게 하기란 거의 불가능하다. 깨침은 원래 둘로 분할될 수 있는 것이 아니기 때문이다. 그럼에도 불구하고 대화의 편의상 학자들은 옛날부터 꾸준히 이러한 해석학적 이론을 발전시켜 왔다. 화엄철학에 익숙한 사람들은 전자를 깨침의 事的인 면이라 말하고, 후자를 깨침의 理的인 면이라 말했으며, 서양적 표현을 즐기는 사람들은 전자를 깨침의 인식론적인 측면이라 말하고, 후자를 깨침의 존재론적인 측면이라 불렀다.

　모든 인간의 체험이 다 그렇듯이 불교인들의 깨침이라는 체험도 하나의 생명현상이기 때문에 이를 體와 用, 理와 事, 보편과 특수, 또는 서양의 인식론과 존재론들의 상대개념으로 분석해 버리면, 분석하는 그 순간 깨침만이 갖는 고유한 생명은 죽고 만다. 따라서 어폐가 생기기 마련이므로 자신의 직접 체험을 가장 소중히 여기는 선가에서는 예로부터 이러한 접근방법을 철저히 금지해 왔다. '지해는 선가의 최대 금기' 운운하는 것도 같은 맥락에서 이해할 수 있을 것이다. 그러나 우리는 지금 보조 스님의 돈오점수설이 '뜰 안의 몹쓸 나무'냐 아니냐를 따지는 중요한 사명을 지니고 이 자리에 모였다. 진정 그것이 '뜰 안의 몹쓸 나무'이면 성철 스님이 주장하는 것처럼 베어 내야 할 것이요, 그렇지 않다면 왜 그렇지 않은가를 철저히 밝혀내야 할 것이다. 이러한 작업을 성공적으로 수행하기 위해서 우리는 설사 어폐가 있더라도 도움될 만한 모든 해석학적 도구들을 원용하지 않을 수 없다. 그러므로 이 자리에 모인 우리들은 선승의 선적 발언과 학자의 학적 작업을 혼동해서는 안 될 것이다.

깨침을 事로 다룰 때 가지가지의 질문이 속출한다. 여기서는 '깨치기 이전'과 '깨친 다음'의 구별을 엄격하게 해야 하고, '이미 깨친 상태'와 '아직 깨치지 못한 상태'의 구별을 철저히 해야 한다. 그러나 우리들이 일단 깨침을 理로 다루면, 일체의 인위적인 것들은 일시에 자취를 감추어 버린다. 여기서는 시간도 부정되고 공간도 부정되고 부처님도 역대조사도 일체경전도 모두 빛을 잃는다. 물론 '깨치기 이전'과 '깨친 다음'이라는 구별조차 문제되지 않는다. 깨침이라는 말은 똑같은데 이를 사로 다루느냐 아니면 이로 다루느냐에 따라 대화의 내용이며 분위기는 판이하게 달라진다.

"보조 스님의 돈오점수설이 과연 진실로 깨친 사람의 소리냐 아니냐?" 하는 질문이나 "성철 스님이 정말 돈오돈수 했을까?" 하는 질문이 모두 깨침을 하나의 사건으로 다루는 데서 나온 질문들이다. 그러나 우리들이 일단 깨침을 근원적 원리로 다루면 그땐 이러한 질문들이 붙을 자리가 없어지고 만다. 해오건 돈오건 따질 것 없이 "일체 중생이 있는 그대로 모두 완전한 부처님"이라는 말밖에는 할 말이 없어지고 만다. 일체중생이, 너 나 할 것 없이, 누구나 있는 그대로, 바로 이 자리에서, 들이마신 숨 내쉬기 전에, 내쉰 숨 들이마시기 전에, 하나도 더 보탤 것 없고 하나도 더 빼낼 것 없이, 문자 그대로 완전한 부처님이라면, 깨침을 事로 다룬다는 것 자체가 우스운 일이다. 동시에 깨침을 닦음과 결부시켜 점수니 돈수니 말하는 것 또한 우스운 일이 되고 만다. 다시 말하면 깨침을 논하는 마당에 닦음을 끌어들이는 것 자체가 우스운 일이라는 말이다.

점수건 돈수건 물을 것 없이, 일체의 닦음이 붙을 자리가 없는 것이 깨침이라면, 왜 보조 스님은 깨친 다음의 만행겸수를 역설했으며 성철 스님은 왜 깨치기 이전의 寤寐一如를 강조하는가? 이는 모두 깨침을 구체적 사건으로 다루기 때문이다. 깨침을 사건으로 다루지 않을 수 없는 이유는 두 가지로 요약될 수 있다. 첫째는 모든 사람이 현실적으로 구체적인 사건 속에서 살고 있기 때문이며, 둘째는 사람들이 아직 깨치지 못하고 있기 때문이다. 다시 말하면 미혹된 사람들은 "일체중생이 있는 그대로 모두 완전한 부처님"이라는 사실을 모르고 있기 때문에 이들로 하여금 이 사실을 깨닫게끔 해 주어야 한다. 그리고 이런 일은 단적으로 사건에 속한다. 깨침의 내용은 理이지만 이것이 개개의 미혹된 사람들과 관련될 때는 근원적 원리를 사건으로 다루지 않을 수 없는 것이다. 그렇지만 사건으로서의 깨침은 근원적 원리로서의 깨침을 배반해서는 안 된다. 이런 경우, 事는 필연적으로 닦음의 문제와 관련되게 된다. 이것이 '닦음'의 문제가 가지고 있는 독특한 구조이다. 다시 말하면 '닦음'이야말로 理的인 깨침에 얼마만큼 충실하고 있는가를 검토하는 일이라 말할 수 있다.

우리는 위에서 말한 구별법을 가지고 돈오점수의 돈오와 돈오돈수의 돈오와의 차이를 따질 수 있다. 보조 스님의 돈오점수적 돈오는 보편적인 본질로서의 깨침이다. 그리고 스님이 여기서 추구하는 문제는 깨침과 닦음과의 관계를 밝히는 것이다. 그러나 성철 스님의 돈오돈수적 돈오는 하나의 사건으로서의 깨침이다. 그리고 여기서 겨냥하는 것은 어떤 수행자의 깨침이 진짜냐 가짜냐를 밝히는 것이다. 그러므로 우리는 양설의 추구하는 바가 서로 다름을 알아야 하겠다. 우리는 돈오돈수의 돈수를 돈오점수의 점수처럼 '닦음'을 이야기하는 것으로 오해해서는 안 된다. 사실 돈오돈수라는 말에는 닦음(修)에 대한 언급이 회피되어 있다. '돈수'란 보통 우리들이 말하는 닦음을 부정하는 말이다. 불교에서 보통 닦음이라 하면 事에 속하는 일인데 돈수라는 말은 닦음이 事가 아니라 理에 속함을 선언하는 말이다. 깨달음을 그대로 닦음의 표현으로 삼는 것이다. 다시 말하면 돈오할 때 돈수는 그 속에 포함되는 것이다. 정말로 '일체중생이 있는 그대로 모두 완전한 부처님'이라면 이를 돈오하는 그 순간 돈수이어야 마땅하다. '돈오면 돈수'라는 말이 그 말이다. 돈수라야 돈오라는 말도 똑같은 맥락에서 이해되어야 한다. 그러므로 돈오돈수라는 말과 돈오점수라는 말을 똑같은 문제에 대한 두 가지의 서로 다른 해답으로 오해해서는 안 된다. 돈오돈수는 한 마디로 깨달음의 성격을 이야기하고 있을 뿐 아직 우리들이 문제 삼고 있는 일반적인 의미의 닦음에 대해서는 아무런 언급도 하지 않고 있다는 사실을 잊어서는 안 된다.

그러므로 우리들은 '돈오돈수'라는 말 속의 修(닦음)라는 글자에 현혹되어서는 안 된다. 돈수는 닦음을 이야기하는 것이 아니고 사실은 돈오의 성격을 더욱 분명히 하기 위해서 돈오를 가장 잘 드러낼 수 있는 한정사인 돈수라는 말을 돈오라는 말 뒤에 갖다 붙여 놓았을 뿐이다. 돈오돈수란 돈오와 돈수를 말하는 것이 아니라, 다만 진정한 돈오란 무엇인가만을 말하는 것이다. 밝혀진 것은 悟뿐임을 알아야 한다. 하나는 悟만 밝혀지면 되었지 나머지는 더 말할 필요 없다는 식이고, 하나는 그래서는 안 되고 修를 이야기해야 한다는 식이다. 여기서 우리는 모든 이타적인 수행을 불문에 부치고 오직 공안참구만을 생명으로 삼는 임제계통의 화두선하는 사람들이 왜 돈오돈수라는 말을 자기들의 구호로 삼고 있는지 이해할 수 있다. 그들의 사는 모습과 구호가 잘 맞아떨어지기 때문이라 하겠다.

그러나 사람의 삶이란, 그것이 누구의 것이건, 여러 다른 사람과 부딪치고 여러 가지의 다른 상황과 부딪친다는 것을 전제한다. 그래서 닦음이 필요하고, 닦음의 성격을 문제 삼게 된다. 성철 스님은 보조 스님의 돈오점수설을 毒樹生庭으로 몰기 전에 당신의 닦음에 대한 이론을 내놓아야 할 것이다. 만일 성철 스님께서 보조 스님이 문제 삼는 의미의 修에 대해서 아무런 언급도 하지 않는다면 성철 스님은 화두선 근본주의자라는 비난을 면할 길이 없을 것이다. 여기서 화두선 근본주의자라는 말은 화두선 이외의 것은 그것이 무엇임을 막론하고 일체 생각하는 것조차 거부하면서 화두선과 다른 것은 무조건 다 틀렸다고 단정하는 사람들을 말한다. 이들은 잘된 것을 보면 모두 화두선에 영광을 돌리고 잘못된 것을 보면 모두 화두선 아닌 것에 그 책임을 돌린다. 한 마디로 이것은 아집과 야만의 산물이다. 성철 스님은 선사이다. 선사가 근본주의자일 수는 없다. 그렇기 때문에 우리는 지금 수도원 밖에서 날이면 날마다 화두선 이외의 것들과 상종하면서 살고 있는 절대 다수의 일반 불교인들을 위해서, 보조 스님의 만행겸수에 필적하는, 수행의 이론을 제시해 주십사고 성철 스님께 간청하는 것이다.

성철 스님은 '깨침이라는 사건'을 중요시했다. 이 세상엔 자기자신에게 '깨침이라는 사건'이 있었던 것처럼 꾸미는 사람들이 많다. 이런 일은 어떻게 해서든지 막아야 한다고 自任하고 나선 분이 성철 스님이다. 그래서 스님은 '깨침'을 事로 다루면서 그 사 속에 깨침의 내용을 확인하려 들었다. 그것이 다름 아닌 돈오돈수다. '일체중생이 있는 그대로 모두 완전한 부처님'이라는 깨침의 내용을 어느 개인의 깨침이라는 사건 속에서 확인하는 것이다. 사실은 깨침이라는 사건을 아직 가지지 못했으면서도 마치 가진 것처럼 깨침의 내용을 말하는 경우는 대개 재주기운 때문이다. 이것이 바로 재주의 장난이다. 이런 경우, 재주는 깨달음의 생명을 끊는 독약이나 다를 바 없다. 독약 같은 재주기운에 대해 일대 경각심을 일으켜 재주기운으로 하는 짓은 깨침이 아님을 분명히 했다는 것은 매우 중요한 일이다. 비록 그것이 새로운 약은 아니라 할지라도 묵은 병이 여전히 유행하는 한, 묵은 약도 새 약이나 다름없이 소중한 것이다.

보조 스님은 돈오돈수를 거의 언급하지 않았다. 어쩌다가 이를 언급하는 경우는 돈오점수설의 도식 속에서이다. 예를 들면 돈오돈수는 上根機나 할 일이라고 말한다든가, 전생부터 이야기하면 돈오돈수도 돈오점수에 다름 아니라고 말하는 경우이다. 이때의 돈오돈수는 성철 스님의 돈오돈수하고는 완전히 딴 뜻임을 알아야 한다. 이는 보조 스님의 돈오점수설 체계 속에서 돈오돈수를 해석한 것이라고 말할 수 있다. 돈오돈수설은 깨침과 닦음을 하나로 보는 데 반하여, 돈오점수설은 깨침과 닦음을 분명히 둘로 나누어 이야기하고 있다. 그리고 돈오점수설이 증오로 가는 길임을 의식하고서 이를 변증하는 노력의 일환으로 돈오돈수설을 말하고 있는 것이다. 理로서의 깨침과 事로서의 닦음을 대비시켜 양자의 관계를 하나의 체계 속에서 다룰 때의 닦음은 돈오돈수의 닦음과 같을 수 없다. 돈오돈수의 닦음과 돈오점수의 닦음은 혼동해서는 안 될 두 개의 서로 다른 닦음이다. 전자는 돈오의 내용을 설명하는 닦음이기 때문에 보통의 닦음이 아니다. 후자는 돈오돈수적인 돈오를 인정하고 난 다음에 거기로 가는 인생의 길로서 점수의 필요성을 말하고 있는 것이다.

보조 스님은 證悟를 궁극의 이상으로 내세웠을 뿐, 증오를 구체적으로 이야기한 적은 없다. 증오는 영원한 미래라는 성격을 지니고 있다. 그러나 성철 스님은 증오를 돈오돈수의 내용으로 내세운다. 그는 깨침을 事로 보면서 그 속의 理를 확인하려 든다. 이것은 매우 강력하고 탁월한 논리가 아닐 수 없다. 문제는 이러한 논리로 밀고 나갈 때 발생하는 여러 가지의 현실적인 어려움들이다. 가장 중요한 것은 수도지상주의자나 또는 깨침 이외에는 이 세상 어떤 것에도 아무런 가치를 부여하지 않는 돈오근본주의자로 전락하지 않는 데 있다. 소위 지상주의자나 근본주의자는 그것이 어떤 형태의 것이건 항상 일반인들과 단절될 위험이 있다. 이렇게 되면 이들은 결국 불교를 더 갈 곳 없는 막다른 골목으로 몰아넣고 현실로부터 고립시키는 결과를 가져오고 말 것이다. 물론 수도원제도가 옛날처럼 잘 되어 있어서 한 사람의 눈 밝은 스승이 온 산중의 몇 천 명 대중을 자기 손바닥 들여다보듯 꿰뚫어 보면서 개개인에 대한 지도를 순간순간 철저히 할 수 있다면 그런 위험성이 없을는지 모른다. 그러나 오늘날 그것이 가능할지는 매우 의심스럽다.

여기서 우리는 돈오점수설과 돈오돈수설의 논쟁을 다음과 같이 정리할 수 있겠다. 돈오점수설이 '깨침의 본질'을 한 인간으로서 인간사회 속에서 매일매일 어떻게 살아야 하느냐 하는 '닦음의 문제'와의 관계 속에서 이야기하는 매우 넓은 의미의 종합적인 수행이론이라면, 돈오돈수설은 이타적 보살행에 대한 관심 표시나 구체적인 언급을 일체 거부하고 오직 깨침 하나만을 위해서 사는 깊은 산속 수도자들의 경책과도 같은 매우 좁은 의미의 특수한 수도이론이라 말할 수 있을 것이다. 여기서 좁다는 말은 너무 특수하여 거기에 해당되는 사람이 극히 제한되어 있다는 말이다. 성철 스님은 선승들 그 중에서도 특히 수도에만 정진하기 위해 용맹정진반에 들어 있는 사람들에게 필요한 좁은 의미의 특수한 수도이론을 만천하의 모든 사람에게 그대로 적용하려 했다. 이 자체는 이상할 것도 없고 놀랄 것도 없다. 그러나 성철 스님이 만천하의 모든 사람에게 적용될 수 있는 넓은 의미의 일반적인 수도이론을 제시하려고 애쓰는 보조 스님을 마치 이단처럼 몰아붙인 것은 아무래도 좀 지나친 것 같다. 과거의 종교사를 살펴보면 이런 일이 도처에서 일어났었다. 막힌 세상, 닫혀진 사회에서는 이런 일이 합리적으로 정당화되기도 했었다. 그러나 오늘날은 다르다. 수도원에서 흘러나오는 시원한 소식도 사회의 다원성과 중생의 다양성, 그리고 현대의 민주성에 발맞추어 전달되어야 한다.

성철 스님의 돈오돈수설은 우리들의 깨침에 대한 자세를 바로 잡아주었고 보조 스님의 돈오점수설은 불교인들의 삶의 폭을 넓혀 주었다.

그래서 필자는 보조 스님의 돈오점수설을 '돈오돈수적 점수설'로 발전시키는 것이 바람직하다고 생각한다. 돈오돈수적 차원이 없는 깨침은 선문의 깨침은 아니기 때문이다. 물론 보조 스님의 돈오돈수는 성철 스님의 돈오돈수와 전적으로 같을 수는 없을 것이다. 그 다음, 성철 스님의 돈오돈수설도 보조 스님의 점수적 차원을 가지고 있어야 할 줄 안다. '깨친 다음에 보살행 하겠다'는 종래의 태도는 근본적으로 시정되어야 할 것이다. 지금은 '돈오돈수'만 외치고 앉아 있을 때가 아니라는 투철한 현실 인식이 아쉽다. 이와 같이 말하면 혹자는 일종의 혼합설이라고 배척할지 모른다. 심한 사람은 도시 말이 안 된다고 비난할지도 모른다. 그러나 우리는 지금 말을 그럴 듯하게 꾸미려고 애쓰기보다는 사실을 사실대로 여실히 드러내는 데 더 힘을 써야 할 것이다. 누구의 학설이 옳으냐 또는 누구의 말이 더 그럴 듯하냐도 중요하지 않는 것은 아니지만 더 중요한 것은 우리의 현실을 바르게 보는 것이다. 그리고 그러한 현실에 입각해서 이야기하고 그러한 현실을 위해서 이야기해야 한다. 이것은 약의 입장도 아니고 병의 입장도 아니고 오로지 앓고 있는 중생의 입장에 서자는 말과 똑같은 말이다. 그러므로 우리들이 만일 보조설의 장점과 성철설의 장점을 모두 섭취하여 오늘의 현실을 재검토하면 보다 폭넓고 깊이 있는 현실비판을 할 수 있을 것이며, 동시에 많은 사람들이 갈망하는 오늘의 수행이론을 제시할 수 있을 것이다.

(제4차 국제불교학술회의 발표문, 1990년 10월 13~14일,
송광사 보조사상연구원 주최)

전치수 교수에게 답함

필자는 1990년 10월 14일 순천 송광사에서 개최된 보조사상 국제회의에서 「성철스님의 돈오점수설 비판에 대하여」라는 논문을 발표하였다. 이 날 필자의 논문에 대한 논평을 동국대학교의 인도철학과 강사인 전치수 교수가, '「성철스님의 돈오점수설 비판에 대하여」에 대한 논평'이란 제목으로 논평을 하였다. 본 논문은 전 교수의 논평에 대한 답변이다.

(1) 전 교수는 필자의 주장에 비판적인 입장을 취할 수밖에 없다는 이유를 다음과 같이 말하고 있다.

> 評者(전 교수)는 『열반경』의 '法燈明 自燈明'이란 구절이 부처님 사후의 성불의 길을 피력한 유훈으로 보고 이를 六祖의 '識心見性 自性佛道'의 내용과 맥락을 같이 한다고 보기 때문에 성철 스님의 견해와 뜻을 같이하므로 論者(박성배)의 주장에 비판적 입장을 취할 수밖에 없음을 밝혀 둔다.

여기서 필자가 문제 삼지 않을 수 없는 것은 전 교수의 주장을 밑받침하는 논리적 근거에 대해서이다. 전 교수가 성철 스님의 견해와 뜻을 같이 하기 때문에 필자의 주장에는 비판적일 수밖에 없다는 논리적 근거가 가능하려면 몇 가지 전제가 필요하다.

첫째, 전 교수는 필자의 주장과 성철 스님의 주장을 모순관계로 보고 있어야 한다. 다시 말하면 성철 스님이 옳으면 필자는 틀려야 하고 필자가 옳으면 성철 스님은 틀려야 한다. 성철 스님도 옳지만 필자도 옳다든가, 또는 필자도 틀렸지만 성철 스님도 틀렸다든가, 어떤 점은 성철 스님이 옳지만 어떤 점은 필자가 옳다든가 하는…… 등등의 여러 가지 가능성들은 전 교수의 세계에서는 모두 배제되어야 한다.

둘째, 전 교수는 성철 스님의 견해만이 전 교수가 인용한『열반경』의 구절 및『육조단경』의 구절과 맥락을 같이 한다고 하였으므로 성철 스님과 견해를 달리 하는 사람들, 가령 보조 스님이나 필자는『열반경』과『육조단경』이 말하는 성불의 길을 가지 않는 사람이라는 것을 전제해야 한다.

전 교수는 그의 논평에서 필자를 '성철 스님을 비판하고, 보조사상을 선양하는 사람'으로 고정하고 있으며, 또한 필자의 사상을 항상 보조 스님과 동일한 것으로 처리하고 있다. 전 교수는『열반경』의 '법등명 자등명'이란 구절을 우리들이 가야할 성불의 길로 내세워 하나의 논리적 대전제로 삼고, 그 다음에『육조단경』이『열반경』과 일치하기 때문에 옳고, 성철 스님 또한 이와 일치하니까 옳고…… 반면에 보조 스님과 필자의 주장은 이와 일치하지 않으니까 비판할 수밖에 없다는 식으로 전개하고 있다. 그러나 전 교수는 필자와 보조 스님이 성철 스님과 일치하지 않는 것이 어찌하여『열반경』이나『육조단경』과 일치하지 않는 것과 같은지를 밝히지 않았다. 필자나 보조 스님의 저술 가운데 어느 대목이 전 교수가 인용한『열반경』과『육조단경』의 두 구절에 거역하고 있는가? 필자가 이해하는 바로는 한 군데도 그런 대목이 없다. 문제는 두 구절의 해석을 어떻게 하느냐가 문제가 되긴 하겠지만, 보조 스님 역시『열반경』과『육조단경』을 계승한다고 자부한 분이었다.

그럼에도 불구하고 전 교수는 이 구절에 대한 해석을 생략한 채 보조 스님 쪽은 무시하고, 성철 스님 쪽만을 편들었다.

더욱이 전 교수는 경장 장부 제16경에 나오는 『열반경』을 인용하고 있는데, 이는 소승불교 계통의 열반경으로서 北梁의 담무참이 번역한 40권으로 된 『북본 열반경』이나 혜엄, 혜관, 사영운 등이 편집한 36권으로 된 『남본 열반경』과 같은 대승불교의 열반경과는 교리 해석에 있어서 서로서로 상당한 차이가 있다. 그럼에도 불구하고 전 교수가 이를 전혀 개의치 않은 것은 결과적으로 『아함경』이 말하는 '성불의 길'과 중국에서 생겨난 남종선 계통의 선사들 간에 문제되고 있는 '성불의 길' 사이에 나타난 간과할 수 없는 차이를 무시한 것이다.

(2) 전 교수는 인용문이 적다는 이유로 필자의 논문을 학술논문으로서는 불충분하다고 평했다. 인용문이 많아야 학술논문답다는 풍조에 대해서는 좀 긴 설명이 필요할 것 같다. 단적으로 말하면 이는 동양이 서양을 만난 뒤에 생긴 비교적 최근의 풍조이며, 일본을 불교학의 종주국으로 생각하는 세계 도처의 일본풍 불교학자들 사이에 유행하고 있는 풍조이다. 우리는 지금 세계의 도처에서 이에 대한 비판의 소리가 높아가고 있다는 사실을 알아야 할 것이다.

필자는 1980년 여름에 일본 京都에서 개최된 인도학 불교학 연차대회에 참석한 일이 있었다. 그 때 그 자리에서 상당히 많은 일본 학자들이 발표를 했는데, 그 당시 필자는 '이것은 脚註 경연(Footnotes Contest)이 아닌가?' 하는 의문스런 느낌이 들었다. 발표자의 대부분이 자기의 주장과 자기의 논리를 전개하는 것보다는 옛날 자료를 많이 뒤적여 인용문과 각주를 풍부하게 하는 데에 더 열을 올리고 있었다.

인용문이 많고 각주가 많은 것을 나무랄 사람은 없다. 소위 학문 이전의 상태, 즉 아무런 근거도 없는 소리를 제멋대로 하는 풍조를 극복

하기 위해서는 반드시 한 번은 겪어야 할 과정으로서 인용문에 책임을
지고 각주에다 자기가 연구한 것을 모두 정직하게 공개하는 풍조는 바
람직하다고 말해야 옳을 것이다. 그러나 인용문이 많아야 학술논문답
다는 것이 학문의 正邪를 가르는 표준이 되어 버리면 이는 진정한 학
문의 출현을 막는 또 하나의 폐단이 되고 만다는 것을 간파해야 한다.
  지금 많은 학자들이 동양학을 한다면서 그런 폐단의 소용돌이 속에
서 헤어 나오지 못하고 아까운 시간과 귀중한 정력을 낭비하고 있다.
이를 사례를 가지고 좀 더 구체적으로 이야기 해보자. 가령 요즘에 많
이 쏟아져 나오는『육조단경』이나 참선에 관한 소위 학술적인 책들을
한 번 있는 대로 전부 수집해 놓고 각각의 책이 가지고 있는 그 많은
인용문과 각주들을 서로서로 비교해 보라. 10권이 되었건 20권이 되었
건 각각의 책에 인용된 인용문과 각주의 거의 80% 이상이 이미 다른
책에 다 있는 것들이다. 결국 필자들은 자신들의 독창적인 사고를 드
러내는 데는 관심이 없는 셈이다.
  일본의 철학자들 가운데 서양에 가장 널리 알려진 사람은 아마도 니
시타 기타로(西田幾多郞)일 것이다. 일본의 니시타 학파는 지금 세계
의 도처에서 주목을 받고 있다. 그런데 니시타 기타로의 저술은 각주
가 없기로 유명하다. 그래서 이를 욕하는 사람들이 많으며, 필자도 그
를 욕하는 사람들 중 하나였다. 그의 책을 읽다가 의심나는 대목을 확
인해 보고 싶어도 각주가 없으니 짜증이 날 때가 많았다. 니시타의 그
런 불친절에도 불구하고 그의 이론에는 탄복할 만한 대목이 많았다.
그가 정연한 이론 전개뿐 아니라 세심한 각주 달기에도 신경을 써 주
었더라면 더 고마왔겠지만, 그가 둘 중에 하나밖엔 할 수 없었다면, 인
용문과 각주 작성에 시간을 낭비하지 않고 자기의 이론 전개에 더 철
저해 주었던 것이 우리들을 위해 백 번 잘한 일이라고 생각한다. 오늘
날 니시타 학파가 세계의 주목을 받고 있는 것도 그의 그러한 철학적

자세 때문이었다고 말할 수 있을 것이다. 그는 원숙해질 대로 원숙해져 있는 자기의 이론을 호호탕탕하게 전개해 나가는 데 온 신경을 다 쓴 것이다.

이러한 예증은 동서고금을 막론하고 어디서나 발견되는 일이다. 현대철학의 거목이며 과정철학의 창시자인 알프레드 노스 화이트헤드가 그랬고, 한국에도 널리 알려져 있는 보스턴 대학의 로버트 네빌 교수가 그렇다. 남의 말만 인용하고 자기 말이 없으며, 남의 이론만 소개하고 자기의 이론이 없다면 그것은 철학이 없다는 말밖에는 안 된다. 전 교수가 필자의 논문에 인용문이 적다고 느꼈다면 그것은 미안하게 된 일이다. 그러나 이것을 가지고 학술논문치고는 불충분하다고 말하는 데에는 이의를 제기하지 않을 수 없다.

(3) 전 교수는 필자가 제기한 문제, 즉 성철 스님이 보조 스님의『절요』에 나오는 첫 구절을 왜곡했다고 주장하는 문제를 따지면서, 성철 스님에게는 잘못이 없다고 결론 짓고 있다. 그러나 필자는 전 교수가 그러한 결론을 내리기까지의 논리적 과정에 대해서 퍽 의아해하지 않을 수 없다.

전 교수는 지금 우리들이 문제 삼고 있는 구절에 대한 문법적인 분석과 그 해석이 어떻든 간에 하택신회가 지해종사로서 조계적자가 아니라는 사실에는 변함이 없기 때문에 성철 스님이 "雖……然……"이라는 상관 구절을 단순히 "非"자로 해석했다고 해도 상관없다는 식으로 말한다. 이것은 토론 도중에 일방적으로 주제를 바꿔 버리는 것이나 다름없다. 그러므로 필자는 여기서 다시 한 번 우리의 주제가 무엇인가를 밝히지 않을 수 없다.

성철 스님의 주장은 보조 스님도 하택신회를 "是知解宗師 非曹溪嫡子"라고 단언했다는 것인데 반하여, 필자의 주장은 보조 스님에게는 하택신회를 깎아 내리려는 의도가 없었고, 오히려 그와 반대로 하택신회가 세상에서 지해종사로 낙인 찍혀 조계의 적자에서 제외된 것에 상관없이, 그의 깨침은 높고 이해는 밝아서(悟解高明) 스승으로 삼을 만하다고 높이 평가했다는 것이다. 보조 스님이 하택신회는 지해종사였기 때문에 조계적자가 아니라고 깎아 내리면서 하택신회의 돈오점수설을 평생 소중히 여겼다면 말이 안 되지 않는가?

필자가 보기에 성철 스님과 보조 스님 사이의 근본적 차이는 '知解'에 대한 평가의 차이인 것 같다. 성철 스님은 지해를 독으로만 보고 계신 데 반하여, 보조 스님은 지해를 약으로 쓰신 분이었다는 사실을 우리는 잊지 말아야 할 것이다.

필자가 시봉하고 함께 살아본 경험으로는 성철 스님도 지해를 약으로 쓰시는 스님이었다. 필자는 평생 지해를 약으로 쓰지 않는 선지식을 만나본 적이 없다. 그럼에도 불구하고 닦음과 깨달음에 대한 이론을 전개하는 데에 있어서 혹자는 이를 솔직하게 인정하고, 혹자는 이를 인정하지 않을 뿐이다. 왜 사실을 인정하지 않는가? 필자는 이를 不立文字病의 한 증상이라고 생각한다. 이러한 의미에서 보조 스님은 매우 정직하신 분이다. 보조 스님은 당신이 지해를 약으로 쓰신 것을 스스로 인정하셨고, 이를 글로 써서 만천하에 공표하셨고, 당신의 이론체계 속에서 지해의 위치가 어디이고 그 기능이 무엇임을 분명히 하셨다. 그래서 필자는 보조 스님을 현대적인 의미에서 학문이 무엇인 줄 아신 분이었다고 본다.

보조 스님의 지해와 성철 스님의 지해는 그 글자와 발음만이 똑 같을 뿐, 그 의미 내용은 서로 서로 크게 다른 것 같다. 성철 스님이 보조 스님의 『절요』에 나오는 "수미위조계적자"라는 구절을 "비조계적자"로 바꾸어 읽으시고 然자 이하의 구절을 무시해 버리는 것도 성철 스님의 지해관이 하택 스님이나 보조 스님의 그것과 다른 데에서 기인한 현상이라고 볼 수 있을 줄 안다. 전 교수는 원영 스님의 지적이라고 밝히면서 성철 스님께서도 『선문정로』의 문제가 된 p.201의 문장을 필자와 똑 같이 해석하였다고 덧붙였다. 『선문정로』 p.201의 해석이 옳다면 p.3의 해석은 잘못된 것이라고 순순히 받아들여야 할 것이다. 그러나 『선문정로』의 바로 그 다음 쪽(p.202)에 나오는 같은 문장에 대한 성철 스님의 해설을 계속 읽어 본 사람이라면 누구나 성철 스님의 이 문장에 대한 이해는 p.3의 경우와 똑 같다는 사실을 발견하게 될 것이다. p.202에 나오는 성철 스님의 해설을 그대로 인용하면 다음과 같다.

> 돈오점수를 상론한 그(보조 스님)의 『절요』 벽두에서는 하택을 지해 종사라고 하였다.

이 점에 있어서 성철 스님의 보조 스님에 대한 오해의 뿌리가 상당히 깊다는 것을 알 수 있다.

전 교수는 성철 스님이 이 문장을 왜곡한 것이 아니고 오히려 그렇게 읽어야 마땅하다는 이론을 전개하면서 然자 다음에 따라오는 문장의 문법적 기능에 순접인 경우와 역접인 경우의 두 가지가 있다고 말하였다. 전 교수에 의하면, 순접인 경우에는 하택이 돈오돈수의 이론에 밝다는 뜻이 되고 역접인 경우에는 하택이 해오에 밝다는 뜻이 된다고 하였다. 그러나 전 교수는 왜 그렇게 되는지를 밝히지 않았다. 다만 여기서는 역접으로 해석하여 하택이 해오에 밝다는 뜻으로 해석해야 옳다고만 주장하면서 그 이유는 성철 스님이 『선문정로』 p.170에서 '悟解'는 '解悟'와 같은 뜻이라고 말씀하셨기 때문이라 하였다. 보조 스님이 사용하신 오해라는 말의 뜻을 성철 스님 식으로 읽어야 한다고 주장하면서 그 이유를 성철 스님이 그렇게 말씀하셨기 때문이라는 것은 논증의 정도가 아니다. 보조 스님의 사상체계 안에서도 여기서 말하는 오해를 꼭 돈오돈수라고 해석할 필요는 없다. 그리고 그것은 전 교수 처럼 해오라고 읽어서 잘못 될 것도 없다. 다만 조심해야 할 것은 보조 스님의 해오라는 말의 뜻을 성철 스님 식으로 읽어서는 안 된다는 것 이다. 보조 스님의 글이니까 일차적으로는 보조 스님 식으로 읽어야 마땅하다. 그 다음의 이차적인 해설은 전적으로 해설자의 자유이다.

(4) 전 교수는 필자의 주장에 앞과 뒤가 맞지 않는 모순이 있다고 평 하면서, 그 증거로 필자가 처음에는 보조 스님이 그 당시 수행자들의 "不依文字指歸"하는 경향을 보고 그에 대한 약으로 "須依如實言教" 를 말씀하셨다고 주장하다가, 나중에 가서는 문자, 언어, 교리, 지해 등 언교의 중요성을 역설하면서 보조 스님도 문자를 중요시했다고 주장 함으로써 전후 모순의 오류를 범했다고 하였다.

필자에게는 분명 수미일관된 논리인데, 전 교수는 '의문자지귀'를 '의문자'에 반대되는 것으로 이해함으로써 전 교수는 전후 모순으로 보 았다. 그는 문자지귀를 문자를 통한 가르침으로 해석하지 않고 문자가 궁극적으로 드러내려고 한 것, 즉 문자소귀로 해석하였다. 이렇게 되면 문자지귀는 문제가 아닌 것이다. 보조 스님의『절요』에서 '문자지귀'는 나누어서는 안 될 하나의 숙어인데, 전 교수는 문자의 所歸로 둘로 나 누어 놓았기 때문에 필자의 말이 전후 모순으로 보였던 것이다. 전 교 수가 '문자지귀'를 '문자소귀'로 바꾸어 읽고서 보조 스님은 달에 의지 하지 않는 것을 한탄하셨지, 손가락에 의지하지 않는 것을 한탄하신 것은 아니라고 말한다면 이는 제법 선문답을 아는 것처럼 들리지만, 문제의 발단은 바로 거기에 있는 것이다. 또 전 교수가 "불의문자지귀" 라고 하는 여섯 글자로 된 이 구절을 전후 다른 구절들과의 상관관계 를 무시한 채 그 구절 하나만을 분석적으로 파고 들어가면 '단장절구 의 오류'를 면할 수 없을 것이다. 이 구절은 어디까지나 "여관금시수심인"으로 시작하여 "불왕용공이"로 끝나는 총 67자로 된 전체의 문맥에서 이해되어야 할 것이다.

(5) 전 교수는 보조 스님의 '여실언교'라는 말을 범어로 환원한 다음, 이 말은 부처님의 가르침 특히 사성제를 가리키는 것이지, 하택의 가르침을 가리키는 것은 아니라고 결론지었다. 그러나 보조 스님의『절요』는 인도의 범어 경전을 번역한 책이 아니라 순수한 동아시아 사람들의 저술이다. 극단적으로 말해서 설사 그것이 처음에 범어로 쓰였다 할지라도 10세기에 중국의 규봉종밀이 쓰고 13세기에 고려 승려인 보조지눌이 節要한 이상, 그것은 동아시아 사람들의 생명의 일부이다. 보조 스님 고유의 숨결을 놓쳐서는 안 된다는 말이다. 그러므로 보조 스님이 설사 '여실언교'란 말 대신에 전 교수처럼 'yathabhutasatya'란 범어를 그 곳에서 사용했다 할지라도 그 말은 먼저 보조 스님의 생명 현상으로 받아들여져야 한다. 그런 다음에, 필요하면, 인도의 부처님의 경우와 비교하는 것은 좋다. 그러므로 전 교수는 여기서 왜 당신이 13세기 동아시아 출신 선승들의 언어를 인도의 고전어인 범어로 환원해야만 했던가를 먼저 밝혔어야 할 것이다. 또한 보조 스님의 '여실언교'라는 말이 하택의 가르침을 가리키는 것이 아님을 논리적으로 입증했어야 했다. 전 교수는 이런 작업을 하지 않았다. 이 문제에 대한 전 교수의 다섯줄밖에 안 되는 짧은 논평의 범위 내에서 말한다면, 필자는 전 교수가 여실언교를 부처님의 가르침으로 확대 해석하자고 제의한 데에 대해서는 쉽게 공감할 수 있어도 그것이 하택의 가르침을 가리키는 것은 아니라고 주장한 데에 대해서는 좀 더 설명을 기다려야 할 것 같다.

(6) 전 교수는 동아시아에서 성장하고 발전한 漢文권 불교사상의 가

장 기본적인 사유형식인 體와 用의 논리를 또 범어로 환원하여 처리하였다. 이리하여 전 교수는 필자의 체적 접근을 본질론적 해석 방법으로, 용적 접근을 목적론적 해석 방법이라는 말로 바꿔버렸는데, 이 대목에 대한 전 교수의 논평은 아무리 애써 읽어보아도 그 뜻을 알 수 없었다. 그러므로 필자가 여기서 할 수 있는 말은 체용의 논리란 동아시아 한문권 불교사상의 논리이니까 무엇보다도 먼저 이를 중국철학적으로 이해해야 할 것이요, 함부로 범어로 환원하거나 서양철학적인 개념으로 바꾸어 해석해서는 안 된다는 말뿐이다. 그 결과는 혼란만을 일으킬 뿐이기 때문이다. 사상의 올바른 전달이나 발전을 위해서 우리는 이러한 것에 세심한 주의를 기울여야 한다. 그동안 학계의 일각에 비교종교라는 이름으로 이러한 풍조가 유행하여 동서를 가로막는 늪만 더욱 심화시켰던 사실을 상기하면 새삼 경각심을 환기시키지 않을 수 없다.

(7) "성철 스님이 보조 스님의 돈오점수설을 너무 용적 접근이라고 비판했다는 필자의 지적은 잘못"이라고 전 교수는 논평했다. 이 논평은 전 교수가 체용에 대한 이해가 범어적 어원 및 서양철학적 개념과 뒤섞이면서 그 말의 본래적인 의미에서 이탈하여 엉뚱하게 뒤틀린 데서 비롯된 것이 아닌가 생각한다.

중국철학에서 체용의 논리는 걷잡을 수 없을 정도로 다양하게 발전하여 형이상학적인 원리와 그 작용을 설명할 때도 쓰였고, 윤리 도덕의 원리와 기능을 논할 때도 쓰였다. 심지어는 경제, 정치, 외교, 군사 등 여러 가지 사회적인 사태의 해명에까지 쓰였다. 그러나 필자는 이를 수도론적인 맥락 속에서 사용하였다. 그러므로 필자의 논문에서 체란 자성이 공하다는 사실을 가리키는 것이며, 용은 자성이 공했을 때 나타나는 기능을 말한다. 진공묘유라는 말을 예로 들어 설명하면 진공은 체요 묘유는 용이다. 한 사람의 인격이 진정 허공처럼 걸림이 없어지면(체가 정말 공하면), 그 사람의 인간으로서의 기능은 묘하게도 더욱 뚜렷하게 활발해진다(묘유). 자연계에서 삼라만상이 모두 각각 제자리에 있고, 제 할 일을 하고 있는 것도 그 체가 공하기 때문에 그 용이 자연히 그렇게 자연 노릇을 잘 한다고 말할 수 있다. 그러므로 묘유란 현상 세계에서 자기가 해야 할 일들을 다 잘 하는 것을 말한다. 따라서 필자의 논문에서 말하는 체적 접근이란 '체의 공화'를 초미의 급선무로 내세우는 수도적인 자세를 말한다. 따라서 체적 관점에서 보자면 아무리 천하의 善을 혼자서 다 실천하는 사람이 있다 하더라도, 그의 마음속에 탐진치 삼독심이 들끓고 번뇌 망상이 그치지 않는 한, 그의 실천은 용의 세계에서의 조작에 불과하기 때문에 그것은 위선이요 거짓이라는 것이다. 따라서 그러한 거짓된 선은 안 하는 것만 못하다는 것이다. 성철 스님이 육도만행을 강조하는 사람들에게 "보현행이 원수인 줄 알라"고 경고하시는 것도 그러한 맥락에서 이해할 수 있다. 그러나 보조 스님의 생각은 다르다. 보조 스님은 인간이 살아 있는 한, 무슨 활동을 하건 활동은 하기 마련이므로 깨치고 못 깨치고에 관계없이 일상생활에서의 중선봉행은 수도자의 중요한 실천덕목이 된다고 보았다. 그러므로 보조 스님은 깨달음을 강조한다는 점에서는 체적 접근을 하신 분이지만, 육도만행을 무시하지 않는다는 점에서는 용적 접근도 소홀히 하지 않았다고 말할 수 있다. 그래서 필자는 보조 스님이 체용을 겸했다고 말했던 것이다. 거기에 비해서 돈오돈수파에서는 체적 접근만을 강조하고 용적 접근을 거부했으며, 또한 성철 스님이 보조 스님을 비판하는 큰 이유 가운데 하나가 보조 스님의 체계 속에 교가와도 같은 용적 접근이 섞여 들어가 있다는 것이다.

필자의 논문 속에서 이 대목은 성철 스님의 사상을 그대로 소개하고 있는 대목인데도 불구하고 전 교수가 필자의 지적은 잘못이라고 운운

하니 어리둥절해질 수밖에 없다. 이것은 잘 한 일이냐 잘 못한 일이냐
의 문제가 아니라 성철 스님의 지도 노선이 과연 그러한가 혹은 그렇
지 않은가의 문제라고 생각한다. 거듭 밝히는 바이지만 전 교수가 이
문제를 그런 식으로 발전시켜 나간 것은 전 교수가 동양철학 체계 속
에서의 체용의 논리를 오해한 데서 비롯한 것이 아닌가 생각한다.

필자가 잘못 알았다면 지적해 주기 바란다. 원활한 의사소통
(communication)의 제일 요건은 대화자들 간에 사용하는 말이 같아야 하
고, 말의 뜻이 같아야 하고, 그 말과 그 뜻을 활성화하는 인생체험이
같아야 한다는 말이 새삼 중요하게 느껴진다.

(8) 전 교수는 인도의 미맘사 학파의 성상주론에 반대하여 성무상론
을 펼친 불교학파의 논리를 현재의 우리가 어떻게 이해하고 어떤 방식
으로 조명해야 할지가 의문이라고 말했다. 그런데 도대체 무엇이 문제
인지, 질문의 초점을 잡을 수가 없다. 질문의 내용을 파악할 수 없기
때문이다. 혹시 동아시아 불교사에서의 문자와 언교의 중요성을 강조
하는 교종과 불립문자를 내세우는 선종과의 대립을 그대로 인도의 성
상주론과 성무상론의 대립으로 오해한 것이 아닌가 하는 의심도 해 보
았지만 여전히 분명치 않다.

(9) 전 교수는 또 헤겔과 칸트의 개념을 동원하여 보조 스님과 성철
스님의 차이를 다음과 같이 대비시켰다.

보조 스님은 정(해오점수), 반(돈오돈수)에 대한 헤겔식 변증법에 의
한 결론인 합(돈오점수)에 이르는 과정을 택한 것이며, 성철 스님은 주
장(돈오돈수)과 반주장(해오점수), 중반주장의 오류와 자기모순을 부정
(斷)함으로써 주장을 결론으로 하는 칸트식 변증법을 택한 것이라고

본다.

전 교수의 이러한 비교가 설득력을 가지려면 무엇보다도 먼저 해야 할 일이 있다. 칸트에서 헤겔로 발전해 나아간 독일 관념론철학과 보조 스님에서 성철 스님에 이르기까지의 한국불교사상 사이에 가로 놓여 있는 무시할 수 없는 커다란 차이에 대해서 언급했어야 한다. 그런 다음, 이렇게 커다란 차이가 있음에도 불구하고 이러이러한 유사성 때문에 우리의 대화 가운데 이러이러한 점을 분명히 하기 위해서 이러이러한 용어를 이러이러한 뜻으로 사용한다고 밝혔어야 한다. 독일 관념론이라는 말이 말해 주듯이 칸트와 헤겔의 철학 체계는 철저한 이성주의에 입각한 순수한 관념론 체계이다. 그러나 한국 선승들의 문제는 그런 것들과는 너무나 거리가 먼 깨달음과 닦음의 체계이다. 독일 관념론에 불교의 깨달음과 닦음의 문제가 있었던가? 한국의 선승들에게 일찍이 독일의 이성주의적 관념론 체계가 문제된 적이 있었던가? 서양에서도 일찍이 불교사상을 헤겔의 변증법으로 보려는 사람들이 있었다. 그러나 이것은 불교의 깨달음이 무엇인지 전혀 이해할 수 없었던 서양인들의 어설픈 시도에 불과했음이 지적된 지 오래다.

(10) 전 교수는 보조 스님과 성철 스님과의 차이를 각각 헤겔과 칸트의 변증법적 도식으로 비교하고 나서, 다음과 같이 말하였다.

그렇다면 양자의 본질적 모순인 차이점을 버리고 공통점만을 택한 보조 스님의 치유법과 오류와 모순을 버리고 본질 자체에서 해결법을 구한 성철 스님의 치유법 중 어느 쪽을 택할 것인지를 각자에게 반문하고 싶다.

　전 교수는 여기에서 보조 스님의 치유법을 양자의 본질적 모순인 차이점을 못 보고 공통점만을 택한 것이라고 규정하였으며, 반면에 성철 스님의 치유법은 오류와 모순을 제거하고 본질 자체에서 해결법을 구하는 것이라고 규정하였다. 그런 다음, 그는 독자들에게 어느 쪽을 택하겠느냐고 묻는다. 전 교수는 여기서 누가 들어보아도 보조 스님은 엉성하고 성철 스님은 하나도 틀림없는 것처럼 대조시켜 놓고 있다. 그러나 그것의 사실 여부는 엄밀한 학적 연구 검토가 끝난 다음이 아니면 아무도 단언할 수 없는 일이다. 보조 스님이 정말 양자 간의 본질적인 모순을 외면하고 공통점만을 택한 사람이었을까? 전 교수가 그렇게 주장하는 근거를 알고 싶다. 또 『선문정로』에 그렇게 쓰여 있더라고 말해서는 안 된다. 도대체 보조 스님이 외면했다는 본질적인 모순이란 무엇인가? 돈오돈수와 돈오점수가 본질적인 모순인가? 성철 스님에게는 그것이 본질적인 모순이지만 보조 스님에게는 그것이 본질적인 모순이 아니었다. 그리고 성철 스님은 오류와 자기모순을 철저히 부정하고 본질 자체에서 해결법을 구했다고 말했는데 어찌 그것이 성철 스님의 전유물이겠는가? 세상에 올바른 禪師치고 그렇지 않은 선사가 어디 있단 말인가? 한국 불교의 역사상 보조 스님만큼 내 편과 남의 편을 가르지 않고 공평하게 비판적이었던 큰스님도 드물 것이다. 우리는 『보조어록』을 다시 한 번 조심스럽게 읽어보아야 하겠다. 성철 스님 식으로 읽지 말고 보조 스님 식으로 읽어야 한다. 그 말은 보조 스님 당시의 역사와 사회를 함께 공부하면서 『보조어록』을 읽어야 한다는 말이다. 보조 스님이 선교합일이라고 말하니까 선에서 조금, 교에서 조금, 하는 식으로 합쳐서 하나로 만들어 놓은 것으로 오해하는 사람들, 돈오점수라고 말하니까 돈오는 선이고 점수는 교라고 속단하여 이는 선교비빔밥이라고 말하는 사람들, 이들은 모두 역사 공부를 하지 않은 사람들이요, 사회에 대한 이해가 부족한 사람들이다.

(11) 전 교수는 필자가 처음에는 『修心訣』을 근거로 돈오돈수와 돈오점수가 같다고 주장했다가, 나중에는 『절요』를 근거로 보조 스님이 돈오돈수를 부정했다고 주장하여 종잡을 수가 없다는 식으로 논평하였다. 전 교수의 논평은 『보조사상』 제1집(보조사상연구원, 1990년 10월), p.519, p.520에 실려 있는 필자의 글 가운데 제5절의 끝 부분을 문제 삼고 있는데 이 부분에 대해서 전 교수는 뭔가를 착각하고 있는 듯하다. 무엇보다도, 필자는 여기서 『수심결』을 근거로 돈오돈수와 돈오점수가 같다고 주장한 적이 없다. 보조 스님이 그렇게 말씀하신다고 소개했을 뿐이라는 것을 분명히 밝혀두고 싶다. 전 교수는 곧 이어 필자가 『절요』를 근거로 보조 스님이 돈오돈수를 부정했다고 논평했는데 이것 또한 명백한 오독이다. "금각의"로 시작하여 "이위비연야"로 끝나는 보조 스님의 원문에서나 필자의 해설에서나 어느 쪽에서도 돈오돈수를 부정한 대목은 한 군데도 없다. 지금 전 교수는 돈오점수만 들먹이면 돈오돈수를 부정한 것으로 착각하고 있는 듯하다. 위의 인용문에서 보조 스님은 돈오돈수를 부정한 것은 아니고 돈오돈수를 오해한 사람들이 구경각을 성취하지도 못 했으면서 자기의 작은 깨달음을 구경각으로 잘못 알고 자기는 이미 돈오돈수 했으니 더 이상 닦을 것 없다고 주장하는 망발을 부정하고 있는 것이다. 이러한 망발에 대한 약이 바로 돈오점수설이다.

(12) 필자가 돈오점수파의 일생과 돈오돈수파의 일생을 비교한 다음, 양자 사이엔 이외에도 구조적인 유사성이 발견된다고 지적한 데 대하여, 전 교수는 "차이의 有가 차이의 無라는 논리적 모순이 납득되지 않는다." 고 논평하였다. 과연 필자의 이론 전개에 그런 모순이 있는지 없는지 따져 보지 않을 수 없다. 양자 간에 차이가 있다는 말은 돈오돈수설과 돈오점수설을 주장하는 스님들이 서로 다르고, 한 분은 지해를

독약으로 알고 다른 한 분은 지해를 약으로 쓰고…… 등등 다른 것을 열거하기로 들면 헤아릴 수 없이 많다. 돈오돈수파와 돈오점수파가 이와 같이 다름에도 불구하고 양자를 전체적으로 조감해 볼 때 양자 간엔 의외에도 유사성이 발견된다. 양자가 모두 처음에는 어떤 형태로든지 교리를 가르치고 배우며, 이렇게 교리를 공부하고 난 다음에 머릿속이 환해지면서 불퇴전의 정진을 해야겠다고 마음을 굳히는 것(發心)이 같고, 이처럼 발심한 다음에 화두에 들건 懺行을 하건 일사불란하게 용맹전진하는 것이 같고, 용맹정진 끝에 구경각을 성취하는 것이 같고, 구경각을 성취한 다음에는 어떤 형태로든지 널리 중생을 이롭게 하는 것이 같다. 이만하면 양자가 구조적으로 유사하다고 말해서 모순이라고 우길 사람은 별로 없을 것이다. 이러한 표현법은 우리의 언어활동에 얼마든지 발견된다. 겉은 다른데 속은 같다든가, 처음은 다른데 마지막은 같다든가, 기독교와 불교는 얼핏 보기에 크게 다른데 알고 보면 유사한 점들이 많다든가, 공산주의와 종교는 본질적으로 다른 것인데 그것들을 對社會的인 기능면에서 보면 매우 흡사하다든가…… 등등 예를 들자면 이것 또한 한정이 없을 정도이다. 누구나 다 잘 아는 이러한 경우들을 전 교수는 또 '차이의 유'를 '차이의 무'라고 말했다고 탓할 것인가? 양자를 같다고 말하건 다르다고 말하건 간에 모두가 근원적 진리의 관점이 아니라 상황에 따라 달라지는 인간의 관점과 깊은 관련을 가지고 있다. 이러한 인간의 관점을 捨象해 버리고 앞도 뒤도 없이 그저 필자가 '차이의 유'를 '차이의 무'라고 말했다고 요약하는 것은 생명 현상인 인간의 언어활동을 공허하게 비생명화 하는 말장난에 불과할 뿐이다.

(13) 전 교수는 돈오점수파의 일생과 돈오돈수파의 일생을 비교한 필자의 도표는 마땅히 수정되어야 한다고 주장하면서 대안을 내놓았

다. 그러나 전 교수의 대안을 잘 관찰해 보면 양자의 차이는 돈오점수
파의 해오에 해당되는 자리에 돈오돈수파의 심이라는 글자 하나를 적
어 넣었을 뿐이다. 여기서 심이 어쨌다는 것인지 불분명하다. 다만 각
각의 마지막에 괄호를 열어 돈오점수는 '단계적, 시간의 진행, 차별적'
이라 써넣고 돈오돈수는 '일시적, 시간의 초월, 무차별적'이라고 적어
넣었다. 그런 다음, 전 교수는 "이상과 같이 설명한다면 양자 간의 본
질적인 차이가 드러날 것이다"고 덧붙였다. 필자는 전 교수가 이러한
설명으로 어떻게 본질적인 차이가 드러났다고 주장하는지 이해할 수
없었다. 무엇보다도 돈오점수파의 일생은 단계적인데 반하여 돈오돈수
파의 일생은 일시적이라니 그게 무슨 말인가? 돈오돈수파에 속하는 수
도자들이 화두를 참구하고, 일상일여→ 몽각일여→ 오매일여의 삼관을
차례로 돌파하고, 드디어 구경각을 성취하고 하는 이 모든 일이 일시
에 이루어진다는 것이 일시적이란 말의 의미라면 성철 스님을 비롯해
서 성철 스님의 지도를 받고 있는 모든 스님들과 신도들이 다 일시적
으로 그 모든 일을 다 성취해 마쳤다는 말인가? 만일 그렇지 않다면
일시적이란 말의 의미는 무엇인가? 여기서 일시적이라는 말이 시간의
초월을 의미하는 무차별적인 것이라면 문제는 더욱 심각해진다. 돈오
돈수를 믿고 정진하고 있는 사람들이 모두 다 그렇다는 말인가? 만일
그렇지 않다면 거기에는 시간의 진행이 있고 차별이 생기고 따라서 단
계적일 수밖에 없을 것이다. 그렇다면 돈오점수와 무엇이 다른가? 짐
작컨대, 전 교수가 말하고자 하는 차이는 돈오점수와 돈오돈수의 차이
가 아니라 覺의 세계와 未覺의 세계의 차이일 것이다. 각의 세계는 시
간을 초월하고 무차별인데 반하여, 미각의 세계에는 시간의 진행이 있
고 차별이 있다고 말하면 그것은 말이 된다. 그러나 이것을 전 교수처
럼 각의 세계는 성철 스님의 세계이고 보조 스님의 세계는 미각의 세
계라고 말하면 문제는 달라진다. 도대체 이것을 무엇으로 증명할 것인

가? 문제는 바로 여기에 있다. 이 어려운 일을 도표의 조작으로 간단하게 해결할 수는 없다. 문제의 해결은 도표상의 차이에 있지 않고 수행자 자신에게 실제로 어떤 차이가 나타나느냐에 있다. 성철 스님 자신이 시간을 초월하고 무차별적임을 당신이 사시는 모습 속에서 보여주어야 한다. 돈오돈수를 주장하는 사람들이 자기들이 주장하는 것을 몸으로 증명해 보여주어야 한다. 실지의 삶 자체는 하나도 차이가 없는데 말로만 도표로만 이렇게 큰 차이가 있다고 떠들어 봤자 그런 것은 공수표에 불과하다.

(14) 전 교수는 필자의 결론, 즉 보조 스님의 돈오점수설을 '돈오돈수적 점수설'로 발전시켜야 한다는 제의를 받아들이지 않았다. 전 교수가 필자의 결론을 받아들이지 않는 이유는 돈오돈수적 점수설이 돈오점수설의 내용과 다를 바 없다고 생각되기 때문이라는 것이다. 이것은 대전대학교 강사인 김호성 교수의 의견과 퍽 대조적이다. 김 교수는 필자의 돈오돈수적 점수설을 가리켜 성철 스님의 돈오돈수설과 본질적으로 다를 바 없다고 평하였다. 모두가 각자의 관점과 시각을 나타낸 것으로 볼 수 있을 것이다. 필자의 논문에서 돈오돈수적 점수설은 미래의 한 연구 과제로서 문제제기의 성격을 벗어나지 않았다. 전 교수가 그러한 단정을 내릴 수 있기 위해서는 '돈오돈수적 점수설'의 전모가 좀 더 구체적으로 밝혀진 뒤이어야 할 것이다.

이제 필자는 여기서 잠깐 '돈오돈수적 점수'라는 새 말을 만들어 내놓은 배경을 약간 설명해야 하겠다. 성철 스님이 보조 스님의 돈오점수설을 배격하는 가장 큰 이유는 돈오점수설 때문에 사람들이 깨침이 아닌 것을 깨침으로 착각하게 되었다는 것이었다. 未證謂證이라는 병, 즉 깨치지 못했으면서 깨쳤다고 말하는 병은 수행자들에게 있어서 병 중에서도 가장 큰 병이다. 인간이 앓고 있는 가지가지의 병들, 인간이

저지를 오만가지의 죄들, 이 모든 것들을 다 용서할 수 있어도 미증위
증의 병만은 용서할 수도 없고 용서해서도 안 된다는 것을 성철 스님
은 항상 힘주어 말씀하셨다. 그리고 또한 성철 스님은 중국의 중봉 스
님이 말씀하신 別立生涯의 자세를 강조하시면서 과거의 모든 것을 철
저히 내려부수어 깨끗이 버리고 항상 초보사의 마음사세로 돌아가 새
출발해야 한다고 가르치셨다. 이러한 수도 정신을 실천하기 위한 하나
의 필연적인 요청으로 성철 스님은 돈오돈수설을 강조하였던 것이다.

그러나 우리들이 여기서 알아야 할 것은 미증위증을 규탄하고 별립
생애를 강조하는 것이 성철 스님만은 아니라는 사실이다. 필자는 돈오
점수설을 인정하는 스님들에게서도 이 말을 무수히 들었다. 미증위증
의 병은 어디에나 있는 법이며, 누구나 한 번 씩은 앓는 병이다. 이 병
은 돈오점수파에만 있는 병이 아니고 돈오돈수파에 속하는 사람들에
게서도 무수히 발견되는 병이다. 말하자면 이 병은 수도자라면 누구나
걸리기 쉬운 만인의 병이다. 그런데 이런 만인의 병을 돈오점수파에만
있고 돈오돈수파에는 없는 것처럼 착각한다거나 돈오점수는 병이고
돈오돈수는 약이라는 도식으로 정리하는 것은 잘못이다.

돈오돈수설도 돈오점수설도 모두 다 약이다. 어느 약이 더 잘 듣는
지는 써 보아야 안다. 약의 효과란 항상 사람 따라 다르고 증상 따라
다르기 때문에 약에 절대성은 없다. 필자는 성철 스님의 돈오돈수설을
보조 스님의 약보다 더욱 효과가 좋은 새로운 良藥으로 높이 평가하고
싶다. 그러나 그 약이 만병통치라고는 생각하지 않는다. 여기에 보조
스님의 약이 더 잘 듣는 환자들도 많다는 것을 알아야 한다. 보조 스님
의 돈오점수설은 성철 스님의 돈오돈수설보다 훨씬 더 포괄적인 학적
인 체계를 갖춘 수도 이론이다. 특히 수행에 있어서의 점차적인 성격
을 철저하게 규명한 것은 큰 공헌이며, 이는 그 뒤의 조선조에 퇴계 선
생 같은 점수파 성리학자의 출현을 가능케 한 기초를 닦았다고 말할

수 있다. 성철 스님은 점수설의 병리적인 측면만을 지적하시고 점수사상의 약리적인 측면에 대해서는 말씀하시지 않았다. 임제의 정맥을 잇고 조계의 적자를 자임하는 스님으로서는 어쩔 수 없는 일인지도 모른다. 아무튼 보조 스님의 점수사상은 높이 평가해야 하고 계승 발전시켜야 한다는 것이 필자의 신념이며 동시에 성철 스님의 가르침 가운데 돈오돈수에 대한 관찰은 전인미답의 날카로움이 있다는 것이 필자의 견해이다. 그리고 필자는 양자가 조금도 모순되지 않는다고 생각한다. 양자 간의 모순은 사실에 있는 것이 아니고 논쟁자들의 부정확한 개념 규정에서 비롯한 것 같다.

필자는 여기서 마지막으로 결론 삼아 한 가지만 더 말하고 싶다. 이번에 「전치수 교수에게 답함」이라는 글을 쓰면서 "학문이란 무엇인가?" "왜 학문을 하는가?" "학문은 어떻게 해야 하는가?"하는 등등의 가장 고전적인 질문들이 되새겨졌다. 이제 우리는 이러한 근본적인 질문과 정면으로 대결해야 할 것 같다. 그렇지 않고서는 무엇이 진정한 학술논문이고, 무엇이 진정한 학술회의인가를 밝힐 수 없을 것이다.

송광사 회의에서는 '학술회의'란 말이 많이 쓰였다. 학술회의란 말의 정의가 잘 내려져 있어서 마치 운동경기장의 게임 규칙처럼 공인된 학술회의의 왕도가 서 있는 듯이 말했다. 학술회의란 무슨 굉장한 것이나 되는 것처럼 "이 자리는 학술회의를 하는 장소"라느니, 또는 "우리는 지금 학술회의를 하고 있는 중"이라는 등등 많은 사람들이 '학술회의'라는 말에 어떤 신성한 가치를 부여하고 있었다.

기우일 수도 있지만 이런 식으로 나갔다가는 마치 정부 주도의 소위 반공교육이 학생들을 더욱 좌경으로 몰고 갔다는 비난처럼 우리의 학술회의가 사람들을 더욱 학술회의에 반감을 갖는 방향으로 몰고 갔다는 비난을 받을 것만 같았다. 앞으로 언젠가는 학술회의의 정의를 내리는 학술회의를 열어야 할지도 모른다는 생각이 들었다.

필자는 여기서 '학술회의'를 신성시하려는 이러한 태도에 대해 솔직한 생각을 이야기하고 싶다. 그러한 태도는 학문을 현실로부터 遊離시키려는 태도이다. 그리고 자기의 삶을 떠난 학문은 죽은 학문이다. 자기의 삶이 살아야 학문도 산다. 학문이란 다름 아닌 자기의 삶을 드러내 놓는 일이다. 자기의 삶 따로 있고, 학문 따로 있는 것은 하나의 희극에 불과하거나 아니면 커다란 비극일 뿐이다. 우리의 주제인 깨달음과 닦음 자체는 삶의 모습을 표현하는 말이요, 깨달음과 닦음을 하나의 문제로 삼아 토론하는 것은 학문의 영역이라고 말할 때, 만일 깨달음과 닦음의 삶은 없고 깨달음과 닦음의 학문만 있다면 이것은 삶 없는 학문이요 따라서 죽은 학문이다.

깨달음과 닦음을 문제 삼는 학술회의에서 깨달음과 닦음에 목숨을 걸고 일생을 바친 사람들은 참여하지 않고 깨달음과 닦음에는 관심이 없는 사람들이 다만 학자라는 이유로 단상에 올라가 큰소리친다면, 이것은 현실에서 유리된 20세기 지식인이 공통으로 앓고 있는 고질병을 여기에서도 앓고 있는 셈이다.

우리들이 또한 잊어서는 안 될 것은 한국에 계신 소위 고승들의 학문관이다. 그들에겐 학문에 대한 이해도 존경도 없다. 그들에게 있어서 학자란 아무 것도 모르면서 모든 것을 다 아는 것처럼 함부로 말하는 속 빈 사람들의 대명사이다. 석가모니 부처님은 아무도 따라갈 수 없을 정도로 훌륭한 학문을 가지신 분이고, 그들이 가장 존경하는 역대 조사들 가운데는 훌륭한 학적 업적을 남기신 분들이 많았다는 사실을 잘 알면서도, 그들은 그러한 사실을 우리의 현실과 결부시킬 줄 몰랐다. 그들은 있어야 할 학문을 일으키려 하지 않고, 있는 학문의 잘못만을 들추는 것이다.

고승이란 말이 깨달음과 닦음에 일생을 몸 바친 사람을 뜻한다면 그들이야말로 이번 학술회의의 주역을 담당해야 할 사람들이다. 그러나 그들은 그 역할을 하지 않았다. 이번 학술회의 당시 송광사에 주석하고 계신 스님들 가운데도 회의에 전혀 참여하지 않은 스님도 있었을 것이다.

이것은 무엇을 의미하는가? 두 극단이다. 부처님께서 가장 경계하신 두 극단만이 우리의 풍토를 주름잡고 있는 것이다. 離邊中道의 작업이 필요하다. 어떻게? 보조 스님이 이미 좋은 본보기를 보여주셨다. 보조 사상을 계승하지 않았기 때문에 오늘날 한국 불교의 풍토가 이렇게 되어 버렸다고 말하면 오진일까? 천하의 선지식들은 한 마디 해 주기 바란다.

전치수 교수의 논평은 실로 여러 가지 것을 문제 삼았다. 그러나 필자의 논문이 首尾一貫 줄기차게 밝히려고 애썼던 문제, 즉 삶과 학문의 거리를 좁혀 보려는 노력에 대해서는 단 한 마디도 언급하지 않았다. 이것은 학술회의에서 다룰 수 있는 문제가 아니라고 생각했기 때문이었을까? 가령 예를 들면 필자의 논문 제7절 가운데 '성철 스님에게 바라는 것'이랄지, 제8절 '미해결의 과제' 등은 본 논문의 정점을 이루는 핵심적인 부분인데도 불구하고 전 교수는 이것을 필자의 사적 견해로 보이므로 논평할 성질의 문제가 아니라고 말하였다.

결국 우리는 또 다시 "학문이란 무엇인가?", "우리는 왜 학문을 하는가?" 하는 고전적인 문제로 돌아가서 우리의 학문을 구출해 내야만 할 것 같다. 깨달음과 닦음의 문제를 다루는 학자는 분업화된 사회의 단순한 기능공일 수 없다.

(『미주현대불교』 제17호, 1991년 9월, 뉴욕)

대화의 근본조건
─김호성 교수의 「돈오돈수적 점수설의 문제점」을 읽고─

1. 머리말

『金知見博士 회갑기념논문집』(민족사, 1991년 9월)에 실린 김호성 교수의 「돈오돈수적 점수설의 문제점」(『미주현대불교』 제19, 20호에 연재)이라는 논문은 普照學 전문가들이 귀 기울여야 할 중요한 문제들을 많이 거론하고 있었다. 김 교수는 근래에 보조사상에 대해서 많은 논문을 발표하였다. 이번 논문도 그가 이제까지 발표한 여러 논문들과 그 취지를 같이하는 연장적인 성격을 지니고 있었다. 김 교수는 이번 논문과 이에 관련된 일련의 논문들을 모두 복사하여 항공우편으로 필자에게 보내주었다. 정말 고마웠다.

2. 열린 마음이란?

김 교수의 이번 논문은 필자로 하여금 많은 것을 생각하게 해 주었다. 특히 김 교수가 항상 주장하는 '열린 마음'이란 무엇인가를 곰곰이 생각해 보았다. 무엇보다 먼저 필자가 이제까지 발표한 글들이 과연 열린 마음으로 쓴 글들이었던가를 반성하지 않을 수 없었다. 못 미친 것, 지나친 것, 치우친 것…… 등등 부끄럽기 짝이 없었다. 앞으로는 "그러지 않겠다"는 誌上懺悔라도 드리고 싶은 심정이다. 글쓰는 사람은 먼저 '글쓰는 사람의 윤리'부터 지킬 줄 알아야겠다는 생각이 간절했다. 글쓰는 사람의 윤리란 특별한 것이 아니라고 생각한다. 그것은 상식적인 예의를 지키는 것에서부터 시작하는 것이라고 믿는다. 예의 없이는 대화도 토론도 모두 무의미하다고 느껴진다. 학문을 논한다는 미명 아래 예의를 지키지 않는다면 학자들은 결국 싸움꾼 아수라로 전락하고 말 것이다. 글쓰는 사람들이 지켜야 할 예의의 근본은 상대방을 존중하고 아끼는 마음자리를 갖는 것이라고 생각한다. '열린 마음'은 이러한 마음자리를 두고 하는 말일 것이다.

  속에 있는 것을 감추고 입으로는 딴 말을 한다든가, 북을 말한다면서 북은 말하지 않고 동으로 갔다 서로 갔다 겉으로만 빙빙 돌고 있다든가.…… 이러한 여러 가지 형태의 '닫힌 마음'을 가지고 있는 사람들과 학문을 논할 수는 없다. 그러나 학자들이 대화의 근본조건으로 내세우는 '열린 마음'이란 결코 자기의 마음속에 있는 것을 있는 대로 다 쏟아 놓는다는 말은 아닐 것이다. 항상 三毒心에 사로잡혀 있는 사람, 마음이 교만하여 남을 무시하는 일을 능사로 삼는 사람, 잘못된 생각에 집착하여 자기와 의견이 다른 사람은 누구나 적대시하는 사람, 면전에서는 하기 어려운 욕을 종이 위에다 마음놓고 쏟아놓는 사람, 철저한 연구도 하지 않고 단정적인 결론부터 먼저 내리는 사람.…… 이러한 사람들이 모두 자기들의 마음속에 있는 말을 있는 대로 다 쏟아놓는다고 가정해 보자. 그 결과는 어떻게 될 것인가? 너무 무섭다. 이런 일은 없어야겠다. 열린 마음이란 '두려움 없는 마음'임에 틀림없다. 아무 것도 두려워하지 않고 있는 그대로 속에 있는 것을 털어 내놓는다는 것은 말만 들어도 통쾌한 일이다. 그러나 만용은 용기가 아니다. 진정한 용기는 상대방을 무서워하지 않는 데서 나오는 것이 아니라 진리를 무서워하지 않는 데서 나오는 것이라고 생각한다.

우리들이 강조하는 '열린 마음'이란 입을 열기 전에 먼저 자기가 지금 하고자 하는 말이 '말이 되는가 안 되는가'를 점검해 보고, 만일 말이 안 되면 입을 열지 않는 '속 힘(저력)'이 있는 마음일 것이다. 그리고 '열린 마음'이란 자기가 지금 하고사 하는 말이 앞으로 우리가 함께 사는 이 사회에 어떤 결과를 가져 올 것인지를 꿰뚫어 볼 줄 아는 炯眼의 마음이어야 할 것이다. 孔子의 수제자였던 顔回의 이야기는 우리에게 '열린 마음'이 무엇임을 잘 가르쳐 준다. 배운 것을 실천해 보지 않고서는 입을 열지 않았던 안회야말로 저력과 형안을 갖춘 열린 마음의 실천자가 아니었던가 싶다.

보조 스님은 '허공처럼 트인 마음'의 비유를 들어 공부하는 사람들이 지녀야 할 마음의 자세를 가르쳤다. 과연 누가 오늘날 안회처럼 '저력이 있는 마음'을 가질 수 있으며, 보조 스님이 강조하신 '허공처럼 트인 마음'을 가질 수 있을까? 쉽지 않은 것만은 사실이다. 그러나 쉽지 않다고 하여 포기할 것인가? 그것을 포기하고서 과연 普照學이 가능할까? 깨달음과 닦음의 문제가 핵심이 되어 있는 보조사상이 마음공부를 포기한 사람들에 의하여 제대로 밝혀지리라고는 생각되지 않는다. 모두 애쓰면 뭔가가 밝혀지겠지만 정말 중요한 것은 '무엇'이 밝혀졌느냐에 있을 것이다. 보조 스님이 밝히고 싶었던 것은 점점 더 어두워지고 지엽적인 것만 풍성하게 불어나서 초보자들의 눈길을 엉뚱한 방향으로 돌려버린다면 보조학의 장래는 암담하다고 말할 수밖에 없다.

3. 깨달음이란?

'자기의 마음이 참다운 부처님이다.' 이것은 깨달은 사람들의 '증언이다. 이 증언을 진리로 받아들이는 것이 믿음이다. 그러므로 믿음은 깨닫지 못한 사람이 깨달은 사람을 만나는 '길'이다. 그러나 진정한 만남은 자신이 '깨달음'을 성취함으로써만 가능하다. 불교 주변에서 얼씬거린 사람은 누구나 '자기의 마음이 참다운 부처님이라'는 '말'을 할 줄 안다. 그러나 이것이 하나의 지식으로 아는 것인지 또는 믿음으로 아는 것인지, 아니면 자기자신의 진정한 깨달음을 통해서 아는 것인지에 따라서 그 내용은 크게 달라진다. 깨달음에 관한 보조 스님의 말씀을 놓고 말이 많다. 지식이냐 아니면 깨달음이냐? 이것은 남의 문제가 아니라 우리들 자신의 문제이다.

깨달음은 지식이 아니다. 깨달음을 말로 표현하고 글로 쓰는 한, 그것은 이미 깨달음 자체가 아니다. 마치 성령이 육체의 탈을 쓰고 성육신하여 지상으로 내려오는 것처럼, 깨달음이 말과 글이라는 탈을 쓰고 지식의 세계로 내려온 것이다. 여기에서 깨달은 사람의 말이 깨닫지 못한 사람의 말과 외형상 똑 같다는 결과가 생긴다. 이 점 또한 성육신한 예수의 육체와 보통사람의 육체가 외형상 똑같다는 사실과 아주 흡사하다. 외형상 다른 사람들과 조금도 다를 바 없는 예수가 자기를 하나님의 아들이라 주장한 것을, 그를 미워했던 그 당시의 유태인들은 이해하지 못하였다. 그 결과 참칭이라는 죄목으로 그를 십자가에 못박아 죽였다. 이것은 외형을 가지고 말하는 한, 하나님의 아들인 예수와 보통사람들을 구별하기란 쉬운 일이 아니라는 것을 보여 준다.

똑같은 문제가 깨달은 사람의 말과 깨닫지 못한 사람의 말을 구별하는 경우에도 생긴다. 이 말은 문자화된 말만을 가지고 따지는 한, 깨달은 사람의 말과 깨닫지 못한 사람의 말을 쉽게 구별할 수 없다는 말이다. 소위 영리하고 총명한 사람들은 스스로는 아무런 깨달음의 체험이 없으면서도 옛날에 깨달은 사람들이 해 놓은 말을 마치 자기가 깨닫고서 하는 말처럼 얼마든지 갖다 쓸 수 있다. 그러면 먼 훗날 어리석은 사람들은 옛날에 정말 깨달은 사람의 말과 그 뒤에 깨닫지 못한 사람의 말이 똑같다 하여 양자는 똑같다는 결론을 내린다. 이렇게 깨닫지 못한 사람을 깨달은 사람이라 말해 버리면 정말 깨달은 사람은 빛을 잃기 마련이다. 어떤 사람들은 깨달은 사람의 말과 깨닫지 못한 사람의 말은 이처럼 천양지판으로 다르다고 여러 가지 증거를 제시하기도 한다. 그런데 그런 경우를 잘 살펴보면 그들은 대개 천양지판으로 다른 말들만 골라 놓고서 그렇게 말하고 있다. 필자가 이 문제를 가지고 이렇게 길게 이야기하는 것은 깨달은 사람과 깨닫지 못한 사람을 구별할 수 없다고 주장하려는 것이 아니고, 양자를 말과 글로 구별할 수 있다고 믿는 사람들의 망상을 깨기 위해서이다. 다시 말하면 말과 글을 주무기로 싸우는 학문의 세계에서는 엄밀한 의미에서 말만을 가지고 이것은 깨달은 사람의 말이고 이것은 아니다라고 구별하기란 곤란하다는 말이다. 이것이 학문의 한계이다. 학자들은 이 한계를 인정해야 한다고 생각한다.

지식과 깨달음은 말과 글의 세계에서만 구별하기 어려운 게 아니고 말과 글로 표현하기 이전에 깨달은 사람의 체험 자체에서도 그 구별이 힘들게 되어 있다. 체험의 주역은 인간의 의식이다. 그런데 이 의식의 구조가 우리의 눈에 보이는 세계처럼 그렇게 분명하게 되어 있지 않다. 아주 복잡하다. 눈에 보이는 복잡함은 비교도 안 된다. 눈엔 보이지도 않는데 그 속에서 무궁무진한 조화가 다 나온다. 이것이 우리의 의식세계이다. 의식의 세계에는 새 것과 헌 것의 구별이 없다. 전부터 가지고 있었던 지식과 새로 체험한 깨달음이 둘로 딱 갈라져 있지 않다. 말로 할 때는 구별이 가능하지만 실지는 그렇게 구별되어 있지 않다.

필자는 지금 깨달음과 지식의 구별이 불가능하다거나 양자를 구별하려는 노력은 무의미하다고 주장하려는 것이 아니라 오히려 그와 반대로 양자의 구별이 사실은 전혀 안 되어 있는데도 불구하고 잘 구별되어 있는 것처럼 착각하는 사람들의 오류를 바로 잡으려 하고 있다. 이러한 오류에 민감하지 않기 때문에 너무나 많은 사람들이 깨달음이 아닌 것을 깨달음으로 착각해 왔다.

그럼 어떻게 양자를 구별할 것인가? 그건 이론상으로 구경각을 전제할 수밖에 없다. 오직 구경각만이 구업과 구습을 일소하고 훤히 트인 허공처럼 활활발발하게 만든다. 어떤 사람이 99.99%까지 깨달음을 성취하고, 오직 0.01%만을 아직 덜 깨달았다면 그 사람도 아직은 구경각을 성취하지 못한 사람이라고 한다. 따라서 0.01%라는 구멍을 통해서 口業과 口習은 여전히 활개를 치기 마련이다. 지식은 이 구업과 구습 속에 서식한다. 그러므로 아무리 훌륭한 깨달음을 얻었다 할지라도 그것이 구경각이 아닌 이상, 거기에 지적인 요소가 전혀 없다는 보장은 없다. 김호성 교수가 필자의 논문에 대해서 학문의 형식을 빌려 여러 가지 말을 많이 했지만 결국은 '지식과 깨달음의 차이'에 관한 문제로 좁혀질 것이다. 이 점에 대해서 우리는 앞으로 많은 대화를 나누어야 할 것 같다.

그렇다고 필자는 구경각만을 깨달음이라고 주장하지는 않는다. 보조 스님이 말씀하시는 해오도 깨달음임에 틀림없다. 그러나 그것을 구경각으로 착각하지는 말자는 말이다. 보조 스님은 누구보다도 이 점을 무섭게 경계하셨다. 보조 스님의 눈에는 돈오돈수파들이 주장하는 깨달음도 해오로밖에는 보이지 않았던 것 같다. 그래서 보조 스님은 누구나 깨달은 다음에도 더욱 열심히 닦아야 한다고 주장하였다. 몇몇 예외는 있을지 몰라도 사람들의 깨달음은 대개 해오라고 보조 스님은 보신 것이다. 김 교수는 그의 논문에서 해오의 완전성과 절대성을 주장하면서 보조 스님은 구경각을 문제 삼지 않았고 해오만으로 충분하다고 생각했었다고 주장하였다. 김 교수의 이러한 주장은 그가 불교의 깨달음을 어떻게 이해하고 있는가를 잘 드러내 주고 있다고 말할 수 있을 것이다. 보조 스님의 해오가 과연 김 교수가 주장하는 것처럼 그렇게 완전하고 절대적이고 다시는 더 구경각도 필요 없는 것일까? 우리는『普照語錄』을 다시 한 번 조심스럽게 뜯어보아야 할 것이다.

4. 불교의 뿌리는 깨달음

병들어 가는 고려불교를 기사회생시킨 보조 스님의 비결은 무엇이었을까? 한 마디로 말해서 그는 고려불교의 뿌리를 점검하고 그 뿌리를 튼튼히 해 주었다. 이것밖에 딴 비결이 있을 수 없다. 여기서 뿌리란 깨달음을 두고 하는 말이다. 콜럼버스의 달걀처럼 누구나 흔히 하는 소리라고 웃어버릴 사람도 없지 않을 것이다. 그러나 고려불교의 뿌리가 된 보조 스님의 깨달음이 무엇인 줄 알면 왜 사람들이 입을 모아 보조 스님을 그렇게 위대하다고 칭찬하는지 그 까닭을 알 수 있으리라 믿는다. 보조 스님의 깨달음에 관한 이론은 남다른 데가 있었다. 보조 스님은 깨달음의 문제를 남들처럼 '개인적인 차원'에 국한시키지 않고 '사회적인 차원'으로까지 끌어 올렸다. 그러기 위해서 그는 다른 사람들이 시도하지 않았던 어려운 일을 시도했었다. 그것이 다름 아닌 만인이 받아들일 수 있는 '비전의 제시'였다. 그리고 그것은 불교 고유의 강점인 체험적인 차원을 계승, 발전시키는 동시에 불교의 수증이론을 체계적으로 이론화하는 작업이었다.

고려불교의 가장 큰 문제는 깨달음에 대한 사람들의 견해가 바로 서 있지 않다는 데에 있다고 보조 스님은 간파하신 듯하다. 종래의 깨달음 사상에는 개인적인 차원과 체험적인 차원만이 있고 사회적인 차원과 이론적인 차원이 없었다. 오늘날 보조사상 전문가들의 고민은 바로 여기에 있는 듯하다. 보조사상 속에 대칭을 이루며 엄연히 존재하는 이 두 차원을 어떻게 해야 성공적으로 잘 설명할 수 있을 것인가? 보통 선사들은 전자만을 강조하였고 학자들은 후자에 치우쳤다. 그러나 보조 스님은 둘을 다 가졌었다. 예를 들어 보조 스님이 평생을 두고 '먼저 깨달아야 한다'고 강조하신 말씀을 놓고 한 번 생각해 보자. 이것이 개인적인 차원인가 아니면 사회적인 차원인가? 흔히들 이것은 개인적 차원이라고 말 할 것이다. 이것은 우리들이 보조 스님이 가졌던 두 가지의 차원 가운데 한 가지밖엔 이어받지 못 했다는 말도 될 수 있을 것이다. 그러나 보조 스님의 경우에는 '먼저 깨달아야 한다'는 말이 결사라는 형식의 사회적인 자각운동으로 시작되었었다. 보조 스님의 최초의 저술인 「勸修定慧結社文」에서 사회적인 차원을 빼버리면 무엇이 남을까? 물론 개인적이고 체험적인 차원 없이 이해할 수는 없다. 그러나 학자가 여기에 공부하는 순서를 매겨야 할 경우에는 사회적이고 이론적인 차원을 먼저 말하지 않을 수 없다. 보조사상에 있어서의 '전망제시'의 문제가 바로 그것이다. 그가 주도한 결사운동이 바로 그것이다.

균형감의 상실은 잘못된 사회의 특징이다. 균형감을 잃은 절름발이 생활에 익숙해지면 똑바로 걷는 것이 오히려 어색할지도 모른다. 보조 스님은 이를 시정하려 했다. 그것은 시도에 불과할 뿐, 실패라고 평하는 사람도 없지 않을 것이다. 설사 그렇다 치더라도 절름발이 현상에 안주하거나 그것을 합리화하는 사람들과 보조 스님과의 차이는 너무나 크다. 역사상의 많은 선각자들이 모두 이상의 실천을 시도했을 뿐, 성공을 못했다고 해도 이것을 어리석은 생각을 시도하다가 실패한 경우와 혼동해서는 안 될 것이다. 그러므로 우리는 보조 스님의 '먼저 깨달아야 한다'는 말씀을 먼저 사회적이고 이론적인 차원에서 똑바로 이해한 다음, 반드시 개인적이고 체험적인 차원으로 각자가 심화시켜 나아가야 한다고 생각한다.

보조 스님은 왜 '먼저 깨달아야 한다'는 종밀의 말을 그렇게 좋아했을까? '깨달음이 없는 닦음은 닦음이 아니라'고 믿었기 때문이다. 뿌리가 없는 나무는 나무가 아니다. 나무의 경우, 나무의 어느 부분 하나가 그 뿌리와 절연된 부분이 있는가? 만일 있다면 그것은 그 나무의 것은 아닐 것이다. 마찬가지로 불교의 경우도 깨달음이라는 뿌리와 떨어져 따로 있는 것이 있다면 그것은 불교가 아닐 것이다. 보조 스님은 불교의 뿌리를 튼튼히 하는 일은 깨달음에 대한 우리의 견해를 바르게 함으로써 시작된다고 보았다. 이 일은 또한 깨달음으로 하여금 정말 깨달음 노릇을 하게 하는 일이라고도 말할 수 있다. 깨달음이 깨달음 노릇을 바로 하려면 무엇보다도 깨달음이 진짜 깨달음이어야 한다. 가짜 깨달음은 깨달음 노릇을 할 수 없기 때문이다. 깨달음의 진위와 정사를 가리는 일은 정말 어려운 일 가운데 가장 어려운 일이라고 생각한다. 실로 보조 스님은 깨달음이 있어야 할 자리를 분명히 해 주고 또한 깨달음이 해야 할 일을 분명하게 해 주었다고 말할 수 있을 것이다. 그것은 보조 스님의 깨달음에 두 가지의 차원이 공존했었기 때문에 가능했었다고 필자는 감히 주장하고 싶다.

5. 서울을 가 보지도 않고

불교의 극락 이야기나 기독교의 천국 이야기가 나오면 필자는 말문이 막히고 만다. 가본 적이 없기 때문이다. 그러나 서울 이야기만 나오면 말참견을 하게 된다. 거기서 살다 왔기 때문이다. 서울에 가본 사람들의 서울 이야기는 들으면 서울을 이해하는 데 도움이 된다. 한 사람은 남대문밖엔 못 보았고, 한 사람은 동대문밖엔 못 보았다 할지라도 그것이 실지로 서울에 가 본 사람들의 말일 때는 그들의 보고는 무의미하지 않다. 그것은 거짓말이 아니기 때문이다. 그러나 서울을 가보지 못한 사람들의 서울 이야기에는 본의는 아닐지 모르나 거짓말이 섞여 있는 경우가 많다. 제일 큰 문제는 아는 것과 모르는 것의 구별이 분명 치 않다는 점이다. 모두가 듣고 읽어서 골고루 많이는 알고 있지만, 모 두가 자기의 상상력으로 구성해 놓은 것이요 실지로 본 것이 아니다. 그럼에도 불구하고 그동안 부지런히 많은 조사를 해 둔 사람이라면 실 지로 가 본 사람보다도 더 많이 아는 경우가 많다. 이렇게 되면 서울 안 가본 사람들의 상상력은 더더욱 발전하여 그들의 서울은 실지의 서 울과는 전혀 다른 엉뚱한 서울이 되기 쉽다. 불교의 깨달음에 대한 학 자들의 토론에도 이와 비슷한 맹점이 있을 수 있다. 깨달음을 맛본 사 람들의 이야기보다도 깨달음을 맛보지 못한 사람들의 깨달음 이야기 가 더 종합적이고 더 그럴 법한 경우가 없지 않을 것이다. 그러나 서울 이야기가 그러했듯이 깨달음 이야기도 하나는 산 것이고 하나는 죽은 것이다. 우리는 이 점을 분명히 해놓아야 할 것이다.

6. 종래의 보조학

보조사상에 대해 오늘날 한국불교가 이렇게 제대로 맥을 잡지 못하 는 것도 또한 오늘날 불교인들이 불교의 뿌리인 깨달음에 대해서 올바 른 견해를 가지고 있지 않기 때문이라고 진단할 수 있을 것이다. 오늘 날 학자들은 보조사상을 이해하는 방법을 여러 가지로 제시해 주고 있 다. 故 박종홍 박사는 서양철학적인 해석을 시도했고, 미국서 공부한 학자들은 비교종교학적인 해석을 곧잘 하며, 성철 스님은 임제종의 입 장에서 보조사상을 해석했다. 이러한 식으로 인도철학적 해석, 중국철 학적 해석, 분석철학적 해석, 정신분석학적 해석 등등 얼마든지 꼬리에

꼬리를 물고 새로운 해석이 나올 수 있다. 이러한 해석 방법의 다양성은 일단 환영해야 할 현상이라고 생각한다. 여러 다른 분야의 전문가들이 각기 자기의 분야에서 보조를 보아도 보조의 얼굴이 보인다는 것은 하늘에 높이 떠 있는 달이 지상에 있는 크고 작은 모든 물 위에 골고루 다 그 모습을 나타내 보이는 것처럼 그만큼 보조사상이 크고 훌륭하다는 말도 될 수 있기 때문이다.

그러나 본질적인 문제는 여전히 남는다. 만일 어떤 사람이 보조사상의 뿌리라고 말할 수 있는 '깨달음'에 대해서 전혀 감을 잡지 못한 채 이를 서양철학적으로 또는 비교종교학적으로 해설한다면 그 결과가 어떻게 될까? 십중팔구는 아전인수나 단장절구식이 되거나, 심한 경우엔 사상왜곡이라는 오류를 면할 수가 없을 것이다. 다른 사소한 것에 관한 잘못도 아니고 가장 중요한 보조사상의 뿌리라고 말할 수 있는 '깨달음'을 왜곡되게 이해한다면 이는 그냥 보아 넘길 수 없는 큰 잘못이라고 말하지 않을 수 없다. 이러한 잘못은 일종의 악덕이다. 사실, 이러한 사상왜곡은 보조사상의 올바른 전달과 계승발전이라는 안목에서 볼 때 차라리 없었던 것만도 못하고 어떨 때는 백해무익한 경우도 없지 않다. 그럼에도 불구하고 불교에 접한 경험이 없고 서양철학의 논리에만 익숙한 사람들은 요즘 범람하는 서양철학으로 해석한 책들을 선호한다.

우리는 불교학 밖에서 활동하는 다른 분야의 전문가들에게 보조사상 전문가들이 갖는 전문지식을 기대할 수는 없다. 어차피 다른 분야의 학자들은 보조학에 관한 지식을 보조사상 전문가들에게 의존할 수밖에 없다. 그런데 문제는 그들에게 올바른 보조사상을 전달해 주어야 할 보조사상 연구가들이 기존 연구자들의 무지에서 나온 잘못된 해석을 뒤따라가느라고 정신이 없는 현실에 있다. 이것은 오늘날 보조연구가들의 뿌리가 튼튼하지 못하기 때문이며, 학문의 근본이 되는 체가 실하지 못하기 때문에 나타나는 현상이다.

　그러면 어떻게 해야 오늘날 보조사상연구가들의 뿌리를 튼튼히 할 수 있을까? 여기서 '우리는 경전을 어떻게 공부할 것인가?', '보조 스님의 저술을 어떻게 읽을 것인가?'라는 가장 기본적인 문제를 다루지 않을 수 없다. 오늘날 보조사상을 공부하는 사람은 보조의 어록을 떠나서 보조를 이해할 길은 없다. 요즘 흔히 보는 보조사상의 왜곡은 그 십중팔구가 보조 스님의 저술만 착실하게 잘 읽어도 극복될 수 있는 것들이다. 걸맞지도 않는 외래적인 아이디어만을 잔뜩 머리 속에 담아 가지고 다닐 뿐 막상 중요한 보조 스님의 저술은 잘 읽지 않는다는 것은 弊風 중에서도 가장 큰 폐풍이 아닐 수 없다.

　보조 스님의 「권수정혜결사문」이라는 글에는 "若人欲識佛境界 當淨其意如虛空(만약 부처님의 경계를 알고 싶거든 당신의 의식세계를 허공처럼 광활하게 지니십시오.)"이라는 『화엄경』의 게송이 인용되어 있다. 필자는 이 게송보다 더 좋은 讀普照語錄法은 없다고 생각한다. 어떤 선입견에 집착해 있다든가, 어떤 욕심이나 또는 감정에 사로잡혀 있다든가 한다면 부처님의 경계나 보조 스님의 뜻은 고사하고 일반인의 말도 제대로 이해할 수 없을 것이다. 독서인의 의식세계가 허공처럼 광활하게 텅 비어 있으면 동양에서는 이를 가리켜 '체가 실하다' 또는 '근본이 튼튼하다'고 말한다. 만약 이것이 제대로 안 되어 있으면 주인은 약하고 객이 성한 꼴이 되어 아전인수나 단장절구 같은 오류를 범하기 쉽다. 그러므로 독서인은 먼저 자기의 체를 실하게 하고 자기의 뿌리를 튼튼히 하는 노력을 잠시도 소홀히 해서는 안 될 것이다.

　아전인수 같은 오류를 태연히 범하는 불성실한 독서인과는 대조적인 정반대의 극단에 빠진 독서인도 있다. 이들은 보조사상을 계승한다 하여 『보조전서』의 글귀 하나하나에 맹목적으로 집착한 사람들이다. 이들은 『보조어록』에 써있는 것이면 무조건 그대로 믿고 행해야 한다고 주장한다. 말하자면 일종의 근본주의자들이다. 이들의 오류는 독서인의 생명인 생각하는 기능을 죽이는 데에 있다. 생각하지 않는 독서인은 죽은 독서인이다. 독서인이 죽는데 보조사상이 산다고 생각하는 것은 일종의 착각이다. 지금은 고려시대가 아니다. 보조 스님의 흉내만 내고 앉아 있으면 우리는 죽고 만다. 우리가 죽으면 누구를 통해 보조사상이 계승되고 발전될 것인가? 그 뿐만이 아니다. 더 심각한 문제가 있다. 우리가 죽으면 우리가 사는 시대도 죽고 우리가 사는 사회도 죽고 만다는 사실을 알아야 한다. 말하자면 역사의 죄인이 되는 것이다. 이것은 분명히 보조 스님이 바라시던 바가 아닐 것이다.

7. 까마귀 싸우는 곳에

이와 같은 두 극단에 빠진 사람들로 말미암아 오늘날의 보조학은 적지 않게 상처를 입고 있다. 입 달린 사람마다 제각기 딴 소리를 하여 중구난방이 이제는 그 극에 다다른 느낌이다. 학자들은 마치 이전투구를 한 듯 흙탕물로 먹칠이 되어 이제는 누가 누군지도 분간하기 힘들게 되어 버렸다. 이렇게 되면 또 하나의 무서운 질병이 유행하기 쉽다. '까마귀 싸우는 곳에 백로야 가지 말라'는 식의 은둔주의와 청정주의가 가장 정당하다고 생각하는 유행병이다. 보조 스님 자신도 나서서 설치기보다는 은둔의 길을 택하셨고 또한 평생을 청정하게 사신 분이다. 그러나 보조 스님의 은둔과 청정의 사상은 결코 일신의 안일을 위해 사회가 안겨 주는 문제를 외면하거나 시대가 던져 준 사명을 저버리는 소승적인 것이 아니었다. 여기에서 우리는 또 다시 「권수정혜결사문」의 첫 구절을 상기할 필요가 있다.

因地而倒者 因地而起
땅에 넘어진 사람은 땅을 짚고 일어서는 법이다.

땅에 넘어졌을 때, 넘어진 그 자리가 바로 재출발할 자리요, 우리가 일해야 할 현장이다. 병과 약의 관계를 가지고 말하면 환자가 신음하는 현장이 출발점이라는 말이다. 아무리 명약이 산더미처럼 쌓여 있다 할지라도 약국이 출발점이 될 수는 없다. 약이 먼저 있고 병이 있는 게 아니라, 병이 먼저 있고 약이 생겨나는 법이다. 병에 응한 약이 아니고 제멋대로의 약이면 큰일 난다. 정확한 병의 진단은 정확한 약을 개발해 내는 데 필수조건이다. 그러므로 우리는 아무리 이전투구가 되어 있고 중구난방이 되어 있다 할지라도 문제의 현장을 피해서는 안 된다. 골치 아픈 현장으로 들어가야 한다. 이것이 보조사상을 연구하는 사람의 올바른 자세라고 생각한다.

한국의 선승들이 즐겨 쓰는 문자에 "漢盧逐塊 獅子咬人"이라는 말이 있다. 개에게 돌을 던지면 개는 돌을 쫓아가 물어뜯지만 만일 사자에게 돌을 던지면 사자는 돌 던진 사람을 문다는 말이다. 돌 던진 뜻을 개는 몰라도 사자는 알기 때문이다. 현실에 길들여진 자와 길들여지지 않은 자의 차이를 말하고 있는 이 시가 필자에게는 요즘 학자들을 비웃는 말처럼 들린다. 알고 보면 성철 스님의『선문정로』에서 문제 삼아 제기한 보조 스님의 사상은 돌멩이였다. 그런데 많은 사람들이『선문정로』에 나타난 성철 스님의 사상 자체와 대결하지 못 하고 그가 제기한 보조 스님의 사상만 문제 삼는지 안타깝다.

성철 스님이 후려친 돈오점수는 보조 스님이 역설하신 돈오점수가 아니었다. 성철 스님의 돈오돈수나 보조 스님의 돈오점수나 깨달음의 중요성을 강조한다는 점에 있어서는 둘 다 똑같다. 다만 전자는 깨달음이 아닌 것을 깨달음으로 착각하는 병을 치료하는 데 중점을 두었다

면, 후자는 진정한 깨달음에 이르기까지의 과정을 크게 문제 삼았다고
말할 수 있을 것이다. 전자는 이런 思考를 초월하는 체험상의 극치를
다루었고 후자는 수도인에게 문제되는 모든 것을 처음부터 끝까지 총
망라하여 다 다루는 지적 체계를 문제 삼았다. 그러므로 전자에게는
체험적인 분위기가 강하고 후자에게는 이론적인 성격이 짙다. 보조 스
님이 깨달음의 문제를 남들처럼 개인의 문제로만 놔두지 않고 그것을
고려사회 전체의 문제로 끌어올린 것이 바로 보조사상의 '사회적인 성
격'이고 그것이 다름 아닌 그의 체계적인 '이론화 작업'이다. 사회적
성격과 이론화 작업이 서로 떨어질 수 없는 아주 밀접한 관계임을 우
리는 알아야 할 것이다. 역사적으로 보조 스님은 훌륭한 지도자였고
위대한 사상가였다는 사실을 아예 부정해 버리려면 몰라도 그것을 인
정하는 한, 그의 사회적 성격과 이론적 성격을 외면해서도 안 되고 외
면할 수도 없다. 그럼에도 불구하고 오늘날 보조 스님의 후예들은 왜
이 점을 부각시키려 하지 않는지 모르겠다. 그들은 오직 보조 스님도
선사였다든가 또는 견성하신 큰스님이었다든가 하는 말만 매일 매일
되풀이하고 있다. 이것이 한로축괴적 태도가 아니라면 그것은 보조 스
님을 보조 스님으로 보지 않고 보조 이전이나 또는 보조 이후의 보통
선사로 일반화시켜 버리는 결과밖엔 안 될 것이다.

8. 현대교육

왜 요즘엔 '한로축괴'식의 사람들이 그렇게 많을까? 생각해 보면 많
을 수밖엔 없을 것 같다. 무엇보다도 요즘의 학교교육에서는 동서를
막론하고 '믿음'을 심어 주는 교육을 시키지 않는다. 다만 객관적이고
비판적이기만 하면 된다고 가르친다. 요즘의 학자들이란 이러한 교육

을 받고 자라난 세대들이다. 그러나 객관적이고 비판적이기만 해서 보조 스님이 강조하는 믿음이 생긴다고 말할 사람은 없을 것이다. "부처님의 경계를 알고 싶거든 당신의 의식세계를 허공처럼 광활하게 지녀야 한다"고 강조하는 보조 스님의 요청과 객관적이고 비판적인 것만 강조하는 학교교육의 원칙 사이엔 넘을 수 없는 높은 장벽이 있다. 보조 스님의 입장에서 본다면 사람이 허공처럼 광활한 의식을 지니지 않고서는 엄밀한 의미에서 객관적이고 비판적일 수도 없다. 자기의 해묵은 업과 문화의 영향하에 있으면서 객관적이니 비판적이니 하고 강조하는 것은 보조 스님의 입장에서 보면 한낱 지적 유희에 불과하다고 말할 수 있을 것이다.

보조 스님이 강조하는 '믿음'이란 구도심의 전제조건이다. 구도심이란 목마른 사람이 물을 찾듯이 간절하고, 백지가 물을 빨아들이듯이 겸허한 것이다. 요즘 대학사회에서 강조하는 객관적이고 비판적인 자세에서 구도자가 지니는 열정과 겸허가 나올 수 있다고 생각하는 사람은 없을 것이다. 필자는 믿음을 문제 삼지 않는 현대교육이 과연 보조 사상을 제대로 해석하는 학자를 배출할 수 있을지에 대해서 개인적으로 매우 회의적이다. '콩 심는 데 콩 나고, 팥 심는 데 팥 난다'는 말이 있듯 현대의 대학교육에서 구도자들이 나오기를 기대하는 것은 나뭇가지 위에서 생선을 구하고 있는 격일 것이다. 대학사회에서 강조하는 학문적인 자세란 모두 6식 세계의 테두리 안에서 하는 이야기이다. 그러나 보조 스님이 강조하는 구도적인 자세는 잠을 잘 때에도 활동하는 잠재의식의 세계와 개인의 한계를 넘어 서 있는 8식 세계까지 파고 들어가지 않고서는 상상도 할 수 없는 세계이다. 보현보살의 行願思想처럼 "생각 생각이 서로 이어져 조금도 間斷이 없고, 신체와 언어와 의식을 통해 활동하는 모든 일에 절대로 지치거나 싫어하지 않는" 그러한 경지에 이르지 않고서는 이루어지지 않는 것이 보조 스님이 요청한 경지인데 어찌 요즘 대학교육이 그것을 감당한다고 말할 수 있겠는가? 兩者의 차이는 결코 작은 차이가 아니다.

　그런데도 요즘 대학교육을 받은 학자들은 그들의 학문이 대단한 것처럼 과장하고 더욱 가관인 것은 절에서 참선과 행원으로 8식 세계까지 정화하다가 무슨 인연으로 대학에 들어가거나 혹시 해외유학이라도 하고 돌아오면 '당정기의여허공'의 태도는 헌신짝처럼 내던져 버리고 어느 새에 대학의 객관적이고 비판적인 자세로 탈바꿈하는 경우를 본다. 이것은 분명한 '擔麻棄金'이다. 금은 부피가 작으니 값없는 것으로 착각하여 내던져 버리고, 그 대신 덩치가 큰 삼덩이를 짊어지고 가는 것과도 같은 어리석은 짓이다. 현대교육에 '믿음의 문제'가 빠져 나가고 없기 때문에 '실천과 수행의 문제'가 함께 빠져 나가버렸다. 사실 믿음과 실천은 함께 가는 것이다. 믿음이 있으면 실천이 뒤따르지 않을 수 없고, 실천이 있으려면 거기에 믿음이 문제되지 않을 수 없다. 반대로 믿음이 없으면 실천이 없고 실천이 없으면 믿음이 문제되지 않는다. 이 점이 바로 믿음과 지식의 차이일 것이다. 지식과 실천은 반드시 불가분의 관계는 아니다. 알아도 실천하지 않는 경우는 너무나 허다하다. 믿어도 실천하지 않는 사람들이 많더라고 말하는 사람이 있지만 그 경우는 아직 안 믿는 사람이 겉으로 믿는 척하는 것을 정말 믿는 것으로 잘못 간주하는 경우에 불과하다. 믿음은 그 정의상 실천이 뒤따르는 확신을 말한다. 그리고 그 다음에 믿고 실천하면 거기엔 체험이라는 현상이 나타난다. 이것 또한 현대의 인문과학 분야에서 빠져 나간 부분이다. 믿음과 실천과 체험, 이 세 가지가 다 빠져 나가버렸는데 어찌 거기에 '깨달음'이 진지하게 문제될 수 있겠는가? 현대교육만 받은 사람들이 보조 스님의 '깨달음'에 대해서 전혀 감을 잡지 못한다는 것은 오히려 당연하다고 말해야 할 것이다.

9. 만일 證悟를 부정한다면

　요즘 학자들이 보조 스님의 '깨달음'에 대해서 수없이 많은 오류를 저지르는 것도 역시 그들이 '깨달음과 지식의 차이'를 잘 모르는 데서 비롯되는 것이라고 말할 수 있다. 보조 스님의 깨달음은 지식이 아니라고 강조하는 사람의 글도 자세히 뜯어보면, 사실 그 사람 역시 지식을 말하고 있으면서 깨달음을 말하고 있는 것으로 착각하고 있는 경우를 흔히 본다. 이번 김호성 교수의 논문에서도 우리는 '증오'라고 부르는 궁극적인 깨달음이 사실은 이름뿐이지 존재하지 않는 것이라는 공공연한 도전을 받고 있음을 보았다. 궁극적인 깨달음의 부정은 곧 부처님의 부정이라고 생각된다. 구경각을 전제하지 않고 어떻게 부처님을 인정할 수 있을지 모르겠다. 부처님의 경지와 궁극적인 깨달음의 경지가 전제되지 않고서는 보조 스님이 평생 주장하신 돈오점수설도 성립되지 않는다고 생각한다. 보조 스님의 체계에 있어서 돈오점수설의 頓悟가 解悟라 할지라도 그 해오가 해오 노릇을 할 수 있는 것은 해오 다음에 수행이 뒤따르고, 이리하여 마침내는 구경각을 성취한다는 구조를 전제하기 때문이다. 다시 말하면 증오가 없다면 해오도 있을 자리가 없다. 엄밀한 의미에서 증오는 마지막에 가서야 나타나는 것이면서 동시에 처음부터 있는 것이다. "일체중생이 있는 그대로 모두 구경각을 증해 마쳤다"는 말이 바로 그 말 아니겠는가? 한 마디로 구경각이 없는 해오는 해오도 아니라고 말할 수 있을 줄 안다.

(『미주현대불교』 제21호, 1992년 1월, 뉴욕)

보조 스님은 證悟를 부정했던가?
─김호성 교수의 이른바 「돈오의
새로운 해석」1)에 대하여─

　　김호성 교수가 발표한 普照思想에 대한 일련의 논문을 읽고 필자는
적지 않게 놀랐다. 김 교수의 頓悟 해석은 너무도 뜻밖이었기 때문이
다. 김 교수의 글 가운데서 문제되는 대목을 몇 개 뽑아 보자.

　　漸修 이후에 證悟가 다시없는 것은 解悟와 증오가 다른 차원임을 나
타내는 것과 함께 해오의 절대성과 완전성을 의미하고…… (「頓悟頓修
的 漸修說의 問題點」, 『金知見 博士 華甲記念論文集』, p.469)2)

---

1) 김 교수가 최근에 발표한 여러 편의 논문들이 모두 그의 이른바 새로운 돈오
　해석과 관계가 깊으므로 필자의 논문도 거기에 촛점을 맞추었다. 이번에 필
　자가 참고한 김 교수의 논문은 다음과 같다.
　① 「보조의 삼문정혜에 대한 사상사적 고찰」, 『한국불교학』 제14집, 한국불교
　학회, 1989. 12, pp.405~432 ; ② 「보조의 정토수용에 대한 재고찰」, 『(여산류
　병덕박사 화갑기념) 한국철학종교사상사』, 원광대학교 종교문제연구소, 1990.
　9, pp.441~461 ; ③ 「보조선의 실재론적 경향과 그 극복」, 『한국동서철학연
　구』, 한국동서철학연구회 논문집 제7호, 한국동서철학연구회, 1990. 11, pp.111
　~131 ; ④ 「돈오점수의 새로운 해석-돈오를 중심으로-』, 『한국불교학』 제15집,
　한국불교학회, 1990, pp.423~446 ; ⑤ 「돈오돈수적 점수설의 문제점」, 『장봉
　김지견박사 화갑기념사우록, 동과 서의 사유세계』, 장봉 김지견박사 화갑기
　념사우록 간행회, 1991, pp.459~479.

보조가 증오를 문제 삼지 않고 해오만으로 충분하다고 생각한 하나
의 文證을 우리는 圓頓成佛論에서 살펴 볼 수 있다. (위의 책, p.471)

　궁극적인 깨달음이 실재하는 것이 아니라고 한다면 깨달음의 획득이
라는 것도 실재가 아니라 그저 이름일 뿐(唯名)이다. (「돈오점수의 새
로운 해석 - 돈오를 중심으로 - 」, 『한국불교학』 제15집, p.430)[3]

　김 교수의 이러한 말들은 '이것이 과연 보조 스님의 어록을 두고 하
는 말인지' 의심이 날 정도로 파격적이다. 여러 가지 인연으로 필자는
오랫동안 『보조어록』을 옆에 놓고 가까이 지내 왔다. 처음에는 배우기
위해서, 다음에는 가르치기 위해서, 그 다음에는 비판하기 위해서, 그
리고 요즘에는 비판을 다시 비판하기 위해서 『보조어록』을 다시 읽고
있다. 그러나 단 한 번도 김 교수가 주장한 것처럼 "보조 스님이 해오
만으로 충분하다고 생각했었다거나 또는 그가 증오를 문제 삼지 않았
었다."고 생각해 본 적은 없었다. 물론 이 세상에 증오를 부정하는 사
람은 부지기수로 많다. 불교인이라고 해서 다 증오를 인정하는 것은
아니다. 심지어는 화두를 들고 참선방에서 용맹정진하는 도중에도 증
오가 정말 있는 것인지 믿어지지 않아서 머리를 흔들고 있는 스님들이
있다는 사실을 아는 사람은 다 알 것이다. 그러나 보조 스님 자신의 사

2) 이 논문은 한 마디로 말해서 필자가 보조 스님의 解悟를 知解로 오해하고 있
　다는 전제하에서 쓰인 것 같다. 김 교수가 이 논문에서 제기한 헤아릴 수도
　없이 많은 여러 가지 문제에 대해서는 일일이 다 답변할 도리가 없지만, 대강
　중요하다고 생각되는 것들에 대해서는 본 논문의 끝에 있는 부록에서 간단
　간단히 응답하였다.
3) 1990년에 발표된 이 논문의 오관은 그 다음 해에 발표한 「돈오돈수적 점수설
　의 문제점」이라는 논문에 큰 영향을 주고 있다. 그러한 의미에서 깨달음에
　대한 김 교수의 관점을 이해하기 위해서는 꼭 읽어야 할 논문이라고 생각한
　다.

상 속에 이미 그런 요소가 있었다는 주장은 일찍이 들어보지 못했다. 이것은 분명히 일종의 충격이 아닐 수 없다.

김 교수의 논문을 읽어 본 사람이면 누구나 그가 보조사상을 새롭게 해석해 보려고 무척 애쓰고 있다는 것을 곧 느낄 수 있을 것이다. 그리고 필자의 '돈오점수적 점수설'이 김 교수의 이른바 '돈오의 새로운 해석'과 적지 않게 충돌을 일으키고 있다는 사실도 쉽게 발견할 수 있을 것이다.[4] 시대가 바뀌고 세상이 변했으나 역사를 보는 눈도 바뀌고 따라서 고전에 대한 새로운 해석이 시급히 요청되고 있는 것도 사실이다. 이러한 의미에서 김 교수의 노력은 높이 평가되어야 할 것이다.

김 교수는 최근에 발표한 「'돈오돈수적 점수설'의 문제점」이라는 논문에서 다음과 같이 말했다.

　　보조가 증오를 문제 삼지 않고 해오만으로 충분하다고 생각한 하나의 문증을 우리는 원돈성불론에서 살펴볼 수 있다. "초심범부가 연을 만나 바야흐로 자기 마음의 근본보광명지를 了解하는 것이요, 점수로 인하여 공이 이른 연후에 깨치는 것이 아니다(初心凡夫會緣 方了自心 根本普光明智 非由漸修功至然後 悟也)[5]".[6]

이 글의 어디에 "보조 스님이 해오만으로 충분하다고 생각했다"든가 "그가 증오를 문제 삼지 않았다"라는 말이 있는가? 보조 스님은 여기에서 초심범부가 갖는 해오의 성격을 분명히 하고 있을 뿐이다. 그

---

4) 첫째, 김 교수는 필자가 보조 스님의 해오를 지해로 오해하고 있다고 단정하고 있으며, 둘째, 그는 보조사상엔 해오만 있고 증오는 없다고 생각하기 때문에 비단 성철 스님의 돈오돈수설뿐만 아니라 모든 종류의 돈오돈수적인 표현들과 심한 충돌현상을 보이고 있다.
5) 이 인용문은 김 교수가 동 논문의 주 45)에서 밝힌 것처럼 『보조전서』, 보조사상연구소, 1989, p.84에 있다.
6) 『김지견박사 화갑기념논문집』, p.471.

렇다면 김 교수는 우리들이 보지 못한 것을 보고 있고 우리들이 읽지 못하고 있는 것을 읽고 있는 것일까?

보조 스님이『원돈성불론』을 저술한 목적은 선과 교가 둘이 아님을 논증하자는 데 있었다. 생사윤회를 되풀이하고 있는, 번뇌에 묶여 있는 무명중생이 지금 당장 이 자리에서 견성성불 할 수 있다는 선가의 주장은 그 당시의 敎家적인 상식으로는 얼핏 받아들일 수 없는 것이었기 때문에, 보조 스님은 이통현의 성기적인 화엄사상을 가지고 선가의 주장을 보통사람들이 알아들을 수 있게끔 설명해 보려고 애쓰고 있다.

『원돈성불론』을 읽을 때 주의해야 할 것은 이 책의 초점이 '信解'라는 두 글자에 맞추어져 있다는 사실을 잊지 않는 일이다. 보조사상의 체계적인 전개를 꾀할 때, 三門을 나열하고 그 가운데 원돈신해문을 포함시키는 것도 수행 중심의 보조사상 속에서 '신해'가 차지하는 중요성 때문일 것이다. 화엄적인 신해의 핵심은 깨친 이의 증언을 그대로 받아들이는 것이다. 깨친 이의 증언은 구경각을 떠나서 따로 있을 수 없다. 그러므로『원돈성불론』은 처음부터 깨친 이의 증언에 근거한 증오사상에 입각하여 쓰였다고 말할 수 있을 것이다. 스승의 증오라는 체험을 인정하지 않고서는 신해라는 말은 설 자리를 잃고 말기 때문이다. 스승의 증오는 인정하면서 나의 증오 가능성을 부정한다면 大信心과 大憤心을 강조하는 수행중심의 불교이론이라고 말할 수 없을 것이다. 그러므로 만일 증오라는 두 글자를 빼버리면 보조 스님의『원돈성불론』은 알맹이 없는 빈 껍질이 되고 말 것이다.

『원돈성불론』은 다섯 개의 질문과 답변으로 되어 있다. 이 가운데 어느 것 하나도 초심범부의 해오와 불조가 증득한 구경각의 관계를 다루지 않고 있는 것은 없다. 그리고 그러한 관계를 밝히는 열쇠는 초심자가 지녀야 할 '신해'의 성격을 밝히는 데에 있다. 김 교수가 보조사상에서의 '해오의 절대성과 증오무용론'의 근거로 내 세우는 문장은『원돈성불론』의 마지막 다섯 번째 질문에 대한 답변 가운데에 들어 있다.
그럼 먼저 그 질문부터 살펴보자.

問 : 今日凡夫 悟心成佛者 是究竟耶 未究竟耶 若是究竟 何名初心
若未究竟 何名正覺. (『보조전서』, p.83)
질문 : 오늘날 (선종에서) 범부들이 마음을 깨달아 부처님이 된다고 말
할 때, 이 깨달음이 구경의 깨달음인가 또는 아직 구경에는 미치지
못한 것인가? 만약 그것이 구경의 깨달음이라면 어째서 초심자의
깨달음이라 이름 붙이며, 만약 구경이 아니라면 어째서 그것을 올
바른 깨달음이라 부르는가? (필자의 意譯)

『원돈성불론』의 다섯 가지 질문들이 모두 그러하듯이 여기서도 질
문의 초점은 선종에서 말하는 초심범부들의 깨달음이 과연 어떤 것인
가를 밝히는 일에 맞추어져 있다. 다시 말하자면 질문의 핵심은 '해오
란 무엇인가?'를 분명히 해 달라는 것이다. 보통 사람들의 상식으로 말
하면 초심범부들이 얻을 수 있는 깨달음과 불교수행의 궁극적인 목표
인 구경각 사이의 거리는 엄청나게 먼 거리임에 틀림없다. 교종에서는
흔히들 '三阿僧祇劫'이라는 천문학적 숫자로 표현되는 길고도 긴 세월
을 두고 세세생생 오래오래 닦아야만 구경각에 이를 수 있다고 말하기
때문에 이러한 질문은 응당 제기될 수밖에 없는 질문이다. 그러므로
이 질문에는 분명히 지금 우리들이 문제 삼고 있는 해오와 증오의 관
계를 밝히라는 요구가 들어 있다고 말해도 좋을 것이다.

"초심범부의 깨달음이 왜 구경각과 조금도 다르지 않단 말이냐?"
"초심범부의 깨달음이 만일 구경각과 조금도 다르지 않다면 어째서 깨
달은 다음에도 여전히 닦아야 하는가?" 이러한 의문들은『원돈성불론』
이 처음부터 끝까지 항상 전제하고 있는 의문들이다. 불교수행의 信解

行證적인 구조를 이통현의 성기적 입장과 징관의 연기적 입장을 번갈아 가면서 조명해 보고 때로는 원융문과 행포문으로 나누어 함께 조명해 보는『원돈성불론』은 선교합일을 말할 때 반드시 읽어야 할 명저라고 말할 수 있을 것이다.

이에 대하여 보조 스님은 어떻게 답변했는가? 김 교수가 말한 것처럼 "해오만으로 충분하다. 증오는 필요 없다. 증오는 이름뿐이다"라고 답변했는가? 만일 보조 스님이 그렇게 답변했다면 보조 스님은 당신이 평생 쌓아올린 학문의 탑을 스스로 무너뜨리는 것이 될 것이요, 뿐만 아니라 당신이 몸으로 살아 온 평생의 수행을 스스로 부정하는 것밖엔 안 될 것이다. 필자가 이 문제를 가지고 이처럼 강하게 말하는 이유는 간단하다. 그것은 선불교의 증오사상은 부처님의 정각에 연원을 둔 수행 중심의 불교사상이기 때문이다. 그러므로 보조사상에서 증오를 부정하는 것은 보조사상의 근본을 부정하는 것이 된다. 과연 보조 스님에게 김 교수가 주장하듯 증오는 이름뿐이라는 생각이 추호라도 있었는지를 김 교수가 인용한 글귀가 들어 있는 전후 문장 전부를 다음에 인용하고 철저하게 분석해 보자.

是知 此一乘圓頓門假者 十信心初得根本智果海 非由十千劫歷修然後至十信滿心 明矣 論中 但明一生功終 本無十千劫之文也 但初心凡夫會緣 方了自心根本普光明智 非由漸修功至然後悟也 故 理智雖現而多生習氣 念念猶侵 有爲有作 色心未殄 是謂十信凡夫 爲解碍處也. (『보조전서』, p.84, 5행부터 9행까지)

이상의 증언으로 이제 분명히 알겠노라. "이 일승원돈문에 의지하여 수도하는 사람은 십신심의 처음에 근본지라는 과해를 얻는 것이요. 절대로 십천겁이라는 긴 세월을 닦은 다음에 십신심이 원만해지는 경지에 이르는 것이 아니라는 것을. (이통현의)『화엄경』가운데에도 다만 사람의 한 평생안에 공부를 마친다는 것만을 밝혔을 뿐, 십천겁을 닦아야 한다는 따위의 말은 아예 없었다. 초심범부라도 인연만 닿으면 곧장 자기의 마음이 보광명지임을 깨닫는 것이지, 절대로 오랜 공력을 들인 점수때문에 비로소 깨닫는 것이 아니다. 그러므로 해오라는 경험을 통해 理智가 비록 나타났다 할지라도 이 경지에서는 다생의 습기 때문에 순간순간 잡념이 침범하여 인위도 조작도 여전하고 색심 또한 없어지지 않는다. 이를 가리켜 십신범부의 해애라 말하는 것이다." (필자의 意譯)

위에 인용한 문단은 네 개의 문장으로 구성되어 있다. 이를 알아보기 쉽게 다시 배열하면 다음과 같이 된다.

(1) 是知 此一乘圓頓門假者 十信心初 得根本智果海 非由十千劫歷修緣後 至十信滿心 明矣
(2) 論中 但明一生功從 本無十千劫之文也
(3) 但 初心凡夫會緣 方了自心根本普光明智 非由漸修功至然後 悟也
(4) 故 理智雖現 而多生習氣 念念猶侵 有爲有作 色心未殄 是謂十信凡夫 爲解碍處也

이상 네 개의 문장은 그 의미상 다시 크게 둘로 나뉜다. (1)과 (2)는 한 덩어리가 되어 삼승의 십천겁수행사상을 부정하면서 일승원돈문에서는 십신의 초위에서 깨달음을 얻을 수 있다는 것을 밝힌다. 그리고 (3)과 (4)도 또한 한 덩어리가 되어 십신의 초에 얻는 깨달음의 성격을 밝힌다. (1)과 (2)의 관계는 한 주장과 그 주장을 밑받침해 주는 경증의 관계요, (3)과 (4)의 관계는 한 주장과 그 주장에 대한 오해를 막기 위한 보충설명의 관계라고 말할 수 있다. 따라서 (1)과 (2)도 따로 분리해서 읽어서는 안 되고 (3)과 (4)도 서로 분리해서 읽어서는 안 된다. 그러나 김 교수는 이상 네 개의 문장 가운데서 문장(3)만을 따로 떼어내서 자

기의 '해오절대 증오무용론'의 문증으로 내세웠다. 과연 보조 스님의
글을 이렇게 읽어도 되는가? 解碍라는 가시밭(4) 속에서 피어난 한 송
이의 꽃이 해오(3)라면, 가시밭을 일구지(漸修) 않고, 잘 가꾸어진 꽃밭
(증오)을 전제하지 않는 사상체계가 보조사상일 수 있을까?

　앞에서도 밝힌 바와 마찬가지로 문장 (3)은 '해오'의 성격을 분명히
하는 데에 그 목적이 있었다. '자기의 마음이 곧 근본보광명지'라는 진
리는 초심범부라 할지라도 인연만 닿으면 누구나 곧장 알 수 있는 것
이다. 이것이 해오의 근본적인 성격이다. 이러한 해오는 점수의 공을
들인 다음에 얻는 증오가 아니다. 해오와 증오를 혼동해서는 안 된다.
따라서 문장 (3)은 그 다음에 따라오는 보충문장인 문장 (4)와 함께 읽
어야 그 뜻이 더욱 분명해진다. 문장 (4)는 다음과 같다.

　　그러므로 해오라는 경험을 통해 이지가 비록 나타났다 할지라도 이
　경지에서는 다생의 습기 때문에 순간순간 잡념이 침범하여 인위도 조
　작도 여전하고 색심 또한 없어지지 않는다. 이를 가리켜 십신범부의
　해애라 말하는 것이다.

　해오를 말하면서 해애를 말하지 않으면 보조사상이 아니다. 해애를
말하지 않고서는 보조 스님이 평생 강조한 점수의 불가피성과 필수성
을 강조할 근거가 없어지고 말기 때문이다. 해오의 깨달음과 증오의
깨달음이 두 가지의 다른 깨달음일 수는 없다. 그럼에도 불구하고 하
나에는 해자가 붙고 하나에는 증자가 붙는 것은 순전히 사람 때문에
생기는 일이다. 수행자의 근기가 다르기 때문에 해오의 경지에서는 해
애가 있기 마련이고 해애를 극복해야 증오의 경지가 나타나는 것이다.
따라서 해오를 말하는 마당에 문장 (3)만을 이야기하고 해애를 말하는
문장 (4)를 떼어내어 버린다면 이는 완전한 문장을 절름발이로 만드는

행위라고 말할 수밖에 없다. 김 교수가 인용한 보조 스님의 글은 김 교수가 주장한 것처럼 해오만으로 충분하다고 읽는 것보다는 오히려 해오만으로는 안 된다고 읽는 것이 훨씬 더 보조 스님의 뜻에 가까울 것이다.

우리는 김 교수의 普照 解釋을 다음과 같은 비유로 설명할 수 있을 것이다. 가령 여기에 갑이라는 사람이 있어 '사랑에 빠진 일'과 '아이를 낳는 일'의 관계를 다음과 같이 설명했다고 치자. "사람이 마음에 드는 이성을 만나면 사랑에 빠지는 것은 사람의 마음속에 원래 충만해 있는 사랑의 감정 때문이지, 애써 노력을 하고, 결혼식을 올리고, 아이를 낳고자 하기 때문은 아니다." 그런데 을이라는 사람이 있어 이에 대해 "갑은 사랑에 빠진 것만으로 충분하다고 말했으며, 아이를 낳는 것은 문제로도 삼지 않았으며 원하지도 않았다."고 말한다면, 갑의 말을 올바로 해석했다고 할 수 있을까? 이러한 해석에는 두 가지 오류가 있다. 첫째는 문제의 앞과 뒤를 모두 다루는 것이 아니라, 뒤의 절반은 잘라 내 버리고 앞부분만을 다루고 있는 오류라고 말할 수 있고, 둘째는 갑이 여기서 아직 아이 낳는 일을 말하지 않았다 하여 갑은 아예 아이 낳는 일을 문제삼지 않았다고 무리하게 확대 해석하는 오류라고 말할 수 있다. 다시 말하면 '사랑에 빠지는 일'과 '아이를 낳는 일'의 관계를 논하는 마당에서 뒤의 '아이를 낳는 일'은 잘라 내버리고 앞의 '사랑에 빠지는 일'만을 다루는 것은 잘못이라는 말이다.

다시 김 교수의 『원돈성불론』 해석으로 돌아가서 생각해 보자. 김 교수가 인용한 문장 속에서 보조 스님이 비록 초심범부의 해오만을 이야기하고 있다 할지라도 그것을 가지고 그가 증오를 문제 삼지 않았다고 주장하는 것은, 마치 '사랑에 빠지는 일'만을 이야기하고 있다 하여 '아이를 낳는 일'은 문제 삼지도 원하지도 않았다고 주장하는 것이나 다름없다. 보조 스님이 이 문장에서 증오를 본격적으로 문제 삼지 않고 있는 것은 사실이지만, 이것이 곧 보조 스님의 사상체계 속에는 증오의 문제가 없다는 뜻으로 비약되어서는 안 될 것이다. 보조 스님이 해오를 말하면서 이것은 점수의 공을 들인 다음에 얻는 오가 아니라고 거듭 강조하는 데에는 해오의 내용이 가지고 있는 보편적이고도 대중적인 성격을 강조함과 동시에 그런 해오를 증오와 혼동하면 안 된다는 경계의 뜻도 내포되어 있다고 말할 수 있을 것이다.

　　보조 스님은 김 교수가 주장한 것과는 반대로 『원돈성불론』의 도처에서 증오를 너무 당연한 것으로 전제하고 있다. 너무 당연한 것으로 전제하고 있는 것을 문제 삼지 않았다고 말하는 것은 매우 부정확한 표현이며 일종의 비약이라고 밖엔 말할 수 없다. 보조 스님이 증오를 당연한 것으로 전제했었다는 증거를 하나 인용해 보자. 증거는 멀리 갈 것도 없이 우리가 앞에서 검토한 문장의 바로 뒤에 있다.

　　然 以悟自無明 本神本眞 無功大用 恒然之法 故 自修十信中方便止觀 任運功成 定慧圓明 便名發心住 梵行品云 初發心時 卽得阿耨菩提者 當此住也 入十住之後 以普光明智 恒處世間 隨根普應 敎化衆生 而無染着 悲智漸明 功行漸增 畢竟成普賢行 因滿果終 報得無量相好 無量莊嚴 如光如影 恒遍十方 非有非無非常非斷 以大願大智自在用 故 如是大用自在 不離初悟根本 普光明智中恒然之行 以智體圓故 時亦不移 智亦不異 於中鍊治習氣 悲智漸圓 昇進階級非無 然 從初發心 以入無時智門 故 雖至究竟位 初無移易也 如王寶印 一印文成 無前後也. (『보조전서』, pp.84~85)

　　그러나 (해오를 터득한 사람은) 자기의 무명이 본래는 신령스럽고 참되어 공을 들이지 않아도 위대하게 활동하고 또한 변함없이 항상 그렇다는 진리를 깨달았기 때문에, 그들이 비록 십신의 단계에 있으면서도 방편으로 지관을 스스로 닦아서, 모르는 가운데 攻이 이루어져 정혜가 뚜렷하게 밝아지는 것이다. (이러한 경지를) '發心住'라고 부르는 것이니 화엄경의 범행품에서 '처음 발심할 때 바로 최고의 지혜를 얻는다' 고 말하는 것이 이 '발심주'에 해당하는 것이다. (수행자가) 십주의 단계에 들어간 다음, (자기자신의) 보광명지를 가지고 항상 세간에서 살면서 사람들의 근기에 맞추어 두루 원만하게 행동하고 일체 중생을 교화하되 조금도 세상에 물들지 않는다면 지혜와 자비는 더욱 빛나고 부처님다운 행동이 더욱 늘어나 마침내는 보현보살의 행원을 원만하게 성취하게 될 것이다. 부처님되는 원인이 만족스럽게 갖추어지고 부처님되는 열매가 완전하게 무르익으면 (수행자는) 부처님이 갖추는 한량없는 상호와 한량없는 장엄을 모두 다 갖추게 되고 햇빛처럼 그림자처럼 항상 시방세계 모든 곳에 있지 않는 곳이 없게 될 것이니 (이런 경지는) 있다거나 없다거나 하는 차원을 넘어선 경지일 것이다. 이런 경지는 부처님의 큰 소원과 큰 지혜가 자유자재하게 활동하는 경지이기 때문이다. 부처님의 위대한 능력에서 나오는 이와 같은 자유자재도 (초심범부가) 처음 깨달았을 때 문득 자기자신 속에서 발견한 근본 보광명지의 변함없이 항상 그러한 활동을 떠나 따로 있는 것이 아니다. (부처님의 근본이 되는 우주적인 광명이라) 지혜의 몸은 정말로 완전한 것이기 때문에 흐르는 세월도 이를 변하게 못하며 어떠한 경우에도 이 지혜는 변하지 않는 것이다. 그러는 가운데 (수행자가) 자기의 묵은 습기를 다스리면 자비와 지혜는 점점 뚜렷해지는 것이니 (이로 보면) 단계의 성숙이 없지 않는 것이다. 그러나 (수행자는) 애당초 처음 발심할 때부터 바로 시간을 초월한 (부처님의 근본이 되는 우주적 광명의) 지혜에 들어가 있기 때문에 (같은 수행자가) 비록 구경의 지위에 올라갔다 할지라도 하나도 변한 것이 없는 것이다. 이는 마치 임금이 도장을 찍을 때 한 번 눌러 전체 문양이 일시에 완성되는 것이요, 먼저 이루어지고 뒤에 이루어지고 하는 시간적인 차이가 없는 것과 같은 이치이다. (필자의 해설적인 번역)

의사소통이 중요하다고 생각하여 해설적인 번역을 했기 때문에, 한

문으로 된 보조 스님의 원문은 그다지 길지 않았으나 상당히 길어지고 말았다. 인용문의 요점은 비교적 간단하고 명료하다. 해오를 얻은 사람은 수행을 통하여 '발심주'라는 일종의 증오를 얻고 마침내는 구경의 지위에 오를 수 있다는 것이다. 우리는 이제까지의 인용문을 통해서 보조 스님이 십신초심과 발심주와 구경위라는 계급과 승진을 인정하고 있다는 사실을 알았다. 그럼에도 불구하고 김 교수는 그의 「돈오돈수적 점수설의 문제점」이라는 논문에서 필자의 이 비슷한 발언을 두고 다음과 같이 평하였다.

> 보조저술의 그 어디에서고 박 교수가 정리하고 있듯이 '돈오점수설 : 해오→ 점수, 만행겸수→ 증오'의 공식은 나오지 않는다. (『김지견 박사 화갑기념논문집』, p.469)

앞의 인용문에서 본 것처럼 보조 스님의 '해오→ 점수→ 증오'라는 사상적인 구조를 김 교수는 어떻게 간과할 수 있는지 필자는 이해할 길이 없다. 보조 스님의 이러한 단계의 성숙 개념은 입장에 따라 가지가지로 해석될 수 있다. 소승적으로 해석할 수도 있고 화엄학적으로 해석할 수도 있고 격외선 도리로 말할 수도 있다. 그리고 보조 스님은 어느 입장에 더 가깝느냐는 이론도 얼마든지 다양하게 전개될 수 있다. 그러나 김 교수처럼 보조 스님은 아예 그런 말을 한 적이 없다고 잘라 말한다면 위에 본 바와 같은 예문을 설명할 길이 없다.

지금까지의 인용문에서 초보자들을 가장 곤란하게 만드는 것은 첫 출발인 십신의 초심과 마지막의 구경위의 관계라고 말할 수 있을 것이다. 해오와 구경위가 근본적으로 둘일 수 없다는 점에서는 양자는 조금도 다르지 않다고 강조해야 할 것이고, 해애가 있고 없는 차이를 두고 말하면 같다고만 말할 수도 없게 되어 있기 때문이다.

성철 스님이 '해오 가지고는 안 된다'고 강조하는 것이나 김 교수가 '해오면 된다'고 강조하는 것이나 모두 나름대로의 근거가 있다. 성철 스님은 해오가 십신의 지위에서 얻는 경험이고 그렇기 때문에 거기엔 해애가 없을 수 없으므로 해오 가지고는 안 된다고 강조하는 것이고, 김 교수는 아마도 해오가 본질상 구경위와 통하는 면만을 보고 해오만으로 충분하다고 주장하기에 이른 것이 아닌가 생각한다. 아무튼 김 교수는 성철 스님에 반대한다는 것이 결국 보조 스님에 반대하는 것이 되고 만 것 같다. 적어도 '해오 가지고는 안 된다'고 강조한다는 점에서는 보조 스님과 성철 스님의 주장이 일치하기 때문이다. 보조 스님은 바로 그 다음 문장에서 다음과 같이 이 문제를 회통하고 있다.

任一切衆生 隨根同別 以六相義 會通可見 昧者 約根本智 該收五位 論 則不許漸修之行 是但知摠相者也 若約行解昇進階位漸次論 則不許時不移智 不異如王寶印 一印文成 無前後之旨 是但信別相者也 皆由未離情見 理智不圓故也. (『보조전서』, p.85)

일체 중생은 그들의 근기에 따라 같기도 하고 다르기도 한데, (항상 화엄철학에 나오는) '육상의 이론'을 가지고 회통해 보면 (범부의 초심과 구경위의 관계는) 곧 알 수 있을 것이다. (이런 이치를 깨닫지 못한) 어리석은 사람은 간혹 근본지만을 강조하여 그 속에 오위를 모두 집어 넣어 말하기 때문에 결국 점수라는 수행을 인정하지 않게 된다. 이들은 (육상 가운데서) 오직 총상만을 아는 자들이다. 만약 (어떤 사람이) 수행자의 수행과 승진을 강조하여 점차적인 계위만을 말하면 결국 그들은 시간조차 초월하는 영원한 지혜가 있다는 것을 인정하지 않게 된다. 이는 마치 임금님의 도장이 찍힐 때 한 번 눌러 이루어진 문양이 항상 같은 이치를 인정하지 않게 되는 것과 다 같게 될 것이다. 이들은 오직 별상만을 믿는 자들이다. 이러한 현상은 모두 情見을 극복하지 못하고 이지가 뚜렷하지 못한데 서 생겨나는 것이다. (필자의 의역)

보조 스님은 여기서 분명히 어느 한 쪽만을 강조한 자들을 어두운 자들이라 힐책하고 있다. 이들은 아직도 감정적인 견해에 사로잡혀 있고 아직도 이지가 완전히 드러나지 않았다는 것이다. 이지 자체에 완전과 불완전의 구별이 있는 것은 아니지만, 사람에게는 정견이 있고 없고에 따라 그러한 차이가 나타나는 것이다. 어쨌든 이 문장에서도 김 교수가 주장하는 것처럼 보조 스님이 해오만으로 충분하다고 생각했다거나 證悟는 존재하지 않는다고 주장한 흔적은 하나도 찾아 볼 수 없다.

거듭 강조하는 바이지만 보조 스님의 『원돈성불론』은 그 밑바닥에 증오사상을 깔고 있다고 말해도 조금도 과언이 아닐 것이다. '원돈'이라는 말 자체가 일승의 대명사요, 일승교는 삼승교의 허점을 찌르고 나온 사상이다. 여기서 삼승의 허점이란 십천겁을 닦은 다음에야 깨달을 수 있다는 것이며, 이에 대한 일승의 대안은 깨침은 금생에 가능하다는 것이다. 더구나 김 교수가 생각한 것처럼 해오만 가능하다는 말이 아니라 증오가 가능하다는 말이다. 다시 한 번 보조 스님이 인용한 이통현의 증언을 상기해 보자.

> 화엄론 가운데는 오직 일생에 공부가 끝난다는 것만을 밝혔고 아예 십천겁이란 말은 없다. (『보조전서』, p.84)

증오사상을 이해함이 없이 어떻게 여기에 나온 '一生功終'이라는 말을 이해할 수 있을지 모르겠다.

보조 스님의 증오사상이 결정적으로 나타나 있는 곳은 역시 그의 『간화결의론』이라고 말할 수 있을 줄 안다. 『원돈성불론』이 普照三文 가운데 원돈신해문의 이론적인 근거를 제시하고 있듯이 『간화결의론』[7]은 경절문의 근거가 되어 있다.

『간화결의론』은 다음과 같은 질문과 답변으로 시작된다.

或問牧牛子 華嚴教 旣明法界 無碍緣起 無所取捨 何故 禪門揀十種
病 而看話耶 答 近來汎學輩 不知禪門 話頭參詳 妙密旨趣 多有此疑.
(『보조전서』, p.91)

어떤 사람이 목우자(보조 스님)에게 물었다. "화엄교에서도 이미 이
세상 온갖 것들이 모두 가지가지 인연으로 생겨나 서로서로 걸림이 없
어 무엇 하나도 버리고 말고 할 것이 없다고 가르쳤는데 어째서 선문
에서는 열 가지의 병통을 가려내는(취사선택을 하면서) 화두참선을 합
니까?" 그래서 나는(보조 스님은) 대답하였다. "요즘에 어설프게 공부
하는 무리들이 선문에서 화두를 들고 참선할 때의 '말로 할 수 없는 묘
한 뜻'을 모르기 때문에 이런 의심을 많이 품고 있다." (필자의 의역)

『간화결의론』은 그 첫줄부터 『원돈성불론』이 미처 다 다루지 못한
문제를 다루려는 결의를 뚜렷하게 보이고 있다. 말하자면 첫 대목부터
『원돈성불론』과 『간화결의론』의 차이를 단적으로 드러내고 있는 것이
다. 『원돈성불론』의 주제는 '신해'인데 비해, 『간화결의론』의 주요 관
심사는 '行證'이다. 그러므로 『원돈성불론』에서는 스승의 경지를 바로
나의 경지로 받아들이는 '不二'가 논리의 주축을 이루지만 『간화결의
론』에서는 '證'이 그 궁극의 목표이기 때문에 스승과 다른 점을 냉정하

---

7) 『원돈성불론』과 『간화결의론』이 보조입적 후 제자 진각 스님에 의하여 발간
되었다 하여 두 책의 普照眞著說을 의심하는 사람도 있지만 이 책들이 다루
고 있는 문제나 문제를 다루는 논리의 전개방식이나 또는 글투가 전부 보조
스님의 그것들과 다르지 않고, 뿐만 아니라 진각 스님에겐 그런 면이 없었으
니 이 두 책의 내용을 보조 스님의 주장으로 보아도 무방할 줄 안다. 『원돈성
불론』과 『간화결의론』은 상호보완관계를 유지하면서도 때로는 서로서로 날
카롭게 대립하는 글귀들이 간혹 튀어나오기 때문에 보조사상의 체계적인 파
악을 소홀히 하는 사람에게는 한 책이 다른 책을 부정하는 것처럼 보일 수도
있게 되어 있다.

게 지적하고 '어디가 다른가', '왜 다른가', '어떻게 하면 이 차이를 극
복할 수 있는가'를 철저히 따지고 있다. 그러므로『간화결의론』에서는
취사선택적으로 보이는 反不二의 분위기가 강하게 풍긴다. 여기서 우
리는 화엄학에서도 하지 않는 취사선택을 왜 禪門에서 구태여 하고 있
는지 그 이유를 뚜렷이 알 수 있다. 보조 스님은『원돈성불론』에서 화
엄의 교리를 많이 인용했지만『간화결의론』에서는 노골적으로 화엄학
의 허점을 찌른다. 한 예를 들어보자.

   然 此義理 雖最圓妙 摠是識情聞解思想邊量 故 於禪門話頭參詳 徑
截悟入之門 ── 全揀佛法知解之病也. (『보조전서』, p.91)
   그러나 (교가들의) 이러한 이치가 비록 아무리 완전하고 절묘하다 할
지라도 모두 다 지식과 감정에 결부되어 있을 뿐만 아니라 남들이 하
는 소리를 듣고 이해하여 생각하고 생각한 끝에 얻어 낸 헤아림에 불
과하다. 그렇기 때문에 선문에서 화두를 참상하여 똑바로 깨달아 들어
가는 공부를 하는 마당에서는 불법을 지해로 처리하는 병통을 하나하
나 철저하게 가려내는 것이다. (필자의 의역)

보조 스님의 지해에 대한 힐책은 실로 준엄하다. 그러나 김 교수는
해오가 지해가 아니라는 것을 확신하는 분이므로 보조 스님의 그러한
꾸지람은 우리와 아무런 관계도 없다고 말할지도 모른다. 그러나 해오
를 얻은 사람은 과연 보조 스님의 꾸지람 밖에 있다고 자신 있게 말할
수 있을까?『원돈성불론』에서 보조 스님이 말한 바,

   故 理智雖現 而(多?)生習氣 念念猶侵 有爲有作 色心未殄 是謂十信
凡夫 爲(?)解碍處也.
   그러므로 이지가 비록 나타났다 할지라도 다생의 습기 때문에 잡념
은 생각마다 여전히 침범하고 (매사가) 인위적이고 조작적이어서 바깥

것에 얽매이는 마음이 없어지지 않는다. 이를 가리켜 십신 범부의 해
애라고 말하는 것이다.

라고 했을 때의 '해애'는 문맥으로 보아서 "이지가 비록 나타났다 할지
라도"라고 말할 때의 '理智現'이 해오를 가리키고 있으므로 분명 해오
이후의 일이다.

　그렇다면 우리들이 위에 인용한 『간화결의론』의 '불법지해지병'과
방금 말한 『원돈성불론』의 '해애'의 관계를 살펴 볼 필요가 있다. 결론
을 말하면 지해가 바로 해애이다. 그렇다면 해오를 절대적인 것으로
보는 김 교수의 논리는 무엇으로 정당화할 수 있을까? 길이 있다면,
『원돈성불론』의 서론적인 공식으로 돌아가 구경각에서 얻을 수 있는
부처님의 과해가 십신초심의 해오에 완전히 갖추어져 있으므로 양자
는 조금도 다름이 없다는 말만 내세우는 길밖엔 없을 것이다. 그러나
그것은 우리들이 이제까지 살펴 본 바와 마찬가지로 『원돈성불론』의
근본정신에도 맞지 않고 『간화결의론』의 저술 목적에도 위배된다. 다
시 말하면 그것은 보조사상이 아니라는 말이다. 『간화결의론』은 그런
서론적인 단계를 벗어나자는 데에 그 저술동기가 있기 때문이다. '신
해'를 문제 삼는 원돈문에서 일반론으로 했던 말을 지금 '행증'을 문제
삼는 경절문에서 되풀이하고 있으면 보조 스님으로부터 '어설피 공부
하는 무리들'이란 꾸지람을 듣지 않을 수 없을 것이다. 우리는 『원돈성
불론』과 『간화결의론』의 분위기가 크게 바뀌어져 있다는 사실을 잊어
서는 안 될 것이다.

　물론 필자의 이러한 논리에 대해 김 교수는 "화두경절문은 근기가
하열한 사람들에게 시설한 일시적인 방편문"이라는 주장으로 대응할
수 있을 것이다. 그러나 보조 스님이 그렇게 생각했다고 주장하기 위
해서는 경전적인 근거를 제시해야 한다. 우리는 보조 스님이 김 교수

의 주장에 동의하지 아니한 증거는 무수히 발견할 수 있어도 김 교수의 주장을 밑받침해 주는 증거는 발견할 수가 없다. 먼저 김 교수의 주장부터 들어보자. 김 교수는 그의 「'돈오돈수적 점수설'의 문제점」이라는 논문에서 다음과 같이 주장하고 있다.

> 보조는 언제나 일률적으로 "해오 가지고는 안 된다. 지견의 병통을 털어버리기 위해서는 화두를 들고 용맹정진 해야 한다."고 강조한 것이라고는 볼 수 없다. 지견에 걸리고 의리에 걸리는 병통을 깨뜨리기 위해서 화두에 의한 선인 간화선을 보조가 강조한 것은 사실이나 그것이 누구에게나 권유되었던 것이 아니요, 보조선의 마지막 종착역(究竟)으로서 간화선이 자리하는 것도 아니다. 보조선의 체계에 있어서는 기본적으로 돈오점수만으로도 충분하였다. 그러나 근기가 하열한 중생들은─화두선을 하는 사람이 근기가 낮은 것으로 이해된다─의리에 滯하므로 이를 타파하는 약으로써 간화선이 보완적으로 시설된 것이다. 이렇게 볼 때 간화선이 오히려 下劣衆生에게 제시된 약인 것이다. (『김지견 박사 화갑기념논문집』, p.471)

김 교수의 주장과는 相異한 보조 스님의 말씀을 인용하기 전에 우리는 먼저 김 교수의 보조관에 대해서 잠깐 주의할 필요가 있다. 김 교수는 간화선을 돈오점수설 밖에다 놓고 있다. 김 교수는 다른 곳에서도 비슷한 발언을 몇 번 한 적이 있다. 가령 「돈오점수의 새로운 해석」(『한국불교학』 제15집, p.446)이라는 논문에서도 그는 정혜쌍수나 성적등지를 그대로 돈오점수설이라고 주장하면서 「원돈신해문」이나 「경절문」은 보조적인 역할밖엔 하지 않는다고 말하였다. 원돈신해와 간화경절을 빼버린 돈오점수설을 보조 스님의 사상이라고 말할 수 있을까? 천성의 궤철이라고 높이 평가했고 초년부터 열반 직전까지 평생을 주장했던 보조 스님의 돈오점수설이 원돈신해도 간화경절도 없이 존재

할 수는 없다. 신해도 간화도 증오도 모두 다 빼버린 돈오점수설, 이것
이 보조사상일 수는 없다. 김 교수는 간화선을 의리에 체한 근기가 하
열한 중생들에게 제시된 약이라고 주장하지만, 이 세상에 의리에 체하
지 않는 사람 "나는 근기가 하열한 중생이 아니다"고 말할 수 있는 사
람이 이 세상에 얼마나 있겠는가? 필자가 이해하는 한, 보조 스님도 그
런 사람을 만나 본 적이 없는 것 같으며, 그런 사람을 상대하지도 않았
다. 결국 우리는 누구나 의리에 체하고 누구나 근기가 하열하므로 누
구나 참선해야 한다고 말할 수밖에 없다. 보조 스님에게서 사람의 근
기가 상근기냐 하근기냐 하는 말은 그다지 큰 의미가 없다. 때로는 교
육적인 격려의 뜻으로 상근기라 칭찬하기도 하고 때로는 겸허를 촉구
하고 분발시키기 위해서 하근기라 꾸짖기도 하나, 그 말을 상근기와
하근기가 따로 구별되어 객관적으로 존재하는 것처럼 생각해서는 안
될 것이다. 보조 스님의 참 뜻은 거기에 있지 않기 때문이다.

'신해행증'은 불교를 하나의 '도 닦는 이론'으로 정리할 때 누구나 무
리 없이 받아들일 수 있는 말이다. 먼저 믿고, 그러고 나서 자기의 믿
음을 올바로 이해하고, 믿는 사람답게 살고, 이리하여 마침내 믿음이
증명되면 이를 일러 불제자다운 삶이라 말할 수 있을 것이다. 그런데
문제는 이러한 이론을 소상하게 잘 알고 있으면서도 사실은 믿지도 않
고, 여전히 의심이 많으며, 따라서 행하지도 않는 사람이 의외로 많다
는 데에 그 심각성이 있다. 그래서 선승들은 신해행증이라는 격식을
아예 부정해 버린다. 그리고서 자기들의 길을 격식 밖의 도리를 걷는
격외선이라 부른다. 격식 같은 것은 아무리 잘 알아 보았자 아무 짝에
도 쓸모가 없다고 여기니 격외선 도리가 그들의 마음에 와 닿는 것이
다.

『원돈성불론』에서 증의 세계를 신해의 차원에서 아무리 잘 설명해
보아도 해애를 극복하지 못하는 한, 증의 세계는 그림의 떡일 뿐 모처

럼의 신해도 풍전등화나 다를 바 없다. 『간화결의론』은 이런 고민을
가진 사람들을 위해서 쓰인 책이다. 상근기니 하근기니 하는 구별은
문제 밖의 이야기다.

『간화결의론』의 마지막 부분에서 보조 스님은 이 문제를 다음과 같
이 정리하였다.

> 禪宗或有源派俱別之論曰 法別門別機別 此義不然 但言初從縛地位
> 徑截得入 有門別機別 豈可言大菩薩 親證一心法界 亦別耶. (『보조전
> 서』, p.102)
> 선종에서 어떤 사람들은 근원적인 것과 파생적인 것은 전적으로 다
> 르다고 주장하면서, 결국 의지하는 법이 다르고, 들어가는 문이 다르
> 고, 사람의 근기가 다르다고 (決定論的으로 말)한다. 그러나 이치란 그
> 럴 수가 없는 것이다. 다만 처음 박지범부의 지위에서 마지막 똑바로
> 꺾어 증득해 들어가기까지 (그때 그때마다) 들어가는 문이 다르고 (문
> 에 따라 거기에 알맞은) 능력이 다르다고 말할 수는 있을지언정 어찌
> 대보살이 친히 증득하는 '한 마음의 법계'에도 또한 그런 구별이 있다
> 고 말할 수 있겠는가? (필자의 의역)

사람이 태어날 때부터 어떤 특별한 약만을 먹도록 정해져 있는 것은
아니다. 누구나 어떤 병을 앓을 때는 그에 맞는 약을 먹어야 하는 것이
다. 보조 스님은 수행자의 종교적 성장과 발전과정을 인정하였고 또한
거기에 따른 능력과 경지의 차이를 무시하지 않았다. 그러나 그것이
타고난 근기에 차이가 있다고 말하는 것은 아니다. 그렇다고 차이 없
는 것에 집착하여 성장발전을 볼 줄 모른다면 결국엔 공부가 잘 되어
가는지 잘못되어 가는지조차 구별할 줄 모르는 멍청이가 되고 말 것이
다.

『간화결의론』을 보면 보조 스님이 얼마나 수행자의 경지에 대해서

세심한 주의를 기울이고 있는가를 알 수 있다. 첫째, 그는 교가의 원돈 신해사상이 제 아무리 현묘하고 수승하다 하더라도 공부를 성취하는 데 있어서 선가의 간화경절문에 비할 바가 아니라고 단호하게 말하고 있다. 그 이유는 敎家의 길이 수도자의 解碍를 제거해 주지 못하기 때문이라고 한다.

故 論云 先以聞解信入 後以無思契同 禪門徑截得入者 初無法義 聞解當情 直以無滋味話頭 但提撕擧覺而已 故 無語路義路 心識思惟之處 亦無見聞解行生等 時分前後 忽然話頭噴地一發 則如前所論 一心法界 洞然圓明故 與圓敎觀行者 此於禪門一發者 敎內敎外 逈然不同 故 時分遲速亦不同 居然可知矣 故云 敎外別傳 逈出敎乘 非淺識者所能堪任. (『보조전서』, p.100)

그러므로 화엄론에서는 먼저 (스승의) 법문을 듣고 이해함으로써 믿음을 갖게 되고, 그 다음에 아무 생각이 없는 경지에 들어감으로써 (부처님과) 하나가 된다고 말하였다. 그러나 선문에서 똑바로 가로질러 들어온 사람은 애당초부터 듣고, 알고, 느끼고 할만한 법이니 의니 하는 것이 아예 없으므로, 곧장 아무런 느낌도 주지 않는 화두 (하나만을) 가지고 그저 정신 바짝 차리고 열심히 공부할 뿐이다. 그러므로 (선문에서는 교가에서와는 달리) 언어, 의미, 의식의 사유 영역조차 없으며 또한 보고, 듣고, 알고, 행동하고 할 때의 시간상의 전후조차 없는 세계이다. 홀연히 화두가 한 번 크게 터지면 앞에서 교가의 이론으로 밝힌 바와 같은 일심의 법계가 아무런 걸림 없이 완전하게 밝아지는 것이다. 따라서 (『화엄경』을 앞세우는) 원교에 의지하여 공부하는 사람들과 (지금 말하는) 선문으로 한 번 크게 터진 사람들을 비교하면 안과 밖(즉 교리 안에서 공부하는 교가와 교리 밖에서 공부하는 선가)은 너무나도 크게 차이가 나는 것이다. 그러므로 (양자는 공부를 성취하는) 시간에 있어서도 하나는 더디고 하나는 빠르다는 차이가 있다는 것을 사실 그대로 분명히 알 수 있다. 그렇기 때문에 언교 밖에 따로 전해 내려온 선종이 교종보다 월등하게 훌륭하다는 것을 천박한 지식으로는 도저히 바로 알 수 없다고 하는 것이다. (필자의 의역)

『원돈성불론』이 이통현의 신해사상을 중심으로 해오사상을 고취하여 선과 교의 공통점을 드러내는 데에 주력한 책이라면, 『간화결의론』은 대혜 선사의 간화선사상을 중심으로 증오사상을 고취하여 선과 교의 차이점을 분명히 한 책이라고 말할 수 있을 것이다. 보조 스님은 교도 버리지 않았고 선도 버리지 않았다. 따라서 그는 해오도 버리지 않았고 증오도 버리지 않았다. 그러나 그는 선과 교를 혼동하지 않았고 해오와 증오를 혼동하지 않았다. 선과 교, 또는 해오와 증오의 역할 분담과 각자가 있어야 할 자리를 분명히 하였다. 보조 스님은 참선이 무엇인가를 분명히 하기 위해서 같은 선문 안에서도 아직도 교가적인 냄새를 풍기는 참의문과 이를 깨끗이 벗어난 참구문을 구별하였다. 참의란 숨은 뜻을 캐낸다는 말이요, 참구란 알 수 없는 한 마디의 화두에 몸으로 부딪친다는 말이다. '참의'와 '참구'는 또 다시 하늘과 땅의 차이라고 한다. '참의'는 그것이 아무리 현묘하고 수승하다 할지라도 원돈신해의 한계를 극복하지 못하므로 정말 경절이라는 이름에 합당한 길은 '참구'의 길 하나뿐이라고 한다.

> 然 禪門此等 如實言句 若比教門 雖是省略 若比徑截門話頭 則以有佛法知解 故 未脫十種病 所以云 夫參學者 須參活句 莫參死句 活句下薦得 永劫不忘 死句下薦得 自救不了. (『보조전서』, p.102)

그러나 선문에서 말하는 이러한 참다운 말씀들은 만약 교문에서 말하는 그 비슷한 글귀들에 비교하면 비록 훨씬 더 간결하고 야무진 바가 없지 않지만, 만약 이를 같은 선문안의 경절문에 속하는 화두참선하는 법에 비교하면 여기에도 여전히 불법을 지해로 처리하는 병통이 남아 있다. 그러므로 참선 공부를 할 때 생기는 열 가지 병통을 벗어

버리지 못하는 것이다. 무릇 공부하는 사람이라면 반드시 활구를 참구할 것이요, 사구를 참구하지 말아야 한다. 활구에서 깨치면 영원토록 다시 어두워지는 법이 없지만 사구에서 깨달으면 자기자신도 구제하지 못하는 법이다. (필자의 의역)

참선에서 참의와 참구를 구별할 줄 알고 사구와 활구의 구별은 매우 중요한 일이다. 참선의 正邪와 사활이 여기에 걸려 있다고 말해도 과언이 아닐 것이다. 보조 스님의 『간화결의론』은 이 점을 분명히 하는 것으로써 그 정점을 삼고 있다. 이제까지 우리들이 살펴 본 바와 마찬가지로 수행자가 자기 꾀에 속지 말고 자기의 경지가 지금 어디에 속하며 어디로 가고 있는가에 대해서 날카로운 반성을 하면서 공부의 正邪와 死活을 똑바로 알 때 보조 스님의 證悟思想은 비로소 심각하게 문제화되기 시작한다. 김호성 교수의 '해오의 절대성과 증오무용론'과는 반대로, 『간화결의론』의 마지막 문장은 보조 스님의 철저하고도 간절한 증오사상의 천명으로 볼 수 있을 것이다.

此證智現前者 今時 罕見罕聞 故 今時 但貴依話頭參意門 發明正知見耳 以此人見處 比於依敎觀行 未離情識者 天地懸隔故也 伏望 觀行出世之人 參詳禪門活句 速證菩提 幸甚幸甚. (『보조전서』, p.102)

이렇게 참구문으로 (疑團[의심의 덩어리]이 크게 터져) 증지가 뚜렷하게 드러난 사람을 요즘엔 정말 보기 드물고 소문조차 듣기 어렵다. 따라서 요즘엔 화두를 참의하는 문에 의지하여 올바른 지견을 내어 밝히는 것만을 귀히 여기고 있을 뿐이다. (그러나 위에서 밝힌 바와 같이 증지가 현전한) 이 사람이 도달한 경지는 교가의 관행법에 의지하여 공부하여 아직 자기의 감정이나 지식의 속박을 벗어나지 못한 사람들의 경지에 비교하면 하늘과 땅 사이만큼이나 크게 차이가 나기 때문이다. 그러므로 제발 엎드려 바라옵나니, 도를 닦기 위해 세상을 뛰쳐나

온 사람들은 선문의 활구를 참구하여 속히 보리를 증득하도록 해주소
서. 그렇게만 되면 얼마나 다행스럽고 얼마나 다행스러울지 모르겠다.
(필자의 의역)

위의 인용문을 번역함에 있어서 ‘차인’이 누구를 가리키느냐가 문제
될 수 있다. 두 가지가 가능하다. 하나는 맨 앞의 ‘차중지현전자’로 보
는 방법이고(제1안), 다른 하나는 바로 앞의 ‘발명정지견’한 사람들로
보는 길이다(제2안). 필자는 전자를 택하였다. 여기에 인용된 몇 줄의
글만 보면 제2안이 자연스러운 것 같지만『간화결의론』의 전체 사상과
결론 부분의 전체 문맥으로 보면 제1안대로 읽어야 보조 스님의 본의
에 더 가깝다고 느껴졌기 때문이다. 이 점에 대해서는 呑虛 스님의 번
역도 金達鎭 선생의 번역도 어느 쪽인지 분명치 않았다.[8] 아무튼 보조

---

8) 아래에 이 대목에 대한 탄허 스님의 번역과 김달진 선생의 번역을 서로 비교
해 보면 다음과 같다.
a) 탄허 스님 : 이 사람의 견처로써 교를 의지해 관행하여 정식을 여의지 못한
자에게 비하면 천지가 현격한 연고니……(탄허 술,『보조국사법어』, 서울, 법
보원, 1963, p.138)
b) 김달진 선생 : 그런 사람이 본 바와 같이 교문에 의해 관행하여 알음알이
를 떠나지 못한 이에게 비하면, 하늘과 땅의 차이가 있다……(김달진 역주,
『보조국사전서』, 서울, 고려원, 1987, p.209)
c) 구산 스님의 상좌였으며 현재 UCLA의 불교학교수인 로버트 버스웰은 이
대목을 다음과 같이 번역하였다 :
If such a person's understanding is compared with that of one who meditates while
relying on the teachings but has not discarded the affective consciousnesses, they are
as far apart as heaven and earth.
버스웰의 번역도 ‘차인’이 누구임을 명시하지 않았다. 그러나 바로 앞 문장 번
역과 이 대목을 해설하는 주 56)의 내용으로 봐서 그는 ‘차인’을 참구참선자로
보지 않고 참의참선자로 보고 있음이 분명하다. 이렇게 되면 바로 그 다음 문
장의 ‘선문의 활구를 참구하여 속증보제 해달라’는 보조국사의 간절한 부탁과
일치하지 않게 된다(Robert Buswell, *The Korean Approach to Zen, The Collected Works
of Chinul*, Honolulu : University of Hawaii Press, 1983, p.253, pp.260~261 참조).

스님은『간화결의론』에서 간화경절문 특히 활구참선법을 매우 강조했다고 말할 수 있으며, 이 책에 유난히 많이 나오는 '증'이라는 글자가 이를 충분히 증명해 주고 있다. 증오사상과 활구참선하는 간화경절사상은 서로 떨어질 수 없는 사상이기 때문이다.

이상에서 살펴 본 바와 같이 보조사상 속에 너무나도 분명한 증오사상과 간화경절사상을 김호성 교수는 무슨 이유로 부정하고 격하하려 하는 것일까? 여기에서 우리는 잠깐 김 교수가 오를 어떻게 이해하고 있는지 구체적으로 따져 보아야 하겠다. 김 교수는 그의「돈오돈수적 점수설의 문제점」이라는 논문에서 깨달음과 닦음에 대한 그의 이해를 다음과 같이 말하였다.

보조는 먼저 깨닫고 나중에 닦는다고 하는 수증론(先悟後修)에서의 깨달음을 해오로 보고 먼저 닦고 나중에 깨닫는 수증론(先修後悟)에서의 깨달음을 증오라고 한다. 비록 해오와 증오는 다른 차원에 속하는 개념이라고 하더라도 보조는 해오를 더 높이 평가하고 있는데 그러한 점은 닦음과 관련하여 알 수 있다. 보조는 해오를 초시간적, 무차별적인 깨달음인 선오후수로 보고 있으며 증오를 시간적, 차별적인 깨달음인 선수후오로 보고 있음은 앞에서 살핀 바 있다. 보조에게 있어서 증오의 修, 즉 선수후오는 悟前修로서 이는 眞修로 평가되지 않는다. 따라서 시간적인 범주가 아닌 논리적인 범주에서 먼저 깨닫고 나서 닦아야 진수로 인정하고 그러한 의미의 깨달음을 법칙으로 삼았던 것이다. 以悟爲則이란 말도 이와 같이 이해되어야 한다. (『김지견박사 화갑기념 논문집』, p.470)

위의 문장에는 간과할 수 없는 다음과 같은 문제들이 있다. 첫째, 김 교수는 先悟後修의 오와 先修後悟의 오에 대해 각각 해오와 증오라고 일률적인 정의를 내렸다. 보조 스님의 悟사상을 이런 식으로 정리해도 상관없을까? 그러나 우리는 선불교의 용어 사용에 각별한 주의를 기울여야 할 줄 안다. 해오니 증오니 하는 선불교의 전문 용어는 그 말이 쓰이는 경우에 따라서 그 의미나 내용이 달라지기 때문이다. 먼저 해오의 경우를 한번 살펴보자. 크게 나누어 두 가지의 경우를 생각할 수 있다. 하나는 진리 쪽에서 진리를 우리에게 보여주는 면이다. '내 마음이 원래 부처님'이라든가 또는 '내 마음이 근본부동지불과'라는 표현이 모두 해오의 이런 면을 말해 주고 있다. 이 면은 우리의 노력이나 준비 여하에 관계없이 부처님이 우리 쪽으로 내려오는 면이라 말할 수 있다. 해오가 가진 또 하나의 면은 사람이 진리 쪽으로 올라가려고 애쓰는 면이다. 수도자의 구도자다운 태도, 정신적인 자세, 마음의 준비 또는 사람들이 가진 속세의 업보 등의 인연이 얼마만큼 진리를 수용하고 발현할 수 있도록 잘 성숙해 있느냐 하는 것 등등이 모두 이 면에 속한다.

해오라는 경험은 이상의 두 가지가 함께 만났을 때 생기는 현상이다. 이통현 장자가 「신화엄론」을 짓고 신해사상을 고취한 것이나, 김호성 교수가 해오의 절대성과 완전성을 강조하는 것은 해오가 가지는 전자의 면을 고려하면서 하는 말이라고 할 수 있다. 반면에 보조 스님이 해오를 말하면서 반드시 인연과 해애를 거론하고 해애에 대한 경각심을 일깨우는 것은 해오가 가지는 후자의 면을 들여다보면서 하는 말이다. 해오의 이러한 두 가지 면들은 서로서로 어떤 관계를 가지고 있는가? 물론 전자가 더 근본적이고 논리적으로 더 본질적임은 말할 나위도 없다. 이것 없이는 신해라는 말도 있을 수 없다. 그러나 이것만으로 만사가 다 되는 것은 아니다. 불교철학에서 '法'을 말할 때 꼭 '人'을 함께 거론하듯이 진리를 말할 때 꼭 사람을 함께 이야기하고, 부처님이 우리에게로 내려오심을 이야기할 때 꼭 우리들이 부처님에게로 올라가고자 하는 면을 함께 이야기하는 것은 후자의 중요성 때문이다. 이렇게 양자를 함께 볼 줄 아는 것이 중도의 가르침을 몸에 익힌 불제자다운 사고방식이라 말할 수 있을 것이다. 물론 불교에서는 이를 단순한 사고방식이 아니라 '있음(存在)'의 '있음(存在) 다운' 모습이라 가르친다. 여기서 우리는 김 교수가 해오의 두 가지 면 가운데서 전자만을 말하고 후자를 언급하지 않았다는 것을 지적하지 않을 수 없다.

다음으로 증오의 경우를 생각해 보자. 김 교수는 보조 스님의 『법집별행록절요』에 인용된 澄觀의 도식적인 오상 설명에 나머지 "오가 먼저고 수가 뒤따르면 해오요, 수가 먼저고 오가 뒤따르면 증오"라는 공식으로 증오를 처리하였다. 그 결과 김 교수에게 있어서 증오는 해오만도 못한 것으로 전락하고 말았다. 보조 스님이 『절요』에서 해오 이전의 수는 진수가 아니라고 말씀하신 것은 사실이다. 그러나 보조 스님의 증오는 해오 이전의 증오가 아니라 항상 해오 이후의 증오였다. 보조사상의 경우 해오 이전의 증오는 특별한 의미가 없으므로 논의할 가치가 없었다. 보조 스님의 수행은 해오에서 출발하고 있기 때문이다. 해오 이후의 수행은 보조 스님이 항상 강조하는 선오후수에 속하며 그 결과로 증오를 얻는 것이다. 우리들은 앞서 『간화결의론』의 구절들을 분석할 때 이를 충분히 느낄 수 있었다. 그런데 김 교수는 여기에서도 증오가 가진 무의미한 전자의 경우만을 이야기하고 소중한 후자의 경우는 없는 듯이 언급하지 않았다. 그 이유는 모두 위해서 살펴 본 것처럼 해오의 경우나 증오의 경우나 똑같이 여러 가지 면 가운데 한 가지만을 말했기 때문이라 생각한다.

둘째, 김 교수는 해오와 증오를 다른 차원에 속한다고 거듭 강조하였다. 그 이유는 해오가 초시간적, 무차별적인데 반하여 증오는 시간적, 차별적이기 때문이라 한다. 이 문제도 해오와 증오의 여러 면들을 대각선으로 단순 비교하는 데서 비롯한 결과라고 말할 수 있을 것이다. 가령 서양과 동양을 비교한다면서 사람들은 간혹 서양은 물질적이고 동양은 정신적이라고 말하는 경우를 본다. 동양문화에도 물질적인 면과 정신적인 면이 다 있었고 서양문화 또한 마찬가지이나, 어떤 사람들은 서양에서는 물질적인 면만 뽑고 동양에서는 정신적인 면만을 뽑아 단순비교하여 그렇게 말하는 것이다. 해오에도 증오에도 둘 다 똑같이 法과 人의 양면이 있다. 그러므로 법의 면을 보면 해오도 증오도 둘 다 똑같이 초시간적, 무차별적인데 반하여 인의 면을 보면 둘 다 똑같이 시간적이고 차별적인 면이 있음을 곧 알 수 있다.

셋째, 김 교수는 여기에서 보조 스님은 해오를 더 높이 평가하고 있다고 주장한다. 그러나 이러한 주장도 역시 김 교수가 둘을 다 보지 않고 하나만을 보고 성급히 단정적인 결론을 내리는 데서 비롯한 현상으로 보인다. 초심범부의 최초입신을 이야기할 때는 해오를 강조해도 『간화결의론』처럼 해애극복에 초점을 맞출 때는 궁극적인 목표로 증오를 높이 내세우지 않을 수 없는 것이다. 이것이 보조 스님의 가풍이다. 우리는 이 점을 『간화결의론』에서 싫도록 보았다. 아무런 배경 설명도 없이 무조건 증오보다는 해오를 더 높이 평가하는 경우는 없다.

넷째, 김 교수는 여기에서 보조 스님이 증오를 가져오는 수는 오전수이기 때문에 진수가 아니라고 말한 점을 지적하고 있다. 보조 스님은 수의 진가를 따지면서 해오 이전의 수는 진수가 아니라고 말한 것은 사실이다.[9] 그러나 해오 이후의 진수를 통해서 이룩하는 것이 바로 증오라는 점도 간과해서는 안 된다. 다시 말하면 김 교수는 수에도 두 가지가 있음을 간과한 것이다. 하나는 해오 이전의 수요, 다른 하나는 있어야 할 증오 이전의 수다. 보조사상의 구조 속에서는 증오 이전의 수가 바로 해오 이후의 수에 해당된다. 수는 이와 같이 해오 이전의 수

---

9) 『절요』에 나오는 다음과 같은 말들이다.
　"北宗但是漸修 全無頓悟故 修亦非眞"(『보조전서』, p.107) ; "若未悟而修 非
　眞修也"(『보조전서』, p.130).

와 해오 이후의 수로 말할 수도 있고, 또는 증오 이전의 수와 증오 이후의 수로 말할 수도 있다. 이런 경우, 각각의 수가 가지는 고유의 뜻을 무시하고 막연하게 오전의 수는 모두 진수가 아니라고 하는 것이 보조 스님의 생각이었다고 일률적으로 말해 버린다면 정밀하고 철저한 보조철학을 애매모호하게 만들어 버릴 위험성이 있다.

다섯째, 김 교수는 여기에서 보조 스님이 시간적 범주가 아닌 논리적 범주에서 먼저 깨닫고 나서 닦아야 진수로 인정한다고 말하고 있다. 보조사상에서는 해오 이후의 닦음이라야 진수였다. 그렇다면 김 교수가 말하는 '논리적 범주에서 깨닫는 것'이란 곧 김 교수가 항상 강조하는 해오에 해당하는 셈이다. 그런데 김 교수는 그의 여러 논문에서 누누이 해오는 지해가 아니라고 강조하였다. 여기에서 의문이 생긴다. 논리적 범주에서 깨닫는다는 것이 지해인가 아닌가? 물론 지해이어서는 안 될 것이다. 그렇다면 '논리적 범주에서 깨닫는 것'이 지해가 아니라는 증명을 해야 할 것이다. 그러나 논리적 범주란 원래 지해상의 개념이다. 도대체 논리적 범주에서 깨닫는다는 게 뭔가? 그 정체를 밝혀야 할 것이다.

김 교수는 그의 「'돈오돈수적 점수설'의 문제점」이라는 논문에서 필자의 해오 이해를 다음과 같이 비판하였다.

구체적으로 박 교수가 보조의 해오를 어떻게 이해하고 있는지 살펴보자.

"보조 스님은 불경을 읽음으로써 깨칠 수 있다고 믿었다. 물론 그는 그것이 궁극적인 깨침 즉 증오라고 주장하지는 않았다. 불경을 읽고서 얻는 깨침을 궁극적인 증오와 구별하기 위해서 종밀은 해오라는 다른 이름을 붙였다. 아직도 지해적인 요소가 남아 있다는 뜻이다."

이러한 이야기는 보조 자신의 진술이 아니라 박 교수의 비량 (anumana)임은 두 말할 나위가 없다.—논문의 도처에서 보조 저술에 근거한 성언량(sabda)과 자신의 비량을 분명하게 구별하여 밝혀두지 않아서 이해에 어려움이 많다. 위의 인용구를 통하여 볼 때 해오를 불경을 읽음으로써 얻는 '지적인' 깨달음으로 이해하고 있음을 알 수 있다. (『김지견박사 화갑기념논문집』, p.466)

필자는 보조 스님을 한 사상가로 본다. 선불교수행에서 일어나는 여러 가지 문제를 아주 조직적으로 체계적으로 설명해 보려고 애쓰신 분이 바로 보조 스님이다. 한국불교의 역사상 선사는 많았다. 그러나 사상가는 드물었다. 보조 스님의 수제자라고 일컬어지고 있는 진각 스님도 스승의 사상가적인 면을 발전시키지 못했다. 이것은 애석한 일이요 불행한 일이었다. 요즘 선에 치우친 사람들은 말끝마다 가섭만을 높이고 아난을 헐뜯지만 사실 아난 없는 불교의 역사를 생각해 본 적이 있는지 모르겠다. 아난이 부처님의 말씀을 후학들에게 전해 주지 않았더라면 후학들이 어떻게 팔만대장경을 집대성할 수 있었으며 팔만대장경이 없는 불교가 불교노릇을 제대로 할 수 있었을까? 가섭이 훌륭하지 않다는 말도 아니고 아난이 가섭보다 더 훌륭하다는 말도 아니다. 어느 쪽으로 치우치건, 치우친 것은 좋지 않다는 말이다. 보조 스님의 제자들이 보조 스님만큼 치우치지 않았었더라면 하는 아쉬움을 이기지 못해 하는 소리이다.

'보조 스님은 불경을 읽음으로써 깨칠 수 있다고 믿었다'는 것과 '그런 깨달음을 그는 증오라고 주장하지 않았다'는 것은 너무도 당연한 말이다. 보조 스님의 碑銘에 적혀 있는 세 번의 깨달음이 모두 불경을 읽음으로써 얻은 깨달음들이었다. 그리고 그의 저술에는 두 권의 중요한 『절요』가 있다. 왜 그런 책을 냈는가? 읽고 깨닫자는 것이다. 그 밖에도 보조 스님은 불경을 수도 없이 인용하면서 그렇게 인용된 대목대목에서 깨닫는 바가 있어야 한다고 강조하신다. 그 다음 그런 깨달음이 궁극적인 것이 아니라 해오라는 말도 무수히 나온다. 보조 스님 자신이 여러 번 깨친 다음에도 증오를 얻지 못해 마치 원수와 함께 사는 듯 했었다고 고백한 것은 너무나 유명한 이야기이다. 해오에 지해 적인 요소가 남아 있어 점수가 필요하다는 것은 보조논리의 정석에 속한다.

그런데 위에 인용한 김 교수의 글에는 필자의 글에 대한 심각한 오해가 있다. 먼저 문제된 김 교수의 말을 다시 적어보자. "위의 인용구를 통하여 볼 때 해오를 불경을 읽음으로써 얻는 '지적인' 깨달음으로 이해하고 있음을 알 수 있다." 필자는 필자가 쓴 글을 다시 읽어보았지만 이런 오해를 받을 만한 흔적도 없고, 그렇게 말한 기억도 없고, 보조사상을 그렇게 이해한 적도 없다. 문제는 김 교수가 필자의 문장을 자기 식으로 약간 고친 데서 비롯한 것 같다. 필자는 해오를 불경을 읽음으로써 얻는 깨달음이라고 말했는데 김 교수는 그것을 불경을 읽음으로써 얻는 '지적인' 깨달음으로 말을 바꿔버렸다. '지적인'이라는 한 정사를 붙이고 안 붙이고의 차이는 적지 않다. 붙이면 지해로 전락하지만 안 붙이면 해오다. 필자의 주제는 해오였는데 김 교수는 자기 멋대로 '지적인'이란 형용사를 삽입하여 남의 주제를 지해로 바꿔버린 다음 필자가 보조 스님을 오해했다고 定罪하고 있는 것이다.

김 교수는 '필자가 보조 스님의 해오를 지해로 오해하고 있다'고 단정하고 줄기찬 공격을 계속하였다. 사실 김 교수와 필자는 해오에 대해 서로 상당히 달리 이해하고 있다. 어떻게 다른지 검토해 보자.

박 교수는 1963년에 발표한 논문 「悟의 문제」에서 『절요』의 "私曰 於此不生怯弱 的信自心 略借廻光 親嘗法味者 是謂修心人 解悟處也. 若無親切返照之功 徒自點頭道 現今了了能知 是佛心者 甚非得意者 也"라는 문장을 인용하고서 "그러므로 알았다고 고개만 끄덕인다면 이

는 悟가 아니다. 목우자는 이들에 대해서 '識悟'라는 말을 쓴다"라고
하였는데, 이때에도 해오를 누구의 설명을 듣고 고개를 끄덕이는 앎
정도로 이해하고 있음을 보여준다. 그러나 위의 문장은 佛卽是心을 믿
지 못하는 大小乘의 방편설(法相) 및 人天敎 등 着相之人의 소견에
대해서 종밀이 비판함에 대하여 오히려 종밀처럼 불즉시심이라고 깨
닫기만 하면 되는 것이 아니라 해오 이후 친절반조지공 즉 점수를 해
야 한다는 것이다. (『김지견박사 화갑기념논문집』, pp.467~468)

　김 교수는 여기에서도 필자가 해오를 누구의 설명을 듣고 고개를 끄
덕이는 앎 정도의 것으로 오해하고 있다고 힐난하고 있다. 그러나 필
자는 바로 앞줄에서 "알았다고 고개를 끄덕인다면 오가 아니다"라고
말했을 뿐, 오를 '고개를 끄덕이는 앎'이라고 말한 적은 없다. 무엇인가
의사소통이 잘 안 되고 있는 듯하다. 그리고 또한 김 교수는 '해오 이
후 점수하라'는 것이 보조 스님의 뜻인 것처럼 결론짓고 있다. '해오 이
후 점수해야 한다'는 것은 보조사상의 기본 공식이다. 그러나 이 공식
을 여기에 마구 적용하면 보조 스님의 뜻을 그르치게 된다. 왜 그런가
를 한번 밝혀보자.
　문제는 김 교수가 위 문장의 "친절반조지공"을 그대로 일반적인 '오
후의 점수'로 속단한 데서 비롯한다. 보조 스님은 여기에서 "친절반조
지공"이 없는 깨달음은 깨달음이 아니라는 것을 강조하고 있는데, 김
교수는 보조 스님의 뜻과는 반대로 "친절반조지공" 이전에 이미 해오
가 있고, 그런 해오를 얻은 다음에 "친절반조지공"이라는 오후의 점수
를 해야 한다는 식으로 이해하고 있다. 다시 말하면 필자는 "친절반조
지공"을 해오의 조건으로 보는데 반하여 김 교수는 이를 해오 이후의
점수로 보고 있다. 괴롭지만 우리는 또 여기에서 보조 스님의 글을 먼
저 인용하고 분석해보지 않을 수 없다.

私曰 於此不生怯弱 的信自心 略借廻光 親嘗法味者 是謂修心人 解悟處也. 若無親切返照之功 徒自點頭道 現今了了能知 是佛心者 甚非得意者也. (『보조전서』, p.111)

나(목우자)는 말하겠다. 여기서 겁내지 않고 자기의 마음을 똑바로 믿어 잠깐이라도 생각을 돌려 몸소 진리를 맛본다면, 이런 경지를 마음닦는 사람의 깨달은 경지라고 한다. 그러나 만약 몸소 반조하는 공을 들이지 않고 한갓 머리를 끄덕이면서 내가 지금 능히 소소영영하게 아는 이 놈이 바로 부처님의 마음이라고 말한다면 이는 대단히 잘못 알고 있는 것이다. (필자의 의역)

보조 스님은 몸소 반조하는 공도 없이 아는 척하는 것을 '대단히 잘못 알고 있는 것'이라고 비판하고 있기 때문에 필자는 친절반조지공을 해오의 조건이라 말했던 것이다. 그러나 거듭 독자의 주의를 촉구하는 바이지만 이것은 항상 그렇다는 말이 아니라 적어도 본 문장에서는 그렇다는 말이다. 친절반조지공이란 말은 어떤 때는 해오 이후의 점수를 가리키고, 어떤 때는 지금처럼 해오의 조건으로 쓰여 일정치 않다. 본 문장에서는 바로 앞줄에 나오는 해오라는 말이, 앞의 문장에서는 "약차회광 친상법미"라는 말이 "친절반조지공"과 똑같이 해오의 조건으로 딱 버티고 있음을 알 수 있다. 이와 비슷한 문장이 『절요』의 뒷부분에 가서 다시 나오는데, 여기에서는 아주 분명하게 '반조의 공'이 '깨달음의 조건'임을 선언하고 있다.

前不云乎 若無親切返照之功 徒者點頭道 現今能知 是佛心者 甚非得意 豈可認目前鑑覺 爲空寂靈知言不辨眞妄者 爲悟心之士耶 當知吾所謂悟心之士者 非但言說除疑 直是將空寂靈知之言 有返照之功 因返照功得離念心體者也. (『보조전서』, p.159)

앞에서 말하지 않았던가? 만약 몸소 돌이켜 비추어 보는 공도 없이

(제법 무엇이나 깨달은 듯이) 한갓 스스로 머리만 끄덕이면서 지금 (내 속에서) 모든 것을 능히 아는 이 것이 바로 부처님의 마음이라고 말한다면 이는 대단히 잘못된 것이라고. 어리석게도 '당장 눈앞에서 보고 느끼는 것'을 그대로 '텅 비어 고요하기 짝이 없으면서도 신령스럽게 모든 것을 다 아는 부처님'이라 생각하면서 사실은 참과 거짓의 구별도 할 줄 모르는 사람을 내가 어찌 깨달은 사람이라 하겠는가? (다시 말하면 "친절반조지공"이 없는 사람은 깨달은 사람이 아니라는 말이다.) 마땅히 알지니라. 내가 어떤 사람을 가리켜 깨달은 사람이라고 말할 때에는 단순히 언설의 차원에서 의심이 풀린 사람을 말하는 것이 아니고, 똑바로 '텅 비어 고요하기 짝이 없으면서 신령스럽게 모든 것을 다 안다'는 말씀을 인연으로 반조의 공을 들이고, 또한 그 반조의 공으로 말미암아 생각을 여읜 마음의 체를 깨달아 얻는 사람을 가리키는 것이다. (필자의 해설적 번역)

보조 스님은 여기서 깨달음이 언설의 차원이 아니라 몸으로 체험함 (親證)의 차원임을 분명히 하고 있다. 그러면서도 동시에 '공적영지' 같은 선지식의 말씀이 어떻게 초보자들에게 깨달음의 인연으로 작용하는가를 밝히고 있다. 『보조어록』을 읽는 사람은 이 두 가지를 다 알아듣는 것이 중요하다. 이것이 보조사상의 본래면목이기 때문이다. 그런데도 김 교수는 점수가 해오의 다음에 하는 일이라는 일반 공식을 여기에 그대로 적용하려 했기 때문에 보조 스님의 뜻을 흐리게 해 버렸다고 말할 수 있을 것이다. 보조 스님의 참 뜻은 위에서도 분명한 것처럼 가짜 해오를 적발해 내는 데에 있다. 참다운 보조철학은 국사가 자주 언급하는 '회광반조'가 과연 어떤 것인지, 그리고 언설의 차원이 아닌 친증의 차원에서 참과 거짓을 가려낼 줄 안다는 말이 무슨 뜻인지를 밝혀내는 일에서부터 착실히 시작되어야 할 것이다. 다시 말하면 깨달음과 닦음의 문제를 다루는 보조사상에 대한 연구는 체험분석적인 논리 전개가 불가피하다는 말이다. 보조 스님이 "아무런 닦음의 공을 들이지 않아도 얻을 수 있다"는 해오의 일반적인 정의를 흔들면서까지 "반조의 공을 들여야 하고 그런 공으로 말미암아 생각을 여읜 심체를 얻은 사람이라야 깨달은 사람"이라고 강조한 것은 보조 스님 스스로가 항상 언설의 차원보다는 친증의 차원을 강조하는 선문에 속했기 때문이라고 생각된다.

보조 스님의 『절요』는 이 문장 바로 다음부터 이제까지의 토론을 끝맺고 새로운 장을 여는 유명한 '경절문서설'을 펼친 다음, 끝까지 경절문 이야기로 일관하고 있다. 그런데 김 교수는 이 유명한 '경절문서설'을 가지고 그의 여러 논문에서 성철 스님을 비판하고 있다. 김 교수는 보조 스님의 간화경절문이 근기가 하열한 사람들에게 시설된 것이라는 말을 누누이 강조하고 나서 다음과 같이 말하였다.

> 이 문제에 대해서는 필자(김 교수)의 전게 졸고에서 상세히 해명했으나―『선문정로』에서도 같은 오해를 하고 있으며, 『절요』 원문의 축약이 보이는 곳이라고 지적했다―중차대한 문제이므로 여기서 다시 한 번 상술하고자 한다. (『김지견박사 화갑기념논문집』, p.471)

여기서 '전게 졸고'란 『한국불교학』 제15집에 실린 김 교수의 「돈오점수의 새로운 해석」이라는 논문을 가리키는데, 김 교수의 두 논문이 모두 똑같은 인용문을 가지고 똑같은 결론을 내리고 있다. 결론의 요점은 성철 스님도 필자도 모두 보조 스님을 오해하고 있다는 것이다. 그의 주장은 다음과 같다.

> 우선 필자(김 교수)는 『선문정로』가 『절요』를 인용함에 있어서 원문을 충실히 옮기지 않았음을 지적해 두고자 한다. 물론 저자의 편의에

따라서 축약해서 옮길 수는 있으나…… 그 사실을 밝히지 않고 있다.…… 이처럼 중차대한 문제를 다룸에 있어서 자의적인 축약은 내용에 대한 왜곡된 해석을 가져오기 쉬운 법이며 실제로 이 경우, 보조의 의도와는 달리 해석되고 있는 것이다. (『한국불교학』 제15집, p.443)

김 교수가 지적한 '보조 스님의 의도와는 달리 해석되고 있는 부분'이 구체적으로 무엇이며, 올바른 해석이 무엇인지 다시 보조 스님의 원문으로 돌아가 보자. 먼저 원문이 무엇인 줄 알아야 이에 대한 두 해석의 차이도 제대로 드러날 수 있을 것이다.

(1) 然 上來所擧法門 幷是 爲依言生解悟入者 委辨法有隨緣不變二義
人有頓悟漸修兩門.

(2) 以二義 知一藏經論之指歸 是自心之性相 以兩門見一切賢聖之軌
轍 是自行之始終 如是揀辨 本末了然 令人不迷 遷權就實 速證菩
提.

(3) 然 若一向 依言生解 不知轉身之路 雖終日觀察 轉爲知解所縛 未
有休歇時.

(4) 故 更爲今時納僧門下 離言得入 頓亡知解之者. 雖非密師所尙 略
引祖師善知識 以徑截方便 提接學者 所有言句 係於此後 令參禪
峻流 知有出身一 條活路耳. (『보조전서』, p.159)

(1) 그러나 이제까지 열거한 법문들은 모두가 다 (불조의) 말씀에 의지하여 이해가 생겨 깨달아 들어간 사람들을 위해서 법에는 수연과 불변이라는 두 이치가 있고 사람에는 돈오와 점수라는 두 문이 있다는 것을 자상하게 밝힌 것이었다.

(2) 두 이치로써 일장 경론의 지귀가 바로 자심의 성상임을 알게 하고, 두 문으로써 일체 賢聖의 軌轍이 바로 자기 수행의 시종임을 보게 한 것이다. 이와 같이 근본과 枝末을 분명하게 분간(揀辨)함으로써

사람들이 미혹되지 않게 하고, 일시적인 권도를 버리고 여실한 가
르침으로 돌아가 속히 보리를 증득하게 하고자 한 것이다.

(3) 그러나 만약 어떤 사람이 한결같이 말에만 의지하여 이해할 뿐 자
기자신을 바꾸는(轉身) 길을 모른다면, 비록 종일토록 이치를 관찰
한다 할지라도 도리어 지해에 속박만 되어 쉴 때가 없을 것이다.

(4) 그러므로 이제 또 다시 수행자들 가운데 말을 여읜 깨달음을 얻어
바로 그 자리에서 지해를 극복할 사람들을 위해서, 비록 종밀 스님
이 숭상한 바는 아니었지만, 조사 선지식들이 경절방편으로 학자들
을 상대할 때 쓰신 말씀들을 간략하게 이 뒤에 붙이는 것은 참선하
는 뛰어난 무리들로 하여금 속박을 벗어날 한 가닥의 활로가 있다
는 것을 알게끔 하기 위한 것이다. (필자의 의역)

문단의 구별과 번호 매김은 김 교수의 방식을 그대로 따랐다. 이 문
단은 보조 스님이 그의 『법집별행록절요』에서 계속 돈오점수설을 중
심으로 이야기해 내려오다가 방향을 전환하여 경절문 이야기로 들어
가면서 앞뒤를 회통시키기 위해 쓰신 글이다. 글의 주제 전환 역할을
하는 중요한 문단이다. 이 문단은 구조적으로 앞 뒤 둘로 나눌 수 있
다. 앞의 것은 지금까지 논의한 것을 결론짓는 내용이고, 뒤의 것은 새
주제의 핵심을 밝히는 내용이다. 둘 다 각각 핵심적인 사상을 가지고
있다. 전자의 그것은 揀辨思想이고 후자의 그것은 전신사상이라고 말
할 수 있을 것이다.

간변사상이란 사람들이 어리석었을 때는 일장경론이 가리킨 바와
일체 현성이 걸었던 길이 나의 외부에 따로 있는 것인 줄 알았는데, 수
연불변과 돈오점수의 가르침을 통해서 이것들이 모두 자심의 성상이
요, 자행의 시종임을 아는 것을 말한다. 밖의 것이 안의 것으로 되었다
고도 말할 수 있고, 생명 없는 것들이 생명 있는 것으로 되살아 나왔다
고도 말할 수 있다. 바로 앞의 문장에서 보조 스님이 보여준 "언설의

차원을 극복하고, 친증의 차원으로 넘어가려는 간절함"이 여기서 마지막 용트림을 치고 있는 것이다. 필자는 이것을 한 마디로 간변사상이라 부르고 싶다.

그러면 전신사상이란 무엇인가? '전신'은 마지막의 出身과 같은 말이다. 그래서 보조 스님은 전신지로니 출신활로니 하는 말을 쓰신 것이다. 전후 문맥으로 보아서 전신의 길은 간화경절문임이 분명하다. 그러나 전신사상은 간변으로부터 생겨난 해애를 극복하기 위한 것이다. '知解所縛'이란 말이 바로 해애를 가리키는 말이다. 궁하지 않으면 통하지 않듯이, 해애 없이는 전신이 요청되지 않는다. 결국 간변의 필연적인 산물로서 해애가 생겨나고, 해애는 다시 전신을 요청하는 것이 글의 주제 전환을 꾀하고 있는 경절문서설에 나타난 보조사상의 구조라고 생각한다.

김 교수는 '경절문서설'을 인용하면서 성철 스님이 『선문정로』에서 '이이의……'로 시작되는 두 번째 문장을 빼 버렸다는 사실을 지적하였다. 사실을 지적한 것까지는 좋았지만 여기에서 중대한 문제가 있다는 말만 자꾸 되풀이할 뿐, 문장구조의 분석과 문맥 분석을 통해 왜 이것이 중차대한가를 논증하지 않았다. 이러한 분석의 결핍으로 말미암아 김 교수의 결론은 보조 스님의 뜻과는 아주 먼 것이 되고 말았다. 김 교수는 다음과 같이 결론 맺는다.

오히려 보조는 『선문정로』에서 생략한 둘째 문장에서 돈오점수만 잘 수행하면 여실하게 간변하고 본말을 잘 요해하면 그것으로 성현이 될 수 있다는 것이다. (『한국불교학』 제15집, p.444)

『선문정로』가 생략해버린 두 번째 문장 속에 과연 김 교수의 주장이 들어 있는가? 다시 한 번 보조 스님의 원문을 들여다보자.

以二義 知一藏經論之指歸 是自心之性相 以兩門見一切賢聖之軌轍
是自行之始終.

　두 이치로써 일장경론이 가리키는 것들이 모두 자기 마음의 性과 相
임을 알게 하고, 두 문을 통해 일체 현성들이 걸어갔던 길들이 모두 자
기 수행의 출발점과 종착점임을 보게 하기 위한 것이다.

　여기서 필자가 문제 삼고 싶은 것은 보조 스님이 이 문장을 통해서
말하고자 하는 것과 "돈오점수만 잘 수행하면 그것으로 성현이 될 수
있다"는 김 교수의 이해 사이에 가로놓인 거리이다. 김 교수의 이해가
보조사상 속에 없다는 말이 아니다. 다만 보조 스님이 '지금 여기서' 말
하고자 하는 것은 그것이 아니지 않느냐는 말이다. 생략된 두 번째 문
장은 필자의 분석에 의하면 揀辨章의 중요한 구절이었다. 간변의 주역
은 지해이다. 다시 말하면 이 문장을 보고 바로 견성하여 해오를 성취
한 사람도 있을 수 있고, 상근기에 속하는 사람들은 돈오돈수해서 일
생의 참선공부를 한꺼번에 해 버리는 사람도 있을 수 있다. 그러나 그
것은 지금 이 문장이 문제 삼고 있는 것은 아니다. 우리들이 지금 문제
삼고 있는 이 문장은 크게는『절요』라는 책의 전체적인 맥락 속에서,
적게는 경절문서설 속에서 수행하고 있는 특수한 사명이 있다. 그것은
지해를 主武器로 하는 간변사상이라는 것이다. 김 교수는 지해라는 말
만 나오면 보조 스님의 해오를 오해했다고 비판하는데, 이것은『선문
정로』를 지나치게 의식한 때문인 듯하다. 그러나 보조사상을 논하면서
지해를 과소평가해서는 안 된다. 거듭 말하지만 두 번째 문장은 사람
이면 누구나 가지고 있는 지해로 읽어야 하고 그래야 보조 스님의 본
뜻이 드러난다고 생각한다.

　김 교수는 또한 보조 스님의 체계에서는 어디까지나 돈오점수가 근
본이고「원돈신해문」과「간화경절문」은 보완적인 성격밖엔 없다고 주

장하고 있다. 그 근거로 그는 보조 스님의 비명에 나오는 글을 내 세운
다. 그러나 碑銘(『보조전서』, p.420)을 자세히 뜯어보면 그 뜻은 김 교
수의 주장과 상당히 다르다는 것을 곧 알 수 있다.

비명에는, 보조 스님은 사람들에게 불교책을 권(勸人誦持)할 때,『금
강경』을 바탕으로 하고『육조단경』의 정신에 입각하되 이통현의『신
화엄경론』과 대혜 스님의 어록을 항상 새의 두 날개처럼 요긴하게 사
용하였다는 내용이 있을 뿐이다. 이 말은『금강경』과『육조단경』의 정
신을 실천해 나가는 데 있어서『화엄이통현론』과『대혜어록』둘 다 필
수적이었다는 말이다. 그래서 그 다음에 개문을 말할 때도 삼문을 똑
같이 말할 뿐 원돈신해문과 경절문이 돈오점수를 보완하는 관계라고
는 말하지 않았다. 김 교수는 권인송지의 경우와 개문의 경우를 혼동
해서는 안 될 것이다. 그런데 김 교수의 이러한 일련의 발언들을 종합
해 보면 어떤 일관된 흐림이 나타나는 것 같다. 김 교수로 하여금 보조
해석을 그렇게 새롭게(?)하게 하는 가장 큰 동기는 그가 원래 증오에
대해서 부정적인 사상을 가진 사람이라는 사실에서 시작하는 것 같다.
증오를 부정하면 연쇄적으로 생기는 현상이 간화경절사상의 평가절하
현상이다. 증오를 전제하지 않으면 경절문은 있을 자리가 없기 때문이
다. 필자는 김 교수의 그러한 사상적인 경향을 비난하지는 않는다. 역
사적으로나 현실적으로나 간화선을 비난하는 사람은 한 두 사람이 아
니다. 그러나 김 교수가 과연 보조 스님도 그랬었다고 주장하면 문제
가 달라진다. 김 교수는 성철 스님의 주장을 부정하려다가 많은 곳에
서 보조 스님의 주장을 부정하는 결과를 가져오고 만 것 같다.

전치수 · 김호성 교수에 대한 총괄적 평가

1990년 10월 14일, 순천 송광사의 보조사상 국제회의에서 발표한 「성철 스님의 돈오점수설 비판에 대하여」라는 논문의 결론 부분에서 필자는 보조 스님의 돈오점수설을 '돈오돈수적 점수설'로 발전시켜 나가야 한다고 주장하였다.10)

이에 대하여 그 날 논평자로 나온 전치수 교수는 필자의 주장을 "보조 스님의 돈오점수설과 다를 바 없다"고 평하였었다. 그러나 김호성 교수는 최근에 발표한 그의 「돈오돈수적 점수설의 문제점」이라는 논문에서 필자의 주장을 성철 스님의 돈오돈수설을 그대로 수용한 데서 비롯한 것처럼 평하였다. 하나의 논문을 놓고 두 가지의 상반된 평이 나온 셈이다. 이것은 조금도 이상할 것이 없다. 보는 관점이 다르면 사물은 달리 보이게 마련이다. 문제는 어떤 관점에서 보아야 더 타당한가에 있을 것이다. 전교수와 김 교수는 각각 어떤 관점에서 필자를 보았을까?

얼핏 보기에 전 교수는 성철 스님의 돈오돈수설에 입각하여 필자를 본 것 같고, 김 교수는 보조 스님의 돈오점수설에 입각한 것처럼 보인다. 그러나 필자가 보기엔 전 교수도 김 교수도 각각 성철 스님과 보조 스님의 사상에 충실한 답변을 통해서 자신들의 관점을 분명히 해 두었다고 생각한다.11)

그러나 필자가 '돈오돈수적 점수설'을 요즘의 돈점논쟁에 대한 하나의 대안으로 내 놓았을 때, 필자에게는 '어느 쪽 편을 든다'는 생각도 물론 없었다. 결과적으로 그것은 會通이었다고 제삼자가 평하는 것을

---

10) 『普照思想』 제4집, 보조사상연구원, 1991, pp.527~528쪽 ; 同 별쇄본, p.44 참조.

11) 전치수교수의 評에 대한 나의 반론은 본서의 앞 장에서 다루었다.

막을 길은 없지만 필자 자신이 처음부터 계획적으로 회통을 시도하지는 않았다는 말이다. 필자는 김호성 교수가 사용하는 의미에서의 회통을 불교의 회통이라고 생각하지 않는다. 파사현정이라야 회통이요, 헌 것은 죽고 새 것이 태어나야 회통이지, 아무개는 교판론자이고 나는 회통론자이고 하는 식의 회통은 회통이 아니라고 생각한다. 철저한 부정, 철저한 양부정, 쌍차, 전간, 살인검 등등……… 이런 것 없이 무슨 부활이 있으며, 새것의 탄생이 있을 수 있을까? 그러므로 진정한 회통에는 반드시 그 전에 또는 동시에 아니면 그 뒤에 부정의 실천으로서의 교판작업이 있기 마련이다. 그런 의미에서 필자의 '돈오돈수적 점수설'이라는 말 속에 현실부정적인 요소가 내포되어 있었다는 것을 숨길 필요는 없을 것 같다.

보조 스님의 돈오점수설을 그대로 주장하지 않고 구태여 '돈오'를 '돈오돈수적'이란 말로 바꾼 데에는 그럴 만한 이유가 있었다. 깨침도 아닌 것을 깨침이라 주장하고 다니는 사람들의 발호를 막아야 한다고 믿었기 때문에 깨침의 기준을 명시할 필요가 있다고 생각되었던 것이다. 성철 스님의 '돈오돈수설'을 그대로 주장하지 않고 '점수'란 말을 구태여 첨가한 것도 비슷한 이유 때문이었다. 돈오돈수만을 내세우고 아무 것도 하지 않는 것은 변명할 길 없는 '망종의 폐풍'이라고 믿었기 때문이다.

보조 스님이 해오사상을 널리 보급하여 신해의 의미를 분명히 하고 또 당시의 불교계를 '信의 불교'에서 '悟의 불교'로 발전시킨 것은 보조 스님의 큰 공헌이었다. 그러나 거기에서 결과적으로 김호성 교수의 경우에서도 나타났듯이 수행문중에서 오가 수행해야 할 날카로운 면이 둔화되고 오히려 오의 격하현상이 생기고 말았다. 그래서 해애 덩어리의 거짓도인이 횡행하고, 이러한 자칭 도인들은 해애를 부끄러워 할 줄도 몰랐고, 따라서 아무런 괴로움도 없는 듯이 보였던 것이다. 화두에 들기는커녕 경절문 자체를 과소평가하는 풍조가 생겼다. 이것은 분명히 보조 스님의 본의가 아니었다. 오히려 그가 가장 경계했던 것이다. 그러므로 우리는 보조 스님의 참 뜻을 살리기 위해서 오의 기준을 해오에서 증오로 높임으로써 오에 대한 오해 또는 선의 저질화현상을 막아야 한다고 생각하기에 이른 것이다.

그리고 보조 스님의 普賢行願사상을 그가 강조하는 점수의 본질로 부각하여 그의 점수사상에 나타난 점수란 말을 단순히 깨치기 위한 점수로 오해함이 없도록 해야 한다고 생각한 것이다. 그러므로 전치수 교수가 필자를 돈오점수파로 낙인찍는 것은 적평이 못 된다고 생각한다. 동시에 필자를 돈오돈수파로 몰아붙인 김호성 교수의 평도 필자가 본 논문에서 밝힌 여러 가지 이유로 역시 받아들일 수 없다. 두 평이 모두 일면적인 사실을 지적하고 있다는 것은 인정한다. 그러나 두 평이 모두 필자가 돈오점수설과 돈오돈수설의 장점에 동의하는 부분만을 지적했을 뿐, 두 학설의 단점에 동의하지 않는 부분을 지적하지 않았다고 생각한다. 여기서 앞으로의 대화를 위해 제기하고 싶은 것은 필자의 돈오돈수적 점수설이 갖는 양부정적인 면에 대해서 좀 더 깊이 파고 들어가도록 노력하자는 것이다. 이것은 물론 필자 자신이 돈오돈수적 점수설을 하나의 대안으로 언급했지만 그 언급은 示唆하는 정도에 그치고 그 이상은 나가지 않았기 때문에 평자로서는 어찌할 수 없는 일이었을 것이라 생각된다.

필자가 항상 다행스럽게 생각하는 것은 여러 스승의 가르침에 힘입어 조금이라도 '깨침의 소중함을 알게 되었다'는 것이다. 따라서 필자는 항상 깨치지도 못한 사람이 깨쳤다고 주장하는 폐풍에 비교적 민감한 편이었다. 필자는 보조 스님도 이 폐풍을 바로잡기 위해서 많은 말씀을 하셨고, 성철 스님 또한 이 폐풍 때문에『선문정로』를 쓰신 것으로 안다. 돈오돈수를 내세우면서 "이제는 더 닦을 필요 없다"고 공언하는 무리들을 보조 스님이 힐책한 것은 사실이다. 그러나 그것을 바로 성철 스님의 돈오돈수설에 대한 비판과 같은 것으로 직결하는 것은 위험한 속단이라고 생각한다. 사실 불교의 역사상 많은 선지식들이 "이제는 더 닦을 필요 없다"고 발언하였다. 그러나 그렇게 말한 사람들 가운데 실제로 수행을 그만둔 사람은 없었으리라 생각한다. 만일 있었다면 그 선지식은 진정한 선지식이 아니었을 것이다. 그러므로 '돈오돈수'라는 말이 지니는 본질적인 의미를 잡지 못하고 "이제는 더 닦을 필요 없다"는 말만을 글자 그대로 해석하여 시비를 가리려 하는 것은 분명 漢盧逐塊의 태도라고 밖엔 말할 수 없다. 돈오돈수 같은 선불교인들이 사용하는 전문용어를 선불교권 밖의 일반적인 경험에다 견강부회한 잘못된 선불교사전을 가지고 공부하는 무리들이 "나는 이제 해오를 얻었으니 앞으로 점수만 하면 된다"고 말하고 다닌다 하여 그것을 보조 스님의 돈오점수설 때문이라고 단정해서도 안 될 것이다. 어느 쪽이건 아류는 있기 마련이다. 따라서 근원에서 멀어질수록 별별 오해와 왜곡이 불어나기 마련이다. 여기에서 선지식의 파사현정이 등장하는 것이다. 선지식이란 사이비를 고발할 줄 아는 사람이다. 또한 선지식은 사이비의 발호를 막기 위해 앞장 선 사람이다. 『보조어록』도 『선문정로』도 모두 파사현정의 글들이다. 그리고 이들은 모두 공부 않는 사람을 다시 공부하게 만들었다. 돈오점수설 때문에 공부하지 않던 사람이 다시 공부하게 될 수도 있고 돈오돈수설 때문에 그럴 수도 있다. 우리는 이 점을 높이 사야 한다.

요즘엔 사이비를 가릴 기준조차 없어져 버린 것 같고 사이비를 적발해 내는 선지식도 사라져 버린 것 같다. 필자는 평소에 궁극적인 깨침이란 무엇인가에 대해서 지대한 관심을 가져 왔다. 그것을 뭐라고 부르건 이름 같은 것은 상관없다. 구경각이면 어떻고 初見性이면 어떤가. 증오라도 좋고 해오라도 좋다. 문제는 무엇을 가지고 그렇게 부르느냐에 있다. 증오니 구경각이니 하고 거창한 말을 쓰고 거드름을 피우지만 말하는 사람의 관심사가 밤낮 자기의 이해관계나 인기관리 같은 것에 쏠려 있다면 대단할 것 하나도 없고, 반대로 초발심이니 또는 해오니 하고 답답한 문제만 들고 나오더라도 그 속에서 가장 궁극적인 것을 드러내고 있다면 고개 숙이지 않을 수 없다. 다시 말하지만 이름은 문제가 아니다. 경지가 문제다. 그러므로 예로부터 우리의 선지식들은 궁극적인 깨침이 아닌 것을 깨침이라 내세우는 '未證謂證罪'를 부모죽인 죄보다도 더 엄하게 다루었다. 깨침은 상징적인 의미에서 일종의 구제론적인 개념이다. 구제받지 못한 자가 '나는 이미 구제받았노라'고 공언하고 다닌다면, 그러고 다니는 한, 그 사람은 구제 받을 길이 없는 것이다. 필자가 증오를 철저히 따지는 이유도 여기에 있다. 김호성 교수가 해오의 절대성과 완전성을 강조할 때, 그 속에 증오의 차원을 내포하고서 그렇게 말했다면 필자는 더 이상 아무 말도 안했을 것이다. 김 교수가 기독교의 유명론까지 동원하면서 증오의 경지를 부정하고 있기 때문에 이렇게 말이 많아진 것이다. 이왕 말이 나왔으니 말은 분명해야 한다고 믿기 때문이다.

필자는 궁극적인 경우 우리말로 '깨침'이라 부르고 아직 거기에 이르지 못한 경우는 '깨달음'이라 부르고 있다. 말의 세계에서는 양자를 구별해야 하기 때문이다. 보조 스님의 경우는 해오가 깨달음이고 증오는 깨침이다. 증오를 '깨침'이라 부르는 이유는 깨침이 '깨짐'에서 나왔다고 느껴졌기 때문이다. 해오를 가리키는 '깨달음'은 깨짐이 없어도 되지만 증오를 가리키는 깨침은 반드시 깨짐을 거쳐야 한다. 깨짐이 없는 깨침은 깨침이 아니다. 깨짐과 깨침은 둘 다 '깨다'라는 동사에서 나왔다. 이 말은 '판을 깬다'든가 또는 '병을 깬다'는 말처럼 깨짐을 의미하기도 하고 '잠을 깬다' 또는 '국문을 깬다'는 말처럼 깨침을 의미하기도 한다. 불도를 닦는 경우, 무엇이 깨지는가? 깨지는 것은 자아다.

잘못된 자아가 깨질 때 참다운 자아가 잠에서 깨어나듯 깨어난다. 이
것을 깨침이라 부른다. '깨지다' 와 '깨치다'는 원래 같은 어원에서 나
왔다. 깨짐과 깨침은 동시에 이루어진다. 깨침과 깨달음의 차이를 밝히
는 것은 수증을 다루는 불교학의 중요한 사명이다. 만일 이 구별을 엄
격히 할 줄 모르면 불교사상이 큰 혼란에 빠지고 만다고 생각한다.[12]
필자는 또한 불교인의 평소의 삶은, 깨쳤거나 못 깨쳤거나, 그런 것에
관계없이 보현행을 실천하는 것이어야 한다고 생각해 왔다. 이러한 인
연으로 내 삶의 구호는 '보현행자로서 살자'는 것이었다. 그리고 그 보
현행은 깨침을 체로 하는 용과 같은 것이다. 그러므로 깨침은 보현행
의 근본이다. 실로 보현행은 깨침을 원동력으로 하여 처음 시작을 할
수 있고, 계속 될 수 있으며, 또한 마지막에 원만하게 마무리 지을 수
있는 것이다.[13] 필자는 그러한 의미로 '돈오돈수적 점수설'이라는 말을
사용했던 것이다. 다시 말하면 깨침의 가장 철저한 의미를 성철 스님
의 돈오돈수사상에서 보았고 보현행의 구체적인 전개를 보조 스님의
점수사상에서 보았었다는 말이다. 그래서 감히 그러한 새 말을 만들어
낸 것이다. 그러나 모든 말이 다 그렇듯이 돈오돈수적 점수설의 경우
도 새 말을 하나 만들어 냄으로써 일이 끝난 것이 아니라 실천을 통해
서 그 말을 검증해야 할 것으로 믿는다.

---

12) 필자는 이 문제를 필자의 "Buddhist Faith and Sudden Enlightenment(Albany,
New York : SUNY Press, 19830"에서도 다루었다. 특히 123~132쪽에 있는 15
장의 Kkaech'im : The experience of Brokenness와 16장의 Revolution of Basis 참조.
13) 필자가 여기에서 말하는 보현행이란 반야삼장이 번역한 『40권 화엄경』, 「보
현행원품」에 나오는 보현행원 사상을 말한다. 필자는 보현보살의 열 가지 큰
소원(十大願)을 모두 깨침이라는 체에서 나온 용으로 보고 있다. 이것은 여래
의 경우에서도 그렇고 初心凡夫의 경우에서도 그렇다고 생각한다. 필자가 즐
겨 사용한 우리 말 '보현행원품'은 다음과 같다. 운허 스님 역, 『보현행원품』
(동국역경원, 1966) ; 광덕 스님 역, 『지송보현행원품』(불광출판부, 1991) ; 법
정 스님 역, 『나누는 기쁨-보현행원품』(불일출판사, 1984).

다음은 김 교수의 논문 가운데서 의심나는 대목, 동의할 수 없는 대목, 또는 문제 삼을 만한 대목들을 모은 것이다. 대목 대목마다 '응답'이라는 이름으로 간단하게 필자의 의견을 붙여 놓았다. 모두 후일의 더 나은 대화를 위해서이다. 김 교수가 이번 논문을 통해서 제기한 여러 가지 문제들 가운데서 가장 중요한 문제는 역시 보조국사의 깨달음에 대한 그의 색다른 해석이라고 말할 수 있을 것이다. 만약 우리들이 깨달음과 깨침의 문제에 대해서 허심탄회하게 의견을 나누고 서로 합의하는 바가 있다면 여기에 모은 잡다한 문제들은 그리 큰 걱정거리가 될 수 없으리라고 생각한다. 표시된 페이지는 김 교수의 「'돈오돈수적 점수론'의 문제점」이 수록된 『김지견박사 화갑기념논문집』(민족사, 1991)의 페이지를 가리킨다.

[문제 1] (p.459 중간)

오늘날(한국)의 돈오점수와 돈오돈수의 논쟁은 인도 · 티베트 · 중국의 경우와는 달리 같은 돈문(頓宗) 안에서의 깨달음과 닦음의 결합양식에 대한 대립적 인식을 문제 삼고 있는 것이다.

[응답] '깨달음과 닦음의 결합양식'이라니? 왜 하필이면 數學이나 形式論理學에서 쓰는 '결합양식'이라는 말을 썼을까? 잘 이해가 가지 않는다. 선지식들의 대립이 두 단어의 결합양식 때문이었다고는 생각되지 않는다. 깨달음과 닦음의 관계를 이러한 표현으로 정리하는 김 교수의 깨달음과 닦음의 관계에 대한 이해는 선지식들의 그것과 크게 다를 것 같다. 철저한 분석이 있어야 할 것으로 생각된다.

[문제 2] (p.459 하단, 주 2)

현재의 돈오점수설에 대한 비판들은 모두 '돈오돈수=돈오, 돈오점수=점수'의 구조로 이해하고 행해진 것으로 생각된다. 박성배 교수 역시 예외는 아니다. 이 점은 후술할 것이다.

　[응답] 현재의 돈오점수설에 대한 비판들을 이렇게 모두 일반화시킬 수 있을지 의문이다. 우선 필자의 경우에도 해당되지 않는다고 생각한다. 이 문제를 '후술한다' 했으나 어디서 후술했는지 발견할 수 없었다. 여기에서도 김 교수가 이해하는 돈오점수설에 대한 비판들과 실제의 비판들 사이에 거리가 있는 것 같다. 이 점 또한 더 깊이 따져 들어가야 할 대목이라 생각된다.

　[문제 3] (p.461 상단)

　교판론과 회통론의 상호대립과 상호작용의 역사로 불교사를 이해하면서, 그 중에서 회통론의 흐름이 보다 주류이며 정당한 것으로 보는 필자(김 교수)의 사관에 비추어 보더라도 돈오점수설과 돈오돈수설의 조화, 회통을 시도하는 박 교수의 그 같은 노력은 대단히 뜻있는 것임에 틀림없다.

　[응답] 본문에서도 언급했지만 필자는 그러한 회통을 시도한 적이 없다. 그러나 평자의 눈에 그렇게 보였다면 그것 또한 어찌할 수 없는 일이다. 김 교수가 불교사를 회통론의 상호관계로 이해하려 한다는 것은 재미있는 착상이라 생각된다. 그러나 회통과 교판을 도식적으로 대립시킬 때 양자는 그 본래적인 의미를 상실하고 역사가들이 흔히 도전과 응수를 역사발전의 공식으로 이용하듯 그렇게 잘못 이용될 위험성이 있다. 불교인의 회통과 교판은 그런 것이 아니었다고 생각한다. 불교의 회통은 반드시 교판으로 나타났고 교판은 또한 회통을 전제했었다. 불교역사상 위대한 회통론자치고 교판을 하지 않았던 분이 있었던가? 위대한 교판론자치고 회통을 하지 않은 자 있었던가? 중국 불교사에서 대표적인 교판론자로 소문이 난 천태지의대사의 경우를 보자. 그의 실제 공헌은 교판보다는 명상의 이론을 심화시킬 대로 심화시킨 지

관법이나 일념삼천의 사상일 것이다. 천태의 이런 면을 김 교수는 교판이라 부를 것인가? 아니면 회통이라 부를 것인가? 한국 불교사에서는 원효대사를 회통의 대표로 꼽는다. 그러나 그의 방대한 저술을 통해서 그가 빼놓지 않고 하고 있는 일은 철저한 교판작업이다. 교판에 아전인수의 치우침이 없지 않았고 회통에 제설혼합의 흠이 없지 않았지만 그것은 잘못된 경우이고 그것들의 본래 사명은 어디까지나 '교판을 회통으로 그리고 회통을 또다시 교판으로' 접목하고 맥을 통하게 하여 죽은 것을 살려내는 데에 있었다고 생각된다.

[문제 4] (p.461 상단)

그러나 아무리 회통이 요청된다고 하더라도 '일종의 혼합설'이 되지 않기 위해서는 논리의 내적 정합성을 따지지 않으면 아니 된다. 그런 입장에서 박 교수의 '돈오돈수적 점수설'은 몇 가지 문제가 있다고 여겨진다.

[응답] 다시 김 교수가 생각하고 있는 회통이 도대체 어떤 것이냐는 문제로 돌아가야 한다고 생각한다. 회통을 교판과 대립되는 것으로 보는 한, 거기에는 회통을 혼합 이상의 것으로 꿰뚫어 볼 안광이 없을 수 없을 것이라는 생각이 든다. 다시 말하면 모든 회통은 혼합으로밖에는 보이지 않을 것이라는 말이다. 서양인들에게는 동양인의 회통이라는 경험을 담을 개념이 없었다. 그래서 그들은 동양의 회통을 '싱크레틱(syncretic)한 것'이라고 말했다. 일종의 혼합이라는 것이다. 겉만 보고 속을 못 보면 이럴 수밖에 없을 것이다. 미국의 신학교에는 한국 학생들이 많다. 교수들이 가장 골치를 앓는 것은 한국 신학생들의 성경 이해는 엉뚱할 때가 많다고 한다. 그 원인은 성경을 한국말로 이해하는 데서 비롯한 것으로 풀이되고 있다. 한국말로 번역된 성경의 단어들은 모두 동양사상 속에서 성장한 말들이다. 그러므로 이스라엘 사람들의

종교문헌인 기독교 성경을 읽고도 읽은 다음 독자의 마음속에서 성장하고 있는 것은 동양사상인 경우가 있다는 것이다. 이것이 말의 마술적인 성격이다. 반대로 서양 사람들이 영어로 번역된 동양의 불경을 읽고 나서는 그들이 마음속에서 자라는 것은 동양이 아니고 서양인 경우가 있다. 그 좋은 예가 회통을 싱크레틱으로 이해하는 경우이다. 김 교수는 그의 논문 도처에서 불교적인 경험을 담은 말을 서양의 풍토에서 발생하고 형성된 서양적인 개념으로 바꾸어 쓰고 있었다. 필자는 김 교수가 변증법이라는 말을 쓸 때마다 어리둥절해질 때가 많았다. 김 교수가 필자의 논문을 회통론으로 분류해놓고 결국 그 속에서 회통의 천적인 '혼합'밖에 보지 못했다면 그는 처음부터 이를 회통론이라 부르지 말았어야 했다.

[문제 5] (p.461 중간)

첫째, 박 교수는…… 임제와 종밀이 상호모순하고 있기 때문에 문제가 있다고 본다. 과연 그럴까? 종밀선과 임제선은 하나로 조화되거나 회통될 수 없는가?

[응답] 필자가 그렇게 본 것이 아니라 성철 스님이 그렇게 본 것이다. 필자는 이 문제를 '성철 스님은 왜 돈오점수설을 비판했는가'를 설명하는 논문의 첫 장에서 언급하였다. 이 장의 이름으로 보나 전후 문맥으로 보나 이것이 성철 스님의 주장이라는 것은 명백한데 어째서 이를 필자의 주장으로 단정하기에 이르렀는지 이해가 가지 않는다. 김 교수는 여기서 종밀과 임제의 회통을 제의해 놓고서 실제로는 증오를 부정하고 간화경절문을 貶價했었다. 그러고도 양자의 회통이 가능할까?

[문제 6] (p.461 하단)

둘째, 보조의 돈오점수설에 대한『선문정로』의 비판논리는 다음과 같은 삼단논법으로 정리할 수 있으리라 생각된다.

대전제 : 보조의 돈오점수의 돈오는 해오이다.

소전제 : 해오는 지해이며 지해는 교이다.

결론 : 그러므로 돈오점수는 선이 아니라 교이다.

따라서 보조는 선사가 아니라 교가, 구체적으로는 화엄선이다.

[응답] 김 교수는 눈에 안 보이는 속보다는 눈에 보이는 겉을 문제 삼고 따라서 말이 의미하는 내용보다는 말 자체의 형식을 따지는 데에 더 깊은 관심이 있는 것처럼 보인다. 왜 필자가 이렇게 느끼느냐 하면 아리스토텔레스의 형식논리학에 나오는 삼단논법으로『선문정로』의 비판논리를 담을 수 있다고 생각하는 김 교수의 사고방식 때문이다. 삼단논법이란 '전체에 관하여 참인 것은 부분에 관하여서도 참이다'라는 아리스토텔레스의 遍有遍無의 법칙에 의거하여 보편적인 원리로부터 부분에 관한 지식을 이끌어내고 일반으로부터 특수를 추정하는 일종의 연역적인 추리방법에 불과하다. 선이란 원래 이러한 연역추리의 허를 찌르고 나온 사상이다. 성철 스님이『선문정로』에서 돈오점수설을 교가의 학설이라 낙인찍고 보조선을 화엄선이라 부르며 보조국사를 교가라고 말한 것은 사실이다. 김 교수는 성철 스님의 이러한 주장을, 동원된 삼단논법의 결론으로 이끌어내기 위해 대전제와 소전제를 만들어 넣었다. 여기서 대개념은 지해요 매개념은 해오요 소개념은 돈오로 되어 있다. 그러므로 이 경우엔 '모든 해오는 지해이다'라는 말이 하나의 보편적인 원리 노릇을 하고 있어 사실상 대전제로 되어 있고 '돈오점수의 돈오는 해오이다'라는 말이 소전제가 되고 결론은 '그러므로 돈오는 지해이다'가 되는 셈이다. 이것은 필자가 김 교수의 삼단논법을 아리스토텔레스의 표준형으로 재구성한 것이다. 문제는 대전제이

다. 과연 모든 해오는 지해인가? 누구나 이것을 보편적인 원리로 받아들일 수 있는가? 여기에서 연역추리의 허점이 여실히 드러나고 만다. 어떤 경우는 해오가 지해일 수도 있지만 어떤 경우는 아닐 수도 있다. 그것은 해오를 어떻게 정의하고 어떻게 이해하느냐에 따라 달라진다. 그것은 또한 해오를 성취한 개개인을 하나하나 점검해 보지 않고서는 일률적으로 말할 수 없다. 그러므로 해오를 지해라고 주장하는 것이나 아니라고 주장하는 것이나 피장파장이 되고 마는 것이므로 결국 이러한 삼단논법은 여기서 하나도 참을 드러내주지 못하고 있는 것이다. 그렇다면 『선문정로』의 비판논리를 김 교수처럼 삼단논법으로 정리하는 것이 과연 정당한가 하는 문제를 제기하지 않을 수 없다. 다시 백보를 양보해서 『선문정로』에서 돈오점수설 비판은 겉으로 나타난 외형적인 부정작업이었다. 그런 외적 비판의 내부에는 항상 돈오돈수설이라는 긍정작업이 있다. 다시 말하면 돈오점수설 비판과 돈오돈수설 주장은 내외의 관계를 가지고 있다는 말이다. 이 관계를 성철 스님의 주장에 따라 파사와 현정의 관계로 바꾸어 말할 수도 있다. 성철 스님에게 있어서 돈오점수 비판은 파사요 돈오돈수 주장은 현정이다. 그러므로 양자는 반드시 함께 다루어야 한다. 겉만 다루고 속을 다루지 않으면 절름발이이다. 그러나 김 교수는 『선문정로』의 비판논리라고 말하면서 파사인 겉만을 다루고 현정인 속을 언급하지 않았다. 이러한 이유로 필자는 김 교수의 관심사가 겉을 다루는 데에 있다는 인상을 받았던 것이다.

[문제 7] (p.461 하단에서 p.462 상단까지)
박 교수는 이러한 삼단논법에서 대전제와 소전제를 받아들이고 있다. 대전제는 보조 스스로도 명언한 바이므로 문제가 되지 않는다. 그러나 소전제 즉 돈오점수의 돈오 즉 해오는 과연 지해인가? 필자(김 교

수)의 견해로는 해오는 지해가 아니라고 본다. 대전제와 소전제를 긍정하고 나면 필연적으로 그 결과까지 긍정해야 하는데, 박교수는 위의 소전제는 받아들이면서도 그 결론은 받아들이지 않으려고 하므로 모순에 빠지고 있다.

[응답] 바로 앞의 응답에서도 밝혔듯이, 아리스토텔레스의 삼단논법을 여기에 끌어들이는 것은 성철 스님이 제기한 문제 즉 깨침이란 과연 무엇인가를 밝히는 데에 조금도 도움을 주지 못할 뿐만 아니라 오히려 문제의 초점을 흐리게 할 뿐이라고 생각한다. 김 교수는 필자가 '해오는 지해'임을 받아들이면서도 성철 스님의 보조 평에 동의하지 않아 모순에 빠졌다고 말했다. 본문에서도 필자가 누차 밝혔지만 보조국사는 해오를 지해라고 말하지 않았다. 다만 그는 해오의 경지에서는 지해의 영향인 지애가 없어지지 않는다고 말했을 뿐이다. 그러므로 보조사상을 말하는 한, 이것이 필자의 입장이다. 필자는 '해오는 지해'라는 전제 자체를 인정하지 않는다. 그러니 무슨 모순에 빠지고 말고 할 것이 있겠는가? 필자가 이해하는 바로는 선이냐 교냐를 따지는 따위는 보조국사의 관심사가 아니었다. 선사면 어떻고 교가면 어떻단 말인가? 그런 것을 따지고 앉아 있는 한, 보조국사의 진의는 전달될 수 없을 것 같다.

[문제 8] (p.461 상단)

(박 교수가) 지해의 수용을 상황논리에 의해서 정당화하고자 하나 설득력이 약하다.

[응답] 김 교수와 필자는 서로서로 관심사가 다른 것 같다. 말은 같은 말을 쓰지만 서로 서로 가리키는 바가 달라서 의사소통에 어려움이 많다. 보조사상을 올바로 이해하기 위해서는 知解의 역할을 제대로 이해하는 것이 매우 중요하다고 필자는 생각한다. 필자의 논문에서 지해

를 거론할 때마다 문제의 초점은 거기에 있었다. 그러므로 김 교수는 필자가 지해를 중심으로 무엇을 말하고자 하는가를 먼저 살폈어야 했었다. 김 교수는 필자가 무엇을 정당화 하고자 한다고 생각했기에 말을 이렇게 심하게 할까 하는 의심이 생긴다. 필자는 분명히 '해오는 지해' 임을 정당화하려고 하지 않았다. 필자가 무엇을 밝히고자 하는지도 모르면서 설득력이 약하다고 말한다면 이것 또한 공평치 못한 일인 것 같다. 김 교수는 p.466 상단에서도 필자에 대해서 똑 같은 평을 되풀이 하고 있다. 이에 대한 필자의 응답은 지금과 똑같다.

[문제 9] (p.462 중간)

과연 돈오면 돈수인가? 돈오는 반드시 돈수와만 組合이 가능한가? 돈오와 돈수의 조합에 문제는 없는가?

[응답] 왜 김 교수는 여기에 또 '조합'이란 말을 썼을까? 조합이란 말이 돈오와 돈수의 관계를 제대로 표현하는 적당한 말이라고는 생각되지 않는다. 양자는 두 개의 딴 물건이 아니기 때문이다. 문제는 돈수를 어떻게 이해하느냐에 달려 있는 것 같다. 많은 돈오돈수 반대자들은 돈수를 이 세상에 존재하지도 않는 해괴한 것으로 생각하고 노발대발한다. 보조국사는 돈오돈수를 돈오점수의 종착점으로 보았고, 성철 스님은 돈오점수를 돈오돈수로 가는 길이 아니라고 말하였다. 누가 옳고 누가 그른가를 성급히 단정적으로 판단하려 말고 우리 모두 돈수의 정체를 먼저 파악해야 할 것이다.

[문제 10] (p.462 중간)

한국 선의 현실에 대한 비평에서 박 교수는 어디까지가 『선문정로』의 견해이고 어디까지가 박 교수 자신의 견해인지를 구별하지 아니하고 언급하고 있는데…….

[응답] 이 문장은 필자의 논문 가운데 첫 장인 '성철 스님은 왜 돈오점수설을 비판했는가'에 나오므로 성철 스님의 주장을 필자가 해석적으로 소개하고 있는 것은 거의 자명하다고 생각한다. 뿐만 아니라 여기에 나온 필자의 글투에서도 '……안 맞는다는 것이다' 또는 '……안 된다는 것이다' 등등의 표현이 자주 나오는 것으로 보아서도 이것은 자기의 말이 아니라 남의 말을 소개하고 있다는 것이 명백하다.

[문제 11] (p.465 상단)
하나로 회통된 한국 선의 이론과 실천의 전통 속에서 유독 『선문정로』에서 처음으로 겉 다르고 속 다른 病理라고 보고 있는 것일 뿐이다.

[응답] '겉 다르고 속 다른 것'이 병이란 데에 대해서는 아무도 이의가 없을 것이다. 정도의 차이는 있을지언정 이 병을 가지고 있지 않는 종교인은 거의 없을 것이기 때문이다. 이 병은 시대에 따라 사회에 따라 다르게 나타난다. 요즘의 경우를 보면 겉으로는 불교적 수행을 하면서 속은 기독교사상을 가지고 있는 사람도 있고 반대로 기독교인이면서 속엔 불교사상을 가지고 있는 사람도 있다. 이러면서도 자기가 지금 무엇을 하고 있는 줄도 모른다면 이는 입으로는 동으로 간다고 말하면서 몸은 서쪽으로 향해 걸어가고 있는 격이 되고 말 것이다. 이것은 의심할 바 없는 일종의 병리적인 형상임에 틀림없다. '겉은 임제요 속은 종밀'이란 말은 이런 말이다. 실제로 필자는 이러한 사람들을 무수히 보았다. 이것은 추상적인 일반론이 아니다. 순간순간 개개인의 마음 단속을 위해 던져진 경책의 몽둥이 같은 말이다. "하나로 회통된 한국 선의 이론과 실천의 전통 속에서……" 운운하는 김 교수는 그 말투로 볼 때 나라의 나쁜 점은 안 보고 좋은 점만을 이야기하는 낙관론자와 비슷하다.

[문제 12] (p.465 중간)

따라서 종밀식과 임제식 중에서 어느 것 하나를 택하라고 하는 돈오돈수설의 견해는 올바른 불교사 이해가 아닐 뿐더러, 그러한 논리를 수용하고 있는 박 교수의 견해에도 결코 동의할 수 없다.…… 한국 선을 화엄선과 임제선의 혼돈으로 보는 역사의식은 지양되어야 할 것이다.

[응답] '하나를 택하라'는 성철 스님의 말씀은 실제로 화두를 들고 수행하는 사람들에게 겉 다르고 속 다르면 공부에 해롭다고 경계하는 말씀이고 김 교수가 '올바른 불교사의 이해'를 운운하는 것은 역사를 놓고 학문을 논하는 마당에서 하는 말이기 때문에 양자는 따로 따로 떼어서 따져나가야 할 것이다. 이처럼 두 개의 다른 문제를 혼동하여 말하면 대화는 미궁에 빠지고 말 것이다. 김 교수가 "한국 선을 화엄선과 임제선의 혼돈으로 보는 역사의식은 지양되어야 한다"고 주장하는 것도 앞의 경우와 똑 같이 두 개의 다른 문제가 합쳐져 혼선을 일으키고 있다고 말할 수 있을 것이다. 김 교수가 한국 선을 보는 역사의식을 문제 삼는 것과 성철 스님이 요즘 참선하는 사람들의 병통을 지적하는 것을 따로 떼어서 따져나가야 할 것이다.

[문제 13] (p.466 중간)

구체적으로 박 교수가 보조의 해오를 어떻게 이해하고 있는지 살펴보자. "보조국사는 불경을 읽음으로써 깨칠 수 있다고 믿었다. 물론 그는 그것이 궁극적인 깨침, 즉 증오라고 주장하지는 않았다. 불경을 읽고서 얻는 깨침을 궁극적인 증오와 구별하기 위해서 종밀은 해오라는 다른 이름을 붙였다. 아직도 지해적인 요소가 남아 있다는 뜻이다." 이러한 이야기는 보조 자신의 진술이 아니라 박 교수의 比量(anumana)임은 두 말할 나위가 없다.─논문의 도처에서 보조 저술에 근거한 성언

량(sabda)과 자신의 비량을 분명하게 구별하여 밝혀두지 않아서 이해에
어려움이 많다. 위의 인용구를 통하여 볼 때 해오를 '불경을 읽음으로
써 얻는 지적인 깨달음'으로 이해하고 있음을 알 수 있다.

[응답] 따옴표로 표시된 필자의 글은 김 교수가 그의 주 24)에서 밝
힌 것처럼 1991년 10월 14일 송광사에서 배부한 필자의 논문, 별쇄본
(p.8)에서 인용한 것이다. 위의 인용문에는 두 가지의 문제가 있다. 첫
째는, 필자가 논문의 도처에서 보조국사의 저술에 근거하여 성언량과
필자 자신의 비량을 분명하게 구별해 놓지 않아서 이해에 어려움이 많
다고 말한 대목이다. 김 교수의 이해 곤란이 어디서 연유하는지 모르
겠다. 김 교수는 필자의 글을 인용한 다음, "이러한 이야기는 보조 자
신의 진술이 아니라 박 교수의 비량임은 두 말할 나위가 없다"고 말했
다. 두 말할 나위도 없이 명백한 것이 그 다음 문장에서는 "양자가 구
별이 안 되어 어려움이 많다"는 투로 바뀐다. 왜 이랬다 저랬다 할까?
필자의 글에는 네 개의 문장이 있다. 처음 세 문장의 주어는 모두 보조
국사로 되어 있다. 문장의 형식으로 보아서도 이것은 보조국사가 한
말이 아니라 필자가 보조국사를 소개한 말이라는 것이 분명하다. 그러
므로 두 말할 나위도 없이 명백하다는 김 교수의 첫 발언은 맞다. 짐작
컨대 여기서 김 교수가 하고 싶은 말은 성언량과 비량을 구별하는 일
이 아니라 "보조국사는 불경을 읽음으로써 깨칠 수 있다고 믿었다"는
필자의 말에 이의를 제기하고 싶은 것이 아닌가 싶다. 다시 말하면 "보
조국사는 불경을 읽음으로써 깨칠 수 있다고 믿지 않았다"든가 또는
"그런 깨침은 증오가 아니라고 주장하는 필자의 보조 이해는 틀렸다"
든가 그런 말을 하고 싶은 것이라 짐작된다. 만일 그렇다면 아예 처음
부터 문제를 그렇게 깨끗하게 제기해야지 왜 불필요한 성언량이니 비
량이니 하고 빙빙 도는 것일까? 무엇보다도 필자는 왜 김 교수가 이
자리에 불필요한 인도논리학의 전문용어인 성언량과 비량이라는 개념

을, 그것도 범어까지 동원하면서 갖다 써야 하는지 이해할 수가 없다. 보조국사가 불경을 읽음으로써 깨달을 수 있다고 믿었으며 그런 깨달음은 아직 구경각이 아니라는 데에 대해서는 본문에서 직접 다루었으므로 여기서는 되풀이할 필요가 없을 것 같다.

[문제 14] (p.466 하단)

그러나 보조는 해오, 즉 돈오점수의 돈오를 지해가 아닌 견성(見自本性)으로 보고 있다.

[응답] '해오는 지해가 아니다'라는 말은 김 교수가 그의 논문에서 처음부터 끝까지 적지 않은 시간을 할애하면서 일관되게 주장하고 있는 말이다. 그러나 우리의 문제는 해오가 지해냐 아니냐를 경전상의 정의를 가지고 따지는 데에서 풀리는 것이 아니라 당사자들의 실제 경지에서 판가름이 나는 것이라고 생각한다. 필자가 이렇게 말하면 학자가 스님 같은 소리를 하고 앉아 있다고 답답해하실 분도 없지 않겠지만 사실 이 문제는 누군가가 지금 깨달았는데 그 깨달음이 진짜냐 가짜냐 하는 실존적인 의심에서부터 비롯해 나온 것이다. 그러므로 해오와 지해의 실제내용을 드러내 보임이 없이 아무리 해오는 지해가 아니라고 주장해 보았자 헛바퀴가 돌듯 공허하기만 할 것이다. 여기에서도 김 교수는 이왕 '견성'이란 말이 나왔으면 견성의 상징적인 의미를 체험적인 차원에서 따져야 하고 특히 보조국사와 성철 스님 사이에 나타난 개념 사용상의 현저한 차이를 계속 추궁해 나가야 함에도 불구하고 그 일은 하지 않고 '해오는 지해가 아닌 견성이다'라는 말만을 계속 되풀이하고 있다. 보조국사의 견성은 해오를 가리키고 성철 스님의 견성은 증오를 가리킨다. 말은 똑 같은 견성이지만 그 말이 가리키는 바는 현저히 다른 두 개의 딴 것이다. 뿐만 아니라 보조사상의 근본전제가 '해오의 경지에서는 해애를 극복 못한다'는 것인데 김 교수는 거기에

대해서 일언반구의 언급도 없다. 김 교수는 여기에서 『수심결』과 『절요』에 나오는 돈오의 정의를 가지고 돈오점수의 돈오는 지해가 아닌 깨달음이라고 주장하고 있지만 사실 우리의 문제는 그러한 말의 정의에 있지 않고 그러한 깨달음을 얻었다고 자부하는 사람들의 '삶' 자체에 있다고 생각한다. 가령 여기에 갑과 을이라는 두 사람의 수행자가 있다고 치자. 그리고 갑과 을이 똑같이 '나는 해오를 얻었노라'고 주장하면서 김 교수가 인용한 『수심결』과 『절요』의 돈오 정의를 가리켜 이것이 바로 나의 체험한 바라고 주장한다고 가정하자. 이때 갑과 을이 둘 다 진짜일 수도 있다. 그런데 진짜는 별로 말이 없는데 가짜가 기승을 부리면서 『보조어록』을 한 글자도 틀림없이 다 외우고 '나의 체험은 지해가 아니라 견성이라'고 주장한다면 우리는 무엇으로 이 자가 가짜임을 증명할 것인가? 김 교수가 여러 편의 논문을 통해서 해오는 지해가 아니라고 주장했는데 아직 해오를 얻지 못하고 여전히 알음알이로 인생을 사는 사람이 김 교수와 똑같은 주장을 못 할 것 같은가? 이러한 경우에 우리는 무엇으로 해오는 그런 것이 아니라고 말해 줄 수 있을 것인가? 보조국사도 성철 스님도 그리고 천하의 선지식들이 모두 이 점을 걱정하신 것이다. 실제의 삶 자체에는 해오 다음에도 여전히 해애가 남아 있다는 이 무서운 현실을 외면할 수는 없지 않은가? 이 문제는 다른 누구의 문제가 아니라 보조국사 자신의 문제였고 지금 우리들의 문제이다. 보조국사의 문제였으며 우리의 문제인 '해애의 문제'를 외면하는 모든 돈점 논의는 문제의 핵심에서 벗어나간 일종의 부실공사 같은 것이라고 말해도 과언이 아닐 것이다.

[문제 15] (p.469 중간)

그런데 박 교수는…… (그의) *Buddhist Faith and Sudden Enlightenment*라는 저술에서 해오를 성숙하지 못한 깨달음이라고도 하지만 해오=삼매로도 이해하고 있다. 그러나 해오를 삼매로 보는 것은 돈오선의 역사에 대한 오해에서 기인한 것이다…… 해오=삼매로 이해하는 것은 타당하지도 않고 보조의 저술 어디에도 그렇게 나오지 않는다.

[응답] 定慧雙修와 惺寂等持는 보조사상의 핵심이다. 이 점은 김 교수 자신도 누차 강조했던 바였다. 해오가 慧라면 삼매는 定이다. 해오가 惺이라면 삼매는 寂이다. 양자는 체와 용의 관계처럼 서로 떨어질 수 없기 때문에 성적등지 정혜쌍수라는 사상이 나온 것이다. 정혜쌍수라는 말을 잘 생각해 보자. 悟면 慧고 定이면 三昧가 아닌가. 해오 없는 삼매 없고, 삼매 없는 해오 없다. 이 문제는 신회이전의 북종선의 공식으로 풀려고 해서는 안 될 것이다. 김 교수도 강조한 바 있는 수상정혜로 풀려 해서도 안 되고 자성정혜로 풀어야 할 것이다. 해오에서 삼매를 빼 내버리면 무엇이 남으며 삼매에서 해오를 빼 내버리면 무엇이 남을까? 해오를 삼매로 보는 것을 그르다고 말하는 김 교수의 해오란 과연 어떤 것인가 궁금해진다. 김 교수의 이러한 경향은 본문에서도 밝혔듯이 그가 반조지공을 해오 이후로만 보고 해오 이전에 붙이면 틀렸다고 말하는 것과 일맥상통하는 것 같다. 성숙하지 못한 깨달음이라는 말은 해오를 얻은 다음, 증오에 이르기까지 무수한 단계가 있기 때문에 하는 말이었다. 김 교수는 또 여기서 역사의 문제와 오늘날 수행자가 지금 이 자리에서 순간순간 당면하고 있는 실존적인 문제를 혼동함으로써 일종의 혼선현상을 일으키고 있는 것 같다. 김 교수는 또한 보조의 저술 어디에도 없다는 그 말은 사상의 원형이란 형태로 거기에 엄연히 있었다. 또 뭔가 의사소통이 잘 안 되고 있는 것 같다. 필자가 한 말이 한 획 그대로『보조어록』에 있어야 한다고 김 교수가 주장한다면 김 교수의 평은 맞다. 그러나 필자의 뜻하는 바가 보조국사의 뜻에 계합한가를 따진다면 김 교수의 표현은 정확하다고 말할 수 없을 것이다. 보조사상을 자기의 삶 속에 용해하고 이를 현실에서 철

학적으로 轉載하려 할 때에는 원문을 그대로 인용하고 그 다음에 자기의 주석을 다는 식의 주석학적인 공식을 답습할 필요는 없다고 생각한다.

[문제 16] (p.469 하단)
이러한 해오의 절대성·완전성, 즉 해오가 깨달음이라는 것은 동소에서 "若約解悟 是性具門 非功行頓畢也 約證悟 則始是現行門頓修辨事也(『보조전서』, p.127)"라고 했다는 데에서도 분명하다 하겠다.……따라서 해오는 단순한 지해가 아니라 깨달음이다.
[응답] 여기서 동소란 청량 스님의 「정원소」를 가리킨다. 그러나 인용된 문장은 청량 스님의 말이 아니고 보조국사의 해설인 것 같다. 원문의 뜻을 전후로 잘 살펴보면 보조국사의 뜻은 김 교수의 주장과 일치하지 않으니 좀 더 철저한 분석이 요청된다고 본다.

[문제 17] (p.469 하단, 주 4))
해오와 증오를 동일차원으로 이해하는 것은 박 교수만이 아니라 전치수 선생의 논평에서도 같은 범주착오가 행해지고 있다.
[응답] 김 교수는 이와 비슷한 말을 본문에서도 몇 번인가 했었다. 여기서 범주착오라는 죄명에 해당되는 죄행은 구체적으로 무엇일까? 34라는 번호가 붙어 있는 본문을 보니 '해오한 다음에 점수하고 그 다음에 증오한다'는 도식에 관계되는 곳이었다. 김 교수는 이를 두고 '보조 저술의 그 어디에도 없다'는 죄목 하나를 더 붙여 놓았다. 보조 저술의 도처에 나타나 있는 보조사상의 기본골격을 왜 이렇게 단죄하는지 모르겠다. 그리고 필자의 '해오-점수-증오'라는 도식이 왜 해오와 증오를 동일차원으로 이해하는 것이 되는지도 잘 모르겠다. 좀 더 자상한 설명을 해 주었으면 좋겠다. 범부착오 운운은 필자가 이미 본문

에서 밝혔듯이 김 교수가 해오는 초시간적이고 증오는 시간적이라고 자기류의 일방적인 정의를 내려놓았기 때문에 발생한 평지풍파현상인 것 같다. 그러나 이것은 김 교수가 해오의 가능 근거인 성구문이 초시간적인 것을 해오가 초시간적이라고 속단한 데서 비롯한 것이 아닌가 생각한다. 그리고 또한 김 교수는 증오가 이루어지는 현장이 현행문이고 현행문은 시간상의 일이기 때문에 증오는 시간적이라고 속단한 것 같다. 그러나 김 교수는 수행자가 증오의 경지에서 성구문에서 말하는 초시간적인 것과 하나가 된다는 점을 간과해서는 안 될 것이다.

[문제 18] (p.474 상단)

보조의 돈오점수의 돈오는 해오이므로 철저한 깨달음인 돈오돈수(=돈오)를 받아들이고 『선문정로』의 돈오돈수는 닦음 이론이 없으므로 보조의 돈오점수(=점수)를 받아들여 변증법적인 종합을 통해서 돈오돈수적 점수설로 발전시켜야 한다는 것이다. 돈오와 점수의 종합을 돈오점수라고 하지 않고 돈오돈수적 점수설이라고 한 것도 돈오돈수를 강조하기 위한 것으로 생각된다.

[응답] 김 교수는 p.460에서 필자의 돈오돈수적 점수설을 회통설이라 불렀는데 여기서는 변증법적인 종합이라는 표현을 쓰고 있다. 그러나 필자에게는 이것 역시 정확한 표현이라고 생각되지 않는다. 그리고 또한 김 교수는 필자가 돈오돈수를 강조하기 위해서 이렇게 명명한 것이라고 말했는데 그것도 사실과는 매우 거리가 먼 말이다. 그러한 입장은 바로 그와 정 반대의 입장을 가능하게 하는 것이라고 생각한다. 가령 전치수 교수와 비슷한 입장을 가진 사람들은 필자가 돈오돈수라 말하지 않고 돈오돈수적 점수설이라고 뒤에 점수를 갖다 붙인 것은 돈오점수설을 강조하기 위한 것이라고 말할 것이기 때문이다. 필자의 체계에서는 돈오돈수란 증오를 가리키고 점수는 보현행을 말하므로 증

오사상에 입각한 보현행원사상이 돈오돈수적 점수설의 정체라고 말할
수 있을 것이다. 증오와 보현행의 관계는 체와 용의 관계이므로 양설
의 종합이라는 표현은 정확치 못한 것이며 더구나 변증법적인 종합이
라는 표현은 더 거리가 먼 것 같다. 다만 후일에 변증법적인 사고방식
에 젖은 어떤 문 밖의 역사가가 돈오점수파와 돈오돈수파라는 두 물줄
기가 변증법적인 종합을 통해 돈오돈수적 점수설로 발전해 나갔다고
서술할 가능성은 얼마든지 있다. 그러나 문 안에서 모든 사정을 훤히
아는 사람은 돈오돈수적 점수설이 증오와 보현행의 관계라는 것을 알
기 때문에 이를 변증법적인 종합이라고 말하지는 않을 것이다.

[문제 19] (p.474 하단)

그러나 보조에게는 이론과 현실의 괴리가 없다. 필자(김 교수)가 이
해하는 바로는 그의 사상은 체계적 이해가 가능하고 또 그 스스로도
회통론자이기 때문에 자신 안의 이론적 모순이나 이론과 실천의 괴리
가 있다면 반드시 회통의 노력을 기울이고 있는 것이다. 따라서 부끄
럽지만 말이 좀 안 되어도 좋으니 현실에 더 충실하기로 결심하여 돈
오점수를 주장한 것이 아니라 말도 되고 현실과도 가장 잘 부응하는
이론으로서 돈오점수를 확신을 가지고 제시하였던 것이다.

[응답] 보조국사는 여러 차례의 깨달음을 얻고 난 다음에도 자기의
심경을 '如讐同所'라는 말로 표현한 적이 있었다.(『한국불교전서』,
p.420) 원수와 함께 사는 듯했다는 말이다. 이 말은 우리에게 무엇을 가
르쳐 주는가? 이론과 현실의 괴리가 없다는 말은 이론적인 차원에서
하는 소리이다. 아무런 괴리도 모순도 없는 이론이 빛을 잃고 배가 난
파당하듯 부서지는 곳이 현실이다. 보조국사는 이런 경우까지도 항상
考慮에 넣고 있기 때문에 필자는 이 무서운 현실의 대명사로서의 인간
을 문제 삼고 이를 보조사상 속에 끌어들였고, 나아가서는 '부끄러움'

과 '말 안됨'의 문제까지도 우리의 논의 속에 포함시켜 이야기하려 했던 것이다. 보조국사의 주요 관심사는 그의 이론을 수미일관 아무런 모순 없이 잘 만드는 데 있지 않았다. 그런 것보다는 이 무서운 현실을, 하나도 보태지도 않고 빼지도 않고 과대평가하지도 않고, 과소평가하지도 않고, 있는 그대로 잘 드러내려고 평생 애쓰신 분이 우리의 보조국사였다고 생각한다. "說時似悟 對境却迷", 즉 "말로는 아무 데도 막히지 않는데 현실에서는 갑자기 캄캄해져 버린다"는 말은 우리를 충분히 긴장케 한다. 이론적인 차원에서의 모순 없음이 그대로 현실에서도 모순 없는 것으로 생각하는 김 교수는 분명히 낙관론자이거나 아니면 불교철학자들이 항상 골치를 앓는 '機의 문제'를 간과하고 있는 것 같다.

(『깨달음, 돈오점수인가 돈오돈수인가』, 민족사, 1992 ; 『한국의 사상가 10인 - 지눌』, 예문동양사상연구원, 2002에 수정 게재)

법성 스님의 돈점논쟁 비판에 대하여*
-그는 전통불교에 도전하고 있다-

1. 법성 스님의 깨달음

『창작과 비평』 1993년 겨울호(pp.329~340)에 법성 스님의 「깨달음의 일상성과 혁명성」이라는 글이 실렸다. 필자는 글을 읽고 법성 스님의 불교가 '지성인의 불교'임을 알았다. 지성인의 등장이 그 어느 때보다 더 안타깝게 기다려지는 한국불교의 현실을 생각할 때, 지성불교의 기치를 높이든 법성 스님의 글은 오히려 때늦은 느낌마저 없지 않았다. 불행히도 한국에서는 이제까지 불교인의 믿음과 닦음의 문제를 지성인의 입장에서 솔직하게 논의한 일이 많지 않았다. 그러므로 우리는 이 기회에 법성 스님의 주장을 냉정하게 분석하고 미심쩍은 대목들을 철저히 따져 보는 것이 좋을 줄 안다. 이런 작업은 지성불교의 착실한 정착을 위해서도 꼭 필요하기 때문이다.

'깨달음'은 불교가 불교일 수 있는 가장 높은 가치체계로 인식된다.

---

* 원래 이 글은 『창작과 비평』 1994년 봄호에 실렸던 것이다. 원래는 반론 형식의 짤막한 글이었는데 『미주현대불교』지를 위해 약간 손질을 했더니 분량이 배로 불어났다. 부제도 원래는 '법성 스님의 실천은 성철 스님의 실천과 다르다'로 되어 있던 것을 '그는 전통불교에 도전하고 있다'로 바꿨다.

(p.329, 위)

이 문장은 법성 스님이 쓰신 글의 맨 처음에 나오는 문장이다. 이 문장만 보면 법성 스님은 깨달음을 '體系'로 알고 있는 것 같다. 그러나 아무리 높은 가치체계라도 체계는 체계일 뿐이다. 체계란 말은 지적세계에서 쓰는 말이다. 어떻게 깨달음을 '체계'라고 말할 수 있을까? 그는 이 대목을 마무리 지으면서 "불교의 자기지양은 불교가 제시하는 이론과 실천의 철저한 자기실현을 통해서 이루어져야 한다."고 말하기도 하고, "불교철학과 불교수행의 철저한 자기실현을 통해서 담보된 자기지양이어야 불교는 역사와 대중 속에 실현될 수 있다."고 말하기도 한다. 法性佛敎의 윤곽은 여기서 대강 그 모습을 드러냈다고 말할 수 있다. 법성 스님의 글이 한 번 읽어서 바로 이해할 수 있는 쉬운 글은 아니지만 자세히 뜯어보면 못 알아들을 말은 없다. 이 점은 종래의 전통적인 스님들의 말씀이 쉬운 것 같으면서도 아무리 생각해도 이해할 수 없는 대목이 많은 것과 좋은 대조를 이루고 있다.

법성 스님의 글에는 지성인의 공감을 살만한 대목들이 많았다. 그러나 그의 전통불교에 대한 이해에는 가위 파격적이라고 말해도 좋을 만큼 색다른 데가 있었다. 이런 색다른 대목에 대해서는 많은 대화가 있어야 할 것이다. 특히 법성 스님이 말하는 '깨달음'의 성격에 대해서는 진지한 토론이 뒤따라야 한다고 생각한다. 선에서 말하는 '깨달음'이 과연 지적인 것인가? 법성 스님이 '가치체계'라고 정의한 '깨달음'이 진정 참선하는 사람들이 말하는 깨달음이라면 우리는 적지 않는 혼란을 일으킬 수밖에 없다. 한국의 전통적인 禪佛敎圈에서는 법성 스님과 같은 선 이해를 의리선이라고 규정했었다. 보조 스님도 서산 스님도 그리고 역대의 많은 큰 스님들이 한결 같이 "의리선으로는 自救도 不了(중생제도는커녕, 자기자신의 문제도 해결 못한다)"라고 말했다. 그들이 의리선을 얼마나 경계했었던가를 알 수 있다.

2. 누구나 말할 수 있는 깨달음과
말로 할 수 없는 깨달음

깨달음은 누구나 이야기할 수 있는 것이라고 법성 스님은 주장한다.

> 그간 깨달음은 아주 깊은 수행을 쌓은 이들이나 말하는 것으로, 보통
> 범부들은 감히 그에 대해 혓부리를 댈 수 없는 것으로 인식되어 왔다.
> (p.329, 아래)

깊은 수행을 쌓지 않은 사람도 편하게 말할 수 있는 깨달음, 이것이
법성 스님이 문제 삼는 깨달음이다. 물론 불교는 일체 중생이 모두 불
성을 가지고 있으며 깨칠 수 있다고 말한다. 그러나 다른 한편으로 불
교에서의 깨달음은 언어를 여읜 세계이다. 그래서 법성 스님이 이렇게
비판한다.

> 흔히 전문적인 선 수행자나 불교학자들까지도 깨달음의 문제를 다룰
> 때 '깨달음은 말할 수 없는 절대적인 것'이라는 전제에서 출발한다.
> (pp.329~330, 위)

깨달음은 이와 같이 대립적이면서도 사실은 불가분적인 두 측면을
모두 가지고 있다. 그런데 법성 스님은 그 중 한 측면만을 말하고 다른
측면을 부정하여, 깨달음을 말할 수 없는 절대적인 것으로 정의하는
재래의 전통적인 입장에 날카롭게 도전하고 있다. 또 법성 스님은 깨
달음의 절대적인 측면을 이야기하는 이러한 신비적인 경향이 1981년

성철 스님이 『선문정로』라는 책을 출판하여 돈오돈수설을 내세움으로써 더욱 고조되었다고 결론짓고 있다. 지금 한국불교에 널리 퍼져있는 신비적인 경향이 정말 돈오돈수설 때문에 생긴 폐단이라고 말할 수 있을까?

깨달음을 어느 특정인의 전유물로 가두어 두는 폐단을 바로잡고 깨달음에 관한 대화에 모든 사람을 다 참여시키려는 법성 스님의 노력은 높이 평가해야 할 줄 안다. 그러나 선을 말하는 사람들이 '말로 할 수 없다'는 표현을 즐겨 쓴다 하여 무조건 신비주의에 떨어졌다고 말할 수 있을까? 그리고 '절대적'이라는 말만 쓰면 그것은 꼭 非緣起論的인가? 사람들이 사용하는 말이라는 게 그렇게 간단한 것은 아닐 것이다. 그래서 선가에서는 "말만을 따라가지 말라", "말의 낙처를 보라", 또는 "말은 달을 가리키는 손가락에 불과하니 손가락만 보지 말고 달을 보라"고 하지 않던가? '말로 할 수 없다'는 표현은 보통 사람들도 흔히 쓰는 표현이다. 절대적이고 신비적이어서 말로 할 수 없다는 게 아니다. 날마다 마시는 물맛도 말로 할 수 없다고 말하는 것이 선승들의 말투이다. 구태여 말하자면 말보다는 체험을 앞세우는 데서 이런 표현이 자주 쓰이게 되었을 것이다. 그리고 '절대'니 '신비니' 하는 말도 성철 스님 같은 전통적인 불교승려들이 쓰지 않는 말은 아니지만 그 의미는 법성 스님이 이 말을 쓰는 경우와 상당히 다른 것 같다. 적어도 현대의 서구적인 의미의 '절대'나 '신비'는 아니라는 말이다. 다시 말하면 원시불교도 잘 알고 연기론도 잘 알면서도 이런 말을 생활상의 지혜로 적절히 편하게 사용할 수 있다는 말이다. 그러므로 '말로 할 수 있는 깨달음'과 '말로 할 수 없는 깨달음'의 차이는 결국 수행자 개개인의 체험 여부의 차이로 돌아가 논의해야 할 것이다.

3. 법성 스님의 관심은 어디에 있는가?

법성 스님의 이 글에는 '한국불교 頓漸논쟁에 부쳐'라는 부제가 붙어 있었다. 무엇보다도 '頓漸論爭'이란 말이 나의 눈길을 끌었다. 지난 몇 해 동안 돈과 점의 문제는 나의 가장 큰 관심사였기 때문이다. 1981년에 성철 스님이 『禪門正路』라는 책을 출판하여 13세기 지눌 스님의 頓悟漸修說을 호되게 비판하고 頓悟頓修說을 내세운 다음부터, 돈점 문제는 불교학자들이 불교의 궁극적인 체험이 무엇인가를 따질 때 반드시 짚고 넘어가야 할 중요한 교리적인 문제로 각광을 받게 되었다. 돈점논쟁이 해를 거듭할수록 사람들은 '돈오돈수설의 정체'에 대해서 더 큰 궁금증을 가지게 되는 듯이 보였다. 그러나 이번에 법성 스님의 글은 이러한 궁금증을 풀어 주는 데 역점을 두기보다는 사람들의 관심을 다른 방향으로 돌리려 애쓰고 있어서 이색적이었다.

『창작과 비평』 1993년 겨울호의 '책머리에'를 쓴 이시영 시인은 이렇게 말했다.

> 논쟁적이기는 법성 스님의 글도 마찬가지다. 최근에 입적한 性徹 선사에 의해 일찍이 제기된 '頓悟頓修(단박 깨칠 때 단박 다 닦아 마친다)'에 대해 그것이 결코 주어진 역사 속에서의 쉼 없는 창조적 실천행의 표현인 '頓悟漸修'의 우위에 있는 것이 아님을 논증하고 있다. (pp.3~4)

법성 스님의 글이 발표되자, 1993년 11월 21일자 『한겨레』 신문도 이를 크게 보도했다. 보도의 핵심은 법성 스님이 현재 한국불교의 돈점논쟁 자체를 비판하고 있다는 것이며 이제까지의 논쟁에서 돈점문제의 핵심인 실천적 '行' 개념이 빠져, 그 결과 토론은 관념적인 유희로 흘러가고 있다는 것이다.

법성 스님의 글이 과연 '돈오돈수가 돈오점수보다 우위에 있는 것이 아님'을 성공적으로 논증했다고 말할 수 있을까? 그리고 이제까지의 돈점논쟁에 대한 법성 스님의 비판은 과연 문제의 정곡을 찌른 것인가? 본의이건 본의가 아니건 성철 스님의 돈오돈수사상을 비판하는 것이 그의 글의 기본 골격이 되어 있는 것은 사실이다. 그리고 그의 이러한 비판은 또한 현재 진행되고 있는 한국불교의 돈점논쟁 자체에 대한 그의 전면적인 비판과 직결되어 있다. 법성 스님의 글 전편을 꿰뚫고 있는 하나의 줄기찬 문제가 있다면 그것은 '실천의 문제'라고 말할 수 있을 것이다. 그런데 재미있는 것은 성철 스님도 그의 제자들을 가르칠 때 일관되게 문제 삼은 것이 다름 아닌 '실천의 문제'였었다는 사실이다. 그렇다면 성철 스님의 실천과 법성 스님의 실천이 어떻게 다른가?

불교에서 말하는 '실천'의 내용을 문제 삼을 때, '몸과 몸짓의 논리' 즉 '體用의 論理' 이상으로 유용한 해석학적 연장은 없다고 생각한다. '몸과 몸짓의 논리'란 원래 어떤 사물의 근본적인 것과 지엽적인 것의 관계를 따지는 논리였다. 그러나 실제적인 응용의 차원에서 이 논리는 여러 가지 측면을 가지게 되었다. 이리하여 '몸과 몸짓의 논리'는 두 가지 측면으로 나누어 설명하지 않을 수 없게 되었다.

첫째는 '몸'과 '몸짓'을 엄격히 구별하는 측면이다. 이렇게 함으로써 배우는 사람으로 하여금 몸이 몸짓보다 더 근본적인 것임을 깨닫게 하자는 것이다. 사람은 누구나 각자의 업에 묶이고 겉으로 나타난 몸짓에 현혹당하고 있기 때문에 도를 닦는 집안에서는 몸과 몸짓을 구별하는 훈련을 공부의 첫걸음으로 삼았다.

둘째는 몸과 몸짓의 관계가 서로 떨어질 수 없음을 밝히는 측면이다. 이러한 훈련은 공부하는 사람으로 하여금 몸짓 없는 몸이란 죽은

몸임을 깨닫게 함으로써 사람의 일생을 한 순간도 헛되지 않게 하자는
데 있다. 첫째가 무비판적인 현실을 부정하는 것이라면 둘째는 현실이
부정된 상태에 주저앉아 있지 못하게 하기 위해서 이를 다시 부정하는
것이다. 전자가 上求菩提하는 구도자적인 측면을 가지고 있다면 후자
는 下化衆生하는 교화자적인 측면을 가지고 있다고 말할 수 있을 것
이다. 두 가지 측면의 상호관계 역시 아주 밀접하여 또한 서로 분리시
킬 수 없지만 실천적인 순서로서는 전자가 앞서야 한다. 그렇지 않으
면 무엇이거나 제멋대로 해버리는 이기적인 자기 합리화를 극복할 길
이 없기 때문이다.

일반적으로 사람들이 눈에 보이는 나무의 가지나 잎사귀 같은 몸짓
만을 잘 꾸미려 하고 나무의 뿌리처럼 눈에 잘 안 보이는 인간자체의
전체적인 건강을 소홀히 하는 병통을 바로잡기 위해서 이 논리는 동
아시아의 수행 전통과 함께 꾸준히 발전해 나갔다. 여기에서 몸의 뜻
이 상징적으로 자꾸 확대되어 마침내 종교적인 의미에서 모든 것의 근
원을 가리키기에 이르렀다.

4. 體的 실천과 用的 실천

몸과 몸짓의 논리로 따지자면 법성 스님의 실천은 '몸짓'으로 하는
用的 실천을 가리키는 반면에 성철 스님의 실천은 '몸'으로 하는 體的
실천을 가리킨다. 실천은 둘 다 실천인데 하나는 몸짓에 강조점이 있
고 하나는 몸에 강조점이 있다는 말이다. 몸짓으로 하는 실천은 누가
보아도 분명한 구체적인 행동으로 하는 실천이다. 그러나 몸으로 하는
실천은 모든 몸짓이 나오는 근원으로 돌아가는 실천이다. 그러므로 사
람들의 눈에 잘 띄지 않는다. 참선이나 기도 같은 것이 그 좋은 예라고

말할 수 있다. 전통사회에서 모든 종교적인 수행의 핵을 이루고 있는 것이 사실은 모두 '體的 實踐'에 속한다. 따라서 재래의 전통적인 불교 선사들이 대개 그랬던 것처럼 성철 스님도 체적 실천을 중요시한다. 그러나 그렇다고 해서 결코 그가 용적 실천을 소홀히 한다거나 또는 해서는 안 될 것으로 막았다고 오해해서는 안 된다. 이 오해는 반드시 풀어야 할 심각한 오해이다.

성철 스님에게서 현대적인 의미에서의 몸짓에 대한 발언을 찾아보기 힘든 것은 사실이다. 성철 스님은 항상 모든 몸짓이 나오는 근원으로 돌아가는 일만을 강조할 뿐이다. 말하자면 출가하라, 입산하라, 수도하라, 화두를 들고 용맹스럽게 정진하라, 목숨을 걸고 구경각을 성취하라 등등이 모두 이러한 성격의 언급이라고 말할 수 있을 것이다. 엄밀한 의미에서 성철 스님은 몸짓이 달라진다든가 또는 몸짓이 바뀌는 정도의 행동을 종교적인 실천으로 보지 않는다. 비록 그것이 아무리 혁명적이고 창조적이라 할지라도……. 종교적인 실천은 모든 몸짓이 나오는 '몸 자체'가 혁명적으로 바뀜으로써 가능하다고 본다. 몸짓이 혁명적으로 바뀌는 것과 몸이 혁명적으로 바뀌는 것은 성격상 그 질이 근본적으로 다르다. 몸짓의 혁명은 그 영속성이나 완결성을 믿을 수 없는 것, 그래서 언제 또 옛 병이 도질지 모르는 일시적인 혁명이다. 이와는 반대로 몸의 혁명은 개별성을 극복하고 空의 도리를 깨달아 마침내 緣起的인 존재로 돌아가는 혁명이다. 그렇기 때문에 다시는 옛 병이 도지지 않는 종교적인 의미의 근본적인 혁명은 몸의 혁명뿐이라고 주장한다.

몸이 혁명적으로 바뀐다는 말은 이제까지의 몸이 깨지는 것을 의미한다. 이와 같이 몸의 실천은 죽음을 상징하는 몸의 깨짐을 경험한 다음, 여기서 다시 살아나는 깨침을 그 핵으로 하고 있는 것이다. 다시 말하면 '깨짐'이라야 '깨침'이요, '깨짐'없는 '깨침'은 '깨침'이 아니라

구조를 그 속에 가지고 있는 것이 몸의 실천이다. 그러므로 몸의 실천에서는 이제까지의 몸이 깨져 없어져 버렸기 때문에 예전의 몸에서 나왔던 낡은 몸짓들이 다시는 나올 수 없는 것이다. 이를테면 '다시는 물러서지 않는 경지(不退轉의 境地)'라고 하겠다. 이 '不退轉'이란 말이 전통불교에서는 대단히 중요한 의미를 갖는다. 제 아무리 별의별 온갖 좋은 것을 다 갖고 있어도 그것이 일시적인 현상에 불과하고 곧 또다시 물러서는 것이면 믿을 것이 못 된다는 것이다. 이런 것이 성철 스님이 생각하는 종교적인 실천의 핵심이다.

5. 법성 스님의 境地嫌惡症에 대하여

법성 스님은 '境地'라는 말을 싫어하는 것 같다. 몸짓의 바뀜만을 중요시할 뿐, 몸의 바뀜은 믿지 않는 것일까? 법성 스님은 자기 글의 마지막 절 첫머리에서 다음과 같이 말한다.

> 돈오점수로 표현된 깨달음이 하나 있고 돈오돈수로 표현된 깨달음이 하나 있다고 생각하면, 한국불교에서 계속되는 관념의 놀음놀이를 쉴 수 없으며 도그마의 숨막힐 듯한 답답함에서 벗어날 수가 없다. (p.339)

돈오점수의 깨달음과 돈오돈수의 깨침(여기서는 깨달음이 아니다)이 서로 다른 경지를 가리킨다는 것은 성철 스님뿐만 아니라 지눌 스님까지도 다 인정한 사실이다. 그런데 법성 스님은 왜 이 사실을 부인하려 들며 왜 이를 두고 숨 막혀 죽겠다며 답답해하는 것일까? 그 까닭은 법성 스님의 '경지혐오증'에서 찾을 수 있을 것 같다.

서양의 神學者들 중에도 불교의 '경지'라는 말에 혐오증을 가지고 있는 사람들이 많다. 사람은 누구나 신 앞에 평등하다든가 신 앞에 죄인 아닌 사람이 없다는 생각에 너무 오래 절어 있었기 때문에 생긴 현상이라고 생각된다. 그러나 불교가 서양의 유일신교처럼 신을 앞에 내세우지 않으면서도 종교의 기능과 구실을 거뜬히 잘 해낼 수 있었던 것은 수도과정에서 발견되는 '경지'라는 개념을 불교인들이 뚜렷하게 잘 알고 있었기 때문이라고 생각한다. 이렇게 생각하면 법성 스님에게서 발견되는 경지혐오증이 어디서 오는 것인지 그 연원이 궁금해진다. 전통적으로 불교의 수도승들은 '경지'에 대해서 아주 민감하였다. 그리고 어느 누구의 경지가 자기 것보다 더 높다고 생각되면 존경할 줄 알았고 따라서 자기자신도 그런 높은 경지에 도달하려고 發憤忘食하고 용맹정진 하였다. 나는 '경지'라는 개념이 빠져버린 돈점논쟁이나 불교사상을 상상할 수가 없다.

법성 스님은 실천을 강조하면서도 경지라는 개념은 젖혀두고자 한다. 하지만 전통적인 불교에서는 경지라는 개념이 빠져버린 실천이라는 개념을 찾아보기 어렵다. 전통불교에서 경지론의 핵심내용을 이루는 것은 몸짓의 실천이 아니라 몸의 실천이 제대로 진행되고 있는가를 점검하는 修證論의 일이다. 그렇다면 '몸'의 실천을 점검하는 境地라는 개념을 빼내버린 법성 스님의 실천은 어떤 성격의 실천이 될까? 여기서 우리는 법성 스님이 자주 강조하는 '실천의 지표'라는 말을 문제삼지 않을 수 없다.

법성 스님은 그의 논문 제1절 중간쯤에서 이렇게 말한다.

그간 성철 선사는 1967년도 해인총림 방장에 취임한 이래 줄곧 700년 간 한국불교 禪門에서 실천의 지표로서 당연히 수용되어온 돈오점수론에 문제를 제기하며, 頓悟頓修라는 또 하나의 지표가 있음을 보여주었다. 그러나 성철 선사의 문제 제기는 실천의 지표를 어떻게 잡느냐의 차원에서 전개된 것이 아니라 돈오점수는 解悟이며 돈오돈수만이 선종이 제시하는 최후의 깨달음(究竟覺)이라고 말(한다). (pp.330~331)

이 인용문에서 법성 스님은 성철 스님이 돈점논쟁을 일으키면서 '실천의 지표'라는 문제를 제기하지 않고 경지론을 제기하고 있는 것에 대해서 강한 불만을 표시하고 있다.

여기서 우리는 법성 스님과 성철 스님이 가진 관심의 차이를 분명히 알 수 있다. 용적 실천에 관심이 있는 분은 지적인 실천의 지표를 문제 삼고, 체적 실천에 관심이 있는 분은 몸이 바뀌는 경지를 문제 삼고 있는 것이다. 법성 스님은 성철 스님이 실천의 지표를 명시하지 않는 것처럼 이야기하고 있지만, 그것은 법성 스님의 실천관이 원래 경지론을 빼내버린 것이기 때문에 그렇게 보였을 뿐이고 경지론을 실천의 핵심으로 삼는 성철 스님의 불교에 있어서는 해오와 구경각의 차이를 따지는 것이 바로 실천의 지표를 제시하는 것이라고 말할 수 있을 것이다.

법성 스님은 '실천의 지표'라는 말을 분명히 하기 위해서 적지 않은 노력을 기울인다. 그는 계속해서 이것이 언어의 문제, 특히 개념정리의 문제와 떨어질 수 없다는 것을 이렇게 말한다.

　　돈오점수 · 돈오돈수의 논쟁은 頓과 漸, 悟와 修라는 개념이 현실의 어떤 측면을 반영한 언어이며, 그러한 형식논리가 우리에게 어떤 실천의 지표를 제시하는가가 분명해지지 않으면 관념의 놀음놀이(戲論)에서 벗어나지 못할 것이다. (p.331)

희론이란 일종의 말장난이다. 돈점논쟁이 말장난으로 떨어지지 않기 위해서는 개념정리가 필요하며, 이런 작업을 통해서 실천의 지표를 분

명하게 할 수 있다고 법성 스님은 믿고 있는 듯하다. 사실, 그는 그의
논문의 도처에서 이른바 개념정리 작업을 열심히 하고 있다.

6. 법성 스님이 해놓은 개념정리

우리는 여기에서 법성 스님이 해 놓은 '개념정리'들을 한번 분석해
볼 필요가 있겠다. 그의 '장미꽃의 비유'를 한번 들어보자.

> 개념정리가 되지 않은 논쟁은 마치 '장미꽃은 붉다'라는 말을 들은
> 사람과 '장미꽃은 가시가 많다'는 말을 들은 두 사람이 각기 '붉은 꽃만
> 있고 가시가 없는 장미'와 '가시만 있고 꽃이 없는 장미'를 가지고 다투
> 는 꼴이 되고 말 것이다. (p.331)

장미꽃의 비유를 통해서 밝혀진 것은 무엇인가? "장미는 붉은 꽃도
가시도 다 가지고 있다"는 것, 다시 말하면 장미꽃의 전체적인 모습을
총체적으로 다 꿰뚫어 본다는 것, 바로 이것일 것이다. 결국 우리가 여
기서 문제 삼지 않을 수 없는 것은 전체적인 모습을 있는 그대로 보지
못한 데서 오는 '혼란'을 어떻게 막느냐에 있을 것이다. 경지를 중시하
는 사람들더러 말하라면 그들은 "장미꽃을 직접 보여주는 것보다 더
좋은 길은 없다"고 말할 것임에 틀림없다. 그렇지 않으면 누군가 장미
꽃을 본 사람의 증언이 있어야 한다고 말할 것이다. 장미꽃을 본 사람
과 못 본 사람의 차이를 따지는 것은 정말 깨친 사람과 아직 못 깨친
사람의 차이를 따지는 것과 똑같은 경지론의 문제이다. 그러나 법성
스님은 이 문제를 여기까지 밀고 나가지 않았다. 왜 그랬을까?

법성 스님은 위에 인용한 장미꽃의 비유를 들기 직전에 어떤 때는
'번뇌를 끊으라'고 가르치다가 어떤 때는 '번뇌를 끊을 것이 없다'고 가

르치는 佛經 속의 상호모순을 다음과 같이 풀고 있다.

> 번뇌를 끊으라고 할 때는 번뇌가 실로 없지 않는 측면에 서서 그렇게 말한 것이고, 번뇌를 끊을 것이 없다고 말할 때는 번뇌가 실로 있지 않은 측면에 서서 그렇게 가르치고 있는 것이다. (p.331)

법성 스님은 이것이 번뇌를 끊고 얻는 깨달음이 하나 있고, 번뇌를 끊지 않고 얻는 깨달음이 따로 있는 것이 아니라고 주장한다. 행여 이것이 경지론으로 이해되는 것을 미리 방지하기 위한 사전조치인 듯이 보인다. 그러나 우리는 두 가지의 경우를 다 함께 생각해 보아야 할 것 같다. 법성 스님처럼 이것을 경지론과 분리시켜야 말이 된다고 생각하는 사람도 있겠지만 반대로 경지론과 결부시켜야 더 좋다고 생각할 사람도 있을 것이다.

도를 닦는 사람은 매사를 자기의 도 닦는 일과 결부시키기 마련이다. '끊을 번뇌가 없다.'는 말은 깨친 스승의 증언이기 때문에 수도자의 '믿음의 마당'에서 하는 말이지만, 구체적인 현실에서 번뇌에 시달리는 수도자에게는 '닦음의 마당'으로서 "번뇌를 끊어라"라는 말이 없을 수 없는 것이다. 그러므로 "번뇌를 끊어라"는 수준은 "끊을 번뇌가 없다"고 말하는 수준보다 더 높을 수도 있다. 물론 이것은 사람의 근기따라 다 다르기 때문에 일률적으로 말할 수 없다. 아무튼 이러한 이해는 분명히 경지론에 근거하여 나오는 것이다. '믿음의 마당' 다음에 '닦음의 마당'을 두고, '닦음의 마당' 다음에 '깨침의 마당'을 따로 두는 것은 전통적인 경지론의 정석이라 말할 수 있다. 법성 스님 같은 전자의 이해는 지극히 평면적인 데에 비해 경지론에 입각한 후자의 이해는 퍽 입체적이다. 여기서 법성 스님의 해석이 평면적인 까닭은 그가 수도자 개개인의 정신적인 발전을 문제 삼는 경지론을 무시하기 때문이 아닐까?

　개념정리라는 이름으로 법성 스님이 해 놓은 일은 스님이 내세운 '실천의 지표'를 명확히 드러내는 데에 과연 얼마만한 공헌을 했는가? 첫째, 스님은 장미의 비유에서 붉은 꽃만 보고 가시를 못 보거나 이와는 반대로 가시만 보고 붉은 꽃을 못 보거나 하는 잘못을 저지르지 말고 두 가지가 다 있는 장미꽃을 보아야 한다고 주장하였다. 그러나 스님은 여기서 그 다음 단계에서 나타나는 더 무서운 오류에 대해서는 아무런 언급이 없었다. 다시 말하면 장미는 두 가지를 다 가지고 있다는 말만을 할 뿐이지 사실은 장미를 한 번도 본 적이 없는 결점에 대해서는 언급하지 않았다는 말이다. 장미를 한 번도 본 적이 없다는 차원에서는 붉다고만 말하거나, 가시만 있다고 말하거나, 둘 다 가지고 있다고 말하거나 사실은 모두 도토리 키 재기에 불과한 것이다. 그럼에도 불구하고 이런 엉거주춤한 자리에서 모든 일이 다 해결이 난 것처럼 생각하는 것은 분명한 오류라고 말할 수밖에 없다. 이러한 문제는 번뇌의 비유에서도 똑같이 일어난다. 번뇌가 실지로 없지 않은 측면과 번뇌가 있지 않은 측면 가운데서 한 가지만을 보는 잘못에 대해서는 두 가지를 다 보라고 말하면 된다고 생각할지 모른다. 그러나 '이 두 가지를 투철하게 다 꿰뚫어 본 사람'과 '그렇지 못하고 말만을 앵무새처럼 잘 할 줄 아는 사람'과의 차이는 천양지판이라고 말해야 할 것이다. 양자의 관계를 실지로 다 본 사람에 비하면 그렇지 못한 사람은 아무리 말로 '두 가지 다……' 어쩌고저쩌고 해 보았자 아까 장미의 비유에서와 똑같이 도토리 키 재기에 불과하다고 말하지 않을 수 없다. 설사 경지론을 우리의 논의에서 빼내버리고 오직 이론만을 따진다 할지라도 붉은 꽃과 가시가 공존하는 현장의 문제랄지 "煩惱非無(번뇌는 없지 않다)"와 "煩惱非有(번뇌는 있지 않다)"가 공존하는 현장의 문제를 논의하지 않을 수 없을 것이다. 그리고 거기서 어떤 때는 번뇌가 없

지 않다고 말하고 어떤 때는 번뇌가 있지 않다고 말하는지를 밝혀내야
한다. 수행자의 경지가 바뀜을 고려하지 않고 이 문제를 제대로 밝힐
수 있을까? 만일 이런 것을 따지지도 않고, 이런 문제를 제기하지도 않
는다면 그런 것은 '지성인의 불교'라고도 말할 수 없을 것이다.

장미의 비유든 번뇌의 비유든 어떤 비유든 비유, 즉 upamā(喩)는 그
것이 밝히고자 한 것, 즉 upameya(法)을 성공적으로 밝혀냈을 때 진정
한 비유가 될 수 있을 것이다. 법성 스님이 장미의 비유와 번뇌의 비유
를 가지고 밝히고자 했던 것은 무엇이었던가? 그것은 돈과 점, 또는 오
와 수가 장미의 비유처럼, 또는 번뇌의 두 측면처럼 모두 다 있다는 것
을 말하기 위함인가? 그러나 우리의 문제는 두 면이 모두 다 있다는
말만으로는 부족하다는 데에 있다. '어떤 경우에 점이며, 어떤 경우에
돈인가'를 밝혀야 하고 '어떤 때 오이며, 어떤 때 수인가' 하는 바로 그
점이 궁금한 것이다. 그리고 점과 돈, 또는 오와 수가 모두 다 있다고
말한다 해서 모든 일이 다 끝난 것은 아니다. 결국 우리는 이런 것들이
왜 그런 구조를 지니게 되었는가를 말로 잘 설명할 수 있는 수준에 머
무는 것으로는 만족할 수 없는 사람들이 있다는 사실에 각별한 주의를
기울여야 할 것이다. 그리고 바로 그런 사람들의 믿음과 닦음이 선불
교의 전통을 이룩해 온 것이다. 다시 말하면 '설명'이 아니라 '경험'을
문제 삼는 것이 참선의 핵심이라는 말이다.

선의 문제를 다루는 법성 스님의 논리는 한 마디로 말해서 매우 평
면적인 것 같다. 앞에 인용한 법성 스님의 여러 가지 비유들이 모두 다
평면적이라는 특징을 가지고 있다. 이런 것이 매사를 논리로 풀려고
하는 사람들의 한계인 것 같다. 설상가상으로 법성 스님은 돈점문제를
다루면서 '경지'라는 문제를 기피하기 때문에 문제는 더 심각해진 것
같다. 가령 번뇌라는 문제를 놓고 전개하는 그의 논리만 보아도 그렇
다. 법성 스님은 "번뇌를 없애고 얻은 깨침이 하나 따로 있고, 번뇌를

그대로 놔두고 얻는 깨달음이 하나 따로 있고, 그런 것이 아니라 이 세상엔 번뇌가 없지 않는(煩惱非無) 면이 있고, 다른 한편으로는 번뇌가 있지 않는(煩惱非有) 면도 있어서 첫 면을 두고 번뇌를 끊으라 하고 둘째 면을 보고는 끊을 것 없다고 말씀하시는 것이라"고 한다(p.331 중간). 이러한 평면적인 논리가 그럴 법하게 들리는 사람도 있겠지만 이런 논리 가지고는 만족 못하는 사람도 있을 것이다. 가령 600부 『반야경』을 다 읽고 불교의 空도리를 다 이해했는데도 현실적으로 번뇌가 그치지 않는다면 어떻게 할 것인가? 뿐만 아니라 이론적인 관심사를 놓고 말할 때도 번뇌가 없지 않는 면과 번뇌가 있지 않는 면과의 관계가 더 문제되는 사람도 있을 것이다. 그놈의 번뇌가 '언제는 없지 않고' '언제는 있지 않고' 그러냐는 의문이 안 나올 수가 없다. 다시 말하면 번뇌가 가지고 있는 양면의 관계를 해명하라는 요청을 어떻게 충족시켜 줄 것인가? 언제, 왜, 누구는, 그리고 어떤 때는 등등 구체적인 실천과정에서 제기되는 이러한 여러 가지 의문들이 끝없이 솟아 나올 것이다.

법성 스님은 인과와 돈점에 대해서도 똑같은 평면적인 방식으로 풀어 나간다. "인과가 없지 않으니(因果非無) '차츰(漸)'이고 인과가 있지 않으니(因果非有) '단박(頓)'이라"는 것이다(p.335 아래). 그러나 여기서도 똑같은 의문들이 줄지어 나온다. 가장 중요한 질문은 '왜 인과가 없지 않기도' 하고 '있지 않기도' 하고 그러냐는 것이다. 번뇌, 인과, 돈점의 문제를 푸는 스님의 논리는 이처럼 항상 평면적이다. 이러한 평면적인 논리에 사로잡혀 있는 한, 법성 스님이 강조하는 '자기지양'이란 것도 결국 평면적인 자기지양이 아닐까 하는 생각이 든다. 다시 말하면 단순한 지식상의 자기지양에 그치고 말지 않겠느냐 말이다. 평면적인 논리로는 선이 제기한 근본적인 문제를 해결할 수 없다고 생각한다. 법성 스님은 번뇌의 문제를 비롯해서 인과, 돈점, 오수 등의 문제를 다루고 있지만 하나같이 모두 문제를 논리적으로 평면화시켜 버렸다. 법성 스님의 평면적인 논리는 일반적인 당위만을 강조하고 있을 뿐 구체적인 인간의 삶을 노출시키지 못하고 있는 것 같다.

7. 법성 스님의 연기론

법성 스님의 입장을 옹호하는 가장 강력한 이론적인 무기는 연기론이다. 그는 연기론을 동원하여 지금 한국의 불교학자들 가운데서 문제되고 있는 돈오돈수와 돈오점수라는 개념을 다음과 같이 정리한다.

> 頓悟頓修를 "의식과 존재의 실체성에서 단박 놓여날 때 존재의 실체성에 갇히지 않는 창조적인 행이 바로 이루어진다."고 해석하면(A) 연기론의 기본관점에 부합된다 할 수 있지만, "절대적인 성품을 깨칠 때 닦을 것 없는 완성된 경지를 얻는다."고 말하면(A') 비연기론적인 것이다. 그리고 頓悟漸修를 "無念과 無常을 단박 깨치되 空에 떨어짐이 없이 일상의 점진성 속에서 늘 창조적 의식성을 발휘하고 모습 아닌 참모습을 둘러써야 한다."고 해석하면(B) 연기론적이라 할 수 있지만, "단박 무념을 깨치고도 닦아서 얻을 깨달음의 소외된 모습이 있다."고 한다면(B') 비연기론적인 것이다. (p.334)

위의 인용문에서 '돈오돈수'에 대한 연기론적인 이해(A)와 비연기론적인 이해(A')를 비교해 보자. 소위 연기론적인 돈오돈수(A)는 법성 스님이 옳다고 생각하는 좋은 이해이고 비연기론적인 잘못된 돈오돈수(A')는 누구의 것이라고 이름을 밝히지 않았지만 성철 스님의 이해임이 분명하다. 그러나 양자의 관계를 한번 생각해 보자. 양자가 반드시 하나는 옳고 하나는 옳지 않은 그런 불구대천의 관계인가? 전통적인 경지론적인 입장에서는 전자(A)는 후자(A')를 요청한다. 다시 말하면 지적 속임수가 뿌리째 뽑혀 없어지고 다시는 물러서지 않게 되었다는 보장이 필연적으로 요청된다는 말이다. 그러므로 후자(A')없는 전자(A)는 말장난일 뿐이다. 다만 성철 스님의 세계를 수식하는 말들, 즉 '절대적인 성품'이니 '완성된 경지'니 하는 말들이 모두 법성 스님이 붙인 말들이기 때문에 그 뜻도 성철 스님의 생각과는 천양지판의 차이가 있다는 것을 잊지 말아야 할 것이다. 성철 스님의 세계엔 법성 스님이 생각하는 것과 같은 문자 그대로의 '절대'니 '완성'이니 하는 말은 없다고 생각한다. 그러나 성품이나 경지라는 말이 반드시 비연기적인 말만은 아니라는 점도 함께 주의해야 할 것이다. '돈오점수'에 대한 연기론적인 이해(B)와 비연기론적인 이해(B')라는 것도 똑같은 방식으로 분석할 수 있다. 여기서도 법성 스님의 글투가 누구를 꼬집어 비판하는 모양새는 아니지만, 지눌 스님을 그렇게 해석하면 비연기론적이기 때문에 틀렸다고 말하는 것은 분명하다. 그러나 법성 스님이 비연기론이라고 비판하는 바로 그 주장을 지눌 스님 자신이 초년 작품인 『수심결』에서부터 시작하여 일생토록 일관해서 내세우고 있다. 법성 스님에게 비연기론적으로밖에는 들리지 않는 이런 발언을 지눌 스님은 왜 그렇게 평생토록 계속하셨을까? 지눌 스님은 번뇌 앞에 무력한 "해오라고 불리는 '깨달음'"과 번뇌를 극복한 "증오라고 불리는 '깨침'"의 구별을 분명히 알고 있었기 때문이 아니었을까? 깨달음과 깨침은 이처럼 다르다는 것을 분명히 말하는 것이 어째서 비연기론적이라고 비판받아야 하는지 이해하기 어렵다.

앞에서도 지적한 바와 같이 법성 스님은 깨달음에 여러 가지가 있다는 사실을 부정하고 있다. 우리는 법성 스님에게 묻지 않을 수 없다. 수도자의 일생에서 깨달음이란 경험은 단 한 번뿐인가? 아니면 여러 번인가? 단 한 번뿐이라면 그런 경험을 어떻게 얻는가? 그리고 그것은 어떤 것인가? 여러 번이라면 어떤 것은 깊은 것이고 어떤 것은 얕은 것이라든가 또는 덜된 것과 잘된 것, 올바른 것과 그릇된 것 등등의 차별은 없는가? 정말 부처님이 바라는 깨침을 얻는 것은 모든 불교도들의 소원이요 행여나 부처님이 바라지 않는 깨달음에 안주하여 잘못된 길로 들어서 있지는 않는지를 살피는 것은 수도자들이 잠시도 소홀히 해서는 안 될 중요한 계명일 것이다. 이러한 수도자들의 비원과 계명은 불교적 修證論에 境地論을 포함시킴으로써만이 비로소 그 의미를 갖기 시작한다고 하겠다. 법성 스님은 어째서 이렇게 중요한 문제를 선문의 수증론의에서 빼내버리려 하는가? 그는 선의 개념을 정의만 잘 내려놓으면 만사가 다 잘되어 갈 줄로 아는 것 같다. 그리고 그 잘 내려진 정의에 의해서 실천하고 행동하면 그게 올바른 불교라고 생각하는 것 같다. 이것은 그가 그의 글 첫머리를 "불교철학과 불교수행의 철저한 자기실현"이라는 말로 맺고 있는 것으로 보아도 분명하다. 법성 스님의 이러한 사고방식은 어디서 많이 듣던 소리이다. 그렇다. 서양에서 유행하는 '이론과 실천'이라는 지식학적 도식이 그것이다. 실천이 잘 되고 못 되고는 이론에 달려 있다는 사고방식이다. 동양의 선이 말하는 실천이라는 것도 결국 그런 것일 뿐인가?

8. 轉依없는 실천론도 불교의 실천론인가?

법성 스님의 글에는 轉이라는 글자가 자주 나온다. 예를 들면, "해탈은 지금 보고 듣고 깨달아 아는 현실경험 활동이 머무름 없는 행(無住行)으로 전환된 곳에 있음을 밝혀낸다."든가(p.333 아래), 또는 "보리수 아래에서 붓다가 별을 보고 깨침이란 진리의 초월화와 진리의 내면화를 넘어서서 깨달음이란 지금 별을 보는 현실경험의 장 속에서 경험의 창조적 전변으로 주어짐을 보인다."는(p.334 위) 투의 문장들이다. 위 인용문에서 **轉換**이나 **轉變**이라는 단어 등이 모두 **轉**이라는 글자를 가지고 있다. 전환이건 전변이건 모두 바뀌짐을 나타내는 말이다. 문제는 어떤 상태에서 어떤 상태로 바뀌지는가에 있다. 用的 次元에서 몸짓이 바뀌는 정도의 바뀜인가 아니면 체적 차원에서 몸 자체의 혁명적인 바뀜인가? 나는 법성 스님의 글에서 용적인 바뀜은 무수히 보았으나 체적인 바뀜을 본 적이 없다. 이것은 경지론을 혐오하는 법성 스님의 한계요, 숙명이 아닌가 생각한다. **轉**이라는 글자가 가리키는 뜻은 여러 가지이겠지만 지금 우리의 주제는 해탈이고 깨침이니만큼 그 바뀜이 제대로 됐을 때와 제대로 안 됐을 때를 구별해 보지 않을 수 없다. 이 문제는 아무리 강조해도 너무 강조했다고 말할 수 없을 만큼 중요한 문제라고 생각한다. 이런 것을 따지는 것이 불교의 **轉依論**이다. 여기서 '의'란 '몸'이다. 그러므로 전의란 몸짓의 바뀜이 아니라 몸의 바뀜을 말하는 것이다. 그러나 법성 스님의 글에는 **轉依**에 대한 언급이 없다. '전의'를 말하지 않는 수행론을 불교적 수행론이라 말할 수 있을까?

불교적 수행이론의 절정이라고도 말할 수 있는 전의의 개념을 다루지 않기 때문에 법성 스님은 了達한다, 통달한다, 깨닫는다, 깨친다, 안다, 이해한다 등등의 비슷비슷한 말들을 무수히 쓰고 있으면서도 단 한번도 '진짜로 아는 것'과 '가짜로 아는 것'과의 차이를 따진 적이 없다. 그의 불교세계에서 경지론을 빼버린 결과가 어떤 것임을 잘 말해주고 있다. 그래서 그는 마침내 '깨달음과 깨침의 구별'조차도 하지 않고 말았다. 꼭 이런 용어를 써야 한다는 말은 아니다. 지눌 스님처럼 해오와 증오라는 말로 구별해도 좋고, 『대승기신론』에서처럼 불각, 상사각, 수분각, 구경각으로 나누어 설명해도 좋다. 불교에서 추구하는 깨침은 하나이지 둘일 수는 없다. 그러나 현실적으로는 천태만상 가지

가지의 비슷비슷하면서도 서로 다른 무수한 경험들이 있다는 것을 아무도 부인하지 못할 것이다. 여기서 '옳은 것과 옳지 못한 것의 구별'은 철저히 해야 한다는 '경지론'이 나오지 않을 수 없을 것이다.

경지론이 빠진 실천론을 전개하려는 법성 스님의 이론이 이러한 결점을 보이고, 전통적인 불교의 정신적인 유산을 마구 파괴하는 것처럼 보인다 할지라도, 현재 '몸짓'이 사라지고 '행'이 빠져버린 한국불교를 기사회생시키는 약으로 선용할 길은 없을까? 이러한 관점에서 법성 스님의 글을 다시 읽어보면 그의 글에서는 여기저기서 반짝이는 보석처럼 우리의 눈길을 끄는 대목들이 많다. 가령 법성 스님이 '닦음'의 의미를 처음 깨달은 다음에 더 완전한 깨침을 얻기 위한 닦음의 차원에서 찾지 않고, 주체적인 깨달음과 역사적이고 사회적인 '행'의 관계에서 보려는 경우는 그 좋은 예라고 말할 수 있을 것이다. 그는 이러한 닦음을 '사회적 실천'이라 불렀으며 불교의 普賢行이 이에 해당한다고 말하였다.(p.338) 그러나 여기에서도 다시 한 번 지적하지 않을 수 없는 것은, 보살이 사회적 실천을 자연세계가 다하도록 행해 나갈 때 주체적인 깨달음이 부단히 그 내용을 확대 성장해 나가고 있다는 점이다. 그래서 보현행원사상을 발전시킨 화엄사상이 십신, 십주, 십행, 십회향, 십지, 등각, 묘각이라는 52位등의 경지론을 그토록 철저히 다룬 것이 아닌가 생각한다.

9. 법성 스님과 성철 스님이 만나는 길

법성 스님의 글에서는 성철 스님의 세계가 안보이고 성철 스님의 글에서는 법성 스님의 세계가 안 보인다. 이 말을 좀 더 솔직하게 표현하면 법성 스님은 성철 스님을 모르고 있고, 성철 스님은 법성 스님을 모른다고 말할 수 있을 것이다. 이 문제를 체와 용의 논리로 돌아가 이야기하면 용적인 체계를 가지고 밀고 나가는 법성 스님은 체적인 체계를 가지고 밀고 나가는 성철 스님을 무시했고 그 반대의 경우도 또한 사실인 것 같다. 그러나 몸(體)없는 몸짓(用)이 없고, 몸짓(用)없는 몸(體) 또한 없다. 그러므로 성철 스님에게 어찌 몸만 있고 몸짓이 없었겠으며, 법성 스님에게 어찌 몸짓만 있고 몸이 없었겠는가? 오직 강조점의 차이 때문에 성철 스님은 몸만 있는 것처럼 보였고 법성 스님은 몸짓만 있는 것처럼 보였을 뿐이다. 두 분을 이렇게 보는 것은 분명히 잘못된 것이다. 우리는 하루속히 이런 오해를 시정해야 한다. 만일 우리들이 성철 스님에게서 몸과 몸짓을 함께 다 보고 또한 법성 스님에게서도 똑같이 그렇게 한다면 두 분의 차이는 지금보다 훨씬 더 뚜렷하게 드러날 것이다. 사람들은 일반적으로 눈에 보이는 몸짓 즉 용의 세계만을 가지고 이러쿵저러쿵 성급한 판단을 곧잘 내린다. 그러나 이런 식의 판단은 많은 경우 사람들을 오도한다. 그러므로 우리는 오해된 두 분의 모습에 집착하지 말고 실지의 두 분 모습을 똑똑히 보아야 할 줄 안다. 특히 잘 안 보이는 두 분의 체를 정확히 파악하는 일은 우리의 중요한 과제라고 생각한다.

먼저 성철불교의 체가 어떤 것인지 알아보자. 그것은 스님이 항상 주장했던 것처럼 전통불교의 정신주의적인 유산이라고 말해도 좋을 줄 안다. 그것은 돈오돈수라는 말로 표현되기도 하고 때로는 祖師禪이니 臨濟禪이니 看話禪이니 하는 말로 표현되는 경지라고 생각한다. 따라서 성철 스님의 용은 스님의 그러한 체에서 나오는 용이었다.

그렇다면 법성불교의 체는 뭔가? 법성 스님을 잘 알지도 못하면서 이런 물음에 대답한다는 것은 무리한 일이 아닐 수 없다. 그렇지만 대화를 위해서 느낀 대로 이야기하라면 그것은 '연기론'이라는 이름의 논리적 이성주의가 아닌가 하는 생각이 든다. 법성 스님이 가지고 있는

'경지혐오증'을 비롯한 그의 모든 주장들이 모두 정신주의의 바탕 위에 서 있는 전통불교의 덕목들을 거부하고 있다는 사실을 상기하면 그의 이성주의가 어떤 성격의 것인가를 잘 짐작할 수 있을 것이다. 법성 스님이 아무리 연기설을 내세우고 보현행을 강조한다 할지라도 그것을 그대로 전통적인 불교의 그것들과 똑같은 것이라고 말할 수는 없다.

그 다음에 조금 더 따져야 할 것은 성철 스님의 用에 대해서이다. 나는 여러 곳에서 성철 스님에게도 용이 있다고 말했다. 그리고 그것은 성철 스님의 체에서 나온 것이라고 주장했다. 말하자면 저렇게 사시는 것이 그 분의 용이란 말이다. 법성 스님처럼 살아야 용이고 성철 스님처럼 살면 용이 아니라는 말은 성립될 수 없다. 어느 쪽이 더 바람직한 용이냐고 묻는 것은 가치론적 또는 효용론적인 질문이다. 여기에는 주관적인 요소들이 너무 많이 관련되어 있어서 몇 가지 원칙을 가지고 간단하게 일률적으로 답변해 버릴 수 없다. 용은 사람이 하는 일이다. 사람에게는 누구나 몇 가지 원칙으로 처리해 버릴 수 없는 너무나 많은 사정과 사연이 있기 마련이다. 이러한 사정과 사연이란 후천적이고 가변적인 것일 수도 있지만 선천적이어서 마음대로 잘 고쳐지지 않는 것일 수도 있다.

우리의 눈에 보이는 성철 스님의 용은 두 가지의 측면에서 말할 수 있다. 하나는 체를 강조하고 체로 돌아가는 모든 행위가 그대로 스님의 용이라는 것이다. 또 하나는 스님이 일생을 저렇게 산중에서 숨어 사신 것은 스님의 고유한 업과 관련을 가지고 있다는 것이다. 따라서 업이 다르고 처지가 바뀌면 스님은 티베트의 달라이 라마처럼 살 수도 있고 법성 스님처럼 살 수도 있다는 것이다. 그러한 의미에서 용의 절대화는 있을 수 없다는 말이다. 그러므로 우리는 다음과 같이 말할 수 있을 것이다. 전통불교를 소중히 여긴다 해서 꼭 성철 스님처럼 살아야 한다고 말할 수 없는 것처럼 오늘날 한국불교가 처해 있는 역사적이고 사회적인 상황이 아무리 급박하다 할지라도 모든 사람이 꼭 법성 스님처럼 살아야 하는 것도 아니라고. 법성 스님 같은 주장을 하면서도 성철 스님 같은 체를 가지고 있고, 성철 스님 같은 체를 가지고 있으면서도 법성 스님 같은 사회적 실천을 할 수 있어야 비로소 그것이 진정 창조적인 불법이라고. 그리고 법성 스님과 성철 스님이 만났다 하여 둘이 하나로 되는 것은 아니다. 법성은 여전히 법성이고 성철은 여전히 성철일 것임에 틀림없다. 그렇지만 두 분이 만나기 이전과 만난 다음은 분명히 다를 것이다.

10. 맺는 말

나는 이제까지 법성 스님만큼 그 어려운 돈오돈수설을 그렇게 쉽게 해석한 사람을 보지 못했다. 이것은 분명 법성 스님이 가진 큰 장점이라고 생각한다. 그러나 법성 스님의 글을 읽고 있노라면, 내가 너무 과민한지도 모르지만, 성철 스님은 부처님의 '연기설'이 무엇인 줄도 모르고 대승불교의 '空道理'가 무엇인 줄도 모르는 아주 무식한 스님 같은 인상을 받게 된다. 뿐만 아니라 성철 스님은 언어의 기본성격도 모르고 형식논리에 불과한 것을 고정화하고 실체화하고 절대화하고 신비화하는 오류를 범하고 있는 것처럼 느끼게 된다. 성철 스님이 과연 그런 분일까? 누가 누구를 비판하느냐를 문제 삼고 있는 것이 아니다. 이런 식의 비판이 정확한 비판인가를 따지고 있을 뿐이다. 나는 그동안 이런 식의 비판을 무수히 들어 왔다. 특히 서양사람들, 또는 서양화된 동양사람들 가운데에 이런 식의 비판을 일삼는 사람들이 많았다. 이럴 때마다 나는 대꾸할 말을 찾지 못했다. 말이 통하지 않는 사람들과의 대화가 쉽지 않음을 절감했다.

보조 스님이건 성철 스님이건, 그 누구든, 돈점논쟁을 수도상의 심각한 문제로 다루는 사람 치고, 화두를 들고 참선하는 세계를 염두에 두지 않는 사람은 없을 것이다. 그리고 만일 화두의 세계가 무엇인 줄 알면, 그리고 진정 화두를 드는 사람이라면 그들이 정말 개념을 고정화하고 앉았을까? 화두란 개념을 고정화하는 사람들의 고질병을 때리기 위해 등장한 것이 아니었던가? 실체화니, 절대화니, 신비화니, 하는 소리도 똑같은 방식으로 분석할 수 있다. 나는 왜 법성 스님은 선승들 가운데 잘못된 사람들의 잘못된 짓만을 보고, 왜 제대로 하고 있는 사람들의 제대로 된 면을 보지 않는가를 묻고 싶다. 이것은 분명히 종식되어야할 악순환이다. 이런 악순환의 고리를 끊는 길은, 진부하게 들릴지 모르지만, 다시 '화두를 들고 참선한다'는 게 뭐냐는 고전적인 질문으로 돌아가서 화두의 세계를 철저히 밝히는 길밖엔 없을 줄 안다. 물론 법성 스님도 이 작업을 안 하신 것은 아니다. 그러나 그것은 너무나 아전인수 격이었다.

법성 스님의 글은 우리들 주변에 널리 퍼져 있고 우리들의 내부에 깊숙이 뿌리 박혀 있는 반수도주의적인 의문을 잘 대변해 주었다고 본다. 법성 스님은 우리로 하여금 그러한 뿌리 깊은 의문에 정직하게 귀기울일 수 있는 시간을 마련해 주었다. 이것은 분명히 우리가 얻은 것이라고 말할 수 있다. 그러나 천여 년을 두고 축적해 온 선배들의 경험과 지혜를 잃어버리지 않는 것 또한 크게 얻는 것임을 잊어서는 안 될 것이다.

(『미주현대불교』 제47호, 1994년 3월, 뉴욕)

看話禪 수행전통과 현대사회

1. 看話禪의 현주소

話頭 參禪을 지도하는 선생님들에 대한 학생들의 원성이 높다. "왜 되지도 않는 걸 가르치느냐?"고 대들기도 하고, "화두가 잘 들리는 사람이 있으면 한번 나와 보라."고 자못 여론 조사라도 할 기세다. "화두 참선이란 옛날엔 잘 됐는지 몰라도 요즘엔 잘 안 되는 것 아니냐?"고 그들은 큰소리로 외친다.

화두 참선에 대한 이러한 반발에 위기감을 느끼는 것은 당연하다. 그러나 나는 묻고 싶다. "일찍이 이러한 비판이 없었던 적이 있었더냐?"고. 도대체 화두란 뭔가? 잘 들리는 게 화두인가? 좀 역설적이지만 화두 참선이란 잘 안 되는 데에 묘미가 있는 것 아닐까? 잘 안 되는 것과의 對決, 이것이야말로 참선의 세계가 우리에게 줄 수 있는 가장 중요한 선물이 아닐까? 문제는 이러한 대결의 힘이 어디서 나오느냐에 있다. 우리는 그러한 대결의 성격과 내용을 잘 들여다 보아야 할 것 같다.

참선이 '잘 된다'고 기뻐하는 사람들도 있다. 그러나 '잘 안 되는 것과의 대결이 없는 '잘 됨'이란 참선 세계의 잘 됨은 아닐 것이다. 혹시 한다는 참선은 하지 않고 딴 짓을 하고 있으면서 기뻐한다면 큰 일 아닌가? 화두의 세계는 몸의 세계다. 모든 것을 '몸을 떠난 몸짓'으로밖에는 보지 못하는 몸짓 문화의 산물에겐 화두가 잘 들릴 수 없다.

1950년대, 내가 처음 佛法을 만났을 땐, 참선하는 사람이 일본유학을 가려 하면, "사람 버린다"고 못 가게 했다. 유학만이 아니다. 일본서 들어온 참선관계 책자들도 못 보게 했다. 백해무익이기 때문이라고 했다. 일본에는 참선을 한다면서 화두를 설명하려 드는 곳도 많기 때문에 주의해야 한다고 했다. 1969년, 미국으로 건너온 후, 미국에서 활약하는 여러 나라의 여러 선사들을 만나 보았다. 아쉬운 건, 모두가 한결같이 일본식 참선을 하고 있었고 한국의 활구참선은 눈을 씻고 보아도 보이지 않았다. 화두를 들고 수행하는 현장에서는 옆에서 훈수하는 식의 말은 이익보다는 해가 되는 경우가 많다. 더구나 속도위반의 말들은 금물이다. 한국의 전통적인 禪房에서는 '說破'를 禪을 죽이는 砒霜으로 보았다. 어떠한 경우에도 화두를 설파하는 법은 절대로 허용하지 않는 것이 한국 간화선의 진면목이 아닌가 싶다.

2. 화두

話頭라는 말이 일했던 현장을 점검해 볼 필요가 있다. "기독교엔 불교의 마하야나 운동이 없고, 불교에는 기독교의 프로테스탄트 운동이 없다"고 한탄하는 사람들이 있다. 그러나 禪佛敎의 여러 문헌에서 화두라는 말이 등장하는 현장을 보면 오랫동안 버릇 잘못 들여온 그 현장에서 후려치는 무서움을 본다. 나는 거기서 일종의 종교적 혁명 같은 것을 느낀다. 그래서 나는 갈 길을 잃고 방황하는 중생을 당장 부처님 자리로 되돌려 놓는 '일'이 바로 화두라고 생각한다. 말이야 일체중생이 부처라 하고 내가 바로 부처라 외치지만 속으로는 '난 부처가 아니라'는 생각을 굳게 간직하고 있으니 아무리 애써 보았자 안 되는 헛

농사다. 이러한 기막힌 현실을 후려치면서 바로 잡는 일이 바로 '화두'
다. 옛날 우리의 부모들은 자녀들이 잘못된 길로 접어들면 "안 돼!"를
연발하고 들었던 지팡이로 사정없이 후려쳤다. 선사들의 棒喝을 방불
케 하는 장면이다. 화두를 올바로 이해하는 데는 이러한 실존적인 상
황 인식이 중요하다.

　나는 '화두'를 '부처님에게로 돌아가는 일'이라고 생각한다. 부처님에
게로 돌아가라는 '말'이 아니라 부처님에게로 돌아가는 '일'이란 말이
다. 화두는 '말'이 아니라 '일'이란 사실은 아무리 강조해도 너무 강조
했다고 할 수 없을 만큼 그렇게 중요하다. 유태인들이 그들의 성경에
서 유일신을 지칭하는 '야훼'는 원래 말이 아니라고 주장하는 것과 그
분위기가 비슷하다고 할까. 그러므로 우리들로 하여금 부처님에게로
돌아가게 하는 일이면 무엇이나 다 화두다. 분명한 역설이다. 그러나
역설이 아니고서 어떻게 화두의 진가를 드러낼 수 있을까. 폐일언하고
사람들로 하여금 부처님을 등지게 하는 화두가 있다면 그것이 누구의
것이든 '사람을 죽이는 화두'라고 말해야 할 것이다.

　화두는 간화선의 생명이다. 화두가 화두 노릇을 못 한다면 간화선의
맛은 간 것이다. 화두가 화두 노릇을 제대로 할 때, 화두는 죽은 사람
을 살린다. 그래서 화두 드는 참선을 '活句參禪'이라고 한다. 活句란
"사람을 살리는 말"이란 뜻이다. 그러나 화두는 산 사람을 죽이는 경우
도 있다. 멀쩡한 사람을 부처님과 등지게 하는 것이다. 자기자신이 부
처님인데도 불구하고 따로 부처님을 찾아 나서게 하는 것이다. 그런
화두를 死句라 한다. 무엇이 화두의 사활을 판가름하는가? 화두 드는
사람의 사람됨에 달려 있다. 화두 드는 사람의 사람됨이 먼저 바뀌져
야 한다. 화두 드는 사람이 종래의 업에 사로잡혀 있으면 별짓을 다 한
다 해도 소용없다. 사람이 짓는 업 가운데 가장 무서운 업이 언어의 업
이다. 언어의 업은 곧 의식의 업이다. 의식의 업은 멀쩡한 사람을 감옥

에 가둔다. 백주에 네거리를 활보하고 다닌다 해도 사실은 그렇지 않
다. 알고 보면 사람이 다니는 게 아니고 사람을 가둔 감옥이 다니는 꼴
이다. 그런 보이지 않는 감옥 속에 갇혀 있으면 별짓을 다한다 해도 부
처님이 주신 화두는 사구가 되고 만다. 그러니 좋은 화두, 나쁜 화두가
따로 없다. 완전히 수행자 자신에게 매었다. 깨어있어야 한다. 참선할
때를 疑團獨露라고 말하는 것은 "깨어있다"는 말이다. 죽은 자는 의심
하지 않는다. 잠든 자도 의심하지 않는다. 살아서 깨어있는 자만이 의
심한다. 자기의 정신상태, 마음가짐 등에서 깨어 있음이 드러나야 한
다. 사람됨이 얼마나 순수하고 진지하고 성실하느냐가 문제라고 말하
는 사람도 있다. 어떻게 해야 이렇게 될 수 있을까? 가진 게 많고 삶이
편안하면 이게 잘 안 되는 것 같다. 앞도 막히고 뒤도 막히고 옴도 뛰
지도 못할 막다른 골목에 처박혀 있는 것처럼, 죽음이 삶을 위협하는
결정적인 순간에 처해 있어야 사람은 진실해지는 것 같다. 사람이 이
렇게 순수하고 진지하고 성실해질 수만 있다면 부처님 말씀만이 아니
라 이 세상만사가 모두 다 자기를 살리는 활구가 되는 게 아닌가 싶다.
새벽녘에 떠오르는 샛별도 화두요, 봄에 피는 꽃, 가을에 지는 낙엽 등
등이 모두 화두 아님이 없을 것이다.

3. 罕見罕聞[1]

　'한견한문'이란 말은 보조국사 知訥(1158~1210)이 지은 『看話決疑
論』이란 책의 마지막에 나오는 말이다. 활구참선해서 깨친 자를 "본
적도 없고 들은 적도 없다"는 일종의 한탄사다. 매우 비관적으로 들린
다. 그럼에도 불구하고 지눌은 "죽는 한이 있어도 활구참선 하다가 죽

---

1) 동국대학교, 『한국불교전서』 제4책, 1982, p.737 가운데 줄.

자"고 글의 결론을 맺는다. 분명한 역설이다. 요즘 간화선을 비판하는
사람들이 참선해서 깨친 자를 본 적이 없다고 야단인데 사실인즉 이런
말은 결코 새로운 소리가 아님을 알 수 있다. 그러나 지눌이 이런 고충
을 털어놓는 분위기와 요즘 사람들이 언필칭 누가 깨쳤냐고 대드는 분
위기는 그 속사정이 천양지판으로 다르다. 지눌이 이렇게 말하는 뜻은
"길은 이 길밖엔 없으니 죽는 한이 있어도 활구참선 하다가 죽자"는
비장한 말인데 비하여 요즘 사람들이 이렇게 말하는 뜻은 "그러니까
그런 길 가지 말자"는 데에 목적이 있다. 지눌의 경우는 열심히 하는
사람의 말이고 요즘은 하는 척만 하고 사실은 해보지도 않는 사람의
말이다. 政商輩 같은 사람들의 세계와 求道者의 세계는 근본적으로
다르다. 전자는 잘 되는 것처럼 보이면 우르르 몰리는 경우이고 후자
는 안 될수록 擇善固執처럼 끝까지 버티는 경우다.

　　1210년에 세상을 떠난 지눌 스님은 참선을 한다면서 말장난하는 것
을 극구 경계했다. 아무리 좋아도 死句參禪일랑 하지 말고, 죽는 한이
있어도 活句參禪하자고 지눌 스님은 역설했다. 1209년, 지눌은『法集
別行錄節要并入私記』(약칭『절요』)라는 책을 발표했다. 요즘 학자들
은 이 책을 지눌 사상의 총결산으로 보려 한다. 왜냐하면 지눌은『절
요』를 출판하고 그 다음 해인 1210년에 세상을 떠났기 때문이다. 그러
나 지눌의『절요』는 종밀(780~841)의 방대한 책을 간추리는 데에 목적
이 있었다. 그러한 의미에서『절요』는 어디까지나『절요』일 뿐이다. 지
눌의 절요를 공부할 때, 중요한 것은 지눌이 종밀의 책을 절요하면서
내뱉은 비판적인 목소리를 제대로 듣는 일이다. 1215년, 혜심(1178~
1234)은 스승의 행낭에서 발견했다면서 지눌의『看話決疑論』을 출판
했다.[2] 이 책은 지눌이『절요』에서 전개한 頓悟漸修說을 뒤집어엎은

책이다. 지눌의 이러한 '뒤집어엎음'을 바로 보지 않고는 지눌을 올바로 평가할 수 없다.[3)

『간화결의론』을 지눌의 眞著로 보지 않는 사람도 있다. 혹시 지눌의 수제자인 혜심이 스승의 명예회복을 위해서 자기가 쓴 책을 스승의 이름으로 출판한 것이 아닌지 모르겠다고 의심하는 사람도 있다. 나는 이러한 모든 의심에 동조하지 않는다. 화두 참선의 생명인 활구사상이 절요와 간화결의론 모두에 공통이기 때문이다. 참선은 활구참선이라야 하지, 사구참선이어서는 안 된다는 데에 동의하면 돈오점수설을 물고 늘어질 필요는 없다. 뿐만 아니라 『절요』의 말미는 간화결의론 집필의 동기로 보아도 좋을 만큼 양자 간은 일맥상통한 바가 있다. 다만 이들 두 권의 책들 사이에는 이어지면서도 끊기는 대목이 있다는 것이 다를 뿐이다. '이어지는 대목'과 '끊기는 대목'을 동시에 꿰뚫어 보는 것이 중요하다. 이어지는 대목은 활구 사상이고 끊기는 대목은 점종적인 사고방식을 청산하는 대목이다. 사실상, 간화결의론을 짓는 지눌의 근본 동기는 바로 그런 작업을 하는 것으로 보인다. 다시 말하면 절요와 간화결의론은 적체상반으로 끊기는 대목이 있다는 말이다. 우리는 이 '끊기는 대목'을 꼭 집어내야 한다. '끊음'으로써 지눌은 백척간두에서 진일보한 것이다. 懸崖에서 撒手한 대장부가 된 것이다. 지눌의 사람됨은 요즘 학자들처럼 학설 하나 내놓고 평생 거기에서 헤어 나오지 못하는 그런 인물이 아니었다.

한 때 나는 혜심이 스승의 학문적인 업적을 계승하지 아니 한 것으로 속단하고 내심 퍽 유감스럽게 생각했었다. 지눌과 혜심, 이 두 분은

---

3) 박성배 지음, 윤원철 번역, 『깨침과 깨달음』, 서울, 예문서원, 2002, pp.23~31. 지은이의 한국어판 서문 참조. 오늘날 한국불교의 지눌 평가에 대한 필자의 의견은 이미 여러 곳에서 피력했다. 지눌사상의 전기와 후기의 차이는 앞으로 학자들이 기회 있을 때마다 계속 다루어야 한다고 믿기 때문에 여기에서도 또 다루었다.

무릎을 맞대고 '참의문 사구'랑 하지 말고 맹세코 '참구문 활구'하자고
다짐했던 것 같다. 적어도 이것이 지눌 말년의 모습이었을 것이다. 그
래서 혜심은 스승의『절요』가운데 '참의문 사구'에 해당되는 대목을
자기의 삶 속에서 버린 것이다. 혜심의 이러한 노선은 그의 스승, 지눌
이 닦아 놓았던 것이다. 그 결과로 그 뒤 西山의「선교결」도 나왔고,
경허 스님 이래 만공, 고봉, 전강, 성철 등 많은 고승들이 그 길을 걸었
다. 활구참선은 이렇게 한국 선불교의 주류를 형성하게 됐다.

參禪하는 마당에 參意와 參句를 구별할 줄 모르고, 死句와 活句를
똑바로 구별할 줄 모른다면 이는 매우 심각한 문제가 아닐 수 없다. 참
선의 正邪와 사활이 여기에 걸려 있기 때문이다. 지눌의『간화결의론』
은 이 점을 분명히 하고 있다. 특히『간화결의론』의 결론이라고 말할
수 있는 마지막 문장은 지눌의 이러한 사상을 웅변으로 입증해 주고
있다. 그러나 요즘 학자들은 이 대목을 간과하고 있는 듯이 보인다. 마
치 지눌이 참의문 사구를 선양한 것처럼 말하는 사람들도 있다. 간화
결의론의 말미에 나오는 지눌의 결론을 "그렇게 잘 안 되는 참구문 참
선일랑 아예 그만두고, 잘 되는 參意門 死句參禪이나 하자"는 식으로
오해한다면 이는 단순한 경전의 오해에 그치지 않고 역사를 왜곡하는
과오를 저지르는 일이 될 것이다. 이는 한국의 활구참선 전통에 반기
를 들고 일본식 해설적 참선법을 선양하는 거나 마찬가지다.

4. 화두는 방법인가

'화두는 방법'이라고 생각하는 사람들이 많다. 퇴계학을 공부한다면
서 퇴계 선생의 敬공부를 방법이라고 말하는 유학자들을 보고 경악을
금치 못했던 적이 있다. 이 세상에 믿을 것은 하나님밖에 없다고 공언

하면서도 기도를 방법이라고 생각하는 세상이니 할 말을 잊는다. 화두는 방법이라고 말하는 것보다 더 反活句的인 발언도 드물 것이다. 실지로 '활구참선'을 하는 사람이라면, '화두는 방법'이라는 말을 할 수가 없을 것이다. 그리고 '화두는 방법'이라고 생각하는 사람은 아직 '활구 참선'을 하지 않는 사람임에 틀림없다. 간화선에서 死句와 活句의 구별이 중요하듯이 활구참선에서는 화두를 방법으로 보느냐 그렇지 않느냐가 참선의 사활을 결정한다. 그러므로 문제는 '활구참선이 뭐냐?'를 분명하게 하는 데에 있으며, 이런 문제를 푸는 열쇠는 "말 길이 끊어지고, 뜻 길이 끊어지고, 마음 길이 끊어진다(沒心路義路 沒語路無摸索)"[4]는 말의 참 뜻을 뚜렷하게 밝혀내는 데에 있다.

화두를 방법으로 보는 것은 선에 대해 漸的인 접근을 하고 있는 사람들의 공통된 특징이다. 점적인 접근이 인간의 오관에 잡히는 '몸짓'을 중요시한다면, 頓的인 접근은 인간의 오관이 一卽多 多卽一의 '몸'을 있는 그대로 드러내는 것을 소중히 여긴다.

1960년대 초반에 대학생 불교연합회는 양산 통도사에서 수련대회를 가졌다. 그 때 경봉 스님의 법문은 간화선의 핵심을 찔렀다.

깨침이란 들이마신 숨 내쉬기 전의 일이다. 들이마신 숨, 내쉬지 못하면 죽는 것이 사람이지만, 그러므로 이 세상에 숨쉬는 일보다 더 급한 일은 없지만, 그렇다고 활구참선하는 사람이 "잠깐만! 깨침도 중요하지만, 먼저 들이마신 숨 내쉬고 보자."고 말한다면, 그 사람은 영원히 깨치지 못하고 말 것이다. 진실로 깨침이란 들이마신 숨 내쉬기 전의 일이다.

경봉 스님의 이러한 법문은 커다란 충격이었다. 잘못된 가치관, 그

4) 휴정, 「선가귀감」/『한국불교전서』 제7책, 1986, pp.636~637.

롯된 종교관이, 빌딩이 무너지듯, 일시에 무너지는 것 같았다. 무엇보다도 매사를 시간 속에서 인과율적으로 생각하는 학생들의 사고방식을 송두리째 흔들어 놓았다. 화두가 방법이라는 생각은 분명히 시간이 끼어들어 온 다음의 사고방식임에 틀림없다. 그리고 이러한 시간적인 사고방식에서 모든 점차적인 사고방식이 발생하고 발전해 나간다. 이러한 시간의 틀 속에 갇힌 漸宗的인 사고방식에 얽매여 있는 한, 매사는 因果律 밖의 일일 수 없고 따라서 화두도 방법이고 그런 방법을 통해 깨침은 나중에 이루어져야 할 '어떤 것'이 되고 만다. 시간적인 사고방식을 두들겨 부수고 들어오는 초시간적인 경봉 스님의 법문은 한마디로 漸的이 아니고 頓的이었다. 그러므로 화두 따로 있고 깨침 따로 있다고 생각하면 그것은 활구 참선이 아니라고 말해야 할 것이다.

5. 화두의 종교적 성격

간화선의 위기는 화두의 종교적인 성격이 실종해버린 데서 비롯한 것 같다. 看話를 道라고 말하는 사람도 있다. 道는 길이란 뜻임으로 부산 가는 길, 서울 가는 길의 경우처럼 도를 어떤 목적을 이루게 하는 방법으로 보는 사람도 없지 않을 것이다. 그러나 이런 경우의 道를 방법으로 보는 한, 道가 가지고 있는 원래의 뜻은 사라지고 말 것이다. 그러므로 모든 선서는 도를 방법으로 보는 오류를 철두철미 때려 부수고 있다고 말할 수 있을 것이다. 불교인들이 즐겨 부르는 게송 한 수를 놓고 또 생각해 보자.

天上天下無如佛 천상과 천하에 부처님 같으신 분은 없고
十方世界亦無比 시방세계 어디에도 부처님에 비길 분은 없네

世間所有我盡見　이 세상에 존재하는 모든 것을 내 속속들이 다 보았
　　　　　　　　지만
一切無有如佛者　모두 모두 부처님 같으신 분은 없네

　이 글은 불교인들의 신앙고백이라고 말해도 좋을 것이다. 이 경우,
"부처님 밖에는 길(道)이 없다"고 말할 때의 '길'은 방법이 아니라 신앙
이다. 정토신앙을 가진 불교도들이 아미타불밖에는 길이 없다고 말하
는 경우나, 서양의 유일신을 믿는 사람들이 하나님밖에는 길이 없다고
말할 때도 역시 그것은 신앙고백이다. 이런 경우에는 절대로 아미타불
이나 하나님을 극락이나 천국 가는 확실한 방법이라고 말하는 사람은
없다. 물론 그것을 구태여 방법이라고 말해야만 속이 시원한 사람도
없지 않겠지만 그러나 그렇게 말하는 사람은 믿는 사람은 아니고 신앙
을 옆에서 구경하는 사람일거라는 생각이 든다. 더 비근한 예를 들면
어떤 화가가 국전에 출품하기 위해서 그림을 그리고 있을 때, 그림을
그리는 것이 국전입선의 수단이라고 말한다면 그 사람은 화가가 아닐
것이다. 그렇지만 옆에서 구경하는 제3자는 국전입선을 목적으로 저
화가는 저렇게 열심히 그림을 그린다고 말할 수 있을 것이다. 여기서
일의 당사자와 구경꾼의 차이는 엄청나다고 말하지 않을 수 없다. 활
구참선을 할 때의 화두의 성격도 이와 똑같다고 말할 수 있을 것이다.
객관적으로 말하는 입장에 서 있다면 화두를 방법이라고 말할 수도 있
겠지만, 말길이 끊어지고, 뜻 길이 끊어지고 마음 길이 끊어진 경지에
들어간 사람이라면, 화두를 방법이라고 말할 수는 없을 것이다. 화두를
지도하는 사람은 모름지기 처음부터 철두철미 학인의 말 길이 끊어지
도록 이끌어야지 잘못 '화두는 방법 운운' 한다면 그런 잘못된 생각을
지니고 있는 한, 운명적으로 말 길 끊어진 세계와는 등을 지게 될 것이
다.

활구참선을 할 때, 항상 문제되는 것은 疑團이다. 의단이란 의심 덩어리란 말인데 사람들은 의단이 생기지 않는다고 불평한다. 사람들은 의심나지 않음의 죄를 옛날 화두에게 돌리고 '새로운 화두의 등장'을 역설한다. 뉴튼이 사과 떨어지는 것을 보고 만유인력의 법칙을 발견했다는 이야기에서 사과의 떨어짐이 수행한 역할을 생각해 보자. 사과가 떨어졌기에 만유인력이 있는 게 아니다. 뉴튼 이전에도 사과는 떨어졌고 이후에도 그랬지만 뉴튼이 처음으로 만유인력의 법칙을 발견했다. 문제는 사람이다. 화두가 새 것이냐 헌 것이냐를 따지는 것은 문제의 핵심을 놓친 것이다. 지금 참선할 때, 의심이 생기지 않는다고 불평하는 사람들에게 새로운 화두를 주어 보라. 그 사람들이 화두가 새롭다는 이유로 마음 길이 끊어지고 말 길이 끊어지리라고 생각하는가? 주어진 화두가 현실의 난제를 다루고 있다 하여 그들이 오매일여의 경지에 들어가리라고 생각하는가? 요즘 새로운 화두 운운할 때의 화두의 의미는 이미 활구참선자들의 화두는 아니다.

大疑團이란 게 뭔가? 한 마디로 '막힌 것' 아닌가? 막혀도 보통 막힌 게 아니고 '꽉 막혔다' '크게 막혔다'는 것이 '대의단'일 것이다. 보통 막힌 것이란 잠깐 막혔다간 바로 툭 터지고, 툭 터졌다간 또 막히고 하는 식으로 의심과 풀림이 숨바꼭질하고 앉아있는 것이다. 이런 것은 조작으로 짓는 일시적인 의심이기에 활구참선에서 말하는 대의단이 아니다. 생겼다 없어졌다 하는 그런 의심은 방정맞은 여우 의심이지, 활구참선의 대의단은 아니다. 여우 의심은 화두 의심이 아니기에 터럭 끝만큼의 크레디트도 받을 수 없다. 그러므로 그런 의심은 생기지 않는 편이 훨씬 좋다. 의심이 생기지 않는다고 걱정할 필요가 없다. 걱정할 것은 따로 있다. 자기 속을 살피는 일이다. 자기는 지금 정말 정직한가를 살피는 일이다. 부처님의 가르침을 따르겠다고 말하고서도 실은 부처님을 따르지 않고 어떤 힘 즉 금력이나 권력을 따르고 있는 것이 아넌가를 살피는 일이다. 이 일은 정말 중요한 일이다. 일시도 뒤로 미룰 수 없는 시급한 일이다. 이러한 냉혹하고 무자비한 자기비판 없이는 백약이 무효, 아무리 위대한 스승을 만나도 소용없고 아무리 훌륭한 화두를 받아도 소용없다.

6. 논리의 혼란

서산대사는 禪을 세 가지로 나누었다. 義理禪, 如來禪, 祖師禪이다. 세 가지의 차이를 그는 진흙에 도장 찍는 것, 물에 도장 찍는 것, 허공에 도장 찍는 것에 비유했다. 간화선은 조사선이다. 따라서 간화선은 허공에 도장 찍듯 자취가 없고 자유로워야 한다는 말이다. 서산대사는 참선하다 깨치는 것을 세수하다가 코를 만지는 것처럼 쉬운 일이라고 했다. 이 말은 '간화'가 곧 '깨침'임을 의미한다. 화두란 입선 죽비 치기 이전에 이미 들려져 있고, 방선 죽비 이후에도 여전히 들려져 있는 그런 것이다. 무슨 화두든, 화두란 들락날락 하는 것이 아님을 말하고 있다. 들락날락하는 화두, 그런 화두는 몸짓 화두다. 입선 방선에 관계없는 화두는 몸 화두다. 양자를 혼동하면 구제할 길이 없다.

사람이 몸짓의 질서에 얽매이면 죽는다. 반대로 그런 얽매임에서 풀려나면 사는 것이다. 몸짓의 질서를 공식화하는 주역은 언어가 담당한다. 사람을 구속하는 언어를 '몸짓 언어'라 하고 사람의 구속을 풀어주는 언어를 '몸 언어'라 한다. 화두는 몸 언어다. 몸 언어를 몸짓 언어 취급하는 데서 가지가지 병폐가 생겨났다. 화두를 끝끝내 몸 언어로 다루면 활구가 되고 화두를 몸짓 언어로 풀 때 사구가 된다. 우리는 눈 밝은 선지식들이 던지는 화두가 한결같이 몸 언어라는 사실에 주의해야 할 것이다. '몸짓 언어'는 무상한 세상사를 하나하나 구별하는 데에 주력하지만 '몸 언어'는 무상한 세상만사를 모두 함께 포용하는 커다란 공간을 들여다본다. 예를 들면 색을 색이라 말하면서 "색은 색 아닌 것이 아니다"라고 말하면 그것은 몸짓 언어다. 아리스토텔레스 논리학의 同一律을 벗어나지 못한다. 그러나 몸 언어는 색이 곧 공이라고 말한다. 그러므로 몸 언어는 항상 한 차원 높아진 지혜를 전제한다. 지혜 없는 사람들에게 몸 언어는 의미 없는 혼돈으로밖에는 보이지 않는다.

　간화선이 일하는 현장을 보면 고유의 빛이 번쩍인다. 불교에서 수행을 말할 때 항상 쓰이는 말들 가운데 定慧와 止觀이란 말이 있다. 이런 말들을 쓰는 경우, 그 핵심은 정과 혜를 함께 닦고 지와 관을 兼修하자는 데에 있다. 옳은 말이다. 그러나 그것이 말장난으로 흐르지 않고 실지로 일을 하려면 운전기사가 바뀌어야 한다. 양자를 둘 다 잘 다루려는 운전기사 가지고는 안 된다. 定에 철저하면 慧는 거기에 있다. 止에 투철하면 觀이 그 속에 있다. 구름과 햇볕의 관계에서 필요한 햇볕을 얻으려면 구름이 걷혀야 한다. 여기서 雙修니 兼修니 하면서 양자를 골고루 갖추려하는 운전기사는 갈아치워야 할 그릇된 운전기사다. 定이나 止를 철저히 하면 그 속에 慧와 觀은 들어있다. 구름 걷어내는 일 따로 있고 햇볕 비추는 일 따로 있는 것이 아니다. 구름 걷히면 그것이 곧 햇볕 비추는 일이다. 往相과 還相은 말로 하면 둘이고 그래서 둘이 다 골고루 있어야 하지만, 우리는 이 '골고루'라는 말에 誤導당해서는 안 된다. 수행의 세계는 말의 세계가 아니다. 말의 세계가 깨지면서 나타나는 세계다. 수행의 세계에서는 두 가지를 골고루 잘 하려 할 때 그것은 곧 수행의 세계에서 잠깐 하차하는 순간임을 알아야 한다. 왕상을 철저히 하면 그것이 곧 환상이다. 구름 걷힘과 햇볕 비춤의 비유가 여기에도 적용된다. 선불교 이전에 유행했던 화엄학에서 雙遮 雙照를 이야기하지만 쌍차가 안 되는데 무슨 쌍조가 있겠는가. 말장난은 그만 둬야한다. 『열반경』의 中道偈에서 有無相通을 중도

라고 정의하는데 이러한 상통은 그 이전에 非有非無의 제1구와 亦有
亦無의 제2구가 없으면 그것은 말장난에 그치고 만다. 특히 조심할 것
은 역유역무가 쌍조인데 이러한 쌍조는 비유비무라는 쌍차 없이는 불
가능하다. 여기서 쌍차는 정혜의 定이나 지관의 止처럼 그것을 철저히
할 때 쌍조는 자연 그 속에 있기 마련이다. 간화선은 말만 번지르르한
교가의 허구를 찌르고 나온 것이다. 이러한 허구는 사람들을 말장난의
戱論으로 몰고 가기 때문이다.

7. 화두선의 세계와 현대사회

안과 밖의 관계를 생각해본다. 안과 밖이 서로 떨어질 수 없는 것임
을 새삼스럽게 강조할 필요는 없다. 그러나 안과 밖이 서로 떨어져 있
는 것처럼 생각하고 행동하는 사람들은 의외로 많다. 그리고 그 피해
는 상상을 초월한다. 우리는 이를 보고만 있을 수는 없다. 불교인의 입
장에서 볼 때, 화두선의 세계가 안이라면 현대사회는 밖이라고 말할
수 있다. 다시 말하면 양자는 서로 떨어질 수 없는 관계다. 그런데 이
러한 둘의 상관관계를 무시하고 둘을 별개의 둘로 보려는 사람들이 있
다. 이들은 두 가지다. 하나는 안만을 강조하고 밖을 무시하는 사람들
이고 다른 하나는 밖만을 내세우고 안을 무시하는 사람이다. 덜 떨어
진 이원론에 빠진 사람들이다. 이런 현상은 어디에나 있다.

몸과 몸짓의 관계를 가지고 생각해 보자. 화두의 세계가 몸의 세계
라면 현대사회는 몸짓의 세계다. 몸엔 몸의 논리가 있고 몸짓엔 몸짓
의 논리가 있다. 뿐만 아니라 몸은 몸의 언어를 사용하고 몸짓은 몸짓
의 언어를 구사한다. 우리는 이러한 차이를 분명히 할 필요가 있다. 이
러한 차이가 분명해져야 양자의 상관관계도 분명해진다. 이러한 차이

를 모르면 혼란이 생긴다. 혼란은 결국 죽음으로 이어진다. 여기서 죽음이란 현대사회와 단절된 화두선의 세계가 따로 있는 듯이 말하여 결국 화두선의 세계와 현대사회는 서로 아무런 관계도 없는 것이 되어 버린다. 그 결과는 화두선이 박물관에 보관된 골동품처럼 되어버리게 한다. 또 다른 극단은 현대사회를 전통과는 아무런 관련이 없는 것처럼 말하여 결국 전통을 말살 또는 단절하고 결국 우리를 문화적 고아로 만들어 버리는 경우이다.

　사람들이 '위파싸나'나 마음수련을 운운하면서 그 쪽으로 몰려가기 때문에 위기인 것은 아니다. 사람들이 화두 들고 참선한다면서 말장난만 일삼고 있기 때문에 위기라고 말하는 것이다. 말장난만 안 하면 염불도 좋고 진언도 좋다. 주력, 독경, 봉사, 108배, 3000배 등등 무엇이나 다 좋다고 말해야 할 것이다. 다만 화두 정신으로 하란 말만 잊지 않으면 된다. 말장난하지 말고 장삿속 버리는 것, 이것이 화두 정신이다. 그러면 그것이 부처님에게로 돌아가는 것이다. 오늘날은 多元化시대이며 複數사회다. 각자 자기에게 맞는 것 하라고 문호를 활짝 개방해야 한다. 조계종이란 말, 간화선이란 말에 얽매여서는 안 된다. 조계종이든 간화선이든 그것은 일체 중생의 모든 다양성을 있는 그대로 다 수용하고 거기에 힘을 불어넣어 줘야 한다. 오직 말장난만 못하게 하면 그게 조계종이요 그게 간화선이라는 정신혁명을 일으켜야 한다. 문제는 수행자의 마음속 저 밑바닥에 깔려있는 의식구조다. '의식구조'가 비종교적인 장사꾼 바탕이라는 사실에 문제가 있다는 말이다. 이것이 다름 아닌 종교성 결여의 문제다.

　『육조단경』이 전하는 남악회양의 '망조 8년' 이야기에서 우리는 이 이야기를 전하는 사람의 뚜렷한 의도를 읽을 수 있다. 그것은 이 이야기 속에 禪의 종교적인 성격과 신앙적 차원을 드러내려고 애썼다는 점이다. 활구참선의 생명은 바로 여기에 있다. 오늘날 간화선의 문제점은 참선하는 사람들에게 이런 종교적인 성격과 신앙적인 차원이 퇴색했다는데 있으며 그런 병폐는 화두를 방법으로 보기 때문에 생겼다고 말할 수 있을 것이다.

화두란 즉시 이 자리에서 부처님으로 돌아가는 일이다. 부처님으로 돌아가는 일은 일체 중생이 모두 해야 할 일이요, 일체중생이 모두 할 수 있는 일이다. 그러므로 그 일은 하나가 아니다. 일체중생의 수만큼 여러 가지다. 그런 의미에서 하나다. 말하자면 그것은 '커다란 하나'다. 오늘날 우리들의 잘못은 이런 '커다란 하나'를 잘못 절대화하여 여럿을 거부한 '억지로 조작된 옹졸한 하나'로 만든 데서 나왔다. 몸짓 문화의 필연적인 부산물이다.

부처님에게로 돌아가자. 장삿속이 발동한 말장난을 그만두고 원래 '있는 그대로'로 돌아가자는 말이다. 한국의 간화선 전통에는 빛나는 보배들이 많다. 문제는 사람들이 이러한 보배를 바로 보지 못하는 데에 있다. 왜 그럴까? 老子의 말처럼 "아는 자는 말하지 않고 말하는 자는 모른다(知者不言 言者不知)"[5]는 현상일까? 만일 그렇다면, 우리는 아는 자로 하여금 말하게 해야 한다. 그러면 모르는 자들의 말장난이 그칠지도 모른다.

(보조사상연구원 주최 서울 법련사에서의 강연, 2005년 11월 26일)

---

5) 김홍경, 『노자 - 삶의 노래, 늙은이의 노래』, 서울, 들녘, 2003, pp.278~285 참조.

悟의 문제

―牧牛子의『法集別行錄節要幷入私記』를 중심으로[1]―

1. 悟란 무엇인가?

牧牛子의 문제는 인간의 문제이다. 여기서 문제 삼는 인간이란 막연한 객관적인 인간이 아니라 생생한 현실적인 자기자신을 말한다. 목우자는 인간을 어떻게 정의하였는가? 그는 인간을 정의 내리기 전에 먼저 나 자신의 주인공은 과연 누구냐고 물었다. 질문을 받는 자, 정의를 내리는 자는 분명히 '나'다. 그러나 그 나라는 것이 다시 누구냐고 따진다면 누구나 답변을 주저하게 된다. 목우자는 '나'라는 말을 '心'으로 바꾸어 쓰기도 한다. 목우자에 있어서 心은 나와 동의어인 동시에 상식적인 의미의 나와 禪에서 말하는 '나의 주인공'과를 함께 나타내는 말이라고 할 수 있다, 그러므로 '心'은 '나'라는 말로 표현되는 것의 전부이며 나라는 말로 표현되는 모든 것의 본질이다. 心은 나에 관한 말 가운데 그 외연이 가장 넓은 말이다. 心은 마음이 나쁘다고 말할 때의 그 '마음'은 아니다. 다시 말하면 심리학적 현상으로서의 마음은 아니라는 말이다. 목우자가 말하는 心은 심리학적 마음들이 출입하고 起

---

[1] 牧牛子는 普照國師 知訥(1158~1210)의 號이며,『法集別行錄節要幷入私記』는 그의 최후 저술로서 목우자 사상의 총결산서라고 할 만한 名著다.

滅하는 광장이며, 동시에 이들 마음으로 하여금 그러한 마음 노릇을 하게 하는 '그 무엇'이라고 막연한 말로 言表할 수밖에 없다. 심리학적인 마음들을 Mind라 한다면, 목우자의 心은 대문자로 Mind라 표기해야 할 것이다. 그러므로 목우자의 心(mind)은 심리학적인 마음(mind)과 불가분의 관계에 있다. 그러한 의미에서 인간을 알려면 '나'를 알아야 되고, 나를 알려면 '心'을 알아야 되며, '心'을 알려면 모든 생각이 출입기멸하는 우리 '마음'의 본질을 보아야 한다. 마음이 나타나는 모양은 말할 수 없이 다양다변하고 무궁무진한데, 도대체 '무엇이 이처럼 나타나는가?'가 목우자의 문제였다. '마음의 본체가 무엇인가?'를 부처님이 깨친 바와 추호도 다름없이 아는 것이 '悟'다.[2] 싯다르타(Gauthama Siddhatta)도 이 문제를 투철히 깨달았기 때문에 붓다(Buddha, 覺者)가 되신 것이요, 그의 필생의 설법도 우리들에게 '이 마음이 무엇인가'를 깨우쳐 주자는 것밖에 다른 것이 아니다. 그러므로 내가 내 마음의 본체를 투철히 알았을 때 나는 붓다(Buddha)를 참으로 아는 것이요, 뿐만 아니라 내가 바로 붓다(Buddha)가 되는 것이다.[3]

목우자는 『眞心直說』 「自序」에서, "佛祖出頭 無法與人 只要衆生 自見本性"이라고 지적하고, 또 『華嚴經』에 있는 "知一切法 卽心自生 成就慧身 不由他悟"라는 말을 引證하면서 다음과 같이 결론짓고 있다.

是故佛祖不令人 泥着文字 只要休歇 見自本心[4]

---

2) 이것은 비단 목우자의 문제일 뿐만 아니라 고금 禪客의 문제이며, 全 佛敎人의 문제라고 할 수 있다.
3) 인도에서 覺者라는 의미의 Buddha는 고유명사가 아니고 보통명사다. Oldenberg, *Buddha* 참조.
4) 위의 세 개의 인용문은 모두 「眞心直說自序」에 나오는 글이다.

　불교도는 누구나 見性成佛을 唯一究竟의 목적으로 삼는다. 이 말은 기독교도가 몸소 그들의 교주 예수(Jesus Christ)가 되겠다는 말로 바꾸어 생각하면 안 된다. 붓다(Buddha)와 부디스트(Buddhist)와의 관계는 그리스도(Christ)와 크리스천(Christian)과의 관계와는 다르다. 그리스도는 우리 인간과는 전혀 단절된 神性을 그의 본질로 하지만, 붓다는 우리 중생과 조금도 다름없는 인간인 것이다. 그러므로 그리스도는 우리 인간에 대해서 초월자이며, 이 초월자와 우리와의 연결은 오직 신에게서 내려오는 은총과 이를 믿음으로써 오는 계시에 의하여 가능할 뿐이다. 그러나 불교에서는 다르다. 붓다를 우리 중생과 단절된 초월자로 본다면 이는 스스로 成佛의 因을 끊는 셈이다. 붓다를 친견한 근본불교시대의 불교도들은 나 자신 붓다가 되겠다는 말이 오히려 당연하게, 그리고 절실하게 들렸을지도 모른다. 불타의 설법에 깨우친 바가 있는 불제자들은 인간으로 태어나서 달리 할 일이 있을 리 없다. 오직 나도 부처님처럼 되겠다는 일념뿐이었을 것이다. 그들은 여러 말이 필요하지 않았다. 직접 내 눈으로 보는 부처님이 산 증거였다. 다만 왕족의 아들이었다는 것이 다를 뿐 똑같은 인간이다. 그러나 그는 저와 같이 위대한 인격으로 일체 중생을 교화하고 제도하지 않는가? 그들도 처음엔 붓다의 외형적인 면에만 현혹되었으리라고 짐작된다. 그러나 붓다는 언제나 그와 같은 경향을 경계하고 自心을 깨치면 一萬妙用이 스스로 구족해 있는 법이라고 가르쳤다.

　목우자는 「勸修定慧結社文」에서, "迷一心而起無邊煩惱者 衆生也 悟一心而起無邊妙用者 諸佛也"라고 하였다. 그러므로 불교도들이 希求하는 바 見性成佛이란, "부처님 깨치듯이 나도 깨치고(見性) 부처님이 行하듯이 나도 행하겠다(成佛)"는 말이다. 見性成佛이란 말은 "覺行이 원만하다"는 말로 바꾸어 표현해도 좋다. 부처님을 가리켜 각행이 具足한 분이라 하고, 僧家에서 공부가 잘 된 것을 각행이 원만하다고 함은 바로 이를 의미한다. 見性에서 오는 覺이 원만치 못한들 부처로서의 行이 구족할 리 없고, 行이 구족치 못한 견성을 원만한 각이라고 할 수는 없다. 未覺한 중생의 입장에서 보면 부처님의 行에 먼저 눈을 뜨고 다음에 覺을 문제 삼게 되지만, 覺者인 부처님의 입장에서는 먼저 覺을 가르치지 않을 수 없다. 그래서 목우자도 '先悟後修'를 강경히 주장하였다. 이때의 修는 물론 부처님의 行을 나도 行한다는 修다.

불교도의 견성성불이란 소원은 불타에게서 풍기는 大人氣의 향기에 말미암는다. 그러나 불타를 친견한 사람 중에서, 또는 불법을 들은 사람 중에서 이 소원을 發하지 않는 사람이 있는 것은 무슨 까닭일까. 그것은 자기자신의 내적 욕구가 없기 때문이다. 自心에 번뇌망상이 끊이지 않으며 윤회하는 세간사에 괴로워해 본 사람이라면 불타의 無常無我의 설법이 的中하지 않을 리 없고, 覺의 교리에 환희심을 일으키지 않을 리 없다.

목우자는 『修心訣』에서, "欲免輪廻 莫若求佛 佛卽是心 心何遠覓 不離身中"이라고 하였다. 실로 윤회에서 벗어나려고 하는 욕구가 있는 사람이어야 부처를 찾게 되는 법이다. 그런데 우리가 찾아마지 않던 그 부처란 다른 먼 곳에 있는 것이 아니고 내 몸과 함께 있는 내 마음 바로 그것이라는 뜻이다. 우리는 여기서 목우자가 사용하는 佛이란 말을 다시 한 번 정의해 두지 않으면 안 되겠다. 목우자는 佛을 고유명사 보다는 보통명사로 사용하고 있다. 인도에서도 'Buddha'는 고유명사가 아니고 보통명사다. '부처님'이라고 하면 으레 B.C. 486년부터 406년에 인도에서 생존한 교주 석가모니(Sakiyamuni)를 연상하지만, 목우자가 그의 저술에서 '佛'이라고 하면 석가모니(Sakiyamuni)가 나타낸 解脫自在한 인격성을 가리킨다. 그러므로 부처님처럼 되겠다고 말하면 이는 고유명사로서 'Sakiyamuni'를 가리키지만, 나도 '부처'가 되겠다고 말할 때는 보통명사로서, 교주 석가모니가 具顯한 인격을 나도 구현해 보겠다고 말로 해석해야 옳다고 본다. 목우자가 '佛卽是心'이라고 할 때의 '佛'도 역시 고유명사는 아니다. 앞서 우리는 悟의 정의를 "마음의 본체를 깨닫는 것이다"고 했다. 그러면 마음의 본체를 깨치고 그 다음에 '佛卽是心'을 또 깨치는 것일까? 마음의 본체를 깨치는 것과 '佛卽是心'을 깨치는 것은 동시라고 해야 옳을 것이다. 즉 마음의 본체를 깨닫고 보니 이 마음이 다름 아닌 이제까지 내가 찾아 헤매던 '佛' 바로 그것이었다. 그러므로 '佛卽是心'이란 말은 迷者가 그 迷함을 破한 즉시 내놓은 第一聲이라고 하겠다. 그들에게 잘못이 있었다면 佛을 밖에서 찾는 것이었다. 그것이 無明이다. 목우자는 '마음의 본체'를 깨달아야 한다는 말과 '佛卽是心'을 깨달아야 한다는 말을 똑같은 의미로 사용하고 있다. 목우자는 『法集別行錄節要幷入私記』2面에 荷澤宗을 먼저 언급하는 까닭을 말하면서, "要領觀行人 先悟自心 任迷任悟 靈知不昧 性無更改"라 하고, 同 14면에서는, "而今末法修心之人 先以荷澤所示言敎 決擇自心性相體用 不隨空寂不滯隨緣 開發眞正之解"라 하였다. 목우자는 또 『修心訣』에서, "今之人 迷來久矣 不識自心是眞佛 不識自性是眞法 欲求法而 遠推諸聖 欲求佛而不觀己心"이라고 개탄하였다. 그러나 번뇌만 일으키고 망상만 피우던 내 마음을 바로 佛이라고 믿기에는 대단히 곤란한 일이다. 그러므로 이것은 믿음의 문제가 아니고 覺의 문제라고 거듭 강조한다. 곤란을 느낀다는 것은 바로 迷했다는 징표이다. 佛卽是心이란 말을 듣고 廻光反照할 줄 하는 사람, 즉 외계로만 달리는 心頭를 내부로 돌려서 마음으로써 마음을 비추어 살필 줄(照察) 아는 사람이라야 불법에 인연이 있는 사람이다. 불법에 인연이 있느냐 없느냐의 문제는 '佛卽是心'이란 말이 귀에 거슬리느냐 또는 바로 믿어지느냐에 달려 있다. 그러나 내 마음이 바로 부처이지 하고 한갓 고개만 끄덕거릴 뿐 진지하게 返照하는 功을 들이지 않는다면 이는 아주 잘못된 사람이다(若無親切返照之功 徒自默頭道 現今了了能知 是佛心者 甚非得意者也).

이로 미루어 보면 요즘 사람들이 즐겨 쓰는 '無緣衆生'이란 말이나, '時要所致'라는 말은 모두 나태한 사람들이 자기 잘못을 합리화하기 위하여 함부로 만들어 제멋대로 쓰는 말들임을 알겠다.

목우자는 『起身論』에 있는 馬鳴 祖師의 "所言法者 謂衆生心"이라는 말을 引證하면서 '佛卽是心'이 추호도 속임 없는 진리임을 거듭 강조한다. 그리고 그는 이러한 신념 위에서, 불법이 세상에 유행하느냐 않느냐의 문제는 비록 時運에 달려 있을지 모르나 '佛卽是心'의 진리를 悟得하는 것은 시운에 아무런 산관이 없다고 확언한다.[5]

'佛卽是心'의 사상은 불교 전반에 걸친 뿌리 깊은 사상이다. 六祖 慧能(638~713)도 그의 『壇經』에서, "後代迷人 若識衆生 卽是佛性 若不識衆生 萬劫覓佛難逢"이라 하면서 부처를 알고 싶거든 중생을 알면 된다고 하였다. 李通玄(?~730)은 그의 「華嚴論」에서, "心外有佛 不名爲信 名大邪見人也"라고 하였다.

목우자에 있어서 信이란 "佛卽是心을 믿는 것"을 의미한다. 그러나 佛卽是心의 理를 佛祖와 다름없이 깨달아야 비로소 바른 信이 되는 것이요, 悟없는 信은 信이 되지 못한다고 한다. 李通玄은 또한 信에 관해서 언급하기를, "大心凡夫於信因中 契諸佛果德 分毫不謬 方成信也"(「華嚴論」)라고 하였다. 목우자는 이통현의 이 말을 그의 『節要』에 인용하면서, '修心人'은 佛이 自心밖에 있는 것으로 잘못 알고 自屈해서도 안되려니와 '佛卽是心'을 제멋대로 이해하고 自高해서도 안 된다고 가르치고 있다.[6]

---

5) "雖佛法流行 時運所至 然 人人日用了了能知之心 煩惱性空 妙用自在 法爾如然 何關時運 馬鳴祖師云 所言法者 謂衆生心 豈欺人哉",『節要』3面.
6) 『法集別行錄節要并入私記』, 32面 참조.

그러므로 목우자에 의하면 '悟'란 내 마음의 性相과 體用을 諸佛과 추호도 다름없이 아는 것을 말하는 것이요, 이는 곧 佛卽是心의 理를 추호의 의심 없이 마치는 것을 의미한다.

2. 悟의 내용

'悟'란 내 마음의 본체가 무엇인가를 깨닫는 것이었다. 그러므로 내 마음의 본체가 무엇이라고 하는 것은 바로 悟의 내용에 해당한다. 인도에서는 大覺을 이룬 사람은 누구나 붓다(Buddha)라고 부른다. 그러므로 조금만 自己所見이 열리면 저마다 자기가 Buddha라고 뽐낸다. 여기서 覺의 내용이 문제되지 않을 수 없다. 무엇을 깨달았는가?

깨달은 내용이 석가모니(Sakiyamuni)의 경우와 조금도 다름없느냐를 검토해야 한다. 여기에서 正邪가 나누어지기 때문이다.

그러면 석가모니는 무엇을 깨달았는가? 그것은 물론 다르마(Dharma)다. Dharma는 四諦와 十二因緣說로 나타났다. Dharma란 베다(Veda) 이래 인도 종교철학상의 용어다. Dharma의 의미는 복잡하여 한마디로 다 表言할 수 없으나, 보통은 神들이 유지하는 질서 자체라는 의미로 많이 사용된다.

불교에서도 다르마(Dharma)는 여러 가지 의미로 사용되지만 특히 석가모니에 의하여 밝혀진 진리를 Dharma라 한다. 중국에서는 이를 '法'이라고 번역하였다. 釋尊은 "緣起를 보는 자는 법을 보며, 법을 보는 자는 佛을 본다"고 말하였다. 다르마는 석가모니가 창작한 것이 아니다. 불교의 진리는 불타가 세상에 출현했든 안했든 변함이 없다.

이 말은 불교의 진리가 어느 개인의 고안품이 아니고 보편타당성을 가진다는 것을 의미한다. 비록 보편타당성을 가진 것이기는 하나 당시의 다른 수행자들은 발견치 못한 것이었다. 이것은 석존이 깨달았던 것이 독특함을 의미한다.

싯다르타(Siddhattha)는 출가하여 맨 먼저 아라라가라마(Alarakalama)의 지도를 받았다. 아라라가라마는 '無所有處'에 들어가는 것을 '涅槃'이라 하고, 無所有處定을 완전히 修得하면 사후에 무소유처에 태어난다고 하였다. 싯다르타는 이를 완전히 수득하여 아라라의 승인까지 받았으나 이에 만족하지 않고 거기에서 떠났다. 그 다음으로 그가 찾아간 것은 우다라 라마푸타(Uddara Ramaputta)였다. 우다라는 '非想非非想處'를 涅槃이라고 가르쳤다. 싯다르타는 곧 이를 완전히 수득하고 스승의 승인을 받았으나, 또한 이에 만족치 못하고 그 밑을 떠났다. 그 뒤 싯다르타는 스승 없이 홀로 6년 동안 고행하였으나 역시 소기의 목적으로 이루지 못하고 고행의 무익함을 깨달았다. 그는 고행을 그만두고 佛陀伽倻의 보리수 밑에서 명상에 잠기다가 대각을 이루어 붓다가 되었다.[7] 우리는 위의 사실에서 불교사상 상 중요한 몇 가지 시사를 얻는다.

첫째, 석존은 자기자신 이외에는 어떠한 권위도 인정치 않았다는 점이다. 자기가 불타라고 하는 것도 순수하게 자각적인 것이요, 선배의 승인이나 신의 계시 또는 신탁에 의한 것이 아님을 알 수 있다.

둘째, 석존의 문제가 인간의 理法(Dharma)을 체득하는데 있었다는 것이다. 그는 旣成의 信條나 교리에 구애됨이 없이 현실적인 인간을 있는 그대로 관찰하고 거기서 安心立命의 경지를 얻었다.

이것은 실천적 존재로서의 인간의 이법을 문제 삼은 것이다. 그러므로 석존이 문제 삼은 바 인간의 이법이란 고정된 것이 아니고 구체적인 생생한 인간에 卽한 것이어야 함을 의미한다. 여기서 불타의 가르

---

7) 宇井伯壽, 『印度哲學史』, p.164 참조.

침이 사상적으로 무한히 발전할 가능성이 있다. 근본불교가 소승과 대승을 거쳐 다시 중국으로 건너와 禪과 華嚴이라는 웅대한 사상체계를 이룩하게 된 까닭도 여기에 있다고 본다. 석존의 초기의 설법이라고 하는 四諦와 緣起의 法門도 인간의 참된 실태를 똑바로 설명하고 인간이 나아갈 길을 가르쳐 주는 것 이외의 다른 것이 아니다. 우리는 석존이 깨달은 바, 悟의 내용을 위와 같이 일반적인 말로 설명할 수 있을 뿐, 단적인 한마디로써 꼬집어 말할 수 없다. 그것은 석존의 悟의 내용에 관해서 경전 자체의 전하는 바가 일정하지 않기 때문이다.8)

이러한 사실은 悟의 내용이 특정한 정의로써 나타낼 수 있는 것이 아니고, 수행자 자신이 자기의 마음을 깨치는 데 있다는 것을 反證하는 말로 보아야 할 것이다. 그러나 여기서 주의할 것은 석존이 열반에만 들기 위한 禪定이나 고행을 부정했다는 점과, 그 뒤 40여 년을 중생 교화에 바쳤다는 점이다. 요즘 禪客들이 自救도 未了라 하고 縱橫 山間에만 칩거하며 선정만을 탐하는 것은 무슨 까닭일까? 아직 자기 본래의 면목을 바로 보지 못했다면 또 모르려니와, 열반에 들기 위한다든지 그 밖에 딴 뜻이 있어서 그렇다면 석존의 뜻을 이보다 더 거스를 수 있을까? 내 마음에 대한 고찰은 석존에 의하여 처음으로 시작된 것도 아니며 석존에 의하여 완성된 것도 아니다. 우리는 우파니샤드(Upanisad) 哲人들이 말하는 아트만(Atman)사상에서 이미 그 선구를 본다. 그러나 그들은 아트만(Atman)이라고 하는 어떤 실체가 있는 것으로 보았다. 이는 석존의 연기설에 의하여 부정되었다. 석존은 원래 철학적인 考究를 즐겨하지 않았기 때문에 마음의 본체가 무엇인가에 대하여 煩瑣한 논급을 하지 않았다.

목우자는 『節要』에서 宗密이 말하는 '摩尼珠의 비유'를 인용하여,

8) 中村元, 『釋尊傳』, p.114 참조.

마음의 본체를 설명하고 있다.9)

摩尼라는 구슬은 인도설화에 나오는 寶珠다. 이 구슬은 "그저 둥글
고 맑고 밝을 뿐 아무런 고유한 빛깔이 없다(如摩尼珠 唯圓淨明 都無
一切差別色相)". 그러나 이 구슬의 體는 원래 티없이 투명한 것이기
때문에 검은 것 앞에서는 검은색으로 나타나고 붉은 것 앞에서는 붉은
색으로 나타난다. 이 구슬이 나타내는 빛깔은 환경에 따라 여러 가지
로 변하나 구슬 자체는 조금도 변함이 없다. 그러므로 마니주의 體를
모르는 사람들은 마니주가 검은색을 나타내면 검은 구슬인줄만 알고,
붉은색을 나타내면 붉은 구슬이라고 우긴다. 眞心本體도 이 마니주와
흡사하다. 마니주의 體가 원래 맑고 밝은 것이듯이 "사람의 심성도 원
래는 空寂하고 항상 신령스런 知性일 뿐, 본래 아무런 분별이 없고 또
한 일체의 是非善惡을 떠난 것이다(一體心性 空寂常知 本無一切分別
亦無一切善惡也)".

그러나 이 심성의 體가 '知'이기 때문에 세상 모든 일에 대해서 능히
일체 시비선악을 분별하고 또한 착한 일, 악한 일, 어리석은 일, 지혜로
운 일들을 다하는 것이다. 이와 같이 가지각색의 일을 다 하지만 능히
'知'하는 이 마음 자체는 한 번도 끊어짐이 없이 변화도 모른다. 그러나
마음의 체를 모르는 사람은 靈知하는 마음 그것이 바로 佛心이라고
일러주면 전혀 믿으려 하지 않는다. 이것은 마니주의 체를 모르는 사
람들에게 대해서 검은색을 나타낸 구슬을 보고 이것이 마니주라고 일
러주면 오히려 믿지 않고 黑珠라고 고집하는 것과 같다.

목우자는 이러한 사람들을 가리켜 '着想之人'이라 하고 '愚者之見
에 빠졌다고 한다. 왜 어리석다고 하는가? 이들은 마음에 '변치 않는
면'과 '연을 따라 변하는 면'이 있음을 알지 못하고 있다. 이것은 마니

주의 경우를 생각하면 이해하기 쉽다. 마니주가 검은색을 나타내든 붉은색을 나타내든, 또는 기타 여러 가지 빛깔을 나타내는 것은 이 구슬의 '연을 따라 변하는 면'이다. 그러나 이 구슬의 體는 오직 맑고 밝을 뿐, 아무런 차별적인 色相이 없었다. 이것은 구슬의 '변치 않는 면'이다. 우리의 마음이 여러 사물을 대할 때 모든 시비와 호오를 분별하며 또한 이 세상의 모든 일을 다 경영하고 조작한다. 이는 마음의 '연을 따라 변하는 면'이다(以體知故 對諸緣時 能分別一切是非好惡 乃至經營造作 世間出世間 種種事數 此是隨緣義也).

그러나 마음의 體는 昭昭靈靈하게 밝은 '知'일 뿐 愚智善惡 등의 차별과 憂喜憎愛等이 起滅하는 자취를 찾아볼 수가 없다. 이것은 마음의 '변치 않는 면'이다(愚者善惡 自有差別 憂喜憎愛 自有起滅 能知之心 不曾間斷 此是不變易義也). 마음을 닦는 사람은 무엇보다도 먼저 이 마음의 體를 분명히 알아야 한다. '마음의 體'를 분명히 모르기 때문에 마음에 나타나는 여러 생각에 집착하고 번뇌한다. 이것이 迷者의 평소의 심경이다. 이들은 妄念으로 '佛卽是心'을 이해하려고 한다. 그 결과는 시비만 더할 뿐이다. 진심의 본체를 분명히 깨닫지 못하고, 억측에서 나오는 견해는 모두 邪見이다. 이들은 마음을 닦는다고 하나 아직 邪를 버리지 못한, 말하자면 사견에 의한 修心을 하고 있기 때문에 결국 邪道에 떨어지고 만다. 이들은 억겁을 닦은들 正道를 이루지 못하고 마침내 해탈도 얻을 수 없다. 수도의 목적은 僞를 버리고 眞을 이루는 것이며, 邪를 떠나 正으로 나아가는 것이다. 사견에 의한 수도는 아무런 이익이 없다. 수도에 있어서 正見을 갖는다는 것은 가장 긴요하고 시급한 일이다. 석존이 최초에 四諦法門을 설하실 때 滅諦를 이루는 제일요건으로 정견을 말씀하신 것도 이 때문이라 하겠다. 목우자는 「眞心直說」에서, "欲行千里 初步要正 初步若錯 千里俱錯 入無爲國 初信要正 初信旣失 萬善俱退 故祖師云 毫釐有差 天地懸隔 是

此理也"라 하였다. 처음 한 생각이 얼마나 중요한가를 새삼 느끼게 된다.

「大乘敎 讚嘆詩」에, "發心畢竟二無別 如是二心初心難 自未得度先度他 是故敬禮初發心"이라는 구절이 있다. 실로 대승과 소승이 갈라지는 것도 이 처음 한 생각을 어떻게 갖느냐에 달려 있다고 하겠다. 破邪顯正이니 轉迷開悟니 하는 말도 필경 이 처음 한 생각을 바로 잡는 데에 의의가 있다.

불교는 不二의 경지를 가르치는 법문이다. 그러므로 혹자는 진위를 나누고 正邪를 가르는 것이 옳지 않다고 할지 모른다. 불이는 대각을 이룬 부처님의 경지다. 누구나 부처님의 경지에 나아가기 위해서는 나쁜 태도, 다시 말해서 부처님의 경지에 나아갈 수 없는 견해나 행동을 먼저 시정해야 할 것이다. 계율의 의의도 여기에 있다. 이러한 의미에서 수도자에게 대해서 여실한 '言敎'는 절실히 요구된다. 언교를 부인하는 사람은 부처님이 설하신 계율의 의의도 부인하는 사람이다. 부처님의 경지에 이른 사람이 부처님의 경지에 이른 사람을 대할 때는 眞이니 僞니 하는 말이 필요 없다. 불이라는 말조차 할 필요가 없다. 언교를 무시하는 것은, 자기는 이미 佛地에 올랐고 남들도 모두 불지에 올랐다고 맹신하는 데서 나오는 망발이다. 나도 남도 모두 불지에 있는 경지를 바로 본 '正見之人'이면 언교를 무시하는 망발은 절대로 하지 않을 것이다. 상대방의 根機와 수준(境地)에 따라서는 부처님의 경지 또는 중생의 입장이라고 하는 말까지 마구 때려 부숴야 할 경우도 있을 수 있고, 또 "중생과 부처를 나누는 생각조차도 남아 있으면 안된다"는 말도 있을 수 있다. 그러나 이를 누구에게나 강요할 수는 없다. 彼我愛憎의 번뇌가 심한 사람들에게는 중생과 부처를 나누어 설명함으로써 그들의 위치를 자각하게 하는 것이 오히려 첩경일 것이다. 彼我信愛의 마음이 없어져야만, 이와 함께 중생이니 불이니 하는 생각도 없어지는 것이 아닐까. 설사 중생과 부처라는 생각이 없어졌다 하더라도 彼我·能所·愛憎·取捨 등의 분별심이 끊어지지 않았다면 그것은 불이의 경지가 아니다. 彼我能所의 분별이 끊어지지 않은 채 불이의 경지만을 역설한들 무슨 소용이 있겠는가? 이와 같이 생각이 잘못된 사람에게는 學的 반성이 필요하며 如實한 言敎는 어느 누구에게보다도 더 절실하게 요구된다. 그런데도 그들은 이유 없이 언교를 배격하며, 佛地에 오르지도 못했으면서 자기의 행동이 바로 佛行인 듯이 망상한다. 이들은 방자하게도 파계행위를 함부로 함으로써 愚衆을 譏弄하며 수도의 진면목을 흐리게 한다. 이것은 모두 정견을 얻지 못한데서 오는 병이다. 우리는 위에서 진심의 본체를 분명히 모르고 佛卽見心을 잘못 자기류로 억측한 나머지 부처님 뜻에 배치되는 엉뚱한 행동을 함부로 함을 보았다.

그러면 목우자는 진심의 본체를 어떻게 보았는가. 진심의 본체를 바로 보려면 우리 마음 중에 일어나는 온갖 생각에 대해서 그 정체를 분명히 파악해야 한다. 이 말은 우리의 생각 하나하나에 대해서 논리적으로 眞僞나 正邪를 판단해야 한다는 말도 아니요, 윤리적으로 善한 생각이나 또는 惡한 생각이냐를 간택해야 한다는 말도 아니다. 直心의 본체를 구명하고 이를 悟得하는 데 있어서는 그 생각이 논리적으로 眞이건, 僞이건 또는 善이건 惡이건 아무 상관이 없다. 그런 것은 마음의 본성상 어떻게든지 나타날 수 있다. 비단 진위·정사·선악으로 뿐만 아니라 희로애락과 애증 등, 기타 있을 수 있는 모든 형태로 나타날 수 있다. 진심의 본체를 깨닫고자 하는 사람은 어느 특별한 생각에 집착한다든지 관심을 쏟아서는 안 된다. 그런 것들은 내외의 인연에 따라 수시로 변하는 것이다. 그러므로 이러한 생각들은 마음 쪽에서 보면 필연적인 것이 아니라 偶有的인 것이요, 본질적인 것이 아니라 부수적인 것이다. 가령 망령된 생각이 일어났다 하더라도 마음 자체는 아무

런 변동이 없고 마치 아무런 일이 없었던 넓은 바다에서처럼 寂寂하
다. 비단 망령된 생각뿐만이 아니고 선한 생각이 일어나도 마찬가지다.
이 말은 윤리적으로 선을 부정하는 뜻이 아니다. 다만 이러한 생각이
진이건, 위이건, 선이건, 악이건 간에 모두 마음의 본체를 두고 볼 때는
일시적인 것이요, 본질적인 것이 아니라는 의미에서 통틀어 妄念이라
고 부른다. 왜 하필 망념이라고 했을까? 거기에는 '警策之意'가 있다.

　자기가 가지고 있는 생각이 바르다는 것에 집착하여 진심의 본체로
향하는 눈이 흐려질까 두려워 일괄하여 망념이라고 한 것이다. 이 망
념은 본래 아무런 體가 없는 것이므로 本寂이라고 한다(妄念本寂). 망
념본적이라는 말은 망념 하나하나에 따로 체가 없다는 말이다. 왜 망
념 자체에 불변의 체가 없다고 하는가? 그것은 불타의 無常法門에 근
거한다. "모든 것이 꿈과 같고 허깨비와 같다(諸法如夢 亦如幻化)"는
말은 諸行無常이나 諸法無我의 사상으로 설명할 수 있다. 무상한 것
에 我를 인정할 수 없고, 이 무상무아한 것에 대한 우리의 태도는 분명
해야 한다. 즉 이러한 현상 자체가 실재하는 것으로 집착해서는 안 된
다. 네 自心부터가 空해야 한다. 마치 꿈이나 허깨비가 실재하는 것이
아니듯이, 그리고 집착할 아무런 근거가 없고 깨고 보면 空한 것이듯
이, 그렇게 보아야 한다. 여기서 망념에 나타나는 모든 경계 또한 본래
空한 것이라고 말할 수 있는 것이다(塵境本空).

　꿈과 허깨비의 비유는 佛家에서 무상과 무아를 깨닫게 하기 위한
방편으로 많이 쓰는 말이다. 그러므로 제법여몽이라는 말은 제법무상
또는 무아라는 말로 바꿔 놓아도 좋다. 목우자는 망념본적의 이론적
근거를 "諸法如夢 亦如幻化이니, 故로 妄念本寂 塵境本空"이라고 설
명한다. 그런데 이와 같이 諸法이 皆空한 곳에 언제나 靈靈하게 일시
도 혼미하지 않고 간단없이 지적 작용을 발휘하는 知性이 있다. 美醜
를 가리는 것도 이것이요, 선악을 행하는 것도 이것이다. 냉온을 느끼

는 것도 이것이며 迷했거나 悟했거나 이것만은 마찬가지다. 일체를 昭昭靈靈하게 아는 마음은 본래 空空寂寂한 것이다. 이 마음이 공적하기 때문에 망념과 塵境이 일견 다양다변하나 실은 공적함을 알 수 있다. 목우자는 이 공적하고 靈知한 마음이 우리의 본래면목이라고 가르친다(諸法如夢 亦如幻化 故妄念本寂 塵境本空 諸法皆空之處 靈知不昧 此空寂靈知之心 是汝本來面目).10)

  그리고 이 공적은 心의 體요 靈知는 心의 用이라 하고, 이것은 定이 體고 慧가 用인 관계에 합당하다고 하여, "定하면 慧하는 고로 寂이면서 恒常知하고, 慧하면 定하는 고로 知하면서도 恒常寂(定則慧故寂而常知 慧則定故知而常寂)"이라고 말하였다. 여기서 그는 진심의 본체에 있어서 寂과 知가 따로 떨어질 수 없듯이 定과 慧도 따로 떨어질 수 없다고 하여 定慧雙修를 주장한다. 이와 같이 공적한 중에 昭昭靈靈하게 아는 우리의 본래 면목을 분명히 알지 못하는 데서 我相이 일어난다. 아상은 곧 내가 했다고 하는 我所를 내세우게 되고, 따라서 애증이 생김 取捨心에 얽매어 迷한 가운데 일생을 괴롭게 지내게 된다. 荷澤神會는 이 공적한 마음이 바로 달마대사의 전하는바 淸淨心이라고 말하였다.11) 목우자는 또한 공적영지한 마음이 삼세제불과 역대조사와 천하선지식이 密密히 相傳한 法印이라고 말하였으며, 이 마음을 깨달으면 教家에서 이른바 階梯를 밟지 않고 바로 佛地에 올라서 三界를 초월하고 본연의 풍광으로 돌아가 즉시로 의심을 끊는 것이 된다고 말하였다. 이렇게 되면 곧 인간계뿐만 아니라 천상계의 스승이 되며 자비와 지혜가 서로 바탕이 되어 自利와 利他가 구족한 것이다. 그러한 목우자의 사상은 『修心訣』에 잘 나타나 있다.

---

10) 『修心訣』 참조.
11) 『法集別行錄節要并入私記』, 122面 참조.

　　此空寂靈知心　是汝本來面目　亦是三世諸佛　歷代祖師天下善知識
密密相傳底法印也　若悟此心　眞所謂不踐階梯　徑登佛地　步步超三界
歸家頓絶疑　使與人天爲師　悲智相資　具足二利　堪受人天供養　日消萬
兩黃金　汝若如是　眞大丈夫　一生能事　已畢矣.[12]

　上文은 우리의 본래면목을 밝히고 이를 깨달음으로써 오는 功效를
말한 것이다.

3. 悟의 종류

　우리는 위에서 마음의 體와 用을 밝힘으로써 悟의 내용이 무엇인가
를 알았다. 그렇다면 우리도 불가에서 그토록 대단하게 말하는 悟를
이루었다는 말인가? 圭峯宗密이 "汝今了了能知 現是佛心"이라 지적
하며 大小乘法相 及人天敎中 着想之人은 이를 전혀 믿지 않으려 한
다고 개탄한데 대해서 목우자는 다음과 같이 논평하고 있다.

　　私曰 於此不生怯弱 的信自心 略借廻光 親嘗法味嘗 是謂修心人 解
　悟處也 若無親切返照之功 徒自點頭道 現今了了能知 是佛心者 甚非
　得意者也.[13]

　위와 같은 목우자의 견해에 의하면 아무리 '佛卽是心'을 알아들었더
라도 진지하게 自心을 돌이켜 비추어 보는 '返照의 功'이 없다면 바른
뜻을 얻지 못했을 뿐만 아니라 '아주 잘못된 자(甚非得意者也)'이다.
이 말은 佛卽是心의 理를 석존이나 다름없이 깨달았다면 진지한 返照

---

12) 『修心訣』 참조.
13) 『法集別行錄節要幷入私記』, 18面 참조.

의 功을 들이지 않을 수 없을 것이라는 뜻을 내포하고 있다. 그러므로 알았다고 고개만 끄덕인다면 이는 悟가 아니다. 목우자는 이들에 대해서 '識悟'라는 말을 쓴다. 중국 불교에서 識은 智라는 말에 대비해서 쓴다. 悟한 자가 아는 것을 智라고 하면 迷한 자가 아는 것을 識이라고 한다. 智가 아무런 오류가 없는 先得的이고 종합적인 판단에서 오는 앎이라면, 識은 후득적이고 분석적인 판단에서 오는 앎이다. 이러한 의미로 보면 識이라는 말이 전적으로 무의미할 수는 없다. 그러나 대오와 해탈을 일생의 사업으로 삼는 불교도는 識을 나쁜 의미로 많이 쓴다. 즉 識이라고 하면 佛智에 반대되는 것, 또는 悟에는 절대 이를 수 없는 것으로 본다. 그러므로 識悟라는 말은 둥근 사각형이라는 말과 같이 모순된 말이다. 이러한 悟는 그릇된 悟라는 의미에서 假悟라고도 한다.

悟가 정말로 悟일진댄 識悟니 假悟니 하는 말 자체가 성립할 수 없다. 悟면 그냥 悟이지 識이니 假니 하는 어떠한 한정어구가 붙을 수 없다는 말이다. 그러나 석존이 이루신 바와 같이 悟를 이루지도 못하고서 자기는 悟를 이룬 듯이 자처함으로써 불가불 그 잘못을 지적하지 않을 수 없다. 여기서 眞悟가 아니라는 의미에서 假悟 또는 識悟라는 말을 방편상 强言하게 되고, 그 밖에도 正悟·邪悟라는 말이 나올 수 있으며, 解悟·證悟 또는 頓悟·漸悟라는 말을 사용하게 된다. 이는 선각자가 미각자를 선도하는 방편상 부득이한 일이다.

혹자는 말하기를 선각자가 미각자를 善導하는 방편이 왜 그렇게 서투르냐고 할지 모른다. 이들은 喝이나 棒, 또는 良久를 해야 무상설법이요 조사의 본래면목이라고 한다. 사실 그것이 禪家의 本地風光을 드러내는 장면일는지는 모른다. 그리고 이러한 견지에서 본다면 목우자는 확실히 선각자의 구실을 제대로 못한 셈이다. 좀 더 심하게 말하면 과연 그가 선각자인지도 의심스럽다고 평할 수 있다. 목우자를 가리켜 깨닫지 못한 듯하다고 한다든지 그 知見이 시원치 않다고 말하는 것은 모두 이러한 類의 평이다.

그러나 이들은 논리 전개의 의의와 논리의 근거가 무엇임을 모르고 있다. 목우자의 논리는 선가에서 말하는 路程記가 아니다. 노정기란 律文 정도의 의의밖에 없다. 논리전개의 본질은 구성에 있다. 그것이 바로 노정기가 아니냐고 반문하는 이는 律藏과 論藏의 구별도 못하는 사람이다. 논리는 隨想도 문자의 희롱도 아니다. 그 근거에는 항상 생동하는 진리의 세계가 밑받침하고 있다. 논리의 근거에 이러한 밑받침이 없다면 논리가 아니다. 그러므로 목우자 논리의 근거에 무엇이 있느냐가 문제다. 더구나 목우자의 논리전개가 後學을 선도하기 위한 자비 때문임을 안다면 경솔한 판단에 앞서 깊은 연구가 필요하다고 본다.

모든 사상은 반드시 사회성 및 역사성의 고려 하에 평가되어야 한다. 달마대사 이래의 不立文字사상이 梁 武帝 등의 三乘十二分敎와 華嚴을 비롯한 여러 敎宗과의 대립에서 그 의의가 있고 時宜를 얻었다면 목우자의 논리는 남용된 불립문자와 禪敎 간의 無智한 반목, 그리고 退墮한 무리들에 대한 처방으로서 큰 의의가 있다.

목우자는 說門과 觀門을 나누어 말한다.14) 말하는 자기의 경지를 강조하는 것이 아니고 듣는 중생의 수준을 염려하는 목우자는 자기의 말이 중생에게 어떻게 이해되느냐에 格別히 주의하고 있다. 觀門은 자기의 경지만이 문제인 自利的 獨覺의 입장이고, 說門은 후학을 선도하기 위한 이타적 보살의 입장이다. 목우자는 양자의 우열을 논하지 않았다. 다만 이를 혼돈하면 안 된다고 경계하고 있을 뿐이다. 우리는 설문과 관문을 혼돈하고 목우자를 평하고 있지는 않은지 다시 한 번 반

---

14) 『法集別行錄節要幷入私記』, 59面 참조.

성해 보아야 할 일이다.

목우자가 悟의 종류를 여러 가지로 나누는 것도 설문의 입장에 서 있기 때문이다. 목우자가 말한 여러 가지 悟 중에서 가장 중요한 것은 解悟와 證悟이다. 淸凉國師의 「貞元疏」에는 "若明悟相 不出二種 一者解悟 謂明了性相 二者證悟 謂心造玄極"[15]이라 하였다. 여기에서 해오는 性相을 明了라는 悟性의 문제인데 반하여 증오는 마음이 직접 현극에 나아가는 실천의 문제. 이것은 同疏에, "若約解悟 是性具門 非功行頓畢也 約證悟 則是現行門 頓修辦事也"라고 한 것을 보면 더욱 분명해진다. 性具門이라 함은 眞如自性의 실상만을 말하는 것으로서 시간도 개인도 개재해 있지 않다. 그러나 現行門은 어떠한 시간상에 있어서의 수도하는 개인이 문제된다. 목우자는 性具門과 現行門에 관하여 다음과 같이 설명하고 있다.

若性具門 初悟時 十度萬行 一念具足 度生己周 若現行門 豈無生熟 諸方皆云 功未濟於聖 是也.[16]

목우자는 불즉시심을 의심 없이 똑바로 믿고 반조의 공을 들여서 몸소 그 진리성을 체험한다면(略借廻光 親嘗法味), 이것이 이른바 修心人의 '解悟處'라고 하였다. 해오란 증오에 대비해서 하는 말이다. 비록 블즉시심을 깨달았다 해도 사람에 따라 深淺의 차가 있으므로 해오 다음에 증오가 있다. 悟에 解와 證의 구별을 두는 것은 수도자가 究意位에 이르기까지를 信解行證의 4단계로 나눔을 상기하면 이해하기 쉽다. 신해행증에 있어서 解는 信 다음에 오는 것이요, 解한 후에 다시 行이라는 과정을 지나야 비로소 證이라는 果를 얻는다. 해오와 증오의 관

---

15) 『法集別行錄節要幷入私記』, 45面 참조.
16) 『法集別行錄節要幷入私記』, 52面 참조.

계도 또한 이와 같다. 증오란 반드시 해오에 의하여 如法히 수행한 후에 이루어지는 것이다. 해오를 부처가 될 형식(Form)이라고 强言한다면 증오는 이 형식이 확충되어 부처로서의 德相이 나타나는 것이라고 말할 수 있다. 여기에서 형식을 확충하는 것이 修에 해당한다. 그러므로 증오는 해오가 修를 통하여 이루어지는 것이며, 修는 해오와 증오를 연결하여 주는 다리라고 할 수 있다.

證悟가 佛果를 증득함을 의미한다면, 解悟의 경지에 이른 사람은 적어도 본질적인 면에서 부처님과 다름이 없이 되어있어야 할 것이다. 부처님과 다름없어야 한다는 말은 32相과 80種好를 갖추어야 한다든가 신통변화를 부릴 수 있어야 한다는 말은 아니다. 『金剛經』에, "若以色見我 以音聲求我 是人行邪道 不能見如來"라 하였고, 臨濟의 스승 黃檗도, "三十二相屬相 八十種好屬色 若以色見我 不能見如來"라 痛罵하였다. 또한 목우자는 신통변화를 聖未邊事라고 하여 妖怪視하였다. "부처님과 다름없어야 한다"는 말은 부처로서의 본질적인 면에 있어서 다름없어야 한다는 뜻이다. 부처님의 行이란 중생교화를 위한 행이다. 이를 좀 더 학적으로 말하면 六波羅蜜行이라 말할 수 있다. 그러므로 해오에서 증오에 이르기까지의 行도 육바라밀행이어야 한다.

해오에서 증오에 이르기까지의 시간을 敎家에서는 어마어마한 超천문학적 숫자로 표시한다. 목우자는 이에 대하여 일언반구의 언급도 없다. 다만 증오의 경지는 일시에 이루어지는 것이 아니라고 강조할 뿐이다.

그러나 해오는 일시에 몰록(頓) 이루어진다고 한다. 이러한 의미에서 해오를 돈오라고 부를 때도 있다. 그러나 해오와 돈오는 동의어가 아니다. 해오는 悟의 深淺을 말할 때, 증오에 대비해서 쓰는 말이며 돈오는 悟에 이르기까지의 시간을 말할 때, 漸悟에 대비해서 쓰는 말이다.

圭峯은 그의 『別行錄』에서, "旣就人論 則有迷悟凡聖 從迷而悟 卽

頓 轉凡成聖 卽漸"이라 하였다. 목우자는 이 말을『節要』에 그대로 인용하고 있다. 이로써 미루어 본다면 頓이란 말은 悟에 따라다니는 말이고 漸이라는 말은 修에 어울리는 말임을 알겠다. 그러므로 漸悟는 修의 뜻을 함유한다. 즉 닦아나가는 중에 점차 깨달아 나간다는 뜻이다.「淸凉貞元疏」에는 漸悟와 修의 관계를 다음과 같이 설명하고 있다.

　　漸修漸悟 亦是證悟 卽修之與悟 竝與登台 足履漸高 所鑑漸遠[17]

　頓悟가 解悟에 맞먹는 데 반하여 漸悟는 證悟에 가까운 말이다. 悟함으로써 열리는 智의 세계는 迷時와는 전혀 다른 새로운 세계다. 이는 추리억측이 주가 되는 識의 세계가 아니므로 지혜의 양적 축적에 의하여 이루어지는 것이 아니다. 悟前과 悟後의 차이는 양적인 것이 아니고 질적인 차이다. 悟는 물질적인 변화가 아니고 정신상의 문제다. 그러므로 悟는 긴 시간을 요하지 않고 찰나에 가능한 것이다. 돈오라는 이름은 여기서 유래한다. 圭峯은 그의『法集別行錄』에서 돈오의 정의를 다음과 같이 내리고 있다.

　　頓悟者 謂無始迷倒 認此四大爲身 妄想爲心 通認爲我 若遇善友 爲說如上不變隨緣性相 體用之義 忽悟靈明知見 是自眞心 本心恒寂 無性無相 卽是法身 身心不二 是爲眞我 卽與諸佛 分毫不殊 故云頓也.[18]

　上文에서는 佛卽是心을 忽悟하는 것이 頓悟라고 말하고 있다. 그런

　17)『法集別行錄節要幷入私記』, 46面 참조.
　18)『法集別行錄節要幷入私記』, 29面 참조.

데 어떤 사람들은 證悟도 찰나에 가능하다고 주장한다. 그러나 이제까지 없었던 부처로서의 德相이 今時에 나타날 리는 없다. 더구나 부처로서의 덕상 중에서 가장 중요한 것은 敎化衆生行이라고 생각할 때 이것이 찰나에 가능하다고 말할 수는 없다.

중생제도란 자기 六根을 다스리는 것을 의미한다고 말한다든가, 증오가 일시에 이루어져 중생교화도 일시에 頓畢했는지를 未覺者가 어찌 짐작하겠는가 하고 반문하는 것은 말하는 자기자신도 自信이 없는 잠꼬대 같은 소리다. 비록 이러한 말들이 일면적인 의의는 있다 하더라도 목우자는 그러한 過念的인 태도를 좋아하지 않았다. 현실에서, 나의 주변에 있는 사람들에게 대해서 어떠한 태도를 취할 것인가가 문제다. 중생이나 제도의 뜻을 자기류로 합리화하여 정의함으로써 능사를 삼을 수는 없다. 우리는 석존의 일생에서 그러한 소극적인 태도를 찾아볼 수 없다. 석존이 悟道 후 40여 년을 중생교화에 힘쓰지 않았다면 오늘날 우리가 불법을 얻어들을 수 있었을지는 의심스러운 일이다.

목우자에 있어서 頓悟는 證悟가 아니고 解悟이며, 증오는 수행을 통해야만 가능하다고 한다. 목우자는 수행을 통하지 않고 증오에 이르는 것은 이론상 上根大智에게 기대할 수도 있으나, 사실상 그러한 특수한 사람은 目見할 수 없으므로 문제 삼지 않는다. 목우자의 대상은 어디까지나 눈앞에 보는 보통 사람이지, 특수한 사람은 아니었다.

실로 悟는 우리 인생 개개인의 문제이며, 따라서 悟의 문제는 나 자신의 일상적인 수행과의 관계에서 논증되어야 한다고 생각된다.

(『동국사상』 제2집, 1963, 동국대학교 불교대학)

찾아보기

박 성 배 朴性焙_ 스토니부룩 뉴욕주립대학교 교수

1933년 전남 보성에서 태어났다. 1953년 벌교 효당서원에서 김문옥 선생 지도로 유학을 공부하였고, 1955년 해남 대흥사에서 전강(田岡) 스님의 지도로 참선 수행하였다. 1956년 동국대학교 불교대학 철학과에 들어가 1960년 「범아일여사상」으로 석사학위를 받은 뒤 1961년 삼척 영은사에서 탄허(呑虛) 스님의 지도로 노장(老莊)사상을 공부하였고, 1963년부터 1969년까지 동국대학교 불교대학 교수를 지냈다. 1966년 봉은사에서 대학생수도원을 설립하여 지도교수를 맡았고, 1966~1968년에 해인사에서 성철 스님 지도로 참선 수행하였다. 1969년 미국으로 건너가 1971년까지 텍사스 달라스 남감리교대학(Southern methodist University)에서 신학을 공부한 뒤, 1977년 버클리 캘리포니아 주립대학에서 「원효의 대승기신론소 연구」(On Wonhyo's Commentary on the Awakening of Mahāyānā Faith)로 박사학위를 받았다. 1977년 스토니부룩 뉴욕주립대학교 종교학과 불교학 교수에 임용되었고, 1986년부터 지금까지 한국학과 과장 및 한국학연구소 소장으로 봉직하고 있다. 1993년 뉴욕주립대학교 출판부 한국학연구총서 책임편집인, 1997년 원효전서 영역 출판사업 책임편집인을 맡았다. 1987~1988년 국제퇴계학회 뉴욕지부 회장을 지냈고, 1991년 아세아 문화 발전 뉴욕주 지사상을 받았으며, 1997~1998년에 동국대학교 원효석좌 교수, 1997년 하와이 주립대학교 구로다 석좌교수, 2007년 건국대학교 국제협력대사로 위촉되었다.

주요 저술로는 The Korean Buddhist Canon, A Descriptive Catalogue(해인사 팔만대장경의 서술 목록, 루이스 랭카스터 박사 공저, 캘리포니아 주립대 출판부, 1979), Buddhist Faith and Sudden Enlightenment(불교의 믿음과 돈오사상, 뉴욕주립대학교 출판부, 1983), 『깨침과 깨달음』(Buddhist Faith and Sudden Enlightenment의 한국어판, 윤원철 번역, 예문출판사, 2002), The Four-Seven Debate(퇴계와 고봉의 사단칠정 논쟁, 마이클 캘튼 교수 등 공역, 뉴욕주립대학교 출판부, 1994), 「성철스님의 돈오점수설 비판에 대하여」(『보조사상』 제4집, 1990), 「원효사상 전개의 문제점」, 「보조스님은 증오를 부정했던가?」(이상 『한국의 사상가 10인』, 예문동양사상연구원, 2002), 『몸과 몸짓의 논리』(민음사, 2007), One Korean's Approach to Buddhism: The Mom/Momjit Paradigm(한 한국인의 불교 공부, 뉴욕주립대학교 출판부, 2009), Wonhyo's Commentary on the Awakening of Mahayana Faith(원효의 대승기신론소, 하와이 주립대학교 출판부, 근간) 등이 있다.